"十二五"普通高等教育本科国家级规划教材

高等学校财务管理专业系列教材

证券投资学

（第二版）

丁忠明　主　编
黄华继　副主编

Zhengquan Touzixue

高等教育出版社·北京
HIGHER EDUCATION PRESS　BEIJING

内容提要

本书第一版被评为"十二五"普通高等教育本科国家级规划教材，此次修订作者结合了多年教学实践及最新的理论研究成果，并在内容、体例及形式上进行了完善。

本书从证券投资的基础知识入手，介绍了当代经典的证券投资学理论，并结合理论发展的趋势，引入行为金融学等前沿理论，对证券投资理论与应用进行了系统的阐述。具体包括证券投资工具、证券投资市场、证券投资分析、证券组合管理和行为分析与投资策略五篇共十五章内容。本书结构严谨、深入浅出。每章前设"本章导读"综述该章的核心知识点；每章内设置"阅读与应用"拓展相关理论知识，使理论与实务紧密结合；每章后附"本章小结"、"关键术语"、"网络资源索引"、"问题与思考"，供读者自主学习。

本书可作为经济管理类专业的本科生教材，同时也可作为证券从业人员、市场投资者或对证券投资感兴趣的读者的参考读物。

图书在版编目（CIP）数据

证券投资学/丁忠明主编．--2版．--北京：高等教育出版社，2013.2（2015.8重印）
ISBN 978-7-04-036901-4

Ⅰ.①证… Ⅱ.①丁… Ⅲ.①证券投资-高等学校-教材 Ⅳ.①F830.91

中国版本图书馆CIP数据核字(2013)第013886号

策划编辑 谢睿芳　责任编辑 解 琳　封面设计 张 志　版式设计 杜微言
插图绘制 尹文军　责任校对 殷 然　责任印制 毛斯璐

出版发行 高等教育出版社
社　　址 北京市西城区德外大街4号
邮政编码 100120
印　　刷 三河市春园印刷有限公司
开　　本 787mm×1092mm 1/16
印　　张 26.25
字　　数 640千字
购书热线 010-58581118
咨询电话 400-810-0598

网　　址 http://www.hep.edu.cn
　　　　 http://www.hep.com.cn
网上订购 http://www.landraco.com
　　　　 http://www.landraco.com.cn
版　　次 2007年3月第1版
　　　　 2013年2月第2版
印　　次 2015年8月第3次印刷
定　　价 38.00元

物 料 号 36901-00

主编寄语

呈现在读者面前的这本《证券投资学》（第二版）是在我们多年教学实践和对原《证券投资学》在内容、体例、形式等方面做了大量修改的基础上形成的。本书主要面向经济管理类专业的本科生，同时也可作为证券从业人员、市场投资者或对证券投资感兴趣的读者的参考读物。

本书包括证券投资工具、证券市场、证券投资分析、证券组合管理和行为分析与投资策略五篇共15章内容。本书从证券投资的基础知识入手，介绍了当代经典的投资学理论并结合理论发展的趋势，引入了行为金融学等前沿理论。本书力争做到理论与实践结合，将复杂高深的理论问题，通过通俗的语言加以解释。本课程在普通高校课堂教学中，一般需教学课时72学时，也可根据不同专业和选修要求，调整为108学时、54学时或36学时。

本课程的教学采用课堂理论教学、经典案例分析和实验教学相结合的方式，帮助学生全面系统地掌握证券投资理论，并且通过书中的“阅读与应用”栏目，将所涉及的理论与证券投资实践相结合，促进学生将相关证券投资知识转化为能力。在教学过程中，可通过配合使用教材案例库、复习思考题等相关资源，提高学生自主学习的能力。学生在学习本课程时，也应在努力掌握基础理论的同时，更加关注证券市场实践，理论联系实际。

我们正经历一个知识经济时代，证券投资理论也在不断发展和完善。学习本课程应以一个动态的视角来观察、分析现实中的证券投资问题，从书本中的基本理论知识出发，在现实的证券投资市场这个真正意义上的“大师”身上学会投资。祝愿本书的读者从这本书中得到收获！

丁忠明

2012年10月

前言

证券投资学是研究投资者如何正确地选择证券投资对象，如何参与证券市场运作，如何科学地进行证券投资决策分析，政府如何对证券投资活动进行有效监管等的一门新兴学科。随着世界经济金融化、金融证券化的发展，证券投资学作为经济学的重要组成部分，发挥的作用越来越重要。现代证券投资理论形成于西方国家，它应投资实践需要而产生，并随着投资实践的发展而发展。在经济全球化的今天，投资，特别是金融衍生品的投资，在推动全球经济快速发展的同时，也带来了不少的问题。随着我国金融市场的快速发展，我国的证券业在历经了跌宕起伏的成长历程后，市场规模迅速扩大，公司治理结构日益完善，证券市场对我国宏观经济的影响十分显著，市场参与者不断成熟，证券投资理论和实践都有了长足的进步。证券市场在优化配置社会资源、融通资金、促进产业发展方面发挥着重要作用，对证券投资领域的探索也逐渐成为我国经济金融界的重要研究领域。

为顺应经济社会发展的需要，培养更多的证券投资方面的专业人才，国内各财经类高校纷纷开设了证券投资学相关课程，并将其作为财经类本科教学的一门重要的专业基础课。本书是我们在多年教学实践基础上，借鉴和参考了国内外最新的证券投资方面的大量文献资料编写而成的，在内容、结构、形式等方面做了许多创新。书中专门辟出一章，对近年来兴起的行为金融学理论在证券投资中的应用作了介绍。通过书中的“阅读与应用”拓展相关理论与知识，使理论与实务紧密结合。每章后附有供读者自主学习的内容：“本章小结”综述该章的核心知识点；“关键术语”提示该章的重要概念；“网络资源索引”强调可以利用的互联网资源，让读者更多地掌握相关的资讯与关联知识；“问题与思考”则是从思辨的立场出发，学会独立思考与分析有关证券投资问题的解决方案，更易于学生灵活掌握理论与知识。

本书共分为五篇15章，分别从证券投资工具、证券市场、证券投资分析、证券组合管理和行为分析与投资策略五个方面，对证券投资理论和实践进行全面的阐述。证券投资工具部分，首先介绍证券投资的基本概念及其要素与过程，其次分别对股票、债券、证券投资基金与金融衍生工具进行了介绍；证券市场部分，分别对股票、债券、基金与国际证券的发行与承销，证券的上市与交易和证券市场监管进行了介绍；证券投资分析部分介绍了股票、债券、基金与金融衍生工具的内在价值评估方法，同时对证券投资的基本分析从宏观因素、产业、公司三方面如何分析进行了介绍，对证券投资的技术分析从图表分析、指标分析、其他技术分析方法三方面进行了介绍；证券组合管理部分对证券投资的收益与风险、证券组合选择、风险资产定价模型、投资组合绩效评价方法进行了介绍；行为分析与投资策略部分介绍了行为金融理论与应用，以及证券投资的策略。

本教材第一版被评为“十二五”普通高等教育本科国家级规划教材，原由中国金融出版社出版，因合同到期，故第二版由高等教育出版社出版。此次修订在原有内容基础上作了较大幅度的修订。本书由丁忠明担任主编，黄华继担任副主编，丁忠明教授负责制定写作大纲和写作规划，黄华继具体负责本书编写的具体实施与协调。主要撰写人员及分工如下：韩扬（第一、二、三章）、苏振天（第四、五章）、丁忠明（第六章）、何启志（第七、十章）、黄华继（第八、九、十五章）、文忠桥（第十一、十二章）、周海林（第十三章）、徐金喜（第十四章），丁忠明、黄华继对初稿进行审阅和修改，丁忠明最后进行总纂和定稿。

本书的编写虽历时两年半，作者已尽最大的努力，但由于水平有限，书中尚有不妥之处，恳请广大读者批评指正。

丁忠明

2012 年 10 月 10 日

目录

第一篇　证券投资工具

第二篇　证券市场

第三篇 证券投资分析

第四篇 证券组合管理

第五篇　行为分析与投资策略

第一篇　证券投资工具

第一章　证券投资概述

本章导读

进入21世纪，我国资本市场取得了巨大发展，以股票为代表的有价证券规模迅速膨胀，越来越多的人开始接触证券投资，以实现资产的保值增值。在此背景下，证券投资已经成为社会投资的重要组成部分，不论是政府、企业还是个人都应掌握证券投资的基本知识和理论。

本章为证券投资概述，分为两节。第一节主要阐述证券、投资以及证券投资概念的内涵和外延，通过学习此节，同学们对于证券投资的总体概念应有一个正确和完整的认识；第二节涉及证券投资的要素和过程，这部分内容只是概括性介绍，在以后的章节中同学们还要进一步接触和学习。

在学习本章之前，同学们可以从网络、报刊上了解一下股票、债券的信息，还可以通过券商的行情软件了解目前股票投资操作的基本方法。

第一节　证券投资的基本含义

一、证券的定义

（一）证券的概念

证券（security）是对各类经济权益凭证的统称，是用来证明证券持有人有权取得相应权益的凭证。凡是根据一国政府有关法律发行的证券都具有法律效力。股票、债券、基金、商业票据，甚至保单、存款单等都属于证券范畴。

广义的证券包括无价证券和有价证券。无价证券包括证据证券和凭证证券两种。其中证据证券是指能够证明某项事实的文件，如信用证、书面证明等。此外，提单作为“免责证券”也是证据证券中较特殊的一种。凭证证券指的是能够认定证券持有人是某种私权的合法权利者，并证明其履行义务的有效文件，如定期存折、存单、借据等。与有价证券相比，凭证证券不能作为所有权证书来行使权利。这类证券一般不具有市场流通性。但随着金融创新的层出不穷，这个界限变得越来越模糊，例如，大额可转让定期存单（certificate of deposit）就不同于传统意义上的存单，可以将其纳入有价证券的范围，而有价证券主要是指对某种有价物具有一定权利的证明书或凭证。

狭义上的证券主要是指有价证券。有价证券就是一种有一定的票面金额，能够证明其持有人有权按期获取一定收入，并能在市场上自由转让和买卖的所有权或债权证书。一般来说，有价证券需要具备两个基本特点：一是券面必须载明财产的内容和数量，并且财产内容和数量需以一定的金额来表示，这是因为它直接代表财产权，并且有利于在市场上进行流通；二是证券所表示的财产权和证券自身不可分离，证券持有者的变更代表权利的转移。有价证券自身并不具有价值，它是虚拟资本的一种形式，是资金需求者筹措资本的重要手段。虽然有价证券券面往往会注明一定的金额，但并不代表其自身就具有这样的价值。有价证券价格变动受多方面因素的影响，其中最主要的是预期利息收入和市场利率。

（二）证券的分类

有价证券种类多种多样，依据不同的标准，可以对其进行不同的分类。

1. 按照发行主体划分

（1）政府证券。政府证券是指政府为筹集财政资金或建设资金，利用其信誉按照一定程序向投资者出具的一种债权债务凭证。一般而言，政府证券基本上是债务性质的证券，包括中央政府债券和地方政府债券两种。

阅读与应用

我国国债发展简介

我国历史上第一次发行国债是在1898年发行的“昭信股票”。北洋政府时期，从1912年到1926年共发行国债27种。在抗日战争前，国民党政府时期，从1927年到1936年共发行国债45亿元。抗日战争时期国民党政府共发行国债90亿元。我国新民主主义革命过程中，为了弥补财政收入的不足，各革命根据地人民政权发行过几十种国债。中华人民共和国成立后，发行国债分为两个时期：20世纪50年代为一个时期，20世纪80年代以后为一个时期。20世纪50年代由国家统一发行的国债共有6次。第一次是1950年发行的“人民胜利折实公债”，发行的目的是为了平衡财政收支，制止通货膨胀，稳定市场物价。从1954年起，为了筹集国民经济建设资金，连续5年发行“国家经济建设公债”。1968年本息还清后，一直到1981年国家没有发行国债。1981年以后，我国每年发行国债。1994年财政部第一次发行半年期、一年期和两年期国债，实现了国债期限品种的多样化。短期国债的出现促进了货币市场的发展，同时也为中央银行的公开市场操作奠定了基础。

资料来源：http://www.tianshannet.com.cn/finance/

（2）金融证券。金融证券是指银行或其他非银行类金融机构为筹措信贷资金向投资者发行的承诺支付一定利息并到期偿还本金的一种有价证券，主要包括金融债券、大额可转让定期存单等。

（3）公司证券。公司证券是指公司为了筹措资金而发行的有价证券。公司证券的内容比较多，本身设计也比较复杂，主要有股票和公司债券等。股票是股份有限公司（简称股份公司）按照公司法，为筹集公司资本公开发行的用以证明股东身份和权益的凭证。股票是股份公司发给股东的一种所有权凭证，股票的持有者即公司的股东。股东一旦认购了公司的股票就不能再退回，只能通过转让和出售变现。公司债券是股份有限公司或其他类所有制企业为筹集资金发行的，并承诺在一定期限内还本付息的债权凭证。与股票相比，公司债券具有返还性，债券持有人在债券到期日可以获得债券的本息。但债券持有人作为公司的债权人无权参与公司的经营管理。

2. 按照证券是否在证券交易所挂牌交易划分

（1）上市证券。上市证券是指向某一证券交易所注册，有资格在该证券交易所进行公开交易的有价证券。上市公司需要经过证券主管机关审批，必须满足一定的条件，并向证券交易所注册登记，做到遵守交易所各项规章制度才能获得上市资格，其发行的证券才可以在交易所进行公正自由地买卖。

（2）非上市证券。非上市证券是指未向证券交易所登记，没有挂牌进行交易的有价证券。非上市证券也称为非挂牌证券或者场外证券。非上市证券主要是公司或企业自行发行和推销的证券。一般而言，非上市证券不能在证券交易所内进行买卖。因此我们将这种交易方式称为“场外交易”，把这类交易场所称为“场外交易市场”。非上市证券没有在证券交易所进行买卖，并不意味着该证券没有达到上市条件。有些公司会因为某些原因而不愿意在证券交易所上市，如为了保守商业机密等。

3. 按照证券的用途和持有者的权益划分

（1）货币证券。货币证券表示对货币享有索取权的证券。货币证券在一定程度上可以替代货币使用，如汇票、支票、本票等。单位之间进行商品交易或者劳务报酬都可以用货币证券进行结清。汇票是指由出票人签发的，委托付款人在见票时或者在指定日期无条件支付确定的金额给收款人或者持票人的票据。支票是指由出票人签发的，委托办理支票存款业务的银行或者其他金融机构在见票时无条件支付确定的金额给收款人或者持票人的票据。本票是由出票人签发的，承诺自己在见票时无条件支付确定的金额给收款人或者持票人的票据。

（2）资本证券。资本证券表明了投资事实，它是资本投入或者借贷的凭证，主要包括股权证券和债权证券。股权证券具体表现为股票和认股权证；债券证券则表现为各种债券。通常我们所说的证券基本上就是指资本证券。资本证券是虚拟资本，并非实际资本，它虽然也有价格，但自身却没有价值，形成的价格只是资本化的收入。

（3）商品证券。商品证券也被称为货物证券，是对货物有提取权的证明。货物证券主要包括提单、货运单、购物券等。

有价证券的分类方式多种多样，除了上面提到的以外，我们还可按照收益是否固定将其分为固定收益证券与变动收益证券；按照发行方式和发行范围，我们可以将其分为公募证券和私募证券；按照流动性大小分为适销证券和不适销证券；按照发行地点不同可以分为国内证券和国外证券等。

总之，我们可以根据研究目的的不同对有价证券进行不同方式的分类，这里不再赘述。

（三）证券的功能

1. 转化功能

转化功能是证券的基本功能，是证券其余功能存在的基础。证券可实现外部（国外、区域外、行业外、企业外等）资金向内部资金（国内、区域内、行业内、企业内等）的转化、消费资金向生产经营资金的转化、零散资金向巨额资金的转化、短期流动资金向长期稳定资金的转化。在这一系列转化过程中，证券充当了媒介，它是促使资金功能转化的工具。

2. 融资功能

融资是相对于资金需求者而言的，帮助发行人融入资金是证券的重要功能，也是证券之所以产生和不断发展的主要原因。需求资金的主体多种多样，政府和企业在运作中都可能发生资金短缺的情形。政府财政资金不能保证政府履行其职能或需要筹集资金用于发展公用事业时，可能会做出发行债券筹资的决策。企业为扩大生产经营规模，提高市场占有率和竞争力，在单靠内源融资无法满足资金需求时，也会在外部以直接融资或间接融资方式筹资。直接融资是企业利用资本市场，通过发行证券直接向资本所有者（证券投资者）融入资金，主要包括股权融资和债权融资两种方式；间接融资是企业通过银行借入资金。两种融资方式相比，直接融资在资金的使用时间、融资的数量和融资的主动权等方面有较明显的优势。

3. 资金配置功能

证券的资金配置功能是证券实现转化功能具体过程的表现，包括集中资金、分配资金和引导资金流向三个方面。

（1）集中资金。证券以其标准化的形式、可能的额外高收益、较强的流动性，把社会各方面的零散资金集中于发行人手中，使闲散资金得到更有效的利用。

（2）分配资金。证券不仅可把闲散的社会资金集中起来，还可依靠品种的多样性和价格的波动性，把有限的社会资金分配到最需要和最能有效使用的资金者手中。

（3）引导资金流向。投资的资金总是追求利润的。当某行业或企业利润率高并具增长潜力时，其发行的证券就有吸引力，资金就会流入；当利润率下降或缺乏增长潜力时，资金就会流出。

4. 投资功能

投资功能是相对于市场中证券需求者即资金供给者而言的。投资者在持有证券过程中，有享受证券发行者支付的债息或股利收入的权利，同时证券持有者还可以利用证券在市场中价格波动所形成的价差获取收益，因而成为广受社会公众欢迎的投资或投机工具。当然，市场中的投资者对风险偏好是有差别的。有些人不愿承担风险，以长期稳定收益为第一收益目标，因此，他们往往长期持有某些低风险型证券；有些人主动承担较大风险，以追求高额差价收益，他们会选择市场价格波动幅度较大的证券，且在持有过程中会频繁地买进卖出以赚取更大的收益。不同品种的证券，其风险性、收益性和流动性是不同的，同一证券在不同时期不同条件下，其风险性、收益性和流动性也是有差异的，而且受多种因素影响，在不断变化。对证券这些方面特征的准确分析和把握，是投资或投机活动成功的关键。

5. 反映功能

证券的市场价格和买卖成交量，是证券供求双方对宏观经济形势、行业和区域发展前景、公司盈利能力等基本因素分析、判断和预期的结果，因而证券行市变化能在相当程度上反映甚至提前反映实际经济运行的状况，成为“晴雨表”或“预警器”，把信息传递给市场的各个主体：发行者、投资者、中介机构和监管机构等。

6. 调控功能

证券的调控功能可以从宏观、中观和微观三个层次分析。在宏观层次上，证券的调控功能有两方面：一方面中央政府作为发行主体通过发行证券弥补财政收入的不足，以保证调控经济运行和发展所需的资金；另一方面中央银行在公开市场上通过买卖高信用等级的证券如国债来调控货币供给量，实施其货币政策，以抑制经济的衰退或过热。在中观层次上，政府监管机关和交易所通过对不同行业、不同区域证券发行和上市的区别对待，调控行业、区域的发展节奏，实现一国行业间、区域间的协调发展。在微观层次上，证券可以实现增减企业的注册资本，扩大或缩减企业的营运资金和经营规模，扩大或调整企业的经营方式和经营方向，实现公司重组以及企业对外投资和实施并购等方面的功能。

二、投资的定义

投资是在人类历史发展到一定阶段时才产生的，它是一个历史的范畴。伴随着货币的普遍使用和商品经济的发展，投资活动频繁起来。但投资的形式主要是实际投资和直接投资，投资者也只是某个封建主、教主或者富商及其家族。随着股份制度的发展，投资不再仅仅是实际投资、直接投资，金融投资已成为投资的主要方式。投资不再是个别大资本家和富翁的事情，众多的中小资本甚至一般工人都可以购买股票成为股东。

从最一般的角度来说，投资是指经济主体（国家、企业、个人）以获得未来货币增值或收益为目的，预先垫付一定量的货币与实物，经营某项事业的经济行为。投资可分为实物投资和证券投资。前者是以货币投入企业，通过生产经营活动取得一定利润。后者是以货币购买企业发行的股票和公司债券，间接参与企业的利润分配。从本质上说，投资是一种相对于当期消费的延迟行为，其目的是通过资金在时间跨度上的消费安排，使得投资主体的效用最大化。

我们可以从以下几个方面来理解投资的含义。

（1）投资是以获得未来报酬为目的而采取的经济行为。例如，企业确定利用当期的未分配利润扩大生产能力，企业的所有者是在投资，期望未来获得更多的利润；居民把部分可支配收入存入银行或购买债券，未来获得本金和利息。

（2）投资具有跨期性。对于投资的理解中，非常关键的一点是投资的时间跨度。和会计不同，会计是对于历史信息的处理，时间跨度是过去到考察时间点，而投资是从当前到未来的投资结束时间点。

（3）投资具有风险性。金融的含义就是资金在不确定状态下跨期配置，投资具有风险的主要原因就是跨期配置导致的不确定性。举例来说，企业进行资本市场投资，购买了某公司的上市股票，假设投资期限是两年，那么，在这两年中的不确定性有哪些呢？公司的经营绩效、国家经济政策、行业发展周期、自然灾害等都可能直接或间接地影响股票的价格，进而影响投资收益。

阅读与应用

投资银行的起源

在美国，投资银行往往有两个来源：一是由商业银行分解而来，典型的例子如摩根士丹利；二是由证券经纪人发展而来，典型的例子如美林证券。美国投资银行与商业银行的分离发生在1929年的大股灾之后。当时联邦政府认为投资银行业务有较高的风险，禁止商业银行利用储户的资金参加投行业务，结果一大批综合性银行被迫分解为商业银行和投资银行，其中最典型的例子就是摩根银行分解为从事投资银行业务的摩根士丹利以及从事商业银行业务的摩根大通。但是在欧洲，各国政府一直没有这样的限制，投资银行业务一般都是由商业银行来完成的，所以形成了许多所谓的“全能银行”（universal bank）或“商人银行”（merchant bank），如德意志银行、荷兰银行、瑞士银行、瑞士信贷银行等。事实证明，商业银行和投资银行由同一金融机构完成，在欧洲不但没有引起金融危机，反而在一定程度上加强了融资效率，降低了金融系统的风险。

投资银行业务的利润是很高的。以最常见的股票发行业务为例，投资银行一般要抽取5%～10%的佣金，也就是说，如果客户发行价值100亿美元的股票，投资银行就要“吃掉”5亿～10亿美元。债券发行业务的利润相对较少，但风险也较小。除此之外，兼并重组与破产清算是投资银行近年来的主要利润增长点，近年来欧美发生的大型兼并案，背后往往都有投资银行的推波助澜。

20世纪90年代以后，世界投资银行的格局逐渐发生了变化。一方面，兼并风潮席卷美国金融界，出现了花旗集团、摩根大通、美国银行等大型金融集团，它们都希望进入利润丰厚的投资银行领域；另一方面，华尔街的投资银行与证券分析业务离得太近，许多投资者和媒体认为，投资银行雇用的分析师难以保证独立性，从而对投资银行的商业道德产生了怀疑。但是，如果投资银行和证券分析业务真的完全分离，投资银行业务将成为无源之水，证券分析业务则将丧失丰厚的利润，两者都将难以生存。相比之下，商业银行经营投资银行业务有先天优势，它可以利用与各大企业的存款、贷款关系网争取到许多客户，不用像传统的投资银行那样依靠证券分析和咨询吸引客户。商业银行拥有更充足的资金和更良好的信誉，它们主要缺乏的是投资银行领域的业务经验。

资料来源：http://news.hexun.com/

三、证券投资

（一）证券投资的含义

证券投资是指投资者（包括个人和法人）购买股票、债券、基金等有价证券以及这些有价证券的衍生品，以获取红利、利息及资本利得的投资行为和投资过程，是直接投资的重要形式。它实际上就是投资者在金融市场中运用各种金融工具进行交易的活动。更准确地说，证券投资是投资者充分考虑了各种金融工具的风险与收益之后，运用资金进行的一种以营利或者避险为目的的金融活动。这里所指的并不包含所有的金融产品，如银行储蓄存款、金币买卖都不在这一范围内。当然，我们也不能把证券投资单纯地理解为股票投资，实际上证券投资的范围非常广泛，除了投资股票之外，还包括债券、基金等一些能够带来收益，同时又具有一定风险的金融产品。因此，有些学者也把证券投资定义为投资者根据每种金融工具的风险确定它的合理价格，然后在金融市场上购买那些定价低于合理价格的工具，卖出或者卖空那些定价高于合理价格的工具。

（二）证券投资的特点

与证券投资相对应的是实物资产投资，实物资产投资的投入会直接增加全社会的资本存量，而证券投资是以有价证券的存在和流通为条件的金融投资。因此证券投资除了具有收益性、风险性、流动性和时间性之外，还有其自身的特性。

1. 派生性

从经济学的角度来看，不论是何种制度的社会，只有形成用于生产的社会物质资本，才会真正有利于经济的增长和发展。而证券投资行为只是实物资产在社会中各生产部门和消费部门中进行资源优化配置的手段和补充。投资者进行证券投资可以实现对实物资产所有权和收益权的转移，因此证券投资行为是基于实物资产派生而来的经济行为。

2. 虚拟性

证券投资的虚拟性是指如果把投资活动中各行为主体的资产与负债进行加总，那么这些证券资产将消失，而仅剩下物质资产作为全社会的净财富。因此，我们可以看出，证券作为一方资产的同时也将成为另一方的负债，它的存在并不增加社会总财富。虽然证券不能增加社会财富，但是证券具有的流动性所引致的证券投资选择机制，有利于提高物质资产投资的经营效益。

第二节　证券投资的要素与过程

一、证券投资的要素

一般而言，证券投资需要具备以下三个基本要素。

（一）时间

这里所说的时间是指投资者进行投资的期限。投资者进行投资的期限分为长期、中期和短期。一般来说，投资期限越长所可能获得的预期收益就越高，同时所伴随的风险也就越高。因此，投资者在进行投资抉择的时候就需要根据自己的偏好来进行投资期限的选择。

（二）收益

收益是投资者进行证券投资的最终目的。例如，股票的收益主要包括股利、资本利得以及分红送股等；债券主要是利息，或者通过市场价格波动获得资本利得。

（三）风险

风险是相对于收益而言的另外一个概念。在投资者进行证券投资过程中，获得收益具有不稳定性，甚至可能招致损失。这种不稳定性就是风险。一般而言，预期收益越高，风险也就越大。

证券投资的三要素是密切联系、相互作用的。一般来说，收益和风险成正比例关系；风险和时间也成正比例关系。当收益一定时，时间越长，收益率越低；收益率为正时，时间越长，绝对收益越高。

阅读与应用

风险的由来

“风险”一词的由来，最为普遍的一种说法是，在远古时期，以打鱼捕捞为生的渔民们，每次出海前都要祈祷，祈求神灵保佑自己能够平安归来，其中主要的祈祷内容就是让神灵保佑自己在出海时能够风平浪静、满载而归。他们在长期的捕捞实践中，深深地体会到“风”给他们带来的无法预测和无法确定的危险。他们认识到，在出海捕捞打鱼的过程中，“风”即意味着“险”，因此有了“风险”一词的由来。

而另一种据说经过多位学者论证的“风险”一词的“源出说”称，风险（risk）一词是舶来品，有人认为来自阿拉伯语，有人认为来源于西班牙语或拉丁语，但比较权威的说法是来源于意大利语的“risque”一词。在早期的运用中，也是被理解为客观的危险，体现为自然现象或者航海遇到礁石、风暴等事件。大约到了19世纪，在英文的使用中，风险一词常常用法文拼写，主要是用于与保险有关的事情。

现代意义上的风险一词，已经大大超越了“遇到危险”的狭义含义，而是“遇到破坏或损失的机会或危险”。可以说，经过200多年的演绎，风险一词越来越被概念化，并随着人类活动的复杂性和深刻性而逐步深化，并被赋予了在哲学、经济学、社会学、统计学甚至文化艺术领域中的更广泛更深层次的含义，且与人类的决策和行为后果联系越来越紧密，“风险”也成为人们生活中出现频率很高的词。

无论如何定义风险一词的由来，但其核心含义是“未来结果的不确定性或损失”，也有人进一步定义为“个人和群体在未来遇到伤害的可能性以及对这种可能性的判断与认知”。如果采取适当的措施使破坏或损失发生的概率降低，或者说运用智慧的认知、理性的判断，继而采取及时而有效的防范措施，那么风险可能带来机会，由此进一步延伸的意义，不仅仅是规避了风险，可能还会带来比例不等的收益，有时风险越大，机会越大，回报越高。

因此，如何判断风险、选择风险、规避风险继而运用风险，在风险中寻求机会创造收益，意义更加深远而重大。

资料来源：百度百科网站。

二、证券投资的过程

一般的证券投资过程通常包括以下5个基本步骤。

（一）确定证券投资政策

证券投资政策是投资者为实现投资目标所遵循的基本方针和基本准则，它包括确定投资收益目标、投资资金的规模和投资对象三方面的内容以及应采取的投资策略和措施等。

（二）进行证券投资分析

证券投资分析是通过各种专业性的分析方法和分析手段对来自于各个渠道的、能够对证券价格产生影响的各种信息进行综合分析，并判断其对证券价格发生作用的方向和力度。证券投资分析作为证券投资过程不可或缺的一个组成部分，是进行投资决策的依据，在投资过程中占有相当重要的地位。

（三）组建证券投资组合

组建证券投资组合就是在投资政策所允许的范围内，根据自己的投资目的和投资分析所获取的结果，在证券市场进行证券的买卖，形成一个证券的组合。

（四）对证券投资组合进行修正

根据市场行情的变动以及政策、法律等外部因素的改变对证券组合进行合理的调整，以达到在同等风险水平下追求更高收益的投资目的。

（五）评估证券投资组合的业绩

对证券投资组合业绩的评估是指投资者持有投资组合一段时间后，对投资所能获取的收益以及这一期间证券价格波动的综合分析，为投资者以后的投资提供更多的投资信息，也是投资者对投资组合进行调整的一个依据。

三、证券投资与投机

（一）证券投资与投机的概念区分

投资与投机在一般商品的买卖中比较容易区分，但在证券买卖中区分相对比较难。对于投资与投机在定义上怎么区分，现在并没有一个统一的说法。一般来说，证券投资是指经过充分分析之后，能够合理地期望有正的收益率的证券交易活动；而投机一般是指利用市场价格波动，以谋取最大利润为目的的短期证券交易活动。从理论上进行分析，投机是投资者的一种特殊行为，也属于投资的范畴。证券投机，按性质可分为合法投机与非法投机；按投机程度可分为适度投机与过度投机。比如，投机在英语中就有两层含义：一是在信息不完全的前提下做出的抉择；二是买卖证券等风险商品，力图从价格涨落中谋利。在一定的市场条件下，投资与投机还可以相互转化。

在证券市场中，难以避免地会出现投机行为，有投资就必然会有投机。对于证券投资与投机的区别主要还是从以下几个不同角度分析。

1. 从动机区分

投资者买卖证券的目的是为了获得稳定的收入；投机者进行证券买卖是为了获得短期内证券价格波动所能够带来的收益。动机分析实际上是投资者心理分析，投资者追求的是低风险，而投机者追求的是在高风险中获得收益。

2. 从对证券所作的分析方法区分

投资者注重基本分析，即立足于对证券的品质、公司的业绩、宏观经济背景与行业发展前景等因素作细密的分析与评价，从而做出投资决策；而投机者注重技术分析，即着重研究市场价格的变化规律，寻求买进与卖出的时机，投机者也作基本分析，但这主要是为了预测价格变化而已，而且多半短线操作。

3. 从投资期限区分

投资者与投机者相比，投资者进行投资的期限相对比较长，一般在一年以上，他们追求的是长期收益。而投机者进行投资的期限相对比较短，一般是几个月、几个星期，甚至是几天。

4. 从投资对象区分

投资者一般投资于价格波动幅度较小的证券，追求资产的保值和稳定的增值。而投机者则主要投资于股票价格波动幅度较大的股票，甚至很多时候投资于市场中的一些劣质股票。

5. 从风险倾向区分

投资者厌恶证券风险，在投资过程中会尽量规避风险。投机者是偏好风险的，他们总是希望市场中的证券能够有较大的价格波动。

对于投资与投机的具体区别，不同的学者有不同的观点，然而，证券投资与证券投机的区分是相对的。因为不管是投资者还是投机者，其最终目的都是逐利，在市场存在较大行情波动时，投资者会变成投机者，投机者也会变成投资者。

（二）证券投机的作用

人们对于证券投资的作用和意义基本持一种肯定态度。但对于证券投机的作用，则存在多种不同观点。对于这个问题，需要进行辩证的分析。投机行为在证券市场上既有其积极的作用，也有其不利的方面。

1. 证券投机的积极作用

证券投机的积极作用主要体现在以下几方面。

(1) 证券投机可以促进证券交易的活跃，有助于提高市场流动性。投机者一般进行的是证券短期买卖行为，买卖数量巨大。这为市场提供了充足的资金及证券的供给和需求，促进了二级市场的发展。发达的二级市场也是一级市场发展与成熟的前提。

(2) 证券投机有助于稳定市场价格。证券投机者所注重的是价格短期波动。因此，投机者会在价格较低的时候买入证券，在价格较高时卖出证券，这在无形中就促使证券价格向一个平衡稳定的方向变动。同时，投机者可以通过各种渠道去发现证券的实际价值。这样也可以促使证券的价格趋向于其价值。

(3) 投机者对风险的偏好有利于新证券的发行。新证券的发行具有一定的风险，因为其市场价格在发行时往往会偏离其实际价值，有些证券的发行价格甚至可能会低于其实际价值。而市场价格不稳定正是投机者所希望的，他们会积极进行新发证券的买卖，这会大大促进新证券的顺利发行。

(4) 证券投机加强了股票市场的竞争性。在正常的股市里投机性交易具有保持股市竞争性的功能。当股市中存在相当多的投机性交易时，任何人企图对市场进行垄断性控制就显得非常困难，从而对垄断产生一定的抑制作用。例如，当市场某机构或某大户操纵某只股票时，即所谓的“做庄”，另外一些投机者可乘机跟庄“坐轿”，从而抑制了股价的巨幅波动。

2. 证券投机的负面影响

适度投机在证券市场中的积极作用不可忽视，然而，一旦市场的主要参与者以追求买卖的短期差价为目标，为了攫取利润而不择手段，进行恶性竞争的话，那么过度投机和伴随投机的违规行为就会出现，必然产生一定的负面影响。

(1) 证券有效需求萎缩，不利于形成稳定的投资群体。过度投机，股市必然暴涨暴跌，若长期维持这种高投机性，那么在投机过程中的失败者就会逐步退出股市。据有关调查资料显示，早几年参与股市投资，盈利的多是机构、大户，而亏损的往往是新入市的中小散户。所以过度投机必然损害广大投资者的切身利益，这样会造成有效需求的逐步萎缩。

(2) 限制股市在资本市场上功能的正常发挥。市值增长，投资者便愿意投资于股市，是股市成为长期资本市场的基础。而在一个投机氛围浓厚的股市中，股份公司的资产增值不再是吸引投资的主要动力，股价的大幅波动代替了由资产增值而引起的市值增长，从而对投资资金的进入造成了障碍，这必然给企业的筹资带来困难。

(3) 对证券市场乃至整个国民经济产生一定冲击。在过度投机的证券市场中，一些非法投机者利用法律机制不健全，拆借信贷资金，致使股票市场萧条，影响了国民经济的正常发展。

本章小结

证券是对各类经济权益凭证的统称，是用来证明证券持有人有权取得相应权益的凭证。本课程中所涉及的证券一般是指有价证券。

投资是一种延期消费，以获得预期报酬为目标，投资决策的目的是效用最大化，即当前消费和将来消费的边际效用相等。

证券投资是指投资者（包括个人和法人）购买股票、债券、基金等有价证券以及这些有价证券的衍生品，以获取红利、利息及资本利得的投资行为和投资过程，是直接投资的重要形式。

投资与投机既有区别又有联系，并能够互相转化。

证券投资的三个基本要素是时间、收益和风险，这三要素是密切联系、相互作用的。

网络资源索引

1. http://www.cnstock.com/ 中国证券网
2. http://www.csrc.gov.cn/pub/newsite/ 中国证监会
3. http://www.sac.net.cn/ 中国证券业协会
4. http://www.sse.com.cn/ 上海证券交易所
5. http://www.szse.cn/ 深圳证券交易所
6. http://www.hkex.com.hk/ 香港交易所
7. http://www.shfe.com.cn/ 上海期货交易所
8. http://www.p5w.net/ 全景网

关键术语

有价证券　投资　证券投资　投机　时间价值　效用　不确定性　政府证券　金融证券

问题与思考

1. 论述证券投资各要素之间的影响关系。
2. 简述投资与投机的区别与联系。
3. 简述证券投资的过程。
4. 怎样理解投资的风险性？
5. 投资的本质是什么？请结合自身实际说明。
6. 简述金融风险的表现以及金融风险与收益的关系。
7. 比较分析马克思主义政治经济学与西方经济学中关于投资的解释。

第二章　股票与债券

本章导读

随着我国资本市场的快速发展，股票和债券逐渐成为企业、居民及其他机构组合投资的主要金融工具。特别是自2006年开始的我国最大一轮牛市行情，使得股票的财富效应凸显，成为街头巷尾谈论的热点话题。然而，证券投资是有风险的，在投资股票和债券之前，对其基本定义、特征进行认真学习非常重要。

本章第一节对股票的概念、特征与分类以及我国股票的发展与现状做了描述；第二节内容包括债券的概念、特征与分类以及我国债券的发展与现状。这两节主要以文字描述为主，股票和债券的数量特征将在以后的章节中学习。需要强调的是，本章是进一步学习股票和债券相关知识的基础。

第一节　股　　票

一、股票的相关概念

（一）股份、股份制

股份有狭义和广义之分。狭义的股份，仅指股份制公司均分其资本的基本计量单位。广义的股份，则包括三层含义：一是股份制公司一定量的资本额的代表；二是股东的出资份额及其股东权的体现；三是计算股份制公司资本的最小单位。股份的表现形式是股份证书。

股份制是利用股份公司的形式，通过发行股票筹集资本，调节社会资源配置的一种企业组织和经营管理制度。股份制就是以股份公司为核心，以股票发行为基础，以股票交易为依托。股份公司、股票和股票市场是现代股份制的三个基本要素，也是股份制这种企业组织和经营制度区别于其他企业组织制度的一个标志。

（二）股份公司及其特点

股份公司是按照相关章程和法律程序集合一定的资本合营的一种企业组织形式。股东享受共同营利、共担风险、并按照所持有股份多少行使权利和分配利润。其成立的方式一般是由企业发起人把预定的企业总资本分成若干股份，通过发行股票的形式，把分散的资本集中起来构成企业的总资本。股份公司是股份制的核心，是现代经济生产经营所采用的一种最为普遍的企业组织形式，其需要一整套严格的外部条件才能正常运行。

股份公司的特点如下：

1. 股份公司是独立的法人

股份公司在设立时就具有法人资格，公司有自己的章程，有独立的财产和组织机构，具有独立承担责任义务的能力。股东的财产和公司的财产是分离的，股东不能随意返还股份抽回资本、损坏公司的利益。公司可以以自己的名义取得资产，签订合同，并承担相关责任。公司在破产清算时以公司全部财产作为全部清算资产，股东不承担连带责任，在公司不能归还全部债务时，不以股东自己的资金归还债务，这也是吸引社会投资者的重要因素。

2. 股份公司所有权与经营权分离

股份公司的股东具有表决权，其所拥有的股份额决定了其表决权力的大小。因为股份公司具有独立的法人资格，因此股东没有权力通过返还股份抽回资本，只能通过股份的转让退回资金，同时股东也可以通过购买市场中的股份来增加自己在公司的权力。但股东的表决权只能间接影响公司的经营决策，对公司经营决策有直接决定权的是董事会，它是公司的法人代表，直接决定了公司的重大事项，并拥有独立支配公司财产的权力。在股份公司内部，所有权与经营权也分离，董事会决定总经理的人选，总经理负责日常经营活动，对正常的经营活动有决定权。

3. 股份公司将资本划分为等额股份

股份公司在成立时，必须筹集大量的资金。为了能够迅速筹集到这些资金，股份公司将所需要的资本划分为等额股份，这也便于社会上的投资者对股份进行认购。同时，股份等额化更有利于表决权的分配，同股同权，同股同利，同时也承担同样的责任。将公司资本划分为等额股份是股份有限公司向社会公众筹集资金时主要使用的方式。而有限责任公司则常常以协议的方式设立，不一定非要向社会筹集资金，所以不一定要将公司资本划分为等额股份。

4. 股份公司经营业绩公开化

除了对公司决策有重大决定权的大股东外，社会上还有许多小股东，它们人数众多，但所持有的股份却很小。因此，它们对公司经营活动不具有表决权，但它们有利益分配的权力。这就决定了公司的经营业绩必须公开化，以保证小股东的权利。这在各国的相关法律中都有规定。

（三）股票的概念

股票（stock）是一种有价证券，是股份有限公司公开发行的用以证明投资者的股东身份和权益，并据以获得股息和红利的凭证。

股票既能给投资者提供收入，又能充当商品进行买卖。股票本身并没有价值，仅仅是一种凭证，它之所以有价格，是因为它能给投资者带来股息收入。股票一经发行，持有者即为发行股票公司的股东，有权参与公司的决策，分享公司的利益，同时也要分担公司的责任和经营风险。股票一经认购，持有者不能以任何理由要求退还，只能通过证券市场将股票转让和出售。

股票是经过国家主管机关核准发行的，具有法定性。股票的制作程序、记载的内容和记载方式都必须符合法律和公司章程的规定。许多国家和地区的法律都对股票必须记载的内容作了具体规定。如果股票记载的内容欠缺或不真实，则股票无效。通常情况下，股票应该记载以下内容：①发行该股票的股份有限公司的全称，并写明该公司以何处法律在何处注册登记及注册的日期、地址；②股票发行总额、股数和每股金额；③该股票的类型；④该股票的票面金额及其所代表的股份数；⑤该股票的发行日期和股票编号；⑥标明是否记名，如果是记名股票，则要写明股东的姓名；⑦该股票发行公司的董事长或董事签章和主管机关或核定发行登记机构的签证；⑧印有借转让股票时所用的表格；⑨发行公司认为应载明的其他注意事项。在实践中，股票所载明的内容是影响股票交易的一个因素。

二、股票的特征与分类

（一）股票的特征

1. 收益性

收益性是指股票持有者凭借其所持有的股票，有权按公司章程从公司领取股息和红利，获取投资收益。投资者之所以购买并持有股票的最终目的就是获取收益。当然除了以上收益外，利用股票市场价格的波动获取价差也是投资者获得收益的另外一种形式。在我国，市场上绝大多数中小投资者都属于这种类型。严格地说，这一类投资者属于市场投机者。而决定股票市场价格的因素是多方面的，例如公司的经营业绩、市场利率的高低、对未来公司业绩和市场利率的预期、市场行情等，这些都将对股票的市场价格产生很大的影响。需要注意的是市场价格不一定就是股票实际价值的体现。有时市场中一些投机者的恶意炒作会引起股票价格的剧烈波动。因此，投资者获得收益的多少受多方面因素影响。

阅读与应用

长期内股票与债券的收益比较

从长期来看，股票的投资收益率远远高于债券的投资收益率，时间越长，股票投资损失的概率越小。以德国、英国、日本为例，在1926年至1997年间，它们的股票复合年实际收益率分别达到了6.6%、6.2%、3.4%，德国、英国与同期美国股票7.2%的复合年实际收益率相差不超过1个百分点。这些主要国家中的每一个在1926—1997年间的股票实际收益率都超过了其中任何一个国家的固定收入资产的实际收益率。第二次世界大战后极度的通货膨胀使日元、马克大幅度贬值，日本、德国的债券持有人遭受了巨大的损失，所有固定收入资产变得毫无价值，而代表对实际土地和资本的要求权的股票却降低了这次危机的程度。通常认为股票的投资风险要高于债券等固定收入资产，但海外大量实证数据表明，持有股票和债券的风险与持有期长短密切相关。不可否认，股票的短期风险要高于固定收入资产，但当持有期增加到15~20年时，股票平均年收益率的标准差就会低于债券或票据的平均收益率的标准差，当持有期延长到30年以上，股票的风险只有债券和票据风险的2/3了。即使投资者是在市场达到顶峰时买入的股票，从长期来看其实际收益率仍能战胜固定收入资产的实际收益率。以美国在20世纪重要的几次股市顶峰为例，如果你在当时向股票、债券、票据分别投入100美元，并持有30年。则在1929年市场顶峰之后，股票的实际总收益是565美元，而债券和票据的收益只有141美元和79美元。平均而言，股票在1900年以来的六次重要的市场顶峰之后的平均实际收益显著地胜过了债券和票据。美国的证券市场至今已经历了200多年的历史，数据显示，股票实际复合收益率在过去达到了平均每年7%的水平，而且股票实际收益率在所有主要阶段均表现出了出色的稳定性：1802—1870年是年均7%；1871—1925年是年均6.6%；1926—1997年是年均7.2%。而固定收入资产的长期实际收益在各个主要时期都要低于股票的实际收益，如表2-1所示。

表 2-1　长期内股票战胜债券

持有期（年）	股票战胜债券的时间概率（%）	股票投资损失的概率（%）
1	66	24
1.25	68	20
1.5	69	18
2	72	16
3	74	14
4	77	10
5	81	10
6	83	9
7	82	6
8	86	2
9	90	2
10	92	3
12	92	3
15	93	0
20	100	0
25	100	0

资料来源：杨长汉．中国企业年金投资运营研究．北京：经济管理出版社，2010．

2. 风险性

风险性是指股票市场价格和收益率的不确定性，给投资者带来的收益或损失也是不确定的。股票的风险性与收益性是相对的。认购了股票，投资者既有可能获取较高的投资收益，同时也要承担较大的投资风险。一方面，股票自身收益率存在着不确定性，当公司经营状况良好，业绩突出时，投资者才能获得较高的股息和红利；另一方面，股票市场价格又受多方面因素影响，市场投机者的炒作、行情的变动、政策法规的出台、企业经营状况都会对股票市场价格产生影响。这些因素都决定了投资者获得收益具有不确定性，甚至有可能招致损失。这些都是投资者为了获取一定收益而必须承担的风险。

3. 流通性

股票可以在股票市场上随时转让，进行买卖，也可以继承、赠与、抵押，但不能退股。所以，股票是一种具有较强流通性的金融资产。无记名股票的转让只要把股票交付给受让人，即可达到转让的法律效果；记名股票转让则需要卖出人签章背书。正是由于股票具有较强的流通性，才使股票成为一种重要的融资工具而不断发展。流通性是股票的一个基本特征。股票的流通性是商品交换的特殊形式，持有股票类似于持有货币，可以随时在股票市场上兑现。股票的流通性促进了社会资金的有效利用和资金的合理配置。

4. 稳定性

股票投资是一种没有期限的长期投资。股票一经买入，只要股票发行公司存在，任何股票持有者都不能退股，即不能向股票发行公司要求抽回本金。同样，股票持有者的股东身份和股东权益就不能改变，但他可以通过股票交易市场将股票卖出，使股份转让给其他投资者，以收回自己原来的投资。这就保证了发行公司通过股票筹集到的资金在公司存续期内成为一笔稳定的自有资本，保证了公司资本规模的稳定性。

5. 责权性

股票持有者具有参与股份公司盈利分配和承担有限责任的权利和义务。根据公司法的规定，股票的持有者就是股份有限公司的股东，他有权或通过其代理人出席股东大会、选举董事会并参与公司的经营决策。股东权力的大小，取决于占有股票的多少。总体来看，股东一般具有投票权，在某种意义上亦可看做是参与经营权；股东亦有参与公司的盈利分配的权力，可称之为利益分配权。股东可凭其持有的股份向股份公司领取股息，并具有要求责任权和索偿权。在公司解散或破产时，股东需向公司承担有限责任，股东要按其所持有的股份比例对债权人承担清偿债务的有限责任。在债权人的债务清偿后，优先股和普通股的股东对剩余资产亦可按其所持有股份的比例向公司请求清偿（即索偿），但优先股股东要优先于普通股股东，普通股股东只有在优先股股东索偿后，如仍有剩余资产时，才具有追索清偿的权利。

6. 股份可以分拆和合并

股份的分拆是指将一份股份分为若干份，股份合并是将若干股合并为一股或者较少的几股。不管是股份的分拆还是合并，并不影响股份总量和股权总数。当股票市场价格过高时，股票在市场上交易就比较困难，进行拆股有利于增加市场的流通性。当股票市场价格降低时，也可以适量将股份进行合并以提高单股的价格。当然，影响股份分拆和合并的原因不仅仅就是这些，这里我们不多说明。

7. 价格波动性

股票是一种特殊的商品，同其他商品一样，它有自己的市场行情和市场价格。股票的市场价格即交易价格，其高低不仅与该股份有限公司的经营状况和盈利水平紧密相关，而且也和股票收益与市场利率的对比关系相关，同时，还会受到国内外经济、政治、社会以及投资者心理等诸多因素的影响。所以，股票市场价格的变动，与其他一般商品价格的变动有所不同，波动性是它的基本特征。

（二）股票的分类

在股票市场上，发行股票的股份有限公司，根据自身经营活动的需要和满足投资者不同的投资心理，发行各种不同的股票。这些种类的股票，各自所代表股东地位和股东权利也不尽相同。下面介绍几种最常见的分类方式。

1. 按照股票赋予的股东权利分类

按照赋予股东权利的不同，可以将股票分为普通股和特别股，其中在特别股股票中，优先股是基本形式。

（1）普通股（common stock）。它是指每一股份对公司财产都拥有平等权益，即对股东享有的平等权利不加以特别限制，并能随股份有限公司利润的变化而分取相应股息的股票。普通股股票具有以下特征：

第一，普通股股票是股份有限公司发行的最普通、最重要也是发行量最大的股票种类。股份有限公司最初发行的大都是普通股股票，通过这类股票所筹集的资金通常是股份有限公司股本的基础。普通股股票的发行状况与公司的设立和发展密切相关。

第二，普通股股票是公司发行的标准股票，其有效性与有限公司的存续期间相一致。正因为如此，股票持有者就是公司的基本股东，平等地享有股东权利。股东参与公司经营决策的权利不会被有关方面加以特别限制。当然，也不会赋予这些股东特别权利。

第三，普通股股票是风险最大的股票。持有普通股的股东有权获得股利，但必须是在公司支付了债息和优先股的股息之后才能分得。普通股的股利是不固定的，一般视公司净利润的多少而定。当公司经营有方，利润不断递增时普通股能够比优先股多分得股利；但如果公司经营不善，甚至可能赔本时将分不到股利。另一方面，因为普通股收益具有不确定性，因此其在证券市场的价格也具有波动性，对于那些以获得价差为投资目的的投资者而言，这也是具有很高风险的。此外，当公司因破产或结业而进行清算时，普通股股东有权分得公司剩余资产，但普通股股东必须在公司的债权人、优先股股东之后才能分得财产，财产多时多分，少时少分，没有则不分。由此可见，普通股股东与公司的命运更加息息相关，荣辱与共。当公司获得暴利时，普通股股东是主要的受益者；而当公司亏损时，他们又是主要的受损者。

在股份有限公司存续期间，普通股股东享有下列权利。

第一，经营参与权。普通股股东持有普通股表示其是股份有限公司的资产所有者，因此其有参与公司经营的权利。普通股股东的这一权利是通过参加股东大会来行使的。股东有权出席股东大会，听取公司董事会的业务和财务方面的报告，在股东大会上行使表决权和选举权，选取公司的董事会、监事会，对公司经营管理发表意见。原则上来说，一股代表一个表决权，所有公司股东都有权参加股东大会，并进行投票。但是实际操作中，由于普通股持有者人数众多，而且经常变动，因此，真正有权参加股东大会并行使权利的只是少数大股东。这些大股东根据公司章程规定的表决制度达到选举董事所需要的一定比例的股票份额时，就可以选派自己的董事，通过这些董事及其经理人来控制股份有限公司。大股东控制公司不一定需要拥有绝对多数的股票份额，有时候只是很低的股份比例就可以了，但前提是股份要充分的分散。

第二，红利享有权。股东进行投资的最终目的是获得经济上的收益。因此，股东在取得董事会同意后，可以获得公司分红。股东的红利是公司经营过程中获得最终净利润的一部分，净利润即公司最初利润扣除公司员工工资、各项债务、税款、法定公积金以及优先股股息之后剩余的部分。一般而言，分红后净利润中还将剩余一部分作为公司的发展资金。

第三，认股优先权。股份有限公司为了扩大经营规模或者是其他方面的原因，往往会发行新股筹集资金。为了保证原有股东在公司中的权益，原股东可以优先认购。但优先认购的比例仅限于其原持有股份占总股份的比例。这样原股东可以保持其在总股本中所占的比例不变，当然原股东也可以放弃这样的权利。股份有限公司增发新股一般采取两种方式：一是有偿增发，即原股东可以根据票面价格平价或者折价购买普通股；二是无偿增发，即普通股股东优先无偿获得增发的普通股股票。

第四，剩余资产分配权。当股份有限公司因为经营不善或者其他原因需要破产或者解散清算时，公司需要先用剩余资产支付工人工资、各项税费、债务以及优先股财产，剩余财产归普通股股东进行分配。一般而言，普通股股东按其所占股份比例获得相应比例的财产。如果公司财产不能完全支付以上各项，普通股股东不负连带责任，仅以公司全部资产作为全部清算资产的最高限额。

阅读与应用

冠福家用股票基本表现

冠福家用的股票简介、流通股的近期行情和基本财务状况如图 2-1、图 2-2 和图 2-3 所示。

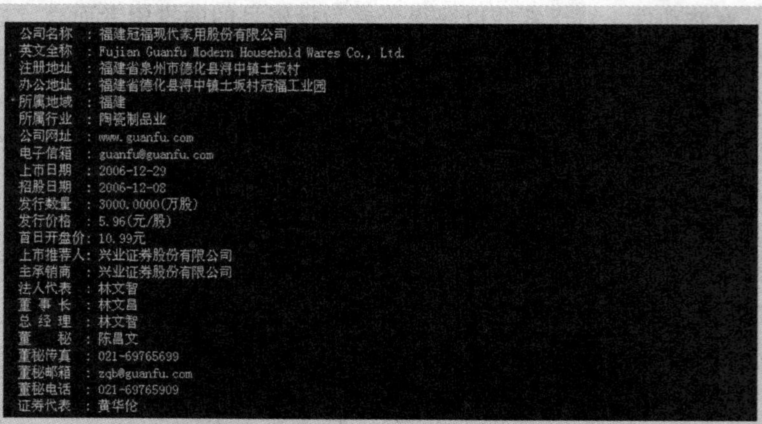

公司名称 ：福建冠福现代家用股份有限公司
英文全称 ：Fujian Guanfu Modern Household Wares Co., Ltd.
注册地址 ：福建省泉州市德化县浔中镇土坂村
办公地址 ：福建省德化县浔中镇土坂村冠福工业园
所属地域 ：福建
所属行业 ：陶瓷制品业
公司网址 ：www.guanfu.com
电子信箱 ：guanfu@guanfu.com
上市日期 ：2006-12-29
招股日期 ：2006-12-08
发行数量 ：3000.0000(万股)
发行价格 ：5.96(元/股)
首日开盘价：10.99元
上市推荐人：兴业证券股份有限公司
主承销商 ：兴业证券股份有限公司
法人代表 ：林文智
董 事 长 ：林文昌
总 经 理 ：林文智
董　　秘 ：陈昌文
董秘传真 ：021-69765699
董秘邮箱 ：zqb@guanfu.com
董秘电话 ：021-69765909
证券代表 ：黄华伦

图 2-1　冠福家用股票简介

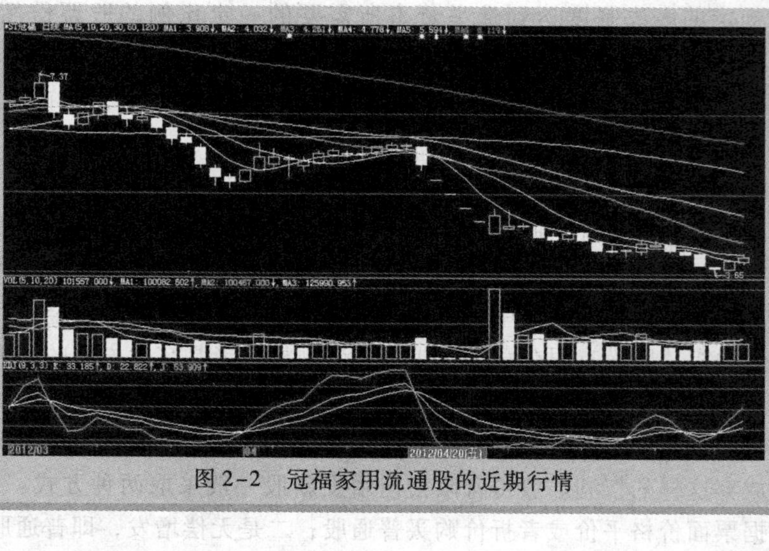

图 2-2　冠福家用流通股的近期行情

主要财务指标	2012一季	2011末期	2011三季	2011中期
基本每股收益(元)	0.0040	-0.2900	0.0250	0.0950
基本每股收益(扣除后)	-	-0.4300	-	0.0190
摊薄每股收益(元)	0.0044	-0.2938	0.0254	0.0950
每股净资产(元)	1.0600	1.0600	1.3800	1.4500
每股未分配利润(元)	-0.2099	-0.2121	0.1225	0.1922
每股公积金(元)	0.2352	0.2352	0.2180	0.2180
销售毛利率(%)	48.68	46.59	44.07	46.31
营业利润率(%)	1.08	-20.27	2.32	14.52
净利润率(%)	0.82	-18.36	1.96	11.95
加权净资产收益率(%)	0.40	-24.38	1.86	6.79
摊薄净资产收益率(%)	0.41	-27.72	1.84	6.56
股东权益(%)	25.55	25.33	30.68	33.73
流动比率	0.79	0.78	0.94	0.95
速动比率	0.36	0.38	0.40	0.43
每股经营现金流量(元)	0.0400	-0.3200	0.1700	-0.0063
会计师事务所审计意见	-	无保留	-	-
报表公布日	2012-04-25	2012-04-25	2011-10-20	2011-08-16

图 2-3 冠福家用流通股的基本财务状况

现在，我们不用考虑图 2-1、图 2-2、图 2-3 中的有关信息，只要熟悉普通股票一般通过什么形式向我们传达信息。在技术分析章节，我们将详细地说明诸如此类的图标和曲线图形。

资料来源：根据新浪网资料整理。

（2）优先股（preference stock）。它是指由股份有限公司发行的在分配公司收益和剩余资产方面比普通股股票具有优先权的股票。优先股的优先权主要是相对于普通股而言的。优先股是特别股股票中的一种。特别股股票是股份有限公司为特定目的而发行的股票，它包含的股东权利与普通股有一定差别，我们将这一类股票统称为特别股股票。作为特别股中最具代表性的一种，优先股价格的波动主要受市场利率影响比较大。其收益相对比较固定，因此公司利润对其影响相对较小。虽然公司利润对其影响不大，但其享有利润分配优先权的优势还是非常吸引市场中的投资者。对于发行公司而言，设立和发行优先股股票可以为公司筹集资金，同时也可以将优先股转换成普通股以减少公司股息负担。相对于普通股股东而言，优先股股东一般不具有表决权，因此可以避免经营决策权的分散。

优先股的特征主要体现在以下几个方面。

第一，约定股息率。优先股具有固定的股息收入，不受公司运营效益的影响，且优先股股东可以先于普通股股东领取股息，因此优先股股东收益相对稳定，风险相对于普通股更小。可是当公司经营状况良好，利润较高的时候，优先股也不能分享利润增长的收益，所以优先股价格增长潜力要低于普通股。

第二，优先分派股息和清偿剩余资产。当公司经营不善时，公司利润不能够支付全部股东股息和红利时，优先股有相对于普通股优先获得股息收入的优先权。当公司因解散、破产需要清算时，优先股股东有优先于普通股股东分配公司剩余资产的权利。

第三，表决权受到一定限制。优先股股东一般不具有参加公司经营决策的权利，即优先股股票不包含表决权，股东无权参加股东大会、过问公司经营状况。这可以保证普通股股东在公司的权利不被分散。但涉及优先股股东权利的时候，优先股股东享有一定的表决权，比如公司长期不支付优先股股息，或者公司要将一般优先股股票改为可转换优先股股票。

第四，股票可由公司赎回。大多数优先股股票都附有赎回条款，在一定条件下公司可以赎回优先股，但优先股股东不能要求退股。股份有限公司在赎回优先股时，一般会在发行价的基础上加价，以保证优先股股东的权利。

2. 按照股票的所有权性质分类

（1）国家股。国家股是指以国有资产向股份有限公司投资形成的股权。国家股一般是指国家投资或国有资产经过评估并经国有资产管理部门确定的国有资产折算的股份。国家股的股权所有者是国家，国家的股权由国有资产管理机构或其授权单位、主管部门行使国有资产的所有权职能。国家股股权，也包含国有企业向股份有限公司转换时，现有国有资产折成的国有股份。

从资金来源上看，国家股的构成主要包括三个部分：①国有企业由国家计划投资所形成的固定资产、国拨流动资金和各种专用拨款；②各级政府的财政部门、经济主管部门对企业的投资所形成的股份；③原有行政性公司的资金所形成的企业固定资产。

国家股的形式在不同的企业中也不尽相同。在由国家控制的企业中，国家股应该是普通股，从而有利于国家控制和管理该企业；在不需要国家控制的中小企业，国家股应该是优先股或参与优先股，从而有利于国家收益权的强化和直接经营管理权的弱化。国家股的规模大小和在不同企业所占比例问题是一个需要不断探索的问题。在法国，国家股在国有企业中就发挥着重要的控股作用。其主要有三种控股方式：①国家控制企业的全部股份；②国家控制企业一半以上的股份；③国家控制企业一半以下的股份。国家控股的程度，因企业于国计民生的关切程度不同而异。这些很值得我国借鉴。

（2）法人股。法人股是指企业法人以其依法可支配的资产向股份公司投资形成的股份，或者具有法人资格的事业单位或社会团体以国家允许用于经营的资产向股份公司投资所形成的股权。

法人股是法人相互持股所形成的一种所有制关系，法人相互持股则是法人经营自身财产的一种方式。法人股应记载法人名称，不得以代表人姓名记名。法人不得将其所持有的公有股份、认股权证和优先认股权转让给本法人单位的职工。

法人股主要有两种形式：①企业法人股，指具有法人资格的企业把其所拥有的法人财产投资于股份公司所形成的股份。企业法人股所体现的是企业法人与其他法人之间的财产关系，因为它是企业以法人身份认购其他公司法人的股票所拥有的股权。有些国家的公司法严格禁止法人持有自身的股权。②非企业法人股，指具有法人资格的事业单位或社会团体以国家允许用于经营的财产投资于股份公司所形成的股份。

（3）公众股。公众股是指社会个人或股份公司内部职工以个人财产投入公司形成的股份。它有两种基本形式，即公司职工股和社会公众股。

公司职工股，指股份公司的职工认购的本公司的股份。公司职工认购的股份数额不得超过向社会公众发行的股份总额的10%。一般来讲，公司职工股上市的时间要晚于社会公众股。社会公众股，指股份公司公开向社会募集发行的股票。向社会发行的部分不少于公司拟发行的股本总额的25%。这类股票是市场上最活跃的股票，它发行完毕一上市，就成为投资者可选择的投资品种。

（4）外资股。外资股是指外国和我国香港、澳门、台湾地区投资者以购买人民币特种股票形式向股份公司投资形成的股份，它分为境内上市外资股和境外上市外资股两种形式。

境内上市外资股是指经过批准由外国和我国香港、澳门、台湾地区投资者向我国股份公司投资所形成的股权。它称为 B 种股票，是指以人民币标明票面价值，以外币认购，专供外国及我国香港、澳门、台湾地区的投资者买卖的股票，因此又称为人民币特种股票。境外上市外资股包括 N 股、H 股以及 S 股等。

3. 按照股票是否记名分类

按照是否记名，可以将股票分为记名股票和无记名股票。

记名股票指票面上载有股东姓名，并将股东姓名记载于公司的股东名册上的股票。记名的股票只有记名的股东可以行使股权，其他人不得享受股东权力。因此记名股票的买卖必须办理过户手续，这在很大程度上保护了股东的权利。证券交易所流通的大都是记名股票。

无记名股票持有人可直接享受股东资格，行使股东权利。由于股票不记名，因此可以自由流通，不需要过户。因此相对而言，无记名股票更具有市场流动性。但当持有者遗失股票时也就等于遗失股东地位和获利的权利。

4. 按照是否标明票面金额分类

按照是否标明票面金额，可以将股票分为面额股票和无面额股票。面额股票指有票面金额的股票，而无面额股票是股票票面上不记载金额的股票。在股票市场中，由于受各种因素的影响，股票的面额与股票的市场价格关系不太密切，股东权利与义务的计算主要是依据于其所占有股份的比例，面额变得越来越没有意义。因此，慢慢地就出现了无面额的股票。无面额股票虽然没有载明票面金额，但通常在票面上都记有股份数量，以表明股东持有股份的多少。

5. 按照股票是否具有表决权分类

按照是否具有表决权，可以将股票分为表决权股、限制表决权股和无表决权股。表决权股指在股东大会上享有表决权的股票，持有者对发行公司的经营管理享有表决权。普通股一般都具有表决权。限制表决权股指有的公司为了防止少数大股东享有过多的表决权，形成对公司的绝对控制或操纵，对持有一定比例以上的普通股，在公司章程中明确限制其表决权。无表决权股指在股东大会上不享有表决权的股票，优先股一般都是无表决权的。

三、我国股票市场简介

（一）我国股票市场的复兴和起步（1980—1991 年）

新中国成立以前和成立初期，我国曾经就有过股票的发行、流通以及股票市场的存在，但是，随着计划经济体制的确立与推行，股票市场便一度中断。改革开放以后，随着市场经济体制的不断深化，股票市场又进入复兴期。

1984 年 11 月，经中国人民银行上海分行批准，飞乐音响股份有限公司成立，并面向社会公众发行不偿还股票。这次发行的股票规定入股后不得退股，在公司无盈利或亏损时暂停支付单位股金的利息和红利，个人和单位股东负有共同经济责任、享受平等权利等。正是从这一意义上，它被视为改革开放后我国第一张真正意义上的股票，如图 2-4 所示。从第一张真正意义上的股票问世，到 1990 年 12 月上海证券交易所（简称上交所）开业之时，上海有延中实业、爱使电子、真空电子、飞乐股份、豫园商场、申华股份、浙江凤凰 8 家公司发行了股票，这就是人们常说的“上海老八股”。1987 年 5 月，深圳发展银行首次向社会公开发行股票，成为深圳第一股。深圳证券交易所（简称深交所）1991 年 7 月开业时，有 5 只股票在深市上市交易，它们分别是深发展、深万科、深金田、深安达、深原野，后来被称为“深市老五股”。

图 2-4 改革开放后我国第一张真正意义上的股票

股票的流通转让始于 1984 年。1984 年 11 月飞乐音响发行股票后，股票持有人不久就提出了转让要求，并进行了一些自发的实际转让。飞乐音响股票的持有人最初转让股票时，必须自己找到受让人，然后到代理发行的工商银行上海市信托投资公司静安分公司（简称“静安信托”）办理转让手续，转让价格为中国人民银行上海市分行统一规定的票面金额加银行的活期储蓄利息。虽然当时的股票转让活动极受限制，代理发行的“静安信托”只是一个过户机构而非交易中介，然而，这却是改革开放以来我国最早的股票转让。就其性质来讲，是一种自发的私下转让，处于股票流通的萌芽阶段。1986 年 9 月 26 日，经中国人民银行上海分行批准，工商银行上海信托投资公司静安分公司成立专门的证券业务部，正式进行股票的柜台挂牌买卖。股票持有者可以委托该业务部实现股票的代购、代销，而不必再自己去找受让人。1987 年 9 月，经中国人民银行批准，深圳 12 家金融机构出资成立全国第一家证券公司——深圳经济特区证券公司，注册资本 550 万元。1988 年 4 月，深圳经济特区证券公司开张，从此深圳也有了股票柜台交易点。1989 年，深圳市又批准了 3 家有证券投资和经营资格的信托公司设立证券部，从事股票的代理发行、转让等事务。

随着股票发行数量的不断增加和投资者队伍的不断壮大，证券交易由分散的柜台交易向集中统一的证券交易所组织交易的转变成为一种必然的、内在的要求。1990 年 9 月 28 日，经中国人民银行批准，我国证券交易自动报价系统成立。同年 12 月 5 日，在北京正式投入运行，它是一个依托计算机网络进行有价证券交易的综合性场外交易市场，承担着法人股的转让中介，为会员公司提供有价证券的买卖价格信息以及结算等方面的服务。1990 年 12 月 19 日，上海证券交易所正式开业，成为改革开放后的我国第一家证券交易所。1991 年 4 月 11 日，深圳证券交易所获中国人民银行批准正式成立。上海、深圳两个证券交易所的成立是我国证券市场迈向现代化最为关键的一步。

我国股票市场逐步纳入有管理的发展轨道始于20世纪80年代中期。这个时期，股市的监管格局是由中国人民银行金融管理部门主管、体改委①等其他政府机关和沪深等地政府参与管理，是一种多头、分散的管理。股票的审核与发行转让及相关法规的制定均由上述部门共同完成。1984年8月，由中国人民银行上海分行发布了新中国有关证券方面的第一个地方政府规章——《关于发行股票的暂行管理办法》。随着股票发行、交易的增加和投资者队伍的日趋壮大，对股票市场监管的需要越来越迫切，相继颁布了《北京市企业股票、债券管理试行办法》（1986年10月）、《深圳经济特区国营企业股份化试点暂行规定》（1986年10月）、《中国人民银行上海市分行证券柜台交易暂行办法》（1987年1月）、《国务院关于加强股票、债券管理的通知》（1987年4月）等一系列政策法规。这些法规虽然大部分属于地方性或部门性法规，但是其内容涉及了股票的发行、上市、交易等各环节的管理，总体来看对股票市场采取的是从严管理的态度，也与改革开放后我国股票市场起步阶段的客观要求是相符的，这些法规构成了我国股票市场法律体系的雏形，为以后我国证券立法体系的完善打下了一定的基础。

（二）我国股票市场的扩容和成长（1992—1999年）

1992年初，邓小平南方讲话从思想上排除了我国股票市场发展的障碍。股票市场的功能得到越来越多人的认同，大量国有企业纷纷改制上市，上市公司数量迅速增加。到1999年底，两市境内上市公司已达到949家。两市上市公司的股票总市值达26 471.17亿元，占我国GDP的32.4%，流通市值为8 213.97亿元，占GDP的9.97%。这些数据均表明股票市场在国民经济中的地位不断提升，对国民经济的影响力、辐射力、推动力在不断加大。

从投资者的角度来看，投资者数量增长迅速，结构进一步改善。股票市场不断地为人们所认识，加之较早入市的投资者的赚钱示范效应，从而吸引了全国各地越来越多的人加入到股票投资者的队伍之中。截至1999年底，沪深两市的投资者开户总数达到4 481.97万户。1993年9月，证券二级市场对机构投资者开放，机构投资者的数量开始稳步增长，使股票市场的投资者结构发生重大变革。到1999年底，机构投资者开户数达23.14万户。机构投资者本身的结构也在不断优化，从最早的非国有企业为主，到境内所有机构均可入市，再到规范的证券投资基金逐渐成为证券市场的重要力量。

证券公司等中介机构不断发展壮大。1992年全国仅有3家全国性证券公司，到1999年11月底，注册资本超过5亿元的证券公司已达24家，其中10亿元以上的有8家。1993年2月5日，司法部、中国证券监督管理委员会（简称证监会）联合发出《关于从事证券法律业务律师及律师事务所资格确认的暂行规定》。之后，首批45家会计师事务所获准从事证券业务，35家律师事务所和21家资产评估机构成为我国证券市场第一批证券律师和资产评估机构。中介机构的不断发展与繁荣，适应了股票市场超常规发展的需要，同时也促进了股票市场以外的企业的市场化、规范化发展。

这一时期，随着股票市场的迅速扩容与壮大，我国加快了股票市场的法制化建设。1993年5月，国务院颁布了《股票发行与交易管理暂行条例》，这是新中国第一部正式的全国性股

① 体改委是经济体制改革委员会的简称，现已并入国家发展与改革委员会。

票市场法规。1994年7月和1999年7月又先后实施了《中华人民共和国公司法》(简称《公司法》)、《中华人民共和国证券法》(简称《证券法》)等事关股票市场发展大局的基本法，使我国股票市场的规范化建设有了基本依据，为证券市场的正常运行奠定了基础。证券监管机关还先后颁布、修改并实施了有关上市公司信息披露规则、股票上市规则、交易规则、证券发行操作规则等一系列股票市场运行规则以及保护投资者利益等诸多方面的法律法规，不少法规几经修改，使整个股票市场的管理日益向法制化方向转变。如国务院证券委员会（简称证券委）发布的《证券交易所管理暂行办法》(1993年7月)、《禁止证券欺诈行为暂行办法》(1993年8月)、《证券从业人员资格管理暂行规定》(1995年5月)等。证监会颁布了《关于颁发"股票发行审核程序与工作规则"的通知》(1993年5月)、《公开发行股票公司信息披露实施细则（试行)》(1993年6月)、《上市公司送配股的暂行规定》(1993年12月)、《证券市场禁入暂行规定》(1997年3月)、《股票发行审核委员会条例》(1999年9月)，等等。

监管权力向证监会转移，全国统一集中的监管框架逐步建立。1992年5月，中国人民银行成立证券管理办公室。7月，国务院建立国务院证券管理办公会议制度，代表国务院行使对证券业的日常管理职能。1992年10月，国务院决定成立专门的国家证券监管部门，由此产生了13个部委组成的国务院证券委员会，同时成立证券委的监管执行机构——证券监督管理委员会。从此我国结束了证券市场多头管理的局面。1998年4月，根据国务院机构改革方案，国务院证券委与证监会合并组成新的证券监督管理委员会。1999年7月1日，证监会派出机构正式挂牌，标志着我国集中统一的证券市场监管体制已经形成。

（三）我国股票市场的规范和发展（2000年至今）

2000年之后的我国股市进入了深化发展、制度不断完善、规范的时期。2000年2月，中国人民银行、证监会联合发布《证券公司股票质押贷款管理办法》，允许符合条件的证券公司以自营的股票和证券投资基金券作质押向商业银行借款。当日沪深股市应声跳空高开，大部分股票以涨停板报收。3月5日，朱镕基总理在九届全国人大三次会议上作的政府工作报告指出，要进一步规范和发展证券市场，增加直接融资比重；完善股票发行上市制度，支持大型国企和高新技术企业上市融资。3月13日，证监会决定，转配股将从2000年4月开始，用24个月左右时间逐步安排上市流通。实际上这个进程仅用了12个月的时间，至2001年4月，转配股已全部上市流通，从而彻底解决了这一历史遗留问题。2001年4月30日，证监会发布《上市公司向社会公开募集股份暂行办法》，办法允许四类上市公司增发募股。7月，沪深上市公司突破1 000家，两市股票市价总值突破4万亿元，相当于2001年GDP的41%，接近了大多数发展中国家和地区的证券化率水平。具体来讲，这一时期我国股票市场的规范和发展体现在以下几方面。

1. 发展B股市场

2001年2月20日，B股市场对内开放，境内自然人可以合法持有外汇账户交易B股。2月22日，证监会和国家外汇管理局就境内投资者投资B股问题联合发出通知。

2. 改革股票发行制度

2000年3月16日，证监会发布《中国证券监督管理委员会股票发行核准程序》及《股票发行上市辅导工作暂行办法》、《信誉主承销商考评试行办法》等配套规章，由此拉开了股票发行制度由审批制向核准制转变的序幕。2001年4月18日，《中国证券监督管理委员会股票发行审核委员会工作程序执行指导意见》发布。

3. 设立退市制度

继1999年7月沪深交易所推出对因连续三年亏损被暂停上市的股票实行“特别转让”——PT制度后，2000年6月17日，两交易所公布取消PT股票特别转让价格5%的跌幅控制，不设下限。这暗示了退市制度的推出正在孕育中。2001年2月，证监会发布《亏损上市公司暂停上市和终止上市实施办法》，连续亏损的上市公司将依法退市，从而结束了我国股票市场只有入口没有出口的局面。

4. 推出独立董事制度

2001年5月31日，证监会公布《关于在上市公司建立独立董事制度的指导意见（征求意见稿）》，意见规定上市公司、券商、基金管理公司均要设立独立董事，其中，上市公司设立独立董事的数量不得少于董事会成员数量的1/3。之后，证监会于5月28日至6月1日在京举办了首届上市公司独立董事培训班。

5. 变革新股发行方式

在2000年以前，新股发行主要以上网定价发行为主。2000年2月13日，证监会决定新股发行采用部分向二级市场投资者配售的方式，即新股发行的50%采用上网定价发行，另50%采用市值配售。2002年5月20日，证监会发出《关于向二级市场投资者配售新股有关问题的补充通知》，规定基本原则是优先满足市值申购部分，在此前提下，配售比例应在50%至100%之间确定。5月22日，沪深两市与中国证券登记结算有限责任公司联合发布了《新股发行市值配售实施细则》。到2002年12月12日止，新股发行一律采用100%配售。市值配售的政策受到了广大投资者的欢迎。

6. 完成股权分置改革

股权分置是中国股市的特殊现象，是指由于早期的制度设计，只有占股市总量1/3的社会公众股可以上市交易（流通股），另外2/3的非流通股（国有股和法人股）则暂不上市交易。这种制度安排不仅使上市公司或大股东不关心股价的涨跌，不利于维护中小投资者的利益，也越来越影响到上市公司通过股权交易进行兼并达到资产市场化配置的目的，妨碍了中国经济改革的深化。

回溯到1992年5月，《股份有限公司规范意见》及13个配套文件出台，明确规定在我国证券市场，国家股、法人股、公众股、外资股四种股权形式并存。1999年10月，管理层实施“国有股配售”政策，采用“净资产之上、十倍市盈率之下”的方案。中国嘉陵和黔轮胎首尝国有股向二级市场投资者配售方案，导致股市暴跌，随后都不了了之。2003年11月，时任证监会主席尚福林公开发表观点说：“中国股市存在股权分置问题”。由此，学界、市场逐步采用了“股权分置”这个说法。

2005年4月，中国证监会宣布正式启动解决股权分置问题试点工作；5月，开始股权分置改革试点，上市公司或大股东通过向流通股股东支付一定比例的对价补偿，以使其持有的国有股和法人股取得流通的资格；8月，证监会、国资委、财政部、人民银行、商务部五部委联合下发《关于上市公司股权分置改革的指导意见》。随后证监会在原来两个试点通过的基础上形成了《上市公司股权分置改革管理办法》，交易所和中国证券登记结算有限责任公司（简称结算公司）在原来试点操作指引的基础上形成了《上市公司股权分置改革业务操作指引》和

《关于上市公司股权分置改革中国有股股权管理有关问题的通知》。由此，股改的制度框架基本形成。截止 2009 年，历时 4 年的股权分置改革基本完成。

7. 创业板上市

2009 年 10 月 30 日，首批 28 家创业板公司集中在深交所挂牌交易。在短短三年的时间里，我国创业板市场发展迅速，截至 2012 年 10 月 30 日，创业板共有 355 家公司已上市交易。创业板上市公司共募集资金 2 272.61 亿元，总市值达 8 662 亿元，流通市值 3 145 亿元，平均发行市盈率 33 倍。

从行业分布的高科技性上看，创业板公司虽涉及多个行业，但信息技术、高端设备制造、电子、石化塑胶、生物医药等行业成为创业板的主要行业，占创业板公司的 60% 以上。其中，高端设备制造业就有 78 家，信息技术行业占到 66 家，电子、石化塑胶、生物医药等行业都各在 15 家以上；此外，还包括部分传媒娱乐业、环保行业、现代农业等新兴行业。有将近半数的创业板公司属于国家七大战略性新兴产业，且已上市的创业板公司中有 107 家获得了国家高新技术认证。

8. 推出股指期货

我国沪深 300 股指期货合约自 2010 年 4 月 16 日起正式上市交易，首批上市合约为 2010 年 5 月、6 月、9 月和 12 月合约。沪深 300 指数期货合约在中国金融期货交易所上市交易，交易代码为 IF，合约标的为沪深 300 指数，合约乘数为每点 300 元，报价单位为指数点，最小变动价位为 0.2 点，合约月份为当月、下月及随后两个季月。交易时间为上午 9:15—11:30，下午 13:00—15:15，最后交易日交易时间为上午 9:15—11:30，下午 13:00—15:00，每日价格最大波动限制为上一个交易日结算价的±10%，最低交易保证金为合约价值的 12%，最后交易日为合约到期月份的第三个周五，遇国家法定假日顺延，交割日期同最后交易日，以现金进行交割，交易手续费暂定为成交金额的 0.5‱，交割手续费标准为交割金额的 1‱。我国股指期货开户门槛为：自然人投资者申请开户时保证金账户可用资金余额不低于人民币 50 万元；一般法人投资者申请开户时净资产不低于人民币 100 万元，保证金账户可用资金余额不低于人民币 50 万元。

第二节 债　券

一、债券的概念及基本要素

（一）债券的概念

债券（bond）是一种有价证券，是社会各类经济主体为筹措资金而向债券投资者出具的并且承诺按一定利率支付利息和到期偿还本金的债权债务凭证。由于债权的利息通常是事先确定的，所以债券又被称为固定利息证券。

（二）债券的基本要素

1. 债券的票面价值

债券的票面价值主要包括以下两方面内容。

（1）票面价值的币种，即以何种货币作为债券价值的计量单位。币种的选择主要依其发行对象和实际需要确定。一般来说，若发行对象是国内有关经济主体，则选择国内货币作为债券价值的计量单位；若向国外发行，则选择债券发行地国家的货币或国际通用货币作为债券价值的计量单位。

（2）债券的票面金额。票面金额的不同，对于债券发行成本、发行数额和持有者的分布，具有不同的影响。票面金额较小，由于有利于小额投资者购买从而有利于债券的发行，但可能增加发行费用，加大发行工作量；票面金额较大，则会降低发行费用，减轻工作量，但可能会减少发行量。

2. 债券的市场价格

债券的票面价值，是债券市场价格形成的主要依据。一般来说，债券的发行价格与债券票面价值是一致的，即平价发行。在实践中，发行者出于种种考虑或由于市场供求关系的影响，也可能折价或溢价发行，都是债券价格对债券票面价值一定程度的背离。债券进入证券交易所进行交易以后，其价格的波动范围将进一步扩大，影响因素也更复杂。

3. 债券的利率

债券的利率即债券持有人每年获得的利息与债券票面价值的比率。债券利率高低主要受银行利率、发行者的资信级别、偿还期限、利率计算方式和证券市场资金供求关系等因素的影响。

4. 债券的偿还期限

债券的偿还期限即从债券发行日起到本息偿清之日止的时间。债券偿还期限的确定，主要受发行者未来一定期限内可调配的资金规模、未来市场利率的发展趋势、证券交易市场的发达程度、投资者的投资方向、心理状态和行为偏好等因素的影响。债券的偿还期限，一般分为短期、中期和长期。偿还期限在 1 年以内的为短期，1 年以上、10 年以下为中期，10 年以上为长期。

此外，债券的相关要素还包括债券的发行主体名称、发行时间、债券类别以及批准单位及批准文号。

二、债券的特征与分类

（一）债券的特征

1. 偿还性

偿还性是指债券一般都规定有偿还期限，发行人必须按约定条件偿还本金并支付利息。

2. 流通性

流通性是指债券的变现能力，指在偿还期限届满前能在市场上转让变为货币，以满足投资者对货币的需求；或到银行等金融机构进行抵押，以取得相应数额的抵押贷款。债券一般都可以在流通市场上自由转让。

3. 安全性

与股票相比，债券通常规定有固定的利率。与企业绩效没有直接联系，收益比较稳定，风险较小。此外，在企业破产清算时，债券持有者享有优先于股票持有者对企业剩余资产的索取权。

4. 收益性

债券的收益性主要表现在两个方面：一是投资债券可以给投资者定期或不定期地带来利息

收入，二是投资者可以利用债券价格的变动，买卖债券赚取差额。

（二）债券的分类

债券可以从各种不同的角度进行分类，而且随着人们对资金融通需要的多元化，各种新的债券形式层出不穷。因此，对债券进行分类也就变得越来越复杂。

1. 按发行主体划分

（1）政府债券。政府债券是中央政府和地方政府发行公债时发给债券购买人的一种格式化的债权债务凭证。其发行目的一般是为了弥补财政赤字、建设大型工程、归还旧债本息，等等。政府债券又可以分为国家债券、地方债券和政府保证债券。国家债券是由中央政府发行的债券，主要有国库券和公债券。国家债券的发行量和交易量在证券市场上占有相当大的比重，对货币市场和资本市场的资金融通发挥着重要的作用。特别是短期国库券，作为货币市场的一种金融工具，流动性强，风险小，是最受投资者欢迎的金融工具之一。地方债券是由各级地方政府机构发行的债券。发行地方债券的目的是筹措地方建设资金，因此地方债券的期限较长。政府保证债券是由一些与政府有直接关系的企业或金融机构发行的债券。这类债券虽由政府提供担保，但不享受国家债券和地方债券的利息免税待遇。

阅读与应用

美国的市政债券简介

市政债券发行量最大的国家是美国。1990 年以来市政债券的余额占 GDP 的 15% ~20%，约占美国全部债务的 6%。

在美国，市政债券是指州和地方政府及其授权机构发行的有价证券，目的是一般支出或特定项目融资。市政债券是美国地方基础设施融资的主要工具。

根据信用基础的不同，市政债券分为一般债务债券（general obligation bond）和收益债券（revenue bond）两大类。

一般债务债券可以由州、市、镇和县发行，都以发行者的税收能力为基础（以一种或几种税收的收入来偿还）。一般债务债券是建立在地方政府信用基础上发行的债券，仍是依靠税收保证偿付的核心资本融资工具。除非某种税收收入被特别限制，一般发行人会以自己全部可支配收入的权力为一般债务债券担保。其中，市级政府依靠它的税收权力（财产税）而发行债券，州政府则依靠其无限的收入流如销售税或收入税而发行债券。一般债务债券中违约的情况极为罕见，某些一般债务债券不仅以征税权力作保证，而且以规费、拨款和专项收费来保证，这类债券被称为双重担保的债券。

收益债券是指为了建设某一基础设施而依法成立的代理机构、委员会或授权机构发行的市政债券，它由专项使用费或附加税来保证还本付息，而不是由一般地方政府税收担保偿付。这些基础设施包括交通设施（收费桥、收费公路、港口、机场）、医院、大学宿舍、公用事业（供水设施、污水处理设施、供电设施、供气设施）等。收益债券主要通过这些设施有偿使用的收入来偿还。收益债券安全性各不相同，特别是它的附加收入现金流直接与其投资项目相关。例如，电力销售所得能确保建造电厂的债券偿付的安全性。但是会议中心、停车场与街灯等市政设施从征收附加销售税、汽油税或二者合并税所得收入，则不足以确保债券安全性。政府本身也可以发行收益债券，但资金只能用在能够带来收益的政府企业，政府并不以自身的信用来担保收益债券的偿还。收益债券的风险往往比一般债券的风险大，但利率较高。

根据美国1986年税收改革法案的规定，市政债券的税收待遇有三种情况：用于公共目的的债券，利息收入免缴联邦所得税；用于私人项目的债券需要缴联邦所得税，但可以免缴债券发行所在州的所得税和地方政府所得税；既非政府目的、又非私人项目的债券，如住宅与学生贷款，也是免税的，但发行数量受到限制，而且利息收入被作为选择性最低税收的优先项目，即在确定联邦政府对个人收入进行征税的税基时，投资市政债券所获得的利息可以享受最低税率优惠。目前绝大多数市政债券是用于公共目的的免税债券。

（2）金融债券。金融债券是由银行或非银行金融机构发行的债券。发行金融债券的金融机构，一般资金实力雄厚，资信度高，债券的利率要高于同期存款的利率水平。其期限一般为1年到5年，发行目的是为了顺应市场融资结构的变化趋势，拓宽融资渠道，构建长期稳定的市场化融资机制。在我国，目前发行金融债券的主要是政策性银行和一些规模庞大的商业银行。

（3）公司债券。公司债券是由公司企业发行并承诺在一定期限内还本付息的债权债务凭证。发行公司债券多是为了筹集长期资金，期限多为10～30年。公司债券也称为企业债券，债券持有人同企业之间只存在普通的债权债务关系，可按期取得事先规定的利息和到期收回本金，但无权参与公司的经营管理。公司债券的信誉要低于政府债券和金融债券，风险较大，因而利率一般也比较高。

（4）国际债券。国际债券是一国政府、金融机构、工商企业或国际组织为筹措和融通资金，在国外金融市场上发行的，以外国货币为计价单位的债券。国际债券的重要特征是发行者和投资者属于不同的国家、筹集的资金来源于国外金融市场。国际债券的发行和交易，既可用来平衡发行国的国际收支，也可用来为发行国政府或企业引入资金从事开发和生产。依发行债券所用货币与发行地点的不同，国际债券又可分为外国债券和欧洲债券。

2. 按偿还期限划分

按偿还期限的长短可将债券分为短期债券、中期债券、长期债券和永久债券。各国对短、中、长期债券的期限划分不完全相同。一般的标准是：期限在1年或1年以下的为短期债券；期限在1年以上、10年以下的为中期债券；期限在10年以上的为长期债券。永久债券也叫无期债券，它并不规定到期日、持有人也不能要求清偿本金，但可以按期取得利息。永久债券一般仅限于政府债券，而且是在不得已的情况下才采用。在历史上，只有英国、法国等少数西方国家在战争时期为筹集军费而采用过。现在，这种不规定偿还期的永久债券，在西方国家已不再发行。我国从未发行过这种债券。

3. 按计息支付方式划分

按计息支付方式可将债券划分为附息债券、贴现债券、单利债券和累进利率债券。

（1）附息债券指债券券面附有各种息票的债券。息票上标明利息额、支付利息的期限和债券号码等内容。息票一般以6个月为一期。债券到期时，持有人从债券上剪下息票并据此领取利息。由于息票到期时可获得利息收入，因此附息债券也被看做是一种可以流通、转让的金融工具，也叫复利债券。附息债券一般限于中长期债券。

(2) 贴现债券，又称贴水债券，指债券券面上不附有息票，发行时按规定的折扣率，以低于债券面值的价格发行，到期按面值支付本息的债券。贴现债券的发行价格与其面值的差额即为债券的利息。计算公式是：

$$利率=(面值-发行价)/(发行价\times期限)\times100\%$$

从利息支付方式来看，贴现债券以低于面额的价格发行，可以看做是利息预付。因而又可称为利息预付债券。

(3) 单利债券指在计息时，不论期限长短，仅按本金计息，所生利息不再加入本金计算下期利息的债券。

(4) 累进利率债券指年利率以利率逐年累进方法计息的债券。累进利率债券的利率随着时间的推移，后期利率比前期利率更高，呈累进状态。

4. 按债券的利率浮动与否划分

按债券的利率浮动与否可将债券分为固定利率债券和浮动利率债券

(1) 固定利率债券指债券利率在偿还期内不发生变化的债券。由于利率水平不能变动，在偿还期限内，当通货膨胀较高的时候，会有市场利率上升的风险。

(2) 浮动利率债券是与固定利率债券相对应的一种债券，它是指发行时规定债券利率随市场利率定期浮动的债券，其利率通常根据市场基准利率加上一定的利差来确定。浮动利率债券往往是中长期债券。由于利率可以随市场利率浮动，采取浮动利率债券形式可以有效地规避利率风险。

5. 按是否记名划分

按是否记名可分为记名债券和不记名债券。

(1) 记名债券，指在券面上注明债权人姓名，同时在发行公司的名册上进行同样的登记。转让记名债券时，要在债券上背书和在公司名册上更换债权人姓名。债券投资者必须凭印鉴领取本息。它的优点是比较安全，但是转让时手续复杂，流动性差。

(2) 不记名债券，指在券面上无须注明债权人姓名，也不在公司名册上登记。不记名债券在转让时无须背书和在发行公司的名册上更换债权人姓名，因此流动性强；但缺点是债券遗失或被毁损时，不能挂失和补发，安全性较差。一般来说，不记名债券的持有者可以要求公司将债券改为记名债券。

6. 按有无抵押担保划分

按有无抵押担保可将债券分为信用债券和担保债券。

(1) 信用债券亦称无担保债券，指不提供任何形式的担保，仅凭筹资人信用发行的债券。政府债券属于此类债券。这种债券由于其发行人的绝对信用而具有坚实的可靠性。除此之外，一些公司也可发行这种债券，即信用公司债券。但为了保护投资人的利益，发行这种债券的公司往往受到种种限制，只有那些信誉卓著的大公司才有资格发行。此外，有的国家还规定，发行信用公司债券的公司还要签订信托契约，在该契约中约定一些对筹资人的限制措施，如公司不得随意增加其债务，在信用债券未清偿前，公司股东分红有限制等。这些限制措施由作为委托人的信托投资公司监督执行。信用公司债券一般期限较短，利率较高。

(2) 担保债券是指以抵押、质押或保证等形式作为担保而发行的债券。因担保形式不同，担保债券又可分为抵押债券、质押债券、保证债券等多种形式。

抵押债券是指债券发行人在发行一笔债券时，通过法律上的适当手续将债券发行人的部分财产作为抵押，一旦债券发行人出现偿债困难，则出卖这部分财产以清偿债务。抵押债券具体来说又可分为优先抵押债券和一般抵押债券。

质押债券亦称抵押信托债券，指以公司的其他有价证券（如子公司股票或其他债券）作为担保所发行的公司债券。发行质押债券的公司通常要将作为担保品的有价证券委托其他机构（多为信托银行）保管，当公司到期不能偿债时，即由信托机构处理质押的证券并代为偿债，这样就能够更有利地保障投资人的利益。以各种动产或公司所持有的各项有价证券为担保品而发行的公司债券统称为“流动抵押公司债券”或“担保信托公司债券”。

保证债券是指由第三者作为保证人担保偿还本息的债券。保证人一般是政府、银行及资信高的大公司等。保证债券主要有政府保证债券和背书公司债券。政府保证债券，指由政府所属企业或与政府有关的部门发行，并由政府担保的债券。一旦债券发行人丧失偿还能力，则由政府代替发行人还本付息。这种债券由于有政府保证，因此其信用仅次于政府债券，其利率一般与地方债券大致相同，但不享受地方债券的利息免税待遇。日本的“特殊债担保债”就属于此类。它是指在公团（公共企业之一，是为适应经济建设和社会的某种需要，由政府全部出资设立的法人企业）、公库（以开发中小企业、农业、高新产业为目的进行融资的政府金融机构）等政府有关机构或国策公司发行的债券中，由日本政府保证偿还本金和利息的那部分债券。其利率略高于日本的长期附息国债，利息收入享受小额储蓄免税优待，原则上不在交易所上市，只能通过金融中介机构进行柜台交易。背书公司债券，是一种由母公司为子公司发行的债券提供担保的形式，即由母公司在子公司发行的债券上背书来保证子公司债券的本息偿还。

7. 按债券的形态划分

按债券的形态可将债券分为实物债券、凭证式债券和记账式债券。

（1）实物债券是一种具有标准格式实物券面的债券。在其标准格式的债券券面上，一般印制了债券面额、债券利率、债券期限、债券发行人全称、还本付息方式等各种债券票面要素。

（2）凭证式债券主要通过银行承销，各金融机构向企事业和个人推销债券，同时向买方开出收款凭证。这种凭证式债券可以记名，可挂失，但不可以上市流通，持有人可以到原购买网点办理提前兑付手续。

（3）记账式债券指没有实物形态的票券，以记账方式记录债权，通过证券交易所的交易系统发行和交易。由于记账式债券发行和交易均无纸化，所以交易效率高，成本低，是未来债券发展的趋势。

8. 按是否可以转换划分

按是否可以转换为发债公司普通股可将债券分为可转换公司债券和不可转换债券。

（1）可转换公司债券（简称可转债）是指发行人依据法定程序和约定条件，在一定时期内可以转换成公司股份的公司债券。作为一种典型的混合金融产品，可转债兼具了债券、股票和期权的某些特征。首先可转债是一种公司债券，具有普通公司债券的一般特性，具有确定的债券期限和定期利率。其次，它又具有股票属性，通常被视为“准股票”，因为可转债的持有人到期有权利按事先约定的条件将它转换成股票，从而成为公司股东。最后，可转债具有期权性质，为投资者或发行人提供了形式多样的选择权，一些条款的设计可以使可转债的发行或投资极具灵活性、弹性和复杂性。

(2) 不可转换债券就是在任何情况下都不能转换成普通股的债券。

9. 按照发行方式划分

按照发行方式不同可分为公募债券和私募债券。

(1) 公募债券，指按法定手续，经证券主管机构批准在市场上公开发行的债券。这种债券的认购者可以是社会上的任何人。发行者一般有较高的信誉。除政府机构、地方公共团体外，一般企业必须符合规定的条件才能发行公募债券，并且要求发行者必须遵守信息公开制度，向证券主管部门提交有价证券申报书，以保护投资者的利益。

(2) 私募债券，指以特定的少数投资者为对象发行的债券。因为投资者大多与发行者关系密切，了解发行者资信，且发行额较小，故不必事先提供企业的财务资料，也不必向主管部门申报批准，发行手续简单，但不能公开上市，利率一般也比公募债券高。

10. 按照债券的偿还时间和方式划分

债券的偿还时间和方式是根据发行人的需要和市场情况具体决定的，灵活性很强。

(1) 按归还时间不同可分为到期偿还债券、期中偿还债券和展期偿还债券。到期偿还债券也叫满期偿还债券，是指按发行债券时规定的还本时间，在债券到期时一次全部偿还本金的债券。期中偿还债券也叫中途偿还债券，是指在债券最终到期日之前，偿还部分或全部本金的债券。展期偿还债券是指在债券期满后又延长原规定的还本付息日期的债券。

(2) 按偿还是否完全划分为分期偿还债券和一次性偿还债券。分期偿还债券是指从债券发行日起，经过一定宽限期后，按发行额的一定比例，陆续偿还，到债券期满时全部还清的债券。全额偿还债券是指在债券到期之前，偿还全部本金的债券。

(3) 按偿还期限是否固定划分为定时偿还债券和随时偿还债券。定时偿还债券亦称定期偿还债券，它指债券发行后待宽限期过后，分次在规定的日期，按一定的偿还率偿还本金的债券。随时偿还债券也称任意偿还债券，是指债券发行后待宽限期过后，发行人可以自由决定偿还时间，任意偿还债券的一部分或全部的债券。

(4) 按收回方式划分为抽签偿还债券、买入注销债券和替代偿还债券。抽签偿还债券是指在期满前偿还一部分债券时，通过抽签方式决定应偿还债券的号码的债券。买入注销债券是指债券发行人在债券未到期前按照市场价格从二级市场中购回自己发行的债券而注销债务的债券。替代偿还债券是指在期满后，发行人采用发行新债券替代偿还到期的旧债券的债券。这种类型实质上以短期债券来替代长期债券，属于变相的长期集资方式。其好处在于既满足了投资者短期灵活的投资需要，又使筹资者降低了债券利息，以较低的成本长期占用资金。

(三) 债券与股票的联系与区别

1. 债券与股票的联系

(1) 债券与股票都属于有价证券。债券和股票都是有价证券，是有价证券中的两个大家族。它们本身并无价值，是一种虚拟资本，是经济运行中实际运用的真实资本的证书。投资者持有股票和债券都有权获得一定量的收益，并能进行相应权利的发生、行使和转让等活动。

(2) 债券与股票都是融资和投资工具。债券和股票都是证券发行主体为筹集资金而发行的证券，发行者通过发行股票和债券筹集到所需要的资金，同时投资者通过自己的投资行为获取收益。因此，债券和股票都是投融资的工具。

（3）两者的收益率互相影响。股票收益率很大程度上可以体现公司经营能力和盈利状况，直接反映公司经营的风险等级。而风险的高低又直接决定了其发行债券价格的高低。反之，债券利息高低直接向市场传递了公司风险级别信息，这在很大程度上会影响该公司股票的市场价值。从宏观的角度看，整个股票市场的价格行情反映了整个经济的发展状况，这也会对发行债券定价产生很大的影响。

2. 债券与股票的区别

（1）两者权利不同。债券是债权凭证，债券持有者与发行债券的公司之间是债权债务关系；股票是所有权凭证，股票所有者是发行股票公司的股东。

（2）两者目的不同。发行债券是公司追加资金的需要，它属于公司的负债，不是资本金，通过债券筹集的资金列入公司负债项目中。股票发行则是股份公司为创办企业或扩充资本的需要，筹措的资金列入公司资本。

（3）两者期限不同。债券是一种有期限证券，发行人可以根据自身的需要发行不同期限的债券。股票是一种无期限证券，投资者一旦购买了股票就不能从公司抽回资金，只能在流通市场上通过转让来实现变现。

（4）两者收益和风险不同。债券有规定的利率，可获固定的利息，收益相对比较稳定，风险比较小。股票的股息红利不固定，一般视公司经营情况而定。在公司经营状况不佳的时候甚至可能没有红利和股息，市场价格也会下跌，给投资者带来巨大损失。在公司进行清算的时候，债权人有优先于股东获得财产补偿的权利，而股东只能在公司缴纳了各项费用、还清了所有债务后，才能分配其剩余财产。

（5）两者发行主体有差异。债券发行主体可以是政府、金融机构或公司（企业），而股票发行主体只能是股份有限公司。

（四）债券与银行存款的联系与区别

1. 债券与银行存款的联系

债券与银行存款的联系主要表现在：两者都有一定的利息收入；都有一定的期限，期满后才能收回本金。

2. 债券与银行存款的区别

（1）收益水平和风险程度不同。债券比银行存款和储蓄有更高的收益和更大的风险。债券利率一般要高于同期银行存款的储蓄利率。同时债券因行市等因素的影响，在期满前若要出售，有可能损失部分本金，对公司债券来说，因其受公司经营状况的间接影响，风险性更大一些。而银行存款损失本金的概率几乎为零。

（2）期限长短不同。银行存款大多是短期的，而债券一般来说中长期居多。

（3）期满前变现的方式不同。银行存款在期满前若要解约提前变现，存款人可收回本金和存入期间相应活期利息；债券若要在期满前变现，则必须拿到证券市场上买卖，能否收回本金和利息，由市场行情决定，事先并不确定。

（4）转让的条件不同。除了可转让的定期存单外，存款和储蓄不能转让给他人，而债券则可以按市价转让，接受转让的人成为新的债权人。

三、我国债券市场

（一）我国债券市场的发展历史

近代以来，我国的债券历史可追溯到晚清。1894 年清政府为支付甲午战争军费的需要，由户部发行了当时称为“息借商款”的债券，发行总额为白银 1 100 多万两。甲午战争后，清政府为交付赔款，又发行了公债（当时称“昭信股票”），总额为白银 1 亿两。自清政府开始发行公债以后，旧中国历届政府为维持财政平衡都发行了大量公债。

新中国成立后，中央人民政府曾于 1950 年 1 月发行了人民胜利折实公债，实际发行额折合人民币为 2.6 亿元，该债券于 1956 年 11 月 30 日全部还清本息。1954 年，我国又发行了国家经济建设公债，到 1959 年共发行了 5 次，累计发行 39.35 亿元，至 1968 年全部偿清。此后 20 余年内，我国未再发行任何债券。

我国现代意义上的债券市场是从 1981 年国家恢复发行国债（如图 2-5 所示）开始，历经 30 多年的发展，经历了实物券柜台市场为代表的不成熟的场外债券市场为主导、上海证券交易所为代表的场内债券市场为主导、银行间债券市场为代表的成熟场外债券市场为主导的三个阶段的发展过程。

图 2-5 1981 年发行的面值 10 元的国库券

1981 年，我国在恢复发行国债之后，经历了长达 7 年的有债无市的历史过程。1988 年，财政部在全国 61 个城市进行国债流通转让的试点。这是银行柜台现券的场外交易的开始，是我国债券二级市场的正式开端。

1990 年 12 月，上海证券交易所成立，开始接受实物债券的托管，并在交易所开户后进行记账式债券交易，形成了场内和场外交易并存的市场格局。到了 1994 年，市场格局发生了变化，作为场外债券市场的实物券交易柜台遭遇失败。究其原因，关键在于没有记账式债券作为市场的基础，而且没有统一的债券托管。

1994 年交易所开辟国债期货交易，债券现货交易开始明显放大。这种状况一直维系到 1995 年 5 月，之后因“327”国债事件，国债期货市场关闭，国债现货市场交易陡然萎缩。

1995 年 8 月，一切场外债券市场停止，证券交易所成为我国唯一合法的债券市场。同时，随着债券回购交易的展开，初步形成了交易所债券市场体系。我国的债券市场之所以一度出现以交易所市场为主的格局，其原因在于当时条件下交易所债券市场制度满足了有关市场主体的切实利益。

1997 年，场外债券市场以银行间债券市场的形式出现，突出解决了银行间的资金融通问题，并就此形成了两市分立的状态。

1998 年 10 月，中国人民银行批准保险公司入市；1999 年初，325 家城乡信用社成为银行间债券市场成员；9 月，部分证券公司和全部的证券投资基金开始在银行间债券市场进行交易；2000 年 9 月，中国人民银行再度批准财务公司进入银行间债券市场。至此，代表我国场外债券交易市场的银行间债券市场基本覆盖了我国的金融体系。

随着银行间债券市场规模的扩大，场外债券市场已逐渐成为我国债券市场的主导力量，为中央银行公开市场业务操作提供了基础，并使之逐渐成为中央银行实现货币政策的主要手段之一，同时也为中央银行推动利率市场化进程打下了基础。

（二）我国债券市场的现状

1. 我国债券的现状概述

我国债券市场发展十分迅速，已形成了银行间债券市场、交易所债券市场、债券柜台交易市场三大交易市场；交易品种包括国债、金融债、公司债和可转债。债券市场的发展对支持国家投资基础设施建设、推进利率市场化、完善资本市场功能起到了积极的作用。我国债券市场正日益走向成熟和壮大，主要体现在以下方面。

（1）市场规模迅速扩大，交易活跃。债券市场总体规模迅速扩大，发展速度位居世界前列。2010 年，我国债券余额达 20.4 万亿元。根据国际清算银行（Bank for International Settlements，BIS）统计，我国债券市场规模排名已跃居世界第 5 位、亚洲第 2 位。债券市场交易量明显提高。2010 年我国银行间债券市场交易量突破 150 万亿元，比 2004 年增长 12 倍多，债券换手率大幅提高，公司信用类债券的流动性在亚洲国家位于前列。

（2）债券品种与期限结构进一步多样化。近年来，我国债券市场相继推出了贴现债券、附息债券、浮息债券、浮动利率债券、远期债券、含权债券等新品种；在期限上，推出了 3 个月期限的短期国债和 7 年、10 年期的长期国债，初步形成了合理的国债期限结构。

（3）债券市场的监管和法制建设逐步完善。先后颁布了《企业债券管理条例》、《中华人民共和国国库券条例》、《禁止证券欺诈行为暂行办法》、《中华人民共和国国债一级自营商管理办法（试行）》、《可转换公司债券管理暂行办法》等法律和法规，初步形成了较合理的债券市场监管制度与法规体系。

（4）公司信用类债券市场实现跨越式发展。2004 年以来，我国公司信用类债券市场快速发展，2010 年末公司信用类债券的余额达 4.3 万亿元，占国内生产总值（GDP）比重上升到 10.9%。根据 BIS 统计，我国公司信用债券市场排名已跃居世界第 4 位、亚洲第 2 位。在直接融资中，债券融资的比重从 2005 年开始超过股票融资，2010 年债券融资规模为股票的 3.3 倍，债券融资占直接融资的比重已经达到 76.9%。债券融资已成为我国直接融资的主要渠道之一，债券市场的快速发展便利了企业债券融资，在国际金融危机期间对于国民经济稳定增长发挥了重要作用。

（5）债券市场初步形成分层有序的市场体系，基础设施建设日趋完备。我国已初步形成面向机构投资者、场外大宗交易的银行间市场为主体的市场架构；实行场外询价、大宗交易的银行间市场是债券市场的主体，主要满足机构投资者需求；实行场内撮合、零售交易的交易所市场是补充，主要满足中小投资者和个人需求。银行间债券市场建立了规范的电子交易平台，以及相应的债券托管、清算、结算制度。银行间市场与交易所市场间互联互通初见成效，跨市场发行、交易、转托管均已实现，上市商业银行进入交易所进行债券交易试点工作也在逐步推进。

2. 我国债券市场存在的主要问题

(1) 市场流动性不足。债券市场的流动性主要表现在现券交易上，我国债券市场的债券回购交易量较大，现券交易量一直很小，主要原因如下。

首先，我国债券市场已形成了银行间债券市场、交易所债券市场和凭证式国债市场三足鼎立的格局。我国银行间债券市场的参与者仅限于商业银行及部分非银行金融机构，企业和个人购买债券主要还是凭证式国债。作为银行间债券市场主体的商业银行，其稳健经营的内在要求决定了银行愿意持有以国家信用做担保的债券，而不会进行频繁的自营交易，而且银行间债券市场的交易主体仅有600多家金融机构，交易的方向和价格的丰富性都很不足，市场成交难以活跃。目前商业银行柜台记账式国债交易的开始，也许将在一定程度上改善这一状况，但作用不会很大。毕竟债券收益率的计算以及各期限品种的组合十分复杂，知识成本较高，作为个人投资者很难做到。交易所债券市场在名义上可以允许社会投资者普遍参与，但参与交易所债券交易必须通过在交易所有席位的证券公司进行，没有参与股票投资的居民通常不会单独在证券公司进行交易所债券交易，这就限制了交易所债券市场交易主体的范围向居民的扩张。变现困难的缺点也限制了凭证式国债投资主体的扩大。

其次，做市商制度的不成熟。我国的债券市场缺乏成熟的做市商制度，投资者在交易时就要和大量的潜在对手谈判，交易成本加大，制约了流动性的提高。

最后，政府信用色彩较浓，民间信用没有得到发展。债券市场参与交易的主体中，国有商业银行占主导地位，市场交易的债券品种是以国家信用为基础的国债和政策性金融债券，公司债券还没有完全发展起来。

(2) 债券收益率曲线缺乏代表性。首先，流动性问题直接影响了我国交易所债券市场和银行间债券市场的收益率曲线难以正常反映社会所有投资者对利率水平的判断，特别是非金融机构的一般企业和普通居民的判断。由于债券收益率曲线缺乏代表性，国债的中长期基准利率作用没有发挥出来，进而导致我国债券市场的性质侧重于货币市场，债券市场的重要功能还没有实现。凭证式国债只有一级市场，没有二级市场；记账式国债刚刚起步，规模很小。这进一步决定了其收益率不具有代表性。其次，由于目前我国证券交易所债券市场和股票市场利用同样的交易系统和交易场所，与股票的关系较为密切，回购利率和交易价格容易被股票价格走势所引导。这也决定了交易所的收益率曲线难以代表社会所有投资者对利率水平的判断。

本章小结

股票是一种有价证券，是股份有限公司公开发行的用以证明投资者的股东身份和权益，并据以获得股息和红利的凭证。

债券是一种有价证券，是社会各类经济主体为筹措资金而向债券投资者出具的并且承诺按一定利率支付利息和到期偿还本金的债权债务凭证。

普通股是指每一股份对公司财产都拥有平等权益，即对股东享有的平等权利不加以特别限制，并能随股份有限公司利润的大小而分取相应股息的股票。

政府债券是中央政府和地方政府发行公债时发给债券购买人的一种格式化的债权债务凭证。

普通股和优先股的区别主要表现在：是否拥有表决权、剩余收益和资产的要求权顺序、股息是否固定。

债券的基本要素：市场价格、债券票面价值、偿还期限以及债券利率。

网络资源索引

1. http://stock.eastmoney.com/ 东方财富网股票频道
2. http://www.stockstar.com/ 证券之星网
3. http://www.cofool.com/gotostock/ 叩富网
4. http://wiki.hexun.com/ 和讯百科
5. http://baike.baidu.com/view/26411.htm/ 百度百科债券
6. http://bond.jrj.com.cn/list/zqtzgl.shtml/ 金融界
7. http://www.gucheng.com/ 股城网
8. http://www.8nn8.com/cj/jbzs/8nn8 财经网

关键术语

股票　普通股　优先股　国家股　法人股　债券　政府债券　金融债券　公司债券　国际债券

问题与思考

1. 比较普通股与优先股的异同。
2. 简述普通股的特点及享有的权利。
3. 简述债券的要素。
4. 试述我国股权分置改革的效果。
5. 试述创业板推出的意义和作用。
6. 试述我国股票市场发展的历程。
7. 试述债券的特点及相互关系。
8. 债券是否就是固定收益证券，为什么？
9. 比较分析股票与债券的异同，论述这两种融资方式的优劣。

第三章　基金与衍生产品

本章导读

在资本市场比较成熟和完善的发达国家，证券市场的主要投资主体是机构投资者，基金作为主要的机构投资者对于稳定证券市场具有重要作用。衍生工具（衍生产品）市场是基于原生工具（诸如股票、债券）发展起来的新兴市场，其交易量通过杠杆效应急剧放大，其财富效应通常是原生工具的数倍甚至数十倍。然而，衍生工具是一把双刃剑，在高财富效应的背后暗含巨大风险。本世纪初，美国的次级债危机就是衍生产品交易引发的。我国证券市场投资主体目前正处于转换时期，即由散户投资者向机构投资者过渡，衍生工具市场也在逐步形成和完善。通过本章的学习，同学们将对基金与衍生产品有进一步的认识。

本章包含两节内容：第一节介绍证券投资基金的概念、特点和分类，在此基础上描述了我国证券投资基金的发展和现状；第二节简要描述了衍生工具的种类和特点。

在学习本章之前，同学们应熟练掌握股票、债券等原生工具的概念和特征。

第一节　证券投资基金

一、证券投资基金概述

（一）证券投资基金的定义

证券投资基金（简称投资基金或基金）是一种将众多不确定的投资者的资金汇集起来，委托专业的金融投资机构进行管理和操作，所得的收益按出资比例由投资者分享的一种投资工具。投资基金实行集合投资制度，它主要通过向投资者发行股票和受益凭证，将社会上的小额闲散资金集中起来，交由专业的投资机构将其投资于各种金融资产，如股票、债券、外汇、期货、期权，获得的收益按投资者的出资比例进行分配。投资机构本身只作为资金管理者获得一定比例的佣金。

世界各国和地区对投资基金的称谓有所不同，在美国称为“共同基金”（mutual fund），在英国及我国香港特别行政区称为“单位信托基金”（unit trust），在日本和我国台湾地区又被称为“证券投资信托基金”（securities investment trust）。

（二）证券投资基金的发展历史

证券投资基金起源于 19 世纪 60 年代。迄今为止，它大致经过了产生、发展和成熟三个阶段。

1. 产生阶段

1868 年至 1920 年是证券投资基金的产生阶段。19 世纪 60 年代，随着第一次产业革命的成功，英国成为全球最富裕的国家，它的工业总产值占世界工业总产值的 1/3 以上，国际贸易额占世界贸易总额的25%，因此，国内资金充裕，利率较低（大约为2%）。与此相异，美国、德国、法国、意大利等国家及英属殖民地国家正开始工业革命，需要大量的资金支持，为此发行了大量的高利率债券。在这种背景下，为了提高国内投资者的资金收益，1868年英国政府出面组织了由专业人士管理运作的以投资美国、欧洲和殖民地国家证券为主要对象的"外国和殖民地政府信托投资"（the Foreign and Colonial Government Trust），它的设立标志着证券投资基金的开始，其操作方式类似于现代的封闭式契约型基金，通过契约约束各当事人的关系，委托代理人运用和管理基金资产。随后，1873年第一家专业管理基金的组织——"苏格兰美洲信托"成立。1879年英国股份有限公司法发布，从此投资基金从契约型进入股份有限公司专业化管理时代。

2. 发展阶段

1921年至20世纪70年代是证券投资基金的发展阶段。如果说第一次产业革命属轻工业革命的话，第二次产业革命则是重工业革命。在这场革命中，钢铁、造船、汽车、电力、化工等工业迅猛兴起。经过19世纪70年代到20世纪初的30多年历程，美国经济跳跃式地发展超过了英国，国民生产总值位居世界首位。

在第一次世界大战后，美国经济更是空前繁荣。在此背景下，1921年4月，美国设立了第一家证券投资基金组织——"美国国际证券信托基金"（International Securities Trust of America），这标志着证券投资基金的"英国时代"结束而"美国时代"开始。

1924年3月21日，在波士顿成立的"马萨诸塞投资信托基金"，意味着美国模式证券投资基金的真正起步。与英国模式相比，这种美国模式具有三个基本特点：一是证券投资基金的组织体系由原先英国模式中的契约型改变为公司型；二是证券投资基金的运作制度由原先英国模式中的封闭式改变为开放式；三是证券投资基金的回报方式由原先英国模式中的固定利率方式改变为分享收益和分担风险的分配方式。这种新型的证券投资基金，对投资者有着明显的吸引力，由此，在1924年以后，许多投资公司纷纷加入证券投资基金行列，使美国的证券投资基金数量在短短的几年内快速超过了英国。到1928年3月，美国已建立的公司型基金多达480家，1929年底基金业资产高达70亿美元，为1926年的7倍。

然而，好景不长，1929年10月随着股市崩盘，经济危机爆发，绝大多数基金纷纷倒闭，尚存的少部分基金也处于苟延残喘状态中，投资者或因惨重损失或因对基金运作成效不满而不愿再投资于证券投资基金。1940年美国仅有证券投资基金68只，资产总值4.48亿美元。到1979年证券投资基金数量发展到524只，资产总值945.11亿美元。

3. 成熟阶段

20世纪80年代以后是证券投资基金趋于成熟的阶段。所谓证券投资基金的"成熟"有三层含义：一是证券投资基金在整个金融市场乃至国民经济中占据了重要地位，已不再是一种可有可无的金融产品；二是证券投资基金成为一种国际性现象，在国际金融市场和国际经济中起着重要作用，已不再是一国内的现象；三是证券投资基金成为金融创新的重要组成部分，不仅在金融创新中高速发展，而且有力地促进着其他金融产品和金融运行机制的创新。

在国际经济和国际金融的快速发展背景下，证券投资基金在20世纪80年代以后也以前所未有的速度向前发展。到了1990年，美国共同基金的资产首次达到10 000亿美元，可供投资者选择的基金达3 100多个。1996年，共同基金的资产更是超过了传统的金融产业——商业银行业的资产，成为第一大金融产业。1999年底，美国共同基金资产已突破了6万亿美元大关，全球则超过7万亿美元。截至2004年底，全球基金业所管理的资产总量达到14.46万亿美元，占2004年全球GDP 55.5万亿美元的26%。仅美国注册的投资公司就管理着8.6万亿美元资产，比2003年增加了8 000亿美元。其中共同基金（mutual funds）管理所有投资公司资产的95%，即8.1万亿美元资产，封闭式基金（closed-end funds）管理2 540亿美元资产，交易所基金（exchange traded funds）管理2 260亿美元资产，单位信托基金（unit investment trusts）管理370亿美元资产。

二、证券投资基金的特点与分类

（一）证券投资基金的性质特点

1. 证券投资基金与股票、债券等基本证券的区别

第一，它们反映的关系不同。股票反映的是产权关系，债券反映的是债权债务关系，而投资基金反映的是信托关系。

第二，它们在操作上投向不同。股票、债券筹集的资金主要投向实业，是一种直接投资工具，而投资基金主要投向有价证券，是一种间接投资工具。

第三，它们的风险收益状况不同。股票的收益是不确定的，其收益取决于发行公司的经营效益，投资股票有较大风险。债券的收益一般是事先确定的，其投资风险较小。投资基金主要投资于有价证券，而且这种投资方式可以灵活多样，从而使其收益有可能高于债券，风险又可能小于股票。

2. 证券投资基金与信托的联系与区别

证券投资基金与信托之间的联系在于：

第一，投资基金与信托都是代理他人运用资金。

第二，投资基金与信托都有融资和集资功能，都能有效地融通资金和集中社会闲散资金。

第三，投资基金与信托都有委托人、受托人和受益人三方当事人。

投资基金与信托的区别在于：

第一，两者的业务范围不同。信托业务范围广泛，包括商业信托和金融信托，而投资基金只是金融信托的一种。

第二，两者的资金运用形式不同。信托机构可以运用代理、租赁和出售等形式处理委托人的财产，既可以融通资金，也可以融通财物；而投资基金主要是运用代理方式进行资金运用，不能融通财物。

第三，两者的当事人不同。信托业务的当事人主要是委托者、受托者和受益者，而投资基金业务的当事人除了上述三者外，还必须有一个保管者。

3. 证券投资基金与产业投资基金的联系与区别

证券投资基金与产业投资基金同属投资基金范畴，有着一系列共同点。它们均是以投资为主要运作内容的组织，既通过募集过程来集中基金资金又贯彻着资金信托关系，既有股权关系又有债权关系，等等。但是，证券投资基金与产业投资基金又有以下明显的区别：

第一，投资者不同。产业投资基金的投资者主要是独立法人机构和一些富人，因此，每只基金的投资者人数通常为有限的多数（几十人至一二百人）。证券投资基金（对冲基金除外）

的投资者既包括各类法人机构也包括一般的自然人，因此，每只基金的投资者人数通常没有上限制约，可高达几万人乃至几十万人。

第二，投资对象不同。产业投资基金主要投资于实体经济部门中的企业或项目，而证券投资基金集中投资于证券市场中的各种可交易证券，其中国债投资基金主要投资于国债，股票投资基金主要投资于股票。

第三，管理方式不同。产业投资基金的管理人，在一般情况下，侧重于对投资项目（或目标企业）的管理，它们虽不强调参与投资项目（或目标企业）的日常经营管理，但常常要求对重要的议决事项拥有表决权甚至一票否决权。与此不同，证券投资基金的管理人，在一般情况下，侧重于对投资证券的组合管理，它们更多的是从市场角度对上市公司（或其他证券发行人）的运作进行约束。

第四，获利方式不同。产业基金的经常性投资收益主要来源于每年的股利分配，在一定条件下，也可通过转让股权等途径而获得投资回报。而证券投资基金的主要收益来自于证券的买卖价差，在一般情况下，利息、股利等收入只占其收益来源的较小部分。

第五，投资风险不同。产业基金投资于实体经济部门，其投资风险主要来自于被投资企业或项目。证券投资基金投资于证券市场，其投资风险不仅来自于上市公司等证券发行人，而且来自于证券市场。由于证券市场（尤其是股票市场）的运作受到众多因素影响，所以，投资风险相当复杂且变化不定。

阅读与应用

QDII在中国起步发展

QDII是qualified domestic institutional investors（合格境内机构投资者）的英文首个字母缩写。是指在人民币资本项下不可兑换、资本市场未开放条件下，在一国境内设立，经该国有关部门批准，有控制地允许境内机构投资境外资本市场的股票、债券等有价证券投资业务的一项制度安排。

QDII是允许在资本账项未完全开放的情况下，内地投资者往海外资本市场进行投资。QDII允许内地居民外汇投资境外资本市场，QDII通过中国政府认可的机构来实施。

QDII由香港特别行政区政府部门最早提出，与CDR（预托证券）、QFII（合格的外国机构投资者）一样，是在外汇管制下内地资本市场对外开放的权宜之计。而且由于人民币不可自由兑换，CDR、QFII在技术上有着相当难度，相比而言，QDII的制度障碍则要小很多。QDII允许内地居民外汇投资境外资本市场，即指投资于我国香港及其他国家和地区资本市场。QDII在为我国有序开放资本市场积累经验，在为培育内地机构投资者起到积极作用。QDII意味着中国资本市场终于开始稳妥地对外开放。这种利好给市场带来的影响是极其深远的。

2007年2月9日，中国银行在其网站上贴出公告，称其首款QDII产品中银美元增强型现金管理（R），自2007年1月12日起，产品份额数已连续20个工作日低于2亿，达到了产品说明书中规定的产品终止条件，管理人宣布终止产品，从2007年2月12日起，不再接受申购申请，同时从2007年2月14日起不再接受赎回申请。没有赎回的投资者，将参与最后的清算。人民币升值加速，导致产品收益率太低，是中银美元增强型现金管理（R）被迫终止的根本原因。

与此同时，另一款类似基金随时可以申购赎回的QDII产品——招商银行的全球精选货币市场基金，自2006年11月1日投资运作以来，以美元为本金计算的平均年化收益率为4.82%。即在截至2006年2月11日的103天时间里，换算成美元后计算收益的话，投资者获得的收益大概在1.36%，然而在此期间，美元兑人民币的汇率却由7.878 5下降为7.757 5，期间贬值幅度为1.54%，将收益抵扣人民币升值带来的亏损后，投资者实际亏损幅度为0.18%。

就这样，QDII在中国起步了。

（二）证券投资基金的运作特点

在现代金融市场上，与一般的个人投资者或机构投资者相比，证券投资基金的运作具有如下一些相互联系的特点：

（1）规模较大。资金规模较大，是证券投资基金的一个重要特点。在美国，一只证券投资基金的规模可高达几百亿元，大大高于单个工商企业、证券公司及个人的证券投资规模。

（2）专业运作。在资金规模较大的条件下，要保障证券投资的有效性并获得满意的收益，证券投资基金通常交给专业水平较高的管理人。基金管理人组织中，专职证券分析人员、富有证券组合经验的专业人员和富有证券市场经验的专业操作人员协同工作，能够比较有效地克服单个工商企业、证券公司或个人在证券投资中的信息分析不足、市场理解不足、操作技能不足等缺陷，从而保障证券投资的有效性和收益水平。

（3）组合投资。受资金规模大和证券市场投资的制度制约，同时为了有效分散投资风险，管理人在运作中通常将资金同时投入十几种乃至几十种证券中，并特别注意各种证券在金融特性、价格走势、市场风险、收益预期、持有时间、持有比例等方面的配比组合关系；另外，管理人在运作中还根据证券市场及其他条件的变化，结合对已有信息的分析和长期运作经验，适时地调整所持证券的组合状况，从而积极分散投资风险，努力为基金持有人谋取投资收益。

（4）长期收益较好。通过集中基金投资者的资金，证券投资基金实现了由管理人进行的集中投资。因此，使得证券投资的交易成本明显低于各个投资者分别投资于证券市场所耗费的交易总成本。

但是，正如任何事物总是有利必有弊一样，证券投资基金在运作中也明显存在一些不足。主要表现在以下几方面：

（1）投资领域的局限性。在现实经济中，最有发展潜力的企业并不都是上市公司，最有增长前景的项目并不一定通过发行证券来募资，最具增长潜力的资产也不见得就是股票、债券等证券，如古董、艺术品、纪念钱币等。而证券投资基金的特性决定了资金只能投资于证券，不能投资于实体经济部门或其他市场。

（2）追逐收益的局限性。证券投资基金的主要收入来自于证券的买卖价差，随着证券市场规范程度的提高和机构投资者之间竞争性的强化，证券交易的买卖价格波动有着趋于平缓的态势。在这种条件下，管理人要通过证券买卖价差来获得基金运作收入有着相当大的难度。在追逐收益的过程中，一些基金管理人努力说服基金投资者，变短期证券投资为长期证券投资，争取长期收益最大化。但在追逐收益中，也有一些基金管理人可能铤而走险，引致极端后果。

（三）证券投资基金的分类

1. 按募集与流通方式分类

（1）私募基金，是指以非公开方式向特定投资者募集基金资金并以证券为投资对象的证券投资基金。由于私募基金对投资人的风险承受能力要求较高，其监管又相对宽松，所以，各国的法律法规明确限定了私募基金持有人的最高人数（如100人或200人）和投资人的资格要求，否则私募基金不得设立。在证券投资领域中，典型的私募基金是对冲基金。私募基金具有如下几个特点：

第一，非公开性。私募基金的基金单位不是通过公开方式（如通过媒体披露信息）寻求投资者购买的，而是通过私下方式征寻特定投资者并向其中有投资意向的投资者发售的。

第二，募集性。私募基金单位虽私下发售，但发售过程是一个向特定投资者募集基金资金的过程，其一般有三个重要规定：其一，特定投资者的数量不能是一个、三个、五个等少数，而应是有限的多数（如几十个、一二百个）；其二，基金单位应是同时并同价向这些特定投资者发售，在同次发售中，不得发生不同价现象；其三，基金单位的发售过程同时是一个基金资金的募集过程，因此，存在一个“募集”行为。私下“一对一谈判”所形成的资金委托投资关系，不属于私募基金范畴。

第三，大额投资性。私募基金受基金运作所需资金数量和投资者人数有限的制约，通常对每个投资者的最低投资资金数额有较高限制。例如，美国一些对冲基金对投资者的最低投资资金数额限定为300万美元。

第四，封闭性。私募基金通常有着明确的封闭期。在封闭期内，基金持有人不得抽回投资本金，除非基金持有人大会决定解散基金。但基金持有人可以通过私下转让基金单位来收回投资本金。

第五，非上市性。以证券为投资对象的私募基金一般是非上市的，投资者可以通过基金投资收益的分配获得回报，但不可能获得基金单位上市的价差收益。

此外，私募基金一个显著的特点就是基金发起人、管理人必须以自有资金投入基金管理公司，基金运作的成功与否与他们的自身利益紧密相关。从国际目前通行的做法来看，基金管理者一般要持有基金3%～5%的份额，一旦发生亏损，管理者拥有的份额将首先被用来支付参与者，因此，私募基金的发起人、管理人与基金是一个唇齿相依、荣辱与共的利益共同体，这也在一定程度上较好地解决了公募基金与生俱来的经理人利益约束弱化、激励机制不够等弊端。

阅读与应用

星石投资管理有限公司

北京市星石投资管理有限公司（简称星石投资）成立于2007年。星石投资的管理团队全部来自国内大型基金公司，具有多年的行业经验。星石投资确立了追求绝对回报的投资目标，该目标分为长期收益目标和风险控制目标两个部分。长期收益目标设定为五年期及五年期以上的长期复合年化收益率达到15%～20%，风险控制目标设定为任意连续六个月及六个月以上的下行风险控制在5% ~10%。

投资理念及策略：星石投资采用宏观驱动的价值投资理念，建立收益风险配比决策模型，控制投资组合的整体风险，通过行业与公司驱动因素的研究，把握确定性强的投资机会。其部分产品名称及净值如表3-1所示。

表3-1 星石投资管理有限公司的部分产品

序号	基金简称	净值日期	最新净值（元）	最低认购（万元）
1	星石9	2012-04-28	1.203 4	100
2	星石21期	2012-05-11	0.993 3	100
3	星石17	2012-05-18	1.047 0	100
4	星石13	2012-05-18	1.131 6	100
5	星石10	2012-05-18	1.207 7	100
6	投资精英之星石	2012-05-18	1.047 6	—
7	星石15	2012-05-18	1.078 8	100
8	星石12	2012-05-18	1.160 9	100
9	星石20期	2012-05-18	1.008 1	100
10	星石5	2012-05-18	1.344 8	100

资料来源：http://www.starrockinvest.com/北京市星石投资管理有限公司。

（2）公募基金，是指以公开发行方式向社会公众投资者募集基金资金并以证券为投资对象的证券投资基金。公募基金可通过各种媒体披露发行信息，投资者人数一般不受限制，每个投资者的最低投资数量一般没有限定。与私募基金相比，公募基金有如下几个特点：

第一，公开性。公募基金向社会公众募集基金资金，遵守“公开、公平、公正”原则，各种相关信息不仅必须公开披露，而且应及时、准确、完整。

第二，可变现性。公募基金的投资者人数众多，各个投资者各有不同的资金流动性要求，如若不能有效解决投资本金的变现问题，就将严重限制投资者的人数和募集资金的数量，使基金的设立遇到困难。因此，公募基金一般有着较强的可变现性。在采取封闭式基金方式的场合，公募基金一般通过基金单位上市的途径来解决投资本金的变现问题；在采取开放式基金方式的场合，公募基金一般通过赎回方式来解决投资本金的变现问题。

第三，高规范性。公募基金面向社会公众投资者募集资金，在信息不对称条件下，为了保障基金持有人的权益，各国对公募基金的发售、设立、运作、托管、变现、解散等都制定了相当详细严格的法律法规予以规范。

（3）上市基金，是指基金证券在证券交易所挂牌交易的证券投资基金。这种基金由于其证券可在交易所上市，流通性较高，所以，发行比较容易，发行量也较大。基金证券的上市程序、交易程序及有关机制，与股票、债券基本相同。各国对上市基金的规定不尽相同。

（4）非上市基金，是指基金证券不能在证券交易所挂牌交易的证券投资基金，包括可变现基金和不可流通基金两种。其中，可变现基金，是指基金证券虽不在证券交易所挂牌交易但可通过赎回收回投资本金的证券投资基金，如开放式基金。不可流通基金，是指基金证券既不能在证券交易所公开交易又不能通过赎回来收回投资本金的证券投资基金，如某些私募基金。

2. 按规模是否固定分类

（1）封闭式证券投资基金，又称固定式证券投资基金，是指基金证券的预定数量发行完毕，在规定的时间（也称“封闭期”）内基金资本规模不再增大或缩减的证券投资基金。

（2）开放式证券投资基金，又称变动式证券投资基金，是指基金证券数量甚至基金资本可因发行新的基金证券或投资者赎回本金而变动的证券投资基金。

开放式基金与封闭式基金的区别如下。

第一，从基金份额上看，封闭式基金的份额在封闭期内固定不变，而开放式基金的份额可以增减变动，它随时接受申购和赎回。

第二，从基金期限上看，封闭式基金有固定的封闭期限，期满后一般应予清盘；而开放式基金无预定存在期限，理论上可无限期存在下去。

第三，从交易方式上看，封闭式基金一般在证券交易所上市或以柜台方式转让，交易是在基金投资者之间进行，只是在基金发起接受认购时和基金封闭期满清盘时，交易才在基金投资者和基金经理人或其代理人之间进行；开放式基金的交易则一般在基金投资者和基金经理人或其代理人（如商业银行、证券公司的营业网点）之间进行，基金投资者之间不发生交易行为。

第四，从交易价格上看，封闭式基金的价格由市场竞价决定，可能高于或低于基金单位资产净值，基金单位资产净值一般隔一定时间（如一周）公布一次；而开放式基金的交易价格由基金经理人依据基金单位资产净值确定，基本上是连续性公布（如每日公布一次）。

第五，从适应市场上看，封闭式基金主要投资于规模较小、开放程度较低的市场；开放式基金多投资于规模较大、开放程度较高的市场。

第六，从管理难度上看，封闭式基金的管理难度较小，基金资产可以在基金封闭期内从容运作；而开放式基金的管理难度较大，基金资产的投资组合要求高，要随时应付投资者的认购或赎回。

比较而言，开放式基金比封闭式基金提供了更多、更及时、更准确的信息，相对更有利于投资者对基金的把握与投资，投资者对开放式基金表现出了更大的偏好，从而形成了目前开放式基金的主流地位。

3. 按组织形式分类

（1）公司型证券投资基金，简称公司型基金，在组织上是按照公司法（或商法）规定所设立的、具有独立法人资格并以营利为目的的证券投资基金公司（或类似法人机构）；在证券上是指由证券投资基金公司发行的证券投资基金证券。公司型证券投资基金证券，实际上是证券投资基金公司的股票。投资者购买基金公司的证券后，以基金持有人身份成为基金公司的股东。基金持有人会议是基金公司的最高权力机构，基金公司应根据基金持有人会议的决议，选择一家投资管理公司（或基金管理公司）来管理和运作基金公司的资产。同时，选择一家商业银行（或其他金融机构）来担任基金资产的保管人或托管人。公司型证券投资基金的最主要特点是它的公司性质，即基金公司本身是独立法人机构。

（2）契约型证券投资基金，简称契约型基金，在组织上是按照信托契约原则，通过发行带有受益凭证性质的基金证券而形成的证券投资基金组织；在证券上是指由证券投资基金管理公司作为基金发起人所发行的证券投资基金证券。契约型基金与公司型基金的最主要区别是，它在组织上不是一个独立的法人机构，没有自身的办事机构系统，与此相对应，在证券上它的发行不是由基金公司作为发行人，而是由基金管理公司作为代理发行人。

4. 按国际特点分类

证券投资基金有的是在本国募集资金并投资于本国证券市场，有的是在他国（或地区）募集资金并投资于本国或第三国市场，有的是在本国募集资金并投资于他国证券市场，还有的是在多国募集资金并投资于多国证券市场。在后三种情形下，证券投资基金具有了国际性质。由此，从国际特点上看，可将证券投资基金划分为在岸证券投资基金和离岸证券投资基金。

在岸证券投资基金，简称在岸基金，是指在本国募集资金并投资于本国证券市场的证券投资基金。中国目前在境内设立的证券投资基金均属在岸基金范畴。

离岸证券投资基金，简称离岸基金，是指一国的证券基金组织在他国发行证券基金单位并将募集的资金投资于本国或第三国证券市场的证券投资基金。例如，20 世纪 60 年代前后，欧洲一些国家曾在美国发行欧洲证券投资基金并将募集的资金投资于欧洲证券市场。

5. 其他分类

(1) 根据基金的风险与收益，可以把投资基金分为成长型基金、收入型基金和平衡型基金。

成长型基金是指以追求资产的长期增值和盈利为基本目标，投资于具有良好增长潜力的上市股票或其他证券的证券投资基金。成长型基金注重资本的长期增值，同时强调一定的经常性收益。基金的投资主要集中于市场表现良好的绩优股。基金经理人在进行投资操作时，把握有利的时机买入股票并长期持有，以便能获得最大的资本利得。成长型基金的主要目标是公司股票，它不做信用交易或证券期货交易。被成长型基金挑选的公司，多是信誉好且具有长期盈利能力的公司，其资本成长的速度要高于股票市场的平均水平。由于成长型基金追求高于市场平均收益率的回报，因此它必然承担了更大的投资风险，其价格的波动也比较大。

收入型基金是以追求当期收入最大化为基本目标，以能带来稳定收入的证券为主要投资对象的证券投资基金。其投资对象主要是那些绩优股、债券等收入比较稳定的有价证券。在投资策略上，坚持投资多元化，利用资产组合分散投资风险。为满足投资组合的调整，持有的现金资产也较多。收入型基金一般把所得的利息、红利部分派发给投资者。

平衡型基金是指以保障资本安全、当期收益分配、资本和收益的长期成长等为基本目标从而在投资组合中比较注重长短期收益和风险搭配的证券投资基金。实践中平衡型基金的资产分配大约是：25% ~50% 的资产投资于优先股和公司债券上，其余的投资于普通股，这样可以更好地确保基金资产的安全性。因此它的最大优点就是它具有双重投资目标，投资风险小。当股票市场出现空头行情时，平衡性基金的表现要好于全部投资于股票的基金；而在股票市场出现多头行情时，平衡型基金的增长潜力要弱于全部投资于股票的基金。

(2) 根据基金的投资对象，可以把投资基金分为股票基金、债券基金和货币市场基金。

股票基金就是指专门投资于股票或者说基金资产的大部分投资于股票的基金类型。它的投资目标侧重于追求资本利得和长期资本增值，是基金最原始、最基本的品种之一。股票基金的最大特点就是具有良好的增值能力。

债券基金是指主要投资于各种国债、金融债券及公司债的基本类型。其资产规模仅次于股票基金。与股票基金相比，债券基金的投资风险小于股票基金，但缺乏资本增值能力，投资回报率也比股票低。

货币市场基金是指发行基金证券所筹集的资金主要投资于大额可转让定期存单、银行承兑汇票、商业本票等货币市场工具的证券投资基金。货币市场基金主要有以下特点：一是该基金以货币市场中流动性较强的短期融资工具作为投资对象，具有一定的流动性和安全性；二是该基金的价格比较稳定，投资成本低，投资收益一般高于银行存款；三是该基金一般没有固定的存续期间。

（四）投资基金与其他金融工具的比较

1. 基金与股票、债券的差异

（1）反映的经济关系不同。股票反映的是一种所有权关系，是一种所有权凭证，投资者购买股票后就成为公司的股东；债券反映的是债权债务关系，是一种债权凭证，投资者购买债券后就成为公司的债权人；基金反映的则是一种信托关系，是一种受益凭证，投资者购买基金份额就成为基金的受益人。

（2）所筹资金的投向不同。股票和债券是直接投资工具，筹集的资金主要投向实业领域；基金是间接投资工具，所筹集的资金主要投向有价证券等金融工具或产品。

（3）投资收益与风险大小不同。通常情况下，股票价格的波动性较大，是一种高风险、高收益的投资品种；债券可以给投资者带来较为确定的利息收入，波动幅度也比股票小，是一种低风险、低收益的投资品种；基金投资于众多证券，能有效分散风险，是一种风险相对适中、收益相对稳健的投资品种。

2. 基金与银行储蓄存款的差异

由于开放式基金主要通过银行代销，许多投资者误认为基金是银行发行的金融产品，与银行储蓄存款没有太大区别。实际上，二者有着本质的不同，主要表现在以下几个方面。

（1）性质不同。基金是一种受益凭证，基金财产独立于基金管理人的财产。基金管理人只是受托管理投资者资金，并不承担投资损失的风险。银行储蓄存款表现为银行的负债，是一种信用凭证。银行对存款者负有法定的保本付息责任。

（2）收益与风险特性不同。基金收益具有一定的波动性，投资风险较大；银行存款利率相对固定，投资者损失本金的可能性很小，投资相对比较安全。

（3）信息披露程度不同。基金管理人必须定期向投资者公布基金的投资运作情况；银行吸收存款之后，不需要向存款人披露存款的运用情况。

三、我国证券投资基金概述

（一）我国证券投资基金的发展历程

我国证券投资基金业伴随着证券市场的发展而诞生，按照主管机关管辖权力的过渡可分为两个阶段。

第一阶段（1992—1997 年），该阶段证券投资基金的主管机关是中国人民银行。这一阶段发起设立的基金简称“老基金”，其中大部分是在 1992 年前后成立的。截至 1997 年 10 月，全国共有投资基金 72 只，募集资金 66 亿元。72 只基金全部为封闭式，除了淄博基金、天骥基金和蓝天基金为公司型基金外，其余都是契约型基金。多数基金是由证券公司和信托投资公司发起并管理的，一般是在公司内部设立一个基金管理部负责基金的投资，但也有成立专业性基金管理公司的。其中具有代表性的是中国首家专业化基金管理公司——深圳投资基金管理公司，它于1992年10月8日正式成立，标志着中国基金业规范化管理的开始。全国在同一时期成立的基金管理公司还有淄博基金管理公司、蓝天基金管理公司等。此阶段基金发展的特点是由地方人民银行批准发起设立，由下至上，自发性较强。具有专业化水平的基金管理公司管理运作的基金较少。大部分基金由证券或信托机构的基金部负责运作，这种情况后来得到了逐步规范。这一时期我国证券投资基金的特点表现为以下几个方面。

（1）组织形式单一。72只基金全部为封闭式，并且除了淄博基金、天骥基金和蓝天基金为公司型基金外，其他基金均为契约型。

（2）规模小。单只基金规模最大的是天骥基金，为5.8亿元，最小的为武汉基金第一期，仅为1 000万元。平均规模8 000万元，总规模仅66亿元。

（3）投资范围宽泛，资产质量不高。绝大多数投资基金的资产由证券、房地产和融资构成，其中房地产占据相当大的比重，流动性较低。1997年末的统计调查结果显示，其投资范围大体为：货币资金14.2%，股票投资31%，债券投资3.5%，房地产等实业投资28.2%，其他投资占23.1%。

（4）基金发起人范围广泛。投资基金的发起人包括银行、信托投资公司、证券公司、保险公司等，其中由信托投资公司发起的占51%，证券公司发起的占20%。

（5）收益水平相差悬殊。1997年，收益水平最高的天骥基金，其收益率达到67%，而最低的龙江基金收益率只有2.4%。

第二阶段（1997年至今），该阶段是由中国证监会作为基金业管理的主管机关，以1997年11月4日颁布的《证券投资基金管理暂行办法》（以下简称《暂行办法》）为标志。经过近半年的筹备，国泰基金管理有限公司和南方基金管理有限公司经批准分别发起设立20亿元人民币规模的封闭型基金，基金名称分别为金泰和开元基金，并于1998年3月23日上网发行。金泰、开元两个新基金的发行规模远大于第一阶段发行的基金。而后1998年4月华夏基金管理有限公司又发起设立了兴华基金，华安基金管理有限公司发起设立了安信基金。截至1998年6月底，由中国证监会作为基金业管理的主管机关批准发行的封闭型契约基金规模达80亿元人民币。此阶段投资基金发展的特点是基金管理高度集中在国家主管机关，基金发行规模较前阶段大。有关投资基金的法规陆续出台，法律环境逐步完善。随着《暂行办法》以及相关条例和规则相继公布，基金的运作越来越规范。2000年10月8日，中国证券监督管理委员会发布并实施的《开放式证券投资基金试点办法》，由此揭开了我国开放式基金发展的序幕。2001年底，我国已有华安创新、南方稳健和华夏成长三只开放式基金。2002年共有22只基金首发或扩募，新批准成立和筹建的基金公司超过10家，累计募集资金达568.32亿元，基金总数增至71只，开放式基金由3只增加到17只，基金净值总额达1 300亿元，占流通A股市值比例首次超过一成。2003年，我国基金业更是继续呈现出加速发展的态势，开放式基金逐渐成为行业主流品种。2003年9月，我国已开业的基金管理公司达31家（含5家新成立的合资基金管理公司），基金托管银行8家，中国证券市场上已有86只证券投资基金，总规模达到1 616亿份，总市值超过国内A股流通市值的12%。其中，封闭式基金54只，规模817亿份；

开放式基金32只，首发规模已累计超过1 000亿份。2003年10月28日，历经5年孕育的《中华人民共和国证券投资基金法》获全国人民代表大会常务委员会表决通过，于2004年6月1日起正式实施。到2004年底，我国共有基金管理公司45家，管理基金161只，管理基金规模达到3 308亿份。截至2005年11月28日，我国证券投资基金资产总规模达5 008.2亿份，基金总数达到215只，基金管理公司数量达到52家。目前我国证券投资基金管理的资产规模已相当于A股流通市值的一半左右。基金业的发展壮大，对我国资本市场的改革开放和稳定发展的积极推动作用日趋显著，促进了资本市场的机构完善和效率提升。这一时期我国证券投资基金的主要特点表现在以下几方面。

（1）法律法规不断完善，监管力量加强，为基金业的运作创造了良好的外部环境，并推动基金业的迅速发展。多部基金法规相继出台，中国证监会基金监管部作为基金监管的主要实施部门，在基金管理公司与基金的设立、运营、托管等方面实施高效监管，《中华人民共和国投资基金法》成为中国基金业发展的核心法律依据。2005年新修订的《中华人民共和国公司法》和《中华人民共和国证券法》自2006年1月1日起实施，这为金融混业经营以及发展金融衍生工具提供了依据，而《商业银行个人理财业务管理暂行办法》有助于一站式金融服务的发展。首批37家金融机构取得企业年金服务的资格也为企业年金市场的迅速发展打开了大门。

（2）基金规模日益扩大，对市场的影响也日益重要，逐渐成为证券市场中不可忽视的重要的机构投资者。其中既包括新发行的封闭式与开放式基金，也包括原有投资基金经清理、改制和扩募之后形成的规范化运作的证券投资基金。

（3）基金品种日益多样化，投资风格逐渐凸显。从1998年第一批以平衡型为主的基金发行至今，已出现成长型、价值型、复合型等不同风格类型的基金，尤其是开放式基金的逐步推出，基金风格类型更为鲜明，为投资者提供了多方位的投资选择。

（4）面对加入世界贸易组织（WTO）后的竞争格局，基金管理公司开展广泛的对外合作，学习先进的管理与技术经验，推动基金产品与运营的创新为中国加入国际金融市场竞争奠定了基础。

（二）我国证券投资基金的现状

我国的证券基金投资发展至今虽然只有短短的十余年，无论其品种、数量和规模，还是监管政策、运行水平及投资理念等都有全面系统的长足发展和质的大幅跃升，虽相对于成熟的欧美金融市场，发展态势和速度更好更快，但仍然存在着较大差距。

1. 基金管理公司自身的集中度水平相对较高

我国目前的基金资产大部分被已较早发行基金的基金管理公司所占据，如2009年业界前十位的基金管理公司就占据了整个基金行业半成及以上的基金资产，直至今日这种状态也始终未被改变。

2. 基金的持股集中度与市场走势关联不明显

基金持股集中度的定义，是指在基金投资股票领域中前十大重仓股票的市值之和与拥有股票投资的基金之间的比重。而基金的持股集中度则从一定程度上客观地反映基金管理人对基金的管理能力和对市场的预测能力和掌控能力，即持股集中度越高说明基金管理人对于所选股票的信心越足，也由此体现基金管理人对于市场的分析能力。截至2009年底，我国的基金持股集中度保持在28.6%，其中开放式基金的持股集中度为28.1%。可以看出，我国的基金持股集中度对于市场经济形势的反映程度并不够明显。

3. 基金对投资对象的选择具有趋同性

对于基金投资对象趋同性现象的产生，最主要的原因应是证券投资市场本身，因为证券投资市场中优质的股票很少，而大部分基金管理人的分析能力和操作手段又近乎相同，得到的信息内容和质量也大同小异，因此选择的投资对象大多集中为公认的几只优质股，这就形成基金投资对象的趋同性。

4. 基金的投资理念日趋理性与成熟

随着国家对证券投资市场秩序进行严格整顿和规范管理之后，我国的基金投资行业运行将会越发成熟，基金管理人的投资理念将会更理性并与国际接轨，由简单的被动坐庄向价值挖掘式发展，开始注重对个股基本面及整个行业和市场形势分析研究，严格按照合约要求规范自身的基金投资行为。

5. 建立了比较系统完善的法律法规体系

《中华人民共和国证券投资基金法》的出台，意味着我国基金业的发展有法可依，得到政策的支持和保护。与此同时，规范和优化基金投资市场环境，对于我国证券投资行业的健康有序发展意义重大，此外，证监会及相关监管机构还制定与补充了相关的政策法规。

阅读与应用

基金知识：透析ETF与LOF

国内第一只LOF南方积极配置基金于2004年12月20日在深圳证券交易所上市，上证50ETF于2005年2月23日开放申购赎回并在上海证券交易所上市交易。沪深两地交易所先后推出ETF产品和LOF产品，究竟如何认识它们，它们之间的区别与联系何在？投资者又该如何选择？

1. ETF与LOF的区别与联系

ETF（exchange traded fund），译为“交易型开放式指数基金”，属于开放式基金的一种特殊类型，是可在交易所交易的基金。ETF通常采用完全被动式管理方法，以拟合某一指数为目标。它为投资者同时提供了交易所交易以及申购、赎回两种交易方式。一方面，与封闭式基金一样，投资者可以在交易所买卖ETF，而且可以像股票一样卖空和进行保证金交易（如果该市场允许股票交易采用这两种形式）；另一方面，与开放式基金一样，投资者可以申购和赎回ETF，但在申购和赎回时，ETF与投资者交换的是基金份额和“一篮子”股票。ETF具有税收优势、成本优势和交易灵活的特点。

LOF（listed open-ended fund），译为“上市开放式基金”。LOF是对开放式基金交易方式的创新，其更具现实意义之处在于：一方面，LOF为“封转开”提供技术手段。对于封闭转开放，LOF是个继承了封闭式基金的特点，增加投资者退出方式的解决方案，对于封闭式基金采取LOF完成封闭转开放，不仅是基金交易方式的合理转型，也是开放式基金对封闭式基金的合理继承；另一方面，LOF的场内交易减少了赎回压力。此外，LOF为基金公司增加销售渠道，缓解银行的销售瓶颈。

LOF与ETF相同之处是同时具备了场外和场内的交易方式，二者同时为投资者提供了套利的可能。此外，LOF与目前的开放式基金不同之处在于它增加了场内交易带来的交易灵活性。

二者区别表现在：首先，ETF本质上是指数型的开放式基金，是被动管理型基金，而LOF则是普通的开放式基金增加了交易所的交易方式，它可能是指数型基金，也可能是主动管理型基金；其次，在申购和赎回时，ETF与投资者交换的是基金份额和“一篮子”股票，而LOF则是与投资者交换现金；再次，在一级市场上，即申购赎回时，ETF的投资者一般是较大型的投资者，如机构投资者和规模较大的个人投资者，而LOF则没有限定；最后，在二级市场的净值报价上，ETF每15秒钟提供一个基金净值报价，而LOF则是一天提供一个基金净值报价。

2. 如何运用ETF和LOF进行投资

对LOF而言，投资者的投资行为可以相对简单。首先，如果看好相关的开放式基金，比如看好了某基金公司的某只开放式基金，那么，你就可以像买进封闭式基金一样买进它，也可以在其发行之际买进。其次，激进一些的投资者还可以进行一些短线的操作。当然这必须在对基金净值有足够把握的前提下进行，因为毕竟LOF是一天公布一次净值。

对ETF而言，投资者就应当进行一些选择了，如选择产品、选择时机。首先，选择自己合适的ETF产品。从各方面信息来看，未来会有一系列的交易所交易基金面世，上交所表示：随着上证50ETF产品的推出，今后将择机推出上证180ETF、高红利股票指数ETF、大盘股指数ETF、行业ETF等系列ETF产品。那么，投资者如何在诸多的ETF中选择适合自己的品种，这是值得思考的一个问题。笔者归纳，一是要了解，二是要认为其指数将在长期内上扬；三是指数适合自己的投资风格。比如，风险偏好型投资者适合购入小盘股ETF，而风险厌恶型投资者，则适合购入蓝筹型的ETF。其次，选择时机。从国外的经验来看，最好是在指数调整20%的时候介入，追高买进ETF将和追高买入股票一样。例如，上证50指数由最高点调整到近期最低点（收盘价）最大幅度达到22%，理论上是一个买进时机。当然这只是一个经验选择；相反，如果你认为上证50指数未来不可能走高，其未来收益可能比不上储蓄收益，那么，你显然就不应当投资上证50ETF。

资料来源：http://vip.fundxy.com/fundxy/fask/ShowAsk.aspx?askid=21370

第二节 金融衍生工具

近30年来，衍生产品市场的快速崛起成为市场经济发展史中最引人注目的事件之一。过去，通常把市场区分为商品（劳务）市场和金融市场，进而根据金融市场工具的期限特征把金融市场分为货币市场和资本市场。衍生产品（工具）的普及改变了整个市场结构。它们连接起传统的商品市场和金融市场，并深刻地改变了金融市场与商品市场的截然划分。衍生产品的期限可以从几天扩展至数十年，已经很难将其简单地归入货币市场或是资本市场，其杠杆交易特征撬动了巨大的交易量，它们无穷的派生能力使所有的现货交易都相形见绌。衍生工具最令人着迷的地方还在于其强大的构造特性，不但可以用衍生产品合成新的衍生产品，还可以复制出几乎所有的基础产品。它们所具有的这种不可思议的能力已经改变了"基础产品决定衍生产品"的传统思维模式，使基础产品与衍生产品之间的关系成为不折不扣的"鸡与蛋孰先孰后"的不解之谜。

2007年10月以来，起源于美国的次贷危机波及全球金融市场，并进而将全球经济带入下降轨道。美国联邦储备局（简称美联储）估计原本规模约1 000亿美元的美国次级贷款，何以最终波及大量金融机构，最终放大为一场"海啸"呢？很多人将其归咎于金融衍生产品的泛滥和难以估值、无法约束。早在2002年，巴菲特就在其致股东信中断言衍生产品是"魔鬼"、"定时炸弹"，甚至是"大规模杀伤武器"。

衍生产品是一把双刃剑。衍生产品所具有的灵活方便、设计精巧、高效率等特征的确是风险管理和金融投资的利器，同时，也必须看到，对微观个体分散风险有利的衍生工具，并没有从根本上消除金融风险的源头，反而可能引起风险总量的净增长，在特定条件下，就可能酝酿出巨大的金融灾难。因此，强化对金融衍生产品的政府监管、信息披露以及市场参与者的自律将是必要之举。

一、金融衍生工具的概念

金融衍生工具又称金融衍生产品，是与基础金融产品相对应的一个概念，指建立在基础产品或基础变量之上，其价格取决于基础金融产品价格（或数值）变动的派生金融产品。这里所说的基础产品是一个相对的概念，不仅包括现货金融产品（如债券、股票、银行定期存款单等），也包括金融衍生工具。作为金融衍生工具基础的变量种类繁多，主要是各类资产价格、价格指数、利率、汇率、费率、通货膨胀率以及信用等级等，近些年来，某些自然现象（如气温、降雪量、霜冻、飓风）甚至人类行为（如选举、温室气体排放）也逐渐成为金融衍生工具的基础变量。

在实践中，为了更好地确认衍生工具，各国及国际权威机构给衍生工具下了比较明确的定义。1998年，美国财务会计准则委员会（Financial Accounting Standards Board，FASB）所发布的第133号会计准则——《衍生工具与避险业务会计准则》是首份具有重要影响的文件，该准则将金融衍生工具划分为独立衍生工具和嵌入式衍生工具两大类，并给出了较为明确的识别标准和计量依据，尤其是公允价值的应用，对后来各类机构制定衍生工具计量标准具有重大影响。2001年，国际会计准则委员会发布的第39号会计准则——《金融工具：确认和计量》和2006年2月我国财政部颁布的《企业会计准则第22号——金融工具确认和计量》均基本沿用了FASB133的衍生工具定义。根据我国《企业会计准则第22号——金融工具确认和计量》的规定，衍生工具包括远期合同、期货合同、互换和期权，以及具有远期合同、期货合同、互换和期权中一种或一种以上特征的工具，具有下列特征。

（1）其价值随特定利率、金融工具价格、商品价格、汇率、价格指数、费率指数、信用等级、信用指数或其他类似变量的变动而变动，变量为非金融变量的，该变量与合同的任一方不存在特定关系。

（2）不要求初始净投资，或与对市场情况变化有类似反应的其他类型合同相比，要求很少的初始净投资。

（3）在未来某一日期结算。

衍生产品定义不仅仅是单纯的学术问题，之所以要详细讨论它，更重要的原因还在于根据金融资产确认和计量的会计准则，一旦被确认为衍生产品或可分离的嵌入式衍生产品，相关机构就要把这一部分资产归入交易性资产类别，按照公允价格计价。特别地，若该产品存在活跃的交易市场，就要按照市场价格记账，还要将浮动盈亏记入当期损益。

二、金融衍生工具的特征及分类

（一）金融衍生工具的特征

由金融衍生工具的定义可以看出，它们具有下列四个显著特性。

1. 跨期性

金融衍生工具是交易双方通过对利率、汇率、股价等因素变动趋势的预测，约定在未来某一时间按照一定条件进行交易或选择是否交易的合约。无论是哪一种金融衍生工具，都会影响交易者在未来一段时间内或未来某时点上的现金流，跨期交易的特点十分突出。这就要求交易双方对利率、汇率、股价等价格因素的未来变动趋势作出判断，而判断的准确与否直接决定了交易者的交易盈亏。

2. 杠杆性

金融衍生工具交易一般只需要支付少量的保证金或权利金就可签订远期大额合约或互换不同的金融工具。例如，若期货交易保证金为合约金额的5%，则期货交易者可以控制20倍于所交易金额的合约资产，实现以小博大的效果。在收益可能成倍放大的同时，交易者所承担的风险与损失也会成倍放大，基础工具价格的轻微变动也许就会带来交易者的大盈大亏。金融衍生工具的杠杆效应一定程度上决定了它的高投机性和高风险性。

3. 联动性

这是指金融衍生工具的价值与基础产品或基础变量紧密联系、规则变动。通常，金融衍生工具与基础变量相联系的支付特征由衍生工具合约规定，其联动关系既可以是简单的线性关系，也可以表达为非线性函数或者分段函数。

4. 不确定性或高风险性

金融衍生工具的交易结果取决于交易者对基础工具（变量）未来价格（数值）的预测和判断的准确程度。基础工具价格的变幻莫测决定了金融衍生工具交易盈亏的不稳定性，这是金融衍生工具高风险性的重要诱因。

（二）金融衍生工具的分类

金融衍生工具可以按照产品形态、交易场所、基础工具的种类、风险—收益特性以及自身交易方法的不同而分类。

1. 按产品形态分类

根据产品形态，金融衍生工具可分为独立衍生工具和嵌入式衍生工具。

（1）独立衍生工具。这是指本身即为独立存在的金融合约，例如期权合约、期货合约或者互换交易合约，等等。

（2）嵌入式衍生工具。这是指嵌入到非衍生合同（以下简称“主合同”）中的衍生金融工具，该衍生工具使主合同的部分或全部现金流量将按照特定利率、金融工具价格、汇率、价格或利率指数、信用等级或信用指数，或类似变量的变动而发生调整，例如目前公司债券条款中包含的赎回条款、返售条款、转股条款、重设条款，等等。

2. 按照交易场所分类

金融衍生工具按交易场所可以分为以下两类。

(1) 交易所市场交易的衍生工具。这是指在有组织的交易所上市交易的衍生工具，例如在股票交易所交易的股票期权产品，在期货交易所和专门的期权交易所交易的各类期货合约、期权合约等。

(2) 柜台交易市场（Over-the Counter Market，OTC）交易的衍生工具。这是指通过各种通信方式，不通过集中的交易所，实行分散的、一对一交易的衍生工具，例如金融机构之间、金融机构与大规模交易者之间进行的各类互换交易和信用衍生品交易。从近年来的发展看，这类衍生品的交易量逐年增大，已经超过交易所市场的交易额，市场流动性也得到增强，还发展出专业化的交易商。

3. 按照基础工具种类分类

金融衍生工具从基础工具分类角度，可以划分为股权类产品的衍生工具、货币衍生工具、利率衍生工具、信用衍生工具以及其他衍生工具。

(1) 股权类产品的衍生工具。这是指以股票或股票指数为基础工具的金融衍生工具，主要包括股票期货、股票期权、股票指数期货、股票指数期权以及上述合约的混合交易合约。

(2) 货币衍生工具。这是指以各种货币作为基础工具的金融衍生工具，主要包括远期外汇合约、货币期货、货币期权、货币互换以及上述合约的混合交易合约。

(3) 利率衍生工具。这是指以利率或利率的载体为基础工具的金融衍生工具，主要包括远期利率协议、利率期货、利率期权、利率互换以及上述合约的混合交易合约。

(4) 信用衍生工具。这是指以基础产品所蕴涵的信用风险或违约风险为基础变量的金融衍生工具，用于转移或防范信用风险，是20世纪90年代以来发展最为迅速的一类衍生产品，主要包括信用互换、信用联结票据等。

(5) 其他衍生工具。除以上四类金融衍生工具之外，还有相当数量金融衍生工具是在非金融变量的基础上开发的，例如用于管理气温变化风险的天气期货、管理政治风险的政治期货、管理巨灾风险的巨灾衍生产品等。

4. 按照金融衍生工具自身交易的方法分类

金融衍生工具从其自身交易的方法和特点可以分为金融远期合约、金融期货、金融期权、金融互换和结构化金融衍生工具。

(1) 金融远期合约。金融远期合约是指交易双方在场外市场上通过协商，按约定价格（称为“远期价格”）在约定的未来日期（交割日）买卖某种标的金融资产（或金融变量）的合约。金融远期合约规定了将来交割的资产、交割的日期、交割的价格和数量，合约条款根据双方需求协商确定。金融远期合约主要包括远期利率协议、远期外汇合约和远期股票合约。

(2) 金融期货。金融期货是以金融工具（或金融变量）为基础工具的期货交易。主要包括货币期货、利率期货、股票指数期货和股票期货4种。近年来，不少交易所又陆续推出更多新型的期货品种，例如房地产价格指数期货、通货膨胀指数期货等。

(3) 金融期权。这是指合约买方向卖方支付一定费用（称为“期权费”或“期权价格”），在约定日期内（或约定日期）享有按事先确定的价格向合约卖方买卖某种金融工具的权利的契约，包括现货期权和期货期权两大类。除交易所交易的标准化期权、权证之外，还存在大量场外交易的期权，这些新型期权通常被称为奇异型期权。

（4）金融互换。这是指两个或两个以上的当事人按共同商定的条件，在约定的时间内定期交换现金流的金融交易。可分为货币互换、利率互换、股权互换、信用违约互换等类别。

（5）结构化金融衍生工具。前述4种常见的金融衍生工具通常也被称为建构模块工具，它们是最简单和最基础的金融衍生工具，而利用其结构化特性，通过相互结合或者与基础金融工具相结合，能够开发设计出更多具有复杂特性的金融衍生产品，后者通常被称为结构化金融衍生工具，或简称为结构化产品。例如，在股票交易所交易的各类结构化票据、我国各家商业银行推广的挂钩不同标的资产的理财产品等都是其典型代表。

本章小结

证券投资基金是一种将众多不确定的投资者的资金汇集起来，委托专业的金融投资机构进行管理和操作，所得的收益按出资比例由投资者分享的一种投资工具。投资基金实行集合投资制度，它主要通过向投资者发行股票和受益凭证，将社会上的小额闲散资金集中起来，交由专业的投资机构将其投资于各种金融资产，如股票、债券、外汇、期货、期权等，获得的收益按投资者的出资比例进行分配。投资机构本身只作为资金管理者获得一定比例的佣金。

封闭式证券投资基金，又称固定式证券投资基金，是指基金证券的预定数量发行完毕，在规定的时间（也称“封闭期”）内基金资本规模不再增大或缩减的证券投资基金。开放式证券投资基金，又称变动式证券投资基金，是指基金证券数量甚至基金资本可因发行新的基金证券或投资者赎回本金而变动的证券投资基金。

私募基金，是指以非公开方式向特定投资者募集基金资金并以证券为投资对象的证券投资基金。由于私募基金对投资人的风险承受能力要求较高，其监管又相对宽松，所以，各国的法律法规明确限定了私募基金持有人的最高人数和投资人的资格要求，否则私募基金不得设立。

金融衍生工具又称金融衍生产品，是与基础金融产品相对应的一个概念，指建立在基础产品或基础变量之上，其价格取决于基础金融产品价格（或数值）变动的派生金融产品。

网络资源索引

1. http://funds.hexun.com/2009/base/ 和讯网基金频道
2. http://www.chinafund.cn/ 中国基金网
3. http://fund.cnfol.com/1365/ 基金网
4. http://fc.fund123.cn/1_1.html/ 数米基金网基金学院
5. http://baike.baidu.com/view/728278.htm/ 百度百科—金融衍生工具
6. http://wiki.mbalib.com 智库百科
7. http://zh.wikipedia.org 维基百科

关键术语

证券投资基金　开放式基金　封闭式基金　公司型基金　契约式基金　私募基金　远期　期货　期权　互换　利率期货　汇率期货

问题与思考

1. 试述开放式基金与封闭式基金的区别。

2. 试述公司型基金与契约型基金的区别。
3. 论述金融衍生工具的功能与意义。
4. 什么是远期交易？它与期货交易的区别是什么？
5. 试述金融衍生工具的基本特征。
6. 金融衍生工具安全吗？
7. 金融衍生工具创新的动力有哪些？
8. 论述我国基金业的发展历史及现状。

第二篇　证 券 市 场

第四章 证券发行与承销

本章导读

证券的发行市场是资金需求者直接获得资金的市场。新公司的成立、老公司的增资或举债都要通过初级市场发行、销售证券来进行，使资金从供给者手中转入需求者手中，把储蓄转化为投资，从而创造新的实际资产和金融资产，增加社会总资本和生产能力以促进社会经济的发展。

本章主要介绍证券市场以及股票、债券、基金、国际证券的发行，共分四节。第一节为证券发行市场概述；第二节介绍股票的发行与承销；第三节介绍债券的发行与承销；第四节介绍基金与国际证券的发行。

学习本章需要课前通过网络或报纸等渠道了解股票、国债、基金等证券发行的常识性知识和做法。

证券发行市场是指证券发行人进行证券发行以募集资金的市场。由于证券是在发行市场上首次作为商品进入流通领域的，所以理论上通常将证券发行市场称为“初级市场”或“一级市场”。从形式上说，证券发行市场是证券交易市场的基础，它与证券交易市场构成统一的证券市场整体，两者相辅相成、相互联系、相互依赖。证券发行市场是证券交易市场存在的前提，没有发行市场就不可能有交易市场；而证券交易市场是证券发行市场发展的条件，没有发达的交易市场，发行市场就难以生存和发展。

证券发行市场是一个无形市场，不存在具体的固定场所。从理论上说，证券发行人直接或者间接通过中介向社会进行招募，而认购人购买其证券的交易行为即构成证券发行市场。

第一节 证券发行市场概述

一、证券发行市场的构成

发行市场由三个主体相互联结而组成。这三者就是证券发行者、证券承销商和证券投资者。发行者的证券发行规模和投资者的实际投资能力决定着发行市场的证券容量和发达程度；同时，为了确保发行业务的顺利进行，使发行者、投资者都能顺畅地实现自己的目的，证券承销商代发行者发行证券，并向发行者收取手续费用。这样发行市场以承销商为中介人，一手联系发行者，一手联系投资者，积极开展证券发行活动。

（一）证券发行者

证券发行者又称发行主体，是指为筹措资金而发行股票或债券的股份公司、企业单位、金融机构、政府机构或其他团体等，它们是资金需求者。例如，企业通过发行股票补充资本金，改善资本结构，与申请短期银行贷款相比，发行股票所募集的资金成为企业的资产，可以用来支持固定资产投资等规模较大的长期投资；政府部门为弥补财政赤字、投资大型工程项目或实施宏观调控而在证券市场上发行政府债券；金融机构通过发行金融债券等证券筹集资金，然后通过贷款、投资等形式，把这部分资金运用出去，获取收益。所以，金融机构主要是证券市场上资金的中间需求者，而不是资金的最终需求者，其筹资以向其他资金需求者提供资金为目的。

（二）证券承销商

证券承销商是发行市场的媒介，是该市场的主要参加者。所谓证券承销商，就是指经营承销业务的中介机构，担负证券承销与资金交流的桥梁任务。由于筹资规模日益庞大，所需的资金越来越多，向社会不特定大众公开发行股票和债券已成为筹措长期资金的主要方式，因此，作为中介机构的承销商在发行市场中已成为推动证券发行的主要力量。美国、英国、日本的证券市场之所以发达，就是因为承销机构起着很大的推动作用。可以说，证券承销商是证券发行市场的枢纽，直接关系到证券发行市场的成本。

证券承销机构在各国不完全一致，主要有投资银行、信托投资公司、证券公司等。这里的投资银行（investment bank）实际上并不是一般意义上的银行，投资银行是办理投资业务的金融机构，它的业务比较综合，既办理证券发行与交易业务，又办理企业重组和并购业务。

在我国，证券承销商主要是证券公司。我国证券公司经国务院证券监督管理机构批准，可以经营部分或全部证券经纪，证券投资咨询，与证券交易、证券投资活动有关的财务顾问，证券承销与保荐，证券自营，证券资产管理，其他证券业务共七大类业务。根据《证券法》的规定，证券公司的设立应符合经济发展需要，有不少于人民币5 000万元的实缴资本，有具备任职资格的董事、监事、高级管理人员和具有从业资格的从业人员，有合格的经营场所和业务设施。

（三）证券投资者

投资者即缴纳资金购买证券的应募者，这些投资者可分为私人投资者和机构投资者两大类。

1. 私人投资者

私人投资者包括国内和国外的以个人身份购买证券的投资者。

2. 机构投资者

（1）各种企业法人单位。证券发行市场的投资人比较复杂，各种企业法人单位也包括股份公司本身。股份公司不仅是股票和公司债券的发行者，也是购买者。特别是当一个股份公司打算吞并其他公司时，就会购进其他公司的股票，占有其相当的股份以达到控股或吞并的目的。

（2）各类金融机构。主要是投资银行、保险公司等各种银行和非银行金融机构，都从购进股票中获取利润，是证券发行市场上的重要投资者。当然，不少金融机构本身又可能同时充当着股票发行者的角色。

（3）非营利性团体。非营利性团体主要包括基金会、教会、慈善机构、公益团体等。尽管这些团体是非营利性的，但是这些团体可以通过购买证券以达到保值或增值的目的。

（4）外国公司、外国金融机构以及国际性的机构和团体等，一般来说，各国都对外国公司、外国金融机构、外国人购买本国证券做若干限制。

二、我国的证券发行市场

新中国成立初期，中央政府为了迅速恢复国民经济，曾在1950—1959年发行过公债。但由于当时认为“既无内债，又无外债”是社会主义稳定性、优越性的体现，所以，在1968年还清内外债后的10多年里，我国成为“无债国”。党的十一届三中全会后，我国各方面的经济建设都急需资金，国家财力有限，于是1981年7月，国务院决定发行国库券，从此揭开了中国证券市场发展的序幕。到1987年，随着以国债为主并伴有少量企业债券、金融债券和不规范股票的发行，一个带有计划经济色彩的、不规范的证券发行市场初步形成。虽然到1987年证券发行量已达455亿元，但是流通市场的缺乏、市场主体的缺位、僵硬的行政摊派出售方式等因素制约着发行市场规模的进一步扩大。进入20世纪90年代，随着上海、深圳证券交易所的开通，证券管理体制的逐步形成以及一系列证券管理法规的出台，我国证券发行市场进入高速发展时期。总体来讲，我国证券发行市场发展经历了三个阶段。

（一）起步阶段（1981—1985年）

在这一阶段，中国证券发行市场基本上是国库券单一品种结构，证券交易市场没有发育。从股票发行市场来看，1984年9月，北京天桥百货股份有限公司成立，公开发行了定期3年的300万元股票。1984年11月，上海飞乐音响股份有限公司通过金融机构代理公开向社会发行了50万元不偿还股票（35%由法人认购，65%向社会公众发行），并同时开始进行由代理发行机构办理过户手续的转让活动。但应该说无论是从股票发行市场的数量，还是从发行市场的管理上看，这一时期的我国股票发行市场都还处于早期试验阶段。从企业（金融）债券发行市场来看，1982年1月，中国国际信托投资公司以私募方式在日本东京发行了100亿日元的日本武士债券，这是我国首次发行的国际债券，它标志我国开始步入国际资本市场。1984年，由企业自发向社会和企业内部职工发行的企业债券在我国出现。在此之前，企业募集资金一般采取各种形式的社会集资方式，诸如集资办厂、以资代劳、以劳代资等方式，这是企业债券的雏形，有的债券是以不规范的股票的形式出现的。到1986年底，企业债券的发行额就达到了100亿元。1985年，为了推行金融资产多样化，经中国人民银行批准，中国工商银行和中国农业银行发行了5亿元金融债券，开了改革开放后我国发行金融债券的先河。

总之，这一时期我国证券发行市场的基本要素严重不全，仅有少量的市场品种（基本上是国库券单一品种），这一时期的我国证券发行市场处于先期试验探索阶段。

（二）过渡阶段（1986—1990年）

这一阶段，证券发行市场的结构逐渐多元化，国债、企业债券和股票都已经存在。但是这种市场结构很不稳定，经常发生跳跃和波动。1986年春，六届人大四次会议在关于“七五”计划的草案报告中提出，要在不断扩大消费市场和生产资料市场的同时，逐步建立社会主义的资本市场。同年5月，邓小平在接见美国纽约证券交易所董事长约翰·范尔霖时，向其赠送了一件特殊的礼物——上海飞乐音响设备股份有限公司面额为100元的股票。此事立刻引起国际上的关注，舆论普遍认为，它传递出了中国政府发展资本市场的决心。

这一时期中国的证券发行市场进展加快，通过发展证券发行市场筹集经济建设资金开始成为经济体制改革的一种思路。当时的股票发行作为集体所有制企业筹集资金和企业间进行横向经济联合融资的试行方式深受市场推崇。在当时国家银根紧缩、企业资金困难的情况下，发行股票作为向社会集资的一种制度创新，有利于地方经济的发展，其潜在价值已为一些地方政府所认识和重视，许多地方开始自行推动股票市场试点，对一些地方性企业实行股份制改革并发行股票。企业债券发行在这一时期也有较快的发展。此时的证券发行市场规模开始扩大。

（三）全面发展阶段（1991 年至今）

1992 年 10 月，国务院证券委员会（简称国务院证券委）和中国证券监督管理委员会（简称中国证监会）宣告成立，标志着中国证券市场统一监管体制开始形成。我国证券发行市场也进入全面发展时期。主要表现如下。

1. 证券发行规模逐年扩大

从股票市场规模看，上海证券交易所 1990 年 12 月成立时，只有 8 家上市公司，到 2010 年年末，我国境内上市公司总数（A、B 股）2 063 家，股票流通市值为 193 000 亿元，而且股票市场筹资规模也大幅增加，全年沪、深 A 股市场累计筹资 8 955 亿元。

经过 20 多年的努力，我国债券发行市场也获得很大的发展。1994 年国债发行额仅为 1 137. 55 亿元，企业债发行额只有 161. 75 亿元。到 2010 年，国债发行额已经达到 17 778. 17 亿元，企业债发行额为 3 627 亿元。

2. 证券品种增多，结构趋向合理

经过这些年的发展，目前我国证券品种包括国库券、财政债券、金融债券、公司债券、股票、基金、股权证等 20 多种。长期以来，我国国债以中长期为主，1981—1984 年发行的国债以 5 ~ 9 年的长期债为主，1985—1993 年发行的国库券以 3 ~ 5 年的中期债为主，直到 1994 年才出现第一个 50 亿元 6 个月期的短期国库券。1996 年，财政部在国债发行期限、品种上做了一些积极的创新，不仅发行了 210 亿元与 150 亿元的 6 个月与 3 个月的短期债，还发行了期限为 1、3、5 年三种期限的中期债以及 201. 1 亿元 7 年期与 249. 2 亿元 10 年期债券，其中可上市流通的额度为 1 740. 82 亿元，占发行总额的比重是 86. 91%。截止到 2010 年，国债主要还是以长期为主，其中期限 5 年以内的债券发行量占比 40%，期限 5 年（含）到 10 年的债券发行量占比 34. 7%，期限 10 年（含）以上的债券发行量占比 25. 3%。

3. 证券发行方式逐渐市场化

1991 年以前国库券主要采用国家派购的方式发行。1991 年开始实行国债承购包销的试点，迈出了市场化发行证券的步伐。1993 年中国证券市场研究设计中心在财政部国债司的支持下开始试行一级自营商制度，1994 年 3 月，财政部、中国人民银行和中国证监会颁布了《国债一级自营商资格审查与确认实施办法》，该办法在 1995 年国债承销中正式实施。这一年，财政部在一年期记账式国债发行中首次采用了缴款优先的国债招标发行方式。1996 年 1 月，财政部对一期记账式国债首次采用了“价格招标”的拍卖方式。与之相对应，我国股票发行方式也经历了多次改进，2004 年 2 月 1 日起正式施行的保荐制度和 2005 年 1 月 1 日开始实施的询价制度逐渐接近了市场化的运作。

4. 证券市场的法制建设得到加强

证券市场初步形成了全国统一的证券市场法规体系。目前我国已制定和颁布了《中华人民共和国公司法》（简称《公司法》）、《中华人民共和国证券法》（简称《证券法》）、《中华人民共和国投资基金法》（简称《投资基金法》）等较为完整的法律法规体系。特别是2005年10月27日第十届全国人民代表大会常务委员会第十八次会议通过了重新修订的《公司法》和《证券法》。修订后的《公司法》和《证券法》已于2006年1月1日正式实施。《公司法》和《证券法》是规范证券市场运行的基本法律，新两法的出台是证券市场法制建设的重要里程碑，为完善市场基础制度建设、充分发挥市场机制、促进市场持续健康稳定发展奠定了良好的法律基础。同时，对全面提升市场发展质量，对国民经济的健康发展也将产生深远影响。

5. 基本确立了我国证券发行市场监管的基本框架，初步形成了全国性的证券监管体系

1992年10月，国务院证券委员会（证券委）和中国证券监督管理委员会（证监会）的成立，基本确立了我国证券市场集中监管的基本框架。同年12月，国务院发出了《关于进一步加强证券市场宏观管理的通知》，进一步明确了证券委、证监会、政府部门、地方证券监管部门的职能和权限，理顺和完善了证券市场的管理体系，对证券发行、上市审批程序和办法也做了严格的规定，对证券立法提出明确要求，为进一步开放证券市场、加强证券市场法规建设，保障证券市场的健康发展打下了坚实基础。而且为了进一步健全新股发行体制、强化市场约束机制，2009年6月10日，中国证监会发布《关于进一步改革和完善新股发行体制的指导意见》，推出了新股发行体制改革。在具体实施方式上，改革采取分步实施、逐步完善的方式，分阶段逐步推出各项改革措施。

6. 证券发行市场的国际化方面也取得了很大成绩

1982年1月，中国国际信托投资公司首次进入国际债券市场，发行了100亿日元国际债券，标志着我国对国际证券市场的认同和利用。1992年2月，深圳和上海以B种股票的形式在境外发行了股票，称之为“人民币特种股票”；1993年6月，青岛啤酒厂在我国香港直接发行股票，所发行的股票也是“人民币特种股票”（称为H股），标志着中国企业开始步入世界融资市场。1994年，我国挑选山东华能、华能国际、中国南方航空公司、中国东方航空公司等到美国上市。1994年7月山东华能在全球招股获得成功，并顺利以美国存托凭证（American Depository Receipts，ADR）形式在纽约股票交易所挂牌上市。标志着我国证券业开始走向国际化的道路。截止到2009年我国发行H股和N股的总量已经达到了155.58亿股。

阅读与应用

深圳“八一〇”事件——有限量发售新股认购抽签表

继1992年初上海证券交易所采用无限量发售认购证的方式发行新股之后，深圳证券交易所于1992年8月采用有限量发售新股认购抽签表的方式发行新股。正是这一新股发行方式酿成了中国证券史上的重大事件——“八一〇”事件，这一事件是新中国证券市场上第一起从业人员集体违法犯罪事件，它直接促成了中国证券监督管理委员会的诞生。

1992年8月7日，中国人民银行深圳市分行、深圳市工商行政管理局、公安局和监察局发布了《1992年深圳市新股认购抽签表发售公告》，宣布深圳市1992年将发行国内公众股5亿股，自1992年8月9日至8月11日，发售新股认购抽签表500万张，以身份证为认购凭

证，每张身份证可买一张抽签表，每张抽签表价格为100元；中签率为10%，中签表为50万张，每张中签表可认购新股1 000股。

从8月7日下午开始，为了抢购新股认购抽签表，有100多万的当地及全国其他各地的投资者在深圳市302个新股认购抽签表发售网点陆续排起认购新股的队伍，两个通宵过后，至9日形成了302条长长的“巨龙”，最高峰时总人数超过120万人。

8月9日上午，开始正式发售新股认购抽签表。刚开始发售时尚能维持一定秩序，但后来因为一些网点出现了严重舞弊违纪的情况，加上谣言四起，致使组织工作发生问题，造成多数发售网点秩序混乱，并发生小规模冲突，当天晚上，虽然绝大多数网点已经贴上“新股认购抽签表已售完”的告示，但是仍然聚集着大批没有买到抽签表却又不甘心散去的人。

8月10日上午，有关方面宣布500万张抽签表全部售完。几乎是与此同时，有些发售网点门口出现了一些倒卖新股认购抽签表的“神秘人物”，原价为1 000元的10张新股认购抽签表，要价低的3 000元左右，高的则达5 000~6 000元，而且有的人倒卖的抽签表有几十张甚至上百张是连号的，显然这些抽签表是从内部流出的。由于很多人排队三天三夜也未购到抽签表，加上对新股认购抽签表的发售过程不认同，于是8月10日傍晚，有数千名没有买到抽签表的投资者在深圳市内的深南中路游行，打出反腐败和要求“公开、公平、公正”的标语，并形成对深圳市政府和中国人民银行深圳市分行围攻的局面。入夜后，少数人使用暴力，严重破坏社会治安，并逐渐演变成一场震惊全国的骚乱。这一天共有2辆汽车、4辆摩托车被烧毁，4辆汽车被推翻，多名警察被打伤。

为应对突如其来的紧张局面，8月11日凌晨，深圳市政府召开紧急会议，宣布为满足广大投资者的需要，再增发500万张新股认购抽签表。当晚，时任深圳市市长郑良玉发表电视讲话后，事态逐渐稳定，人们又上街排队去购买新股认购抽签表。至8月12日凌晨4时半，绝大部分增发的新股认购抽签表已经售出，8月12日深圳市终于恢复了正常秩序。

资料来源：霍文文. 证券投资案例分析. 北京：高等教育出版社，2003.

第二节 股票的发行与承销

一、股票发行的目的与条件

（一）股票发行的目的

1. 募集资金、满足企业发展需要

股票发行的这一目的又细分为组建新公司和增资扩股两个具体目的。为了组建新的股份公司，需要向公众发行股票来筹措股东资本。利用股票发行的形式筹措资本组建公司，其主要原因有两点：①股权资本是一种所有权资本，不同于银行贷款和其他金融证券，投资者一旦购买之，便成为发行股票公司的所有者之一，对公司而言，这笔资金无须归还；②股本是公司实力标志的重要指标，股本越多，公司实力也就越强，其业务也越容易开展，在市场上的竞争力也就越强。老公司为了扩大生产规模、增加新设备或筹措周转资金而发行新股票，投资者交付股金，公司的资本增加，用于扩大经营。原先的股东一般有权优先按股份比例，以比较低的价格购买股票。甚至有些国家在法律上就规定，只有在原来的股东有优先购买权的情况下，公司才可以向一般公众发行新股票。

2. 改善财务结构

自有资本在资金来源中所占比率的高低是衡量该公司财务结构和实力的重要标志。公司的负债比率取决于负债和股本加借入资本之比，这个比率通常反映股份公司经营好坏。负债比率过高，说明公司有资不抵债的危险，经营状况不好；负债比率过低，说明公司的信誉不好。因此，为了保证公司自有资本与负债的合理比率，提高企业的安全经营程度和竞争力，有必要发行新股票提高自有资本的比率，提高经济效益。同时，由于股份公司发行债券的额度是根据自有资本和准备金的多少确立的，因此，增加自有资本还可以扩大公司债券的发行额度，为公司筹集到更多的资金用于拓展业务。

3. 其他目的

其他目的包括转换证券、股份的分割与合并、公司兼并、股东分益、红利增资、准备金纳入资本金等。

（1）转换证券。如当可转换公司债的转换请求权生效后，股份公司须承诺办理，发行新股票来注销原来可转换公司债。

（2）股份的分割与合并。降低公司原股票的每股价值，通常也是公司发行新股的目的。股份分割就是将原来的一股分为若干股，一般是当公司的利润增多或股票价格上涨后，投资者的单位购入金额增大，变得难以销售，这时采用分割方式降低股票价格以便在市场上扩大销售。股份合并即将原来的若干股合并为一股从而提高原股票每股的价值。一般当需要减资或合并时便进行股份合并，以提高股票价格。

（3）公司兼并。股份公司的生命在于不断的扩展，因为只有生产发展以后，才会产生扩张冲动。除了立足于自身不断扩展之外，购买其他企业可能是一种更为便捷的途径。公司可以购买其他同类型企业，即进行横向吞并；也可以购买其他与本企业发生投入、产出关系的企业，即进行纵向合并。无论进行何种合并，公司都面临合并方式的选择问题，出资购买其他企业的股票是方式之一；另一种方式是通过发行本企业的普通股股票来置换其他企业的股票。

（4）股东分益。用重估资产增值部分发行新股票一般是在物价大幅度上涨的情况下实行的。发行新股票的原则和资金转化一样通常也是按照原股份比例分派给原股东，原股东不用增缴股金。

（5）红利增资。红利增资又称红利转增股，红股。即用新发行的股票代替准备派发的股息。

（6）准备金纳入资本金。准备金纳入资本金又称积累转增股，即将法定公积金和资本准备金转为资本配股，按比例赠给老股东。转增股虽然同样是上市公司送给股东的股份，与送红股不同的是，红股是利润分配所得，转增股则从法定公积金和资本准备金转成股本。

（二）股票发行的条件

股票发行包括初次发行和二次发行。公司在初级市场首次发行股票称为初次公开发行（initial public offerings，IPO）。如果公司已经上市，希望增发股票进行融资，这是二次发行。

初级市场作为公司在公众市场融资的手段而存在。初次发行可以在股票交易所进行，或者通过场外交易市场。世界各国不同的交易所对在初级市场上市和筹资有不同的规定和程序。不过，大多数交易所遵从大体一致的原则、规定与程序，仅仅是细节有所不同。

1. 新设立股份有限公司公开发行股票的条件

新设立股份有限公司申请公开发行股票，应当符合下列条件：①公司的生产经营符合国家产业政策；②公司发行的普通股只限一种，同股同权；③发起人认购的股本数额不少于公司拟发行的股本总额的35%；④在公司拟发行的股本总额中，发起人认购的部分不少于人民币3 000万元，但是国家另有规定的除外；⑤向社会公众发行的部分不少于公司拟发行的股本总额的25%，其中公司职工认购的股本数额不得超过拟向社会公众发行的股本总额的10%；公司拟发行的股本总额超过人民币4亿元的，证监会按照规定可酌情降低向社会公众发行部分的比例，但是，最低不少于公司拟发行的股本总额的15%；⑥发行人在近3年内没有重大违法行为；⑦证券委规定的其他条件。

2. 原有企业改组设立股份有限公司公开发行股票的条件

原有企业改组设立股份有限公司申请公司发行股票，除了要符合新设立股份有限公司申请公开发行股票的条件外，还要符合下列条件：①发行前一年末，净资产在总资产中所占比例不低于30%，无形资产在净资产中所占比重不高于20%，但是证券委另有规定的除外；②近3年连续盈利。

3. 关于增资发行的条件

股份有限公司增资申请公开发行股票，除了要满足前面所列的条件外，还要满足下列条件：①前一次公开发行股票所得资金的使用与其招股说明书所述的用途相符，并且资金使用效益良好；②距前一次公开发行股票的时间不少于12个月；③从前一次公开发行股票到本次申请期间没有重大违法行为；④证券委规定的其他条件。

4. 上市公司申请配股的条件

股份有限公司增资申请公开发行股票，除了要满足前面所列的条件外，还要满足下列条件。①配股募集资金的用途符合国家产业政策的规定。②前一次发行的股份已经募足，募集资金使用效果良好，本次配股距前次发行间隔一个完整的会计年度以上。③公司上市超过3个完整会计年度的，最近3个完整会计年度的净资产收益率平均在10%以上；上市不满3个完整会计年度的，按上市后所经历的完整会计年度平均计算；属于农业、能源、原材料、基础设施、高科技等国家重点支持行业的公司，净资产收益率可以略低，但不得低于9%；上述指标计算期间内任何一年的净资产收益率均不得低于6%。④公司在最近3年内财务会计文件无虚假记载或重大遗漏。⑤本次配股募集资金后，公司预测的净资产收益率应达到或超过同期银行存款利率水平。⑥配售的股票限于普通股，配售的对象为股权登记日登记在册的公司全体股东。⑦公司一次配股发行股份总数，不得超过该公司前一次发行并募足股份后其股份总数的30%，公司将本次配股募集资金用于国家重点建设项目、技改项目的，可不受30%比例的限制。

二、股票发行的准备

股票发行前期的准备工作，对于能否取得发行资格，能否顺利发行股票都具有重要意义。这一阶段的工作内容主要包括以下几个方面。

（一）研究和分析发行市场情况

企业进入证券市场发行证券，必须首先充分了解证券市场，包括发行市场现状、规模、供需关系及投资者心理承受能力等。并且还要对发行手续、发行成本、发行数额、发行期限、发行时机、税收等方面有全面了解，从而为拟订发行方案打下基础。

（二）拟订股票发行方案，形成股票发行决议

为了保证股票发行工作的顺利进行，发行公司需要认真拟订发行方案。方案的内容主要有：①确定发行目标和规模；②对发行目标和规模进行可行性研究；③拟订发行股票的种类和价格；④确定股票发行的时间和方式。公司董事会依据法定程序，通知召开股东大会，就股票发行方案做出决议，如果决议通过方可进行下一步的工作。

（三）聘请中介机构进行评估工作，准备申报材料

向社会公开发行证券的企业，应聘请会计师事务所、资产评估机构、信誉评估机构、律师事务所等专业性机构对其资信、资产、财务状况进行审定、评估和就有关事项出具法律意见书。企业依据上述报告，认真起草发行证券所需要的各项申报材料，包括发行证券的申请书、章程、可行性研究报告等，为正式申请做好准备。

三、股票发行与承销的实施

（一）承销前的准备工作

发行公司与承销商举行各种承销前的会议，讨论解决需要筹措资金的数额及发行价格、承销方式等。除此之外，要解决承销合同的条款问题。从承销商与发行公司商讨承销合同时起，承销商就开始对发行人进行非常严格、全面的承销前调查，这关系到承销商能否顺利地销售其承销的股票和获得应得的利润，也关系到承销商的信誉。

发行人在承销前的准备工作期间须做如下工作：由会计师编制上市申请书；聘请律师就有关发行股票的法律问题进行分析和解释；起草承销合同，并由发行公司和承销人共同修改，从而在除发行价格外的其他方面达成一致的意见等。

（二）组织承销集团、签订股票分销协议

当发行股票数量大，远远超过一个承销商的承受能力时，多数承销商往往联合起来组成承销集团。这样不仅能迅速筹集巨额资金（它们通常向商业银行借款），而且还能使股票价格下跌的风险分散。在法律意义上，承销集团是一个以契约为基础的临时组织，最初的承销人一般为该集团的管理人，各成员仅对各自未出售的证券负责，集团本身不对此负任何责任。

（三）向社会公告

发行公司与承销商协商确定具体承销证券事宜后，必须在正式发行前采用适当的方式在指定的报刊或电台、电视台向公众公告，发布公司章程和招募说明书及评估机构的验证报告书等。

（四）发售股票

发布招募公告后，在约定的日期由承销机构负责具体的操作，向社会公众公开发售股票，进行股款缴纳、股份交收工作。

（五）股东登记与承销报告

股东名册上登记的股东资料是证明股东身份和股东权利的有效法律文件，同时也是保证股东所持股票顺利上市交易的重要依据。所以，在股份交收的同时，应由承销机构协同发行人及时、准确汇总全部股东资料，制成股东名册。

在发售结束后的规定时间内，承销机构应及时向证券主管机关报送股票销售情况报告书。至此，股票发行工作便告结束。

四、股票发行价格与费用

(一) 股票发行价格

股票发行价格是股份公司在筹集企业的股份资本或增发股票时，将股票出售给特定或非特定投资者时所采用的价格。目前世界上股票发行价格的形成主要有议价法和竞价法两类方法。

1. 议价法

议价法是指由股票发行人与主承销商协商确定发行价格。发行人和主承销商在议定发行价格时，主要考虑二级市场股票价格的高低、市场利率水平、发行公司的未来发展前景、发行公司的风险水平和市场对新股的需求状况等因素。一般有以下两种方式。

(1) 固定价格方式 (fixed price)。固定价格方式的基本做法是由发行人和主承销商在新股公开发行前商定一个固定价格，然后根据这个价格进行公开发售。

在我国台湾省，新股发行价格是根据影响新股价格的因素进行加权平均得出的。市场上惯用的计算公式为：

$$P=A\times 40\%+B\times 20\%+C\times 20\%+D\times 20\%$$

其中，P = 新股发行价格

A=公司每股税后纯收益×类似公司最近3年平均市盈率

B=公司每股股利×类似公司最近3年平均股利率

C=最近期每股净值

D=预计每股股利/1年期定期存款利率

在美国，当采用尽力承销方式（best efforts contract）销售时，新股发行价格的确定也采用固定价格方式。发行人和投资银行在新股发行前商定一个发行价格和最小及最大发行量，股票销售期开始，投资银行尽力向投资者推销股票。如果在规定的时间（一般为90天）和给定的价格下，股票销售额低于最低发行量，股票发行将终止，已筹集的资金返还给投资者。

在固定价格方式下，常有"绿鞋期权"（green shoe option）出现。"绿鞋期权"由美国绿鞋公司首次公开发行股票（IPO）时率先使用而得名。惯例的做法是，发行人在与主承销商订立初步意向书（letter of intent）中明确，给予主承销商在股票发行后30天内，以发行价从发行人处购买额外的相当于原发行数量15%的股票的一项期权。其目的在于为该股票的交易提供买方支撑，同时又避免使主承销商承担过大的风险。得到这项期权之后，主承销商可以按原定发行量的115%销售股票。

(2) 市场询价方式（book building）。市场询价方式或称累积订单询价。这种定价方式在美国普遍使用。当新股销售采用包销（firm commitment）方式时，一般采用市场询价方式，这种方式确定新股发行价格一般包括两个步骤：第一，根据新股的价值（一般用现金流量贴现等方法确定）、股票发行时的大盘走势、流通盘大小、公司所处行业股票的市场表现等因素确定新股发行的价格区间；第二，主承销商协同上市公司的管理层进行路演，向投资者介绍和推介该股票，并向投资者发送预订邀请文件，征集在各个价位上的需求量，通过对反馈回来的投资者的预订股份单进行统计，主承销商和发行人对最初的发行价格进行修正，最后确定新股发行价格。

路演译自英文 road show，是国际上广泛采用的证券发行推广方式。指股票发行人和承销商在发行证券前针对投资者（主要是机构投资者）的推介活动。活动中，向投资者就公司的业绩、产品、发展方向等作详细介绍，充分阐述上市公司的投资价值，让准投资者们深入了解具体情况，并回答投资者关心的问题。

2. 竞价法

竞价法，也称拍卖法。是指由各股票承销商或者投资者以投标方式相互竞争确定股票发行价格。包括差别竞价和统一价格竞价。差别竞价（discriminatory auction）是按其所报出的价格购买，而统一价格竞价（uniform price auction）机制则是按统一的有效价格购买。

在具体实施过程中，竞价法又有下面三种形式。

（1）网上竞价。网上竞价指通过证券交易所计算机交易系统按集中竞价原则确定新股发行价格。新股竞价发行申报时，主承销商作为唯一的“卖方”，其卖出数为新股实际发行数，卖出价格为发行公司宣布的发行底价，投资者作为买方，以不低于发行底价的价格进行申报。

（2）机构投资者竞价。新股发行时，采取对法人配售和对一般投资者上网发行相结合的方式，通过法人投资者竞价来确定股票发行价格。一般由主承销商确定发行底价，法人投资者根据自己的意愿申报申购价格和申购股数，申购结束后，由发行人和主承销商对法人投资者的有效预约申购数按照申购价格由高到低进行排序，根据事先确定的累计申购数量与申购价格的关系确定新股发行价格。

（3）券商竞价。在新股发行时，发行人事先通知股票承销商，说明发行新股的计划、发行条件和对新股承销的要求，各股票承销商根据自己的情况拟订各自的标书，以投标方式相互竞争股票承销业务，中标标书中的价格就是股票发行价格。

3. 我国股票发行价格的确定

根据中国证监会《证券发行与承销管理办法》（中国证监会令［2006］第37号）的规定，首次公开发行股票应通过询价的方式确定股票发行价格。发行人及其主承销商应当在刊登首次公开发行股票招股意向书和发行公告后向询价对象进行推介和询价，并通过互联网向公众投资者进行推介。询价分为初步询价和累计投标询价。发行人及其主承销商应当通过初步询价确定发行价格区间，在发行价格区间内通过累计投标询价确定发行价格。首次发行的股票在中小企业板上市的，发行人及其主承销商可以根据初步询价结果确定发行价格，不再进行累计投标询价。询价结束后，公开发行股票数量在4亿股以下、提供有效报价的询价对象不足20家的，或者公开发行股票数量在4亿股以上、提供有效报价的询价对象不足50家的，发行人及其主承销商不得确定发行价格，并应当中止发行。

根据《证券发行与承销管理办法》规定，上市公司发行证券，可以通过询价的方式确定发行价格，也可以与主承销商协商确定发行价格。上市公司发行证券的定价，应当符合中国证监会关于上市公司证券发行的有关规定。网下网上同时定价发行是目前通常的增发方式。这种方式是发行人和主承销商按照“发行价格应不低于公告招股意向书前20个交易日公司股票均价或前1个交易日的均价”的原则确定增发价格，网下对机构投资者与网上对公众投资者同时公开发行。在此种发行方式下，对于网上发行部分，既可以按统一配售比例对所有公众投资者进行配售，也可以按一定的中签率以摇号抽签方式确定获配对象。但发行人和主承销商必须在发行公告中预先说明。增发还可以采用中国证监会认可的其他形式。

配股一般采取网上定价发行的方式。配股价格的确定是在一定的价格区间内由主承销商和发行人协商确定。价格区间通常以股权登记日前20个或30个交易日该股二级市场价格的平均值为上限，下限为上限的一定折扣。

（二）股票发行费用

股票发行费用是指发行公司在筹备和发行股票过程中发生的费用，主要包括承销费用、保荐费用、其他中介机构费用等。一般而言，在股票发行过程中，公司将支付以下一些费用。

1. 承销费用

股票承销费用又称发行手续费，是指发行公司委托证券承销机构发行股票时支付给后者的佣金，通常在股票发行费用中所占的比重最大。承销费用一般按企业募集资金总额的一定百分比计算，承销商在投资者付给企业的股款中扣除。决定和影响股票承销费的主要因素包括以下几方面。

（1）发行总量。股票发行量的大小决定了承销机构业务量与承销费的高低，发行量越大，承销费越高。

（2）发行总金额。一般来说，承销费与股票筹资额成正比，股票筹资额越大，收取的承销费越多。

（3）发行公司的信誉。发行公司的信誉越好，发行股票的销路就好，收取的承销费就较低。

（4）发行股票的种类。不同种类股票的特点、风险互不相同，从而收取的承销费也不一样。

（5）承销方式。承销商在不同的承销方式下承担的责任和风险有所不同，因此发行人支付给承销商的承销费也不尽相同，通常以包销方式承销时的承销费要高于以代销方式承销时的承销费。

（6）发行方式。例如，网下发行的承销费用一般略高于上网定价发行的承销费用。

2. 保荐费用

公开发行股票，依法采取承销方式的，应当聘请具有保荐资格的机构担任保荐人。保荐费用为发行公司委托保荐机构推荐股票发行上市所支付的费用。

3. 其他中介机构费用

股票发行过程中必然会涉及评估、财务和复杂的法律问题，因此，企业自股票发行准备阶段起就必须聘请具有证券从业资格的资产评估机构、会计师事务所以及律师事务所参与发行工作。此类中介机构的费用也是股票发行过程中必须支付的，收费标准基本上按企业规模大小和工作难易程度来确定。

4. 印刷费用

企业必须为发行申报材料、招股说明书、上市公告书等文件的印刷付出印刷费用，这笔费用将依印刷频率、数量和质量而定。

5. 宣传广告费

在发行股票时，为了使股票能顺利发售出去，实现预定的筹资目标，发行公司往往会做一些广告、宣传工作，这无疑需要支出一定的费用。

6. 其他费用

除上述费用外，发行人在股票发行过程中可能还需支付其他一些费用，如采用上网定价发行方式的公司需支付上网发行费用，向代收款银行和股票登记托管机构支付相关费用等。

第三节　债券的发行与承销

一、债券发行的目的与条件

债券发行是指政府、企业为了财政的需要或筹集资本的需要，在一级市场按照法律规定的条件和程序，向投资者发行债券的行为。

（一）债券发行的目的

1. 国债发行的目的

国债是由国家发行的债券，由于国债的发行主体是国家，所以它具有最高的信用度，被公认是最安全的投资工具。发行国债大致有以下几种目的。

首先，是政府解决临时性资金需要。比如在战争时期，为筹措军费而发行战争国债。

其次，政府为平衡国家财政收支、弥补财政赤字而发行赤字国债。一般来讲，平衡财政收支可以采用增加税收、增发通货或发行国债的办法。以上三种办法比较，采用发行国债的办法弥补财政赤字，是一项公认较为可行的措施。

再次，国家为扩大政府投资而发行建设国债。国家要进行基础设施和公共设施建设，为此需要大量的中长期资金，通过发行中长期国债，可以将一部分短期资金转化为中长期资金，用于建设国家的大型项目，以促进经济的发展。

最后，政府为偿还到期国债而发行借换国债。在偿债的高峰期，为了解决偿债的资金来源问题，国家通过发行借换国债，用以偿还到期的旧债，这样可以减轻和分散国家的还债负担。

2. 金融债券发行的目的

金融债券作为金融机构的一种中长期借款，在其业务拓展和规模扩展过程中起着不可替代的作用。

首先，发行金融债券促使金融机构的负债来源多样化，增强了负债的稳定性。与存款或客户保证金相比，金融债券是一种主动性负债方式，可以保证在债券到期日前，不存在任何挤兑风险，因而保证了经营的稳定性。

其次，发行金融债券是金融机构获得长期资金来源的主要方式。虽然存款和保证金可以有一部分沉淀资金作为长期资金使用，但对于日益扩大的长期资产业务，其数量和规模并不能完全满足需要，而金融债券则弥补了这一不足。

再次，金融债券可以弥补金融机构资产和负债期限的不对称性，使得资金来源和运用在期限上保持对称，提高资金运用的安全性。

最后，金融机构发行金融债券还可以扩大其资产业务。

3. 公司（企业）债券发行的目的

首先，公司（企业）债券发行可以筹集长期稳定的、低成本的资金。企业在生产经营过程中因为种种原因需要补充大量资金，通常可以通过发行股票、发行债券和向银行借款等方式对外筹资。发行股票的实际筹资成本低，而且不用偿还，不会形成债务负担，但股票发行手续复杂，定期公布财务报表，受到的制约多，还会导致股权稀释，影响现有股东利益和对企业的控制权。向银行借款通常较为方便，能较快满足企业的资金需求，但借款期限一般较短，资金的使用范围往往受到严格限制，有时还附有一定的附加条件，而且在企业经营状况不佳时，银行往往不愿意提供贷款。相比之下，发行债券筹集的资金期限较长，资金使用自由，在债券到期前没有还本压力，又由于债券风险小于股票，发行人可将债券利息定在低于股息的水平上。因此发行债券可以筹集到期限稳定、成本相对较低的资金，在一定程度上弥补了用股票筹资和向银行借款方式的不足。

其次，公司（企业）债券发行可以灵活地运用资金。发行企业债券与发行股票增资不同。发行股票增资涉及股东权益和董事会改组等，手续繁杂，而发行企业债券不涉及股东权益，手续简便灵活。另外，债券还具有偿还性的特点，企业可以根据对市场的预测、经济发展趋势及资金使用目的的估计，灵活地确定债券的期限，尽可能地使资金的筹集量与需要量相一致，使资金的使用时间与债券的期限相一致，避免出现资金过剩或不足的现象。即使企业判断有误，在债券到期时仍需要继续占用资金，还可采取发新债券还旧债券的办法，保持资金总数的稳定。可见，发行债券比发行股票的灵活性大，许多企业都愿意采用发行债券的办法筹集资金。

再次，公司（企业）发行债券可以维持对企业的控制。股票是一种所有权证书，表明股东对企业拥有一定的权益。企业发行股票，就要承担被新股东控制的风险。而发行债券则无此风险，债券的持有者与企业之间只是债权债务关系，持有者无权参与企业经营决策，无论发行多少，是否集中于少数人手中，都不会改变企业资本的所有关系，有利于大股东对企业的控制。

（二）债券发行的条件

债券发行的条件一般是指债券发行者发行债券筹集资金时所必须考虑的有关因素，具体包括发行额、面值、期限、偿还方式、票面利率、付息方式、发行价格、发行费用、有无担保等。下面以公司债券为例，介绍债券的发行条件。

与股票筹资的非偿还性不同，企业债券有固定的存续期限，发行人必须在到期时向投资者支付本金，并按预定的利率水平支付利息。因此，各国都对企业债券的发行制定了严格的限制条件，以确保发行人的偿债能力，保护投资者的合法利益。我国《公司法》规定，股份有限公司、国有独资公司和两个以上的国有企业或者其他两个以上国有投资主体设立的有限责任公司，为生产经营筹集资金，可发行公司债券。发行公司债券，必须符合下列条件：①股份有限公司的净资产额不低于人民币 3 000 万元，有限责任公司的净资产额不低于人民币 6 000 万元；②累计债券总额不超过公司净资产额的 40%；③最近 3 年平均可分配利润足以支付公司债券 1 年的利息；④筹集的资金投向符合国家产业政策；⑤债券的利率不得超过国务院规定的利率水平；⑥国务院规定的其他条件。凡有下列情形之一的，不得再次发行公司债券。①前一次发行的公司债券尚未募足的；②对已发行的公司债券或者其债务有违约或者延迟支付本息的，且仍处于继续状态的。

二、公司债券发行制度与程序

（一）公司债券发行的制度

世界各个国家或地区的证券主管机构对债券的发行都采取审核制度。审核主要有两种：一种是核准制，它以美国联邦证券法为代表。另一种是注册制，它以欧洲国家的公司法为代表。

1. 核准制

核准制即按照“实质管理原则”，由证券主管机关规定若干核准条件，这些条件包括：发行者的性质；管理人员的资格与能力；发行人的资产负债结构是否健全合理；发行中介机构所得报酬是否合理；债权人和债务人的权利、义务；募集资金的投向是否合理；公开的资料是否充分、真实等。证券主管机关按核准条件审查许可后，方能发行债券。

2. 注册制

注册制是指按照“公开原则”，只要符合债券发行的法定条件，并按照法定程序注册的，证券主管机关就必须认可该债券的发行。登记注册须经证券主管机关审查，如发现发行人提交的发行资料严重失实、遗漏、虚报，中止其注册；如果情节一般，则通知注册人加以纠正。未经注册，发行人不得发行债券。

（二）公司债券发行的程序

1. 做出发行公司债券的决议

股份有限公司和符合要求的有限责任公司发行公司债券事宜，由股东大会依公司章程规定的议事方式和表决程序做出决议；国有独资公司发行公司债券事宜，应由国家授权投资的机构或者国家授权的部门做出决定，由董事会提出发行申请。

2. 确定发行金额

在我国，公司债券的发行规模不能由发行人自主决定，而是根据公司净资产、累计债券余额、可分配利润等进行控制。《公司法》规定，发行公司债券的申请经国务院授权的部门核准后，应当公告公司债券募集办法并符合《中华人民共和国证券法》规定的发行条件。《公司债券发行试点办法》规定申请发行公司债券，应当符合《证券法》、《公司法》和本办法规定的条件，经中国证券监督管理委员会核准。

3. 提交申请文件

公司债券发行人必须向国务院授权的部门（证监会）提交《公司法》规定的申请文件和《证券法》规定的有关文件。

4. 公司债券发行审批

作为证券种类之一的公司债券，其发行审批应遵守《证券法》的规定。根据我国《证券法》规定，证监会应当自受理公司债券发行申请文件后五个工作日内决定是否受理，受理后对申请文件进行初审，发行审核委员会按照《中国证券监督管理委员会发行审核委员会办法》规定的特别程序审核申请文件，并由中国证监会作出核准或不予核准的规定。发行公司债券，可以申请一次核准，分期发行。自中国证监会核准发行之日起，公司应在六个月内首期发行，剩余数量应当在二十四个月内发行完毕。超过核准文件限定的时效未发行的，须重新经中国证监会核准后方可发行。首期发行数量应当不少于总发行数量的50%，剩余各期发行的数量由公司自行确定，每期发行完毕后五个工作日内报中国证监会备案。

5. 公告公司债券募集办法

公司应当在发行公司债券前的二至五个工作日内，将经中国证监会核准的债券募集说明书摘要刊登在至少一种中国证监会指定的报刊上，同时将其全文刊登在中国证监会指定的互联网网站上。

6. 债券持有人权益保护

公司应当为债券持有人聘请债券受托管理人，并订立债券受托管理协议；在债券存续期限内，由债券受托管理人依照协议的约定维护债券持有人的权利。公司应当在债券募集说明书中约定，投资者认购本期债券视作同意债券受托管理协议。债券受托管理人由本次发行的保荐人或者其他经中国证监会认可的机构担任。为本次发行提供担保的机构不得担任本次债券发行的受托管理人。债券受托管理人应当为债券持有人的最大利益行事，不得与债券持有人存在利益冲突。

7. 监督管理

公司违反本办法规定，存在不履行信息披露义务，或者不按照约定召集债券持有人会议，损害债券持有人权益等行为的，中国证监会可以责令整改；对其直接负责的主管人员和其他直接责任人员，可以采取监管谈话、认定为不适当人选等行政监管措施，记入诚信档案并公布。此外，对保荐人、证券服务机构和人员、债券受托管理人等违反职责作出有关处理规定。

三、债券信用评级

债券评级就是对债券质量的一种评价。债券的质量主要体现在收益性、安全性和流动性三个方面，这也是投资者选择债券的主要依据。由于债券投资者所掌握的信息有限，他们难以对各种债券的质量做出比较客观的评价。债券评级的重要作用就是给各种债券贴上“标签”，标明各种债券质量，帮助投资者超越自身的局限性，正确认识各种债券质量，并根据自己的偏好做出选择，使各种债券高质高价、低质低价，从而体现金融市场的公平。

债券评级并不是向投资者推荐购买、销售或持有一种债券，因为它并不对债券的市场价格或者对某种债券是否适合于某个投资者进行评论。它是根据债券发行者提供的资料或从它认为可取的其他途径获得的资料做出的客观评价。债券评级机构并不对这些资料承担审计任务，它有时甚至还以未经审核的财务资料为依据。评定出来的债券等级会由于资料的变更或其他原因而改变，也可能由于得不到资料而中止。

债券评级不是对债券发行者的一般性评价，而是对债券的评价。这就是说，某一特定债券获得“AAA”级的债券发行者并不一定比“BBB”级债券的发行者好，因为某一特定债券并不能反应债券发行者的全貌。

债券评级一般都是通过专门从事债券评级业务的债券评级机构进行。像美国的穆迪投资者服务公司和标准·普尔公司即为专门从事债券评级业务的机构。债券评级机构聚集了大批债券分析、会计、统计、财务等方面的高级专家，能够对各种债券的质量做出科学的评价，因而在投资者中具有较高的威信。在债券市场较发达的国家，除了信誉很高的中央政府外，地方政府债券发行者、公司债券发行者都自愿向债券评级机构申请债券评级，以便较容易地推销债券。债券评级机构在评级过程中，能够不断地积累大量的资料，债券评级申请人为了获得较高的等级，常常还会把保密资料也交给债券评级机构（当然后者要为前者保密），从而使债券评级更为客观化。

债券评级的客观性和公平性还来自于债券评级机构的独立性和营利性。债券评级机构大部分是私营的，不受行政干预的束缚，各级政府和金融管理机构均赋予债券评级机构自主地发布评级结果的权力；同时，以法律形式规定债券评级机构不能参与任何企业的经营活动，不能充当投资银行或财务顾问的角色，割断债券评级机构和债券评级申请人之间的直接利益关系，使其成为一个独立的机构，处于超然地位。这样就能保证债券评级机构客观、公正地评价企业债券和政府债券。营利性则使得债券评级机构为了营利、生存和发展，尽可能客观、公正地进行债券评级。这是因为，债券评级的价值取决于它的可信度，只有当债券评级机构的判断可信时，投资者才会接受，只有在大多数投资者接受了评级机构的判断时，它评定出来的债券等级才能得到承认；只有当债券评级机构评出来的债券等级得到投资者承认时，债券发行者才愿意支付评级费用，向评级机构申请债券评级，评级机构也才能营利。因此，债券评级机构为了生存，为了长期获得盈利，就必须尽自己最大的力量使债券评级尽可能客观、公正，以获得公众的承认。客观的、公正的债券评级可以促使债券发行者努力提高债券质量，帮助债券投资者减少投资风险，提高债券市场的稳定性和效率。

四、国债的发行与承销

（一）国债的发行方式

国债的发行方式与公司债券的发行方式有着很大的差别。由于国债发行关系到一国财政状况、重点项目投资建设情况和货币政策实施等重大问题，所以各国都对国债的发行承销有着统一的制度性的安排。国债发行前一般不需要经过评级，因为人们普遍认可政府的信用，除非其在境外发行。国债发行按是否有金融中介机构参与出售的标准来看，有直接发行与间接发行之分，其中间接发行又包括定向发售、代销、承购包销、公开招标和拍卖发行五种方式。

1. 定向发售

定向发售是指向养老保险基金、失业保险基金、金融机构等特定机构发行国债的方式，主要用于国家重点建设债券、财政债券、特种国债等品种。

2. 代销

代销方式是指由国债发行主体委托代销者代为向社会出售债券。可以充分利用代销者的网点，但因代销者只是按预定的发行条件，在约定日期内代为推销，代销期终止，若有未销出余额，则全部退给发行主体，代销者不承担任何风险与责任。因此，代销方式有着较多的缺陷：一是不能保证按当时的供求情况形成合理的发行条件；二是推销效率难尽人意；三是发行期较长，因为有预约推销期的限制。代销发行适用于债券市场不发达、金融市场秩序不良、机构投资者缺乏承销条件和积极性的情况。

3. 承购包销

承购包销发行方式是指大宗机构投资者组成承购包销团，按一定条件向财政部承购包销国债，并由其负责在市场上转售，任何未能售出的余额均由承销投资银行买入。这种发行方式的特征是：第一，承购包销的初衷是要求承销者向社会再出售，由作为发行者的财政部与承销团达成协议确定发行条件，一切承购手续完成后，国债方能与投资者见面，因而承销者是作为发债主体——中央政府与投资者间的中介而存在的；第二，承购包销是用经济手段发行国债的标志，并可用招标方式决定发行条件，是国债发行转向市场化的一种形式。

4. 公开招标

公开招标发行方式是指作为国债发行主体的财政部直接向大宗机构投资者招标，投资者中标认购后，可以自行持有，也可以按一定价格向其他投资者继续分销。相对于承购包销发行方式，公开招标发行不仅实现了发行者与投资者的直接见面，减少了中间环节，而且通过投资者对发行条件的自主选择投标而充分体现了市场竞争机制，有利于形成公平合理的发行条件，也有利于缩短发行期限，提高市场效率，降低发行成本，是国债发行方式市场化的进一步加深。

公开招标发行方式有以下几种招标模式。

（1）以缴款期为标的的招标。以缴款期为标的的招标方式可分为荷兰式招标和美国式招标两种。以缴款期为标的的荷兰式招标，是以募满发行额为止的中标商的最迟缴款日期作为全体中标商的最终缴款期，所有中标商的缴款日期是相同的；以缴款期为标的的美国式招标，是以募满发行额为止的中标商的各自投标缴款日期作为中标商的最终缴款日期，各中标商的缴款日期是不同的。

（2）以价格为标的的招标。以价格为标的的招标方式可分为荷兰式招标和美国式招标两种。以价格为标的的荷兰式招标，是以募满发行额为止的所有投标商的最低中标价格为最后中标价格，全体投标商的中标价格是单一的；以价格为标的的美国式招标，是以募满发行额为止的中标商各自的中标价作为各中标商的最终中标价，各中标商的认购价格是不同的。

（3）以收益率为标的的招标。以收益率为标的的招标可分为荷兰式招标和美国式招标两种。以收益率为标的的荷兰式招标，是以募满发行额为止的中标商的最高收益率作为全体中标商的最终收益率，所有中标商的认购成本是相同的；以收益率为标的的美国式招标，是以募满发行额为止的中标商各个价位上的中标收益率作为中标商各自最终中标收益率，每个中标商的加权平均收益率是不同的。

5. 拍卖发行

拍卖发行方式是指在拍卖市场上，按照例行的经常性的拍卖方式和程序，由发行主体公开向投资者拍卖国债，完全由市场决定国债发行价格与利率。国债的拍卖发行实际是在公开招标发行基础上更加市场化的做法，是国债发行市场高度发展的标志。该发行方式更加科学、合理、高效，所以目前西方发达国家的国债发行多采用这种形式。在我国，一般来说，对“利率/发行价格”一定的国债，采用缴款期招标方式；短期贴现国债引入国际上通行的荷兰式价格招标；中长期零息国债和附息国债引入美国式收益率招标方式。

（二）国债的承销程序

1. 记账式国债的承销程序

记账式国债是一种无纸化国债，主要借助于证券交易所的交易系统来发行。实际运作中，承销商可以选择场内挂牌分销或场外分销两种方法。

（1）场内挂牌分销的程序。承销商在分得包销的国债后，向证券交易所提供一个自营账户作为托管账户，将在证券交易所注册的记账式国债全部托管于该账户中。同时，证券交易所为每一承销商确定当期国债各自的承销代码，以便于场内挂牌。在此后发行期中的任何交易时间内，承销商按自己的意愿确定挂牌卖出国债的数量和价格，进行分销。投资者在买入债券时，可免交佣金，证券交易所也不向代理机构收取买卖国债的经手费用。买卖成交后，客户认购的国债自动过户至客户的账户内，并完成国债的认购登记手续。客户的认购款通过证券交易所清算，当日划入承销商在证券交易所的清算账户中，资金回收安全、迅速。发行结束后，承销商在规定的交款日前如期将发行款一次划入财政部在中国人民银行的指定账户，托管账户中分销的国债转为承销商持有。财政部在收到承销商缴纳的发行款后，将国债发行手续费拨付至各承销商的指定银行账户。

（2）场外分销的程序。发行期内承销商也可以在场外确定分销商或客户，并在当期国债的上市交易日前向证券交易所申请办理非交易过户。证券交易所根据承销商的要求，将原先注册在承销商托管账户中的国债依据承销商指定的数量过户至分销商或客户的账户内，完成债券的认购登记手续。国债认购款的支付时间和方式由买卖双方场外协商确定。

2. 无记名国债的承销程序

（1）场内挂牌分销的程序。承销商在分得包销的国债后，立即确定各自无记名国债场内的注册数量和场外分销数量以及各种券面的需求情况，由中央国债登记结算有限公司在发行期之前完成实物券的调运工作。同时承销商必须向证券交易所提供无记名国债托管的主席位和注册账户，以便于场内挂牌分销。承销商确定的在场内注册的那部分国债直接运入证券交易所的托管库房，不再由承销商提取。证券交易所经过清点核对后，就可以允许承销商在注册入库存的额度内进行挂牌分销，挂牌后无记名国债的承销程序与记账式国债是相同的。另外，在发行期内，承销商也可随时将原先准备用于场外分销的实物券调运至证券交易所的库房托管注册，进行场内挂牌分销。由于这种方法较为主动灵活，因此更易于被承销商所采用。

（2）场外分销的程序。承销商在分得包销的国债后所确定的那部分用于场外分销的国债，由承销商在发行开始前从中央国债登记结算有限公司在全国各大城市中的指定库房提取。发行期内，承销商以发售实物券的形式进行柜台销售或提供给分销商，完成国债的发行。

3. 凭证式国债的承销程序

凭证式国债是一种不可上市流通的储蓄型债券，主要由银行承销，各地财政部门和各国债一级自营商也可参与发行。承销商在分得所承销的国债后，通过各自的代理网点发售。发售采取向购买人开具凭证式国债收款凭证方式，发售数量不能突破所承销的国债量。由于凭证式国债采用"随买随卖"，利率按实际持有天数分档计付的交易方式，因而在收款凭证中除了注明投资者身份外，还需注明购买日期、期限、到期利率等内容。凭证式国债的发行期限一般较长，所以发行款的上划采取分次缴款办法，国债发行手续费也由财政部分次给付。各经办单位对在发行期内已交款但未售完及购买者提前兑取的凭证式国债，仍可在原额度内继续发售，继续发售的凭证式国债仍按面值售出。为了便于掌握发行进度，担任凭证式国债发行任务的各个系统一般每月要汇总本系统内的累计发行数额，上报财政部及中国人民银行。

（三）国债承销的价格、收益和风险

1. 国债承销价格的影响因素

国债承销的风险和收益均源自于国债承销价格，在有利的价格下，承销商可以获得较为满意的利润；而国债承销价格一旦不利，承销商将承受损失。对国债而言，承销价格的影响因素主要有以下几个方面。

（1）市场利率水平。一般情况下，国债价格水平根据市场利率水平而定。市场利率水平

主要取决于该国当时的通货膨胀状况，因为利率是货币时间价值的衡量，货币的购买力将直接影响投资者要求的利率补偿水平。一般而言，国债定价的最低标准是不低于通货膨胀率，即实际利率为正，因此名义利率即为预期的通货膨胀率加市场基准利率。但是由于未来通胀水平较难预测，因此，国债价格中包含着一定的风险。

（2）承销国债的中标成本。承销国债的中标成本是承销商销售国债的成本底线，如果超出这一成本，承销商将直接发生亏损，因此，在投标中，承销商会尽可能压低中标价格，从而降低销售难度，更大程度地获得利润。

（3）二级市场国债的报价。二级市场的国债价格会影响投资者购买一级市场国债的热情。如果一级市场的国债价格过高，投资者会转而购买二级市场的国债，从而导致承销商销售国债的失败。

（4）承销商的综合收益。为了保证国债承销的成功，承销商会从其综合收益的角度考虑，决定其投标价格。这些综合收益主要包括手续费收入和销售速度。在国债承销中，承销商可以获得一定比例的手续费收入。为了促进国债的销售，承销商有可能压低承销价格，以手续费补其不足；另外，承销商为了加快资金回收速度，也会降低承销价格，因为价格低了，承销商的销售就会加快，资金的回收速度就快，投资者的认购资金留在承销商手中的时间就长，承销商就可以占用这部分资金的利息收入来提高其综合收益。

2. 国债承销的收益

在国债承销的过程中，承销商的收益主要有以下四种来源。

（1）差价收入。差价收入即承销商的认购价格和对投资者的分销价格的差价。

（2）发行手续费收入。国债发行时，承销商按承销金额的一定比例可以从发行人处得到手续费。我国对记账式国债一般按0.3%支付承销手续费；而对于实物券式和凭证式国债一般支付0.65%的手续费。在零息债券发行中，承销手续费往往以绝对金额表示，并包含在低于面值发行的报价之中。

（3）资金占用的利息收入。如果承销商提前完成了国债的分销任务，那么在交款日前承销商就可以占用这部分资金，并取得利息收入。

（4）留存自营国债的交易收益。承销商可以留存一部分国债自营，如果该国债上市后二级市场有较好的价格，承销商就可以获得交易收益。

3. 国债承销的风险

承销商的国债承销活动可能面临一定的风险，一般因承销而产生的风险有两种情况：一种是在整个发行期结束后，承销商仍有部分国债积压，从而垫付相应的发行款，并且这部分留存自营的国债在上市后也没有获得收益；另一种是承销商将所有包销的国债全部加以分销，但分销的收入不足以抵付承销成本。一般而言，承销商承销国债的风险远小于承销股票、公司债券等其他证券，但并不排除出现风险的情况。国债承销中的最大风险是市场利率变动的风险，如果市场利率在承销商分销国债的过程中提高了，国债价格将会下降，承销商可能承受损失。但是，财政部出于和承销商长期合作的考虑，在这种条件下往往会对承销商进行补偿，以减少承销商的风险。

阅读与应用

2011年记账式国债招标发行规则

2011年1月4日，财政部下发《关于印发2011年记账式国债招标发行规则的通知》（财库［2011］4号），颁布了适用于2011年度的记账式国债招标发行规则。

1. 招标方式

记账式国债的发行采用荷兰式、美国式、混合式招标方式。招标标的为利率、利差、价格或数量。

（1）荷兰式招标方式。标的为利率或利差时，全场最高中标利率或利差为当期国债票面利率或基本利差，各中标国债承销团成员均按面值承销；标的为价格时，全场最低中标价格为当期国债发行价格，各中标机构均按发行价格承销。

（2）美国式招标方式。标的为利率时，全场加权平均中标利率为当期国债票面利率，中标机构按各自中标标位利率与票面利率折算的价格承销；标的为价格时，全场加权平均中标价格为当期国债发行价格，中标机构按各自中标标位的价格承销。标的为利率时，高于全场加权平均中标利率一定数量以上的标位，全部落标；标的为价格时，低于全场加权平均中标价格一定数量以上的标位，全部落标。背离全场加权平均投标利率或价格一定数量的标位为无效投标。全部落标，不参与全场加权平均中标利率或价格的计算。

（3）混合式招标方式。标的为利率时，全场加权平均中标利率为当期国债票面利率，低于或等于票面利率的标位，按面值承销；高于票面利率一定数量以内的标位，按各中标标位的利率与票面利率折算的价格承销；高于票面利率一定数量以上的标位，全部落标。标的为价格时，全场加权平均中标价格为当期国债发行价格，高于或等于发行价格的标位，按发行价格承销；低于发行价格一定数量以内的标位，按各中标标位的价格承销，低于发行价格一定数量以上的标位，全部落标。背离全场加权平均投标利率或价格一定数量的标位为无效投标，全部落标，不参与全场加权平均中标利率或价格的计算。

2. 投标限定

（1）投标标位变动幅度。利率或利差招标时，标位变动幅度为0.01%；价格招标时，标位变动幅度在当期国债发行文件中另行规定。

（2）投标量限定。国债承销团成员单期国债最低、最高投标限额按各期国债招标量的一定比例计算，具体是：乙类成员最低、最高投标限额分别为当期国债招标量的0.5%、10%；甲类成员最低投标限额为当期国债招标量的3%，不可追加的记账式国债最高投标限额为当期国债招标量的30%，可追加的记账式国债最高投标限额为当期国债招标量的25%。单一标位最低投标限额为0.2亿元，最高投标限额为30亿元。投标量变动幅度为0.1亿元的整数倍。

（3）最低承销额限定。国债承销团成员单期国债最低承销额（含追加承销部分）按各期国债竞争性招标额的一定比例计算，甲类成员为1%，乙类成员为0.2%。

上述比例均计算至0.1亿元，0.1亿元以下四舍五入。

3. 中标原则

(1) 募入。全场有效投标总额小于或等于当期国债招标额时，所有有效投标全额募入；全场有效投标总额大于当期国债招标额时，按照低利率（利差）或高价格优先的原则对有效投标逐笔募入，直到募满招标额或将全部有效投标募完为止。

(2) 最高中标利率标位或最低中标价格标位上的投标额大于剩余招标额，以国债承销团成员在该标位投标额为权重平均分配（取整至0.1亿元），尾数按投标时间优先原则分配。

4. 追加投标

(1) 对于允许追加承销的记账式国债，在竞争性招标结束后，国债承销团甲类成员有权通过投标追加承销当期国债。

(2) 国债承销团甲类成员追加承销额上限为该成员当期国债竞争性中标额的25%，计算至0.1亿元，0.1亿元以下四舍五入。追加承销额应为0.1亿元的整数倍。

(3) 荷兰式招标追加承销价格与竞争性招标中标价格相同；美国式和混合式招标追加承销价格，标的为利率时为面值，标的为价格时为当期国债发行价格。

资料来源：http://www.chinanews.com/fortune/2011/01-10/2777820.html

第四节 基金与国际证券的发行

一、基金的设立

基金设立是基金运作的第一步。基金的设立是由符合一定资格条件的法人，向监管机构申请，并由监管机构审批的过程。

（一）基金发起人

基金发起人是指为设立基金采取必要的行为和措施，并完成任务发起设立基金法定程序的机构。

这一机构在筹备基金的过程中，负责起草设立报告，设计基金的具体方案，拟订基金契约等相关文件，要为基金的设立承担法律责任。

发起人在发起设立基金过程中的行为称为发起行为。在基金没成立时，发起人行为所引起的权利和义务由发起人承担。

（二）申请募集基金的基本条件

主要发起人的基本条件：是按国家有关规定设立的证券公司、信托投资公司、基金管理公司；开放式基金的发起人只能是基金管理公司，封闭式基金的发起人可以是证券公司、信托投资公司和基金管理公司。每个发起人的实收资本不少于3亿元，主要发起人有3年以上从事证券投资经验，连续盈利的记录。发起人有健全的组织机构和管理制度，财务状况良好，经营行为规范。其他当事人的基本条件：基金托管人、基金管理人有健全的组织机构和管理制度，财务状况良好，经营行为规范；托管人和管理人有符合要求的营业场所、安全防范措施和与业务相关的其他设施；符合中国证监会规定的其他条件。

（三）投资基金的设立程序

发起人首先进行设立基金的必要性和可行性分析，然后设计基金的设立方案，设立方案包括基金类型、推出地点、基金时间、发起规模和存续时间，再聘请经理人、保管人、顾问、会计师、律师、财务顾问等制定申报文件、报批，包括募集方案、申请报告、基金契约、招募说明书、财务报告、法律意见书等，如果证券监管部门批准基金成立，就公布招募说明书、发售基金证券。

二、基金的发行与认购

证券投资基金的设立在获得主管部门批准后，便进入募集发行阶段，即向特定投资者或社会公众宣传介绍基金的情况，通过基金承销机构或基金管理公司向投资者销售受益凭证或基金公司股份，募集资金。

只有在募集资金达到法规对投资基金的要求后，募集的资金才能用来进行投资，基金进入投资运作阶段。

基金的发行和股票的发行一样，有着多种形式。按照发行的对象不同可以分为私募发行和公募发行。私募发行指以非公开方式向特定投资者募集基金资金的投资基金。它具有非公开性、募集性、大额投资性、封闭性和非上市性等特点。由于发行的对象特定，发行的费用较低，节省时间，同时各国对私募发行的监管较为宽松，不必公布招募说明书。发行基金选择私募的方式，一般是基于以下原因：①基金的设计规模较小；②基金的投资范围比较狭小；③基金发行总额在规定的范围内由特定的投资者认购便可以完成发行计划，因而没有必要向全社会公众公开发行，等等。在美国，为了保护普通投资者的利益，要求对冲基金这类投资风险较高的基金，只能采取私募的发行方式。

公募发行又叫公开发行，指向广大的社会公众发行基金，合法的社会投资者都可以认购基金单位。由于面向广大投资者，各国对公募发行的监管比较严格，要求发起人在募集基金时，必须公开招募说明书，对基金的基本情况、基金管理人、基金托管人、基金的投资目标和政策、基金的费用和收益分配、基金持有人的权利等做出真实的陈述，供投资者进行投资决策时使用。发行基金选择公募的方式往往是考虑到以下因素：①基金发行额较大，若只在小范围内发行，难以完成预定的发行计划；②急需募集资金，以争取有利的投资时机；③对所发行的基金受投资者欢迎的程度把握不准，因而采取向社会公众发行的方式，以便在尽可能短的发行期内完成发行计划。按照基金发行销售的渠道，基金的发行可分为自办发行和承销两种方式。自办发行即基金公司通过自己的销售渠道直接向投资者发售基金单位，采用这种方式的费用较低。承销即通过中介机构向投资者发售基金单位，它又可分为代销和包销。在代销方式下，中介机构尽最大的努力去销售基金，如果基金单位未能全部发售，中介机构也不承担任何责任；而在包销的方式下，发行人和中介机构签订合同，由中介承销机构买入全部基金单位，然后承销机构再向投资者销售，如果未能将基金单位全部销售出去，则余下的基金单位由承销商自己持有。在采取承销方式时，发行人都必须向承销机构支付一定的承销费用，但在代销的方式下，由于承销机构的风险较低，所以承销费用也较低。在承销的方式下，可以由多个承销机构组成承销团，共同负责基金的销售。

阅读与应用

南方盛元红利股票型证券投资基金基金份额发售公告

1. 南方盛元红利股票型证券投资基金（以下简称“本基金”）的发售已获中国证监会2008年2月1日证监许可［2008］215号文批准。

2. 南方盛元红利股票型证券投资基金是股票型证券投资基金，本基金合同生效后一年内为封闭式，基金合同生效满一年后转为开放式。

3. 本基金的管理人和注册登记机构为南方基金管理有限公司（以下简称“本公司”），基金托管人为中国建设银行股份有限公司（以下简称“中国建设银行”）。

4. 本基金募集期自2008年2月18日至2008年3月18日，通过基金管理人的直销网点及基金代销机构的代销网点公开发售。募集期内，本基金销售规模下限为60亿元，上限为80亿元（不含募集资金利息），采用末日比例确认的方式实现募集规模的有效控制。

5. 若本基金在募集期内任何一天（含第一天）当日募集截止时间后，基金募集总规模超过销售上限，本公司将结束本次募集并于次日在指定媒体上公告。若募集期内认购申请金额全部确认后本基金募集规模不超过80亿元（含80亿元），则所有的认购申请予以确认。若募集期内认购申请金额超过80亿元，则对募集期内的认购申请采用“末日比例确认”的原则给予部分确认，未确认部分的认购款项将在募集期结束后退还给投资者。

6. 投资者欲购买本基金，需开立南方基金管理有限公司的基金账户。募集期内各代销机构下属代销网点和本公司直销机构同时为投资者办理开户和认购手续。

7. 本基金代销机构首次认购和追加认购最低金额均为人民币1 000元（中国工商银行，首次认购的最低金额为5 000元，追加认购的最低金额为1 000元），具体认购金额以各基金代销机构的公告为准。本基金直销网点最低认购金额由基金管理人制定和调整。

8. 投资者认购款项在基金合同生效前的利息折合成基金份额记入投资者账户，具体份额数以注册登记机构的登记为准。

9. 募集期内，投资者可以多次重复认购。认购资金一旦交付，不得撤销认购申请。销售网点对申请的受理并不表示对该申请的成功确认，申请的成功确认应以基金注册登记机构的登记确认为准。

10. 本公告仅对本基金发售的有关事项和规定予以说明，投资者欲了解本基金的详细情况，请阅读刊登在中国证券报、证券时报等报刊的《南方盛元红利股票型证券投资基金招募说明书》；本基金的基金合同、招募说明书及本公告将同时发布在基金管理人的互联网网站（www. nffund. com）及基金托管人的互联网网站（www. ccb. com）。

11. 募集期内，本基金还有可能新增代销机构，敬请留意近期本公司及各代销机构的公告，或拨打本公司及各代销机构客户服务电话咨询。

12. 投资者可拨打本公司客户服务电话（400-889-8899）或各代销机构咨询电话了解认购事宜。

13. 基金管理人可综合各种情况对销售安排及募集期其他相关事项做适当调整。

14. 风险提示

本基金投资于证券市场，基金净值会因为证券市场波动等因素产生波动，投资者在投资本基金前，应全面了解本基金的产品特性，充分考虑自身的风险承受能力，并承担基金投资中出现的各类风险，包括：因政治、经济、社会等环境因素对证券价格产生影响而形成的系统性风险，个别证券特有的非系统性风险，由于基金投资者连续大量赎回基金产生的流动性风险，基金管理人在基金管理实施过程中产生的基金管理风险，本基金封闭期内基金份额不能赎回或转让的风险等。投资有风险，投资者认购（或申购）基金时应认真阅读本基金的《招募说明书》及《基金合同》。基金的过往业绩并不预示其未来表现。基金管理人依照恪尽职守、诚实信用、谨慎勤勉的原则管理和运用基金资产，但不保证基金一定盈利，也不保证最低收益。

15. 本公告解释权归基金管理人。

资料来源：http://money.163.com/08/0214/08/44L9F4DR00251LDT.html

三、外资股的发行

外资股是指国外和中国香港、澳门、台湾地区的投资者，以购买人民币特种股票形式向股份有限公司投资形成的股份。外资股包括法人外资股和个人外资股。

外资股是我国股份公司吸收外资的一种方式。外资股按上市地域可以分为境内上市外资股和境外上市外资股。

（一）境内上市外资股

境内上市外资股原来是指股份有限公司向境外投资者募集并在我国境内上市的股份，投资者限于外国和我国香港、澳门、台湾地区的投资者。这类股票称为B股，B股以人民币标明股票面值，以外币认购、买卖。经国务院批准，中国证监会决定自2001年2月下旬起，允许境内居民以合法持有的外汇开立B股账户，交易B股股票。自从B股市场对境内投资者开放之后，境内投资者逐渐取代境外投资者成为投资主体，B股发生了由“外资股”演变为“内资股”的趋向。

1. 境内上市外资股的投资主体

境内上市外资股的投资主体限于以下几类：外国的自然人、法人和其他组织；中国香港、澳门、台湾地区的自然人、法人和其他组织；定居在国外的中国公民；拥有外汇的境内居民；中国证监会认定的其他投资人。

2. 境内上市外资股的发行方式

我国股份有限公司发行境内上市外资股一般采取配售方式。按照国际金融市场的通常做法，采取配售方式，承销商可以将所承销的股份以议购方式向特定的投资者配售。主承销商在承销前的较早阶段即已通过向其网络内客户的推介或路演，初步确定了认购量和投资者可以接受的发行价格，正式承销前的市场预测和承销协议签署仅具备有限的商业和法律意义。

（二）境外上市外资股

境外上市外资股是指股份有限公司向境外投资者募集并在境外上市的股份。它也采取记名股票形式，以人民币标明面值，以外币认购，在境外上市时，可以采取境外存股证形式或者股票的其他派生形式。在境外上市的外资股除了应符合我国的有关法规外，还须符合上市所在地国家或者地区证券交易所制定的上市条件。我国境外上市外资股主要采取美国存托凭证全球存托凭证和通过中国香港上市的H股等形式发行。下面以H股为例介绍境外上市外资股的发行方式。

1. H股的发行方式

H股，即注册地在内地、上市地在香港的外资股。香港的英文是Hong Kong，取其字首，在港上市外资股就叫做H股。H股的发行方式是公开发行加国际配售。发行人须按上市地法律的要求，将招股文件和相关文件公开披露。招股说明书一般在上市委员会的听证会批准后公布，公司根据招股说明书披露的信息，向社会公众发行新股。初次发行H股时须进行国际路演，这对于新股认购和H股上市后在二级市场的表现都有积极的意义。

2. H股发行的核准程序

第一，取得地方政府或国务院有关主管部门的同意和推荐，向中国证监会提出申请。

第二，由中国证监会就有关申请是否符合国家产业政策、利用外资政策以及有关固定资产投资立项规定会商国家发改委等有关部门。

第三，聘请中介机构，报送有关材料。

第四，中国证监会审批。

第五，向香港联交所提出申请，并履行相关核准或登记程序。

四、国际债券的发行

国际债券（international bonds）是一国政府、金融机构、工商企业或国家组织为筹措和融通资金，在国外金融市场上发行的，以外国货币为面值的债券。国际债券的重要特征，是发行者和投资者属于不同的国家，筹集的资金来源于国外金融市场。国际债券的发行和交易，既可用来平衡发行国的国际收支，也可用来为发行国政府或企业引入资金从事开发和生产。根据发行债券所用货币与发行地点的不同，国际债券又可分为外国债券和欧洲债券。

一般来说，各国运用国际债券来筹集资金的主要目的有以下五个方面。

（1）弥补发行国政府财政赤字。对于一国政府来说，弥补财政赤字除了可以用国内债券的方式外，还可以通过发行国际债券的形式筹集资金，作为国内债券的补充。

（2）弥补发行国政府国际收支的逆差。发行国际债券所筹集的资金在国际收支平衡表上表现为资本的流入，属于资本收入，因而有利于减少国际收支逆差。在1973—1975年的石油危机中，许多西方工业国家都采用发行国际债券方式来弥补由于石油价格上涨而造成的国际收支逆差。

（3）为大型或特大型工程筹集建设资金。这主要由一些国际金融债券或公司集团组成的投资机构来发行。

（4）为一些大型的工商企业或跨国公司增加经营资本来筹措资金，从而增强其实力。大型企业为增强其实力，需要大量资金的支持。

（5）为一些主要的国际金融组织等筹措活动资金。例如世界银行就曾多次发行外国债券，以筹措巨额资金，实施其开发计划。

国际债券发行的主要方式如下。

（1）公募。这是向社会广大公众发行的债券，可在证券交易所上市公开买卖。公募债券的发行必须经过国际上认可的债信评级机构的评级。借款人需将自己的各项情况公布于众。借款人每发行一次债券，都要重新确定一次债信级别。

（2）私募。它是指私下向限定数量的投资人发行的债券。这种债券发行的期限较短、不能上市公开买卖。但私募债券机动灵活，一般不需要债信评级机构评级，也不用发行人将自己的情况公布于众，发行手续较简便。

本章小结

证券发行市场是指证券发行人进行证券发行以募集资金的市场。发行市场由证券发行者、证券承销商和证券投资者三个主体相互联结而组成。

股票发行的准备包括：研究和分析发行市场情况；拟订股票发行方案，形成股票发行决议；聘请中介机构进行评估工作，准备申报材料。股票发行与承销的步骤主要包括：承销前的准备工作；组织承销集团、签订股票分销协议；向社会公告；发售股票；股东登记与承销报告。股票发行价格的形成主要有议价法和竞价法两类。

债券发行是指政府、企业为了财政的需要或筹集资本的需要，在一级市场按照法律规定的条件和程序，向投资者发行债券的行为。债券评级就是对债券质量的一种评价。

企业发行企业债券，只能采取由债券经营机构承销的方式。

基金设立的程序是发起人首先进行设立基金的必要性和可行性分析，然后设计基金的设立方案，再聘请经理人、保管人、顾问、会计师、律师、财务顾问等制定申报文件、报批，如果证券监管部门批准基金成立，就公布招募说明书、发售基金证券。

外资股按上市地域可以分为境内上市外资股和境外上市外资股。我国股份有限公司发行境内上市外资股一般采取配售方式。H 股的发行方式是公开发行加国际配售。

国际债券是一国政府、金融机构、工商企业或国家组织为筹措和融通资金，在国外金融市场上发行的，以外国货币为面值的债券。

网络资源索引

1. http://wenku.baidu.com/ 百度文库
2. http://www.mof.gov.cn/ 中华人民共和国财政部
3. http://www.pbc.gov.cn/ 中国人民银行
4. http://www.sasac.gov.cn/ 国务院国有资产监督管理委员会
5. http://www.sac.net.cn/ 中国证券业协会
6. http://www.chinanews.com/ 中国新闻网
7. http://www.edu24ol.com/ 环球职业教育在线
8. http://www.ecitic.com/ 中信金融网
9. http://www.jingc.com/zhengquan/623/ 景程网校
10. http://money.163.com/ 网易财经—财经频道

关键术语

证券发行　承销　代销　包销　募集说明书　国债　招标　议价法　竞价法　主板市场　H 股　B 股　外资股　公募　私募　信息披露　发起机构　基金　开放式　封闭式　申购　认购　赎回　国际债券　直接发行　间接发行

问题与思考

1. 什么是证券发行市场？
2. 公募和私募的区别是什么？
3. 股票发行的目的和新设立股份有限公司公开发行股票的条件是什么？
4. 影响股票发行价格的因素有哪些？
5. 我国国债发行的方式有哪些？
6. 分析我国境外上市外资股发行审核程序。

第五章　证券上市与交易

本章导读

证券获准上市，即取得上市证券的资格，可以按照有关交易规则进行买卖。证券上市，提升了证券的流通性，方便了投资者的投资活动，提高了发行人的融资能力。证券上市交易，必须遵守证券交易所的交易规则，非上市证券的交易，必须遵守场外市场组织者制定的交易规则以及合同法的相关规定。

本章主要介绍证券交易市场、证券上市与交易、股票价格指数等相关内容，共分四节。第一节主要介绍证券交易市场的相关基本知识，包括证券交易的概念、原则、证券交易市场的构成，证券交易市场的功能等；第二节主要介绍证券上市的条件及程序，具体包括证券上市的含义，证券上市的条件和程序以及证券上市的利弊等；第三节介绍证券交易的相关内容，包括证券经纪业务、证券自营业务、融资融券业务以及证券交易的清算交收等；第四节介绍和分析股票价格指数的概念、特征、计算以及几种主要的股价指数。

学习本章你需要了解金融市场、证券发行、统计学等方面的相关知识。

第一节　证券交易市场概述

证券交易市场又称为“二级市场”或“次级市场”，是指已发行并被投资者认购的证券进行转让、买卖的场所，证券交易市场的交易活动可以在固定的场所集中进行，也可以在不固定的场所分散进行。证券交易市场是证券市场不可或缺的重要组成部分，证券交易市场为一级市场发行的证券提供了交易、变现的条件，是证券发行得以维持、发展的重要保证。证券发行市场和证券交易市场紧密联系，相辅相成，共同构成了一个完整的证券市场。

在证券交易市场中，资金持有者可随时购进证券，充分利用其所持有的货币资金，实现投资获利的目的；证券的持有者也可随时出售所持有的证券，以获得所需资金。因此，证券交易市场的存在为投资者提供了灵活方便的变现场所，使投资者放心地参加证券发行市场的认购活动，对证券的发行起积极的推动作用。同时，证券交易市场的变化是反映国民经济发展趋势的晴雨表，是政府宏观经济政策及金融政策调整的依据之一，在市场经济的发展过程中起着越来越重要的作用。证券交易市场由两个部分组成，一是证券交易所市场，它是高度组织化的市场，是证券市场的主体与核心；二是分散的、非组织化的场外交易市场，是证券交易所的必要补充。

一、证券交易的概念及原则

证券交易是已发行的证券在证券市场上买卖或转让的活动。投资者持有的证券必须能够进行交易，即能够很方便地把证券变成现金，证券的投资者也能很方便地买到证券。证券交易与证券发行有着密切的联系，两者相互促进、相互制约。一方面，证券发行为证券交易提供了对象，决定了证券交易的规模，是证券交易的前提；另一方面，证券交易使证券的流动性特征显示出来，从而有利于证券发行的顺利进行。

证券交易的特征主要表现在三个方面：流动性、收益性和风险性。首先，证券需要有流动机制。因为只有通过流动，证券才具有较强的变现能力。其次，证券的交易可能为持有者带来一定收益。证券之所以能够流动，就是因为它具有获取收益的可能性。最后，证券交易存在风险。经济发展过程中存在许多不确定因素，证券在交易中存在因其价格变化给持有者带来损失的风险。

证券交易的原则是反映证券交易宗旨的一般法则，贯穿于证券交易的全过程。一般来讲，证券交易原则是指金融管理当局对证券交易设立的具有共性的规定，它是参加证券交易各方必须共同遵守的准则。

（一）公开、公平、公正原则

为了保障证券交易功能的发挥，以利于证券交易的正常运行，证券交易必须遵循“公开、公平、公正”三个原则。各个国家对此做出的规定虽然有差异，但基本原则还是一致的。

1. 公开原则

公开原则又称信息公开原则，指证券交易是一种面向社会的、公开的交易活动，其核心要求是实现市场信息的公开化。根据这一原则的要求，证券交易参与各方应依法及时、真实、准确、完整地向社会发布有关信息。从美国1934年证券交易法确定了公开性原则（disclosure）以来，这一规则一再为各国证券法所强调，并逐步发展为各种类型的产权交易制度所统一遵循的基本原则。公开性原则并不意味着证券发行仅应采取公开发行的方式，也不意味着证券交易仅能采取证券交易所上市交易的形式。实际上，公开性原则是现代证券发行与交易的基本原则，它不仅适用于证券公开发行和证券上市交易，而且普遍适用于任何形式的证券发行与交易。在我国，强调公开原则有许多具体的内容。例如，上市的股份公司财务报表、经营状况等资料必须依法及时向社会公开，股份公司的一些重大事项也必须及时向社会公布，等等。按照这个原则，投资者对于所购买的证券，能够有更充分、真实、准确、完整的了解。

2. 公平原则

公平原则是指参与交易的各方应当获得平等的机会，平等地进行竞争。它要求证券交易活动中的所有参与者都有平等的法律地位，各自的合法权益都能得到公平保护。在证券交易活动中，有各种各样的交易主体，这些交易主体的资金数量、交易能力等可能各不相同，但不能因此而给予不公平的待遇或者使其受到某些方面的歧视。依照这一原则，证券交易中的欺诈行为、舞弊行为、内幕交易行为、大户操纵行为和其他一切不公平交易行为，均不具有合法效力，并且应当承担违法行为责任。

3. 公正原则

公正原则是指应当公正地对待证券交易的参与各方，以及公正地处理证券交易事务。公正性原则体现在证券交易的各个环节，如公正地审批申请参与证券交易业务的证券经营机构，公正地办理证券交易中的各项手续，等等。其实质是确保证券交易各个环节得到客观公正地执行，保证证券交易健康、有序地进行。

（二）价格优先原则

在证券交易中，委托代理买入证券的买入价格高的优先于出价较低的买入者成交；委托代理卖出证券的卖出价低的优先于出价高的卖出者成交。该原则主要适用于公开挂牌交易的证券。

（三）时间优先原则

代理买卖证券时，在委托价格相同的条件下，按委托时间先后物色成交对象，委托时间在先者优先成交。在相同时间内委托且委托价格相同时，买者或卖者之间进行抽签，决定成交的先后。在价格优先与时间优先发生矛盾时，应优先考虑价格优先原则。

（四）知情者回避原则

证券经营机构的各类职员不得向他人公开或泄露客户的证券买卖和其他交易情况，禁止证券交易所工作人员向他人泄露证券交易的内幕消息。

二、证券交易市场的构成要素

证券交易市场的构成要素一般包括两个方面：一是证券交易市场的组织形式；二是证券交易市场的参与者。

（一）证券交易市场的组织形式

证券交易活动可以在固定的场所进行，也可以在不固定的场所分散进行。根据组织形式的不同，证券交易市场可以分为场内市场和场外市场。场内市场是指有组织的、集中交易的市场，即证券交易所，它是证券市场的主体和核心；场外市场是指非组织化的、分散交易的市场，它是场内市场的必要补充。

1. 场内交易市场

场内交易市场是一个有组织、有固定地点的、集中进行证券交易的次级市场，是整个证券市场的核心。一般来说，场内交易是在证券交易所进行的，证券交易所在场内交易市场中处于核心地位。

早在16世纪初，在比利时的安特卫普和法国的里昂就出现了证券交易所。随着资本主义经济的发展，公司股票和债券的交易增多，各国相继成立了证券交易所。17世纪荷兰的阿姆斯特丹证券交易所成为重要的证券交易中心。1792年5月17日，纽约24位股票经纪人在华尔街的一棵梧桐树下签订了一项协定，要求交易只在协定签订人之间进行，并规定了具体的交易条款和0.25%的最低佣金。这就是著名的“梧桐树协定”（buttonwood agreement），也是当今世界上最大的证券交易所——纽约证券交易所的由来。证券交易所本身并不买卖证券，也不决定证券价格，而是为证券的集中和有组织交易提供一定的场所和设施，配备必要的管理和服务人员，并对证券交易进行周密的组织和严格的管理，为证券交易顺利进行提供了一个稳定、公开交易的高效率的市场。1990年11月26日，我国上海证券交易所由中国人民银行总行批准成立，同年12月19日正式开业。深圳证券交易所于1989年11月15日筹建，1990年12月1日开始集中交易（试营业），1991年4月11日由中国人民银行总行批准成立，并于同年7月3日正式成立。

证券交易所作为高度组织化的有形市场，其特征可以概括为以下几个方面。①有固定的交易场所和严格的交易时间；②参加交易者为具备会员资格的证券公司，交易采取经纪制，即一般投资者不能直接进入交易所买卖证券，只能委托会员证券公司作为经纪人间接进行交易；③交易的对象限于合乎一定标准的上市证券；④通过公开竞价的方式决定交易价格；⑤集中了证券的供求双方，具有较高的成交速度和成交率；⑥实行“公开、公平、公正”原则，并对证券交易加以严格管理。

证券交易所的组织形式主要有两种：公司制的证券交易所和会员制的证券交易所。公司制的证券交易所是以股份有限公司形式设立的并以营利为目的的法人组织。一般是由银行、证券公司、信托投资公司以及各类民营公司共同出资占有股份建立。公司制的证券交易所具有下列优点：第一，交易所的经营者自身不能参与证券买卖，从而保证了证券交易的公平与公正，有利于保证证券交易的顺利进行；第二，交易所对买卖任何一方的违约承担赔偿责任，所以容易取得社会公众的信任，有利于促进证券交易所的发展；第三，容易做到与政府经济政策、金融政策相配合。公司制的证券交易所也具有下列缺点：第一，交易所是营利性的组织，因而为了赚取更多的利润，可能会提高费用，从而加重证券交易成本，降低交易对公众的吸引力，有时甚至会放纵市场欺诈与操纵行为，助长市场过分的投机交易。第二，交易所承担的风险比较大。公司制的证券交易所既然对买卖任何一方的违约承担赔偿责任，因而一旦无法追回赔偿款时，交易所将受到损失。会员制的证券交易所是一个由会员自愿组成的、不以营利为目的的社会法人团体，一般由证券公司、投资银行等证券商组成。会员大会和理事会是会员制证券交易所的决策机构。会员制证券交易所的优点：第一，不以营利为目的，通过收取会费、上市费及佣金来维持运作，从而收取的交易费用比较低，有利于促进交易的活跃；第二，会员自律，在证券交易上受到的一切损害，均由买卖双方自行负责，交易所不承担风险，因而会员要对证券交易具有高度责任感，要严格要求和约束自己，不允许有违法或越轨行为；第三，只限于本交易所会员入场交易，从而便于管理。但是，会员制证券交易所也具有一些缺点，如买卖双方要自己负责交易上的一切责任，没有任何的交易担保，因而投资者的利益得不到保障，风险比较大。

目前，世界上大多数国家的证券交易所都实行会员制，包括我国上海、深圳两大证券交易所。

2. 场外交易市场

场外交易市场，主要是指在证券交易所以外的证券交易市场。场外交易市场是现代证券交易市场的一部分，其本身具有独特的优势。根据不同的特点和功能，场外交易市场可以分为柜台交易市场、第三市场和第四市场。

（1）柜台交易市场（OTC）。柜台交易市场，又称店头交易市场，是指在证券公司等开设的柜台上进行证券交易的市场。柜台市场交易形式简便，限制较少，便于双方直接买卖，快速成交；各种交易品种明码标价，便于买卖双方就交易价格进行协商。通过柜台市场可以二次分销巨额证券，缓冲巨额证券销售对市场的压力。正是由于这些优势，柜台市场对很多证券具有吸引力。柜台交易市场上，每个证券商大都同时具有经纪人和自营商的双重身份，随时与买卖证券的投资者通过直接接触或以电话、计算机网络等方式迅速达成交易。还有一些证券商充当着“做市商”的角色，即先垫付资金买入若干证券，然后挂牌对外交易，通过低价买进高价卖出，从中赚取差价并承担交易风险。

（2）第三市场（third market）。第三市场是指已经在证券交易所上市交易的证券却在证券交易所以外进行交易而形成的市场，即上市证券的场外交易市场。第三市场最早出现于20世纪60年代的美国证券市场。第三市场出现的原因主要是美国纽约证券交易所规定，凡交易所会员都要对每一笔交易支付佣金，通过交易所会员来买卖证券，即使交易不在交易所进行，也要承担佣金。这样一来，对于单个大笔交易来说，佣金的负担就非常沉重。为了降低交易成本，买卖大宗上市证券的机构就委托非会员证券商在证券交易所以外进行交易，从而形成了独立的“第三市场”，不受监管机构的管制。1975年之后，纽约证券交易所取消了固定手续费制度，受到浮动手续费的影响，第三市场上的交易量有所萎缩。但到了20世纪90年代，第三市场的交易量又开始攀升，且交易对象主要是纽约证券交易所的股票。当前，第三市场上交易的股票占纽约证券交易所股票交易总量的13%左右，第三市场成为纽约证券交易所大宗交易的有力竞争者。

（3）第四市场（forth market）。第四市场是为方便机构投资者之间的相互交易便利而设立的。其实质是通过计算机网络直接进行大宗证券交易的场外交易市场。第四市场与第三市场的不同之处在于，第四市场中不存在做市商，买卖双方（通常都是机构投资者）可以直接进行谈判和交易，不需要付任何手续费。有的时候，经纪商也会作为中介人，设法拉拢买卖双方。但经纪商的主要工作只是向客户通报买方和卖方的意愿，并不直接参与交易的过程。经纪商不需要向政府相关部门注册，不公开其交易情况，佣金也相对较低。在第四市场进行交易的一般都是大企业和大公司。在第四市场交易，避开证券交易所，可以使交易情况保密，通过谈判获得双方都满意的价格，一举多得。我国定向募集公司法人股的转让，就交易方式而言，与第四市场有相似之处。

阅读与应用

二板市场

二板市场又称创业板市场，是相对于主板市场而言的。二板市场并不是独立于证券交易所或场外市场的另一市场组织形态，而是专门为处于创业期、但不够交易所上市条件的中小高新技术企业提供发行上市与交易的场所。从组织方式来看，二板市场既可以隶属于证券交易所，利用证券交易所的资源和设施，实行完全不同于主板市场的交易规则和交易方式，也可以完全独立于证券交易所，在场外交易市场进行交易。二板市场在不同的国家有不同的称呼，比如自动报价系统、小盘股市场、小型公司市场和高新技术交易板等。虽然称呼不同，但反映的内涵都是一致的，都是为中小型具有成长性的企业提供的融资场所。

1. NASDAQ市场

NASDAQ（national association of securities dealers automated quotation），狭义的理解就是全美证券交易商协会自动挂牌系统，其广义上系指纳斯达克股票市场。1971年2月8日起正式开始运作。

NASDAQ利用其最先进的通信技术，通过与全国范围内的做市商终端系统相连接，实现了自动撮合下的OTC证券交易，目前为近2 800家证券提供中间报价。美国软件行业上市公司中的93.6%、半导体行业上市公司中的84.8%、计算机及外围设备上市公司中的84.5%、通信服务行业上市公司中的82.6%、通信设备行业中上市公司中的81.7%都在NASDAQ上市。为了适应不同企业的发展需要，NASDAQ市场分成了两个部分：NASDAQ全国市场（the NASDAQ national marked）和NASDAQ小型资本市场（the NASDAQ small-cap market），在上市方面实行的是双轨制。小型资本市场的对象是高成长的中小企业或新兴公司，其中高科技企业占有很大比重。NASDAQ全国市场的对象是高资本企业或经过小型资本市场发展起来的企业。小型资本市场的上市标准要比全国市场的上市标准宽松得多。NASDAQ是一个由报价导向的股票市场，它采用先进的做市商制度。这种制度极大地推动交易的活跃性和资金的流动性。一般每家公司至少应有两家做市商为其股票报价。为确保每只股票在任何时候都有活跃交易，每个做市商都承担所需资金，以随时应付任何买卖。NASDAQ是一个完全电子化的交易市场，其在世界各地一共装置20多万台计算机终端，运用最先进的通信技术向世界各个角落的交易商、基金经理和经纪人传达5 000多种证券的全面报价和最新交易信息。有99.9%的股票交易场所可以利用NASDAQ的交易系统进行交易，其管理与运作的效率很高。

2. 我国创业板市场

我国设立创业板市场的设想早在1998年就已提出。2000年4月，当时刚出任证监会主席不久的周小川表示对设立二板市场已做好了充分准备，证监会向国务院报送了《关于支持高新技术企业发展设立二板市场有关问题的请示》。同年9月，深交所停止在主板市场发行新股，全面进入创业板市场的筹建。然而不久美国科技股泡沫破裂，导致纳斯达克指数大幅下跌，连带了香港等其他地区的创业板市场股指的下跌，我国的创业板因而被搁置。虽然创业板推出受挫，但各方从没停止对创业板计划的热情。2005年以来，随着股权分置改革的进行，A股市场进入了一个崭新的时期，客观上需要推出创业板市场以适应资本市场的进一步深化发展要求。2009年3月31日，证监会发布《首次公开发行股票并在创业板上市管理暂行办法》，筹备十余年之久的创业板于5月1日起正式开启。创业板10月30日正式开市，首批28家企业开始上市交易。

资料来源：http://topic.eastmoney.com/CYBHGZW

http://www.china.com.cn/zhuanti2005/txt2001-03/13/Content_5024282.htm

（二）证券交易市场的参与者

证券交易市场的主要参与者包括证券商、证券投资者和证券登记结算机构。

1. 证券商

证券商是由证券主管机关批准在证券市场上经营代理证券发行、买卖和自营证券等业务及代理证券还本付息和支付红利等业务的金融机构或个人。证券商作为证券交易的中介，在证券市场上有特别重要的地位。证券交易市场的证券商主要包括证券经纪商和证券自营商。证券经纪商指在证券市场上专门进行代客买卖证券、为交易双方充当媒介并从中取得佣金收入的证券商。作为证券市场的主要参加者，其特点是本身并不经营证券，只是根据委托人的委托以最低的成本购入证券或以最高的价格售出证券，在交易中，它不承担市场风险。证券自营商指自行买卖证券、独立承担风险，从自行买卖证券中得到价差收益的证券商。与经纪商不同之处在于，自营商不办理公众委托的证券买卖，因而收入来源不是替客户买卖证券所收取的佣金，而是从自营业务中获取利润。证券自营商不与投资者发生直接联系，直接为自己买卖证券，根据证券的短期变动，获得价差利润。证券自营商无需支付佣金，可随时观察市场行情，及时抓住时机买卖，处于较为有利的地位。直接经营的自营商的买卖不限于特定的品种，不负有维持市场公平合理的责任。

在我国，证券公司是指依照《中华人民共和国公司法》规定和经国务院证券监督管理机构审查批准的、经营证券业务的有限责任公司或者股份有限公司。证券公司在证券交易活动中发挥着重要的作用。一方面，证券公司为投资者提供代理证券买卖的中介服务；另一方面，证券公司也是证券市场上的机构投资者。

《中华人民共和国证券法》（简称《证券法》）规定，设立证券公司应当具备下列条件。

① 有符合法律、行政法规规定的公司章程。

② 主要股东具有持续盈利能力，信誉良好，最近 3 年无重大违法违规记录，净资产不低于人民币 2 亿元。

③ 有符合本法规定的注册资本。

④ 董事、监事、高级管理人员具备任职资格，从业人员具有证券业从业资格。

⑤ 有完善的风险管理与内部控制制度。

⑥ 有合格的经营场所和业务设施。

⑦ 法律、行政法规规定的和经国务院批准的国务院证券监督管理机构规定的其他条件。

经国务院证券监督管理机构批准，证券公司可以经营下列部分或者全部业务。

① 证券经纪。

② 证券投资咨询。

③ 与证券交易、证券投资活动有关的财务顾问。

④ 证券承销与保荐。

⑤ 证券自营。

⑥ 证券资产管理。

⑦ 其他证券业务。

其中，证券公司经营上述第①项至第③项业务的，注册资本最低限额为人民币 5 000 万元；经营上述第④项至第⑦项业务之一的，注册资本最低限额为人民币 1 亿元；经营上述第④项至第⑦项业务中两项以上的，注册资本最低限额为人民币 5 亿元。证券公司的注册资本应当是实缴资本。国务院证券监督管理机构根据审慎监管原则和各项业务的风险程度可以调整注册资本最低限额，但不得少于上述规定的限额。

2. 证券投资者

证券投资者是买卖证券的主体，他们可以是自然人，也可以是法人。相应地，证券投资者可以分为个人投资者和机构投资者两大类。其中，机构投资者主要有政府机构、金融机构、企业和事业法人及各类基金等。

随着我国证券市场的对外开放，我国证券市场的投资者不仅仅是境内的自然人和法人，还有境外的自然人和法人，但是对境外投资者的投资范围有一定的限制。一般的境外投资者可以投资在证券交易所上市的外资股（即 B 股）；而合格境外机构投资者则可以在经批准的投资额度内投资在交易所上市的除 B 股以外的股票、国债、可转换债券、企业债券、权证、封闭式基金、经中国证监会批准设立的开放式基金，还可以参与股票增发、配股、新股发行和可转换债券发行的申购。所谓合格境外机构投资者，是指符合中国证监会、中国人民银行和国家外汇管理局发布的《合格境外机构投资者境内证券投资管理办法》规定的条件，经中国证监会批准投资于中国证券市场，并取得国家外汇管理局额度批准的中国境外基金管理机构、保险公司、证券公司以及其他资产管理机构。合格境外机构投资者应当委托境内商业银行作为托管人托管资产，委托境内证券公司办理在境内的证券交易活动。

3. 证券登记结算机构

证券登记结算机构一般是为证券交易提供集中登记、存管与结算服务、不以营利为目的的法人。证券登记结算机构具有自律管理的要求，它为证券市场提供安全、高效的证券登记结算服务。《证券法》规定，设立证券登记结算机构必须经国务院证券监督管理机构批准。证券登记结算机构应履行下列职能。

① 证券账户、结算账户的设立和管理。

② 证券的存管和过户。

③ 证券持有人名册登记及权益登记。

④ 证券和资金的清算交收及相关管理。

⑤ 受发行人的委托派发证券权益。

⑥ 依法提供与证券登记结算业务有关的查询、信息、咨询和培训服务。

⑦ 中国证监会批准的其他业务。

中国证券登记结算有限责任公司（简称“中国结算公司”）是我国的证券登记结算机构，该公司在上海和深圳两地各设一个分公司，其中上海分公司（简称“中国结算公司上海分公司”）主要针对上海证券交易所的上市证券，为投资者提供证券登记结算服务；深圳分公司（以下简称“中国结算公司深圳分公司”）主要针对深圳证券交易所的上市证券，为投资者提供证券登记结算服务。

三、证券交易市场的功能

（一）为证券的流动提供条件

证券作为一种金融资产，只有在市场上具有随时转让出售的功能时，才能体现出证券所固有的流动性特性。投资者在需要资金的时候，可以随时在证券交易市场上出售所持有的证券，收回其投资于证券的资金。如果没有证券的流通市场，证券就不能够流通，对投资者而言，证券就失去了它的吸引力，发行者就难以筹集到资金。只有证券交易市场的存在，才能够保障投资者进行证券投资的权益，才能够保证证券发行者筹集到资金。

（二）为合理的证券价格的形成创造条件

证券交易市场可以为证券交易的各方提供公开的服务，使证券交易各方能够在一个公开的市场上进行买卖。证券的供求关系也能够在证券交易市场上充分体现出来，尤其是在大规模的公开竞争的条件下形成的价格，一般是比较公平、合理的，体现了买卖各方的利益。

（三）为资金合理流动起导向作用

证券交易市场的存在使投资者可以随时投资，也可以随时卖出所持有的证券而收回资金，证券交易市场上证券供求的多少决定了证券价格的高低。投资者一般愿意投资经营良好、市场前景看好的公司所发行的证券。当一种证券在证券交易市场被竞相争购时，就表明投资者愿意对发行这种证券的公司和产业进行投资，引导社会资金的合理流动。

（四）为制定经济政策提供依据

证券交易市场是体现经济发展的“晴雨表”，它能够及时反映一个国家经济生活中的某些状况。当证券交易市场的价格波动异常，这个国家的经济政策和经济状况就可能存在一定的问题，这就需要一个国家的宏观经济管理部门及时根据市场情况制定有利于经济发展的政策。

（五）为证券成为银行贷款质押品创造条件

证券交易市场的存在使证券的变现变得容易。银行以证券作为质押品发放贷款是比较安全的，一旦借款人不能够如期偿还贷款，银行就可以依照法律行使质押权，在证券交易市场出售所质押的证券，避免或减少经济损失。

第二节　证券上市

任何证券都要经过发行和交易这两个环节，没有证券发行，需要筹资的企业无处去筹资，没有证券交易，已发行的证券无处出售。证券发行和证券交易是密不可分的统一整体。证券发行是交易的前提，没有发行就没有交易的对象，没有证券交易就没有投资者，证券发行就不可能存在。证券上市是连接证券发行与证券场内交易的桥梁，证券上市还确立了证券交易所与上市公司之间的自律监管关系。

一、证券上市的概念

证券上市有广义和狭义之分。广义的证券上市是指已发行的证券依照法定的条件和程序在证券交易所或其他法定交易场所进行交易的行为。其中，“已发行的证券”包括公开发行的和非公开发行的证券，交易可以在证券交易所进行（场内交易），也可以在其他法定的交易场所进行（场外交易）。狭义的证券上市指发行人公开发行的有价证券，依法定条件和程序，在证券交易所公开挂牌交易的法律行为。某种有价证券一旦获准在证券交易所上市或挂牌买卖，就是上市证券或挂牌证券，该种有价证券的发行公司就是上市公司。按照狭义的概念，证券上市不包括非公开发行的证券的挂牌交易，也不包括场外交易市场的上市。如果没有特别说明，本书所指证券上市是指狭义的概念。证券上市是连接证券发行和证券交易的中间环节，其目的在于挂牌交易，非依法发行的证券不得买卖，但依法发行的证券并不必然能够进入证券交易所进行挂牌交易。在符合法定条件的前提下，公开发行的证券必须经过一系列程序才能进入证券交易所挂牌交易。证券发行、上市与交易是证券行为发生的不同阶段，发行是基础，上市是交易的前提，而交易又是证券上市的目的和发行的延续。

二、证券上市的条件

证券上市条件也称证券上市标准，是指由证券交易所对申请上市公司所规定的条件和要求。某种证券在符合证券交易所规定的上市条件时，才能获准上市。在证券交易和证券交易所产生和发展的过程中，证券交易所在不同时期规定的证券上市条件不完全相同，但它们始终都是证券交易所在协调上市公司和证券投资者相互关系的过程中，逐步发展起来的。从各国证券交易的经验来看，证券上市的条件一般包括以下内容：①资本额的规定。各国证券法和证券交易所都规定公司资本额的最低数额，不足最低资本数额的公司将不被接受上市。②盈利能力的规定。盈利能力是指公司申请证券上市前若干年的公司税前利润。公司盈利能力的高低往往标志着公司证券上市后的交易活跃程度，也意味着证券投资者收益的高低。③资本结构的规定。资本结构主要指自有资本和借入资本的构成和比例。各国证券交易所一般会对资产规模和负债率做出规定。④偿债能力的规定。偿债能力是反映公司经济实力和发展前途的综合指标。偿债能力的高低直接关系到证券交易所的活跃程度及债权人、股东的利益。⑤上市公司已开业时间的规定。为了保证证券投资者的利益，促进公司健康发展，各国交易所都要求申请上市的公司必须有一定的经营时间。

（一）我国股票上市的条件

为了进一步保护投资者利益，中国证监会根据《公司法》和《证券法》的有关规定，于2006年制定了《首次公开发行股票并上市管理办法》，对证券上市的条件作了具体的规定。我国境内股票上市包括A股股票上市、B股股票上市。A股股票上市适用一般股票上市条件，B股股票上市适用特殊股票上市条件。

1. 一般股票上市的条件

按照新《证券法》规定，股份有限公司申请股票上市，应当符合下列条件：①股票经国务院证券监督管理机构核准已公开发行。股票获准公开发行是股票上市的前提条件，不仅包括公司设立时的初次公开发行，而且包括公司成立后的新股发行。②公司股本总额不少于人民币3 000万元。股本总额是指公司章程确定的由股东出资构成的公司财产总额，这是对公司资本规模的具体要求。③公开发行的股份达到公司股份总数的25%以上；公司股本总额超过人民币4亿元的，公开发行股份的比例为10%以上。④公司最近3年无重大违法行为，财务会计报告无虚假记载。“重大违法行为”主要指《公司法》和《证券法》有关法律责任一章中规定的违法行为。证券交易所可以规定高于前款规定的上市条件，并报国务院证券监督管理机构批准。上海证券交易所和深圳证券交易所于2012年修订的《股票上市规则》规定，发行人首次公开发行股票后申请其股票在本所上市，公司股本总额不少于人民币5 000万元。这一标准高于《证券法》规定的数额3 000万元。

针对创业板公司，首次公开发行的股票申请在深交所上市应当符合下列条件：①股票已公开发行；②公司股本总额不少于3 000万元；③公开发行的股份达到公司股份总数的25%以上；公司股本总额超过4亿元的，公开发行股份的比例为10%以上；④公司股东人数不少于200人；⑤公司最近三年无重大违法行为，财务会计报告无虚假记载；⑥深交所要求的其他条件。

2. 特殊股票上市的条件

特殊股票上市的条件主要针对B股而言。根据《国务院关于股份有限公司境内上市外资股的规定》，B股股票上市的条件因发行方式的不同而有所区别。

以募集方式设立公司，申请发行境内上市外资股的，应当具备下列条件：①所筹资金用途符合国家产业政策；②符合国家有关固定资产投资立项的规定；③符合国家有关利用外资的规定；④发起人认购的股本总额不少于公司拟发行股本总额的35%；⑤发起人出资总额不少于1.5亿元人民币；⑥拟向社会发行的股份达公司股份总数的25%以上；拟发行的股本总额超过4亿元人民币的，其拟向社会发行股份的比例达15%以上；⑦改组设立公司的原有企业或者作为公司主要发起人的国有企业，在最近3年内没有重大违法行为；⑧改组设立公司的原有企业或者作为公司主要发起人的国有企业，最近 3 年连续盈利；⑨国务院证券委员会规定的其他条件。

股份有限公司增加资本，申请发行境内上市外资股的，除应当符合上述第①—③项的规定外，还应当满足以下条件：①公司前一次发行的股份已经募足，所得资金的用途与募股时确定的用途相符，并且资金使用效益良好；②公司净资产总值不低于 1.5 亿元人民币；③公司从前一次发行股票到本次申请期间没有重大违法行为；④公司最近 3 年连续盈利；原有企业改组或者国有企业作为主要发起人设立的公司，可以连续计算；⑤国务院证券委员会规定的其他条件。以发起方式设立的公司首次增加资本，申请发行境内上市外资股的，还应当符合上述第⑥项的规定。

3. 暂停上市和终止上市

上市公司在交易所上市后并非一劳永逸。如果出现不能满足或者违反证券交易所规定的某些条件的情况时，证券交易所有权对其上市股票做出处分。处分方式包括暂停上市和终止上市。

股票暂停上市是指已上市股票在遇到特殊情况下，被暂时取消上市资格。暂停上市有三种形式。①法定暂停上市，指发生《证券法》或证券交易所规定的暂停上市原因时，证券交易所将暂时停止该股票在交易所集中交易。②申请暂停上市，指由上市公司向证券交易所请求暂停上市交易的行为。③自动暂停上市，指遇到法定情形时，上市股票免除申请或其他法定程序，自动暂停上市交易。自动暂停上市一般只适用于上市公司增发股票或发放股息、红利期间。

暂停上市的原因有以下几点：①公司发生重大改组或经营有重大变更而不符合证券交易所上市条件；②公司不履行法定的公开义务，或者公司财务报告和呈报证券交易所的文件有不实记载；③公司董事、监事、经理人所持股份与实发股份额在一定比例以上，股东的行为损害公众的利益；④最近 1 年内月平均交易不足一定数额或最近一段时期内无成交；⑤公司在 3 年内连续亏损；⑥公司面临破产；⑦公司不按期缴纳上市费用；⑧公司因信用问题而被停止与银行的业务往来；⑨其他必须暂停的原因。被暂停上市的股票在暂停原因消除以后，可以恢复上市。股票恢复上市时，首先要由证券交易所出具"恢复上市通知书"，并报政府证券主管机关备案。

股票终止上市也称"停牌"，是指上市公司被取消上市资格。终止上市的形式有两种：①法定终止上市。如果法定暂停上市情形造成严重后果，在暂停上市期间未能消除被暂停的原因，公司解散或破产清算，或有其他必须终止上市的原因，证券交易所或主管机关可依法决定股票终止上市。②申请终止上市。由上市公司向证券交易所请求终止上市交易的行为。

股票终止上市的原因主要有以下几点：①股票上市的暂停原因持续时间较长，并已造成严重后果或者暂停期间内未消除被暂停的原因。②公司不按规定公开其财务状况或者对财务会计报告作虚假记载；公司有重大违法行为，经查实后果严重。③企业解散或者破产清算。④其他必须终止上市的原因。股票终止上市是证券交易所对上市公司采取的最严厉措施，股票终止上市的决定一旦做出，原上市公司在经过法定时间的善后交易后，应当完全停止股票挂牌买卖。由于股票上市的暂停和终止直接影响到股票发行公司和股票投资者的利益，证券交易所对此往往非常慎重，并应呈报政府主管机关批准。同时，上市股票经上市公司申请或由证券交易所主动采取暂停或终止措施的，其暂停上市、恢复上市均应以公告形式予以公布。

（二）我国公司债券上市的条件

除股票外，证券市场的另一重要交易品种就是公司债券。公司债券按照其功能的不同可以分为普通公司债券和可转换公司债券，两者上市的条件有所不同。但现行《证券法》规定的公司债券上市条件适用于所有种类的公司债券，不论是普通公司债券还是可转换公司债券都必须符合该上市条件。

1. 公司债券上市的条件

公司申请债券上市时仍应当符合法定的公司债券发行条件。根据《证券法》规定，申请公司债券上市交易，应当具备下列条件：①公司债券的期限为1年以上；②公司债券实际发行额不少于人民币5 000万元；③股份有限公司的净资产不低于人民币3 000万元，有限责任公司的净资产不低于人民币6 000万元；④累计债券余额不超过公司净资产的40%；⑤最近3年平均可分配利润足以支付公司债券1年的利息；⑥筹集的资金投向符合国家产业政策；⑦债券的利率不超过国务院限定的利率水平；⑧国务院规定的其他条件。根据中国证监会2006年颁布的《上市公司证券发行管理办法》规定，申请可转换公司债券上市除了应当满足上述条件外，还应当符合以下条件；①最近3个会计年度加权平均净资产收益率平均不低于6%；②本次发行后累计公司债券余额不超过最近一期期末净资产额的40%；③最近3个会计年度实现的年均可分配利润不少于公司债券1年的利息。

2. 暂停上市和终止上市

公司债券获准上市后，并非永久取得挂牌交易资格。由于各种内外因素的变化，企业的经营状况也会相应发生变化。一旦上市债券不再符合上市条件，将被暂停上市或终止上市。

公司债券暂停上市一般有三方面原因：①因为法定事由，如公司有重大违法行为或者不再具备公司债券的上市条件，由主管机关决定或批准其债券暂停上市交易；②公司发布重大消息需要暂停交易；③证券交易所发现上市债券有异常交易情况，或公司违反交易所业务规则，可对其做技术性暂停上市。暂停上市不得超过9个月。如果导致暂停的原因消失，公司可以向有关机构申请，或依照有关规定恢复其债券上市交易。

公司债券终止上市，是指上市债券丧失了在证券交易所继续挂牌的资格。通常有三个原因：①自动终止，如债券到期；②法定事由，如暂停上市交易期满不能消除暂停原因，由有关机构决定终止该债券上市交易；③公司主体资格丧失而导致的上市终止。公司解散、依法被责令关闭或者破产，公司作为法人已消灭等，证券交易所将终止对其公司债券的交易，并报国务院证券监督管理机构备案。

三、证券上市的程序

一般来说，证券上市的程序包括上市申请、上市审查和上市协议三部分。上市申请即发行证券的公司向交易所做出要求上市的意思表示，实质是表示同意接受交易所按照其上市规则对公司进行上市监管的行为。各国有关上市审查的制度一般可以分为：许可上市、申报上市和双重许可上市。许可上市的决定权在政府主管机构，申报上市的决定权在证券交易所，只需向政府备案，双重许可就是必须得到政府主管机构和交易所的同时许可才可以上市。上市协议，又称为“上市契约”。上市时，交易所与上市公司根据《上市规则》签订上市协议，具体内容是在不违背《上市规则》前提下双方协商的结果，协议一旦签订，表明上市公司接受了《上市规则》，交易所就可以依据上市规则对其进行监管，要求其履行信息披露等义务，交易所对违背《上市规则》的行为可以采取相应的处罚措施。而上市公司同样也有选择市场的权利，它可以选择在不同的证券交易所上市。同时，交易所的上市协议中一般包括了《上市规则》中的若干法定的上市条件，这些是不能更改的。

（一）我国股票上市的程序

股票上市有严格的程序要求，所有的股票上市一般都包含以下几个步骤。

1. 上市申请

《证券法》规定，申请证券上市交易，应当向证券交易所提出申请。由于政府债券是证券交易所根据国务院授权部门的决定安排上市交易，所以无须履行申请审核程序。申请股票上市交易的公司应当根据所选择的证券交易所的要求报送申请材料。根据《证券法》规定，申请股票上市交易，应当向证券交易所报送下列文件：①上市报告书；②申请股票上市的股东大会决议；③公司章程；④公司营业执照；⑤依法经会计师事务所审计的公司最近3年的财务会计报告；⑥法律意见书和上市保荐书；⑦最近一次的招股说明书；⑧证券交易所上市规则规定的其他文件。

2. 保荐人保荐

《证券法》规定，申请股票、可转换为股票的公司债券或者法律、行政法规规定实行保荐制度的其他证券上市交易，应当聘请具有保荐资格的机构担任保荐人。

3. 上市审核

修订后的《证券法》将由国务院证券监督管理机构核准或其授权证券交易所核准改为直接由证券交易所核准，赋予了证券交易所独立的核准权，使其真正担负起监督管理证券上市交易的责任。根据《证券法》的有关规定，证券上市应当由证券交易所依法审核同意。对证券交易所作出的不予上市决定不服的，可以向证券交易所设立的复核机构申请复核。

4. 签订上市协议

股票上市申请获得证券交易所核准后，公司应当与证券交易所签订上市协议，以明确双方的权利义务关系，确保上市公司承诺遵守证券交易所的业务规则。上市协议从本质上来说是一种合同，但协议内容是预先确定的，基本不允许更改，证券交易所可以在协议中增加其认为需要明确的内容，体现了国家对私法领域的干预。

5. 上市信息披露

信息披露是股票上市交易最后一道也是最为重要的程序。根据《证券法》规定，股票上市交易申请经证券交易所审核同意后，签订上市协议的公司应当在规定的期限内公告股票上市的有关文件，并将该文件置备于指定场所供公众查阅。

（二）公司债券上市的程序

1. 上市申请

与申请股票上市一样，申请公司债券上市也应当向证券交易所报送相关文件，根据《证券法》规定，包括以下文件：①上市报告书；②申请公司债券上市的董事会决议；③公司章程；④公司营业执照；⑤公司债券募集办法；⑥公司债券的实际发行数额；⑦证券交易所上市规则规定的其他文件。申请可转换为股票的公司债券上市交易，还应当报送保荐人出具的上市保荐书。

2. 上市审核与签订上市协议

公司债券上市申请依法经证券交易所审核同意后，公司应当与证券交易所签订上市协议，证券交易所应当及时安排债券上市，其程序与申请股票上市相同。

3. 上市信息披露

根据《证券法》规定，公司债券上市交易申请经证券交易所审核同意后，签订上市协议的公司应当在规定的期限内公告公司债券上市文件及有关文件，并将其申请文件置备于指定场所供公众查阅。申请债券上市的公司必须依照法律的规定保证其所公告的文件内容真实、完整。

四、证券上市的优缺点

（一）证券上市的优点

证券上市是证券发行和证券交易的中间环节，其不仅有利于证券交易市场的活跃，也有利于证券发行市场的发展，对于证券发行公司、投资者以及证券监督管理机构都具有重要的意义。

1. 有利于证券发行公司的发展

对于证券发行公司来说，首先，证券上市必须符合法律规定的一系列条件，这在一定程度上是对公司业绩、经营能力、管理水平以及发展前景等方面的肯定，有利于树立公司的形象，提高公司的地位；其次，根据信息披露制度，通过电视广播、互联网等各种媒介不断向社会发布公司相关信息，提高公司的影响力，扩大公司的知名度；最后，证券上市后形成的市价是对公司业绩的一种评价，为公司的进一步筹资提供了更多的机会，开拓了吸引社会资金的融资渠道，为今后的发展提供保障。此外，证券上市后，公司在广大投资者的监督下必须按照法律的规定进行规范经营，其法人治理结构必须符合上市公司的治理标准，促进公司不断提高管理能力和运行质量，进而提高经济效益。

2. 有利于保障证券投资者的利益

证券上市首先有利于提高证券的流通性，减少投资风险，证券投资者可以通过简便、快捷的方式转让证券，同时也为潜在的投资者提供了便利的投资机会，刺激投资的积极性；其次，证券投资者可以根据公布的各种信息对公司进行筛选，选择经营业绩和发展前景良好的证券，具有更为灵活的投资选择权；最后，证券交易所实行集中竞价交易方式，有利于形成公正合理的价格，保障投资者的投资利益。

3. 有利于证券监督管理机构的监管

根据《证券法》的规定，证券发行人在证券上市后必须履行持续的信息披露义务，定期公布经营业绩，其实质就是将公司置于公众投资者和证券监管机构的监督之下。证券监督管理机构根据公开的信息对证券发行人的经营情况进行监督，比较容易发现市场问题并及时加以解决，从而降低管理成本，提高监管效率。例如《证券法》规定，上市公司和公司债券上市交易的公司，应当依法向国务院证券监督管理机构提交中期报告、年度报告和临时报告，证券监督管理机构对上述报告情况进行审查监督，对违反规定的公司及时予以查处。

（二）证券上市的缺点

尽管证券上市有许多优点，但许多公司即使完全符合上市标准，也甘愿放弃而拒绝证券上市。因证券上市有如下缺点。

1. 不利于保守公司的商业秘密

根据规定，上市公司必须遵守公开原则，即上市公司要将主要业务状况、财务状况、证券转让和过户情况、公司董事和高级职员情况等公布于众。这种公开原则无疑有利于证券投资者正确地选择对象。但同时，也会使公司的商业秘密泄露给公众和公司的竞争对手，从而影响公司的正常生产经营活动，影响公司的竞争能力。

2. 不利于维护公司的良好声誉

证券交易所既是一个投资市场，又是一个投机市场；既有追逐利息红利的投资者，也有伺机兴风作浪的投机者。证券市场上还存在虚报空盘、散布流言蜚语等操纵市场的行为，以及政治、经济和外交等因素的影响。这些都可能引起证券价格脱离公司正常经营和盈利状况而发生波动，使得公司形象在投机者获得暴利的同时遭到歪曲，公司的声誉也因此受到损害。

3. 不利于公司大股东把握公司的控制权

根据证券交易所的上市标准，上市公司应遵守股份分散的要求，即上市公司必须达到规定的最低人数以上，这意味着公司的大股东必须以某种方式出让公司部分股份。同时，股票上市后，为某些资本雄厚的投资者购买上市公司股票提供了可能。这种大量购买上市公司股票行为的目的并不在于获得股息和红利，而在于控制公司或参与公司的经营管理，这样就会威胁到大股东对公司的控制权。

第三节 证 券 交 易

在我国，证券公司是指依照《中华人民共和国公司法》规定和经国务院证券监督管理机构审查批准的、经营证券业务的有限责任公司或者股份有限公司。证券公司在证券交易活动中发挥着重要的作用。一方面，证券公司为投资者提供代理证券买卖的中介服务；另一方面，证券公司也是证券市场上的机构投资者。相应地，证券公司的主营业务主要包括证券经纪业务和证券自营业务。除此，融资融券业务的开展，也大大拓展了证券公司的业务范围。

一、证券经纪业务

证券交易方式的特殊性、交易规则的严密性和操作程序的复杂性，决定了广大投资者不能直接进入证券交易所买卖证券，而只能由经过批准并具有一定条件的证券经纪商进入交易所进行交易，投资者则须委托证券经纪商代理买卖证券。

（一）证券经纪业务的概念和特点

1. 证券经纪业务的概念

证券经纪业务，即证券交易代理业务，是指证券公司通过其设立的证券营业部，接受客户的委托，按照客户的要求，代理客户买卖证券的业务。在证券经纪业务中，证券公司只收取一定比例的佣金作为业务收入。

证券经纪业务包含的要素有：委托人、证券经纪商、证券交易所和证券交易的对象。委托人指的是证券投资者。证券经纪商是指接受客户的委托、代理客户买卖证券并以此收取佣金的中间代理人。证券经纪商以代理人的身份从事证券交易，与客户是委托代理关系。证券经纪商必须严格按照客户发出的委托指令进行证券买卖，并尽可能以最有利的价格执行委托指令，但并不承担交易中的价格风险。证券经纪商向客户提供服务以收取佣金作为报酬。证券交易所在我国特指上海证券交易所和深圳证券交易所。证券交易对象指的是所有公开发行并在交易所挂牌或在柜台上进行交易的股票、债券、投资基金和其他有价证券及其他衍生金融工具等。

2. 证券经纪业务的特点

（1）客户资料的保密性。在证券经纪业务中，委托人的资料关系到其资金安全和个人隐私，关系到投资者投资决策的实施和投资盈利的实现，关系到委托人的切身利益。证券经纪商有义务为客户保密，但国家法律另有规定（约定）的除外。

（2）客户指令的权威性。在证券经纪业务中，客户是委托人，证券经纪商是受托人。严格按照委托人的要求办理经纪业务，是证券经纪商对委托人承担的首要义务。委托人的指令有权威性，证券经纪商必须严格按照委托人指定的证券种类、数量、价格和有效时间买卖证券，不能自作主张，擅自改变委托人的委托指令。如果证券经纪商违反委托人的委托指令，在办理经纪业务中使委托人遭受损失，证券经纪商应承担赔偿责任。

（3）业务对象的广泛性。所有挂牌交易的股票、债券和在柜台交易的证券都是证券公司开展经纪业务的对象，所以证券经纪业务的对象具有广泛性。

（4）经纪业务的中介性。证券经纪业务是一种中介代理活动，证券经纪商自己不参与证券买卖，也不承担交易中证券价格涨跌的风险，而是充当证券买方和卖方的代理人，按一定的要求和规则迅速、准确地执行指令并代办手续，同时尽力使买卖双方按自己的意愿成交，具有中介性的特点。

（二）证券经纪业务流程

1. 证券账户的开立

投资者应先到中国证券登记结算有限责任公司在当地的分支机构或其代理点开立证券账户。证券账户按照开户人的不同，可以分为个人账户和法人账户。个人投资者只能凭本人身份证开设一个证券账户，不得重复开户；法人投资者不得使用个人证券账户进行交易，证券公司开展证券自营业务必须以本公司名义开立自营账户。投资者买卖上海和深圳证券交易所挂牌证券，应分别开设上海和深圳证券账户。证券账户全国通用，投资者可以在自己就近选择的证券营业部委托交易。

2. 证券经纪关系建立

在具备了证券账户的基础上，投资者就可以与证券经纪商建立特定的经纪关系，成为该经纪商的客户。这一关系的建立过程包括：证券经纪商向客户讲解有关业务规则、协议内容和揭示风险，并请客户签署《风险揭示书》和《客户须知》；客户与证券经纪商签订《证券交易委托代理协议书》，与其指定的存管银行、证券经纪商签订《客户交易结算资金第三方存管协议书》；客户在证券营业部开立证券交易资金账户等。

3. 委托

委托就是客户向证券经纪商发出表现其愿以某种价格购买或出售一定数量的某种证券的指令或请求，有时这些指令或请求还附带有其他条件。

（1）按委托方式不同分类：当面委托，电话委托，电报、电传、信函委托，网上委托。当面委托是传统的一种委托方式，投资者亲自到证券公司营业部，填写买卖委托单，经证券公司业务员审核后，将委托指令传给公司派驻证券交易所场内的代表完成交易。中小投资者多采用这种方式。电话委托即通过电话向证券经纪商发出交易委托指令。大投资者采用这种方式比较多。电报、电传、信函委托是由异地投资者采用，用电报、电传方式，可以迅速明确地向证券公司发出指示，但电报、电传的内容往往过于简单，可能产生理解上的错误。证券公司在接受客户电报、电传委托时要将电报或电传纸作为委托单附件附后。信函委托也是异地投资者采用的委托方式。用信函方式传递委托指令，可以详细指示买卖要求并可作必要的说明，但信函委托传递较费时间，往往会错过有利的买卖时机。目前大多数的证券公司都提供网上委托，投资者安装特定的软件后即可在网上实时观察行情，取得各种股市信息资料，并直接在网上进行委托交易。随着网络时代的来临，网上交易已是大势所趋。

（2）按照委托的买卖价格不同分类：市价委托、限价委托。市价委托（market order），也称“随行就市委托”，指投资者并不规定买入或卖出的价格，而是要求证券经纪商按照当时的市场价格购买或出售证券。此时，证券经纪商有义务以最有利的价格为委托人成交。市价委托一般都在客户迫切需要买卖股票时使用，其特点是委托人不限定价格，经纪人可按市场价格变化灵活掌握，随机应变。它的优点是指令下达后成交速度快，成交率高，且比限价委托优先，只要有交易对手，就可成交。投资者在市场价格急剧变化并急于成交时，使用这种委托方式可避免或减少因价格急速下跌所带来的损失或因价格快速上升而错失投资时机。它的缺点是只有在成交后投资者方知实际执行价格。尽管纪商会尽可能为客户争取最优的价格，但因市场变化极快，有时为了完成委托会出现价格不尽如人意的情况，此时投资者必须接受这一实际成交价格。限价委托（limit order）指客户向证券经纪商发出买卖某种股票的指令时，不仅限定买卖的数量，而且对买卖的价格做出限定，即在买入股票时，限定一个最高价，只允许证券经纪人按其规定的最高价或低于最高价的价格成交；在卖出股票时，限定一个最低价，只允许证券经纪人按其规定的最低价或高于最低价的价格成交。限价委托的一个最大特点是，股票的买卖可以按照投资人希望的价格或者更好的价格成交，有利于投资人实现预期投资计划，谋求最大利益。

4. 成交

投资者之间双边拍卖，竞价成交，“时间优先，价格优先”是最基本的游戏规则。有集合竞价和连续竞价两种方式。

（1）集合竞价确定成交价的规则。系统对所有的买入有效委托按照委托限价由高到低的顺序排列，限价相同者按照进入系统的时间先后排列；所有卖出有效委托按照委托限价由低到高的顺序排列，限价相同者按照进入系统的时间先后排列；系统根据竞价规则自动确定集合竞价的成交价，所有成交均以此价格成交；集合竞价的成交价的确定原则是，以此价格成交，能得到最大成交量；系统依序逐步将排在前面的买入委托和卖出委托配对成交，即按照“价格优先、同等价格下时间优先”的成交顺序依次成交，直到不能成交为止，即所有买委托的限价均低于卖委托的限价；未成交的委托排队等待成交。集合竞价后新的委托逐笔进入系统，与排队的委托进行连续竞价撮合。

（2）连续竞价确定成交价格的规则。对新进入的一个买入有效委托，若不能成交，则进入买委托队列排队等待成交；若能成交，即其委托买入限价高于或等于卖委托队列的最低卖出限价，则与卖队列顺序成交，其成交价格取卖方叫价。对新进的一个卖出有效委托，若不能成交，则进入卖委托队列排队等待成交；若能成交，即其委托卖出限价低于或等于买委托队列的最高买入限价，则与买委托队列顺序成交，其成交价格取买方叫价。这样循环往复，直至收市。

5. 登记结算

无纸化记名证券在二级市场流通转让的过程中，必定伴随着股权登记、证券存管等步骤，只有这些程序的运行准确无误，才能支持证券交易的正常开展。

(1) 股权登记。为了保护投资者的合法权益、增强投资者的信心，同时也便于了解公司本身的股权分布情况，发行公司往往都会委托专门的登记机构建立其所有股东的名册，并在每一次转让行为发生后进行变更登记，这就是所谓的股权登记。股权登记的委托人是发行公司，受托人是证券登记结算公司，它们之间应当建立长期的股权登记服务合同，以明确双方长期的权利义务关系。在证券交易所中，股权登记一般都是通过交易所的计算机系统自动完成的。

(2) 证券存管。证券存管是指在交易过户、非交易过户、分红派息、账户挂失等变更中实施的财产保管制度，是证券买卖过程中的一项安全保护措施。证券存管的委托人是投资者，受托人仍然是证券登记结算公司。对于无纸化记名证券通常采用中央存管的办法，存管后的证券若发生转移，无须签发实物券，而是通过账面进行划转。目前我国上海证券交易所实行的是一级存管、全面指定交易制度，由于每一家证券商都是以一级法人名义委托登记结算公司直接集中管理其证券总账及每一位投资者名下的明细证券，而不具备法人资格的证券营业部所管理的信息则只记录到股东资料一层，因此投资者必须指定一家证券营业部作为自己买卖证券的唯一交易点，不能随处通买通卖，但是在履行完交收责任的条件下可以撤销原来的指定交易并指定新的营业部进行交易。而深圳证券交易所实施的则是二级存管制度（也叫托管券商制度），除了登记结算公司直接管理券商的证券总账及每一位投资者名下的明细证券之外，证券营业部同时也管理其投资者名下的明细证券，在此项制度下，投资者名下的股份明细资料由登记结算机构和托管证券经营机构双重管理、双重备份（即通常所说的“双保险”）。

6. 证券清算与交收

在场内交易中，投资者与投资者之间、证券公司与证券公司之间都并不进行直接的清算往来，而是由每一家证券公司（它首先必须注册成为结算机构的会员单位）分别与结算机构发生应收应付。在这种结算制度下，结算机构不得以应付会员未付为由而拖延对应收会员的支付，从而使结算机构承担着会员不支付的风险。清算主要是指在每个营业日收盘后对各会员（证券公司）所属席位上成交的证券数量与价款分别进行轧抵，对证券和资金的应收或应付净额进行计算的处理过程。“净额清算”的意义，在于同时减少通过证券交易所实际交割的股票与价款，节省大量的人力、物力和财力。交收指根据清算的结果在事先约定的时间内履行合约的行为，一般指买方支付一定款项以获得所购证券，卖方交付一定证券以获得相应价款。交收的实质是依据清算结果实现证券与价款的收付，从而结束整个交易过程。

阅读与应用

集合竞价

在上海证券交易所和深圳证券交易所，产生股票价格的方式有两种，其一是在开盘时的集合竞价，另外就是开盘后的连续竞价，现介绍集合竞价规则。

集合竞价是将数笔委托报价或一时段内的全部委托报价集中在一起，根据不高于申买价和不低于申卖价的原则产生一个成交价格，且在这个价格下成交的股票数量最大，并将这个价格作为全部成交委托的交易价格。集合竞价的基本过程如下：

设股票G在开盘前分别有6笔买入委托和5笔卖出委托，根据价格优先的原则，按买入价格由高至低和卖出价格由低至高的顺序将其分别排列如表5-1所示。

表5-1　集合竞价委托表（一）

序号	委托买入价（元）	数量（手）	序号	委托卖出价（元）	数量（手）
1	3.80	2	1	3.52	5
2	3.76	6	2	3.57	1
3	3.65	4	3	3.60	2
4	3.60	7	4	3.65	6
5	3.54	6	5	3.70	6
6	3.45	3			

按不高于申买价和不低于申卖价的原则，首先可成交第一笔，即3.80元买入委托和3.52元的卖出委托，若要同时符合申买者和申卖者的意愿，其成交价格必须是在3.52元与3.80元之间，但具体价格要视以后的成交情况而定。这对委托成交后其他的委托排序如表5-2所示。

表5-2　集合竞价委托表（二）

序号	委托买入价（元）	数量（手）	序号	委托卖出价（元）	数量（手）
1			1	3.52	5
2	3.76	6	2	3.57	1
3	3.65	4	3	3.60	2
4	3.60	7	4	3.65	6
5	3.54	6	5	3.70	6
6	3.45	3			

在第一次成交中，由于卖出委托的数量多于买入委托，按交易规则，序号1的买入委托2手全部成交，序号1的卖出委托还剩余3手。

第二笔成交情况：序号 2 的买入委托价格为不高于 3.76 元，数量为 6 手。在卖出委托中，序号 1 ~ 3 的委托的数量正好为 6 手，其价格意愿也符合要求，正好成交，其成交价格在 3.60 元 ~ 3.76 元的范围内，成交数量为 6 手。应注意的是，第二笔成交价格的范围是在第一笔成交价格的范围之内，且区间要小一些。第二笔成交后剩下的委托情况如表 5-3 所示。

表 5-3 集合竞价委托表（三）

序号	委托买入价（元）	数量（手）	序号	委托卖出价（元）	数量（手）
3	3.65	4			
4	3.60	7	4	3.65	6
5	3.54	6	5	3.70	6
6	3.45	3			

第三笔成交情况：序号 3 的买入委托其价格要求不超过 3.65 元，而卖出委托序号 4 的委托价格符合要求，这样序号 3 的买入委托与序号 4 的卖出委托就正好配对成交，其价格为 3.65 元，因卖出委托数量大于买入委托，故序号 4 的卖出委托仅只成交了 4 手。第三笔成交后的委托情况如表 5-4 所示。

表 5-4 集合竞价委托表（四）

序号	委托买入价（元）	数量（手）	序号	委托卖出价（元）	数量（手）
4	3.60	7	4	3.65	2
5	3.54	6	5	3.70	6
6	3.45	3			

完成以上三笔委托后，因最高买入价为 3.60 元，而最低卖出价为 3.65，买入价与卖出价之间再没有相交部分，所以这一次的集合竞价就已完成，最后一笔的成交价就为集合竞价的平均价格。剩下的其他委托将自动进入开盘后的连续竞价。

在以上过程中，通过一次次配对，成交的价格范围逐渐缩小，而成交的数量逐渐增大，直到最后确定一个具体的成交价格，并使成交量达到最大。在最后一笔配对中，如果买入价和卖出价不相等，其成交价就取两者的平均。在这次的集合竞价中，三笔委托共成交了 12 手，成交价格为 3.65 元，按照规定，所有这次成交的委托无论是买入还是卖出，其成交价都定为 3.65 元，交易所发布的股票 G 的开盘价就为 3.65 元，成交量 12 手。

当股票的申买价低而申卖价高导致没有股票成交时，上海证券交易所就将其开盘价空缺，将连续竞价后产生的第一笔价格作为开盘价。而深圳证券交易所对此却另有规定：若最高申买价高于前一交易日的收盘价，就选取该价格为开盘价；若最低申卖价低于前一交易日的收盘价，就选取该价格为开盘价；若最低申买价不高于前一交易日的收盘价、最高申卖价不低于前一交易日的收盘价，则选取前一交易日的收盘价为当日的开盘价。

资料来源：http://baike.baidu.com/view/3042571.htm

二、证券自营业务

（一）证券自营业务的含义与特点

证券自营业务是指符合条件的证券公司用自有资金和依法筹集的资金，通过以自己的名义开设的证券账户买卖有价证券，以获得买卖价差收益的经营行为。只有注册资本在1亿元以上的证券公司才能从事证券自营业务。

证券自营业务的主要特点如下。

1. 自营业务决策的自主性

证券公司的自营业务与经纪业务相比具有很大的自主性。主要表现在下面几个方面。①交易行为的自主性。证券公司自主决定是否买入或卖出何种证券，而在经纪业务中是由投资者自己做出这个决定的，证券公司只负责将委托指令传送到交易所参与竞价。②交易方式选择的自主性。在买卖证券时，是在柜台上买卖，还是通过交易所买卖，证券公司在法律法规允许的范围内自主做出决定。而在经纪业务中，证券公司只能被动地接受投资者的交易方式。③交易品种、价格选择的自主性。证券公司在进行自营买卖时，可根据证券市场的实际情况，自主决定证券的品种、价格。在经纪业务中，证券公司只能接受投资者的交易品种和交易价格方面的委托指令。

2. 自营业务交易的风险性

风险性是证券公司自营业务区别于经纪业务的另一个重要特征。由于自营业务是证券公司以自己的名义和合法资金直接进行的证券买卖活动。在证券自营业务中，证券公司作为投资者，买卖的收益与损失完全由自身承担，从而自营业务具有一定的风险性。

3. 自营业务收益的不稳定性

证券公司进行证券自营买卖，其收益主要来源于低买高卖的价差，这部分收益具有不确定性。证券公司在经纪业务中获得的收益是客户的佣金收入，相对稳定。

（二）证券自营业务的风险及运作管理

证券自营业务的交易流程与经纪业务的交易流程大体相同，在此主要介绍证券公司自营业务的风险及运作管理。

1. 证券自营业务的风险

（1）法律风险。法律风险主要是指证券公司在自营业务中违反法律法规和中国证券监督管理机构的有关规定等行为，如从事内幕交易、操纵市场和其他法律法规明确禁止的行为等。证券公司要防范这类风险，就要在经营过程中严格遵守相关法律法规的各项要求，形成守法经营的理念，建立并遵守相关的风险控制制度。

（2）市场风险。市场风险主要是指证券公司在自营业务中因不可预见和控制的因素而导致市场风波，造成证券公司自营亏损的风险。风险性是证券行业的特征之一，证券公司从事自营业务也无法完全回避这种风险。要想减少市场风险，必须有成熟的投资理念，证券公司还要在建立投资组合管理方面多做些工作。

（3）经营风险。经营风险主要是指证券公司在自营业务中，由于市场调研或经营水平的差异等而导致对市场变化把握不准，投资决策或操作失误而遭受损失的风险。为了控制经营风险，中国证监会对证券公司自营业务的规模、资产的流动性及资产负债比例等做出如下规定：

证券公司自营账户上持有的权益类证券按成本价计算的总金额，不得超过其净资产的 80%；证券公司从事自营业务，持有的一种非国债证券按成本价计算的总金额不得超过其净资产的 20%；证券公司自营买入的任何一家上市公司的上市股票按当日收盘价计算的总市值，不得超过该公司流通股总市值的 20%；证券公司的对外负债（不包括客户存放的交易结算资金和受托投资管理的资金）不得超过其净资产额的 9 倍；流动资产余额不得低于流动负债余额（不包括客户存放的交易结算资金和受托投资管理的资金）等。

2. 证券自营业务的运作管理

根据证券公司自营业务的特点和管理要求，自营业务运作管理重点主要有以下几方面。

(1) 确定运作原则。证券公司应明确自营部门在日常经营中自营总规模的控制、资产配置比例控制、项目集中度控制和单个项目规模控制等原则；完善可投资证券品种的投资论证机制，建立证券池制度。自营业务部门只能在确定的自营规模和可承受风险限额内，从证券池内选择证券进行投资；建立健全自营业务运作止盈止损机制，止盈止损的决策、执行与实效评估应当符合规定的程序并进行书面记录。

(2) 建立运作流程。证券公司应建立严密的自营业务运作流程，确保自营部门及员工按规定程序行使相应的职责；应重点加强投资品种的选择及投资规模的控制、自营库存变动的控制，明确自营操作指令的权限及下达程序、请示报告事项及程序等；投资品种的研究、投资组合的制定和决策以及交易指令的执行应当相互分离，并由不同人员负责；交易指令执行前应当经过审核，并强制留痕。同时，应建立健全自营业务数据资料备份制度，并由专人负责管理。

(3) 控制运作风险。证券公司应通过合理的预警机制、严密的账户管理、严格的资金审批调度、规范的交易操作及完善的交易记录保存制度等，控制自营业务运作风险；自营业务必须以证券公司自身名义，通过专用自营席位进行，并由非自营业务部门负责自营账户的管理，包括开户、销户、使用登记等。建立健全自营账户的审核和稽核制度，严禁将自营账户借给他人使用，严禁使用他人名义和非自营席位变相自营、账外自营；加强自营业务资金的调度管理和自营业务的会计核算，由非自营业务部门负责自营业务所需资金的调度和会计核算；自营业务资金的出入必须以公司名义进行，禁止以个人名义从自营账户中调入调出资金，禁止从自营账户中提取现金。

(4) 专人负责清算。自营业务的清算应当由公司专门负责结算托管的部门指定专人完成。

（三）证券公司开展自营业务时的禁止行为

1. 禁止内幕交易

某些投资者利用内幕信息抢先在证券市场上买卖证券，目的是获得盈利和减少损失，这种不公平交易就被称为内幕交易。证券公司从事证券自营业务时，严禁内幕交易行为的发生，因为这种交易严重违背了证券市场公开、公平、公正的交易原则，造成证券收益的非正常分配，既损害了投资者的利益，又扰乱了证券市场的正常交易秩序。内幕信息是指在证券交易活动中，涉及发行人的经营、财务或者对其发行的公司证券的市场价格有重大影响的尚未公开的信息。内幕交易行为主要包括下面几个方面。①内幕人员利用内幕信息买卖证券或者根据内幕信息建议他人买卖证券。在发行公司或者与发行公司有着密切联系的公司中担任董事、监事、高级管理人员以及能够获得内幕信息的人员称为内幕人员。他们在该信息未向社会公开前自己直接买卖证券，或者建议他人买卖证券以获取不正当的收益。②内幕人员向他人透露内幕信息，使他人利用该信息进行内幕交易。参与决策和有权获得内幕信息的人获得信息后，在该信息公布前向他人泄露，使内幕信息获得者利用该信息进行证券买卖。与第一种内幕交易行为相比，在本内幕交易中，内幕人员本身未从事、也未建议他人从事证券买卖，是由于泄露内幕信息而被他人利用。③非内幕人员通过不正当的手段或者其他途径获得内幕信息，并根据该信息买卖证券或者建议他人买卖证券。

2. 禁止操纵市场

操纵市场是指以获得利益或者减少损失为目的，利用资金、信息等优势或者滥用职权，影响证券市场价格，诱导投资者在不了解真实情况下做出证券投资决定，扰乱证券市场秩序的行为。由于证券公司在证券市场中处于中介地位，所以掌握了大量的未公开的信息，另外，证券公司的资金力量比较雄厚，比较容易操纵市场。操纵市场是人为地制造虚假的供给和需求，扰乱正常的供求关系，造成证券价格异常波动，从而破坏市场秩序，损害广大投资者的利益。操纵市场的行为会严重危害证券市场秩序，因此，证券公司在从事自营业务的过程中不能操纵市场。操纵市场的具体行为包括以下四个方面：①通过单独或合谋，集中资金优势、持股优势或者利用信息优势连续买入或卖出，操纵证券交易价格；②与他人串通，以事先约定的时间、价格和方式相互进行证券交易，或者相互买卖并不持有的证券，影响证券交易价格或者证券交易量；③以自己为交易对象，进行不转移所有权的自买自卖，影响证券交易价格或证券交易量；④以其他方法操纵证券交易价格。

3. 其他禁止的行为

假借他人的名义或者以个人的名义进行证券自营业务；委托其他证券经营机构代为买卖证券；当上市公司或其关联公司持有证券经营机构 10% 以上的股份时，该证券经营机构不得自营买卖该上市公司的股票；将自营账户借给他人使用；将自营业务与经纪业务混合操作。

三、融资融券业务

（一）融资融券业务的含义和作用

融资融券交易，又通常被称为证券信用交易或保证金交易，是指投资者向具有融资融券业务资格的证券公司提供担保物，借入资金买入证券（融资交易）或借入证券并卖出（融券交易）的行为。融资融券交易是海外证券市场普遍实施的一项成熟的交易制度，有利于充分发挥证券市场的功能，为投资者和券商提供了新的盈利模式，因此，作为市场基础建设的完善之举，融资融券的推出对中国证券市场的发展具有划时代的意义。

融资融券的推出，无论对证券市场、投资者还是证券公司，都将产生深远影响。具体来讲，融资融券交易具有以下三大作用。

第一，对于整个证券市场的运行而言，融资融券机制具有增加流动性、价格发现和稳定市场的重要功能。完整的融资融券交易，一般要通过方向相反的两次买卖完成，即融资买入证券的投资者，要通过卖出所买入的证券，偿还向证券公司借入的资金；融券卖出的投资者，则要通过买入所卖出的证券，偿还向证券公司借入的证券。因此，融资融券机制本身内在地具有一定的减缓证券价格波动的功能。更为重要的是，融资融券可以为市场提供方向相反的证券交易活动，为投资者提供了交易杠杆，这在一定程度上放大了证券供求，增加了市场交易量，从而活跃证券交易，增强证券市场的流动性，将更多的信息融入证券的价格，有利于证券价格反映真实的内在价值。

第二，对于投资者而言，具有风险管理功能。融资融券交易作为一种新的交易工具，使得投资者可以在证券价格过高时融券卖出，证券价格过低时融资买入，这将有利于改变证券市场“单边市”的状况，方便投资者规避市场风险，如投资者既可以通过“股票持仓+卖空”组合规避股价下跌风险，锁定投资收益，又可以通过“股票持仓+融出券”组合改善盈利水平，还可以利用融资买空的财务杠杆效应提高资金的利用效率。

第三，对于证券公司来说，融资融券交易拓宽了证券公司的业务范围，在一定程度上增加了证券公司自有资金和自有证券的运用渠道。在实施转融通制度后，证券金融公司可以一手连接着货币市场，一手向证券公司提供资金和证券的转融通服务，证券公司再向投资者提供融资融券服务，这样融资融券业务起到了连通货币市场与证券市场的作用，为证券市场提供了长期稳定的资金来源，提高了金融资产的运用效率。

（二）融资融券业务的账户体系

1. 证券公司信用账户

证券公司经营融资融券业务，应当以自己的名义，在证券登记结算机构分别开立融券专用证券账户、客户信用交易担保证券账户、信用交易证券交收账户和信用交易资金交收账户；在商业银行分别开立融资专用资金账户和客户信用交易担保资金账户。

融券专用证券账户，用于记录证券公司持有的拟向客户融出的证券和客户归还的证券，该账户不得用于证券买卖。

客户信用交易担保证券账户，用于记录客户委托证券公司持有、担保证券公司因向客户融资融券所生债权的证券。

信用交易证券交收账户，用于客户融资融券交易的证券结算；信用交易资金交收账户，用于客户融资融券交易的资金结算。

融资专用资金账户，用于存放证券公司拟向客户融出的资金及客户归还的资金。

客户信用交易担保资金账户，用于存放客户交存的、担保证券公司因向客户融资融券所生债权的资金。

2. 客户信用账户

客户申请开展融资融券业务要在证券公司开立实名信用资金台账和信用证券账户，在存管银行开立实名信用资金账户。

客户信用资金台账是客户在证券公司开立的用于记载客户交存的担保资金及融资融券负债明细数据的账户。

客户信用证券账户是证券公司根据证券登记结算公司相关规定为客户开立的、用于记载客户委托证券公司持有的担保证券的明细数据的账户。该账户是证券公司客户信用交易担保证券账户的二级证券账户。

客户信用资金账户是客户在存管银行开立的用于记载客户交存的担保资金的明细数据的账户。该账户是证券公司客户信用交易担保资金账户的二级账户。

（三）融资融券交易操作

投资者（客户）与证券公司签订融资融券合同、开立信用证券账户和信用资金账户后，就可以进行融资融券交易了。通常，融资融券交易一般包括客户提交担保物、证券公司评估确定授信额度、客户进行融资买入或融券卖出、了结交易、剩余资金或证券划转等阶段。

1. 客户提交担保物

客户进行融资、融券交易，应当向证券公司提交一定比例的保证金。保证金可以是现金，也可以用交易所及证券公司认可的上市证券（即担保证券）充抵。客户提交担保物的方式为向证券公司客户信用交易担保资金账户转入资金，或向证券公司客户信用交易担保证券账户转入担保证券。客户提交担保证券的，在计算保证金金额时应当以证券市值按证券公司规定的折算率进行折算。

2. 证券公司评估确定授信额度

授信额度是指证券公司根据客户的资信状况、担保物价值、履约情况、市场变化、证券公司自身财务安排等因素，综合确定的客户可从本公司融入资金或证券的最高限额。实际交易过程中，客户可融资、融券额度还受证券公司融资融券业务总体剩余额度以及客户保证金可用余额的限制。其中，保证金可用余额是指客户信用账户中用于充抵保证金的现金、证券市值及融资融券交易产生的浮盈经折算后形成的保证金总额，减去客户未了结融资融券交易已用保证金及相关利息、费用后的余额。

3. 客户进行融资买入或融券卖出

（1）标的证券。标的证券是指客户可融资买入或融券卖出的证券，以证券公司确定并公布的为准。实际上，标的证券范围受交易所和证券公司双重限制。通常，各证券公司会在交易所公布的标的证券范围内，再根据自身对业务风险控制的要求，进一步筛选各自的标的证券，并通过与客户在合同中约定的方式公布相关信息。

（2）融资买入或融券卖出。客户根据本人信用账户的资产、负债情况，计算出授信额度余额和保证金可用余额，两者之间的较小值为客户可融资（或融券）的最大金额。客户在上述额度内，可进行标的证券的融资买入或融券卖出申报。按照相关规定，融券卖出的申报价格不得低于该证券的最新成交价；当天还没有产生成交的，其申报价格不得低于前一交易日收盘价。交易系统对融资融券交易申报进行前端检查，对买卖证券的种类、融券卖出的价格等违反规定的交易指令，予以拒绝。

（3）维持担保比例与担保物的补充、替换、提取。维持担保比例是指客户担保物价值与其融资融券债务之间的比例。在交易存续期间，客户必须对维持担保比例加以关注，如果因为证券市值变动或者担保物范围调整，导致维持担保比例低于一定值（目前交易所规定为130%），客户必须及时补充、替换担保物，否则可能会被证券公司强制平仓；当维持担保比例高于300%，客户可以提取担保物。

（4）了结交易。了结交易是指了结因融资融券产生的债权债务关系，即客户向证券公司偿还所借入的资金或证券。了结交易的方式有两种：一是客户通过卖券还款或者直接还款（买券还券或者直接还券）主动了结融资（或融券）交易；二是因触发合同约定平仓条件而被证券公司强制平仓。

（5）剩余资金、证券的划转。了结交易后，客户可以将剩余证券转回普通证券账户，将剩余资金转回信用资金第三方存管银行账户。对于买券还券所多还的证券或融券强制平仓后的剩余证券，由证券公司主动划回给客户。

（四）保证金的计算

投资者进行的每一笔融资、融券交易都要交付一定的保证金以满足保证金比例要求。保证金比例是指投资者交付的保证金与融资、融券交易金额的比例，具体分为融资保证金比例和融券保证金比例。保证金比例用于控制投资者初始资金的放大倍数，在投资者保证金金额一定的情况下，保证金比例越高，投资者向证券公司融资、融券的规模就越小，财务杠杆效应越低。证券公司向客户融资融券，应当向客户收取一定比例的保证金。

1. 有价证券充抵保证金的计算

一般情况下，保证金可以用标的证券以及交易所认可的其他证券充抵，但在冲抵时并不是按照证券市值等额冲抵，往往有一个折扣。《上海证券交易所融资融券交易实施细则》和《深圳证券交易所融资融券交易实施细则》规定，可用于充抵保证金的有价证券，在计算保证金金额时，应当以证券市值或净值按下列折算率进行折算：

（1）上证 180 指数成分股股票及深证 100 指数成分股股票折算率最高不超过 70%，其他股票折算率最高不超过 65%，被实行特别处理和被暂停上市的 A 股股票的折算率为 0%。

（2）交易所交易型开放式指数基金折算率最高不超过 90%。

（3）国债折算率最高不超过 95%。

（4）其他上市证券投资基金和债券折算率最高不超过 80%。

（5）权证折算率为 0%。

交易所遵循审慎原则，审核、选取并确定试点初期可充抵保证金证券的名单，并向市场公布；交易所可根据市场情况调整可充抵保证金证券的名单和折算率；证券公司公布的可充抵保证金证券的名单，不得超出交易所公布的可充抵保证金证券范围；证券公司可以根据流动性、波动性等指标对可充抵保证金的各类证券确定不同的折算率，但证券公司公布的折算率不得高于交易所规定的标准。

2. 融资融券保证金比例及计算

保证金比例是指投资者交付的保证金与融资、融券交易金额的比例，具体分为融资保证金比例和融券保证金比例。保证金比例用于控制投资者初始资金的放大倍数，投资进行的每一笔融资、融券交易交付的保证金都要满足保证金比例要求。在投资者保证金金额一定的情况下，保证金比例越高，证券公司向投资者融资、融券的规模就越少，财务杠杆效应就越低。

融资保证金比例是指客户融资买入时交付的保证金与融资交易金额的比例，计算公式为

$$融资保证金比例=\frac{保证金}{融资买入证券数量\times 买入价格}\times 100\%$$

根据《上海证券交易所融资融券交易实施细则》，投资者融资买入证券时，融资保证金比例不得低于 50%。证券公司在不超过上述交易所规定比例的基础上，可以根据融资买入标的证券在计算保证金金额时所适用的折算率标准，自行确定相关融资保证金比例。

融券保证金比例是指客户融券卖出时交付的保证金与融券交易金额的比例，计算公式为

$$融券保证金比例=\frac{保证金}{融券卖出证券数量\times 卖出价格}\times 100\%$$

根据《上海证券交易所融资融券交易实施细则》，投资者融券卖出时，融券保证金比例不得低于 50%。证券公司在不超过上述交易所规定比例的基础上，可以根据融券卖出标的证券

在计算保证金金额时所适用的折算率标准，自行确定相关融券保证金比例。

3. 保证金可用余额及计算

保证金可用余额是指客户用于充抵保证金的现金、证券市值及融资融券交易产生的浮盈经折算后形成的保证金总额，减去客户未了结融资融券交易已占用保证金和相关利息、费用的余额。其计算公式如下。

保证金可用余额=现金+∑（充抵保证金的证券市值×折算率）+∑[（融资买入证券市值-融资买入金额）×折算率]+∑[（融券卖出金额-融券卖出证券市值）×折算率]-∑融券卖出金额-∑融资买入证券金额×融资保证金比例-∑融券卖出证券市值×融券保证金比例-利息及费用

客户融资买入或融券卖出时所使用的保证金不得超过其保证金可用余额。

4. 客户担保物的监控

证券公司向客户收取的保证金以及客户融资买入的全部证券和融券卖出所得全部资金，整体作为客户对证券公司融资融券债务的担保物。证券公司应当对客户提交的担保物进行整体监控，并计算其维持担保比例。维持担保比例是指客户担保物价值与其融资融券债务之间的比例，计算公式为

$$维持担保比例=\frac{现金+信用证券账户内证券市值}{融资买入金额+融券卖出证券数量\times 市价+利息及费用}\times 100\%$$

根据《上海证券交易所融资融券交易实施细则》，投资者信用账户维持担保比例不得低于130%。证券公司在不超过上述交易所规定比例的基础上，可以根据客户资信状况等因素，自行确定维持担保比例的最低标准。当该比例低于130%时，证券公司应当通知客户在约定的期限内追加担保物，该期限不得超过2个交易日。客户追加担保物后的维持担保比例不得低于150%。维持担保比例超过300%时，客户可以提取保证金可用余额中的现金或充抵保证金的有价证券，但提取后维持担保比例不得低于300%。交易所认为必要时，可以调整融资、融券保证金比例及维持担保比例，并向市场公布。证券公司公布的融资保证金比例、融券保证金比例及维持担保比例，不得低于交易所规定的标准，证券公司应按照不同标的证券的折算率相应地确定其保证金比例。

（五）融资融券业务的主要风险及其控制

融资融券交易作为证券市场一项具有重要意义的创新交易机制，一方面为投资者提供新的盈利方式、提升投资者交易理念、改变“单边市”的发展模式，另一方面也蕴涵着相比以往普通交易更复杂的风险。融资融券交易中可能面临的主要风险包括客户信用风险、市场风险、业务管理风险等。

1. 客户信用风险及控制

客户信用风险主要是指由于客户违约，不能偿还到期债务而导致证券公司损失的可能性。针对该风险，证券公司可以采取以下措施加以防范。①建立客户选择与授信制度，明确规定客户选择与授信的程序和权限；②严格合同管理、履行风险提示，证券公司应统一制定符合监管部门规定、内容完备的融资融券合同标准文本，同时，合同应由公司总部统一印刷、管理和与客户签订；③证券公司应当在符合有关规定的基础上，确定可充抵保证金的证券的种类及折算率、客户可融资买入和融券卖出的证券的种类、保证金比例和最低维持担保比例，并在营业场

所内公示；④建立健全预警补仓和强制平仓制度。证券公司应当指定专人实时监控客户担保物价值与客户债务价值及其比例的变动情况，当该比例低于合同约定的最低维持担保比例时，应当按照约定方式及时通知客户补足担保物。当客户不能按约定补足担保物，维持担保比例触及平仓维持担保比例时，及时向客户发送平仓通知，并启动强制平仓。证券公司应采取必要的措施对通知时间、通知内容等予以留痕。

2. 市场风险及其防范

市场风险主要是指因不可预见和控制的因素导致市场波动，交易异常，造成证券交易所融资融券交易无法正常进行、危及市场安全，或造成证券公司客户担保品贬值、维持担保比例不足，且证券公司无法实施强制平仓收回融出资金（证券）而导致损失的可能性。控制措施主要有：①单只标的证券的融资余额达到该证券上市可流通市值的25%时，交易所可以在次一交易日暂停其融资买入，并向市场公布。当该标的证券的融资余额降低至20%以下时，交易所可以在次一交易日恢复其融资买入，并向市场公布；②单只标的证券的融券余量达到该证券上市可流通量的25%时，交易所可以在次一交易日暂停其融券卖出，并向市场公布。当该标的证券的融券余量降低至20%以下时，交易所可以在次一交易日恢复其融券卖出，并向市场公布；③当融资融券交易出现异常时，交易所可视情况采取以下措施并向市场公布：调整标的证券标准或范围；调整可充抵保证金证券的折算率；调整融资、融券保证金比例；调整维持担保比例；暂停特定标的证券的融资买入或融券卖出交易；暂停整个市场的融资买入或融券卖出交易等措施；交易所认为必要的其他措施；④融资融券交易存在异常交易行为的，交易所可以视情况采取限制相关账户交易等措施。证券公司应当按照交易所的要求，对融资融券交易进行监控，并主动、及时地向交易所报告其客户的异常融资融券交易行为。

3. 业务管理风险

业务管理风险主要是指证券公司融资融券业务经营中因制度不全、管理不善、控制不力、操作失误等原因导致业务经营损失的可能性。业务管理风险的控制措施主要有：①制定完备的内部控制制度、业务操作规范、风险管理措施等，并加强对相关业务人员进行管理制度和业务知识的培训；②对重要的业务环节，如征信调查、合同签署、开立账户、担保品审核、授信审批等实行双人双岗复核、审批，并强制留痕；③公司总部对业务经营情况、主要风险指标和每个客户的账户动态进行实时监控，并明确相应的处置措施，发现问题按相关规定及时处置；④公司业务合规和风险管理部门对营业部和融资融券业务管理部门的业务操作进行定期或不定期检查或稽核。

四、证券交易的清算与交收

（一）证券交易清算与交收的含义

证券交易的结算可以分为清算与交收，清算与交收是整个证券交易过程中必不可少的两个重要环节。证券交易清算是指按照确定的规则计算证券和资金的应收应付数额的行为，即在每一营业日中每个结算参与人成交的证券数量与价款分别予以轧抵，对证券和资金的应收或应付净额进行计算的处理过程。证券交易交收是指根据确定的清算结果，通过转移证券和资金履行相关债权债务的行为，即结算参与人根据清算的结果在事先约定的时间内履行合约的行为，即买方支付一定款项以获得所购证券，卖方支付一定证券以获得相应价款。

目前我国存在两种滚动交收周期，即 $T+1$ 与 $T+3$ 日。$T+1$ 日滚动交收适用于我国内地的 A 股、基金、债券、回购交易等；$T+3$ 日滚动交收适用于我国的 B 股。

（二）证券交易清算与交收的组织者

证券公司参与结算应当按照规定向中国结算公司申请取得结算参与人资格。取得资格后，证券公司需要在中国结算公司开立结算账户。结算系统参与人名称或其结算账户、清算路径内容发生变更时，需及时在中国结算公司办理结算账户信息变更手续，结算系统参与人停止资金结算业务后，应向中国结算公司提出撤销其结算账户的申请。中国结算公司上海分公司负责对结算参与人在上海证券交易所交易达成的证券交易组织清算交收，中国结算公司深圳分公司负责对结算参与人在深圳证券交易所交易达成的证券交易组织清算交收。

（三）证券交易清算与交收的原则

1. 净额清算原则

净额清算又称为差额清算，是指证券登记结算机构将每个结算参与人所有达成交易的应收应付证券或资金予以冲抵轧差，计算出相对每个结算参与人的应收应付证券或资金的净额，再按照应收应付证券或资金的净额与每个结算参与人进行交收。换言之，在一个清算期中，对每个结算参与人价款的清算只计其各笔应收应付款项相抵后的净额，对证券的清算只计每一种证券应收应付相抵后的净额。

2. 共同对手方制度

共同对手方是指在结算过程中，同时作为所有买方和卖方的交收对手并保证交收顺利完成的主体。如果买卖中的一方不能按约定条件履约交收，结算机构也要依照结算规则向守约一方先行垫付其应收的证券或资金。共同对手方制度保证了多边净额清算结果的法律效力。

3. 银货对付原则

银货对付又称款券两讫、钱货两清，是指证券登记结算机构与结算参与人在交收过程中，当且仅当资金交付时给付证券、证券交付时给付资金。

4. 分级结算原则

证券登记结算机构负责证券登记结算机构与结算参与人之间的集中清算交收；结算参与人负责办理结算参与人与客户之间的清算交收。但是结算参与人与其客户的证券划付，应当委托证券登记结算机构代为办理。

（四）证券交易清算与交收的流程

1. 交易数据接收

沪、深证券交易所在闭市后，会按约定将证券交易数据通过专门通信链路传输给中国结算公司沪、深分公司。中国结算公司沪、深分公司接收数据时，应当核对所接收数据的完整性。

2. 清算

T 日晚，以结算参与人交收账户为单位，根据结算参与人的全部成交结果进行清算，形成各结算参与人交易清算数据，结算备付金账户的应收或应付资金净额、证券交收账户各类证券的应收净额或应付净额。交易清算之后，对证券账户 T 日净卖出证券实施交收锁定，不得卖出或转指定（转托管），但进入交收锁定的证券，所有权并未发生转移，仍归于原卖出证券账户；对结算参与人备付金账户内的 $T+1$ 日应付资金作提款限制。

3. 发送清算结果

清算完毕后，中国结算公司沪、深分公司会通过专用通信网络，将清算结果数据发送给各结算参与人。

4. 结算参与人组织证券或资金以备交收

结算参与人净应付款项的，应当及时核查自身资金交收账户的资金是否足额；如不足，应当在最终交收时点前，向其资金交收账户划入资金。资金交收账户也称结算备付金账户。根据有关规定，结算参与人应当在其资金交收账户预留一定金额的资金，其最低限额一般称为最低备付。

对于证券，由于客户一般情况下不可能卖出超过其实际可卖数量的证券，且证券原先即托管在证券公司，因此证券公司一般不需要专门组织证券以备交收。

5. 交收

在最终交收时点（A 股、基金、债券、ETF、权证等品种最终交收试点为 $T+1$ 16:00），中国结算公司沪、深分公司将进行证券交收和资金交收。

6. 发送交收结果

中国结算公司沪、深分公司在完成证券交收和资金交收后，会将交收结果发送给结算参与人，供结算参与人对账，向客户提供证券余额查询服务，用于自身系统的前端监控等。另外，中国结算公司沪、深分公司也会在次日开市前，将完成交收后的证券账户余额等数据发送给证券交易所，供证券交易所实行前端监控。

7. 结算参与人划回款项

如果结算参与人根据资金交收结果妥善估计已达成证券交易的资金净应收或应付的情况，确认其资金交收账户内的资金足额，则可向中国结算公司沪、深分公司申请划出资金，但划出后其资金交收账户余额不得低于最低备付要求。划出资金的具体操作是结算参与人向中国结算公司沪、深分公司发出指令，中国结算公司沪、深分公司审核后，指示对应结算银行从专用存款账户划付款项至结算参与人指定收款账户，并相应记减结算参与人的资金交收账户余额。

第四节 股票价格指数

一、股票价格指数概述

股票价格指数，简称股价指数，是指通过对股票市场上一些有代表性的公司发行的股票价格进行平均计算和动态对比后得出的数值。股票价格指数是反映股市总体价格或某类股份变动和走势的指标，是运用统计学中的指数方法编制而成的。股票价格指数是对股市动态的综合反映，是股市变化的“测量器”和反映经济情况的“晴雨表”。

股价指数之所以能成为股市变化的“测量器”、“晴雨表”，是因为它具有代表性和敏感性两个本质特征。代表性是指作为计算对象的股票在各行业的股票中具有代表意义，这一特征具体表现在以下几方面。

(1) 分类别采样。即通常把采样的股票分为几个类别，并分别进行计算和公布，然后将以上计算的结果再进行综合计算和公布。常见的分类有工业股价平均指数、交通运输业股价平均指数和公用事业股价平均指数三类。

（2）多数量采样。即在各类别股票中均取十几种或几十种在本行业中具有较大影响的上市股票作为样本。

（3）随时进行调整。即被采样股票的代表性地位并非一成不变，在竞争日益激烈的环境中，股票地位随时因股份公司的改变而改变。因此，对不具代表性的股票随时进行调整，以充分显示股价平均指数的作用，正确反映股市变化情况。

敏感性是指股价指数能及时反映出股价的涨落情况，如美国的道·琼斯股价指数是以股票全天价格变化计算出股价平均数，并通过计算机在数秒内运算出股价平均数，每隔半小时发往世界各地，以及时反映股市变化情况，供投资者参考。

根据股票价格指数反映的价格走势所涵盖的范围，可以将股票价格指数分为反映整个市场走势的综合性指数和反映某一行业或某一类股票价格走势的分类指数。

按照编制指数时纳入指数计算范围的股票样本数量，可将股价指数划分为全部上市股票价格指数和成分股指数。前者将全部上市股票纳入指数计算范围，后者仅选取部分有代表性的股票作为计算指数的样本股。

二、股票价格指数的计算

在计算股价指数时，通常将股价指数和股价平均数分别进行计算，这主要是根据两者对股市的实际作用不同而做出的。股价平均数是反映多种股票价格变动的一般水平，通常以算术平均数表示。而股价指数是反映不同时期的股价变动情况的相对指标，通过它人们可以了解计算期的股价对比基期的股价上升或下降的百分比。

（一）股价平均数的计算

1. 算术平均数

算术平均数就是把采样股票的总价格平均分配到采样股票上。其计算的基本方法是：先从市场上每种采样股票中拿出一股，将其收盘价格相加，再除以采样股数，得出的商便是股价平均数。设采样股数为各采样股票，其收盘价为 $P_i(i=1, 2, \cdots, n)$，则公式为

$$股价平均数=\frac{采样股票总价格}{采样股数}=\frac{\sum_{i=1}^{n}P_i}{n}=\frac{P_1+P_2+\cdots+P_n}{n}$$

现假设从某一股市采样的股票为 A、B、C、D 四种，在某一交易日的收盘价分别为 10 元、15 元、25 元和 30 元，计算该市场股价平均数。

根据上述公式，得

$$股价平均数=\frac{10+15+25+30}{4}=20\ （元）$$

算术平均数的优点是计算起来简单易懂，缺点是计算时未考虑权数；当其中某种股票发生拆股时，会使平均数产生不合理的下跌，这显然不符合平均数作为反映股价变动指标的要求。

2. 调整平均数

为了克服拆股后平均数发生不合理下降的问题，就必须采取纠正的方法来调整平均数。方法通常有两种：一是调整除数，二是调整股价。

调整除数即把原来的除数调整为新的除数。上面例子中除数是 4，假定 D 股票以 1 股拆为 3 股时，拆股后的股价从 30 元下调为 10 元，则调整后新的除数应为

$$新的除数=\frac{拆股后的总价格}{拆股前的平均数}=\frac{10+15+25+10}{20}=3$$

将新的除数代入下列公式中，则

$$股价平均数=\frac{拆股后的总价格}{新的除数}=\frac{10+15+25+10}{3}=20\ (元)$$

这样得出的平均数与未拆股时计算的结果相同，股价水平也不会因拆股而变动。

（二）股价指数的计算

股票价格指数是报告期的股价与某一基期相比较的相对变化指数。它的编制首先假定某一时点为基期。基期值为 100（或为 10，或为 1 000），然后再用报告期股价与基期股价相比较而得出。计算方法主要有以下几种。

1. 简单算术平均法

简单算术平均法是在计算出采样股票个别价格指数的基础上，加总求其算术平均数。计算公式为

$$PI=\frac{1}{n}\sum_{i=1}^{n}\frac{P_{1i}}{P_{0i}}\times 100$$

式中，PI 为股价指数；P_{0i} 为基期第 i 种股票价格；P_{1i} 为报告期第 i 种股票价格；n 为股票样本数。

现假设某股市四种股票的交易资料如表 5-1 所示，求股价指数。

表 5-1 某股市四种股票交易资料表

项目	股价（元）		交易量（手）	
种类	即期（P_0）	报告期（P_1）	即期（Q_0）	报告期（Q_1）
A	5	8	100	150
B	8	12	50	90
C	10	14	120	70
D	15	18	60	80

将表中数字代入公式，得

$$股价指数=\frac{1}{4}\left(\frac{8}{5}+\frac{12}{8}+\frac{14}{10}+\frac{18}{15}\right)\times 100=142.5$$

这说明报告期的股价比基期（基期为 100）上升了 42.5 个百分点。

2. 综合平均法

综合平均法是分别把基期和报告期的股价加总后，用报告期股价总额与基期股价总额相比较。计算公式为

$$PI=\frac{\sum_{i=1}^{n}P_{1i}}{\sum_{i=1}^{n}P_{0i}}\times 100$$

代入表中的数字，则报告期的股价指数等于136.8，即报告期的股价比基期上升了36.8个百分点。

3. 几何平均法

几何平均法是分别把基期和报告期的股价相乘后开 n 次方，再用报告期与基期相比，其计算公式为

$$PI=\frac{\sqrt[n]{P_{11}\times P_{12}\times\cdots\times P_{1n}}}{\sqrt[n]{P_{01}\times P_{02}\times\cdots\times P_{0n}}}$$

4. 加权综合法

无论是简单算术平均法，还是综合平均法或几何平均法，在计算股价指数时，都没有考虑到各采样股票权数对股票总额的影响，因而难以全面真实地反映股市价格变动情况，需要用加权综合法来弥补其不足。根据权数选择的不同，计算股价指数的加权综合法公式有以下几种。

（1）以基期交易量（Q_{0i}）为权数的公式为

$$PI=\frac{\sum_{i=1}^{n}P_{1i}Q_{0i}}{\sum_{i=1}^{n}P_{0i}Q_{0i}}\times 100$$

（2）以报告期交易量（Q_{1i}）为权数的公式为

$$PI=\frac{\sum_{i=1}^{n}P_{1i}Q_{1i}}{\sum_{i=1}^{n}P_{0i}Q_{1i}}\times 100$$

（3）以报告期发行量（W_{1i}）为权数的公式为

$$PI=\frac{\sum_{i=1}^{n}P_{1i}W_{1i}}{\sum_{i=1}^{n}P_{0i}W_{1i}}\times 100$$

（4）加权几何平均法。在股价指数计算中，人们为了调和交易量在基期和报告期的不同影响，提出了加权几何平均法公式。即

$$PI=\sqrt{\frac{\sum_{i=1}^{n}P_{1i}Q_{0i}}{\sum_{i=1}^{n}P_{0i}Q_{0i}}\times\frac{\sum_{i=1}^{n}P_{1i}Q_{1i}}{\sum_{i=1}^{n}P_{0i}Q_{1i}}}$$

三、几种主要股价指数简介

（一）道·琼斯指数

道·琼斯股价指数是世界上最早、最享盛誉及最有影响力的股票价格指数，它由美国道·琼斯公司计算并在《华尔街日报》上公布。早在1884年7月3日，道·琼斯公司的创始人查尔斯·亨利·道和爱德华·琼斯，根据当时美国有代表性的11种股票编制股票价格平均数，并发表在该公司出版的《每日通讯》上。以后，道·琼斯股价指数的样本股逐渐扩展到65

种，编制方法也有所改进，《每日通讯》也于1889年改为《华尔街日报》。道·琼斯股价指数以1928年10月1日为基期，基期指数为100。

道·琼斯股价指数实际上是一组股价平均数，包括四组指标：①30种工业股票价格平均数；②20种运输业股票价格平均数；③15种公用事业大公司股票价格平均数；④综合上述65种股票价格平均数而得出的综合指数。

（二）标准普尔指数

标准普尔指数是由美国最大的证券研究机构标准普尔公司编制发表的。指数于1923年开始编制，最初采样股票为233种，1957年扩大到500种，1976午7月又对样本股票的行业构成作了调整。调整后的样本股票行业构成是工业股票400种，运输业股票20种，公用事业股票40种，金融业股票40种。

标准普尔指数以1941年至1943年三年间的平均市价总额为基期，以10为基期指数，以股票发行数为权数计算。

（三）金融时报指数

金融时报股票指数是由伦敦证券交易所编制，并在《金融时报》上发布的股票指数。根据样本股票的种数，金融时报股票指数分为30种股票指数、100种股票指数和500种股票指数等三种指数。

目前常用的是金融时报工业普通股票指数，其成分股由30种代表性的工业公司的股票构成，最初以1935年7月1日为基期，后来调整为以1962年4月10日为基期，基期指数为100，采用几何平均法计算。而作为股票指数期货合约标的的金融时报指数则是以市场上交易较频繁的100种股票为样本编制的指数，其基期为1984年1月3日，基期指数为1 000。

（四）日经指数

日经指数，原称为“日本经济新闻社道·琼斯股票平均价格指数”，是由日本经济新闻社编制并公布的反映日本东京证券交易所股票价格变动的股票价格平均指数。该指数的前身为1950年9月开始编制的“东证修正平均股价”，1975年5月1日，日本经济新闻社向美国道·琼斯公司买进商标，采用修正的美国道·琼斯公司股票价格平均数的计算方法计算，并将其所编制的股票价格指数定为“日本经济新闻社道·琼斯股票平均价格指数”。1985年5月1日在合同满十年时，经两家协商，将名称改为“日经平均股价指数”（简称日经指数）。日经指数按其计算对象的采样数目不同，现分为两种：一是日经225种平均股价指数，150家制造业、15家金融业、14家运输业和46家其他行业的股票。它是从1950年9月开始编制的，这些样本股自1950年选定后一直未改变，因此该指标具有可比性和连续性。二是日经500种平均股价指数，它是从1982年1月开始编制的，样本股共为500种，采样股票并不固定，每年4月调整一次。前一指数因延续时间较长，具有很好的可比性，成为考察日本股票市场股价长期演变及最新变动最常用和最可靠的指标，传媒日常引用的日经指数就是指这个日经225种平均股价指数。

（五）恒生指数

恒生指数，由香港恒生银行全资附属的恒生指数服务有限公司编制，是以香港股票市场中的33家上市股票为成分股样本，以其发行量为权数的加权平均股价指数，是反映香港股市价格趋势最有影响的一种股价指数。恒生指数采样股票为33种，分别为金融业4种，公用事业

6种，地产业9种，其他工商业14种。该指数于1969年11月24日首次公开发布，基期为1964年7月31日，基期指数定为1 000。恒生指数的成分股具有广泛的市场代表性，其总市值占香港联合交易所市场资本额总和的70%左右。为了进一步反映市场上各类股票的价格走势，恒生指数于1985年开始公布四个分类指数，把33种成分股分别纳入工商业、金融、地产和公共事业四个分类指数中。

本章小结

证券交易是已发行的证券在证券市场上买卖或转让的活动。证券交易市场是指已发行并被投资者认购的证券进行转让、买卖的场所，证券交易市场的交易活动可以在固定的场所集中进行，也可以在不固定的场所分散进行。场内市场是指有组织的、集中交易的市场，即证券交易所，它是证券市场的主体和核心；场外市场是指非组织化的、分散交易的市场，它是场内市场的必要补充。

证券上市有广义和狭义之分。广义的证券上市是指已发行的证券依照法定的条件和程序在证券交易所或其他法定交易场所进行交易的行为。狭义的证券上市指发行人公开发行的有价证券，依法定条件和程序，在证券交易所公开挂牌交易的法律行为。

证券经纪业务是指证券公司通过其设立的证券营业部，接受客户的委托，按照客户的要求，代理客户买卖证券的业务。

证券自营业务是指符合条件的证券公司用自有资金和依法筹集的资金，通过以自己的名义开设的证券账户买卖有价证券，以获得买卖价差收益的经营行为。

融资融券交易是指投资者向具有融资融券业务资格的证券公司提供担保物，借入资金买入证券（融资交易）或借入证券并卖出（融券交易）的行为。

证券交易的结算可以分为清算和交收，清算与交收是整个证券交易过程中必不可少的两个重要环节。清算交收的程序主要包括交易数据接收，清算，发送清算结果，结算参与人组织证券或资金以备交收，交收，发送交收结果，结算参与人划回款项等。

股票价格指数，是指通过对股票市场上一些有代表性的公司发行的股票价格进行平均计算和动态对比后得出的数值。股票价格指数是对股市动态的综合反映，是股市变化的“测量器”和反映经济情况的“晴雨表”。

网络资源索引

1. http://finance.sina.com.cn/stock/gdzqipo/ 新浪财经—光大证券上市
2. http://www.sse.com.cn/sseportal/ps/zhs/ggts/ssgsggqw_full.shtml/ 上海证券交易所发行上市公告
3. http://www.64365.com/ 律师365
4. http://www.110.com/ 110律师咨询
5. http://edu.sse.com.cn/newedu/home/home.shtml/ 上海证券交易所投资者教育网站
6. http://stock.sohu.com/ 搜狐证券
7. http://www.233.com/ 考试大网校
8. http://data.book.hexun.com/ 和讯读书
9. http://www.cs.ecitic.com/ 中信证券

关键术语

证券交易　证券上市　证券经纪　证券自营　融资融券　股票价格指数　清算　交收　NASDAQ　场内交易市场　二板市场　保荐　暂停上市　终止上市　委托　集合竞价　连续竞价　证券存管　内幕交易　操

纵市场 保证金 保证金可用余额

问题与思考

1. 证券交易市场的类型主要有哪些？
2. 股票上市的条件有哪些？
3. 证券经纪业务的特点有哪些？
4. 证券自营业务的风险有哪些？
5. 证券公司在从事融资融券业务时如何控制客户风险？
6. 股价指数为什么能成为股市变化的“测量器”、“晴雨表”？

第六章　证券监管

本章导读

2008年开始的美国次贷危机，最终演变成了一场全球金融危机和经济危机。这场危机让人们对金融风险的复杂性、金融监管的放松所带来的危害性有了更为深入的认识，全球金融市场都在深刻反思，各国（地区）金融监管部门纷纷采取必要的措施防止危机进一步扩大。在此背景下，有必要重新认识证券监管的一些问题。

本章共分四节。第一节介绍了证券监管的必要性、历史发展、监管目标及原则；第二节介绍了世界各国证券监管的不同模式以及我国证券监管的历史及其模式演变；第三节和第四节则分别阐述了证券发行与交易市场以及证券经营机构和中介机构的监管与自律监管的具体内容。

学习本章，你需要了解金融监管发展历史，预习金融监管的各种理论。

第一节　证券监管概述

一、证券监管的概念

现实中，任何一个存在证券市场的国家均无一例外地存在着明显的政府管制，政府对于证券市场的监管活动，在任何体制背景的国度中都是证券经济及其市场运行的主要组成部分之一。但在理论上，国内外的学者却没有对“证券监管”（securities regulation）作出精确的经济学定义，其内涵和外延亦未在学术界得到明确而一致的诠释。证券市场是一个复杂的市场，由多方不同的利益主体（包括上市公司、投资者、中介机构、自律管理机构和政府监管部门等）共同构成。并且，由于证券业带有强烈的资本参与、资本扩张色彩，其影响渗透到经济社会生活的各个方面；证券投资又带有广泛的大众性、社会性，因而证券市场的运行及其变动会敏感地触及整个国民经济的每一根神经末梢，对整个经济、金融、政治乃至社会（包括国际社会）产生普通产品市场不可企及的影响力。当我们纵览发生于证券市场各个层面的政府行为并寻觅市场各个角落的政府干预痕迹的时候，可以发现政府对证券市场的管制绝非仅仅局限于微观层次，“证券监管”的概念比一般意义上的“公共管制”或“公共规制”概念具有更为丰富的内涵和更为广阔的外延，证券市场上的政府干预具有全方位性和多层次性。证券监管的概念既涉及微观领域又涉及宏观领域；既涉及间接规制和直接规制又涉及经济规制和社会规制；既涉及市场机制的管制又涉及“公共利益”的宏观政策；既涉及金融机构又涉及实体部门；既涉及企业又涉及个人以及自律管理机构。所以，证券监管的范畴表现出显著的广泛性和特殊性。尤其是在发展中国家和经济转轨期国家的新兴证券市场上，证券监管的制度和行为呈现出更多的复杂性和多样性，同成熟市场相比具有更为明显的政府行政干预特征。

本书对证券监管的定义为：证券监管是以证券投资者利益保护为目标，政府及其监管部门制定并执行的直接或间接干预证券市场机制或证券市场活动的规则和行为。证券监管的过程是证券市场机制与政府行政制约的博弈，监管的结果是决定将哪些管制政策施加于证券市场以及证券市场上的资源配置方式。

阅读与应用

中国证监会简介

中国证监会为国务院直属正部级事业单位，依照法律、法规和国务院授权，统一监督管理全国证券期货市场，维护证券期货市场秩序，保障其合法运行。

中国证监会设在北京，现设主席1名，副主席4名，纪委书记1名，主席助理3名；会机关内设18个职能部门，1个稽查总队，3个中心；根据《证券法》第14条规定，中国证监会还设有股票发行审核委员会，委员由中国证监会专业人员和所聘请的会外有关专家担任。中国证监会在省、自治区、直辖市和计划单列市设立36个证券监管局，以及上海、深圳证券监管专员办事处。

资料来源：http://www.csrc.gov.cn 中国证监会网站

二、证券监管的必要性

虽然目前还没有形成一致的结论，但是大部分经济学家都认为证券业属于资本和知识密集型行业，容易造成自然垄断。统计数据也表明，证券业的垄断程度是相当高的，这种高垄断很有可能导致享用证券产品和金融服务的消费者付出额外的代价。因此，政府从证券产品的定价和金融业的利润水平方面对证券业实施监管应该是有理由的。

另外，由于证券产品的信息特性，使得证券产品的交易双方之间极有可能出现严重的信息不对称，从而影响证券市场的效率。因此，上市公司或者证券产品发行者的信息披露制度就成为证券监管和金融监管不可或缺的组成部分，成为证券监管制度的核心。世界上任何一个国家的证券法规都赋予上市公司某种持续性信息披露的义务，即上市后的股份有限公司负有公开、公平、及时地向全体股东披露一切有关本公司重要信息的持续性责任。

虽然个别证券产品的消费效用为购买该证券产品的个别消费者所享用，是一种私人产品，但是，由全部证券产品的集合所构成的综合效用，却具有强烈的外部性，会影响到每一个证券产品或证券产品消费者（即投资者）的利益。因此，可以把证券产品的综合效用看成是一种公共产品。例如，在证券市场上，个别股票的投资回报率只会影响购买该股票的投资者的效用，但是，通过计算有关成分股而得到的股票价格指数却会影响整个股市的走势，从而影响全体股市参与者的利益，可见，股票价格指数带有强烈的公共产品的特性。因此，对这种带有公共产品特性的证券产品实施必要的政府监管是符合经济学原理的。

可以看出，证券市场所交易的是一种特殊的商品——证券产品，证券产品除了具有普通商品的一般性质之外，还具有一般商品所没有的特殊性。正是因为交易的是证券产品这种特殊的商品，证券市场的交易方式也与一般商品市场有所不同，它往往采取集中交易的方式，而且在交易中大量使用信用手段。这就使得证券市场既具有一般市场的共性，又带有自己的个性。

作为整个市场体系的一部分，与商品市场一样，证券市场也无法避免市场失灵的影响，同样也存在着垄断、经济外部性、信息不对称、过度竞争等造成市场失灵、导致价格扭曲的共同因素。因此，证券市场本身并不能自发实现高效、平稳、有序地运行。证券市场的资本有效配置功能并不能完全实现。不仅如此，由于证券产品所特有的性质和证券市场自身的结构特点，市场失灵的负面效应在证券市场上会获得更加明显的体现。与商品市场相比，证券市场价格的不确定性更大，价格变动的幅度和额度更大，出现价格扭曲的可能性也更大，从而使得证券市场具有内在的高投机性和高风险性。证券市场所固有的高投机性和高风险性，不仅不利于证券市场本身运行效率的正常发挥和市场总体功能的实现，而且如果风险突然爆发，还有可能导致市场崩溃，使投资者蒙受巨大损失，使国民经济遭受巨大创伤。

因此，通过政府干预，包括监管等手段，对证券市场实施必要的组织、规划、协调、管理、监督和控制，以消除或尽可能地减少因市场机制失灵而带来的证券产品和证券服务价格扭曲以及由此引起的资本配置效率下降，实现证券市场的高效、平稳、有序运行，是一个不可避免的现实选择。故证券监管就是指证券监管部门为了消除因市场机制失灵而带来的证券产品和证券服务价格扭曲以及由此引起的资本配置效率下降，确保证券市场的高效、平稳、有序运行，通过法律、行政和经济的手段，而对证券市场运行的各个环节和各个方面所进行的组织、规划、协调、监督和控制的活动和过程。

对证券市场实施必要的监管，首先是实现证券市场各项功能的需要。一个良好的证券市场除了具有充当资本供求双方之间的桥梁、发挥融资媒介这一基本功能之外，还具有进行产权复合与重组、引导资金流向、优化资源配置、配合宏观调控的实施等一系列重要的为国民经济服务的功能。如果证券市场能够健康发展，则它的融资功能和国民经济服务功能就能得到正常的发挥，就能促进资本的有效配置，促进整个国民经济的健康发展。相反，如果证券市场由于缺乏监管而混乱无序，则不仅不能发挥它的融资功能和国民经济服务功能，而且可能会对国民经济发展起相反的作用，造成资源配置失误、信息传递误导以及整个宏观经济的混乱甚至崩溃。

其次，证券监管是保护证券市场所有参与者正当权益的需要。证券市场的参与者包括证券筹资者、投资者及中介机构。他们之所以参与证券市场的发行、交易和投资活动，其目的是为了获得经济利益。如果证券市场因缺乏监管而混乱无序、投机过度、价格信号严重扭曲，那么参与者的正当权益就得不到保障。例如，如果不加强对收购控股的监管则发行公司的正常利益就得不到保障；如果没有一定的佣金制度和保证金制度，则证券商的利益就缺乏保障。

再次，证券监管是防范证券市场所特有的高风险的需要。由于证券产品本身的价格波动性和周期性，使得证券产品具有内在的高投机性和高风险性，再加上证券交易中普遍使用的信用手段，使得证券市场的投机性更加强烈，证券市场的风险性也进一步提高，其投机性和风险性都远远超过了商品市场。如果不对其实施必要的监管，由投机所导致的风险就会迅速积累并快速向外扩散，从而酿成危机。因此，对证券市场实施必要的监管，可以及时发现风险因素并将其控制在可以承受的范围内，以避免证券市场发生危机。

最后，证券监管是证券市场自身健康发展的需要。证券监管遵循“公开、公平、公正”的原则。公开原则保证证券行情信息及发行者有关信息及时、全面地披露，减少内幕交易和防止舞弊行为；公平原则保证大小投资者在公平的投资竞争环境中，能够尽量减少操纵市场、欺诈行为；公正原则要求监管部门在公开、公平原则的基础上，对被监管对象给予公正待遇以及对在证券领域的一些违纪行为能得到及时的制止和公正处理。“公开、公平、公正”原则能为整个证券市场的发展提供一个良好的环境，以促进证券市场的健康发展。

阅读与应用

证券监管的法律体系

证券市场法律法规分为三个层次；第一层次，法律（法）；第二层次，行政法规（条例）；第三层次，部门规章（办法或规定）。1999 年 7 月 1 日《证券法》实施，2006 年 1 月 1 日修订后生效。1994 年《中华人民共和国公司法》（简称《公司法》）实施，2006 年 1 月 1 日修订后生效，规定有限责任公司最低注册资本额降低至 3 万元，其中投资公司可以在 5 年内缴足；货币出资不得低于 30%；有限责任公司设立监事会，其成员不得少于 3 人；有限责任公司监事会会议每年至少一次，股份有限公司至少 6 个月一次；上市公司董事会成员中应当有 1/3 以上的独立董事；上市公司在 1 年内购买、出售重大资产或担保超过公司资产总额的 30% 的，应当由股东大会做出决议，并 2/3 以上通过；董事会会议由 1/2 以上无关联关系董事出席；公司上市条件中的公司股本总额降低至 3 000 万元。2004 年颁布《中华人民共和国证券投资基金法》。2006 年修订《中华人民共和国刑法》。2008 年颁布《证券公司监督管理条例》，规定证券公司应当每年结束之日起 4 个月内报送年报；每月结束日起 7 个工作日内报送月报；证券公司股东的非货币财产出资总额不得超过证券公司注册资本的 30%；持有或实际控制证券公司 5% 以上股权要经证监会批准；证券公司应当有 3 名以上从业满 2 年的高级管理人员；高级管理人员离任的要进行审计，2 个月内报证监会。2008 年《证券公司风险处置条例》允许收购人在收购完成 12 个月后，每年增持不超过 2%；对于收购人取得上市公司发行的新股 30% 的，可以向监管部门申请免于履行要约义务。

资料来源：http://www.szse.cn

三、证券监管的理论依据

（一）公共利益的监管需求理论

公共利益的监管需求理论以市场失灵和福利经济学为基础，指出管制是政府对公共需要的反应，目的是弥补市场失灵，提高资源配置效率，实现社会福利最大化。

1. 负外部性监管理论

负外部性监管理论是基于负外部性效应而生的一种金融监管理论，核心内容是在金融成为经济发展的重要因素时，放任金融机构的自由竞争和完全依赖自律管理，无法保证消除负外部性效应，因此需要政府的介入，包括采取税收或管制等措施矫正外部效应，即认为金融体系负外部性是导致金融市场失灵的主要原因，而实行金融监管是解决问题的关键。

2. 公共产品监管理论

公共产品具有消费的非排他性和非竞争性特征，稳定、有效和公平的金融体系，明显具有公共产品的上述特征。同时，作为公共产品，不可避免地会出现“搭便车”问题、银行挤提传染性以及金融机构违背审慎经营原则过分冒险等个体理性行为，并可能导致集体非理性的结果。金融体系的这一性质，决定了其运行必须有一个无私利的主体对所有机构个体实施限制和监督，以维护金融产品供应的稳定性。公共产品监管理论强调，对市场经济下的金融体系而言，政府应该通过各种手段限制个体金融机构的冒险行为，削弱金融机构的集体非理性，保持金融体系这种公共产品的健康稳定，从而维护投资者的利益，确保经济发展的稳定，即认为金融体系的客体——金融产品自身的属性会导致金融市场的失灵，引发金融风险并导致危机，因此，有必要通过金融监管来实现对金融产品供给的良性引导。

3. 信息不对称监管理论

金融领域普遍存在着信息不对称现象，如承保人与保险人、存款人与银行、银行与贷款人之间的信息不对称，由此产生了金融市场中的逆向选择与道德风险，造成金融市场失灵。基于信息不完备和信息不对称，形成了信息不对称监管理论。在信息不对称的环境下，金融机构往往处于相对劣势，面临着金融效率降低和金融风险并存的局面，而政府的外部监管能够逐步完善信息的完备程度，降低金融风险、提高金融效率和减少经济损失。

4. 自然垄断监管理论

自然垄断理论从规模经济入手，分析得出：金融机构的自由竞争最终将发展为集中垄断，高度集中垄断不仅会在效率和消费者福利方面带来损失，而且会对社会产生负面影响。因此，该理论主张通过政府监管消除垄断，保障金融体系的稳定运行，认为金融市场的自然垄断性，是导致金融体系不稳定的主要原因，政府监管是消除垄断和维护稳定的有力措施。

（二）金融脆弱的监管需求理论

20 世纪 60 年代以前，金融危机与经济危机相伴而生，形成了“金融危机是作为经济危机的一种表现形式”的思维定式。20 世纪 60 年代以后，金融危机开始呈现出独立性，有些金融危机甚至完全脱离现实经济。为此，金融体系自身的内在脆弱性开始吸引金融监管研究的视线，从而形成了金融监管必要性理论的另一分支——金融脆弱的监管需求理论。下面主要介绍金融不稳定假说。

金融不稳定假说是指私人信用创造的机构，特别是商业银行和其他贷款人的内在特性，使得他们经历周期性的危机和破产浪潮，金融中介的困境被传递到经济的各个组成部分，导致宏观经济动荡。自“大萧条”以来，虽然经济周期没有消失，但是，另一个大萧条也没有出现，这是由于政府运用大量反周期的赤字和盈余政策来约束有效需求的上限，以及中央银行凭借最后贷款人的身份确定资产价格下限，这种“上限与下限”制度安排发挥了作用，防止了债务膨胀。因此，金融体系内在的不稳定性是引发金融风险、产生金融危机的根本原因，政府干预与监管制度的建立可以有效降低这种内在脆弱性，实现金融的稳定发展。

（三）金融监管的效应理论

20 世纪 70 年代以后，整个世界经济呈现出层次化的发展特征：一方面，发达国家范围内出现了异于“大萧条”时期的滞胀情形，“看得见的手”的政府监管开始遭到质疑。另外，随着西方各国经济的日益膨胀，金融的发展也开始向纵深领域延伸，金融创新的需求日益强大。因此，先前倡导的金融管制似乎成为时下的绊脚石；另一方面，第二次世界大战后发展中国家开始崛起，并占据世界经济的一部分。与发达国家不同的是，发展中国家面临严重的“资金瓶颈”，对于资本的极度渴求使得金融创新、金融自由化的需求也十分旺盛。因此，20 世纪 70 年代后期，传统的金融监管必要性理论开始遭到质疑，金融监管的研究开始由“危机防范”

轨道转移至“运作效率”轨道，有效性渐渐取代需求理论成为研究的焦点。

1. 集团利益理论

20世纪70年代以后，越来越多的经济学家开始质疑金融管制的程度问题和政府解决金融体系不完备的能力，提出了集团利益理论，包括政府掠夺理论、特殊利益论和多元利益论。

政府掠夺理论最早提出了对传统金融监管必要性理论的质疑，认为任何管制和监管都由政府推行，政府和政治家并非像人们所想象的那样是社会利益的代表，相反，其具有自己的利益和效用函数，并且与社会利益存在差异。政府之所以要对金融业进行管制，直接的目标不是“公共利益”和“金融脆弱监管理论”所宣称的那样控制各种市场失灵、控制物价水平和投资水平，为经济增长打下宏观经济基础、为保护存款者的利益、为防止各种金融风险的传染，以及为保证金融体系的健康和资源配置效率的最优等，而是自身收益（政治收益和经济收益）的最大化。继政府掠夺理论以后提出的特殊利益论和多元利益论，认为政府掠夺理论将分析的立足点放在“抽象的政府”上，无法对各种金融管制的产生过程给予更为清晰明确的认识；政府只是一个抽象概念，由许多政党和利益集团组成，金融监管是利益集团通过政治斗争形成的产物。集团利益理论主要站在政治经济学视角重新审视了金融监管产生的原因，认为金融监管是为了满足各既得利益集团的需要。这些理论不仅开创了金融监管必要性研究的新视角，也为接下来的金融监管研究奠定了理论基础。

2. 金融监管失灵理论

继集团利益理论之后，理论界关于金融监管理论的研究正式调转方向，金融监管的有效性上升为研究焦点，先后形成了管制供求理论、管制寻租理论、俘获理论和社会选择理论。

（1）管制供求理论。该理论以集团利益理论的核心观点（认为金融监管是为了满足各既得利益集团的需要，而并非公共利益的需要），运用供求规律阐释了金融监管的效率问题，形成了“管制供求理论”。认为影响一个产业对政府监管需求的主要因素是监管可以提供多种利益，包括直接货币补贴、控制新竞争者进入、干预替代品和补充品的生产、实行固定价格等。就金融业而言，主要有市场准入管制、对业务活动限制、利率上限规定以及禁止对活期存款支付利息的规定等。在供给方面，政府部门进行监管活动时，并非毫无成本、毫不犹豫地按照“公共利益”来提供产品。政府实际上是由一些有着自己利益的人组成的特殊集体，当他们按照自身利益最大化的方向行使公共职能时，难免会发生各种各样的低效率现象。

（2）管制寻租理论。管制寻租理论是寻租理论在金融监管领域的一种适用解释。寻租活动本身不会创造任何社会财富，只会消耗社会资源，造成社会福利的损失。金融监管是政府管制的重要组成部分，因此金融监管中同样存在寻租现象，影响金融监管的公平与效率。管制寻租理论认为，政府管制加剧了市场中的寻租机会，产生了政府及其代理人的租金创造和抽租，使市场竞争更加不完全和不公平，所以，通过政府管制来纠正市场失灵是理想化的、不现实的，越是金融管制广泛的国家，寻租问题越普遍。寻租的结果是造成了不公平，在管制者获得利益的同时，降低了金融效率。因此，提高金融效率的直接、普遍、有效途径是放松金融管制，削弱金融管制中的金融寻租。

（3）俘获理论。俘获理论在政府掠夺理论基础上进一步研究了政府供给金融监管的后续结果：大量的监管收益构成了政府实施监管的内在动力，而作为被监管方最初可能反对监管，但当他们对金融监管立法的程序极其熟悉时，就会试图通过影响管理者的立法程序，或利用行政机器给他们带来更高的收益。

(4) 社会选择理论。与其他理论不同的是，该理论首次从动态发展角度分析了金融监管的有效性。认为金融监管的发展历程是：为社会公众利益初建监管机构——管制当局被动地反映被管制集团的种种利益——管制机构取得自我控制和独立性，即认为管制具有很强的自我实现性，但这种自我实现只有在监管发展到一定程度后才会出现。因此，在社会选择理论看来，监管能够真正发挥作用是在监管机构获得自我控制与具有较强独立性之后。

阅读与应用

全球金融危机对中国及世界经济与资本市场的影响

起源于美国的金融危机迅速在全球蔓延之后，各国对金融监管体制进行了深刻的反思，采取了许多应对金融危机的有效措施，也提出了许多面向未来的金融监管改革方案，国际金融监管由此出现了不同于金融危机之前的新变化、新趋势。

国际社会普遍认为，过去金融监管的顺周期性使得金融监管难以及时采取有效措施预警和防范金融危机的发生。过去所采取的许多对金融机构风险的监管手段不合理，如资本金要求和会计标准等，是导致金融机构顺周期性行为的重要因素，而缺乏反周期缓冲措施和僵化的会计制度则放大了危机的破坏作用。今后，采取反周期监管措施，是防范金融危机的有效方法。

目前，欧盟正考虑采取相应的降低金融监管的顺周期性的措施。并提出在本次金融危机缓解之后，要逐步提高金融机构的资本充足率要求，要引入反周期理念，建立反周期的资本缓冲机制。英国酝酿采取相应的反周期监管措施，要求银行在经济回升时增加缓冲资本金，在衰退时相应减少资本金；设置总杠杆率上限，限制资本负债表的过度扩张；严格监管银行的流动性状态；改革会计准则等。曾于2009年6月在中央党校演讲的英国金融服务局（FSA）主席特纳（Adair Turner）在接受记者访谈时表示，金融监管机构必须和央行共同合作，金融监管机构可以提供对个体金融机构的分析，在此基础上央行和金融监管机构共同合作分析，找出更加适宜的整体思路，即在周期中所处的位置问题，如何反周期地提出资本金要求，在局面失控之前刹车，做出前瞻性监管要求。

资料来源：根据第十三届（2009年度）中国资本市场论坛会议资料整理

四、证券监管的历史演变

早期的证券监管可以追溯到18世纪20年代。1720年，英国政府为杜绝类似“南海泡沫”事件的再次发生，防止证券过度投机，颁布了《泡沫法》（the Bubble Act），标志着一个国家对证券市场正式实施监管的开始。

20世纪30年代以前，以亚当·斯密的《国富论》为代表的古典经济学理论占主流地位，认为政府在市场经济中仅仅是一个“守夜人”。市场秩序的创造与维护力量完全取决于“看不见的手”的市场机制与个人利益的协调作用，并对政府创造与维护市场秩序的必要性和可行性给予了猛烈的抨击和贬低。秉承这一理论，早期的证券监管呈现出松散及以自律为主的特征。如1818年，英国颁布了第一部《证券交易条例》，强调证券交易的“自我管理”和“自我约束”。美国早期的证券监管靠各州的立法进行，1919 年美国堪萨斯州通过了《蓝天法》，成为美国历史上第一个对证券管理立法的州。

1929 年，美国的股灾使证券市场的风险充分暴露，市场的不完全性被实践证明，市场自身不能克服的缺陷使其无法实现帕累托最优，松散的、自律的监管不能保证证券市场的稳定运行。主张“政府干预”的凯恩斯经济学派开始占据主流地位并影响着这一时期的证券监管理念。世界各国开始干预证券市场的监管。美国政府制定了一系列包括关于证券市场在内的严格的金融法律并开始对证券市场实施集中统一监管。即使传统上注重自律管理的英国，也制定了许多与证券市场相关的法规，加强证券监管的法制化，并最终形成了以政府管理法规和证券交易所等自律组织及其制度规章为中心的自律型的监管框架。

1973 年，布雷顿森林货币体系崩溃，西方主要国家纷纷实行浮动汇率制，加上 70 年代开始的国际资本流动频繁，国际金融市场的汇率、利率极不稳定。在此环境下，各国对金融市场施加的直接和广泛的监管被认为是过度和压抑性的，损害了金融机构和整个体系的效率和发展。并且，70 年代西方经济理论中自由放任的经济思潮开始回归。以哈耶克为代表的新自由主义学派认为国家对经济的过分干预破坏了市场经济的法则，对经济发展有害无益，因此反对任何形式的国家干预。受这一思潮影响，各国都在一定程度上放松了对证券市场的管制。其主要内容包括放松市场准入限制，放松对中介费用和各种价格及数量的控制、鼓励新的市场工具的发展、鼓励国际化等。在这一时期，美国经济学家罗纳德·麦金农和爱德华·肖提出“金融压制”理论，用来解释发展中国家的金融监管。他们认为对于发展中国家来说，金融深化的核心是放松金融管制，开放金融市场，减少对金融业的干预，尤其应取消阻碍金融体系有效竞争的政府管制行为。

1987 年 10 月 19 日，西方股票市场经历了第二次世界大战以来罕见的危机，纽约股市崩溃，并牵连全球各主要股票市场。这次股市危机迫使人们重新审视放松与强化证券监管的辩证关系。以斯蒂格利茨、伯克曼等人为代表的新凯恩斯主义学派对金融监管理论提出了新见解。他们强调有效需求和政府的作用，认为市场并不必然地在充分就业水平上自动趋于平衡，金融自由化后的投资水平将比压抑状态时更低。金融市场上的市场失灵比其他市场更为普遍，政府的适当干预能使市场功能更好地发挥，政府监管失灵问题的存在是因为这些监管没能被恰当地设计，而不应该归咎于干预本身。

1995 年巴林银行倒闭，1997 年爆发的东南亚金融危机给全世界敲响了警钟，引起了各国政府对金融市场稳定性和安全性的高度重视。面对经济全球化和资本市场全球化的趋势，加强对国际金融机构的监控和加强国际监管组织的合作是国际证券市场监管的发展方向。这不仅要求各国政府及其监管部门——银行业、证券业和保险业的监管机构加强联系和共同采取行动，而且要求这些监管机构各自的国际组织——巴塞尔银行监管委员会（BCBS）、国际证监会组织（IOSCO）和国际保险者协会（IAIS）共同采取协调一致的措施来加强对跨国金融公司的监管。2001 年 10 月美国安然公司欺诈案暴露了美国证券监管制度的严重缺陷，引发了美国证券市场的诚信危机。美国证券交易委员会（SEC）痛定思痛，决心要从根本上对美国证券业的监管制度，特别是信息披露制度进行修改，要重构监管系统。例如，建立实时披露制度（system of current disclosure），加强对实时信息及趋势信息的披露；建立全新的“公众负责委员会”（public accountability board），以接替美国注册会计师协会（AICPA）的部分职能，负责对会计师和审计师行业质量控制及惩处等。对安然事件的调查，美国启动了从官方到民间的全方位的监管系统：有美国证监会与司法当局的当机立断，有行业协会、证券评级机构的独立判断，更有媒体的社会监督，还有保护投资者利益的有效的法律机制——集团诉讼。然而，2008 年 9 月华尔街大型投资银行雷曼兄弟倒闭引发本轮全球金融危机。在危机中上任的奥巴马政府于 2009 年 6 月正式提出金融监管改革方案。2010 年 7 月 15 日，参议院通过了最终版本金融监管改革法案《多德—弗兰克华尔街改革与消费者保护法》法案致力于保护消费者、解决金融业系统性风险等问题，旨在避免 2008 年的金融危机重演。被称为史上最严厉的金融监管法案。可以说，美国对证券市场的监督管理是全方位的，但证券监管机构的力量是有限的，它的功能决定了它所能监管的范围、区域、对象。因此，建立一个包括所有有关立法机构、司法机构、行政机构、行业协会以及新闻媒体和学术界在内的全方位监管体系，是提高证券监管效率的重要保证，也是证券监管发展的方向。

阅读与应用

美国总统签署金融监管改革法案

美国总统奥巴马 21 日签署金融监管改革法案，使之成为法律，标志着历时近两年的美国金融监管改革立法完成，华尔街正式掀开新金融时代序幕。

奥巴马当天在华盛顿的里根大厦举行了法案签署仪式，与这项立法相关的近 400 名政治、经济和学界人士与会。奥巴马在仪式上说："这项改革代表着历史上最有力的消费者金融保护。"有关方案将由一个新的消费者保护机构执行，该机构只有一项任务，即在金融系统中保护人民，而不是大银行，不是贷款人，不是投资机构。奥巴马还说，这项改革将终止对大银行的救助，有利于美国经济。

2008 年 9 月华尔街大型投资银行雷曼兄弟倒闭引发本轮全球金融危机。在危机中上任的奥巴马政府于 2009 年 6 月正式提出金融监管改革方案。美国国会众议院和参议院分别于 2009 年 12 月和 2010 年 5 月通过了各自的金融监管改革法案版本。2010 年 6 月 30 日，众议院通过了两院统一的版本。7 月 15 日，参议院通过了金融监管改革法案最终版本，为该法案最终成为法律清除了最后障碍。

这项名为《多德—弗兰克华尔街改革与消费者保护法》法案以领导这一立法的两位国会议员命名，包括参议院银行委员会主席克里斯多弗·多德以及众议院金融服务委员会主席巴尼·弗兰克。法案致力于保护消费者、解决金融业系统性风险等问题，旨在避免 2008 年的金融危机重演。

资料来源：新华网华盛顿 2011 年 7 月 21 日电（记者刘丽娜　杜静）

五、证券监管的目标与原则

（一）证券监管目标的不同表述

从证券立法的角度来考察证券监管的目标，世界各国（地区）各有不同的表述。美国（1993 年证券法）包含两个基本目的：①向投资者提供有关证券公开发行的实质性的信息；

②禁止证券售卖过程中的误导、虚假和其他欺诈行为。显然，投资者利益的保护是美国证券立法的宗旨或目的。在美国《1986年政府证券立法》中此目标更为突出，国会决定政府证券交易受公众利益的影响，为此必须：①为这种交易和与其有关的事宜和活动提供统一性、稳定性和高效率的支持；②对证券中间商和证券交易商普遍实行适当的管理；③规定相应的金融责任、账务记录、报告及有关的管理办法；从而保护投资者并保证这些证券的公平、正当和流动性的市场。

日本1948年的《证券交易法》规定："为使有价证券的发行、买卖及其他交易能够公正进行，并使有价证券顺利流通，以保证国民经济的正常运行及保护投资者利益，特制定本法律。"韩国1962年的《证券和交易法》写明"本法旨在通过维护证券广泛的和有条不紊的流通，通过保护投资者进行公平的保险、购买、销售或其他证券交易，促进国民经济的发展"。我国台湾的《证券交易法》的立法宗旨是"为发展国民经济，并保证投资，特制定本法"。我国香港1989年颁布的《证券及期货事务监察委员会条例》表明证券监管的目标是"使市场有足够的流通量，并公平、有秩序和有效率地运作；控制和减低交易系统风险，避免市场失灵和适当地管理风险，以确保一个市场的危机不致影响其他的金融范畴：保护投资者；促进一个有利于投资和经济增长的经济环境的设立"。我国《证券法》则规定："为了规范证券发行和交易行为，保护投资者的合法权益，维护社会经济秩序和社会公共利益，促进社会主义市场经济的发展，制定本法。"

1998年，国际证券监督管理委员会组织（IOSCO）因形势的发展，将证券监管目标从1992年报告中的两个扩大为三个。这种改变反映了近年来全球资本市场发生的深刻变化。这三个目标是：第一，保护投资者；第二，保证市场的公平、效率和透明；第三，降低系统风险。

而我国证券市场的监管目标则是：运用和发挥证券市场机制的积极作用，限制其消极作用；保护投资者权益，保障合法的证券交易活动，监督证券中介机构依法经营；防止人为操纵，欺诈等不法行为，维持证券市场的正常秩序；根据国家宏观经济管理的需要，运用灵活多样的方式，调控证券市场与证券交易规模，引导投资方向，使之与经济发展相适应。

（二）证券监管的原则

为了实现证券监管的目标，证券市场的有效监管必须确立以下原则。

1. 公开、公平、公正原则

"三公"原则是证券监管的最基本原则，它奠定了证券立法的基础，是各国证券监管的核心和灵魂所在。公开，要求任何证券的发行和交易都必须真实、准确和完整地披露与证券发行和交易有关的各种重要信息，避免任何信息披露中的虚假陈述、重大误导和遗漏，以保证证券投资者对所投资证券有充分、全面和准确的了解。公开原则要求证券市场上的各种信息向市场参与者公开披露，任何市场参与者不得利用内幕信息从事市场活动，以有效地防止各种证券违法行为。切实保护证券投资者的合法权益。信息的公开性和透明度直接关系到证券市场的效率，是市场效率和证券市场监管的微观结合点，也是证券立法的精髓所在。公平可以分为"社会公平"和"市场公平"。证券市场上的公平主要是指"市场公平"，要求证券市场上的参与者一律平等，拥有平等的机会，不存在任何歧视或特殊待遇。机会平等和竞争平等是证券市场正常运行的前提。在证券市场上，证券投资者千差万别，有机构投资者，有个人投资者，有资金和信息上的强者和弱者。证券市场是各类不同投资者及其利益的结合，如何平等地保护各种投资者利益、实现公平，是证券监管的重要目标。公正原则是有效监管的生命，是监管者以法律框架实现市场所有参与者之间的平等与秩序的关键，包括立法公正、执法公正、仲裁公正。公正原则是针对证券管理层的行为而言的，它要求证券监督管理机构及其工作人员行为必须公正，禁止欺诈、操纵以及内幕交易等一切证券违法行为。

2. 保护投资者利益原则

投资者保护不仅关系到资本市场的规范和发展，而且关系到整个经济的稳定增长。投资者，尤其是中小投资者，由于信息不对称、持股比例低，相对于控股股东和公司管理层出于弱势地位等原因，需要重点保护。从资本市场的发展历程来看，保护投资者利益，让投资者树立信心，是培育和发展市场的重要环节，是证券监管机构的首要任务和宗旨。

3. 诚信原则

诚信原则在民商法中是指“民事主体在从事民事活动时，应当诚实守信，以善意的方式履行其义务，不得滥用权力及规避法律或合同规定的义务”。“不仅具有指导社会行为之功能，而且具有法律解释、法律补充和司法依据之功效”。证券监管者在制定和实施法律及规章制度时，要求证券市场的各类参与者必须遵守诚信原则，它要求：市场筹资者应当真实、完整、及时、准确地进行信息披露，同等对待包括承销商在内的各中介机构；中介机构应当严格履行审慎调查义务，全面了解并提供有关信息，从对发行者和投资者负责的角度开展业务活动，不得有误导和欺诈行为，以公平竞争方式参与证券发行，不得用非正常手段进行不正当竞争活动；市场投资者不能为谋取私利或损害他人利益，操纵市场或散布虚假信息，破坏正常的市场秩序。

4. 证券监管政策的一致性（连贯性）原则

证券监管政策的一致性（连贯性）原则是一项重要的原则，在不成熟的新兴证券市场上尤为重要。证券监管政策应保持自身的连续性，不能“朝令夕改”。证券监管机构应当有体现监管核心的纲领性文件作为指导，对监管的指导原则、监管的主要内容等重大事项做出规定，并制定监管机构自身发展的中、长期规划。因此，证券监管政策应与《证券法》、《公司法》等法律的基本原则相一致，避免冲突。其次，证券监管应与宏观经济政策及行业政策保持一致，服从国民经济稳定与发展的总体需要的原则。证券市场由各行业的上市公司组成，是组成整个经济运行体系的一个元素，因此监管政策的出发点应当与宏观经济政策和行业政策相一致。这对于强调经济增长和经济发展的发展中国家政府来说尤为重要。证券监管的根本宗旨是促进社会经济的稳定和发展，使证券市场运行同与之相联系的各个经济方面达到协调和一致。这就需要监管者从社会经济和政治的全局着眼制定和执行各种监管制度。保持证券监管政策的一致性还有利于增强监管政策的透明度，增加政策的可预见性，有利于参与者学习和掌握政策，避免市场参与者因政策的不确定性无所适从，最终导致市场的混乱。

5. 政府监管与自律监管相结合的原则

证券监管机构要注重政府监管、自律管理和社会监督的有机结合，由此建立完整的证券市场监督管理系统。证券监管既包含政府行政机构所实施的监管，也包括证券交易所、证券业协会等自律管理机构所担负的一线监管。证券市场自身的复杂性使许多问题，如职业道德问题，非政府监管所能解决，并且在政府监管难以发挥作用的领域，需要自律监管发挥独特的作用。

自律组织通过自身的组织机构与行业管理，将国家制定的有关证券管理的法律、法规、方针、政策等，落实到每个证券公司及其从业人员中去，通过其媒介作用，使证券监管机构与对证券市场的管理有机地结合起来。即使在实行集中型证券监管的美国，自律监管也发挥着巨大的积极作用，甚至被视为证券监管的基石——“监管金字塔的基础是政府监督之下的自律”。而在自律型监管的英国，政府监管也正成为整个证券监管框架中不可缺少的旋律。对于像中国这样的新兴证券市场更应在强调政府集中、统一监管的同时加强自律组织的建设，充分发挥自律监管的功能。

阅读与应用

我国的“一行三会”

中国的金融监管机构主要是中国人民银行、中国证券监督管理委员会（中国证监会）、中国银行业监督管理委员会（中国银监会）、中国保险监督管理委员会（中国保监会）。中国证监会成立于1998年10月，中国银监会成立于2003年4月，中国保监会成立于1998年11月。各金融监管机构为国务院直属机构并且按照规定向各地派出管理机构，实行垂直领导。

资料来源：根据中国人民银行网站资料整理

第二节 证券监管模式

现在世界各国对证券市场监管的模式，由于历史的原因和各国的具体情况不同而不同。依据监管主体的不同，可将这些监管模式归纳为三种，即集中监管模式、自律监管模式和分级监管模式。

一、集中监管模式

集中监管模式是指政府依据国家法律积极参与证券市场的监督管理。美国是采用这种模式的典型国家，该种监管模式具有以下特点。

（一）有完善的证券法规体系

实行集中监管模式的国家或地区都有专门的证券法规体系。这些专门的证券法规涉及证券市场的方方面面，使得所有证券市场的活动都有法可依。如美国对证券和证券市场的管理比较规范，着重立法，强调公开、公平、公正的原则，并有一套较为完整的法规体系。其法规体系可分为三级。

1. 由联邦政府规定并经国会通过的法令

这主要是指1933年的《联邦交易法》和1934年的《证券交易法》。前者是以新券的发行为其管理对象的，后者是以全国的证券交易所及有关经纪人为其管理对象的，这两部法律构成了联邦证券法的基本框架。之后又陆续颁布了《公开专业控股公司法》、《马尼洛法》、《信托条款法》、《投资公司法》、《投资顾问法》、《证券投资保护法》和《多德—弗兰克华尔街改革和消费者保护法》等。

2. 各州制定的证券管理法令

这些地方州政府颁布的有关证券发行与交易方面的立法统称为《蓝天法》（它源于美国州议员提出的要把证券立法矛头指向那些“要在蓝色的天空里出售大批建筑物”的欺诈活动）。1956 年美国各州的银行监督官会议通过并经过证券交易委员会批准产生了《统一证券法》，属地方性统一法规，各州均以此法为标准修改《蓝天法》。

3. 自律机构制定的有关章程

如联邦证券交易所和全国证券交易商协会所规定的有关章程，这些章程对其会员有一定的约束力。联邦证券交易所具有管理（管理机构）与经营（独立核算的经济实体）双重性质，体现了自我管理的特点，全国证券交易商协会是场外交易自我管理的组织机构。这些自律机构在政府的监督下具有一定的自由权。

（二）高度权威的证券管理机构

实行集中立法监管模式的国家都设有唯一负责监管全国证券市场的高度权威的政府机构。如美国根据 1934 年《证券交易法》规定，创立了证券管理委员会（securities & exchange commission，SEC），是统一管理证券活动的最高管理机构。证券管理委员会的 5 名成员是由总统提名，参议院审查批准。委员任期 5 年，不得兼任其他公职，也不能直接或间接从事证券交易。委员会独立行使职权，对全国和各州的证券发行、证券交易所、证券商、投资公司等拥有根据法律行使全国管理和监督的权力，不受总统干涉，但其预算、立法等事项应同有关主管部门协调。委员会直属总统，推选出主席 1 人负责与总统联系。委员会设于华盛顿，第二次世界大战期间曾一度迁往费城，并在其他 10 个城市设有办事处。各州还设有公司专员（corporation commissioner）负责监督地方性的证券发行和证券商以及公司法的执行。

证券管理委员会下设若干重要职能部门。

（1）交易组（trading & exchange division）。交易组是执行证券交易法的部门，又分交易、交易规章、研究统计和店头市场规章等科，审查证券交易所、证券商协会和证券商的注册申请和注册事宜，对证券商的财务、业务情况进行突击检查，监督证券市场价格，对市场情况进行调查统计。

（2）法律组（legal division）。负责向委员会提供有关法律意见，解释法令，对违法案件进行调查与起诉等。

（3）申报组（registration division）。主管证券交易所与证券上市的申报分析、审查和评价，对发行证券的公司财务报表、高级职员与大股东的变动情况进行审查等。

集中监管模式有以下优势。

第一，成本优势。统一监管不仅能节约人力和技术投入，更重要的是它可以大大地降低信息成本，改善信息质量，获得规模效益。

第二，改善监管环境。这种改善表现在三个方面：提供统一公平的监管制度，避免不同金融机构由不同的监管者监管时，由于监管者的监管水平和监管强度的不同，而使不同的金融机构或业务面临不同的监管制度约束；被监管者可以避免不同监管机构之间的监管重复、分歧和信息要求上的不一致性，降低成本；对于一般消费者，明确的监管机构使他们在其利益受到损害时，能便利地进行投诉，解决问题，降低相关信息的搜寻费用。

第三，适应性强。随着技术的进步和人们对金融工具多样化要求的不断提高，金融业务创新日益加快。统一监管能迅速适应新的金融业务，一方面可以避免监管真空，降低金融创新形成的新的系统性风险；另一方面可以避免多重监管，降低不适宜的制度安排对创新形成的阻碍。

第四，责任明确。由于所有的监管对象被置于一个监管者的监管之下，监管者的责任认定非常明确。

这种监管模式的缺陷也很明显，即缺乏监管竞争，易导致官僚主义。

二、自律监管模式

自律监管模式是指政府对证券市场干预较少，除了国家立法中有某些必要规定外，对证券市场的监管完全由证券交易所及交易商协会等自律性组织机构实行自我管理的模式。传统上，采取自律监管模式的典型国家是英国，但从 1986 年开始，英国的自律监管模式也发生了重要变化。该种模式具有以下特点。

（一）证券立法采用综合性金融法律形式

实行自律监管模式的国家没有关于证券监管的专门法规体系，与证券有关的法规散见于各种金融法规之中。

（二）没有专门的政府证券监管机构

在机构设置上，自律监管模式的国家没有专门的政府监管机构。政府机构中相关部门只对涉及其管理范围的内容实行监管，日常事务主要由一些非政府管理机构对证券市场及其交易的参加者进行自我管理。在英国，证券交易所的规章远比公司法等证券法重要，伦敦证券交易所由于制定了比较严格的规章制度，积累了比较丰富的管理经验，在证券监管上富有成效。

采取自律管理模式的还有新加坡、荷兰、马来西亚和我国香港等国家和地区。

自律监管机制的优点主要有：第一，它将政府对证券市场的干预减到最低限度，保证证券业能够自主地按照市场规则运作，为投资保护和创新竞争的市场并存提供了最大的可能性。第二，由于政府不直接介入证券监管的日常事务，使其地位更为超脱，便于行使最终的裁判职能。第三，具有众多专业人员和丰富监管经验的自律组织，处于市场的第一线，更了解最新变化，在操作上具有更大的灵活性，对市场变化和突发事件具有高度的灵敏性，更能适合复杂多变的证券市场的特点和证券业发展的需要。第四，自律监管机制建立在监管者和被监管者相互信任和共同合作的基础上，因而更易实现监管目标。

自律监管机制也存在不少缺陷，主要表现在：第一，由于自律组织兼经营者和监管者于一身，基于自身利益的考虑，证券市场参与人容易形成利益集团和行业垄断，从而使自律监管更偏向于市场的效率和会员利益的保护，而缺乏对投资者利益的有效保障。第二，自律监管缺乏政府监管所特有的权威性和强制力，随意性和弹性比较大，法律的功能相对弱化。第三，自律监管能否有效运行根本上要看一个民族的自律传统和整个社会的经济、法律环境，对于一个没有自律传统的国家来说，如果以自律监管作为主导监管模式，成本太大且监管效果不明显是必然的。

三、分级监管模式

分级监管模式是指通过若干层次机构与组织的监督，形成各层次监管权力的分配与相互制衡。分级监管依照监管层次的差异，可分为二级监管与三级监管两种模式。二级监管模式是指政府监管与自律组织自我监管相结合的一种监管模式；三级监管是指中央政府监管、地方政府监管与自律组织自我监管相结合的一种监管模式。

分级监管模式的出现是证券市场实践与发展的需要，通过分级监管可以充分调动各方优势和积极性，既防止权力过分集中而导致政策的偏差和监管的空白点，又可发挥自律组织熟悉市场、监管成本低、效率高的优势。

目前，实行集中立法监管模式和自律监管模式的国家都在吸收对方的优点，有相互融合而采用分级监管模式的趋势。

这种监管模式的优点在于：一是有监管专业化优势，每个监管机构只负责相关监管事务，这种专业化监管分工有利于细分每项监管工作；二是有监管竞争优势，每个监管机构之间尽管监管对象不同，但相互之间也存在竞争压力。

这种监管模式的缺点：各监管机构之间协调性差，容易出现监管真空地带；各监管机构之间难以统一，不可避免地产生摩擦；从整体上看，机构庞大，监管成本较高；如果针对混业经营体制而实行分业监管，容易产生重复监管。

四、我国的证券监管模式

（一）我国证券市场监管模式的历史演变

中国证券市场监管的历史是伴随中国证券市场的成长与变化，在摸索中逐步发展的一个从无到有的制度创新过程。随着市场的发展变化，我国证券市场监管模式经历了一个从地方监管到中央监管，由分散监管到集中监管的过程，大致可以分为三个阶段。

第一阶段，20 世纪 80 年代中期到 90 年代初期。这是我国证券市场的起步阶段，股票发行仅限于少数地区的试点企业。1990 年，国务院决定分别设立上海、深圳证券交易所，两地的一些股份公司开始进行股票公开发行和上市交易的试点。1992 年，又选择少数上海、深圳以外的股份公司到上海、深圳两家交易所上市。这一时期证券市场的监管主要是由上海、深圳地方政府负责。分别颁布了一些有关股份公司证券交易的地方性法规，建立了地方的证券市场监管机构。中央政府只是进行宏观指导和协调，这时的证券监管处于初始萌芽阶段。

第二阶段，1992 年至 1998 年 8 月。国务院在总结区域性证券市场试点经验教训的基础上，决定成立国务院证券委员会和中国证券监督管理委员会，负责对全国证券市场进行统一监管，同时开始在全国范围内进行股票发行和上市试点。从此，证券市场开始成为全国性市场。此时，证券市场监管是一种多部门监管组织系统，由国务院证券委统管全国证券市场有关事务。证券委由人民银行、计委、体改委、财政部等 16 个国务院直属部委相关的副部长级官员组成，采取例会形式办公，是一个比较松散的机构，在其下面设立了中国证券监督管理委员会作为具体执行机构，负责日常管理活动。管理过程中国家计委、中国人民银行、财政部参与较多，其中每年由国家计委和证监会编制本年度股票发行规模，主要由证监会负责各省（市）计划额度的分配、审批发行上市公司资格、审批证券经营机构的主承销商资格，对证券交易所进行管理；证监会会同国务院有关机关审定从事证券业的会计师事务所、律师事务所、资产评估机构的资格，审定有关股票交易方式的开发事宜，负责中国企业到境外上市及国际监管合作事宜，负责日常检查处罚事宜；中国人民银行对证券公司、信托投资公司、财务公司等从事证券经营业的专营与兼营金融机构的确立、变更、破产和日常督查予以负责，监管这些机构的市场进出资格标准。中国证监会同时授权部分省（市）成立了证券监管机构。在授权范围内履行监管职责。这样便形成了证券委、各部委、地方政府等共同参与监管的多部门监管组织系统。

第三阶段，1998 年 8 月至今。国务院在第二阶段多部门监管的基础上撤销了国务院证券委员会，其职能并入中国证券监督管理委员会，决定中国证券监督管理委员会对地方证券管理部门实行垂直领导，以摆脱地方政府对地方证券监管的行政干预，形成直接受证监会领导，独立行使监管权力的管理体系。逐步收回了各个中央部委对证券中介机构的行政、业务管理权限，统一交由中国证券监督管理委员会管理。初步实现了中央集中统一的监管组织系统。

（二）我国证券业自律性组织

证券业自律性组织，是证券业经营机构和有关机构共同组成的民间性质的自我约束、自我管理的组织。目前，我国主要有两类：一是证券业协会；二是证券交易所。证券交易所已在前面有关章节中作了介绍，这里简单介绍证券业协会。

证券业协会，由经营证券业务的金融机构自愿组成的行业性自律组织。协会的宗旨是：在国家对证券业实行集中统一监督管理的前提下，进行证券业自律管理；发挥政府与证券行业间的桥梁作用；为会员服务，维护会员的合法权益；维持证券业的正当竞争秩序，促进证券市场的公开、公平、公正，推动证券市场的健康稳定发展。

1991 年 8 月 28 日，我国成立了中国证券业协会，是依法注册的具有独立法人地位的、由经营证券业务的金融机构自愿组成的行业性自律组织。它的设立是为了加强证券业之间的联系、协调、合作和自我控制，以利于证券市场的健康发展。中国证券业协会采取会员制的组织形式，证券公司应当加入中国证券业协会。中国证券业协会的权力机构为全体会员组成的会员大会。会员大会每四年至少召开一次。自 1991 年成立以来，协会分别于 1991 年 8 月、1999 年 12 月、2002 年 7 月和 2007 年 1 月召开了四次会员大会。

理事会是会员大会的执行机构，理事会由会员理事和非会员理事组成，会员理事由会员大会选举产生。非会员理事由中国证监会委派，非会员理事不超过理事总数的 1/5。协会设常务理事会，对理事会负责。协会设会长一名，副会长若干名，经理事会选举产生。会长、副会长任期四年，可连选连任。

常务理事会由会长、副会长、秘书长和非会员理事组成，非会员理事不超过常务理事会成员总数的 1/3。

证券业协会的职责包括：

① 教育和组织会员执行证券法律、法规；

② 制定证券业自律规则、行业标准和业务规范，并监督实施；

③ 依法维护会员的合法权益，向中国证监会反映会员在经营活动中的问题、建议和要求；

④ 监督、检查会员的执业行为，对违反本章程及自律规则的会员给予纪律处分；

⑤ 对会员之间、会员与客户之间发生的纠纷进行调解；

⑥ 收集、整理证券信息，开展会员间的业务交流，组织会员就证券业的发展进行研究，推动业务创新，为会员创造更大市场空间和发展机会；

⑦ 组织证券从业人员资格考试，负责证券从业人员资格注册及管理；

⑧ 对证券从业人员进行持续教育和业务培训，提高从业人员的业务技能和执业水平；

⑨ 开展证券业的国际交流和合作；

⑩ 法律、法规规定或中国证监会赋予的其他职责。

（三）证券登记结算公司的自律管理

中国证券市场实行中央登记制度，即证券登记结算业务全部由中国证券登记结算有限公司承接，中国证券登记结算有限责任公司，提供沪、深证券证券交易所上市证券证券的存管、清算和登记服务。中国证券登记结算有限责任公司是为证券交易提供集中登记、存管与结算服务，不以营利为目的的法人。

证券登记结算公司依据《证券法》履行以下职能：①证券账户、结算账户的设立和管理；②证券的存管和过户；③证券持有人名册登记及权益登记；④证券交易所上市证券交易的清算、交收及相关管理；⑤受发行人委托派发证券收益；⑥办理与上述业务有关的查询、信息、咨询和培训服务；⑦国务院证券监督管理机构批准的其他业务。

阅读与应用

中国证券登记结算有限责任公司简介

中国证券登记结算有限责任公司依据《中华人民共和国证券法》和《中华人民共和国公司法》组建。公司总资本为人民币12亿元，上海、深圳证券交易所是公司的两个股东，各持50%的股份。公司总部设在北京，下设上海、深圳和北京数据技术分公司。中国证监会是公司的主管部门。

一、公司的历史沿革

2001年3月30日，按照《证券法》关于证券登记结算集中统一运营的要求，经国务院同意，中国证监会批准，中国结算公司组建成立。同年9月，中国结算公司上海、深圳分公司正式成立。从2001年10月1日起，中国结算公司承接了原来隶属于上海和深圳证券交易所的全部登记结算业务，标志着全国集中统一的证券登记结算体制的组织架构已经基本形成。

二、公司的宗旨

公司的宗旨是，建立一个符合规范化、市场化和国际化要求，具有开放性、拓展性特点，有效防范市场风险和提高市场效率，能够更好地为中国证券市场未来发展服务的集中统一的证券登记结算体系。

三、公司的基本职能

按照《证券法》和《证券登记结算管理办法》的相关规定，中国结算履行职能。

资料来源：http://www.chinaclear.cn/中国证券登记结算有限责任公司网站

第三节　证券发行与交易市场监管

一、证券发行市场监管

证券发行对一国证券市场、经济金融影响较大，所以各国都对证券发行施以一定的限制，规定一定的条件。证券发行监管的核心是发行决定权的归属，目前世界各国的证券发行审核制度可分为两大类：一类是以美国为代表的注册制度，另一类是以欧洲大陆为代表的核准制度。

（一）证券发行注册制度

证券发行注册制度是指发行人持法定必备文件向主管机构申请注册，若主管机构在规定期限内不提出异议，则注册自动生效并可进入正式发行程序的一种证券发行审核制度。美国是该种制度的发源地和实施国，日本、英国也实行类似的发行审核制度。

证券发行注册制度具有以下特点。

1. 实行双重注册方式

根据美国1933年《证券法》以及1934年《证券交易法》的规定，凡是要求到证券交易所挂牌上市的证券（除豁免证券外），均需向证券交易委员会（SEC）和证券交易所申请注册，两者注册内容和程序基本相同。

2. 实行信息公开制度

该种制度要求发行人提供关于证券发行本身情况及与之有关的一切信息，并对所提供信息的真实性、可靠性承担法律责任。申请注册的必备文件主要有：①发行说明书，主要是介绍发行公司情况和证券发行的一般情况；②按通用会计准则制作的经审计的财务报表，主要包括发行人财务报表、报告的详细资料；③证明材料，包括发行者、证券及包销有关的各项证券文件和原始凭证。

在该种制度下，只要拟发行证券按照注册程序提供了所有情况和统计资料，并且所提供的信息是完全真实的，则发行人就可公开发行该证券。证券主管机构的职责是审查发行人提供信息的全面性、真实性、准确性、及时性，有权取消提供虚假信息公司的发行注册资格。如果发行人在注册申报书中有意谎报、漏报信息，并蒙骗证券交易委员会使注册生效，则证券购买者有权对下列当事人提出诉讼：证券发行人、证券承销商与分销商、在注册申报书上签名证明属实的会计师、工程师和其他专家。

3. 投资者自我判断制度

该种制度只受信息公开制度的约束，证券发行人只要符合法律规定的信息公开原则，即使无价值的证券也能进入市场。证券主管机构只对申请文件作出形式上的审查，无权对证券及其发行行为作任何价值判断，投资者在自由选择下自担投资风险，如果投资者甘愿上当，法律是无权予以干预纠正的。

4. 实行自动生效制度

证券发行人在申报后的法定时间内（美国为20个工作日），如果未被证券主管机构提出异议而拒绝注册，则在下一个工作日发行注册自动生效，发行人即可进行具体发行工作。由于该种制度下无需政府授权，从而免除了烦琐的授权程序，提高了市场效率。

5. 对某些证券实行注册豁免制度

证券发行注册制度下享受注册豁免的证券主要有：①由于发行人的特殊身份而获注册豁免，如政府发行的证券，由发行人本人或第三者提供担保的证券；②发行小额证券可获审核豁免或简化审核手续；③对私募发行的证券可获得注册豁免。

（二）证券发行核准制度

证券发行核准制度是指发行人及其拟发行证券在符合证券发行基本条件的同时，还要求发行人将每次证券发行报请主管机构批准，获批准后方能进入发行程序的一种证券发行审核制度。

证券发行核准制度遵循的是“实质管理原则”，即证券发行人必须具备一定的实质性条件才能发行证券。证券主管机构制定实质性条件时一般要考虑以下几方面的因素。①发行公司的营业性质及管理人员的资格能力；②发行公司资本结构及其健全性；③发行公司因证券发行所获报酬的合理性及所有股东体现的公平性；④各类证券的权利义务；⑤公开信息的充分程度和真实性；⑥发行公司所发证券的投资性。

只有符合上述条件规定的发行公司，在经证券主管机构批准后，才能取得发行证券的资格。一般来说，若公司有连年亏损记录或资不抵债者不得公开发行新股。

由此可见，证券发行核准制度吸收了信息公开思想的精髓，是比注册制度更严格的一种发行审核制度。它通过对证券发行的实质性审核，阻止质量低劣的证券进入证券市场，保证长期资金流入有实力、经营稳健、效益高的公司，从而使投资者利益获得双重保障。

当然，证券发行核准制度也存在一些问题。首先，是效率低下，由于每一种证券的发行均需经审核机构批准，必然会拖延时间，影响股份有限公司的设立和资本增加的需要；其次，审核机构的价值判断也不一定完全准确，倘若核准出现偏差，可能导致发行人无法从证券市场筹到资金，影响企业发展或损害投资人的合法权益；再次，该种发行制度下易使投资者产生依赖心理，误认为政府对公开资料的真实性、准确性及证券品质已做出保证，无须投资者自行判断。一旦审核机构出现失误，投资者往往会将投资风险归于政府，甚至会诱发非经济行为的严重后果。

我国证券市场建立以来，证券发行市场的监管一直采取的是核准制方式。只不过在不同时期有不同的要求。在市场建立初期，实行的是审批制。审批制主要是采用行政和计划的手段，实行“总额控制，限报家数”的管理方式，由地方政府或部门根据发行额度推荐发行上市。2001 年 3 月开始实施核准制。核准制意味着计划发行股票方式的结束，市场化发行股票方式的开始。2004 年 2 月 1 日起正式实施上市保荐制，具体是指由保荐人（券商）负责发行人的上市推荐和辅导，核实公司发行文件中所载资料的真实、准确和完整，协助发行人建立严格的信息披露制度，不仅承担上市后持续督导的责任，还将责任落实到个人。通俗地讲，就是让券商和责任人对其承销发行的股票，负有一定的持续性连带担保责任。证券发行上市保荐制度是我国证券发行制度的革命性变革，它是证监会根据我国“新兴加转轨”的证券市场特点，从资本市场发展的全局出发，推出的旨在进一步保护投资者特别是公众投资者的合法权益、提高上市公司质量的重要举措。

阅读与应用

证券发行监管

证券发行上市监管的核心是发行决定权的归属，我国目前对证券发行实行的是核准制。核准制是指发行人申请发行证券，不仅要公开披露与发行证券有关的信息，符合《公司法》和《证券法》所规定的条件，而且要求发行人将发行申请报请证券监管部门决定的审核制度。

推行核准制的重要基础是中介机构尽职尽责。实行强制性信息披露和合规性审核，需要证券专营机构、律师事务所和会计事务所等中介机构加强自律性约束，强化市场主体的诚信责任。证券发行监管以强制性信息披露为中心，完善"事前问责、依法披露和事后追究"的监管制度，增强信息披露的准确性和完整性；同时加大对证券发行和持续信息披露中违法违规行为的打击力度。

资料来源：根据证券从业人员资格考试教材《证券发行与承销》整理

二、证券交易市场监管

证券交易市场监管的内容，主要包括对证券上市的监管、对信息持续性披露的监管和对禁止性交易行为的监管。有关证券上市的内容和信息持续性披露制度在本书有详尽说明，本节主要论述对禁止的交易行为的监管。

为了维护证券市场秩序，保护投资者的合法权益和公共利益，在证券交易中必须遵守公开、公平、公正和诚实、信用的原则。因此，各个国家对此都有明确的法律规定，禁止若干证券交易中的行为。我国在2005年由第十届全国人民代表大会常务委员会第十八次会议修订，2006年1月1日起施行的《中华人民共和国证券法》规定了对操纵市场、内幕交易、欺诈等行为的禁止和处罚。

（一）操纵市场行为监管

操纵证券交易市场行为是指以获取不正当利益或转嫁风险为目的，利用资金、信息等优势或滥用职权，通过买卖股票的具体操作行为来控制、影响证券市场价格，制造证券市场假象，诱导或者致使投资者在不了解事实真相的情况下做出错误的投资判断的行为。

市场操纵行为的方式很多，常见的有以下几种：利用巨额资金优势集中于某种证券的买卖，诱使投资者跟进；通谋买卖；与他人串通，进行不转移证券所有权的虚买虚卖，制造证券的虚假价格；故意散布足以影响市场行情的流言或不实资料，以影响证券的发行、交易；出售或者要约出售并不持有的证券，扰乱证券市场秩序；以抬高或者压低证券交易价格为目的，连续交易某种证券；以明显偏离市场的价格交易某种证券以从中牟利。

对操纵市场行为的监管包括事前监管与事后处理。事前监管是指发生操纵行为前，证券管理机构采取必要手段以防止损害发生。为实现这一目的，各国证券立法和证券管理机构都在寻找有效的约束机制。事后处理是在证券管理机构对市场操纵行为者的处理及对损害当事人的损害赔偿。

（二）内幕交易行为监管

内幕交易行为是指利用自己或他人获取的内幕信息，自己或建议他人所进行的交易行为。内幕信息是指为内幕人员所知悉的、尚未公开的、可能影响证券市场价格的重大信息。利用内幕信息进行证券交易违背了证券市场公平、公正、公开的交易原则，损害了投资者的利益。

内幕信息的范围：根据《证券法》规定，证券交易活动中，涉及公司的经营、财务或者对该公司证券的市场价格有重大影响的尚未公开的信息为内幕信息。下列信息皆属内幕信息：本法第六十七条第二款所列重大事件（公司的经营方针和经营范围的重大变化；公司的重大投资行为和重大的购置资产的决定；公司订立重要合同，可能对公司的资产、负债、权益和经营成果产生重要影响；公司发生重大债务和未能清偿到期重大债务的违约情况；公司发生重大亏损或者重大损失；公司生产经营的外部条件发生的重大变化；公司的董事、三分之一以上监事或者经理发生变动；持有公司百分之五以上股份的股东或者实际控制人，其持有股份或者控制公司的情况发生较大变化；公司减资、合并、分立、解散及申请破产的决定；涉及公司的重大诉讼，股东大会、董事会会议被依法撤销或者宣告无效；公司涉嫌犯罪被司法机关立案调查，公司董事、监事、高级管理人员涉嫌犯罪被司法机关采取强制措施；国务院证券监督管理机构规定的其他事项）；公司分配股利或者增资的计划；公司股权结构的重大变化；公司债务担保的重大变更；公司营业用主要资产的抵押、出售或者报废一次超过该资产的百分之三十；公司的董事、监事、高级管理人员的行为可能依法承担重大损害赔偿责任；上市公司收购的有关方案；国务院证券监督管理机构认定的对证券交易价格有显著影响的其他重要信息。分红派息、增资扩股计划；涉及发行人的重大诉讼事项；发行人进入破产、清算状态；发行人章程、注册资本和注册地址的变更；因发行人无支付能力而发生相当于其流动资金的5%以上的大额银行退票；发行人更换为其审计的会计师事务所；发行人债务担保的重大变更；股票的二次发行；发行人营业用主要资产的抵押、出售或者报废一次超过该资产的30%；发行人的董事、监事或者高级管理人员的行为可能依法负有重大损害赔偿责任；发行人的股东大会、董事会或监事会的决议被依法撤销；证券监管部门做出禁止对发行人持有控股权的大股东转让其股份的决定；发行人的收购或者兼并；发行人的合并或者分立；其他重大信息，等等。

内幕交易的常见表现：内幕人员利用内幕信息买卖证券或者根据内幕信息建议他人买卖证券；内幕人员向他人泄露内幕信息，使他人利用该信息获利的行为也属于内幕交易；非内幕人员通过不正当的手段或者其他途径获得内幕信息，并根据该信息买卖证券或者建议他人买卖证券，同样属于内幕交易。

《证券法》规定，证券交易内幕信息的知情人和非法获取内幕信息的人，在内幕信息公开前，不得买卖该公司的证券，或者泄露该信息，或者建议他人买卖该证券。持有或者通过协议、其他安排与他人共同持有公司百分之五以上股份的自然人、法人、其他组织收购上市公司的股份，本法另有规定的，适用其规定。内幕交易行为给投资者造成损失的，行为人应当依法承担赔偿责任。

阅读与应用

对于内幕交易的处罚

我国对于内幕交易十分重视，《证券法》规定，证券交易内幕信息的知情人或者非法获取内幕信息的人，在涉及证券的发行、交易或者其他对证券的价格有重大影响的信息公开前，买卖该证券，或者泄露该信息，或者建议他人买卖该证券的，责令依法处理非法持有的证券，没收违法所得，并处以违法所得一倍以上五倍以下的罚款；没收违法所得或者违法所得不足三万元的，处以三万元以上六十万元以下的罚款。单位从事内幕交易的，还应当对直接负责的主管人员和其他直接责任人员给予警告，并处以三万元以上三十万元以下的罚款。证券监督管理机构工作人员进行内幕交易的，从重处罚。

资料来源：《中华人民共和国证券法》

（三）欺诈行为监管

欺诈客户行为是指在证券交易中，证券公司及其从业人员从事违背客户真实意愿，严重损害客户利益的违法行为。

《证券法》规定，禁止证券公司及其从业人员从事损害客户利益的欺诈行为：违背客户的委托；不在规定时间内向客户提供交易的书面确认文件；挪用客户所委托买卖的证券或者客户账户上的资金；未经客户的委托，擅自为客户买卖证券，或者假借客户的名义买卖证券；为牟取佣金收入，诱使客户进行不必要的证券买卖；利用传播媒介或者通过其他方式提供、传播虚假或者误导投资者的信息；其他违背客户真实意思表示，损害客户利益的行为。欺诈客户行为给客户造成损失的，行为人应当依法承担赔偿责任。

（四）其他禁止的交易行为的监管

禁止编造、传播虚假信息：禁止国家工作人员、传播媒介从业人员和有关人员编造、传播虚假信息，扰乱证券市场。禁止证券交易所、证券公司、证券登记结算机构、证券服务机构及其从业人员，证券业协会、证券监督管理机构及其工作人员，在证券交易活动中做出虚假陈述或者信息误导。各种传播媒介传播证券市场信息必须真实、客观，禁止误导。

禁止法人从事证券交易：禁止法人非法利用他人账户从事证券交易；禁止法人出借自己或者他人的证券账户。

禁止违规资金入市：依法拓宽资金入市渠道，禁止资金违规流入股市。

禁止挪用公款买卖证券：禁止任何人挪用公款买卖证券。国有企业和国有资产控股的企业买卖上市交易的股票，必须遵守国家有关规定。

第四节　证券经营机构和中介机构的监管

一、证券经营机构的监管

在证券市场上，证券的发行和交易一般都是通过证券经营机构（即证券商）进行的。证券商作为中介机构，对沟通供求双方的资金流通，促进证券交易的形成和证券市场的发展起着重要的作用。

（一）证券商资格的监管

根据各国立法，对证券商资格的认定有特许制和登记制两种。

日本对证券商的资格认定采取特许制。凡是经营证券的证券商须先向大藏省申请，按不同的经营业务获得不同的特许。如经营证券买卖业务者可以取得经营证券买卖的特许；经营证券承购业务者，则取得证券承购业务的特许。证券商申请特许，必须具备一定的条件：①拥有足够的资本；②具有相当经营证券业务的知识和经验，信誉良好。大藏省根据证券交易量和现有证券商的数量，以及营业部所在地的经济条件，确定发给证券商带有附加条件的特许，如限制其经营其中某一项业务（自营或代理），或者限制其承购的数额。

美国证券管理委员会对证券商采取登记制，规定：①证券商应有最低资本额及应缴纳的保证金；②证券商及其从业人员应具有从事证券业务的学识、经验；③须通过对申请人的考试，进行审查。

（二）证券商业务的监管

对证券代理商的监管包括以下内容：①遵守关于接受客户委托买卖时的程序以及委托书的填制、与客户签订受托契约的规定；②不得违背投资者的委托，应不折不扣地执行投资者的委托指令；③不得在代理买卖证券过程中有任何欺诈行为；④不得向投资者违规透支；⑤将投资者的账户单独保管，不得挪用客户资金；⑥不得随意提高或降低手续费率。

对证券承销商的监管包括以下内容：①必须执行勤勉尽职义务，与发行人一起认真检查招股说明书中有无遗漏与不实信息；②必须严格执行承销协议，合理获取报酬；③承销结束后应向证券管理部门报送有关报告等。

对证券自营商的监管包括以下内容：①具有实际操作经验，熟悉有关的业务与规则；②不得于同一交易期内对同一证券同时接受委托和自行买卖；③禁止扰乱市场的交易活动等。

（三）证券商的自律

由于证券市场活动具有复杂性和专业性的特点，单靠政府的行政手段很难取得令人满意的效果，因此必须辅之以证券商的自律行为，通过行业的道德规范和行业规章来弥补一些法律与行政手段顾及不到的地方，从而达到维护投资者利益、促进市场公平竞争的目的。

证券商的自律管理一般是通过以下两种方式来实现的：一是通过证券业协会来进行自律管理；二是通过证券交易所来进行自律管理。

证券业协会与证券交易所一般是通过其章程及业务规则等规章来规范证券商的行为，并有权对证券商的日常经营活动进行检查监督，对违反其规章的证券商进行处罚，包括罚款、暂停或注销会员资格等手段。

二、证券中介机构的监管

在证券发行交易中，为保证证券市场的合法、公开、公平、公正，会计师事务所、资产评估机构、律师事务所和资信评估机构都以其特有的专业参与业务活动，因此依法对这些专业中介机构进行有效的管理就成为证券市场监管中十分重要的内容。证券中介机构的监管主要有以下几方面的内容：会计师事务所的监管，资产评估机构的监管，律师事务所的监督，证券评级机构的监管。对它们的监管主要是由证监会会同财政部、国有资产管理部门、司法部、中国人民银行等单位对从事证券业务的有关机构在机构设置、日常管理等方面进行监管。

我国对证券经营机构的监管包括以下几方面。

（1）对证券经营机构准入监管。《证券法》规定，设立证券公司必须经国务院证券监督管理机构审查批准。未经国务院证券监督管理机构审查批准，任何单位和个人不得经营证券业务。

（2）对证券公司业务的核准。《证券法》规定了证券公司可以经营的部分或者全部业务类型。同时也规定了经营各项业务的最低实缴注册资本。国务院证券监督管理机构根据审慎监管原则和各项业务的风险程度，可以调整注册资本最低限额，但不得少于前款规定的限额。对证券公司从事的创新业务，监管部门依据审慎监管的原则予以批准。

（3）对证券公司的日常监管的主要形式。证券监管机构对证券公司日常监管，分为现场监管和非现场监管两种方式。

本章小结

证券监管是以证券投资者利益保护为目标，政府及其监管部门制定并执行的直接或间接干预证券市场机制或证券市场活动的规则和行为。证券监管的过程是证券市场机制与政府行政制约的博弈，监管的结果是决定将哪些管制政策施加于证券市场以及证券市场上的资源配置方式。

依据监管主体的不同，可将监管模式归纳为三种，即集中监管模式、自律监管模式和分级监管模式。

证券发行监管的核心是发行决定权的归属，目前世界各国的证券发行审核制度可分为两大类：一类是以美国为代表的注册制度，另一类是以欧洲大陆为代表的核准制度。

证券交易市场监管的内容，主要包括对证券上市的监管、对信息持续性披露的监管和对禁止性交易行为的监管。

证券经营机构的监管，主要分为对证券经营机构资格的管理、业务的管理以及证券经营机构的自律管理。

网络资源索引

1. http://zhidao.baidu.com/question/95244274.html/ 百度知道—金融监管理论
2. http://china.findlaw.cn/ 找法网
3. http://www.csrc.gov.cn/pub/newsite/ 中国证券监督管理委员会
4. http://finance.people.com.cn/ 人民网
5. http://www.csrc.gov.cn/pub/newsite/zjhjs/zjhjj/200709/t20070918_95176.htm 证监会简介
6. http://baike.baidu.com/view/165398.htm/ 百度百科—证券市场监管
7. http://www.p5w.net/stock/ssgsyj/zqgg/ 全景网—监管机构公告

关键术语

证券监管　证券监管对象　证券监管目标　证券监管手段　证券监管原则　证券监管内容　证券监管模式　注册制　核准制　内幕交易

问题与思考

1. 为什么说一定要对证券市场实行监管？
2. 证券监管的理论有哪些？你还知道其他的吗？
3. 证券监管的目标是什么？
4. 证券监管模式有哪些？你知道它们的区别？
5. 证券发行模式有哪些？各自有什么优缺点？
6. 应从哪些方面对证券经营机构实施监管？

第三篇　证券投资分析

第七章　证券的内在价值评估

本章导读

证券投资的内在价值评估是对证券“质”的把握，它要求我们根据经济学、金融学、财务管理学及投资学的基本原理，评估证券的内在价值。对投资者来说，证券代表着一定时期内获得未来收入的权利，证券的内在价值取决于该证券能够带来的未来现金流入、资金时间价值以及风险调整等因素。

本章主要介绍证券内在价值的决定，共分四节。第一节是债券的价值决定，主要介绍贴现债券、到期一次还本付息债券、附息债券等债券的价值评估方法，债券定价的五个基本定理，久期和凸度，利率期限结构理论。第二节是股票的价值决定，分别介绍相对估值法和绝对估值法，对绝对估值法主要介绍了股利折现模型的基本公式、股利固定增长的折现模型和两阶段股利增长的折现模型。第三节是投资基金的价格决定，主要介绍了开放式基金的价格决定和封闭式基金的价格决定。第四节是其他金融工具的价格决定，主要介绍了可转换证券的投资价值、转换价值、其他相关概念及其价格的变动特征，优先认股权的价值和杠杆作用，认股权证的理论价值以及杠杆作用。

在学习本章之前，同学们需要具备相关的货币银行学、西方经济学、资产定价以及公司财务方面的相关知识。

第一节　债券的价值决定

债券是国家或地区政府、金融机构、企业等直接向社会借债筹措资金时，向投资者发行，并承诺按特定利率支付利息且按约定条件偿还本金的债权债务凭证。简言之，债券是以借贷协议的形式发行的证券，是其发行人承诺在将来特定时期按照一定利率支付利息和到期偿还本金的凭证，是最重要的有价证券之一。① 由于债券具有相对固定的现金流，所以又称之为固定收益证券。本节从债券的价值评估、债券定价原理和利率期限结构理论三个方面来介绍债券的价值决定。

一、债券的价值评估

由于债券持有者有权利在将来确定时刻获得一定的现金流，所以债券价值评估的实质是将未来的现金流按照一定的折现率折现。债券价值评估的理论基础是折现理论，即一项资产的价值是该资产未来能产生的现金流的现值的总和，一般有下面公式。

---

① 债券的定义引用了百度百科中的相关知识，下面很多概念也同样参考和引用了百度百科和 MBA 智库百科中的相关知识，为节省篇幅，在后面的章节中不再一一指出。

$$V=\sum_{t=1}^{n}\frac{CF_t}{(1+r)^t} \tag{7-1}$$

式中，V 是该资产的内在价值（或理论价格），CF_t 是该资产在第 t 期产生的现金流，n 是该资产的到期期限数，r 是折现率（投资者对该项投资所要求获得的应得收益率，一般是与该资产风险相同的其他金融资产的收益率）。

公式（7-1）假设期限数都是整数，若期限数不是整数，可以用下面的公式表示。

$$V=\sum_{t=t_1}^{t_n}\frac{CF_t}{(1+r)^t} \tag{7-2}$$

式中，t_1 是第一次产生现金流的期限数，t_n 是最后一次产生现金流的期限数，即该资产的到期期限，其他字母的含义与公式（7-1）相同。

下面以折现法一般公式（7-1）为基础，分别介绍贴现债券、到期一次还本付息债券及附息债券的价值评估。

（一）贴现债券

贴现债券又称零息债券或贴水债券，是仅在债券到期日有现金流，平时没有利息支付，到期时按照面值偿还给债券持有者的债券。贴现债券的发行价格低于面值，面值与发行价格的差额就是投资者获得的利息收入。由于贴现债券仅仅在到期时才有现金流，所以其价值评估公式比较简单。

$$V_D=\frac{M}{(1+r)^n} \tag{7-3}$$

式中，V_D 是该债券的内在价值，M 是债券的面值，n 是该债券的到期期限数，r 是折现率（投资者对该项投资所要求获得的应得收益率，一般是与该资产风险相同的其他金融资产的收益率）。

例 7.1 已知某贴现债券的面值是 2 000 元，到期期限是 10.5 年，市场上折现率是 8%，问该贴现债券的内在价值是多少？

解：将 $M=2\,000$，$r=0.08$，$n=10.5$ 代入公式（7-3），可以得到

$$V_D=\frac{2\,000}{(1+0.08)^{10.5}}=891.4\ (\text{元})$$

（二）到期一次还本付息债券

到期一次还本付息债券是指在债务期间不支付利息，只在债券到期时按照一定利率支付给持有人本息和的债券。

单利计息方式下，到期一次还本付息债券的价值评估公式为

$$V_D=\frac{M\times(1+n\times d)}{(1+r)^m} \tag{7-4}$$

复利计息方式下，到期一次还本付息债券的价值评估公式为

$$V_D=\frac{M\times(1+d)^n}{(1+r)^m} \tag{7-5}$$

式中，V_D 是该债券的内在价值，M 是债券的面值，d 是票面利率，r 是折现率（投资者对该项投资所要求获得的应得收益率，一般是与该资产风险相同的其他金融资产的收益率），n 是发

行日至到期日的期限数，m 是买入日至到期日的期限数。

例 7.2　某到期一次还本付息债券于 2003 年 1 月 1 日发行，期限 6 年，面值 2 000 元，票面利率 7%，一年计息一次，按复利计息。某一投资者准备于 2005 年 1 月 1 日购买此债券，假设当时的折现率为 6%，问该到期一次还本付息债券在买入时的内在价值是多少？

解：将 $M=2\ 000$，$d=0.07$，$r=0.06$，$n=6$，$m=4$ 代入公式（7-5），可以得到

$$V_D=\frac{2\ 000\times(1+0.07)^6}{(1+0.06)^4}=2\ 377.4\ (\text{元})$$

（三）附息债券

附息债券又称分期付息债券或息票债券，是最典型的债券。该类债券按期支付利息，到期按面值偿还本金，其内在价值是未来各期利息与本金的折现值之和。附息债券的内在价值评估公式为

$$V_D=\sum_{t=1}^{n}\frac{C}{(1+r)^t}+\frac{M}{(1+r)^n} \tag{7-6}$$

式中，V_D 是该债券的内在价值，C 是债券每期支付的利息，M 是债券的面值，r 是折现率。

一般地，期限数以年度为单位，折现率 r 是年度市场收益率。这样若附息债券每年付息一次，则可以直接应用公式（7-6）。若附息债券每年付息不止一次（假设为 λ 次），则要对公式（7-6）进行修正，具体如下。

若附息债券每年付息 λ 次，则到期期限数变为 $n\lambda$，市场收益率变为 r/λ，所以内在价值评估公式变为

$$V_D=\sum_{t=1}^{n\lambda}\frac{C}{(1+r/\lambda)^t}+\frac{M}{(1+r/\lambda)^{n\lambda}} \tag{7-7}$$

特别地，当附息债券每年付息两次，即 $\lambda=2$ 时，内在价值评估公式变为

$$V_D=\sum_{t=1}^{2n}\frac{C}{(1+r/2)^t}+\frac{M}{(1+r/2)^{2n}} \tag{7-8}$$

例 7.3　某公司发行一种到期期限为 10 年的附息债券，该债券面值是 1 000 元，每半年付息一次，票面利率是 8%，假设与该债券风险相同的其他金融资产的收益率是 9%，试问该债券的理论价值是多少？

解：由于该债券一年付息 2 次，所以要用公式（7-8），将 $C=1\ 000\times8\%/2=40$，$M=1\ 000$，$r=9\%$，$n=10$ 代入公式（7-8），可以得到

$$V_D=\sum_{t=1}^{20}\frac{40}{(1+0.045)^t}+\frac{1\ 000}{(1+0.045)^{20}}=934.96(\text{元})$$

二、债券定价定理与债券的特征

下面我们给出债券定价定理，并讨论与债券定价定理有关的债券的两个特性：久期（duration）和凸度（convexity）。

（一）债券定价定理

麦尔齐（B. G. Malkiel）于 1962 年系统地提出了债券定价的五个定理。直至今日，这五个定理仍然是债券定价的经典。

定理一：债券的市场价格与收益率呈反向关系。当收益率下降时，债券的市场价格上升；

当收益率上升时，债券的市场价格下降。

例 7.4 某 10 年期的债券 A，面值为 10 000 元，票面利率是 6%，即每年支付利息 600 元。若此时收益率也是 6%，则债券的市场价格也是 10 000 元。如果收益率是 5%，低于票面利率 6%，则债券的市场价格约是 10 772 元，大于面值 10 000 元。如果收益率是 7%，高于票面利率 6%，则债券的市场价格约是 9 298 元，低于面值 10 000 元。计算过程如下。

$$\frac{600}{(1+0.06)}+\frac{600}{(1+0.06)^2}+\cdots+\frac{600}{(1+0.06)^9}+\frac{10\ 600}{(1+0.06)^{10}}=10\ 000\ (\text{元})$$

$$\frac{600}{(1+0.05)}+\frac{600}{(1+0.05)^2}+\cdots+\frac{600}{(1+0.05)^9}+\frac{10\ 600}{(1+0.05)^{10}}=10\ 772.17\ (\text{元})$$

$$\frac{600}{(1+0.07)}+\frac{600}{(1+0.07)^2}+\cdots+\frac{600}{(1+0.07)^9}+\frac{10\ 600}{(1+0.07)^{10}}=9\ 297.64\ (\text{元})$$

定理二：如果债券的收益率不变，则随着到期时间的减少，折价或溢价的额度将逐渐减小。

例 7.5 某 10 年期的债券 B，面值为 10 000 元，每年支付利息 700 元，即票面利率为 7%。若它的发行价格为 9 328.99 元，低于面值 10 000 元，意味着债券 B 的收益率为 8%，高于票面利率 7%。如果一年后，该债券的收益率维持 8% 不变，它的市场价格将变为 9 375.31 元。现在我们来分别计算一下到期期限是 10 年和 9 年时的折价额度。到期期限是 10 年时的折价额度等于 671.01（10 000－9 328.99）元，而到期期限是 9 年时的折价额度等于 624.69（10 000－9 375.31）元。可见，随着时间推移，折价额度从 671.01 元减少到 624.69 元，减少额度为 46.32 元。

具体计算公式如下。

$$\frac{700}{(1+0.08)}+\frac{700}{(1+0.08)^2}+\cdots+\frac{700}{(1+0.08)^9}+\frac{10\ 700}{(1+0.08)^{10}}=9\ 328.99\ (\text{元})$$

$$\frac{700}{(1+0.08)}+\frac{700}{(1+0.08)^2}+\cdots+\frac{700}{(1+0.08)^8}+\frac{10\ 700}{(1+0.08)^9}=9\ 375.31\ (\text{元})$$

$$(10\ 000-9\ 328.99)-(10\ 000-9\ 375.31)=46.32\ (\text{元})$$

定理三：如果债券的收益率不变，则随着到期时间的减少，折价或溢价的额度减小的速度将逐渐加快。

例 7.6 接例 7.5，我们来看再过 1 年后的情况。如果再过一年，该债券的收益率维持 8% 不变，它的市场价格将变为 9 425.34 元，折价额度为 574.66（10 000－9 425.34）元。可见，随着时间推移，折价额度从 624.69 元减少到 574.66 元，减少额度为 50.03 元。综合例 7.5 可知，到期时间减少第一个 1 年，折价额度减少 46.32 元，而到期时间减少第二个 1 年，折价额度减少 50.03 元，折价额度减小的速度逐渐加快。具体计算公式如下。

$$\frac{700}{(1+0.08)}+\frac{700}{(1+0.08)^2}+\cdots+\frac{700}{(1+0.08)^7}+\frac{10\ 700}{(1+0.08)^8}=9\ 425.34\ (\text{元})$$

$$(10\ 000-9\ 375.31)-(10\ 000-9\ 425.34)=50.03\ (\text{元})$$

定理四：对期限既定的债券，收益率下降导致的债券价格上升的幅度大于同等幅度的收益率上升导致的债券价格下降的幅度。

例 7.7 某 10 年期的债券 C，面值为 10 000 元，每年支付利息 800 元，即票面利率为 8%。若发行价格等于面值，则它的收益率等于票面利率 8%。假定收益率变动幅度是 1 个百分点。当收益率下降 1 个百分点，即为 7%时，债券 C 的市场价格变为 10 702.36 元，价格增加 702.36 元；当收益率上升 1 个百分点，即为 9%时，债券 C 的市场价格变为 9 358.23 元，价格减少 641.77 元。可见同样是 1 个百分点的波动，收益率下降导致的债券价格上升幅度（702.36 元）大于收益率上升导致的债券价格下降幅度（641.77 元）。具体计算公式如下。

$$\frac{800}{(1+0.08)}+\frac{800}{(1+0.08)^2}+\cdots+\frac{800}{(1+0.08)^9}+\frac{10\ 800}{(1+0.08)^{10}}=10\ 000\ (\text{元})$$

$$\frac{800}{(1+0.07)}+\frac{800}{(1+0.07)^2}+\cdots+\frac{800}{(1+0.07)^9}+\frac{10\ 800}{(1+0.07)^{10}}=10\ 702.36\ (\text{元})$$

$$\frac{800}{(1+0.09)}+\frac{800}{(1+0.09)^2}+\cdots+\frac{800}{(1+0.09)^9}+\frac{10\ 800}{(1+0.09)^{10}}=9\ 358.23\ (\text{元})$$

定理五：对到期时间、收益率相同但票面利率不同的两种债券，若收益率变动幅度一定，债券价格的波动幅度与债券的票面利率大小呈反向关系，即票面利率越低，债券价格的波动幅度越大。

例 7.8　与例 7.7 中的债券 C 相比，某 10 年期的债券 D，面值为 10 000 元，票面利率为 11%，比债券 C 的票面利率高 3 个百分点。如果债券 D 与债券 C 的收益率都是 9%，那么债券 C 的市场价格等于 9 358.23 元，低于面值，而债券 D 的市场价格为 11 283.53 元，高于面值。如果两种债券的收益率都下降到 8%，它们的价格无疑都将上升，债券 C 和债券 D 的价格分别上升到 10 000 元和 12 013.02 元。债券 C 的价格上升幅度为 6.86%，债券 D 的价格上升幅度为 6.47%。可以看出，债券 C 的价格波动幅度大于债券 D 的价格波动幅度。具体公式如下。

对债券 C，有

$$\frac{800}{(1+0.09)}+\frac{800}{(1+0.09)^2}+\cdots+\frac{800}{(1+0.09)^9}+\frac{10\ 800}{(1+0.09)^{10}}=9\ 358.23\ (\text{元})$$

$$\frac{800}{(1+0.08)}+\frac{800}{(1+0.08)^2}+\cdots+\frac{800}{(1+0.08)^9}+\frac{10\ 800}{(1+0.08)^{10}}=10\ 000\ (\text{元})$$

$$(10\ 000-9\ 358.23)/9\ 358.23=6.86\%$$

对债券 D，有

$$\frac{1\ 100}{(1+0.09)}+\frac{1\ 100}{(1+0.09)^2}+\cdots+\frac{1\ 100}{(1+0.09)^9}+\frac{11\ 100}{(1+0.09)^{10}}=11\ 283.53\ (\text{元})$$

$$\frac{1\ 100}{(1+0.08)}+\frac{1\ 100}{(1+0.08)^2}+\cdots+\frac{1\ 100}{(1+0.08)^9}+\frac{11\ 100}{(1+0.08)^{10}}=12\ 013.02\ (\text{元})$$

$$(12\ 013.02-11\ 283.53)/11\ 283.53=6.47\%$$

（二）久期

久期也称持续期，最早是由麦考利（F. R. Macaulay）于 1938 年提出的，所以又称“麦考利久期”。麦考利久期指的是以各期现金流现值占所有现金流现值总和（债券理论价格）的比例为权重计算的债券在未来产生现金流的时间的加权平均。

1. 麦考利久期计算公式

$$D=\frac{\sum_{t=1}^{n}PV(CF_t)\times t}{P}=\sum_{t=1}^{n}\frac{PV(CF_t)}{P}\times t \tag{7-9}$$

式中，D 是麦考利久期，t 是债券在未来产生现金流的期限数①，n 是债券的到期期限数，CF_t 是债券在第 t 期的现金流，$PV(CF_t)$ 是第 t 期现金流 CF_t 的现值，若折现率是 r，则$PV(CF_t)=\frac{CF}{(1+r)^t}$，$P$ 等于 $\sum_{t=1}^{n}PV(CF_t)$ 是将来各期现金流的现值之和，即债券的理论价格。

一般来说，存续期间不支付利息从而不产生现金流的债券，其久期等于其剩余到期期限，而存续期间支付利息从而产生现金流的债券，其久期短于债券的剩余到期期限。由于债券久期综合考虑了债券到期之前的全部现金流量特征，所以用债券久期测度债券现金流的时间特性比用债券的剩余到期期限更好。一般情况下，债券的久期可以看成是收回成本的平均到期时间，债券的久期越长，该债券的价格对利率变动就越敏感，从而风险也就越大。

2. 对久期的理解

考虑的角度不同，久期的表达形式也不同，下面介绍久期的两种不同表达形式的含义。

（1）久期可以作为债券未来产生现金流的时间的加权平均值。将久期的计算公式（7-9）变形可得到

$$D=\frac{\sum_{t=1}^{n}PV(CF_t)\times t}{P}=\sum_{t=1}^{n}\frac{PV(CF_t)}{P}\times t=\sum_{t=1}^{n}w_t\times t \tag{7-10}$$

式中，权重 $w_t=\frac{PV(CF_t)}{P}$恰为各期现金流现值占所有现金流现值总和（债券理论价格）的比例（所有各期现金流的权重之和是1），所以，久期可以看成是债券未来产生现金流的时间的加权平均值。

（2）久期可以近似度量债券价格的波动性（风险）。如果将债券的久期理解为债券价格对折现率的弹性，则可以利用债券的久期来测度债券价格的波动性和债券的风险。

将债券的价格公式 $P=\sum_{t=1}^{n}PV(CF_t)=\sum_{t=1}^{n}\frac{CF_t}{(1+r)^t}$ 两边对折现率 r 求导可得

$$\frac{dP}{dr}=\sum_{t=1}^{n}\frac{-t\times CF_t}{(1+r)^{t+1}}=-\frac{1}{1+r}\sum_{t=1}^{n}\frac{t\times CF_t}{(1+r)^t}=-\frac{1}{1+r}\sum_{t=1}^{n}t\times\frac{\frac{CF_t}{(1+r)^t}}{P}P=-\frac{D\times P}{1+r} \tag{7-11}$$

可以进一步得到

$$\frac{dP}{P}=-D\times\frac{dr}{1+r} \tag{7-12}$$

根据微积分知识，当 Δr 较小时，$dP\approx\Delta P$。因此，当 Δr 较小时，有

$$\frac{\Delta P}{P}\approx-D\times\frac{\Delta r}{1+r} \tag{7-13}$$

① 公式（7-9）假设期限数都是整数，若期限数不是整数，可以用 t_1 和 t_n 来代替 1 和 n。

$$或\ \Delta P \approx -D \times P \times \frac{\Delta r}{1+r} \tag{7-14}$$

公式（7-13）反映的是债券价格的相对变化，公式（7-14）反映的是债券价格的绝对变化。因此，久期可以用来测度利率变动对债券价格波动的影响。

为简化公式（7-13）和公式（7-14），还可以引入修正久期的概念。一般地，修正久期用 D^* 表示，其与久期 D 的关系为

$$D^* = \frac{D}{1+r} \tag{7-15}$$

这样，公式（7-13）和公式（7-14）可以被改写成

$$\frac{\Delta P}{P} \approx -D^* \times \Delta r \tag{7-16}$$

$$\Delta P \approx -D^* \times P \times \Delta r \tag{7-17}$$

3. 久期的计算

在获得相关信息后，可以利用公式（7-9）来计算债券的久期。

阅读与应用

如何计算债券的久期

设债券 E 和 F 的面值都是 100 元，市场利率 r（折现率）为 6%，债券 E 和 F 的利息支付方式都是一年支付一次利息。债券 E 刚发行，票面利率为 5%，期限为 8 年；债券 F 发行于 4 年前，票面利率为 7%，期限为 12 年，还有 8 年到期。请计算债券 E 和 F 的久期和修正久期。

解：首先计算债券 E 和 F 的现值。债券 E 的现值为

$$P_E = \sum_{t=1}^{8} PV(CF_t) = \sum_{t=1}^{7} \frac{5}{(1+6\%)^t} + \frac{105}{(1+6\%)^8} = 93.79\ （元）$$

债券 F 的现值为

$$P_F = \sum_{t=1}^{8} PV(CF_t) = \sum_{t=1}^{7} \frac{7}{(1+6\%)^t} + \frac{107}{(1+6\%)^8} = 106.21\ （元）$$

债券 E 的久期为

$$D_E = \frac{\sum_{t=1}^{8} PV(CF_t) \times t}{P_E} = \frac{\sum_{t=1}^{7} \frac{5}{(1+6\%)^t} \times t + \frac{105}{(1+6\%)^8} \times 8}{93.79} = 6.74$$

债券 F 的久期为

$$D_F = \frac{\sum_{t=1}^{8} PV(CF_t) \times t}{P_F} = \frac{\sum_{t=1}^{7} \frac{7}{(1+6\%)^t} \times t + \frac{107}{(1+6\%)^8} \times 8}{106.21} = 6.44$$

进一步可以计算出债券 E 的修正久期以及债券 F 的修正久期，分别为

$$D_E^* = \frac{D_E}{1+r} = \frac{6.74}{1+6\%} = 6.36$$

$$D_F^* = \frac{D_F}{1+r} = \frac{6.44}{1+6\%} = 6.08$$

可见虽然债券E和F的到期时间一样，但是无论久期还是修正久期，债券E都比债券F长，这是因为债券E的票面利率比债券F的票面利率低，这样债券E收回本金的时间较长，因而利率风险比债券F大。

4. 久期的性质

久期刻画了债券价格对市场利率的敏感性，它有效地测度了债券的风险。影响债券久期的因素主要有票面利率、到期期限和折现率（收益率）。下面我们分别以图形表示债券久期与票面利率、债券久期与到期期限以及债券久期与折现率之间的关系。

（1）债券久期与票面利率的关系。为简便，我们假定某债券面值是100元，折现率是8%，期限是25年，图7-1表示的是不同票面利率与债券久期之间的关系。

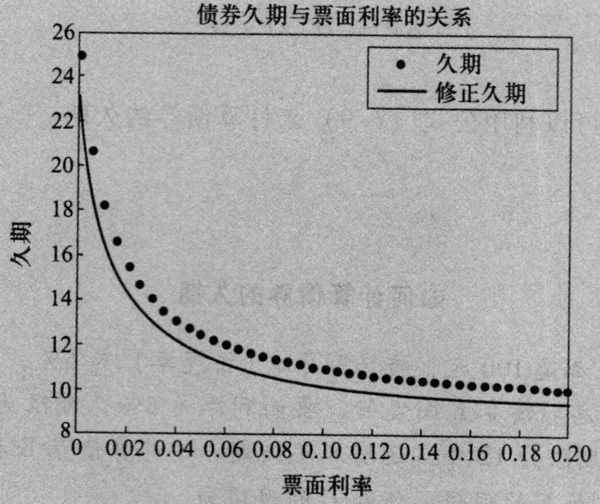

图7-1 债券久期与票面利率的关系

从图7-1可以看出，在其他条件不变的情形下，债券久期与票面利率呈反向关系，票面利率越高，该债券的久期越短。对于零息票债券，其久期就是到期期限，而对于付息债券，其久期总小于到期期限。

（2）债券久期与到期时间的关系。对于溢价和平价债券，在票面利率、折现率既定的情况下，债券久期与到期时间呈正向关系，随着到期时间的增大，该债券的久期也增大，这是显而易见的。但对于折价债券，情况却比较复杂，有时存在一个临界点，在这个临界点之前，债券久期随着到期时间的增大而增大，但到这个临界点之后，久期反而随着到期时间的增大而减小。

我们分别在溢价和折价情况下，做出债券的久期与到期时间的关系图。为简便，我们假定某债券面值是100元，票面利率是10%，折现率是8%，该债券是一种溢价债券，图7-2反映的是该溢价债券在票面利率、折现率既定的情况下，债券久期与到期时间之间的关系。

从图7-2可以看出，对于该溢价债券，在票面利率、折现率既定的情况下，到期时间越长，债券的久期也越长。

为简便，我们假定某债券面值是100元，票面利率是4%，折现率是8%，该债券是一种折价债券，图 7-3 反映的是该折价债券在票面利率、折现率既定的情况下，债券久期与到期时间之间的关系。

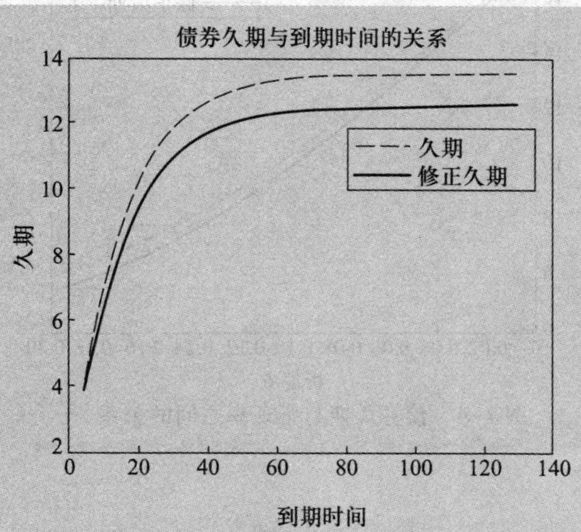

图 7-2　溢价情况下债券久期与到期时间的关系

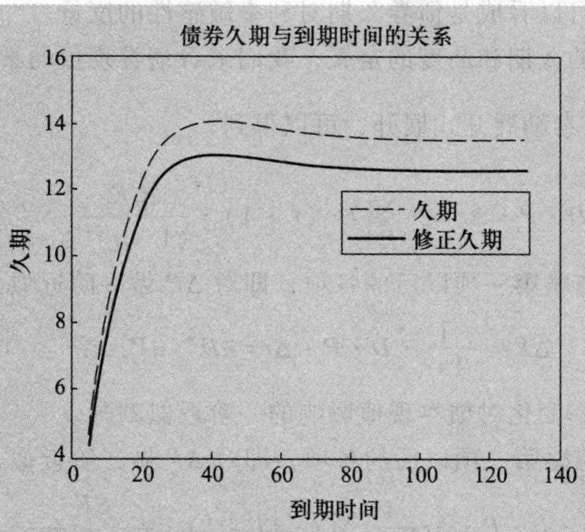

图 7-3　折价情况下债券久期与到期时间的关系

从图 7-3 可以看出，对于该折价债券，在票面利率、折现率既定的情况下，在一定时刻以前，随着到期时间的增大，该债券的久期也增大，而到一定时刻以后，随着到期时间的增大，该债券的久期反而减小。

(3) 债券久期与折现率的关系。为简便，我们假定某债券面值是 100 元，票面利率是 7%，到期期限是 25 年，图 7-4 表示的是不同折现率与债券久期之间的关系。

由图 7-4 可知，在票面利率、到期时间既定的情况下，债券久期与折现率呈反向关系，折现率越高，久期越短。

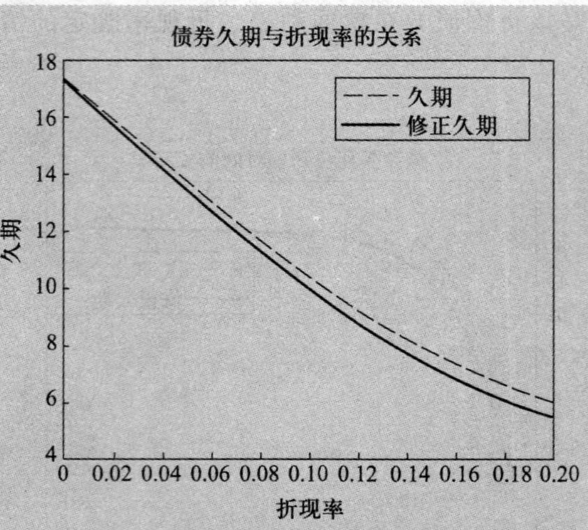

图 7-4 债券久期与折现率之间的关系

（三）凸度

久期测度了债券价格对利率变动的敏感性，可以看成是债券价格对利率小幅变动敏感性的一阶估计，仅是利率变化对债券价格影响效果的一阶近似刻画。凸度则是利率变化对债券价格影响效果的二阶估计，也可以看成是债券久期对利率敏感性的度量。

为了清晰地理解债券的久期和凸度的定义，我们来看债券现值的泰勒展开式。

将 $P=\sum_{t=1}^{n}\frac{CF_t}{(1+r)^t}$ 按泰勒展开式展开，可以得到

$$\Delta P=-\frac{1}{1+r}\cdot D\cdot P\cdot\Delta r+\frac{1}{2}\sum_{t=1}^{n}t\cdot(t+1)\cdot\frac{CF_t}{(1+r)^{t+2}}\cdot(\Delta r)^2+\cdots \tag{7-18}$$

对公式（7-18），若忽略第一项以后的各项，即对 ΔP 做一阶近似，则得到

$$\Delta P\approx-\frac{1}{1+r}\cdot D\cdot P\cdot\Delta r=-D^*\cdot P\cdot\Delta r \tag{7-19}$$

可见，久期仅仅是利率变化对债券现值影响的一阶近似刻画。

对公式（7-18），若忽略第二项以后的各项，即对 ΔP 做二阶近似，则得到

$$\Delta P\approx-\frac{1}{1+r}\cdot D\cdot P\cdot\Delta r+\frac{1}{2}\sum_{t=1}^{n}t\cdot(t+1)\cdot\frac{CF_t}{(1+r)^{t+2}}\cdot(\Delta r)^2 \tag{7-20}$$

即

$$\frac{\Delta P}{P}\approx-\frac{1}{1+r}\cdot D\cdot\Delta r+\frac{1}{2P}\sum_{t=1}^{n}t\cdot(t+1)\cdot\frac{CF_t}{(1+r)^{t+2}}\cdot(\Delta r)^2 \tag{7-21}$$

而凸度（一般用 cv 表示）定义为

$$cv=\frac{1}{P}\times\frac{d^2P}{dr^2}=\frac{1}{P(1+r)^2}\sum_{t=1}^{n}t(t+1)\frac{CF_t}{(1+r)^t}=\frac{1}{P}\sum_{t=1}^{n}t(t+1)\frac{CF_t}{(1+r)^{t+2}} \tag{7-22}$$

可见凸度是债券价格对利率变化敏感性的二阶近似。

将公式（7-22）代入公式（7-21）中，可以得到

$$\frac{\Delta P}{P}\approx-\frac{1}{1+r}\cdot D\cdot\Delta r+\frac{1}{2}cv\,(\Delta r)^2=-D^*\cdot\Delta r+\frac{1}{2}cv\,(\Delta r)^2 \qquad (7-23)$$

或

$$\Delta P\approx-\frac{1}{1+r}\cdot D\cdot\Delta r\cdot P+\frac{1}{2}cv\,(\Delta r)^2\cdot P=-D^*\cdot\Delta r\cdot P+\frac{1}{2}cv\,(\Delta r)^2\cdot P \qquad (7-24)$$

可见引入凸度定义后，可以更精确地反映利率变化对债券价格的影响。

阅读与应用

如何计算债券的凸度

我们还利用前面例题中的数据。设债券 E 和 F 的面值都是 100 元，市场利率 r（折现率）为 6%，债券 E 和 F 的利息支付方式都是一年支付一次利息。债券 E 刚发行，票面利率为 5%，期限为 8 年；债券 F 发行于 4 年前，票面利率为 7%，期限为 12 年，还有 8 年到期。请计算债券 E 和 F 的凸度。

解：根据前面的例题，我们知道债券 E 和 F 的现值分别为 $P_E=93.79$ 元和 $P_F=106.21$ 元。利用公式（7-22）可以计算出债券 E 的凸度 cv_E，为

$$cv_E=\frac{1}{93.79}\times\left[\frac{1\times2\times5}{(1+0.06)^3}+\frac{2\times3\times5}{(1+0.06)^4}+\frac{3\times4\times5}{(1+0.06)^5}+\frac{4\times5\times5}{(1+0.06)^6}+\frac{5\times6\times5}{(1+0.06)^7}+\frac{6\times7\times5}{(1+0.06)^8}+\frac{7\times8\times5}{(1+0.06)^9}+\frac{8\times9\times105}{(1+0.06)^{10}}\right]$$
$$=50.82$$

利用公式（7-22）也可以计算出债券 F 的凸度 cv_F，为

$$cv_F=\frac{1}{106.21}\times\left[\frac{1\times2\times7}{(1+0.06)^3}+\frac{2\times3\times7}{(1+0.06)^4}+\frac{3\times4\times7}{(1+0.06)^5}+\frac{4\times5\times7}{(1+0.06)^6}+\frac{5\times6\times7}{(1+0.06)^7}+\frac{6\times7\times7}{(1+0.06)^8}+\frac{7\times8\times7}{(1+0.06)^9}+\frac{8\times9\times107}{(1+0.06)^{10}}\right]$$
$$=47.68$$

阅读与应用

如何利用久期和凸度来近似计算利率变化对债券价格的影响

设债券 G 的面值是 100 元，市场利率 r（折现率）为 9%，票面利率也是 9%，利息支付方式是一年支付一次利息，到期期限为 5 年。如果市场利率 r（折现率）从当前的 9% 下降到 7%，请在不考虑凸度和考虑凸度两种情况下近似计算该债券的价格变化情况。

解：第一种情况，不考虑凸度。

首先计算债券 G 的现值 P_G。

$$P_G=\sum_{t=1}^{5}PV(CF_t)=\sum_{t=1}^{4}\frac{9}{(1+9\%)^t}+\frac{109}{(1+9\%)^5}=100\ （元）$$

接着利用公式（7–9）可以计算债券 G 的久期。

$$D_G=\frac{\sum_{t=1}^{5}PV(CF_t)\times t}{P_G}=\frac{\sum_{t=1}^{4}\frac{9}{(1+9\%)^t}\times t+\frac{109}{(1+9\%)^5}\times 5}{100}=4.24$$

再利用公式（7–14）计算债券 G 的价格变化。

$$\Delta P_G\approx\frac{-D\times P\times\Delta r}{(1+r)}=\frac{-4.24\times100\times(0.07-0.09)}{(1+0.09)}=7.78\text{（元）}$$

第二种情形，考虑凸度。

计算出债券 G 的凸度 cv_G

$$cv_G=\frac{1}{100}\times\left[\frac{1\times2\times9}{(1+0.09)^3}+\frac{2\times3\times9}{(1+0.09)^4}+\frac{3\times4\times9}{(1+0.09)^5}+\frac{4\times5\times9}{(1+0.09)^6}+\frac{5\times6\times109}{(1+0.09)^7}\right]=20.18$$

利用公式（7–24）可以计算债券 G 的价格变化。

$$\Delta P\approx-\frac{1}{1+r}\cdot D\cdot\Delta r\cdot P+\frac{1}{2}cv(\Delta r)^2\cdot P=8.18\text{（元）}$$

可见在不考虑凸度和考虑凸度情况下债券的价格变化有细微区别，而且考虑凸度情况下的计算结果更精确。

与债券的久期类似，债券的凸度与票面利率、到期时间和市场利率（折现率）也有动态依存关系。一般地，在到期时间和市场利率（折现率）既定的情况下，凸度与票面利率呈反向关系，凸度随着票面利率的增大而减小；在票面利率和市场利率（折现率）既定的情况下，凸度与到期时间呈同向关系，凸度随着到期时间的增大而增大；在票面利率和到期时间既定的情况下，凸度与市场利率（折现率）呈反向关系，凸度随着折现率的增大而减小。

三、利率期限结构理论

在本章第一节债券的价值决定中，为简便，我们假定对任何到期期限的现金流折现都采用相同的常数利率，但现实世界中的情况并非如此。例如，在 2011 年 4 月的银行存款利率体系中，活期利率是 0.4%，半年期利率是 2.8%，1 年期利率是 3.0%，5 年期利率是 5.0%，长期利率高于短期利率。债券市场中，当对债券报价时，长期债券也有更高的收益率。收益率和到期时间的关系将随着到期时间长短的变化而变化，因此有必要研究利率与到期期限之间的关系。所谓利率期限结构是指在某一确定时点上，不同期限的即期利率与到期期限之间的关系用图形表示就是收益率曲线。由于零息债券的到期收益率等于相同期限的即期利率，因此，利率期限结构也可以描述为零息债券的到期收益率与期限的关系。息票债券的每次付息可以看成是一个在付息日到期的零息债券，这样市场上的息票债券都可以用一系列零息债券组合来替换，例如，1 张每年付息一次的 3 年期息票债券就等价于 4 张与此息票债券的利息及面值具有相同期限的零息债券的组合。这表明可以通过零息债券的到期收益率来给息票债券定价。利率期限结构是鉴于目前的市场条件对未来利率的市场预期的测度。政府债券通常被认为是无风险的，因此利率期限结构通常通过政府债券来推导。下面先介绍收益率曲线的几种模式。

（一）收益率曲线的模式

收益率曲线的精确形状可能在任何时点都不同，如果正常的收益率曲线形状发生变化，则它告诉投资者，他们可能需要改变对经济前景的看法。收益率曲线主要有正常的收益率曲线、平坦的收益率曲线、倒挂的收益率曲线以及隆起的收益率曲线四种。①

1. 正常的收益率曲线

正如其名所示，这是在正常的市场条件下构成的收益率曲线。在这种情况下，投资者普遍认为在经济上通货膨胀率将不会有重大变化而且经济将以正常速度继续增长，投资者预期在更远的未来到期的固定收益工具有更高的收益率。换句话说，市场预期长期债券将提供比短期债券更高的收益。这是市场的正常预期，相对于短期债券，由于长期债券有更远的债券到期日，在还清本金之前，债券持有人面临的不确定性更多，因此，对时间较长的工具进行投资，需要为投资者所承担的额外风险提供补偿。

一般情况下，到期期限增加，即期利率将增加，债券价格将下降，其收益率将增加。正常的收益率曲线如图 7-5 所示。

2. 平坦的收益率曲线

这种曲线表明市场环境对投资者发出混合信号，投资者正在以不同的方式解释利率变动。在这样的环境下，市场很难确定利率在更远的未来会沿哪个方向显著移动。一个平坦的收益率曲线通常发生于市场正在过渡时，可能有一些信号表示短期利率将上升，而其他信号表示长期利率将会下降。这种情况将创建比正常的收益率曲线更平坦的曲线。当收益率曲线是平坦的时，通过选择风险最低或信用品质最高的固定收益证券，投资者可以在相同的风险程度下最大限度地提高他们的收益率。平坦的收益率曲线如图 7-6 所示。

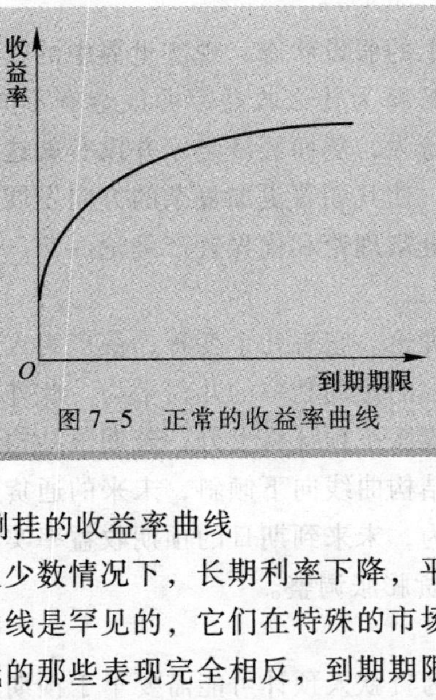

图 7-5　正常的收益率曲线

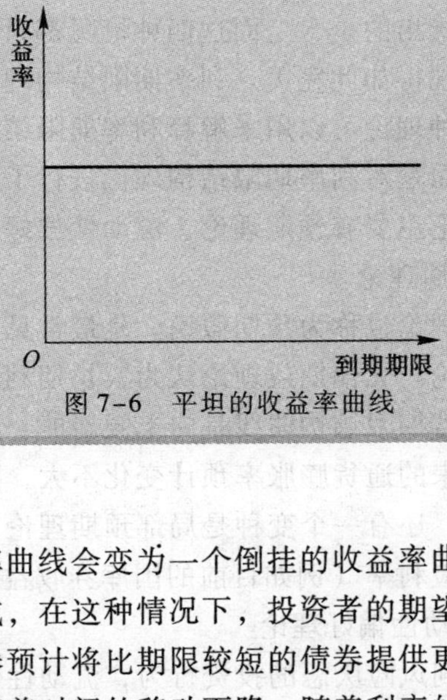

图 7-6　平坦的收益率曲线

3. 倒挂的收益率曲线

在极少数情况下，长期利率下降，平坦的收益率曲线会变为一个倒挂的收益率曲线。这种收益率曲线是罕见的，它们在特殊的市场条件下形成，在这种情况下，投资者的期望与正常收益率曲线的那些表现完全相反，到期期限较长的债券预计将比期限较短的债券提供更低的收益率。倒挂的收益率曲线显示，目前市场预期利率将随着时间的移动下降，随着利率的下降，债券价格将上升并且收益率将下降。

倒挂的收益率曲线表明投资者预期更多的风险将得不到补偿，那为什么投资者还会选择进

① 参见网络资源中的 Advanced Bond Concepts：Term Structure of Interest Rates，本书的编写参考了有关中英文网站的知识，对于这部分有的没有列在参考文献中而是列在网络资源中，为节省篇幅，在后面的章节中不再一一指出。

行长期债券投资呢？这是因为一些投资者将一个倒挂的收益率曲线解释为经济即将放缓的迹象，这表明未来利率将降低，在下降之前，最好是将资金以目前的收益率进行长期投资。倒挂的收益率曲线如图 7-7 所示。

4. 隆起的收益率曲线

隆起的收益率曲线表示短期内不确定性较高，但长期看来收益率仍然有随着到期期限的增加而上升的趋势。隆起的收益率曲线如图 7-8 所示。

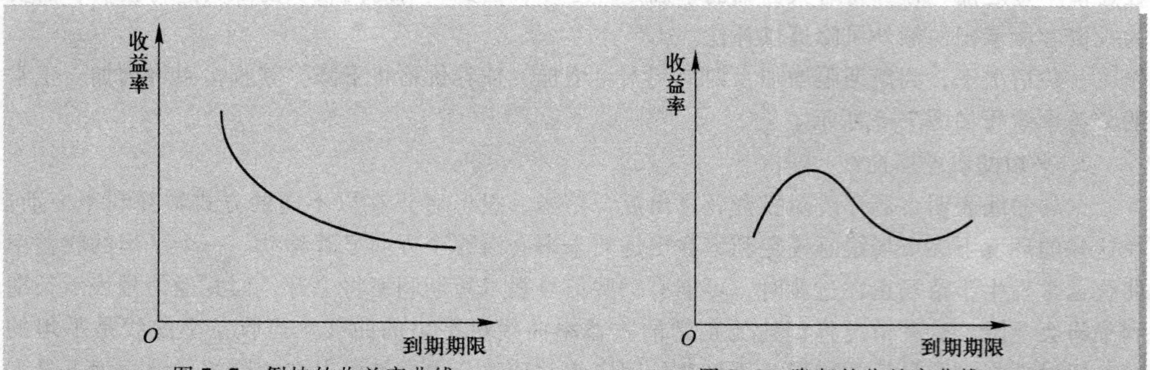

图 7-7 倒挂的收益率曲线

图 7-8 隆起的收益率曲线

（二）几种利率期限结构理论

必须指出的是，上面这四种情况都只是一种理论上的假设状态，现实世界中的收益率曲线并非总表现得如此完美。利率期限结构理论可以用来解释为什么收益率曲线会有不同的形状。已有的几种理论可以用来解释利率期限结构的形状和行为，然而经济学家并没有就这些理论达成共识，而是对利率期限结构理论进行了更深的研究，使其朝着更加复杂的方向发展。利率期限结构理论主要有预期理论、流动性偏好理论、市场分割理论和优先置产理论。

1. 预期理论

预期理论也称为预期假说，是最常见的期限结构理论。它有几个变种，最广为人知的是无偏期望理论。无偏期望理论认为，长期利率是相应期限的短期利率的几何平均。此外，根据这一理论，若期限结构曲线是向上倾斜的，未来的通货膨胀率预计将上升，若期限结构曲线是扁平的，未来的通货膨胀率预计变化不大，而如果期限结构曲线向下倾斜，未来的通货膨胀率预计将下降。还有一个变种是局部预期理论，该理论认为，未来到期日的预期收益率实际上等于短期无风险利率（例如目前的国库券收益率）加上通货膨胀调整。

2. 流动性偏好理论

考虑到风险厌恶的投资行为，流动性偏好理论认为贷款人预计可能需要早于预期来清算投资。因为对于一个给定幅度的利率变动，短期投资的价格波动小于长期投资的价格波动，因此，投资者更偏好于短期贷款。若希望他们提供长期贷款，必须给予一定的风险溢价。同时，借款人往往喜欢长期债券，因为长期借款使他们消除了将来再融资时的利率上升风险，此外，频繁再融资的固定成本可能相当高。所以，借款人愿意支付必要的溢价来吸引长期融资。

流动性偏好理论与无偏预期理论相结合，表明向右上方倾斜的收益率曲线比向右下方倾斜的收益率曲线出现的可能性更大。事实上，正如前面所述，这是最常见的情形。

3. 市场分割理论

市场分割理论认为长期债券与短期债券是在不同的相互分割的市场上进行交易的，它们能够各自达到平衡。该理论认为存在两个独立的市场：长期市场和短期市场。对于可贷资金，每一个市场都有一个供应（贷款者）和需求（借款者）的计划表。供应和需求在何处相交决定了该市场的现行利率。

市场分割理论认为资产方面有制度的约束，负债方面有套期保值的压力，这使得不同到期期限债券之间有很少的可替代性。这些限制主要源于政府调控、公司政策、证券交易委员会条例、投资和融资的目的和目标以及关于财政和业务方面的考虑。

在短期市场部分，商业银行和非财务公司为贷款的主要提供者，它们主要为了解决现金分配和资金流动性过剩问题。在长期市场部分，预期有稳定的长期收入的人寿保险公司、养老基金等为贷款的主要提供者，它们必须确保每个项目都始终按照它们预先确定的环境运行，其目标和目的完全不同于短期的供应商。

然而，这些机构的资金流入不是静态的。客户提款、接受付款和重新分配资源经常发生，其结果是每个市场的供应计划在不同机构之间不断转变。如养老金领取者可以将他们每月的基金存放于商业银行，这样，在长期市场部分，资金供应减少，因此利率有上升压力以吸引更多的资金。商业银行资本的增加使短期资金供应也增加，这使得短期利率有下调压力。

可贷资金的需求计划也随着经济周期的变化而变化。当人们认为经济好转时，对长期资金的需求量将增加，这将使利率有上升压力。随着商业周期的成熟，扩大清单的需要对短期利率产生了上行压力，因此在短期市场部分能够吸引更多的资金供应。市场分割模型表明，长期和短期利率之间的利差在很大程度上取决于不同期限资金的相对供应和需求。

4. 优先置产理论

优先置产理论是关于债券购买者投资行为的理论，表示个人投资者对债券到期期限有偏好范围，不同债券投资者青睐于不同到期期限的债券，只有当给予更高的收益率时，投资者才愿意偏离这个范围，购买他们青睐以外的到期期限的债券。该理论也表明投资者更喜欢持有短期债券而不是长期债券，因此长期债券收益率应高于短期债券收益率。优先置产理论是市场期望理论的扩展。市场期望理论认为，债券投资者只关心收益率并愿意购买任何到期期限的债券，因此长期收益率是未来预期短期收益率的期望值，理论上这将意味着期限结构将是水平的，除非预计利率上升。优先置产理论通过认为债券投资者既关心到期期限又关心收益率来扩展市场期望理论。它表明短期收益率几乎总比长期收益率低，这是因为在长期市场需要额外的费用来诱使债券投资者购买不仅期限较长而且偏离其到期期限偏好的债券。

（三）信用利差

信用利差是投资者获得企业债券而非类似政府债券所获取的额外收益。如图 7-9 所示，信用利差是企业债券收益率曲线与政府债券收益率曲线的差。企业债券比政府债券有更多的违约风险，当投资者投资较高风险的企业债券时，投资者必须获得额外的补偿。因此，企业债券的价格通常较低，持有企业债券通常有较高的收益。当利率下降（或经济扩张）时，企业债券和政府债券之间的信用价差一般将会缩小。低利率会使公司有机会以较低的成本借到钱，这使得他们能够扩大业务和现金流量。当利率下降时，从长远来看经济将扩张，所以投资长期企业债券所涉及的风险也将降低。收益率曲线是使用政府债券来绘制的，是对利率方向和整体经济状况的衡量，并被用作固定收益投资的基准。对企业债券的定价需要将收益率曲线与信用利差结合运用。

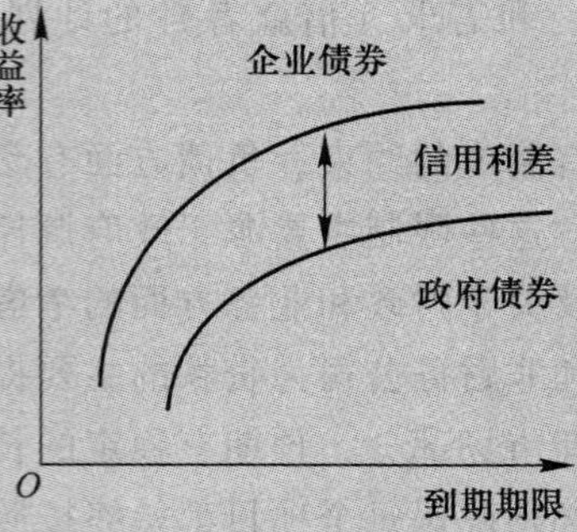

图 7-9 信用利差

第二节 股票的价值决定

一、相对估值法

股票价值决定的相对估值法主要是使用市盈率、市净率、市现率等价格指标与相应对比系（如市场上与该公司类似的其他公司股票）进行对比，来确定公司股票的价值。下面以市盈率估价法为例来说明股票的价值决定的相对估值法。市盈率估价法的计算公式为

$$V=EPS\times PE \tag{7-25}$$

式中，V 表示股票价值，EPS 表示每股盈余（earnings per share），PE 表示市盈率（price earnings ratio）。市盈率估价法主要适用于新股发行时对某公司股票进行价值评估，以及对某公司股票将来价值进行预测。

例 7.9 某公司拟上市发行股票，已知该公司当前的每股盈余（EPS）是 0.8 元，而股票市场上同类公司的股票市盈率（PE）的平均水平是 25 倍。试确定该公司股票的价值。

解： $EPS=0.8$，$PE=25$，根据公式（7-25），可以估算出该公司股票的价值是 $25\times0.8=20$（元）。

例 7.10 某上市公司近年来的市盈率（PE）的平均水平是 28 倍。该公司由于采用了先进技术和管理经验，预计 1 年后每股盈余（EPS）将达到 1.5 元。试确定 1 年后该公司股票的价值。

解： 1 年后该公司 $EPS=1.5$，$PE=28$，根据公式（7-25），可以估算出 1 年后该公司股票的价值是 $28\times1.5=42$（元）。

该方法的最大优点就是简单明了，只要知道某股票的每股盈余 EPS 和市盈率 PE，就可以利用公式（7-25），即股票价值=市盈率×每股盈余计算出该股票的价值，而不需要特别复杂的计算。另外该方法还注重公司的盈利能力，而且对于多年都不派发现金股利的公司也可以进行股票价值评估。但是该方法也有局限性，主要是市盈率的确定缺乏客观标准，随意性比较

强。例如利用市场上类似公司的股票市盈率来代替本公司的股票市盈率这一方法，首先对于两家公司类似程度的确定就比较困难，另外即使可以判断某两家公司比较类似，但这两家公司毕竟不同，认为这两家公司的市盈率完全相同也比较牵强。此外，同一股票在多个时期的市盈率往往变化幅度比较大，选择不变的标准市盈率比较困难。当然，利用市盈率估价法计算出某公司股票的价值后，将该估计值作为该公司股票真实价值的参考还是很有意义的。

二、绝对估值法

绝对估值是通过对上市公司历史及当前的基本面的分析和对未来反映公司经营状况的财务数据的预测来估计上市公司股票的内在价值。绝对估值法的主要模型是股利折现模型，其基本思想是：对股票未来各期的股利进行预测，将未来各期的股利看成是股票未来的现金流，然后利用合适的折现率进行折现，这里的折现率是无风险利率加上风险报酬率，股票价值就是未来各期现金流的折现值之和。

（一）股利折现模型的基本公式

类似于债券定价模型，股票价值也取决于未来的现金流，对于债券来说，现金流是各期利息和最终面值，而对于股票来说，则是持有该股票期间的各期股利和持有期末的股票的售价。股票定价模型和债券定价模型也有很大区别，主要区别是股票定价模型的不确定性高，无论是股票到期日、各期股利还是股票出售时的价格都难以确定。投资者投资股票，一般有两种情况。一种情况是只在一定期间内持有该股票，在合适时会卖出股票；另一种是永久持有该股票。下面将针对这两种情况来分别介绍股利折现模型的基本公式。

1. 持有期有限情况下的股利折现基本公式

首先假设投资者买入某一股票后，并不准备永久持有，而准备在合适时将该股票卖出。在这种情况下，投资者未来的现金流是持有期内各期可以获得的股利以及最终将股票出售时可以获得的售出价格。为给出这一情况下的股票定价公式，我们用 V_S 代表每股股票价值，用 M 表示持有期，即在 M 期末将股票卖出，A_1，A_2，…，A_M 分别代表第 1，2，…，M 期的每股股利，P_M 代表 M 期末的每股股票售出价格，r 代表相应的折现率。则持有期有限情况下的股利折现基本公式为

$$V_S=\frac{A_1}{1+r}+\frac{A_2}{(1+r)^2}+\cdots+\frac{A_M}{(1+r)^M}+\frac{P_M}{(1+r)^M} \quad (7-26)$$

例 7.11 王某计划持有某公司股票 3 年，该股票预计第一年将派发股利 2 元/股，第二年将派发股利 2.1 元/股，第三年将派发股利 2.3 元/股。到第三年年末，该股票预计可以按照 30 元/股的价格出售。与该股票相对应的折现率是 11%。请计算该股票对王某的价值。

解： 将 $A_1=2$，$A_2=2.1$，$A_3=2.3$，$P_3=30$，$r=0.11$ 代入公式（7-26）可以得到

$$V_S=\frac{2}{(1+0.11)}+\frac{2.1}{(1+0.11)^2}+\frac{2.3}{(1+0.11)^3}+\frac{30}{(1+0.11)^3}=27.124\text{（元）}$$

2. 永久持有情况下的股利折现基本公式

假设投资者持有某一股票后，准备永久持有，而不准备将该股票卖出。在这种情况下，投资者未来现金流是未来各期可以获得的股利。为给出这一情况下的股票定价公式，我们用 V_S 代表每股股票价值，A_1，A_2，…，A_t，…分别代表第 1，2，…，t，…期的每股股利，r 代表折

现率。则永久持有情况下的股利折现基本公式为

$$V_S=\frac{A_1}{1+r}+\frac{A_2}{(1+r)^2}+\cdots+\frac{A_t}{(1+r)^t}+\cdots \tag{7-27}$$

例 7.12 张某计划永久持有某公司股票，该股票预计每年将派发股利 2.4 元/股。与该股票相对应的折现率是 12%。请计算该股票对张某的价值。

解：将 $A_1=A_2=\cdots=A_t=\cdots=2.4$，$r=0.12$ 代入公式（7-27）可以得到

$$V_S=\frac{2.4}{1+0.12}+\frac{2.4}{(1+0.12)^2}+\cdots+\frac{2.4}{(1+0.12)^t}+\cdots=\frac{2.4}{0.12}=20\text{（元）}$$

（二）股利固定增长的折现模型

理论上虽然可以利用公式（7-27）来计算股票的价值，但具体应用却比较困难，因为股票每年的分红水平事先往往很难知道。不过我们可以对股利的增长幅度做出假设，为便于研究，我们假设股票的分红水平每年都以一个相同的固定比率 g 增长。这样只要知道第一年的股利水平 A_1，就可以按照既定的增长比率 g 预测出第二年的股利水平 $A_2=A_1(1+g)$、第三年的股利水平 $A_3=A_1(1+g)^2$、…、第 t 年的股利水平 $A_t=A_1(1+g)^{t-1}$。将这些预测的股利水平代入公式（7-27），可以得到股利固定增长的股票价值评估模型

$$V_S=\frac{A_1}{1+r}+\frac{A_1(1+g)}{(1+r)^2}+\cdots+\frac{A_1(1+g)^{t-1}}{(1+r)^t}+\cdots \tag{7-28}$$

当 $g<r$ 时，公式（7-28）可以进一步简化为

$$V_S=\frac{A_1}{1+r}\bigg/\left(1-\frac{1+g}{1+r}\right)=\frac{A_1}{r-g} \tag{7-29}$$

当 $g\geqslant r$ 时，公式（7-28）表示的 V_S 会变得无穷大。此时公式（7-28）不再适用，应当采用两阶段股利增长的折现模型。两阶段股利增长的折现模型将在后面详细介绍。

例 7.13 某股票预计明年将派发股利（A_1）2 元/股，并以每年 4% 的固定比率增长。与该股票相对应的折现率是 8%。请计算该股票的价值。

解：将 $A_1=2$，$g=0.04$，$r=0.08$ 代入公式（7-29）可以得到

$$V_S=\frac{A_1}{r-g}=\frac{2}{0.08-0.04}=50\text{（元）}$$

在前面讨论的股利固定增长的折现模型中，如何确定增长率 g 是一个关键问题。下面介绍经常用来估计增长率 g 的两种方法。

1. 基于历史的股利增长率

基于历史的股利增长率方法是通过求出历史股利增长率的几何平均数来估计增长率。这种方法通常要求公司的股利较有规律，公司的未来发展稳定，同时也要明确使用历史数据的时间跨度（如 4 年、8 年或是更长时间段）。

2. 基于留存收益比率和留存收益的回报率的股利增长率

先做出相关假设：

①企业股利增长率等同于企业收益增长率；②企业收益增长完全来源于新增的净投资；③新增的净投资只来源于留存收益；④企业收益的留存比例不变。基于这些假设，可以得到

$$e_{t+1}=e_t+\lambda\times re_t \tag{7-30}$$

式中，e_{t+1}表示明年的收益，e_t表示今年的收益，λ表示留存收益的回报率，re_t表示今年的留存收益。方程（7-30）两边同时除以e_t，可得

$$\frac{e_{t+1}}{e_t}=1+\lambda\times\frac{re_t}{e_t} \tag{7-31}$$

记$g=\frac{e_{t+1}}{e_t}-1$表示收益增长率，即股利增长率，$\gamma=\frac{re_t}{e_t}$表示留存收益比率，公式（7-31）可以进一步简化为

$$g=\lambda\times\gamma \tag{7-32}$$

这样可以通过留存收益的回报率λ和留存收益比率γ来估计股利增长率g。

阅读与应用

如何去估计公司的股利增长率

1. 已知某股票2000年发放的股利为0.10元/股，2001年—2008年共8年发放的股利依次为0.13元/股、0.16元/股、0.19元/股、0.22元/股、0.25元/股、0.29元/股、0.33元/股、0.38元/股，试估计该公司的股利增长率g。

解：以2000年—2008年的股利数据可以计算出2000年—2007年这8年每年的股利增长率分别为30.00%、23.08%、18.75%、15.79%、13.64%、16.00%、13.79%和15.15%，进一步可以计算出2000年—2007年这8年股利增长率的几何平均数为17.63%。

在相关信息缺乏的情况下，可以采用简化的方法，即利用该股票8年股利增长率的几何平均数来预测该股票的股利增长率，这样该公司的股利增长率估计为17.63%。

2. 某上市公司2003年—2008年共6年的权益资本回报率依次为17%、15%、18%、19%、16%、20%，该公司留存收益比率为0.4，试采用留存收益比率以及留存收益的回报率来估计该公司股票的股利增长率g。

解：要利用公式（7-32）来估算股利增长率g，必须知道留存收益的回报率λ和留存收益比率γ。由于本题没有直接给出留存收益的回报率λ，我们需要用该公司6年的权益资本回报率的平均值来代替留存收益的回报率λ。所以$\lambda=\frac{17\%+15\%+18\%+19\%+16\%+20\%}{6}\times100\%=17.5\%$，又$\gamma=0.4$，所以$g=17.5\%\times0.4=7\%$。

基于留存收益比率和留存收益的回报率估算出的股利增长率为7%。必须注意的是，只有当权益资本回报率比较平稳时，使用这种方法的效果才比较好，能够对股利增长率做出较为准确的预测。

（三）两阶段股利增长的折现模型

在前面的股利固定增长的折现模型中，增长率g仅有一种情况，而且满足$g<r$。实际上公司是具有生命周期的，在不同周期阶段，企业的成长能力、盈利能力以及分红能力都有所不同。一般来说，企业采用一些新技术或者成功研发出新产品，能在短期保持超常发展，获得较高的收益增长率并使股利增长率超过折现率，但由于其他企业的追赶和市场竞争等的作用，经过一段时间，公司的超常增长势头将减弱，盈利增长也将降低到正常水平，在正常时期，股利

增长率不可能总超过折现率，而是会降到折现率以下。由此可以看出，股利增长率是变动的、多元的，仅以一种固定的股利增长率研究股票的价值评估是不全面的。

为更接近现实，可以将股利增长分为两个阶段。第一个阶段是企业高速增长阶段，在这个阶段股利增长率为较大的 g_1。第二个阶段是企业正常增长阶段，在这个阶段股利增长率为较小的 g_2。再设第 t 年的股利为 A_t，第一个阶段是前 N 年，第二个阶段是第 $N+1$ 年及以后，折现率是 r，则股票价值为

$$V_s=\left[\frac{A_1}{1+r}+\frac{A_2}{(1+r)^2}+\cdots+\frac{A_N}{(1+r)^N}\right]+\frac{A_{N+1}}{(1+r)^{N+1}}+\cdots$$

$$=\left[\frac{A_1}{1+r}+\frac{A_1(1+g_1)}{(1+r)^2}+\frac{A_1(1+g_1)^2}{(1+r)^3}+\cdots+\frac{A_1(1+g_1)^{N-1}}{(1+r)^N}\right]+\left[\frac{A_1(1+g_1)^{N-1}(1+g_2)}{(1+r)^{N+1}}+\cdots\right]$$

$$=\sum_{t=1}^{N}\frac{A_1\ (1+g_1)^{t-1}}{(1+r)^t}+\frac{A_1\ (1+g_1)^{N-1}(1+g_2)}{(1+r)^N(r-g_2)} \qquad (7-33)$$

阅读与应用

如何确定股票当前的价格

预计某企业股票明年的红利 A_1 为每股 2 元，从第 1 年到第 5 年是第一个阶段，该阶段的股利增长率 g_1 是 30%，第 6 年以后进入第二个阶段，该阶段股利增长率 g_2 恢复正常，保持在 8%。折现率为 15%，试确定该股票当前的价格 V_s。

解：将 $A_1=2$，$g_1=30\%$，$N=5$，$g_2=8\%$，$r=15\%$ 代入公式（7-33），可以得到

$$V_s=\left[\frac{2}{1+0.15}+\frac{2\times(1+0.3)}{(1+0.15)^2}+\frac{2\times(1+0.3)^2}{(1+0.15)^3}+\frac{2\times(1+0.3)^3}{(1+0.15)^4}+\frac{2\times(1+0.3)^4}{(1+0.15)^5}\right]+$$

$$\frac{2\times(1+0.3)^4\times(1+0.08)}{(1+0.15)^5\times(0.15-0.08)}$$

$=55.097$（元）

第三节 投资基金的价格决定

投资基金是一种利益共享、风险共担的集合投资制度。投资基金通过专业管理来实现最佳投资回报，投资基金的投资领域既可以是股票、债券，又可以是实业，也可以是期货等金融衍生品。在介绍投资基金的价格决定之前，必须了解单位基金资产净值这一概念。单位基金资产净值是指每一基金单位所代表的基金资产的净值。单位基金资产净值可以利用下面的公式来计算

$$单位基金资产净值=\frac{基金资产总值-基金负债总值}{基金单位总数量} \qquad (7-34)$$

其中，基金资产总值是指一个基金所拥有的资产（包括现金、股票、债券和其他有价证券及其他资产）于每个营业日收市后，根据收盘价格计算出来的总资产价值。基金负债总值是指基金运作及融资时所形成的负债，包括应付给他人的各项费用、应付资金利息等。基金单位总

数量是指当时发行在外的基金单位的总数量。单位基金资产净值不仅反映了基金经营业绩，也为发行期满后基金单位的买卖价格的计算提供了依据。

一般地，基金单位的价格与单位基金资产净值的走势呈正比例关系。单位基金资产净值越高，则基金单位的价格也越高；反之，单位基金资产净值越低，则基金单位的价格也越低。当然也有例外情形，尤其是封闭式基金，由于折价率的存在，对于封闭式基金，经常会出现基金单位的价格与单位基金资产净值的偏离。而对于开放式基金来说，这种关系经常得到较好的体现。下面我们分别介绍开放式基金和封闭式基金的价格决定。

一、开放式基金的价格决定

开放式基金是由从投资者那里筹措资金的投资公司运作，按照规定的目标投资于一组资产的基金。开放式基金的份额总规模可以随着投资者需求的变化而变化，当投资者购买基金时，基金资产和规模会相应增加，而当投资者赎回基金时，基金资产和规模会相应减少。

开放式基金的价格分为申购价格和赎回价格。

（一）申购价格

一般情况下，投资者在购买开放式基金单位时，不仅要支付资产净值，还需要支付一定的附加销售费用。这意味着，开放式基金的申购价格既包括基金的资产净值又包括一定比例的申购费用。对于一般投资者来说，该申购费用是一笔不小的成本，增加了投资者的风险，抑制了投资者购买开放式基金的热情。为鼓励认购，有些开放式基金是不收申购费的。在这种情况下，投资者购买该种基金无须交纳销售费用，开放式基金的申购价格等于基金的资产净值。

中国证券监督管理委员会发布的《开放式证券投资基金试点办法》中明确规定：申购开放式基金单位的份额依据申购日基金单位资产净值加、减有关费用计算，而基金单位资产净值，应当按照开放日闭市后基金资产净值除以当日基金单位的余额数量计算，具体计算方法应当在基金契约和招募说明书中予以载明；开放式基金可以收取申购费，但申购费率不得超过申购金额的5%，申购费用可以在基金申购时收取，也可以在赎回时从赎回金额中予以扣除。

例 7.14 设某投资者投资10 000元认购某开放式基金，假设申购费率为1.5%，当日的基金单位净值为1.086元，试问该投资者可以得到多少份额的基金。

解：

$$申购费用=10\ 000\times1.5\%=150（元）$$

$$申购份额=(10\ 000-150)\div1.086\approx9\ 070（份）$$

（二）赎回价格

开放式基金承诺可以在任何时候根据投资者的个人意愿赎回其所持基金单位，其赎回价格是当日基金净值减去一定比例的赎回费用。当然与基金申购一样，有的开放式基金是不收取赎回费用的。对于赎回时不收取任何费用的开放式基金来说，赎回价格等于资产净值。而对于收取费用的开放式基金，赎回价格等于资产净值减去赎回费用。赎回费用是已持有某开放式基金的投资者卖出该基金单位时必须支付的手续费，收取赎回费用往往旨在阻止投资者随意退出基金，打乱基金管理人的投资计划。一般来说，持有该基金单位时间越长，赎回费率越低。

中国证券监督管理委员会发布的《开放式证券投资基金试点办法》中明确规定：开放式基金可以根据基金管理运作的实际需要，收取合理的赎回费，但赎回费率不得超过赎回金额的

3%；赎回基金单位的金额，依据赎回日基金单位资产净值加、减有关费用计算，具体计算方法应当在招募说明书中予以载明；赎回费收入在扣除基本手续费后，余额应当归基金所有。

二、封闭式基金的价格决定

与股票类似，封闭式基金的价格可以分为发行价格和交易价格。封闭式基金的发行价格包括两部分：一是基金面值；二是基金的发行费用，包括发行公告费、律师费、会计师费、材料制作费、上网发行费等。由于封闭式基金的发行价格是基金面值与基金的发行费用之和，所以一般情况下，封闭式基金的发行价格都大于基金面值。

封闭式基金发行期满后一般都申请上市交易，封闭式基金发行后进入流通市场在交易所买卖的价格称为封闭式基金的交易价格。与股票价格的表现形式一样，封闭式基金的交易价格可以分为开盘价、收盘价、最高价、最低价、成交价等。一般来说，封闭式基金的交易价格主要受基金资产净值、市场供求关系、宏观经济状况、证券市场状况、基金管理人的管理水平以及政府有关政策等方面的影响。

开放式基金的价格几乎完全是由基金单位资产净值决定的，而封闭式基金的价格除了主要受基金单位资产净值影响外，还受市场供求关系的影响，表现为折价或者溢价。封闭式基金的折价是指封闭式基金的交易价格低于其基金单位资产净值，而封闭式基金的溢价是指封闭式基金的交易价格高于其基金单位资产净值。在中国封闭式基金一直以来都折价进行交易，在股指期货推出之前，甚至经常出现折价率为 30% ~40% 的情况，封闭式基金的价值被严重低估。自从中国推出股指期货以后，封闭式基金的折价率不断降低，以 2011 年 2 月份为例，中国证券市场的绝大多数封闭式基金的折价率都已经降到 10% 以下。

第四节 其他金融工具的价格决定

可转换证券、优先认股权和认股权证是目前在我国证券市场上流通的主要证券衍生产品。下面我们将分别介绍可转换证券、优先认股权和认股权证的价格决定。

一、可转换证券

可转换证券是一种混合证券，可转换证券可转换成其他证券。通常，可转换证券的持有人有权决定是否转换，但强制性可转换证券则要求证券持有人根据特定的时间表来转换证券。可转换证券分为可转换优先股和可转换债券两类，它们是由公司发行并给予证券持有人在一定时间按照一定标准转化为该公司的普通股股票的权利的证券。可转换证券实际上就是一种长期的普通股股票的看涨期权。

（一）可转换证券的价值

可转换证券的价值可以分为两种：投资价值和转换价值。

1. 投资价值

可转换证券的投资价值是它所附的可转换权被剔除后的市场价值，投资价值反映了证券的未来现金流量、现行利率和发行人的信用质量。投资价值在市场上一般不可见，但它是一个有用的概念，可使用标准的证券定价或金融工程的方法来估计。

2. 转换价值

可转换证券的转换价值是指将该可转换证券立即转换为普通股股票而可以实现的价值。转换价值可以利用公式（7-35）很容易地计算出来。

$$转换价值=转换比率\times 当前股票价格 \tag{7-35}$$

其中，转换比率是指每份可转换证券可以被转换成普通股的数量。例如，如果可转换债券的转换比率是15，那么一份可转换债券可以被转换成15股普通股。

有一些可转换证券有一个随着固定的时间表变化的转换比率。例如，有的可转换债券在债券的第一个五年的转换比率可能是13，在第一个五年之后下降到12。有些可转换证券还附有赎回条款，经过几年的赎回保障，这些可转换证券可被赎回。当被赎回时，持有人被迫选择按照赎回价格交出证券或将其转换。如果持有人选择将该证券转换，则此交易被称为强制转换。

投资价值和转换价值的概念很重要，因为一个可转换证券的市场价格应该总是超过这两个数量，否则，套利将会介入并开始积存可转换证券，从而推动其市场价格。下面再介绍两个溢价率。

$$投资价值溢价率=\frac{市场价格-投资价值}{投资价值}\times 100\% \tag{7-36}$$

$$转换价值溢价率=\frac{市场价格-转换价值}{转换价值}\times 100\% \tag{7-37}$$

很显然，两个溢价率都应该为正数。

（二）可转换证券的相关概念及其价格的变动特征

可转换证券的市场价格必须大于投资价值和转换价值。若可转换证券的市场价格小于投资价值或者转换价值，则可转换证券被低估，购买可转换证券可以进行无风险套利，这样会使可转换证券的市场价格上升到投资价值和转换价值之上。为更好地理解可转换证券的市场价格，我们还需要掌握一些与可转换证券相关的概念和可转换证券价格的变动特征。

1. 转换价格和转换平价

转换价格是指可转换证券转换为每股公司普通股股票所要求的可转换证券的票面金额。例如，如果可转换债券的转换比率是20，债券的票面价值是1 000元，那么每50元债券面值能够被转换成1股该公司股票，则50元被称为转换价格。转换价格是可转换证券的票面金额与转换比率的商，即转换价格有下面的计算公式。

$$转换价格=\frac{可转换证券的票面金额}{转换比率} \tag{7-38}$$

另外，我们还需要了解转换平价的概念。转换平价是可转换证券的市场价格与转换比率的商，即转换平价有下面的计算公式。

$$转换平价=\frac{可转换证券的市场价格}{转换比率} \tag{7-39}$$

转换平价是一个非常有用的指标，转换平价也可被视为一个盈亏平衡点。当实际股票市场价格上升到转换平价水平，任何进一步的股票价格上升肯定会使可转换证券的价值增加。

2. 转换升水和转换贴水

为了理解转换升水和转换贴水的概念，我们还需要掌握一个概念，即基准股价。基准股价是指普通股股票的当期市场价格。当转换平价大于基准股价时，转换平价与基准股价的差额被称为转换升水，转换升水占基准股价的百分比被称为转换升水比率，公式如下。

$$转换升水=转换平价-基准股价 \tag{7-40}$$

$$转换升水比率=\frac{转换升水}{基准股价}\times100\% \tag{7-41}$$

如果转换平价小于基准股价，基准股价与转换平价的差额就被称为转换贴水，转换贴水占基准股价的百分比被称为转换贴水比率，公式如下。

$$转换贴水=基准股价-转换平价 \tag{7-42}$$

$$转换贴水比率=\frac{转换贴水}{基准股价}\times100\% \tag{7-43}$$

一般来说，投资者在购买可转换证券时都要支付一笔转换升水，这是将来可转换证券持有人在将证券转换成股票时，相对于当初认购可转换证券时的股票价格（即基准股价）而做出的让步。转换贴水的出现与可转换证券的溢价出售有关。

例 7.15 某公司的可转换债券，票面价值是 1 000 元，市场价格是 1 020 元，转换比率是 20，其股票基准价格为 45 元。试求转换价格、转换平价、转换升水和转换升水比率。

解：

$$转换价格=\frac{1\,000}{20}=50（元）$$

$$转换平价=\frac{1\,020}{20}=51（元）$$

$$转换升水=51-45=6（元）$$

$$转换升水比率=\frac{6}{45}\times100\%=13.33\%$$

3. 可转换证券价格的变动特征

当可转换证券的转换价值超过投资价值时，可转换证券就像一个平价期权，它的价值几乎直接随着标的股票价格的波动而波动。

当股票价格较低时，转换价值比投资价值低，但股票价格仍有上升到足以使转换具有吸引力的可能性，可转换证券的行为属于混合期权类。在这种状态下，可转换证券展现的是真正的混合行为。市场价格对标的股票价格、利率、隐含的波动性及发行人的信贷质量都十分敏感。

当股票价格更低时，换股权几乎是毫无价值的。可转换证券就像一个固定收益工具。它的市场价格随着利率以及发行人的信用质量而波动。

如果发行人陷入财务困境，其信用评级将降至低于投资级别并且股票价格将下降到非常低的水平。这里转换功能几乎是无关紧要的，可转换证券的市场价格主要随着发行人的信用质量而波动。

二、优先认股权

优先认股权又可以称为股票先买权，是普通股股东的一种特权，其实质是一种短期的看涨期权。优先认股权是指当公司在发行新的股票时，原普通股股东享有的按一定价格优先认购一定数量新发行的股票的权利，具体可购买的数量根据其持股比例计算。一般来说，新股票的定价低于股票市价，所以优先认股权具有一定的价值。普通股股东既可以行使优先认股权，也可以将该权利转让给他人。下面我们分别介绍附权优先认股权的价值、除权优先认股权的价值和优先认股权的杠杆作用。

（一）附权优先认股权的价值

优先认股权通常在某一股权登记日前颁发。在此之前购买股票的股东享有优先认股权，或者说此时股票的市场价格含有优先认股权，因此称之为“附权优先认股权”。为给出附权优先认股权的价值公式，先介绍一些符号的意义。P_1 代表附权股票的市价，R_1 代表附权优先认股权的价值，N 代表购买 1 股股票所需的股权数，S 代表新股票的认购价。$R_1 \cdot N$ 代表可以购买 1 股股票的优先认股权的价值，$R_1 \cdot N+S$ 代表可以购买 1 股股票的优先认股权的价值与每股认购价的和，这正好是获得 1 股股票的价格，当然这股股票已经没有优先认股权了，若再加上一个优先认股权，则等价于附权股票的价格。所以

$$R_1 \cdot N+S+R_1=P_1 \tag{7-44}$$

对式（7-44）变形，可以得到

$$R_1=\frac{P_1-S}{N+1} \tag{7-45}$$

例 7.16　假设分配给现有股东的新发行股票与原有股票的比例为 1∶5，即买 1 股新股需要 5 个优先认股权，每股认购价格为 30 元，该公司股票的每股市价为 60 元，试求股权登记日之前的附权优先认股权的价值。

解： 将 $P_1=60$，$S=30$，$N=5$ 代入公式（7-45），可以计算出附权优先认股权的价值为：

$$R_1=(60-30)/(5+1)=5\ （元）$$

（二）除权优先认股权的价值

在股权登记日以后，股票的市场价格中将不再含有新发行股票的优先认股权，此时的优先认股权就被称为“除权优先认股权”。在这种情况下，有下面的公式。

$$R_2 \cdot N+S=P_2 \tag{7-46}$$

其中，R_2 代表除权优先认股权的价值，N 和 S 的意义同前，P_2 代表除权股票的市价。

与公式（7-44）相比，公式（7-46）左侧无须再加上优先认股权的价值，这是因为此时 P_2 代表除权股票的市价，P_2 中不含优先认股权。

对式（7-46）变形，可以得到

$$R_2=\frac{P_2-S}{N} \tag{7-47}$$

在例 7.16 中，股票除权后，优先认股权的理论价值为

$$R_2=\frac{(60-5)-30}{5}=5\ （元）$$

（三）优先认股权的杠杆作用

一般来说，股票价格上涨，优先认股权的价格也上涨，股票价格下跌，优先认股权的价格也下跌，而且优先认股权价格的变动幅度比股票价格的变动幅度要大，这就是优先认股权的杠杆作用。例如，某公司股票除权之后价格为 20 元，买 1 股新股需要 5 个优先认股权，凭优先认股权的优惠认购价格为每股 7 元，则优先认股权的价格为（20-7）/5=2.6（元）。假设该公司股票价格从 20 元上升到 40 元，增长率为［（40-20）/20］×100%＝100%，则优先认股权的价格为（40-7）/5=6.6（元），增长率为［（6.6-2.6）/2.6］×100%＝153.85%，可见优先认

股权价格的增长率远大于股票价格的增长率。假设该公司股票价格从20元下降到10元，降低率为 $[(10-20)/20]\times100\%=-50\%$，则优先认股权的价格为 $(10-7)/5=0.6$（元），降低率为 $[(0.6-2.6)/2.6]\times100\%=-76.92\%$，可见优先认股权价格的降低率远大于股票价格的降低率。

三、认股权证

有时债券和优先股发行时附有长期的认股权证，这些认股权证赋予持有权证的投资者在未来某个时间或者某段时间内以规定的认购价格从该公司购买一定数量的普通股的权利。认股权证可以是与债券和优先股分开的，也可以是不分开的，有效期可以是有限的，也可以是无限的。认股权证类似于公司股票的长期看涨期权，但是与看涨期权又有一定的区别，其区别在于认股权证通常针对该公司新发行的股票，而股票看涨期权通常针对已经发行的股票。

（一）认股权证的理论价值

认股权证理论价值的计算公式为

$$V=\max[(S-E),0]\times N \tag{7-48}$$

式中，V 代表认股权证的理论价值，S 代表普通股股票的市场价格，E 代表规定的认购价格，N 代表换股比例，即每张认股权证可以购买的普通股股票数量。

认股权证理论价值的影响因素主要有以下几个。

第一，普通股股票的市场价格。当普通股股票的市场价格低于规定的认购价格时，认股权证的理论价值为0，当普通股股票的市场价格大于规定的认购价格时，普通股股票的市场价格越大，认股权证的理论价值越大。

第二，规定的认购价格。当规定的认购价格大于普通股股票的市场价格时，认股权证的理论价值为0，当规定的认购价格小于普通股股票的市场价格时，规定的认购价格越小，认股权证的理论价值越大。

第三，普通股股票的市场价格的波动性和剩余有效期。普通股股票的市场价格的波动性越大，普通股股票的市场价格大于规定的认购价格的可能性越大，认股权证的理论价值也越大。同样的，认股权证的剩余有效期越长，普通股股票的市场价格大于规定的认购价格的可能性越大，认股权证的理论价值也越大。

第四，换股比例。换股比例越大，每张认股权证可以购买的普通股股票数量越多，从而认股权证的理论价值越大。

例7.17 假设某公司的认股权证规定的认购价格是每股30元，每个认股权证可以购买1股该公司的普通股股票，分别求当该公司普通股股票的市场价格为40元和28元时，该公司认股权证的理论价值。

解： 当该公司普通股股票的市场价格为40元时，该公司的认股权证的理论价值为10元，而当该公司普通股股票的市场价格为28元时，该公司的认股权证的理论价值为0元。

这里还要注意一点，在进行交易时，认股权证的市场价格往往还要高于理论价值。例如即使认股权证的理论价值为0元，只要认股权证尚未到期，市场上对该认股权证仍有需求，认股权证的市场价格就不会为0元。这是因为虽然现在认股权证的理论价值为0元，但在后面的剩余期限内，普通股股票的市场价格还有可能上升到认股权证规定的认购价格之上，从而使认股权证有价值。认股权证的溢价可以表示为认股权证的市场价格与其理论价值的差。

（二）认股权证的杠杆作用

一般来说，股票价格上涨，认股权证的价格也上涨，股票价格下跌，认股权证的价格也下跌，而且认股权证价格的变动幅度比股票价格的变动幅度要大。这就是认股权证的杠杆作用。例如，某公司股票报价为15元，1个认股权证可以购买1股新股，认股权证规定的认购价格为每股10元，则该认股权证的理论价值为15-10=5（元）。假设该公司股票价格从15元上升到30元，增长率为［(30-15)/15］×100%=100%，则认股权证的理论价值为30-10=20（元），增长率为［(20-5)/5］×100%=300%，可见认股权证理论价值的增长率远大于股票价格的增长率。同理，假设该公司股票价格从15元下降到9元，降低率为［(9-15)/15］×100%=-40%，则认股权证的理论价值为0（元），降低率为［(0-20)/20］×100%=-100%，可见认股权证理论价值的降低率远大于股票价格的降低率。

本章小结

债券价值评估的理论基础是折现理论，其实质是将未来的现金流按照一定的折现率折现。

债券定价原理主要表明了以下规律：债券的市场价格与收益率呈反向关系；如果债券的收益率不变，则随着到期时间的减少，折价或溢价的额度将逐渐减小并且减小的速度将逐渐加快；对期限既定的债券，收益率下降导致的债券价格上升的幅度大于同等幅度的收益率上升导致的债券价格下降的幅度；若收益率变动幅度一定，债券票面利率越低，债券价格的波动幅度越大。

久期和凸度刻画了债券价格对市场利率的敏感度，它们有效地度量了债券的风险。久期测度的是利率变化对现金流现值影响效果的一阶近似，而凸度测度的是利率变化对现金流现值影响效果的二阶近似。

收益率曲线主要有正常的收益率曲线、平坦的收益率曲线、倒挂的收益率曲线和隆起的收益率曲线四种模式。

股票价值的估算方法主要有相对估值法和绝对估值法，相对估值法主要是使用市盈率、市净率、市现率等价格指标与相应对比系进行对比，来确定公司股票的价值。绝对估值法主要是应用股利折现模型。

开放式基金的价格分为申购价格和赎回价格两种。封闭式基金的价格分为发行价格和交易价格两种。

可转换证券、优先认股权和认股权证是目前在我国证券市场上流通的主要证券衍生产品。可转换证券实际上就是一种长期的普通股股票的看涨期权。优先认股权又可以称为股票先买权，是普通股股东的一种特权，其实质是一种短期的看涨期权。认股权证类似于公司股票的长期看涨期权，但是与看涨期权又有一定的区别，其区别在于认股权证通常针对该公司新发行的股票，而股票看涨期权通常针对已经发行的股票。

网络资源索引

1. http://www.szse.cn 深圳证券交易所
2. http://baike.baidu.com/view/26411.htm 百度百科—债券
3. http://baike.baidu.com/view/1205491.htm 百度百科—贴现债券
4. http://www.investopedia.com/university/advancedbond/advancedbond4.asp 投资百科—债券高级知识
5. http://wiki.mbalib.com 智库百科
6. http://www.investopedia.com/terms/p/preferred-habitat-theory.asp#axzz1QIV6QYUt 投资百科—优先置产理论
7. http://baike.baidu.com/view/626845.htm 百度百科—市场分割理论
8. http://www.hudong.com 互动百科

9. http://baike.baidu.com/view/161053.htm 百度百科—投资基金

10. http://baike.baidu.com/view/10437.htm 百度百科—开放式基金

关键术语

折现法 贴现债券 到期一次还本付息债券 久期 凸度 利率期限结构 收益率曲线 相对估值法 绝对估值法 股利折现模型 股利增长率 投资基金 单位基金资产净值 开放式基金 申购价格 赎回价格 封闭式基金 可转换证券 投资价值 转换价格 转换平价 转换升水 转换贴水 优先认股权 认股权证

问题与思考

1. 按照面值出售的债券，票面利率是9%，每半年付息一次，如果想一年付息一次，并且仍然按照面值出售，则票面利率应该改为多少？

2. 如果你在两个付息日之间购买息票债券，那么你付给经纪人的金额是多于还是少于金融报表上的金额？论述两者的差别以及产生差别的原因。

3. 关于债券的久期有几种理解？解释各种理解的意义。

4. 某债券的面值是1 000元，票面利率是10%，期限是10年，市场利率是10%。当市场利率分别从当前的10%变为9%和11%时，请在不考虑凸度和考虑凸度两种情况下，计算该债券的价格变化。

5. 简述预期理论、流动性偏好理论、市场分割理论和优先置产理论的主要内容和相互关系。

6. 简述开放式基金和封闭式基金的异同点，以及它们的价格主要受哪些因素的影响。

7. 假设某公司上一年支付的每股股利为0.66元，本年预期支付每股股利0.5元，第二年预期支付每股股利0.8元，第三年预期支付每股股利0.98元，并且预期从第四年起，股利每年以6%的速度增长，假设公司股票折现率为10%，试确定该公司股票当前的价格。

8. 假设某公司股票上一年支付的股利为0.9元/股，预期今后三年的增长率为5%，股利增长率从第4年开始递减，从第7年开始保持在每年2.6%的增长速度并不再变动。该股票的折现率为9%，请给该股票进行估值。

9. 为什么很多债券是可赎回的？可赎回债券对投资者有什么不利？债券被赎回时投资者的所得是什么？当债券被赎回时，应该如何计算其价值？

10. 结合实例谈谈认股权证和股票期权的异同。认股权证理论价值的影响因素主要有哪些？分析各因素如何影响认股权证的理论价值。

第八章　证券投资的基本分析

本章导读

证券投资的基本分析是对证券“质”的把握，它要求我们根据经济学、金融学、财务管理学及投资学的基本原理，通过对影响和决定证券投资价值及市场价格的要素进行分析，评估证券的投资价值及合理价位。其最核心的内容是市场参与者对资料数据进行理性的分析评估，理解企业进行价值创造的过程和模式，从而实现价值发现。

本章主要介绍证券投资基本分析的内容与方法，着重从宏观、中观和微观的角度对影响证券市场价格的因素进行分析，共分三节。第一节为宏观因素分析，主要是从宏观角度分析了在证券投资活动中，宏观经济因素和非经济因素在证券市场中的影响和作用机制；第二节为产业分析，主要是从中观角度分析了产业因素即产业概况、产业竞争性和产业周期的影响；第三节具体讨论了企业这一投资市场的直接对象，在经营管理、财务方面的分析要点。

学习本章你需要具备相关的货币银行学、财政学、资产定价、产业组织理论以及公司财务方面的相关知识。

第一节　宏观因素分析

分析宏观因素及环境，目的在于判断证券投资的大气候，以便准确选择适当的投资机会，确定投资种类。

对宏观因素的分析主要包括经济因素分析和非经济因素分析。

一、宏观经济因素分析

任何企业都是在一定的宏观经济背景下进行生产经营的，宏观经济情形的好坏，关系到每个企业的生存与发展。宏观经济因素分析主要是对宏观经济形势、宏观经济政策以及其他宏观经济因素等进行分析。

（一）宏观经济形势分析

反映国民经济发展状况的最重要的指标是国内生产总值。国内生产总值反映了在一定时间内（通常为一年）国民经济所生产的全部商品与劳务的价值总和，它由个人消费开支、国内私人总投资、政府购买和净出口四个部分组成，国内生产总值及其各个组成部分的变化，可以反映出整个经济活动水平和不同行业生产形势的变动情况。一定时期内国内生产总值上升或下降，实际上就是对经济成长与否的一种判断。这无疑是影响证券行市总体水平升降的一个参考因素。

反映经济成长与否，还可以参考许多经济行情指标。这些指标很多，大体可分为同步指标、先行指标和后行指标三种。同步指标是最常见的衡量经济行为的时间系列指标，如工业产值、个人收入、制造业产值、商品销售额等指标。这些指标是衡量总体经济活动的标志，反映经济成长的具体情况，它们的上升或下降的趋势基本一致。先行指标是指先于经济周期发生变动的系列指标，它们通常比同类的同步指标早几个月发生变动。因此，先行指标常被用来预测经济行情的变动，如新订单、新承包契约、原料价格和库存变动等，都在一定程度上反映了经济成长的趋向。后行指标是在总的经济活动之后发生变动的时间系列指标，如单位产品的劳动成本、抵押贷款的利率、未清偿债务和全部投资支出等，在经济上它们可以作为过剩和失衡的标志。

总之，对于经济成长这一客观经济因素，我们应从多方面来准确把握。任何公司或企业不可能脱离宏观经济环境而独立生存和发展，在任何经济环境下，经济成长与否对证券投资而言始终是至关重要的。

（二）宏观经济政策分析

1. 货币政策分析

货币政策及其变动会对经济活动产生重大影响。货币政策的变动，集中地反映在货币供给量和利率水平的变动上。

（1）扩张性的货币政策，会促使社会货币供给量增加，提高银行的信贷能力，压低资金市场的利率水平，从而推动生产投资与消费的增长，刺激经济的发展。同时，货币供给量增加，可用于投资证券的资金相应增多，就会促使证券行市的上升；利率降低，企业借款成本降低，利润相应增加，另外由于低利率，看重利息收入的投资者就会把资金投向证券，以求得到较高的收益率；再者，利率低使得投资者在评估证券内在价值时所使用的折现率下降，使得证券的投资价值上升，市场价格也随之上涨。

（2）紧缩性的货币政策，其效果正好和扩张性的货币政策相反，当中央银行实行紧缩性货币政策时，货币供给减少，利率上升。货币供给量减少时，用于购买证券的资金相应减少，价格自然趋降。而高利率不利于证券投资，这是因为：利率高时，存款收息，安稳妥当，投资者不愿在证券市场上冒风险；高利率使得企业负担增加，获利能力降低，当然也不利于证券投资；利率高，说明社会资金供给紧俏，它会影响到企业资金周转，也不利于生产、经营与销售；高利率时，投资者评估证券价值的市盈率也会改变，股票、债券等证券的价格也跟着下跌。

可见，扩张性的货币政策，会刺激证券行市上升。但是，长期推行扩张性货币政策不但可能导致经济陷入滞胀的困境，而且会导致名义利率的提高和波动，从而造成证券市场价格下跌和不稳定，增加证券投资者的风险，影响证券收益。因此，分析和掌握货币政策，对正确认识当前的经济形势和预测经济未来的发展方向有重要意义。

判断货币政策的类型，主要采用货币供给量、法定存款准备金率、贴现率以及公开市场业务交易量等指标。当国家为防止衰退和刺激经济发展而实行扩张性货币政策时，中央银行就会相应采取减少法定存款准备金，降低中央银行再贴现率或在公开市场上买入公债等举措；反之，在采取紧缩性政策时，往往提高法定存款准备金率和再贴现率，或在公开市场上出售公债来减少货币供给量，紧缩信用。

2. 财政政策分析

财政政策相对于货币政策而言，显得相对简单。财政收入主要表现为税收，其中财政收入中90%以上来自于此；而财政支出，从最基本的角度分析，则主要是政府开支。把握住这一收一支，也就基本上把握住了财政政策对证券市场的影响。

（1）财政支出。政府开支主要用于政府购买与其他支出，它反映了政府在经济中的作用。政府开支的增减及其各种用途之间的变化，对有关国民经济相关部门的发展会产生重要的影响。如政府的大量军事订货与采购，对军需及其连带工业发展具有刺激作用；政府的社会福利和社会救济支出，对日用消费品与劳务行业会产生积极的影响，与这些行业或部门相关的企业，就会因政府财政支出的增加，需求扩大而得到长足的发展，从而会促进整个经济景气度的上升。证券市场也会因这些企业证券价格的上扬，而得到带动；如果政府开支锐减，情况就完全相反。

（2）税制变动。税制的变动，税率上的增减直接影响到每个企业的生产经营成本，也就涉及企业利润的多寡。从宏观经济角度来看，税率的调整、税制的变动，往往伴随着国家一定时期经济政策的修正。财政政策和货币政策一样，也分紧缩性和扩张性的政策类型。当采取紧缩性财政政策时，经济降温，证券市场上的反应，必是价格上的大幅度回落；如果实施扩张性财政政策时，相伴随的必是经济回升，证券行市趋涨。由此可见，证券投资者在考察宏观经济环境时，国家财政政策是一个不可忽视的重要因素。

阅读与应用

怎样预测 CPI

CPI即消费物价指数。我国的CPI多次被国外的媒体机构准确地预测到，这使我们在佩服的同时也产生了怀疑，因为CPI是很难被准确预测的。后来证实是由于泄密造成的。也许有人会问，提前知道CPI有什么意义呢？

在资本市场较发达的我国，国内股市的走势容易受政府相关政策和一些消息的影响。当投资者知道未来经济的相关数据后，会预测到当局将如何行动以及这个消息对股市的影响，另外，信息持有者凭借自己的专业素质能准确地判断出CPI对广大投资者的影响。这样一来，基于理性的预期，提前获得信息的投资者就可以改变自己的投资策略以获得巨大的利润或降低损失。

当然，影响CPI的因素有很多种，作为普通投资者，我们不可能像经济学家那样对各种因素进行详细的分析，在此我把有关学者对2008年以来我国通货膨胀的原因进行概要式的总结：①我国近几年的货币量 M_2 供应较多；②我国应对由美国次贷危机引起的全球金融危机时采取了40 000亿元的刺激经济的措施；③由超额外汇造成的人民币超额供给；④国外大宗商品价格持续上涨；⑤我国的运输成本高昂。

可见影响CPI的因素有很多，且它们之间的关系十分复杂。作为普通的投资者，我们很难准确预测CPI，但是我们一般会关注两个指标（如图8-1所示），一个是工业生产者出厂价格指数（PPI）和消费物价指数（CPI），我们在经验上认为PPI是CPI的先行指标，PPI一般会早于CPI而变化，这样在一定程度上可以由PPI的变化大致地判断CPI变化的趋势。

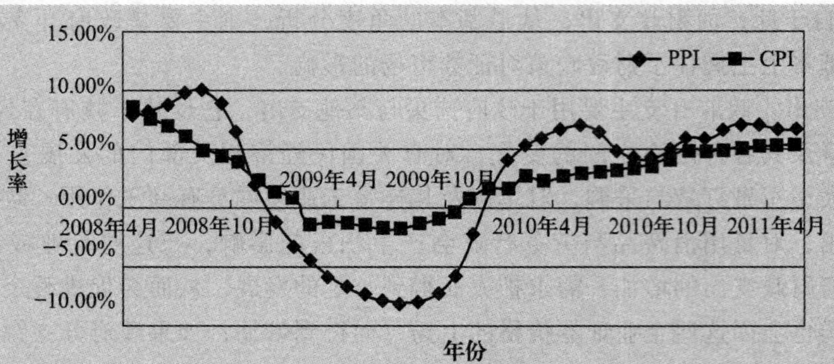

图 8-1 PPI、CPI 走势比较

资料来源：根据和讯网网站资料整理

（三）其他宏观经济因素的分析

1. 物价变动分析

对于物价水平的变动，股市的反应最为敏感。物价上涨的不同阶段，其反应是不同的。一般认为，在物价上涨的初期，有原材料和产品库存的厂商会大获其利，由于企业产品售价上升，企业的盈利、资产净值相对提高，而固有资产的折旧和其他经营名义成本却相对固定不变，利润率因此上升，因而，证券行市也会跟着上扬；但在物价快速上涨并且持续一段时间以后，因生产者的成本上升，利润会降低，而投资人往往趋于保值的心理，可能从证券市场上抽出资金，转而投资于黄金等其他保值实物，证券行市也就会随之回落。当然，如果是因为经济不景气，生产滑坡，销售减少，库存增加，以致物价下跌，表现在证券市场上则更是行情低迷不振，空方的阴影笼罩。总的分析，物价的频繁变动对经济成长不利，当然也不利于证券投资；而在物价相对平稳的状态下，经济才会有长足的发展，证券市场的行情才能屡创高点。

2. 国际收支分析

国际收支中，最重要的两个因素是汇率问题与进出口问题。我们可以汇率和净出口这两个指标，来具体分析国际收支对证券投资的利弊因素。

首先，从汇率上看，汇率变动对一个国家经济影响颇为深远。本国汇率升值时，以外销为主的公司，出口竞争力降低，获利能力相应下降。但是，如果本国货币相对于其他竞争国家的货币，仍然属于低估时，本国企业，仍然可以维持其出口的竞争力；反之，则相反。另外，汇率变动的不同时期，其影响与作用方式也可能不同。一般而言，在本国汇率的升值初期，由于进口成本的降低而且因币值上升带来的大量“热钱”，证券行市会上扬；而在升值末期，因为“热钱”流出，而且企业的竞争力已下降，股价则会下跌。投资人在汇率变动频繁时，应审慎进行投资决策，汇率升值时候，应选择以内销为主的企业的股票，或者是大量进口的企业投资；如果汇率贬值时，则应该投资以外销为主的公司的股票。

其次，从净出口来看。净出口指的是商品与劳务对国外的净输出，这里的商品包括各种消费品、原料、中间产品和制成品等。劳务包括运输、通信、金融、保险、旅游等服务项目。一般说来，净出口额的增长会推动出口企业的生产和销售，并带动其他与外贸企业有业务联系的企业发展，从而对国民经济的发展，起到乘数的推动作用。此外，外汇的存量增加，货币供给量必定也会增加，人们也因而更加富裕，有更多的资金投入证券市场，势必带动股价的上涨；相反，净出口额的减少，则会影响到外贸出口企业的生产和销售的活动，并进一步影响到与其有关行业的生产，对经济发展不利，当然也不利于证券的投资。

3. 国际金融风波

随着世界经济的全球化、金融全球化的发展，各国金融市场的联系日益密切，国际金融风波与危机在各国金融市场间的传导日益明显，且速度越来越快，一个国家的证券市场不可能独善其身。从南美国家的债务危机到墨西哥金融风波，从俄罗斯的金融动荡再到东南亚金融危机，凡危机波及国家的证券市场无一例外地出现了股市的剧烈振荡，投资人的信心丧失，证券市场的市值严重缩水。在此背景下进行证券投资活动，投资者需要格外小心谨慎。

另外，世界科技的进步，国际经济景气情况，国际局势以及能源、环境保护、人口因素等宏观因素，也是我们进行宏观经济分析的重要依据之一。

阅读与应用

股市是实体经济的“晴雨表”吗？

一直以来，大家都认为股市是实体经济的“晴雨表”，经济状况的运行状况在很大程度上可以预测股市的整体走势，然而股价是一系列变量的函数。自改革开放以来我国的经济取得了很大的成就，由以前的贫穷落后的国家到现在的世界第二大经济体，可以说我国的经济建设成就举世瞩目。与实体经济相对应的资本市场，经过20多年的发展也取得了长足的发展。回顾2010年的我国的经济发展状况，国内生产总值397 983亿元，比2009年增长10.3%。这个数据高于同期的很多西方发达国家及其亚太地区其他国家的GDP增长率。可以说在2010年，我国经济率先从金融危机的阴影中恢复过来，经济发展优于绝大多数国家的经济发展状况。

反观我国2010年的资本市场，全球股市IPO融资数额最多的就是我国的A股市场。而在全球主要资本市场中，2010年中国A股市场的表现排名垫底。

Wind资讯显示，2010年总募资金额达到10 016.32亿元，已经突破万亿大关，一举超越2007年7 985.82亿元的历史纪录。在IPO、增发及配股融资规模上，2010年均创出历史新高，分别为492.31亿元、3 656.80亿元和1 438.22亿元。

与巨量融资形成鲜明对比的是，A股在全球主要资本市场中的表现却最为逊色。

上证指数从2009年收盘的3 277点开始便一路震荡下跌，12月30日最终报收2 759.58点，跌幅达到16.04%，表现差劲程度仅次于希腊和西班牙。

市场普遍认为，西班牙、希腊股市由于受到欧洲债务危机的冲击，领跌全球是符合预期的。然而，A股的弱势表现与中国经济在2010年领涨全球极不相称。

放眼全球资本市场，中国股市是新兴市场“金砖四国”中唯一下跌的市场。2010年表现排名前三位的分别是阿根廷、印度尼西亚和泰国股市，它们的涨幅分别为51.79%、45.96%和40.85%。

资料来源：国家统计局：马建堂．2010年国民经济运行态势总体良好．日报．彭洁云．A股市场2010七宗最：IPO募资额称冠全球．第一财经日报

二、宏观非经济因素分析

（一）政治因素

政治因素指能对经济因素发生直接或间接影响的政治方面的原因。政治因素对于股价的影响较为复杂，需具体分析其对经济因素的影响而定。

1. 国际形势的变化

当今世界各国间经济的关联性越来越紧密，国际形势的风云变幻，会直接影响到企业的正常生产经营活动。随着经济全球化加剧，这种状况会表现得更加明显，如外交关系的改善会使有关跨国公司的股价上升。作为投资者，应正确抉择，以获取因国际形势变化带来的投资收益，避免投资风险。

2. 国内重大政治事件

国内政局的变化、政治风波等也会对股票产生重大影响。如国内政权的转移、领袖的更替、政府的作为及社会的安定性等，均会对股价波动产生影响，这在中外股票市场上已经屡见不鲜。

3. 战争因素

战争使各国政治经济不稳定，人心动荡，对证券市场的投资也是一种打击，会引发物价上涨，货币贬值，人们抛售证券来换取货币与实物，行市暴跌。即使没有发生战争的市场经济国家，其市场也会出现动荡，因为经济的全球化效应是相互影响的。但是战争对不同行业的股票价格影响又不同，比如战争使军需工业兴盛，那么凡是与军需工业相关的公司的股票价格必然上涨。因此，投资者应适时购进军需工业及其相关工业的证券，售出容易在战争中受损的证券。

（二）市场自身因素

影响证券市场价格变化的根本原因和直接原因都是供求关系的变化。但在一定的条件下，证券行情的发展可能会游离于政治、经济因素之外，完全由市场自身的一些因素来主导行市的变化。

1. 证券市场自身的运行规律

在证券市场中，由于投资者的市场预期的心理，证券行市有其自身特有的运行规则。特别在股票市场上，久涨必跌，久跌必涨，已经成为了一个普遍的规律。证券市场行市的起起落落，既是市场运行自身的规律，也反映了市场投资者的心理变化和对发行公司未来的价值判断。在证券投资的各种假说和理论中，循环周期理论实际上就是对证券市场这一规律性变化进行的总结，该理论期望探索出其内在的规律性。

2. 人为操纵

人为操纵在证券市场常常发生，主要存在于股票市场，尤其是在股票市场尚不成熟，市场监管制度又不够健全的情况下，其操纵情况更为常见。大户人为操纵股价的方式主要有：①垄断，大户以其庞大资金收购股票，造成市场筹码减少，然后哄抬股价，引诱一般散户跟进，当股价达到高峰时，采取隐蔽手段将其持有股票卖出；②掼压，也称卖押，大户大量卖出股票，

增加市场筹码，同时放出不利谣言，造成散户恐慌，跟着卖出，形成股价跌势，然后，大户则暗中低价收；③转账，也称对冲，即大户利用不同身份的个人，开立数个户头，采取互相冲销转账的方式，反复作价，以抬高或压低股价，达到其操纵的目的，而操纵者只需付出少许的手续费（佣金）和税金；④轧空，即多头将股价一直抬高，逼使空头求补，也就是做多头的大户把股价抬高，造成上涨气氛，空头害怕再涨，急于补回，不得不任多头操纵股价；⑤声东击西；大户选择一些市场筹码少且容易操纵的股票，抬高或压低股价，造成散户发生错觉而盲目跟进；然后，大户却趁机卖出或买进其他种类的股票；⑥散布谣言，大户为了促使股价向有利于自己的方向转变，故意制造或散布某种谣言，促使股价变动。

3. 心理因素

证券市场尤其是股票市场是个十分敏感市场，同时也是一个依靠信息博弈的市场，市场上的任何风吹草动都可能引发行情的变化。历史上曾有过因一家银行门前有一群临时避雨的人被误认为是“挤兑”，而一传十、十传百，导致这家上市银行的股价大幅下跌，最终银行经理不得不出来辟谣，事态才得以平息。实际上该银行无论是从经济因素或是政治因素上都没有任何的变化，仅仅是因为投资者心理上发生了一些变化，就导致了股价的波动，股价的脆弱性可窥一斑。

（三）其他不确定因素

除了上述因素外，证券市场还可能受到其他的一些因素的影响，这些因素可能不是证券价格波动的直接原因，但是由于它与人们的经济生活息息相关，最终会在证券行市中表现出来。

1. 自然灾害

自然灾害并非政治或经济因素，但却影响到经济的健康发展和政治的稳定，对证券市场的价格有时起着决定性的影响，如地震、火山喷发、海啸、泥石流、龙卷风、干旱、洪涝、荒漠化等。这些自然灾害是人类目前无法完全回避和消除的，它所造成的影响对社会经济的发展，会形成重大打击，当然表现在证券市场上的就是行市波动，投资价值下降。比如，2011 年 3 月的日本地震，造成了超过 13 000 人遇难，这给日本的经济复苏和人民生活带来了严重影响，当然最终也会通过证券行市表现出来。

2. 重大疫情传播

人是产品的最终消费者，影响人类自身或其他动植物健康的各类疫情，也有可能对人类的生产经营活动形成打击。比如近年来，欧洲的疯牛病，亚洲的口蹄疫、禽流感，以及我国在 2003 年大规模爆发的“非典”，无疑都给当地的畜牧业、养殖业、旅游业的发展带来了近乎毁灭性的打击。一般情况下，随着疫情的发生，都会影响和降低疫情发生国的 GDP 的增幅，这种影响，在证券市场上的表现是十分明显的。

3. 突发性重大事件

在日常生活中，有一些我们不可预知的重大事件的发生，比如重大矿难，人为的灾难、市场崩溃等。当该重大事件的影响范围达到一定的程度时，就有可能波及证券市场，影响证券价格的变化。例如，1986 年 4 月 26 日发生的切尔诺贝利核电站核泄漏事故，给当时的苏联及北欧诸国带来了核污染，甚至影响到了美国，人们争相抢购陈粮冻肉。这起核事故造成了巨大的经济损失。由于爆炸，苏联核电供应量减少了 10%。芬兰、埃及等国取消了与苏联签订的核设备订单，损失近百亿美元。苏联的两大粮仓乌克兰和白俄罗斯地区也受到不同程度的核污染，粮食和甜菜产量受到很大影响。另外，事后的清理工作，也花费了几十亿美元。这次事故给苏联带来了巨大的政治、经济影响，也影响了国际证券市场的价格波动。

此外，其他的宏观因素诸如太阳黑子变化等天文现象都有可能影响人们的行为模式，对证券投资产生影响。因此，投资者应尽可能地分析所有可能对证券价格产生作用的宏观因素，做好宏观分析。

阅读与应用

日本大地震及引起的海啸对金融市场的影响

宏观经济因素对金融市场有着重要的影响，然而一些突发的事件对金融市场的影响也不容小视，特别是在经济全球化的背景下，一国的金融市场波动或者一国突发事件的影响会有溢出效应。在 2011 年 3 月 11 日，日本当地时间 14 时 46 分，日本东北部海域发生里氏 9.0 级地震并引发海啸，造成重大人员伤亡和财产损失。亚太地区的股市都发生了不同程度的下跌，日本强震的时间是东京时间 14 点 46 分左右，即北京时间 13 点 46 分左右，加上 15 分钟左右的传导时间，对港股以及 A 股等亚太地区股市 14 点以后的走势影响较大。强震发生时，日经 225 指数的跌幅为 0.5% 左右，受强震影响继续下跌了约 1.2 个百分点，全天跌幅为 1.72%；中国香港恒生指数全天下跌了 1.55 个百分点，其中绝大部分是强震后下跌的；中国 A 股则从北京时间 14 时开始加速下跌。欧洲股市也受到影响，德国股票价格指数和法国 CAC40 指数分别下跌 1.16% 和 0.89%。英国《金融时报》300 种股票指数一度下跌 0.8%，跌至 2010 年 12 月以来最低水平。日本地震后的第一个股票交易日，3 月 14 日的日本股市：当日日经指数不仅跌破万点大关至 9 620.49 点，跌幅更是高达 6.2%，创下 2008 年 12 月以来最大单日跌幅。

日本是第三大石油消费国，由于投资者担心日本的原油需求减少，纽约市场油价 11 日开盘后一路下泻，盘中最低在每桶 99 美元附近徘徊，跌幅接近 4%，日元价格也受地震影响一度下跌，汇率跌至 1 美元兑换 83.3 日元。

由这次地震引发的核泄漏给全球的核电产业带来了一系列的负面影响，引起人们对核电安全的关注。很多国家都调整了核电产业的发展规划，如我国核安全规划批准暂停新批核电项目；德国采取了更保守的做法，日本福岛核事故之后，时任德国总理默克尔立刻宣布对本国核电厂进行安检，并对 8 座老旧核电站实行暂时关闭 3 个月措施。但该措施到期后，政府决定不再启用这 8 座核电站，并准备制定新的核能法彻底放弃使用核能。德国各党派经过讨论达成一致结论，决定到 2022 年完全放弃使用核电，使德国成为第一个宣布不再发展核电的欧洲国家。与核电企业相对应的核电类股票也是纷纷下跌，作为替代核电的新能源类股票被人们所看好，出现了不同程度的上涨。

资料来源：根据和讯网财经新闻整理。

第二节 产业分析

产业有广义和狭义之分，广义的产业指国民经济的各行各业。从生产到流通、服务以及文化、教育，都可以称为产业；狭义产业通常指工业部门。产业是由提供相近或替代的商品或服务，在相同或相关价值链上共同构成的，具有某种共同特性的企业集合。由此可见，产业的主体是企业集合，核心是商品或服务。产业分析，即从中观的角度分析这些企业集合的产业概况、竞争生态、运行周期等因素，了解产业发展的共同特点，以便对投资对象所处的经营环境优劣情况做出准确判断，从而有利于证券投资者正确地选择适当的企业来进行投资。

一、产业基本概况分析

产业分析的第一步应该将该产业的大体概况进行全面了解，考察产业链的完整性，分析产业的市场形势，为投资决策提供参考依据。

1. 产业链的完整性

选择一个产业的公司来进行投资，该产业的上中下游应结构完整并且能互相支援配合。产业的内部结构是否合理，关系到企业生存和发展的长远利益；同时产业外部环境的相互衔接，也在一定程度上制约产业的发展。比如汽车制造业，不仅要求产业内部汽车各部件的生产架构合理衔接，同时要求石油、冶金、橡胶等产业要协调发展，才能保障该产业健康成长。

2. 产业的劳动生产率的高低

产业的劳动生产率如何，采用先进生产技术状况怎样，关系着该产业产品的竞争力高低。如果产业的劳动生产率高于或等于世界平均劳动生产率，则该产业就不易受到外货的冲击，反而有可能拓展海外市场；反之，则难免受到外货的侵蚀，造成产业萎缩，特别是在当今世界经济发展日益联系紧密的今天，产业的劳动生产率，关系到该产业的生死存亡。比如，加入世界贸易组织以后，我国的汽车产业、电子产业，都在一定程度上受到了冲击，对我国民族工业是一种威胁，也是一种促进力量。

3. 产业的市场需求

首先，市场的需求从一定意义上说，决定了生产的规模，也就决定了该产业的发展，研究市场需求量的变化，即分析产业发展的中、长期规划。市场需求的增加，就会促进产业的发展；反之，生产规模就会减小。其次，该产业的产品，有没有其他替代品，也影响产业市场的因素之一。所谓替代品，即指为满足同一效用有两种以上商品存在者。例如塑胶与木制品，这两种商品，分别属于化工与木材产业，在这种场合下，就必须仔细观察替代品之间的成本、价格、新产品的出现等所发生的变化。再次，该产业新的竞争者是否容易进入市场，即对产业市场类型进行分析。如果产业联系比较松散，新的竞争者易进入市场，则该产业易受新的竞争压力和冲击，对产业价格、利润的稳定不利，当然对该行业的证券投资者也不利；反之，则对投资者有利。最后，对于一国开放经济部门来说，产业产品对海外市场的依赖程度如何，也在一定程度上影响着产业发展变化。海外市场的变动状况，也就成为该产业发展变动的依据，是证券投资者应密切注意的因素之一。

阅读与应用

投资哪个行业好?

在理论上，行业也许很好理解，但在实践中要区分行业就要借助官方机构公布的行业分类标准判断企业的行业属性。然而，不同划分标准得到的行业分类也不一样，对于证券投资者来说，我们不但可以参照由证监会的行业分类（CSRC 行业分类）来确定所投资对象的行业属性，还可以参照上海证券交易所公布的行业分类（SSE 行业分类），当然还有一些财经网站经常公布的行业分类。当我们在考察投资对象相对于同行业其他企业的表现时，我们可以参照以上标准进行比较，以期做出正确的投资决策。以上市公司为考察投资对象时，不同行业的股票的总体表现相差很大，特别表现在价格和市盈率方面，行业的平均市盈率和股价可以大致地反映该行业的市场表现。当然在不同的经济周期下，资本市场的市场表现是不同的，一般情况下，关系到人们日常生活的食品、烟草、医药等行业对经济周期的反应不敏感，钢铁、汽车、机械设备等行业对经济周期较为敏感。

http://www.sse.com.cn/sseportal/webapp/datapresent/SSEQueryFirstSSENewAct

二、产业竞争分析

产业竞争环境对企业的生产经营影响重大，产业竞争分析的核心，就是从企业角度，分析其在产业竞争环境下的企业独有的竞争战略。

（一）竞争结构分析

产业的竞争结构特征决定了竞争作用力的强弱，强烈地影响着竞争规则的确立以及潜在的可供企业选择的战略，进而决定了产业的利润率。产业外部力量主要在相对意义上有显著作用，因为外部作用通常影响着产业内部的所有企业，因此，关键在于这些企业对外部影响的应变能力。产业的内部竞争根植于其基础经济结构，并超越了现有竞争者的行为范围。因此，对一个产业的分析着重在于对产业内部竞争的分析。一个产业竞争状态取决于五种基本竞争作用力：进入威胁、替代威胁、客户价格谈判实力、供应商价格谈判实力和现有竞争对手的竞争。

1. 进入威胁

从产业的角度来分析，新进入者可能带来市场份额的改变及成本或利润的变化。对于一个产业来说，进入威胁的大小取决于现有的进入壁垒和准备进入者可能遇到的现有企业的反击。现有的进入壁垒主要有规模经济、产品的差异化、资本需求、转换成本、获得分销渠道和与规模无关的成本劣势等壁垒源。

2. 替代威胁

替代产品的存在，限制了一个产业潜在的收益，确定了产业的利润率上限，因为最终消费者有了选择的权利。比如石油价格当前愈走愈高，如果核能、太阳能等其他能源的供应及成本能迅速跟上的话，油价的上涨就会有一定的限度。对于替代产品的反击，往往需要全产业的集体行动，单纯地靠一两家企业进行宣传或行动不足以支撑该产业顶住替代产品。

3. 客户价格谈判实力

客户的产业竞争最重要的手段之一就是压低价格，要求较高的产品质量或索取更多的服务项目，并且从竞争者彼此对立的状态中获利，所有这些都是以产业利润为代价的。产业的主要客户集团每一成员的上述能力取决于众多市场情况的特性，同时取决这种购买对于客户整个业务的相对重要性。

一般情况下，客户具备了下列条件，在价格谈判上就具备了相对实力：①客户从产业中购买的产品占其成本或购买数额的相当大一部分；②从产业中购买标准或非差异化产品；③客户的转换成本低，即客户具有产品选择上的更多权限；④客户盈利水平低，这会促使客户选择价格更低廉的产品；⑤客户采取后向一体化的现实威胁，即在今后的采购上更改为其他厂商或自己生产，这会给谈判对手增加压力，争取更有利的谈判地位；⑥产品对客户产品的质量及服务无重大影响；⑦购买者掌握了充分的信息。

由于上述情况会随时间的变化而发生改变，因此，客户的谈判实力也会随时间的变化而发生改变。

4. 供应商价格谈判实力

对产品的供应商而言，其价值取向与客户的要求相对，它是在与客户实力的较量中形成自己的谈判地位的，它与客户的谈判实力间存在着此消彼长的关系。影响供应商价格谈判实力的因素主要有：供应商所处产业的集中化程度，供应商提供的产品是否具替代性，客户购买占供应商销售额的比重，供应商的产品对客户业务的重要性，供应商产品已经差异化或已建立起转换成本，以及供应商集团表现出前向一体化的现实威胁。

5. 产业现有对手的竞争

不同产业的竞争模式及状况是不尽相同的。政府在产业竞争中的作用不容忽视。首先，在许多产业中，政府作为客户或供应商，可以为其实现政策意图，通过一定的手段或途径，对产业竞争施加影响；其次，政府作为职能管理部门，可能通过法规、补贴或其他方法影响产业。

为了应对产业竞争，企业可以采取的对策有下列方式：一是使企业适当定位，针对现有竞争作用力结构提供最佳防卫；二是通过战略性行动影响竞争作用力的平衡，从而改善企业的相对处境；三是预测竞争作用力的深层次因素的变迁，并且做出相应反应，在竞争对手察觉之前，通过选择适用于新竞争均衡的战略，利用所发生的变化；四是采用多元化战略，分散经营领域，应对各种各样可能的情况的发生，尽可能在竞争中抢占先机。

（二）竞争策略、竞争对手与市场信号分析

产业竞争涉及面广，包含的内容十分丰富。在进行产业竞争分析过程中，至少可以从基本竞争战略、竞争对手、市场信号等方面着手。

1. 基本竞争战略

产业竞争的战略，就是指基于企业中长期的发展目标采取一定的行动，在产业中建立起进退有据的地位，为企业赢得超常的投资收益。企业通常意义上的竞争战略可以归结为三种模式：第一，成本领先战略，即企业在竞争过程中，采取一系列政策，在产业中取得成本领先地位；第二，差异化战略，即将自己企业提供的产品和服务差异化，形成在全产业范围内具有独特性的东西；第三，集中差异化战略，这一战略主要是主攻某个特定的顾客群、某产品链的一个细分区段或某一个地区市场。该战略的前提是企业能够以更高的效率、更好的效果为某一狭窄的战略对象服务，从而在更广阔范围内超过竞争对手。

分析企业的基本竞争战略，有助于我们在投资市场正确地选择企业来进行投资。一般而言，一个企业总会在上述三种竞争战略中进行选择，否则就会处于夹在中间的窘境。

2. 竞争对手分析

分析竞争对手的目的，是了解每个竞争对手可能采取战略行动的实质和成功的希望，各竞争对手对其他企业在一定范围内的战略行动和可能做出的反应，以及各竞争对手对可能发生的产业变迁和更广泛的环境变化可能做出的反应等。

对竞争者的分析一般有四种诊断要素：未来目标、现行战略、假设和能力。只有做到知己知彼，才有可能在未来的竞争中取胜或超越对手。

3. 市场信号分析

准确发现和识别市场信号对制定竞争战略至关重要。市场信号至少可以分成两类：可能是竞争者的动机、意图和目的的真实指示，也可能是虚张声势，特意制造用来误导其他企业。市场信号分析就是要分辨两种不同的信号类型，为企业决策服务。

企业的市场竞争信号的形式有许多，常见的有以下几种。一是行动提前宣告。它可能表示某种行动意图，用以抢占竞争对手占据的某种地位，可能也是一种威胁、试探、安抚等。二是竞争对手对产业的公开讨论。比如对产业条件、价格需求预测、外部条件诸如原材料涨价等情况分析。这种分析往往带着某种信号，极可能暴露出发布评论企业对产业的假设，而其经营战略正是建立在此基础之上，也可能它有意识或无意识地企图使其他企业也在同样的假设下运作，以使错误动机或企业冲突的机会降到最小。三是竞争者对自己行动的讨论和解释。一个企业有意识或无意识地讨论和解释自身行为，主要的目的一般是不刺激其他企业，让其他企业了解这一行动的逻辑，也是一种抢先占据的姿态，或者通过这种讨论和解释企图传达某种承诺，四是交叉规避。即当一个企业在某个领域中采取行动，而其竞争者的反应是在发起者有影响的另一个领域采取行动。交叉规避反映的是防御企业对竞争企业的间接反击，若其直指入侵者的获利市场，则被视为严重警告，若仅指向次要市场，则表示竞争者不希望对手仓促反击，五是战斗品牌。一个受到威胁或潜在威胁的企业可能引入一种品牌，这一品牌具有对威胁者进行惩罚或表示要进行惩罚的作用（无论这是否是使用这种品牌的唯一动机）。战斗品牌可以作为一种警告或威慑的手段，也可以作为突击部队去吸收竞争攻击的主要冲击力。此外还有秘密反托拉斯诉讼等。如果某企业对一个竞争对手提出秘密反托拉斯指控，这一行动可被认作不满信号，在某些情况下，是一种骚扰或拖延战术。

研究一个企业的公告和行动之间的或其他各种潜在信号及后果之间的关系，将极大地提高准确判别信号的能力。对竞争对手过去行动之前无意中露出的信号进行研究，对发现这一企业新的无意识的信号会很有帮助。

（三）竞争行动分析

产业的基础结构决定着竞争的强烈程度和实现合作或避免战争的难易程度。竞争的企业越多，它们的力量相对来说就越接近，产品标准化程度就越高，固定成本和其他条件也越高，这就使得企业要力争使生产能力饱和；产业发展越慢，企业付出不断努力以追求自身利益的可能性就越大。

企业具体的竞争行动包括以下几种。

1. 合作或无威胁行动

不威胁对手目标的行动是寻求改善自己地位的一个起点。在对竞争对手目标和假设的全面分析基础上，企业可能能够采取某些行动，既增加自己的利润（甚至市场占有率），又不削弱重要对手的业绩表现，也不会不适当地威胁对手的目标。这种行动可以分为三类：一是即使竞争者不采取一致行动，也可做到既增强本身的地位；二是只有当大部分竞争者采取一致行动时，才能做到对大家的地位都有改善；三是由于竞争者不采取一致行动，因而能够改善本企业的地位。

2. 威胁行动

这是指通过威胁竞争对手，使自身地位显著改善的行动。这种行动成功的关键在于预测和影响报复行动。如果报复是迅速而有效且十分激烈的，则这种行动可能会造成不好结果甚至更坏。在其他条件相同的情况下，企业将希望实施一项行动，使竞争对手有效的报复到来之前的时间最长。在防御的情况下，一个企业使其竞争对手相信它会对它们的行动进行迅速而有效的报复。

3. 防御行动

这是指竞争者针对进攻而采取的防御和制止行动。防御是进攻的对立面，最有效的防御是从根本上阻止战斗发生。为了阻止进攻行动，首先要使竞争者认识到报复几乎是必然的或相信报复的后果是严重的。具体可以采取惩戒和釜底抽薪等方式。

4. 承诺

承诺能够保证对进攻行动报复的可能性、速度和有力程度，因而是防御行动的基石。承诺影响到竞争者感觉自身地位及对手地位的方式。确立承诺是明确传达企业资源和意图的一种基本形式。竞争对手对一个企业的意图和资源有许多感到不确定之处，传达承诺减少这种不确定性，并使竞争者在新的假设基础上建立其合理的战略，将会避免竞争。

此外，竞争行为还可能采取其他的手段和方式进行。

三、产业周期分析

每个产业都经历一个由成长到衰退的发展演变过程。而从产业发展与经济周期的关系上看，它又存在一个景气上的循环周转过程。

（一）产业生命周期分析

一般来说，产业生命周期包括以下四个阶段：开创期、扩张期、稳定期和衰退期。产业生命周期的不同发展阶段，各有其特色。

1. 开创期

在开创期里，由于新兴产业刚刚诞生或初创不久，人们对这个新兴的产业还不太熟悉，因此，投资者的人数并不是很多，加之初创期的投资、产品研究、开发等费用较高，而市场需求却受人们对这类产品陌生程度的影响，需求量较小。由于较高的成本和较低的需求量，使该产业可能非但不能盈利，反而会出现亏损，因而这类创业公司的投资风险是较高的。随着开创期的发展，到了中后期，产业技术不断提高，生产成本也日益降低，市场需求有所扩大，导致多家企业加入此类新产业，新产业也就逐步由高风险低收益的开创期转向高风险高收益的扩张期。

2. 扩张期

产业进入扩张期，即说明该产业的产品已为广大客户所试用，得到了承认，产业进入拓展阶段。由于产品的自身特点，得到众多客户的肯定，市场需求随之扩大，产业也就逐步繁荣。许多投资者的加入，使得该产业竞争加剧，产品的性能、质量得到提高，品种增加，而价格会相对下降。在扩张期的初期，企业主要依靠扩大产量来增加和扩大市场份额、增加收入，而随着市场需求的日益饱和，企业则必须通过追加资本、提高生产技术、降低成本及研制开发新产品的方法，参与竞争，维持企业生存。随着竞争日趋激烈，那些财力雄厚、技术力量强、经营管理水平较高的企业逐步壮大，而那些财力与技术较弱或经营管理较差的企业，就会被淘汰。经过激烈的竞争较量之后，多数企业被迫退出或是被合并，少数几家企业扩展后保留了下来。就整个产业而言，这个时期成长迅速，利润增长很快，但面临的竞争风险也非常大，破产率与合并率相当高。到了扩张期末尾，市场需求基本饱和，企业数目在大幅度减少后稳定下来，销售增长减缓，利润增长平衡而微弱，产业就进入了稳定期。

3. 稳定期

从整个产业生命周期来考察，产业的稳定期是一个相对较长的时期。在这个时期里，少数几个大企业基本上垄断了产业的整个市场，企业间力量势均力敌，新创立的企业很难打入已经形成的产业格局里，因为新企业由于创办初期的大量投资，可能在短期内无法收回，而导致资金周转上的困难，最终倒闭；而老企业竞争，则主要以非价格形式进行，比如，提高产品质量、搞好配套服务、加强售后的维修等。因为生产成本已降低到一定水准，要再以价格方式竞争，则两败俱伤，所以，企业间只能以这种方式来竞争已基本稳定的市场份额和利润水平。

4. 衰退期

产业在经历了较长时间的稳定期后，由于一些新技术、新产品的出现，原来产业的市场需求开始转移到别的产业，原有产业的投资者开始将目光转移到其他的有利可图的产业中，致使该产业销售减少，利润降低，进入了成长停滞、萧条的衰退期。在衰退期内，市场萎缩，利润额停滞甚至下降。当正常的利润无法维持简单再生产时，整个产业便会逐渐解体。

当然，在实际中，产业生命周期因为受政府干预、产业性质、国际竞争环境等众多因素的影响，所以要比想象中复杂得多，生命周期中的不同阶段的特点，可能会因上述因素的作用而改变。比如，有些产业可能在开创期投资量并不大，甚至一开始就能盈利；再如，由于政府的扶植，某些产业扩张期会很长；还有如果考虑国际竞争在内，进入了稳定期的产业，也有可能受到来自国外的竞争冲击，且随着世界市场的进一步发展，各国经济与产业间的这种相互影响作用会更大。另外，进入衰退期的产业，可能会由于某种特定的原因而重新复苏振兴，如传统的煤炭工业由于全球性的石油短缺和油价暴涨而得以重新复苏，人们又重新重视和发展煤炭产业。

产业生命周期的意义，不仅仅局限于客观地描述产业的发展过程，更重要的在于它能帮助人们选择合理的投资产业，起到投资指南的作用，具有重要的参考价值。当然，对于处在产业生命周期不同阶段企业的选择，是各个投资者个人意志的反映。

（二）产业景气循环分析

经济景气又可以细分出产业景气变动。产业景气的变动，也具有一定的周期性，如同经济景气循环。产业景气的好坏，直接影响到投资人的利益，必须仔细加以研究。

一般而言，判断产业景气的变动，可以从原材料及与该产业相关的其他物品价格的变动，市场上的需求与供应之间的对比状况及该产业生产能力的扩充等资料，来加以分析研判。如果该产业的原、物、料价格上升，市场供应趋紧，产业的生产能力有较大的扩充说明该产业正从谷底翻身，走向景气高峰；反之，原、物、料价格下挫，市场饱和，产品销售停滞，企业数量萎缩，则说明该产业由景气高峰向谷底滑坡，产业景气循环将进入萧条期。证券价格的波动往往与产业景气循环相关联，景气好转则证券价格升高，景气转坏则证券价格下降。因此，作为投资者应该选择才开始复苏的产业，在产业景气循环的谷底买入该产业的证券，而在高峰期抛出，就能获得投资的最大收益。当然，其中最关键的就是应会判别，何时为产业景气的高峰，何时为产业景气的低谷。

产业景气循环变动，从属于经济景气循环，因此应当在宏观经济景气循环的大前提下来具体分析产业景气变动，但两者又不是完全吻合，产业景气变动对产业内的公司企业的影响更为直接、剧烈，所以认真地研究它的变动，是证券投资者应做的基本功课。

阅读与应用

我国稀土产业的坎坷之路

稀土被称为“工业维生素”，由于稀土元素在工业中的特殊作用及其资源的稀缺性，现在稀土的价位处在特别高的价位，很多需要稀土作为原料的企业现在是谈“稀”色变，因为现在的稀土价格实在是太高了，给一些企业的生产带来了很大的成本压力。

我国的稀土储量和产量都是世界第一，而我国的稀土产业曾是一个混乱、无序的产业，稀土的开采缺少整体的战略规划，造成稀土无序开采和浪费，有专家预测按照现在的速度开采，我国的稀土储量仅够开采十年。由于开采过度，我国的稀土价格在曾经很长的时间内是“白菜价”。然而稀土在一些国家是作为战略资源只勘探不开采，这也反射出我国的稀土资源浪费和贱卖之严重。

稀土产业的不正常发展引起了国家的重视，国家出台了一系列的法规和政策来治理整顿稀土行业。从2006年起，我国实行稀土矿开采总量控制管理。2010年3月国土资源部发布《2010年钨矿锑矿和稀土矿开采总量控制指标的通知》，继续对钨矿、锑矿和稀土矿实行开采总量控制管理。在出口方面我国实行出口配额制度，且出口配额的数量在逐年减少，2010年7月，商务部公布2010年第二批稀土一般贸易出口配额，全年配额同比下滑39.52%。国家通过整合稀土产业，在北方轻稀土产地形成了以包钢稀土为主导的市场格局。在重稀土产地的南方地区，现阶段还没有出现类似于北方的包钢稀土一家独大的局面，然而我国对南方稀土产业的整合正在进行中。据2011年5月19日，国务院发布《国务院关于促进稀土行业持续健康发展的若干意见》（下称《意见》）称，将建立稀土战略储备体系，统筹规划南方离子型稀土和北方轻稀土资源的开采，划定一批国家规划矿区作为战略资源储备地，《意见》中提出，基本形成以大型企业为主导的稀土行业格局，南方离子型稀土行业排名前三位的企业集团产业集中度达到80%以上。我国计划通过南方的稀土产业整合建立重稀土战略储备，与建立轻稀土储备的模式大体一致。

我国稀土产业现在的繁荣发展不是与生俱来的，是经过国家的产业治理和对稀土行业的管理才有今天的成绩。伴随着稀土产业的繁荣，稀土类股票也是一路飘红。因此，在对产业进行分析的时候，国家出台的相关政策和法规对产业的影响不容忽视。

资料来源：根据相关资料整理所得

四、产业市场类型分析

从产业中的企业数量、产品的性质及价格确定等因素来看，产业中的市场类型无外乎以下几种。

（一）完全竞争型

完全竞争型市场即整个市场上有许多生产者生产同质产品，它的特点是：①生产者可自由地进出该产业，消费者可自由地选择同类任何商品；②商品价格的制定，由市场来决定，生产者拼命压低成本，保证质量，以此来保住市场份额，挺高盈利水平；③生产资料可以完全流动，不存在垄断或人为的阻隔，产品是同质的、无差别的。完全竞争型的市场多现于初级产品市场，它的基本特征是产品价格完全由市场决定。

（二）垄断竞争型

垄断竞争型市场即指市场上众企业生产和提供同种但不同质的产品。它与完全竞争的市场类型相比较，尽管生产资料上可以流动，但由于产品在品质上存在差异，生产者力图保住自己的信誉，创立自己的品牌，在价格上就有了一定的控制能力，以区别于其他同类产品。此种产业市场类型多现于制成品市场，在其市场价格上，品牌企业有一定的影响力。

（三）寡头垄断型

寡头垄断型市场即指绝大部分市场份额由少数生产者占据，另外较小的一部分市场由其他企业来补充，产品的价格制定，则由“寡头”企业来决定，它们的价格政策及经营方式的变动，直接领导着其他企业的相应变化。当然，寡头企业不是固定不变的，它会随着企业实力的变化而变化。这种产业市场类型，多现于资本密集型和技术密集型企业，寡头企业的价格决定能力强。

（四）完全垄断型

完全垄断型市场即独家经营某种特殊产品的市场。比如，政府控制的铁路、邮电、公用事业等产业，或是私人和企业经营的经国家政府授权特许的专营权或专利技术产品，由于这类产业市场类型的企业没有竞争对手，又没有其他替代品，因此，在价格决定上，垄断者就可以根据市场的供求制定理想的价格，在产品上也有一定的自由度。但这只是相对的，它同时要受到反垄断法和政府管制的约束。不过一般来说，这类产业类型的企业，投资风险小，利润稳定，具有较好的投资前景。这类产业市场类型多现于公用事业（如发电厂、自来水公司、煤气公司等）和某些资本、技术高度密集型或稀有资源开发等产业。

由此可见，产业的垄断程度越高，处于该产业中的企业的产品定价权越大，企业可能获得的利润就会越高。

阅读与应用

贝恩的市场结构分类

市场结构分类方法中贝恩的市场结构分类法和植草益的市场结构分类方法影响较大，但贝恩的分类法应用最多。贝恩依据市场行业内前四位和前八位的指标，对不同垄断和竞争程度的产业市场结构进行分类，具体标准如表8-1所示。

表8-1　贝恩的市场结构分类

市场结构	C_4值（%）	C_8值（%）
寡占Ⅰ型	$85 \leq C_4$	—
寡占Ⅱ型	$75 \leq C_4 < 85$	或 $85 \leq C_8$
寡占Ⅲ型	$50 \leq C_4 < 75$	$75 \leq C_8 < 85$
寡占Ⅳ型	$35 \leq C_4 < 50$	$45 \leq C_8 < 75$
寡占Ⅴ型	$30 \leq C_4 < 35$	或 $40 \leq C_8 < 45$
竞争型	$C_4 < 30$	或 $C_8 < 40$

根据贝恩的市场结构分类方法我们可以判断产业的市场结构类型，同样可以借鉴其思路判断企业在一个行业里的市场地位。

资料来源：J.S. 贝恩．产业组织．丸善，译．北京：中国人民大学出版社，1981.

第三节　企业分析

对个别企业的分析，是从企业内部角度上具体分析，哪些企业的证券是值得投资、值得持有的，它是证券投资者最具体、最直接的参考依据。对于企业的分析研究，可以从企业的基本素质方面、企业财务状况及资本结构等方面来具体进行。

一、企业基本素质分析

企业的基本素质分析，是从企业内部的经营管理、获利能力、经营战略、外部关系以及购并重组等方面，对企业的综合素质进行评价，为证券投资人提供信息，帮助他们了解企业的现状，发展趋势以及未来可能的发展潜力。具体的分析内容如下。

（一）企业获利能力分析

投资者投资企业的目的是为了获利，因此企业的盈利能力强弱是投资者进行投资抉择首先要考虑的因素。企业获利能力越高，资产成本越低，投资价值应该就越高。一般而言，一个企业的获利能力，取决于两个战略选择：一是行业选择，二是企业的竞争地位。

1. 行业选择

企业的盈利能力与企业的行业选择有关。企业主业的行业，从某种程度上决定的企业的盈利能力的大小。统计表明：不同的行业资本利润有高低差别。比如，传统产业中，食品与制糖业等部门的利润率要高于一般的行业，据统计，美国1971年至1990年间所有工业企业的资本收益率（净资产收益率）为12.6%，而食品与制糖业为15.2%；而像钢铁、纺织业的平均利润水平则相对较低，钢铁业的净资产收益率只有3.9%。当然，不同的时期以及不同的国家和地区，行业的利润水平是不相同的。

2. 竞争地位

企业在既定产业所处的竞争地位，以及企业为保持竞争优势地位而采取的竞争战略，也决定了企业的盈利能力。在上一节中，我们详细讨论了产业的竞争问题，可以看出，从产业角度分析，决定产业竞争激烈程度的主要因素一是现有企业间的竞争程度；二是企业间的竞争手段。从一个产业的企业间竞争程度来分析，主要考虑现有企业间的竞争、新企业的竞争和企业的谈判地位。

首先，分析现有企业的竞争程度，要从企业竞争手段上分析企业基本的竞争定位战略。不同的企业会选择不同的竞争战略，在不同的竞争战略下，企业有不同的竞争地位。这一点与产业成长率、竞争者生产能力的集中程度、产品的差异性和顾客的转换成本的高低以及产品的固定成本相对于可变成本的比率等因素有关。比如在一个高成长的产业中，企业只需通过高速扩张，开拓新市场，就可以扩大市场份额，而无须采用基于成本主导型的价格战略与其他企业竞争；又如英特尔（Intel）公司，几乎控制了全世界 CPU（中央处理器）生产的绝大部分份额，其市场价格的控制能力就非常强，因此，采用价格竞争的可能性就非常小，再如航空运输业，飞机的运行固定成本相对于可变成本要高得多，因此，在必要的时候，降价就成为航空运输经常采用相互间竞争的方法。

其次，企业的竞争地位，还取决于新入企业的竞争威胁。这个因素受该行业初始投入的高低、行业先入者的优势和该行业企业的分销渠道三个主要因素影响。如果该行业的初始投入高，对于新加入的企业而言，要么冒险进行巨额的初始投资，而这在短期内不会产生大的收益，风险较大；要么选择缩减投资规模，增加单位生产成本，这又会陷入达不到规模经济的要求的困境。这些都会削弱新入企业的竞争能力，降低对该行业现有企业的威胁。产业中先入企业可能会依靠技术领先优势，先行建立一种行业标准，比如手机制式、DVD 的制式标准等，因此存在行业标准优势；也可能获得某种稀有资源所有权，比如矿产资源的开发权等；或者是某种特许经营权，比如说无线电通信等，这些优势都会促进巩固该行业现有企业的竞争优势，增加先入企业的竞争能力。还有，就是该产业企业的分销渠道。产业内原有企业早已建立起自己的产品销售渠道，而新入企业要重新打入已经形成的行业产品市场格局，建立自己的产品分销网络，就必须加大成本投入，付出额外的代价。比如，在一个商业布局基本完成的城市中，在闹市区新增一家大型超级市场或商店，其难度是很大的。

再次，从企业的谈判地位角度来分析，主要分析企业与供应商和目标顾客的关系问题。产业中企业的谈判地位的影响因素主要考虑以下三点。一是产品的价格敏感性，即行业内产品价格弹性大小。如果行业内产品的差异性很小，各企业间的产品的转换成本又很低的情况下，客户对产品的价格就会十分敏感，任何价格的变动，都可能导致客户的转移，在此背景下，降价就是促销的非常重要的手段，行业的竞争就会异常激烈，行业边际利润率就会降得很低。二是行业内企业的相对谈判实力。若卖方实力相对强大且转换成本又高，买方只能是弱者。比如计算机制造商与微软公司间的谈判关系，由于视窗系统目前在计算机软件操作系统上的不可完全替代性，微软作为卖方的实力相对强大，转换成本又比较高，且选择性不大，因此计算机制造商在与微软的谈判中，微软处于绝对优势地位；反之，若是饮料包装物生产厂商与可口可乐公司的谈判关系，一定是处在劣势地位。三是替代产品。替代品是指与现有产品功能相同的产品。新的替代品的出现对传统上具有相对较强的谈判能力的企业影响较大，比如，互联网给长途电话、电报产品价格造成很大压力，尽管网络不能完全取代电话、电报，但在一定程度上替代性很强，对该行业形成巨大冲击。

（二）企业经营管理的分析

企业的经营管理水平的高低是衡量一个企业现状与未来发展潜力的重要标准。对企业管理的研究，是一个比较大的课题，在进行企业分析时，投资人应着重就企业的决策者素质、企业的管理组织、企业的经营政策、企业文化、企业外围环境以及企业的联合与并购带来的企业价值的变化等方面来展开。

1. 企业决策者素质

毛泽东说过，人民群众是创造历史的真正动力，但谁也不能否认，领袖人物在历史关键时期的作用。大到一个国家小到一个企业，处在决策者位置上的领袖人物，在关键时期，往往起到关键作用。例如，在管理学界有一个为众人所熟知的案例。第二次世界大战后，美国有两家商业零售公司，因决策者的战略方向选择的不同，导致公司发展的最终结果迥异。蒙特高莫瑞公司的决策层认为，战后美国将发生较大的经济衰退，因此，该公司便大力投资于那些被认为比较安全的流动资产，而没有注意增加其零售网点的建设；相反，萨斯公司的决策者却认为，战后美国经济将会出现繁荣景象，因此便大量增设零售网点，扩展其商业零售业务。两种不同的管理策略的结果是，萨斯公司成为世界上名列前茅的百货公司，而蒙特高莫瑞公司则发展缓慢。由此可见，企业决策人的素质在企业发展中的极端重要性。

2. 企业管理组织

在企业经营过程中，决策者做出决策后，具体的落实执行，则依靠企业的管理组织来安排。管理组织是企业生产、市场、财务、人力等几个系统的中心，它的优劣左右着企业的成长。在企业经营特别是当企业规模扩大或萎缩的过程中，管理组织容易发生不稳定的现象，证券投资者应密切注意企业管理人员的变化，不仅要关心董事会、监事会重要成员的更换，还应考虑到企业的生产经营活动关键环节主要管理人员的变迁。另外，还要考虑到管理人员的合理组合、总的人数及管理费用在成本中的比重，看一个企业的管理层，是否是一个精干、合理、素质较高又富于进取的团结合作的整体，企业的管理组织设计是否精巧、科学，是否既富有效率，同时兼顾各部门组织的权力、利益，又能够相互配合支援、制衡。从根本上说，企业经营的好坏，关键在于企业管理者。

3. 企业经营政策

企业的经营政策，是通过其管理内容来实现的。企业的管理内容，不仅包括企业日常的人、财、物和产、供、销的合理运行，而且包括对企业营业效益、利润分配或股利政策的管理和确定。由于企业的股利政策会直接影响到投资者的收益，往往也影响着投资者的投资决策。大多数情况下，分配的股利多，股利又稳定的企业往往是投资者追捧的目标。企业的获利能力和营业效益与企业的日常经营紧密相连，而股利政策仅属于企业管理的一个重要内容。因此，从长期来看，投资于管理水平较好的企业要比投资于其他的企业更为有利，风险也更小。

4. 企业文化

企业文化就是企业的共同理想、共同目标，以及全体员工的使命感、归属感、综合素质，还包括企业的理念和企业的精神，等等。优秀的企业文化应让所有的员工，甚至是临时的员工都认同。它具有导向、凝聚、激励、约束、调动等功能。企业文化贯穿于企业管理的各个层面，体现在企业经营与管理的具体政策、行为之中。比如，企业的产品营销中，营造零缺陷理念，它给客户的印象比产品“三包”、完善的售后服务，更令人放心，而且产品的零缺陷宣传，提升了企业产品在公众心目中的品质，这种理念的灌输，也使得企业员工倍添自豪感与责任心。另外，人的因素是企业文化发展最终的关键因素。正确认识、聘用、选拔人才，进行人事开发、考评、激励等，既是企业文化的重要内容，也是企业赖以生存与发展的重要环节。

5. 企业外围环境

任何企业总是与外界保持着各种各样的联系，企业与外界的关系，也称企业外围环境，在有些情况下，可能会成为企业发展的关键因素。企业的外部关系包括企业与供应商的关系、与销货商的关系、与消费者的关系、与金融界的关系、与政府的关系以及与社区的关系等。具体来看，企业与供应商的关系在于，要有保证质量和数量的供货，企业的正常生产经营活动才能继续，一旦出现问题，企业应有章可循地解决争端，平息矛盾。一般认为，在市场经济的条件下，产品的销售是再生产过程中最重要的环节，企业只有不断提高自身的吸引力，为销货商提供便利服务，协调好关系，才能便捷地完成和实现企业的再生产循环，否则，企业将为此付出惨重代价。比如，1998 年四川长虹与济南百货业的商家发生争议，导致了济南五大百货商场联合拒销长虹产品的事件，长虹产品在山东济南市场上险遭重大损失。企业与消费者的关系在众多关系中是最主要的，顾客就是上帝，企业与消费者之间应有充分的沟通渠道，了解消费者的需求和想法，这样才能不断改进产品和服务，拓展企业的市场空间。比如，海尔集团针对四川农民爱用洗衣机洗红薯的特点，开发出可以洗红薯的洗衣机；上海消费者抱怨市场上买不到适合夏天用的洗衣机。海尔集团就开发出了适合于夏天用的“小小神童”洗衣机系列产品投放市场，取得了巨大的成功。企业与金融界的关系主要体现在融资、汇兑、保险等金融业务中，巧妙利用与金融界的良好关系，可以获得充分的融资便利和金融服务便利。企业与政府的关系，也是非常重要的，政府作为社会资源的配置者之一，既服务于企业，也营造着企业的生产经营环境，同时它还是企业生产经营活动的监管者之一。纵观国内外任何企业或集团，没有了政府的支持与鼓励，很难有长久的发展。另外，企业与社区之间的关系如果处理不当，也会给企业发展带来障碍。

6. 企业联合与并购

企业的联合与并购，可能在根本上改变企业的内在因素，对企业的价值产生实质性的影响。在证券市场上不乏企业经过重组与并购，发生了脱胎换骨的变化的例子。证券投资者对企业的联合与并购等重组行为要十分关注，其中应注意以下几个问题。一要考察此举是否与企业自身情况相适应，盲目的资产重组与并购，可能导致规模不经济或触犯反垄断法，非但不能给企业带来任何利益和好处，反而会影响企业的发展和扩大，导致传统的市场份额的丧失。二是要考察联合、并购的条件，必须充分考虑到企业自身的实力与优势，了解被并购方企业的具体情况，否则极易产生信息不对称风险。三是要注意联合、并购的方式选择。在并购市场上，企业间的资产重组活动可以是企业间相互协商进行的善意收购，也可能是通过公开市场上标购的形式进行的敌意收购。敌意收购往往在收购过程中会遇到很大的阻力，收购不易取得成功，即使获得成功，代价也较为惨重，因此一般不宜轻易采用。四是联合、并购的时机选择也很重要，时机选择得当，不仅能降低收购成本，而且能扩大企业的宣传力和影响力，提升企业的市场价值。

阅读与应用

企业基本素质分析可靠吗?

在我国食品安全是一个很热的话题，影响较大的食品安全事件有三鹿集团股份有限公司的“三聚氰胺”事件、双汇实业集团有限责任公司（以下简称双汇）“瘦肉精”事件以及雨润的问题肉等。

双汇是一家大型企业，在我国的冷鲜肉行业占有举足轻重的地位，其2010年度的营业收入达36 749 335 176.21元，净利润为1 089 281 494.22元，总资产6 708 825 709.26元，在冷鲜肉行业里处于领导者的位置。双汇为我们所熟知的是其广告中的“十八道检验”，宣称自己的肉是放心肉，它给外界的公司形象一直都是健康的、正面的，并且一直都是按照有关部门的要求披露本公司的信息。双汇发展（股票代码000895）是融资融券90只标的之一，融资融券标的股票全部是由有关部门选择的质优股票，其公司的业绩在所在的行业都是位居前列的。

双汇的良好声誉一直保持到“瘦肉精”事件的爆发，有关人员调查双汇销售问题肉已经有一段时间，只是以前没有被发现罢了。当然在该事件爆发后，双汇展示了一个负责任的大企业形象，对问题产品进行召回、无条件接受退货。出现“瘦肉精”事件后，双汇发展的股价狂跌，很多投资者损失惨重。

双汇有一个良好的基本面，但是我们所知道的良好的企业基本面是该企业向我们主动披露得到的，有些信息企业是不会主动披露的，这就对投资者提出了更高的要求。

资料来源：根据 http://stock.stockstar.com 等相关网络资料整理汇编

二、企业财务分析

任何一个慎重的投资者，在决定投资某上市公司股票之前，都应该对该公司公开的一系列资料加以收集和分析。只有通过对上市公司的财务资料、业务资料、投资项目、市场状况资料等进行全面综合分析，才能找到该公司股票的合理价位，进而通过比较市场价位与合理定价的差异而进行投资。

（一）财务会计资料的获取与资料可靠性分析

1. 财务数据资料的获取渠道

第一，应从上市公司的财务报告中获取信息。一个企业如果其股票上市交易，就要承担公开披露信息的义务。按照目前我国证监会的规定，上市公司信息披露的主要内容有四项：招股说明书、上市公告、定期报告和临时报告。这些报告虽然包括许多非财务信息，但大部分信息具有财务性质或与财务有关，因而具有财务报告的性质，我们统称为上市公司财务报告。第二，从公司的招股说明书中获取主要信息及财务分析重点。招股说明书是股票发行人向证监会申请公开发行材料的必备部分，是向公众发布的旨在公开募集股份的书面文件。招股说明书的有效期为自公告之日起6个月。主要内容、财务信息及其分析见常用股票分析软件中的内容。第三，从上市公告书中获取信息并加以分析。股票获准在证券交易所交易之后，上市公司应当公布上市公告书。上市公告包括招股说明书的主要内容，此外还有以下内容：股票获准在证券交易所交易的日期和批准文号；股票发行情况；公司创立大会或者股东大会同意公司股票在交易所交易的决议；董事、监事和高级管理人员简历及其持有本公司证券的情况；公司近三年或者成立以来的经营业绩和财务状况以及下一年的盈利预测文件；证券交易所要求载明的其他事项。在分析时应注意盈利预测的假设条件是否切合实际，是否以发行人正常的发展速度做出预计，预测采用的会计政策是否与财务报表所采用的会计政策一致。第四，从年度报告、中期报告中获取信息并加以分析。从目前来看，上市公司公开的信息中，最为全面、系统的财务资料当属上市公司的年度和中期财务报表。第五，从临时公告中捕捉信息。临时公告包括重大事件公告和公司收购公告。重大事件，是说这些事件的发生对上市公司原有的财务状况和经营成果已经或将要产生较大影响，并影响到上市公司的股票市价。最常见的重大事件报告是公司“股份变动公告”和“配股说明书”。收购事件对收购公司和被收购公司的股票价格会产生重要影响，有时甚至波及整个证券市场。这类公告较为全面，投资者应对此类公告细心研究，关注收购方的经营状况及财务变化。

此外，通过实地考察与研究，亲身深入公司实地或深入市场进行调研，也是获取企业财务数据的另一个途径。可以通过与公司密切接触者、企业高管、企业员工的交流以及从政府或研究机构的一些统计资料中，筛选一些有关企业的数据来进行研究。

2. 会计报表数据的分析

财务分析的目的主要在于评价上市公司的财务状况、资产管理水平、获利能力和发展趋势。但这一切是建立在会计资料客观、真实的基础之上的。懂得会计报表中每个项目的含义仅仅是理解会计报表的第一步，要真正掌握会计报表，还要学会分析会计报表，注意甄别会计数据的真实性。

一般来说，影响会计数据质量的因素有以下三点。①会计准则。在不同的国家，会计制度有所差异。会计准则可以在一定程度上杜绝公司经理层在财务会计数据上做假，但也可能会减少会计数据所包含的信息量。比如，目前我国的会计制度在对股份公司的研发费用计入当期成本问题上，不允许采用两种不同的会计处理，规定只能计入当期管理费用。而这可能是不合理的，因为公司的研发项目，可能会给当期的经营带来收益，但多数情况下只能在以后才能体现出利益，计入当期成本的结果，使得企业当期利润下降，却不能说明未来可能的收益增长。②预测偏差。市场是多变和复杂的，公司经营者不可能完全把握市场的变化。由于经理人员不能准确无误地对交易结果进行预测，就有可能造成会计数据与经营结果的偏差。比如，各种准备的计提可能与事先不符，坏账产生的实际情况高于坏账的计提准备数额等。③经理人员通过影响会计数据来达到自己的目的。在会计制度准则的范围内，经理人员可能按自己意愿来对财务报表施加影响。比如为了维护经理阶层个人利益，在企业以利润为业绩考核指标的情况下，公司高管或经理通过操纵利润，来保住职位或获得更多的分红利益等。

3. 财务数据资料的整理

为了确保财务分析基本数据的准确性和真实性，证券投资者在进行财务分析之初，首先，要弄清哪些会计政策对企业经营的影响最大。由于各个不同行业的特征和经营环境有所差异，企业在财务上所面临风险和可能获得收益的影响因素是不相同的。比如，对于一家租赁业上市公司而言，设备残值估计的方法是其会计政策中最重要的影响因素，不同的残值计算方式将极大地影响公司的账面利润和账面价值，如果残值被高估，公司可能将面临巨大的资产冲销风险；而对银行业而言，利息收取及信用风险管理水平则关系到企业的生存和发展；零售业则在存货管理费用核算上，制造业在产品质量、产品创新和售后产品返修率等方面可能更能影响企业的经营。财务分析中要十分注意这些不同行业的财务核算的特点。

其次，在既定的会计制度下，企业采用的会计政策可能也会影响到财务数据。比如在企业固定资产折旧方法的选取上，既有平均年限法、年数总和法，也有双倍余额递减法等；在库存商品成本的计价上可采用先进先出法、加权平均法、移动平均法，也可采用个别计价法、后进先出法；另外在坏账准备的提取方法上也有多种选择。在这个方面，投资者应注意把握的是，在现行的会计制度下，哪种会计政策一经确定，公司就不得任意改动，如果需要变动，则一定要在报表中加以特别说明，否则就极易影响到投资者的分析判断，导致财务分析结论的错误。

再次，要重点检查容易出现会计数据不真实的科目，杜绝虚假会计报告的出现。一般来说，容易出现虚假会计数据的地方主要是公司的各项收入与费用等数据、公司经理层可能会利用会计政策允许的条款、进行调整来操纵利润的多寡。常见的容易出现虚假会计数据的地方或方法有：与销售额增加相关的应收账款的大幅度增加；公司报表利润与由经营产生的现金流量间的比例发生变化；因处置长期资产而产生的巨大利润；中期报表与年度报表的收益相差甚大；关联交易带来的利润增加；利用会计政策、会计估计的选择与变更进行利润调整；利用其他应收账款科目回避费用的提取；利用推迟费用确认入账的时间降低本期费用；利用其他非常性收入增加利润总额。

最后，对不真实的会计数据进行恢复。通过上面论述，我们可以看出，上市公司在进行会计数据统计或计算时，有可能并没有完全按照真实的现实经济情况来进行，证券投资者在进行投资分析时就要注意甄别。要运用自己的专业知识和经验对已获得的会计数据进行恢复，使之更能反映出企业的真实经营状况。一般而言，恢复和修正会计资料的数据来源主要有两个途径：一是财务报表附注，另一个则是现金流量表。任何一家上市公司的利润操作总是通过一定手段和方法进行的，投资者可据此查找这些迹象，并对公司获利能力进行调整。针对前面所述的容易产生不真实的地方重点调整相关数据，借此来保证投资者得到可靠、真实的财务会计资料。

（二）财务报表分析

1. 主要财务报表

现行的财务会计制度中规定，完整的财务会计报表中，一般至少包括资产负债表、损益表和现金流量表。

（1）资产负债表是总括反映企业在某一会计期末（月末、年末）财务状况的会计报表。它是根据“资产=负债+所有者权益”的会计等式，依照一定的分类标准和一定的次序，把企业在一定日期的资产、负债和所有者权益的项目予以适当排列，按照会计制度的要求编制而成的。资产负债表的资产方和负债及所有者权益方，均设置“年初数”和“期末数”两栏。“年初数”栏内各项数字，根据上年年末资产负债表“期末数”栏内所列数字填列。上年决算报告经审查需要修改的，应填列经修改后的上年年末资产负债表所列的期末数。如果本年度资产负债表规定的各个项目的名称和内容同上年度资产负债表不一致，应对上年年末资产负债表各项目有关数字，按照本年度的规定进行调整后，填入“年初数”栏内，以便与“期末数”栏内所列数字相互对比，正确反映各项资产和各项负债及所有者权益的增减情况。“期末数”栏内各项目的数字，根据账簿记录中各科目的余额分析计算填列。因为资产负债表中的项目与会计科目并不完全一致，所以对某些项目的数额，必须根据会计科目的记录进行必要的分析计算和调整，例如“货币资金”项目，应根据“现金”、“银行存款”、“其他货币资金”科目的期末余额加总填入。不同的报表使用者，可根据各自的需要，有选择地利用资产负债表中提供的会计信息，具体包括：①报表的资产项目，说明了企业所拥有的各种资源以及企业偿还债务的能力；②报表的负债项目，显示了企业所负担的长、短期债务的数额和偿还期限；③报表的所有者权益项目，表明了企业的投资者对企业资产所持有的净权益；④不同时期相同项目的对比，反映了企业财务状况的变化趋势。此外，还可通过资产负债表有关项目，计算资产负债率、流动比率、速动比率、资本保值增值率等，了解企业负债水平的高低、短期债务偿还的能力以及投资者投入企业资本的完整性和保全性。

（2）损益表又称收益表、利润表，是总括反映企业在某一会计期间的经营成果，提供该期间企业的收入、成本、费用、利润或亏损等信息的会计报表。损益表的结构，可用如下三个关系式来表示：基本业务收入-基本业务成本-销售费用（或-经营税金及附加）=基本业务利润；基本业务利润+其他业务利润-管理费用-财务费用=营业利润；营业利润+投资净收益+营业外收入-营业外支出=利润总额。根据损益表，可以考核企业利润计划的完成情况，分析利润增减变动的原因，预测企业利润的发展趋势。具体包括：①通过损益表反映企业的收入、成本和费用，全面反映企业生产经营的收入情况和成本耗费情况，说明企业的投入产出比例关系；②企业的损益是各项工作的收益与耗费的集中表现，是反映企业生产经营情况的综合性指标，通过考核利润的完成情况，就能为全面考核企业生产经营计划的完成提供依据。③通过分析前后期营业利润、投资净收益、营业外收支的增减变动情况，可以分析和预测企业损益的发展趋势及企业未来的收益能力。

企业在编制损益表的同时，往往还进行利润分配表的编制。利润分配表是反映企业在某一会计期间实现利润的分配情况或亏损弥补情况和期末未分配利润结余情况的会计报表。从体系来说，它是伴随着利润的产生或亏损的出现而出现的，与损益表有着密切的因果关系。从这个意义上说，利润分配表是损益表的附表。利润分配表的结构，可用如下三个关系式来表示：利润总额-应交所得税=税后利润；税后利润+年初未分配利润±上年利润调整±上年所得税调整=可供分配利润；可供分配利润+盈余公积补亏-提取盈余公积-应付利润=期末未分配利润。利润分配表分“本年实际”和“上年实际”两栏。“本年实际”栏各项目，根据当年“本年利润”科目和“利润分配”科目及所属明细科目的记录分析填列。“上年实际”栏各项目一般应根据上年本表“本年实际”栏各项目填列。如果上年本表与本年本表的项目名称和内容不相一致，需将上年度报表项目名称和数字按本年项目内容进行相应的调整，并将调整后的数字填入本表“上年实际”栏内。

（3）现金流量表是反映企业在一定会计期间现金流入和流出的会计报表。它通过会计期间营业所得现金收入减去需用现金支付的费用以后的余额来说明企业财务状况的变动。与营运资金即流动资金净额相比，现金是企业更活跃、更具有生命力的流动资源，现金的增减变动更能反映企业的财务状况和偿债能力。一般来说，金融、保险等企业编制现金流量表，更能反映企业财务状况的变动情况。现金流量表中的“现金”，不是现行会计科目所说的现金，它包括现金和现金等价物。前者指库存现金、银行存款和其他货币资金，后者指所有短期内具有高度流动性的投资和商业票据。通过现金流量表，可为管理当局、投资者、债权人及其他报表使用者正确评价企业财务状况。具体包括：①可为报表使用者提供所关心的现金流量信息。作为企业的债权人和投资者，他们最关心的是企业经过一段时间的经营后，是否有足够的现金来支付他们的股利、利息，以偿还债务和分配利润。通过现金流量表，将现金流量净额同债务总额比较，可以考察企业以现金净流量偿还债务的能力；将现金净流量同企业实收资本比较，可了解每元投资所能获得的现金净流量。②通过不同时期现金流量表的对比分析，可以考察企业资产流动性的变化及趋势。③可向报表使用者提供一份以收付实现制为基础而编制的会计报表。企业的经营绩效与获利能力往往以所获利润的多少来衡量，可是会计上都采用权责发生制原则、配比原则，使利润的计算包含了较多的估计，特别在当前企业间普遍存在相互拖欠的情况下，衡量企业经营绩效与获利能力，只有建立在收付实现制基础上编制的现金流量表中反映的现金流量和偿付能力，才具有实际的意义。

2. 财务报表分析的方法与内容

财务报表分析的基本方法与内容包括资产负债表、损益表及利润表分析，现金流量分析和企业的资本结构分析等，它是投资人对企业形势分析的最基本的手段之一。

（1）企业的资产负债表与损益表的分析，其主要分析对象是企业的资产、负债及利润。分析方法可采用比例分析、比率分析和变动趋势分析等不同的方法。比例分析法使用较多的是增长比例分析和结构比例分析。增长比例分析的主要目的是分析企业经营成果在若干年内的增长情况，一般用于损益表的分析，也可以用于资产负债表的分析，但不适合于现金流量表的分析。增长比例分析有两种计算方法：一是环比增长分析，也就是将相邻两年的数字进行比较分析；另一种为同比增长分析，即与上期或历史的增长幅度分析。结构比例分析的主要目的是分析某一会计报表中各项目的构成是否合理，如流动资产占总资产的比例、固定资产占总资产的比例、销售成本占销售收入的比例等。财务比率分析是将两个相互联系的财务指标进行测算分析。我们在前面曾经提到，各会计报表之间和每一会计报表内部各项目之间是相互联系的，只有将各会计报表项目联系起来，通过分析指标之间的比率关系才能正确地判断企业真正的财务状况和经营成果，这种方法就是比率分析法。比率分析法是会计报表分析中最常用的方法，而且，很多比率也已经标准化了。财务趋势分析是根据一个企业连续数期的财务报表，比较各期的有关项目金额，以揭示当期财务状况与营业情况变化的性质及其趋向的方法。可以通过比较财务报告各项目前后的变动方向和幅度，求出各项目在总体中所占的比重等手段来进行分析。

在对资产负债表和损益表的分析中，最常采用的分析方法是比率分析法。在比率分析法中，一般将指标分为五大类：

第一类指标是反映盈利能力的比率指标，具体包括以下几个。净资产收益率（ROE），企业净资产收益率的高低受经营中所产生的利润和企业总资产相对于所有者权益的比例两个因素的制约。从指标的计算公式上看，

$$净资产收益率(ROE)=净利润/所有者权益\times100\%$$

我国一般企业的净资产收益率在11%～13%之间，但不同行业差别很大。这个指标还可以进行细分，即

净资产收益率=净利润/所有者权益×100%

=(净利润/总资产)×(总资产/所有者权益)×100%

由于总资产/所有者权益又被称为财务杠杆，所以

净资产收益率(ROE)=总资产利润率(ROA)×财务杠杆

而净利润/总资产可以分解成(净利润/销售额)×(销售额/总资产)，这样，

总资产利润率=净利润/总资产

=销售利润率×总资产周转率

所以，

净资产收益率=销售利润率×总资产周转率×财务杠杆

由此可见，公司的净资产收益率主要取决于公司的经营管理、投资管理和融资政策。此外，体现公司盈利能力的比率指标还有反映全部资产获利状况的总资产利润率、销售利润率，反映股东权益对企业盈利的股本收益率以及付息率。

股本收益率=税后净利润/平均股本总值

付息率=每股股息/每股收益等比率

第二类指标是反映经营效率的比率指标，其中最重要的是主营业务利润率，其计算公式为

主营业务利润率=主营业务净利润/主营业务收入×100%

主营业务利润率的高低反映了企业管理人员经营管理的效率。具体分析主营业务利润率，可用等比例收入表来分析，即比较分析不同企业的销售成本率、销售毛利率、各项费用占主业收入比率以及主业净利润率、其他收入占比税前利润率、应交所得税占比、净收益占比等不同指标，来寻找企业主营业务利润率的高低和变化趋势。通过考察，可以发现企业经营效率状况的稳定性、面临的危险或可能出现的转机迹象。

第三类指标是反映投资管理效率的比率指标。最主要的是总资产周转率，其理论计算公式为

总资产周转率=销售额/总资产

分析总资产周转率可以从两个方面来进行。其一是营运资金管理。反映营运资金管理的比率有

流动资产周转率=销售额/流动资产

营运资金周转率=销售额/(流动资产-流动负债)

应收账款周转率=销售额/应收账款

存货周转率=销售成本/存货

应付账款周转率=销售成本/应付账款

这些比率指标的横向或纵向比较，可以看出不同企业在营运资金管理上的效率与成果，体现了企业的投资管理水平。其二是长期资产管理。反映长期资产管理的比率有

固定资产周转率=销售额/固定资产

总资产周转率=主营业务收入/净额资产平均占用额

这两个指标分别从不同的侧面，反映了企业经理层在长期资产管理方面的策略、政策与管理水平。

第四类指标是反映融资战略的比率指标，常见的有以下几种。

财务杠杆率=总资产/所有者权益

这个指标可以从两个方面来反映：①反映资产或负债流动性的比率：

流动比率=流动资产/流动负债

速动比率=(流动资产-存货)/流动负债

或=速动资产/流动负债=(现金+短期投资+应收账款)/流动负债

经营活动现金流比率=由经营活动产生的现金流/流动负债

② 反映公司债务与长期偿还能力的比率：

负债权益比率=总负债/股东权益

债务权益比率=(短期负债+长期负债)/股东权益

付息能力比率=(净收入+利息收入+税金支出)/利息支出

最后一类指标是反映公司可持续成长率的比率指标，较为常见的有

可持续成长率=净资产收益率×(1-红利付出比率)

红利付出比率=支付给股东的现金红利/净收益

(2) 现金流量表分析。在日益崇尚“现金至尊”的现代理财环境中，现金流量表分析对投资人来说显得更为重要。这是因为现金流量表可清楚反映出企业未来创造净现金流量的能力，揭示盈利和财务状况，有着其他任何指标无可替代的作用。上市公司现金流量表中所指的现金是公司的库存现金以及可以随时用于支付的存款、现金等价物等。现金流量表主要包括三个部分：现金流入、现金流出和净现金流量，具体包括由经营活动、投资活动和筹资活动形成的现金流入、现金流出和净现金流量。现金流量分析重点应进行现金流量结构分析。现金流量结构分析包括流入结构、流出结构和流入流出比例分析。另外，现金流量的流动性还能反映公司的偿债能力。

现金流量表的分析，一般包括结构百分比分析、变动趋势分析等内容，具体内容可以概括为以下几个方面。

① 结构百分比分析。企业当期取得的现金来自哪些方面，用往哪些方面，其现金余额是如何构成的，各占总量的百分数为多少，这就是现金流量的结构百分比分析。通过现金流量的结构百分比分析，报表使用者可以进一步了解企业财务状况的形成过程、变动过程及其变动原因。它反映企业在一定时期内现金流入、流出及其净额，主要回答企业本期现金来自何处、用于何处、余额结构如何等问题。现金流量的结构分析可以分为现金收入结构分析、支出结构分析和结余结构分析三个方面。

a. 收入结构分析。现金收入构成是反映企业各项业务活动的现金收入，如经营活动、投资活动及筹资活动的现金收入等在全部现金收入中的比重以及各项业务活动现金收入中具体项目的构成情况，明确现金究竟来自何方，要增加现金收入主要依靠什么。

b. 支出结构分析。现金支出结构是指企业的各项现金支出占企业当期全部现金支出的百分比，它具体反映企业的现金用在哪些方面。

c. 余额结构分析。现金余额结构分析是指企业的各项业务活动，其现金的收支净额占全部现金余额的百分比，它反映企业的现金余额是如何构成的。

② 变动趋势分析。企业的现金收入、支出以及结余发生了怎样的变动，其变动趋势如何，这种趋势对企业有利还是不利，这就是现金流量的趋势分析。现金流量的趋势分析可以帮助报表使用者了解企业财务状况的变动趋势，了解企业财务状况变动的原因，在此基础上预测企业

未来财务状况，从而为决策提供依据。

变动趋势分析法是通过观察连续数期的会计报表，比较各期的有关项目金额，分析某些指标的增减变动情况，并在此基础上判断其变化趋势，从而对未来可能出现的结果做出预测的一种分析方法。运用趋势分析法，报表使用者可以了解有关项目变动的基本趋势，判断这种变动是有利还是不利，并对企业未来发展做出预测。

变动趋势分析通常采用编制历年会计报表方法，将连续多年的报表，至少是最近 2 年、3 年甚至 5 年、10 年的会计报表并列在一起加以分析，以观察变化趋势。观察连续数期的会计报表，这样，比单看一个报告期的会计报表，能了解更多的情况和信息，更有利于分析变化的趋势。

三、企业资本结构分析

企业财务分析中的另一项重要内容是对企业资本结构的分析，因为企业的资本结构对企业的价值有着直接的影响，在证券市场上决定了企业所发行的证券价格的高低。在西方，资本结构理论的研究起步较早，开始于 20 世纪 50 年代。1952 年，美国财务管理学家大卫·杜兰特的研究成果是早期资本结构理论的正式开端之一。他把传统的资本结构理论划分为三种类型：净利理论、营业净利理论和传统理论。但这三种理论都是建立在经验判断的基础之上的，都没有经过科学的数学推导和统计分析。直至莫迪利亚尼（Modigliani）和米勒（Myler）1958 年提出 MM 定理，继企业资本结构与企业价值无关理论后才使资本结构理论的研究成为一种严格意义上的科学理论。1963 年，他们又对 MM 理论进行了修正，在考虑公司税后，该理论认为因为负债会产生“税盾”效应，因此企业负债率越高对企业越有利，当企业负债率为 100% 时企业价值最大。但这种分析结果远离现实经济，企业不可能 100% 负债经营。现代西方资本结构理论中的权衡模型在此基础上引入了破产风险，进一步完善了资本结构理论，使其更具有现实意义，因而引起各国的重视。

至今为此，在企业资本结构研究中影响最大的，还是莫迪利亚尼和米勒的 MM 理论。下面简单介绍 MM 定理。

MM 定理 1。它是整个 MM 理论的基础，也称为公司价值模型，其结论由以下命题构成：任何企业的市场价值取决于与其风险程度相适应的贴现率进行资本化后的预期收益水平，而与其资本结构无关。即有

$$V_L = V_U = EBIT/K_a = EBIT/K_U \tag{8-1}$$

其中，V_L 为有负债企业（L）的价值，V_U 是无负债企业（U）的价值，$K_a = K_U$ 是相同风险等级的有负债和无负债企业的适用贴现率；$EBIT$ 表示税前收益。

这里的假设条件包括：①完全资本市场假设，即债券和股票的交易是无成本的，投资者和企业均面临着相同的市场利率，具有完全信息；②公司的经营风险可用息税前收益 $EBIT$ 的方差来衡量，有相同经营风险的公司处于同一风险等级；③所有债务都是无风险的，债务利率是无风险利率 r；④现在和将来的投资者对公司未来的 $EBIT$ 的估计完全一样，即投资者对企业未来收益和这些收益风险的预期一致；⑤投资者预期的 $EBIT$ 固定不变，即公司的增长率为零，所有现金流量都是固定年金。

模型的证明如下：假设公司 U 和公司 L 处于同一风险等级，预期收益相同，以 X 表示 $EBIT$。U 公司完全依赖普通股筹资，其市场价值 V_U 等于普通股市价 S_U；而 L 公司筹资则由一

部分普通股和一部分利率为 r 的债券构成，其市场价值 V_L 等于普通股市场价值 S_L 加债券市场价值 B_L。

当投资者以自由资金 A 选择投资于 U 或 L 这两个资本结构不同的公司时，在表 8-2 中，投资于 U 公司购买 a 比例的股票，这时，投资者的初始投资 $A=aS_U$，投资收益为 aX；而如果投资者投资于 L 公司，购买 b 比例的债券和股票，初始投资 $A=b(B_L+S_L)$，投资收益为 bX。在一个完全资本市场上，相同的投资数额必须要求相同的投资收益。在无套利机会的情况下，即要求 $aX=bX$，则有 $a=b$，进而有 $S_U=B_L+S_L$，即 $V_U=V_L$。

如果 $V_U>V_L$，投资者将卖出 aS_U 而买进 $b(S_L+B_L)$ 进行套利以获得资本收益，而如果 $V_U<V_L$，投资者就会卖出 $b(S_L+B_L)$ 而买进 aS_U 以营利。

这种买卖必然引起股价和债券价格的波动，使两家公司的市场价值得到调整，直到 $V_U=V_L$ 为止。

表 8-2　投资策略表（一）

项目	投资于 U 公司	投资于 L 公司
投资策略	购买 a 比例股票	购买 b 比例的债券股票
初始投资	$A=aS_U$	$A=b(B_L+S_L)$
投资收益	aX	bX

以上是投资者以自有资金进行投资情况下的论证，如果投资者以自有资金进行投资外，还可以借款 B，假定投资者选择投资于两家公司股票，如表 8-3。同样有 $a=b$，进而有 $V_U-B_L=V_L-B_L$，即 $V_U=V_L$。如果 $V_U>V_L$，投资者可以增加借款买进 U 公司的股票，通过两家公司价值之间的差异投机获利，这种套利行为将提高 U 公司股票价格，直到 $V_U=V_L$ 为止，反之亦然。通过对投资者以自有资金和自有资金之外还可以自由借款的情况分析，可以得出不同资本结构公司市场价值相等的结论。

表 8-3　投资策略表（二）

项目	投资于 U 公司	投资于 L 公司
投资策略	借 aB_L 数额加自有资金购买 a 比例股票	购买 b 比例股票
初始投资	$A=a(V_U-B_L)$	$B=bS_L=b(V_L-B_L)$
投资收益	$a(X-rB_L)$	$b(X-rB_L)$

MM 定理 2。又称股本成本模型，即股票每股预期收益率应等于与处于同一风险程度的纯粹权益流量相适应的资本化率加上与其财务风险相联系的溢价。财务风险以负债权益比率与纯粹权益流量资本化率和利率之间差价的乘积来衡量。公式为

$$K_s=K_U+R_P=K_U+B/S(K_U-K_D) \tag{8-2}$$

其中 K_s 为有负债企业的股本成本，K_U 为无负债企业的股本成本，K_D 为无负债企业的负债成本，R_P 为风险报酬。

证明过程如下：由公式（8-1）可知，$V=S+B=EBIT/K_U$，则有 $EBIT=(S+B)K_U$。这时，股票每股预期收益即股本成本为

$$K_s=(EBIT-rB)/S=[(S+B)K_U-rB]/S=K_U+(K_U-r)B/S$$

从定理 2 可以看出，随着企业负债的增加，其股本成本也将增加。但由于债务筹资是无风险的，其低成本正好抵消股本成本的上升部分，公司的加权平均资本成本 K_W 及市场价值 V_L 不受影响，K_W 实际上就等于 R_P，即有

$$K_W=R_P=S/(B+S)\times K_s+B/(B+S)\times r$$

MM 定理 3。MM 定理 3 是定理 1 和定理 2 在融资决策中的应用，也称为分离理论，具体内容为：在任何情况下，企业投资决策的选择点只能是纯粹权益流量资本化率，它完全不受为投资提供融资的证券类型的影响。

在不考虑税收的情况下，MM 定理认为公司的市场价值与资本结构无关，从而根本不存在不同融资方式的选择问题，即股权融资与债权融资的比例多少对企业的价值是没有任何影响的。MM 定理实质上隐含这样一个命题：企业的融资偏好与企业的价值无关，因此，研究企业的偏好问题或注重于企业融资方式的偏好选择是没有意义的。MM 定理是在没有公司所得税、没有公司破产风险、资本市场具有完全效率、零交易成本等假设的基础上形成的。显然，这一系列假设条件太苛刻了，缺乏实证意义。这一结论与当时流行的看法有很大的差异，因此，MM 定理提出后，立刻引起了理论界的广泛关注和激烈争论。争论的结果最终奠定了 MM 定理在现代资本结构理论中的开创性地位，并带来了资本结构理论研究的深入发展。

阅读与应用

怎样做财务报告的静态分析？

财务分析有三种基本方法：静态分析、趋势分析和同业比较。其中，静态分析是趋势分析和同业比较的基础。

静态分析是指对一家上市公司一定时期或时点的财务数据和财务指标进行分析。通过静态分析，我们寻找上市公司会计报表存在的问题和风险，或者说，寻找调查分析的重点。

我们分别对 ST 生态（原股票简称蓝田股份，股票代码 600709）2000 年和 2001 年的几项财务指标进行静态分析。

ST 生态 2000 年财务指标如下。

流动比率 = 0.77，速动比率 = 0.35，净营运资金 = -127 606 680.11 元，债务资本比率 = 0.30。

蓝田股份的流动比率小于 1，意味着其短期可转换成现金的流动资产不足以偿还到期流动负债，偿还短期债务能力弱。一旦蓝田股份不能通过借款或变卖固定资产等取得现金，用于偿还到期债务，蓝田股份立即会遭遇一连串的债务危机。

蓝田股份的速动比率只有 0.35，这意味着，扣除存货后，蓝田股份的流动资产只能偿还 35% 的到期流动负债。

蓝田股份 2000 年净营运资金是负数，有近 1.3 亿元的净营运资金缺口。这意味着蓝田股份将不能按时偿还近 1.3 亿元的到期流动负债。

虽然2000年蓝田股份的债务资本比率只有0.30，明显小于预警值1.5，但是它的流动比率、速动比率和净营运资金已经明显超过了预警值。这个分析结果应该引起投资者的警觉。

在ST生态发表的2001年年报中，公司对2000年、1999年的财务报表进行了追溯调整，纠正了以前年度财务报告中的虚假成分。根据ST生态2001年年报经过追溯调整的2000年财务数据，重新计算蓝田股份的财务指标。

根据ST生态2000年年报计算的财务指标与根据2001年年报经过追溯调整的2000年财务数据计算的财务指标，我们进行静态分析结果的比较。我们发现，根据2001年年报经过追溯调整的2000年财务数据计算的流动比率已经由0.77下降到0.45，净营运资金由-1亿多元下降到约-5亿元。更可怕的是，债务资本比率由0.3上升到8。实际上，在2000年，蓝田股份已经至少不能按时偿还约5亿元短期债务，债务负担已经到了崩溃的极限。

根据ST生态2001年年报，我们计算它的2001年财务指标，进行2001年的静态分析。虽然ST生态流动比率和速动比率上升到1以上，净营运资金上升到1.3亿元，但是，我们看到了一个可怕的结果，它的负债上升了50%，将近16亿元，而股东权益却是-4 600万元。ST生态2001年年报称："公司濒临破产边缘"。

资料来源：节选自2002年5月20日《北京青年报》刘姝威的同名文章

本章小结

宏观经济分析主要对国民经济形势、宏观经济政策以及其他宏观因素进行分析。具体的包括经济运行状况、财政货币政策类型、国际收支状况、物价变动情况及税制变动情况分析等。

宏观因素分析中的非经济因素分析主要包括战争、自然灾害、突发性的重大事件及人为操纵等对证券市场的影响。这些非经济因素往往通过各种渠道影响到证券市场的发展，并且多是负面影响。

在选择证券时要了解企业所在行业的产业情况，分析产业链的完整性状况、产业的劳动生产率等，产业链完整且劳动生产率高的产业对投资者有较强的吸引力。

企业竞争环境对企业的生产经营有较大的影响，对产业竞争分析的核心，就是从个别企业角度，分析其在产业竞争环境下独有的竞争战略。产业的竞争结构特征决定了竞争作用力的强弱，强烈地影响着竞争规则的确立以及潜在的可供企业选择的战略，进而决定了产业的利润率，包括竞争结构分析、竞争行动分析、竞争策略、竞争对手与市场信号分析。一个产业竞争状态取决于五种基本竞争作用力：进入威胁、替代威胁、客户价格谈判能力、供应商价格谈判能力和现有竞争对手的竞争。

每个产业从发展经历上一般都会经历开创期、扩张期、稳定期和衰退期四个演变过程。

企业分析就是分析哪些企业的证券是值得投资、值得持有的，它是证券投资者最具体、最直接的参考依据。

网络资源索引

1. http://www.stats.gov.cn/tjsj/jdsj/hgjjjqzs/t20110704_402736404.htm 宏观经济景气指数（2011年5月）
2. http://www.safe.gov.cn/model_safe/index.html 国家外汇管理局
3. http://www.pbc.gov.cn/publish/main/2954/index.html 中国人民银行货币政策
4. http://stock.hexun.com/industry/ 和讯网股票频道—行业

关键术语

宏观经济分析　货币政策　财政政策　物价变动　国际收支　产业市场类型　竞争结构　产业生命周期　公司获利能力　公司财务　资产负债表　现金流量表　损益表　MM定理

问题与思考

1. 宏观因素分析的主要内容是什么？

2. 如果你预期到下个月的 CPI 数据会超过 5.5%，你认为会对证券市场会产生什么样的影响？

3. 目前我国的高额外汇储备是一个很重要的问题，而且很可能再创新高，如果再创新高，它对我国的证券市场有影响吗？说出你的理由。

4. 查找相关资料，分析突发性事件对资本市场的影响，如 2011 年日本大地震，从而对实体经济和资本市场的联系有一个感性的总体认识。

5. 产业分析的主要内容有哪些？

6. 在我们的生活中会看到一个产业被一个新的产业替代，如黑白电视机产业被彩色电视机产业取代，什么因素决定了一个产业的成败？给出你的理由。

7. 查找有关产业从开创到衰退的资料，谈谈自己的认识。

8. 试说明什么因素决定公司的成败？并给出你的原因。

9. 财务分析的主要内容有哪些？在做财务分析时的注意事项有哪些？

10. 就当前的经济形势和股票行情来说，你认为哪只或哪类股票值得投资，给出你的理由。

11. 根据本章的内容做一个简短的投资分析报告，并给出投资建议。试跟踪股票表现，看自己的投资建议是否可取。

第九章　证券投资技术分析

本章导读

读懂证券投资市场上各种技术分析的图表与方法，是正确解读市场语言的前提与基础。技术分析的理论和技术指标经过几十年甚至上百年的实践检验，在今天看来仍然具有参考意义。

本章共分四节，第一节技术分析概述，主要介绍了技术分析的含义、理论假设、内容及方法；第二节图表分析，主要介绍图表分析法的主要图表种类，具体阐述了K线分析的全部内容；第三节指标分析，主要介绍了技术指标应用的基本原则和注意事项，并具体介绍了市场趋势指标、市场强弱指标、市场大盘指标和市场人气指标等相关内容；第四节其他技术分析方法，主要是介绍了趋势分析、形态理论及波浪理论等技术分析方法。

在学习本章之前，同学们需要具备相关的投资学、统计学和资产定价等相关知识。

第一节　技术分析概述

证券投资基本分析主要是侧重证券质的因素，而技术分析则主要通过证券的市场价格表现，来着手进行证券投资时机的把握，它更侧重的是证券外在价格的市场表现。

一、技术分析的含义

所谓技术分析是指通过分析证券市场行为，对证券未来的价格变化趋势进行预测的研究行为。其特点是通过对证券市场过去和现在的行为特征的分析，应用数学和逻辑的方法，归纳和总结出证券价格运行的一些典型规律，并据此预测证券市场未来的价格变化趋势。技术分析一般不探究证券价格变化的质因，只分析价格变化的表象。技术分析者也认为证券价格是由供求关系所决定的，它的基本观点是：所有证券的实际供需量及其背后起引导作用的种种因素，包括证券市场上每个人对未来的希望、担心、恐惧等，都集中反映在证券的价格和交易量上。通过研究和判断证券价格与交易量，就可以对证券价格的未来走势进行预测，从而实现理性投资。

二、技术分析的理论假设

技术分析是进行证券价格的预测的行为，它的分析依据是过去和现在的市场行为，通过对过去和现在的市场行为结果来进行未来证券价格趋势预测。其采用的方法主要融合统计学、逻辑学等相关的知识，用总结、归纳、推理等手段，对已有的数据进行处理后，做出预测。它的分析结论要有效可靠，必须满足三个最基本的前提条件，因为技术分析是建立在这三个命题的基础上进行的。

（一）技术分析理论假设的内容

1. 市场行为包含了一切信息

该假设是技术分析的前提和基础。没有这个前提，技术分析的结果就完全不可信。这里的市场行为是指证券市场上的各种证券交易的信息，包括交易价格、交易量和交易的时间与空间以及它们的变化。这个假设认为影响证券价格的因素无论是内在的，还是外在的，都会体现在证券的市场行为的变化上，也就说，证券价格的变化总是市场各类信息的总汇。作为证券投资人，没有必要去过度关注具体影响证券价格的因素，只要分析这些市场行为，即证券价格或交易量的变化，就可能掌握所有的信息。并且认为，所有的市场上的各类信息都会体现在市场上证券价格和交易量的变化上。

2. 价格沿趋势移动，并保持趋势

这一假设是我们进行技术分析最根本、最核心的因素，该假设认为证券价格的变动是按一定规律进行的，证券价格有保持原来方向的惯性。正是由于这一条，技术分析者们才花费大量心血“按图索骥”，试图找出证券价格的变动规律。实际上技术分析的第二个理论假设，是建立在投资者都是趋势论者的基础上的，即技术分析者都相信证券的价格运动都是按照一定的规则趋势来运行的。只有认可了证券价格有规律可循，进行技术分析才是有意义的。

3. 历史会重演

历史会重演这一假设是我们进行技术分析的重要前提，市场运动在图表上留下的运动轨迹，常常有惊人的相似之处，可以说，技术分析的理论就是人们对过去股票价格的变动规律进行归纳总结的结果。这个假设更多地是从心理因素方面来考虑的，毕竟最终在市场上进行买卖操作的是人，会受到心理因素的制约。投资者在过去的交易结果会在他心中留下深刻记忆，留在头脑中的阴影与快乐会永远影响这个投资人。一旦遇到与过去某一时期相同或相似的情况，就应该与过去的结果进行比较。过去的结果是已知的，这个已知的结果应该是现在对未来进行预测的参考。

（二）技术分析理论假设的合理性分析

上述假设是否合理，这是技术分析方法可靠性的基本保证。下面进一步分析技术分析的三个理论前提，它们是否完全可靠。

假设一有其合理性的一面。我们知道，影响证券价格的变动有很多方面的因素，包括宏观面、政策面、市场面、资金面、心理面等，任何一个因素对证券市场的影响最终都必然体现在证券价格的变动上。但是我们也应该看到，这一假设的前提基础是：投资者在市场上获得的信息是公开的，且所有投资人所获得的信息都是一致的，即市场是有效的。因为市场的有效性，加上投资者对市场信息的反馈及时准确，使得证券价格能够完全将市场信息加以消化，最终体现在证券价格上。

现实的证券市场并非完全如此。首先，市场并非是完全有效的，信息披露是否完全真实，信息传递是否完全没有漏损等，这些在现实的经济环境中都是不可能完全实现的。其次，不同的投资者对信息的把握和解读理解，以及所做出的投资决策是不完全相同的，由于证券价格的决定最终是由供求来决定的，因此，证券价格的形成，并不一定包含了完整的信息内容。再次，受外在因素影响，市场的证券价格也不一定能完全包含所有的市场信息，比如说我国当前股票市场中的涨跌停板制度等。由此可见，技术分析的第一个假设命题是有缺陷的。

第二个理论假设结论在趋势论者看来这是天经地义、完全可信的。但是，与趋势论者的观点相反，随机漫步论者认为证券价格的形成是随机的，其价格变动并无趋势可言。证券市场中，买方与卖方同样聪明机智，他们都能够接触同样的信息。但新的经济、政治新闻是随意并无固定地流入市场。这些消息的进入使基本分析人士重新估计股票的价值，而做出买卖方针，致使股价发生新变化。因为这些消息无迹可寻，是突然而来，事前并无人能够预告估计，证券价格走势的推测就不能成立。既然股价是没有记忆系统的，企图用股价波动找出一个原理去战胜市场，赢得大市，全部肯定失败。因为股票价格完全没有方向，随机漫步。由此可见，技术分析的第二个假设的成立，也有其或然性，证券价格的运行是否有趋势尚有待研究。

第三个假设看似合理，且在一定程度上也反映了证券投资市场上的真实情形，毕竟证券交易价格的统计结果对交易者的心理影响是很大的。但从唯物辩证法的角度来分析，运动是永恒的，静止是相对的，世间万事万物总是在不断发展变化之中，哲学家说，一个人不可能两次跨过同一条河流，每天升起的太阳都是新的。证券市场的情况也是如此，比如，股票市场是变化无常的，其价格走势也不可能有完全相同的情况重复，差异总是或多或少地存在。这些差异最终都会影响到股票的价格决定，因此，在证券市场上，价格走势的完全重复现象并不常见，或多或少地都存在着差异。

从技术分析假设的合理性上，我们可以得出这样一个结论，技术分析只能为投资人的决策提供参考，而不能过度依赖于它。

三、技术分析的内容

技术分析在内容上一般主要选取成交量、成交价格、时间背景、价格运行的空间，即通常意义上所说的量、价、时、空四个方面来展开的。

（一）技术分析的具体内容

1. 成交量

成交量分析即用个股或大盘的成交量来研判市场的状态。一般而言，股票市场上的许多技术指标，包括成交价格都有可能是主力或庄家通过一定的手法来操纵形成的，但成交量往往反映了市场真实的情况。因为成交量的产生是需要一定的交易成本的。因此，一般认为，成交量的增减是市场交投变化的实际反映。没有分析成交量的技术分析就如同是闭着眼睛射箭，当然很难命中目标。

2. 成交价格

关注成交价格主要应当关注价格及其运行的趋势。价格是最直接能够反映市场供求状况的指标。技术分析中，分析得最多的、最普遍的内容就是成交价格。成交价格的变动是投资人获得资本利得收益的来源，在投资中的收入收益（股息红利收益）既定的条件下，成交价格的变化及趋势，就成为了投资人最关注的焦点，当然也就是技术分析中的焦点内容。

3. 时间背景

时间在技术分析中指的是完成某个过程所经过的时间长短。通常指一个波段或一个升降周期所经过的时间。在任何一个证券市场中，证券价格的波动都有一定的时间周期特征，而且因市场的性质不同，不同的国家或地区会有不同的表现。

4. 价格运行的空间

这里的“空间”通常指价格升降所能够达到的程度，即价格变化有可能上升或下降到什么地方，它反映了一个市场上价格运行变化的能量大小。如果受到某因素的影响或是突发性的事件，股票内在价值发生了根本性的变化，或是股票市场的供求关系在短期内发生了实质性的转变，股价就会出现大幅度的飚升或暴跌，由于短时间内聚集的能量巨大，股价上升或下降的空间就会很大，价格的运行空间就会被打开。否则，证券价格的运行会限制在一定的波动区间。价格的波动范围在一定的时间段内，反映了价格运行的空间。

（二）量、价、时、空间的关系

技术分析的四个要素间是相互联系、相互依存的，它们之间存在着密切的联系，投资者在进行技术分析的过程中，必须要将它们联系起来进行分析。

1. 量与价的关系

成交价格与成交量间的关系是众多对关系中最重要，也是技术分析者应当十分关注的内容。一般来说，价量间的关系无外乎有价涨量增、价涨量减、价跌量增和价跌量减这四种状态。

价涨量增应顺势推动。价涨量增是指价格上涨的同时，成交量配合性放大，强调“配合性”增长，一般来说，股票价格随着成交量放大而出现上升势头，如果成交量配合性放大，可以看成是多头信号，意味着股价在以后相当长的一段时间内可能还会继续上扬；但如果成交量放得过大，就有庄家出货的嫌疑了。

价涨量减呈背离现象，多少意味着股价偏高，跟进意愿不强，所谓“曲高和寡乏人跟进”。这种现象多出现在反弹行情中，多为套牢或中短线的人维持，或为短空回补所致。此时要对日后成交量变化加以观察，若继续上涨，成交量也增加，则量缩属于惜售现象，反之，则应酌量减少手中持股，以免高位套牢。

价跌量增有待观察。在股票市场上如果出现这种情况，在不同的时期，证券价格在不同的水平，所反映的含义有所不同。成交量萎缩，说明投资者仍在观望，如果指数或价格是刚从高位滑落，均可视为主力出货，是空头的典型信号；如果是在跌势中，且价格已经下跌了许多，表示在逐渐筑底。如果发生在涨势初期，显示已经有主力大户介入，随时可能有大变化。

价跌量减情况互异。总体看来，证券价格下跌，且成交量也相应缩减，说明投资者的投资意愿不强，绝大多数情况下，后市难以乐观。但如果是指数或价格刚从高位滑落，成交量与价格配合性地减少，也有可能是升势过程中的回档，要看后市股票价格的走势变化，如果短期内，股价重拾升势，则不可完全看空。还有，如果指数或价格已涨升或下跌很久，出现了价跌量减的走势，且当日的下影线比上影线要超出许多，且次日股价能够超过前日的最高点的话，其价格走势可望于近期内转跌为升。

2. 时间与空间的关系

时间与空间这对技术分析要素的联系，多与循环周期理论有关，反映的是市场的价格起伏的内在规律和事物发展的周而复始的特征，体现了市场能量由小变大再由大变小的过程。久升必跌，跌久必升，这是证券市场不变的规律。许多技术分析理论和假说都认为，股票市场的价格变化呈现出周期性变化的规律，涌现出了诸如“太阳黑子说”、康克狄夫大波浪周期理论、十八年周期论、九年周期论等一大批关于股市周期循环理论，无论哪一种假说，都说明了一个问题，就是随着时间的推移，股票市场价格总是在一个既定的价格空间范围内起伏变化，反映了时间与空间在股价运行中的关系。

3. 时间、空间与价格趋势的关系

时间、空间与价格趋势的关系，可从投资的短线和长线角度分析。一般来说，时间持续越长，证券价格变化的空间可能就会越大，正如股票价格在一天内的波动幅度，一般而言，总是比它在一年乃至十年内的波动幅度小。对于短线投资者而言，可能对周期性变化规律关注得少，更关注的是短期内，证券价格上升或下降的空间有多大；而相对于中长线投资者而言，空间与时间在证券价格表现上的关系就显得格外重要。一般来说，时间长、证券价格波动空间大的过程，对今后价格趋势的影响和预测作用也大；时间短、波动空间小的过程，对今后价格走势的影响和预测作用也小。

四、技术分析的方法

技术分析的种类与方法有许多种，从不同角度对证券市场的行为进行分析，寻找和发现其中不直接显露的实质性内容，是进行证券投资技术分析最基本的出发点。

（一）技术分析方法的主要种类

目前投资市场上最常见的技术分析方法，一般说来，大体有以下五大类，即指标法、切线法、形态法、K线分析法及波浪理论。

1. 指标法

指标法主要通过考察市场行为的各个方面，建立一个数学模型，给出数学上的计算公式，得到一个体现证券市场的某个方面内在实质的数字，这个数字叫指标值。指标值的具体数值和相互间关系，直接反映证券市场所处的状态，为我们的操作行为提供指导方向。指标反映的东西大多是无法从行情报表中直接看到的。目前，证券市场上的各种技术指标数不胜数。例如，相对强弱指标（RSI）、随机指标（KD）、趋向指标（DMI）、平滑异同移动平均线（MACD）、能量潮（OBV）、心理线（PSY）、乖离率（BIAS）等，这些都是很著名的技术指标，在证券市场应用中长盛不衰。而且，随着时间的推移，新的技术指标还在不断涌现。

2. 切线法

切线法是按一定方法和原则在由股票价格的数据所绘制的图表中画出一些直线，然后根据这些直线的情况推测股票价格的未来趋势，这些直线就叫切线。切线主要是起支撑和压力的作用。支撑线和压力线的往后延伸位置对价格趋势起一定的制约作用。切线的画法是最为重要的，画得好坏直接影响预测的结果。目前，画切线的方法有很多种，主要有趋势线、通道线等，此外还有黄金分割线、甘氏线、角度线等。

3. 形态法

形态法是根据价格图表中过去一段时间走过的轨迹形态来预测股票价格未来趋势的方法。技术分析第一条假设告诉我们，市场行为包括一切信息。价格走过的形态是市场行为的重要部分，是证券市场对各种信息感受之后的具体表现，用价格图的轨迹或者说形态来推测股票价格的未来走势是有道理的。从价格轨迹的形态中，我们可以推测出证券市场处在一个什么样的大环境之中，由此对我们今后的投资给予一定的指导。主要的形态有M头、W底、头肩顶、头肩底等十几种。

4. K线分析法

K线分析法是通过制图手段，将证券市场行为具体体现在一系列的图表上，其研究手法是侧重研究若干天的K线组合情况，推测证券市场多空双方力量的对比，进而判断证券市场多空双方谁占优势，是暂时的，还是决定性的。K线图是进行各种技术分析的最重要的图表。人们经过不断地总结经验，发现了一些对股票买卖有指导意义的组合，而且，新的研究结果正不断地被发现、被运用。K线是日本人在德川幕府时期发明的，最初用以记录米市交易行情，并在东亚地区广为流行，许多股票投资者进行技术分析时往往首先接触的是K线图。

5. 波浪理论

20世纪30年代，艾略特（Raiph Nelson Elliot）最早提出了波浪理论的思想，但信奉者不多。1978年美国人查尔斯·J. 柯林斯（Charles J. Collins）的《波浪理论》发表，使得波浪理论流传开来。

波浪理论是较为典型的股价循环周期理论的具体化，它把股价的上下变动和不同时期的持续上涨、下跌看成是波浪的上下起伏。波浪的起伏遵循自然界的规律，股票的价格运动也就遵循波浪起伏的规律。波浪理论与别的技术分析流派最大的区别就是能提前很长的时间预计到行情的底和顶。但是，波浪理论又是公认的较难掌握的技术分析方法。

以上五类技术分析方法从不同的方面理解和考察股票市场，有的注重长线，有的注重短线；有的注重价格的相对位置，有的注重绝对位置；有的注重时间，有的注重价格。

阅读与应用

评论：中国股市恐慌为何蔓延？

2010年11月18日

这几天，“浮云”似乎成了一个热词：“飞人”刘翔面对亚运会坦言，辉煌与质疑只是“浮云”；面对首演失常，张琳更新微博亦称，“一切都是浮云”；网坛名将李娜更是躲避采访，视媒体为“浮云”……

巧合的是，11月17日，上证指数在补完当天的下跌缺口后，当日期待的阳K线却亦“浮云”般离大家远去：至收盘时，上证综指收报于2 838.86点，大跌55.68点，跌幅达1.92%；深成指则报收于11 917.49点，暴跌299.78点，跌幅2.45%。更严重的是，上证指数16日百余点的长阴线以及17日的长上影小阴线，直接把3 000点这块“浮云”也抹掉了！

近来，大盘下跌就放量，上涨就不“给力”，只能说明市场的恐慌程度在蔓延。看来，市场要“牛”转乾坤，还不是简单地说转就转的事，空间换时间或许将上演。

对于本轮的下跌，各方都在找原因，尤其是传闻中的消息更是此起彼伏，比如国内一家公募基金掌门、其影响远超李旭利的“大佬”已被“双规”；比如国际大投行高盛的一份报告；再比如提高股票印花税以及央行将再次加息，等等。上述传闻之所以能多多少少对市场的下跌起了作用，只能说明热钱和套利资金对于流动性收缩和政策转向的敏感性。由此看来，近期A股市场的急跌，流动性收缩及其预期应该说是真正的元凶。

如果说金融危机爆发时美国、中国及随后世界各国的减息或投资行为，挽救了即将崩溃的全球金融系统，那么两年后的今天，中国超常规的宽松货币政策及四万亿的投资计划显然应该回归常态。更何况随着美元的持续贬值以及本月美联储通过继续购买6 000亿美元国债的QE2量化宽松计划，使得世界上以美元计价的大宗商品，特别是黄金、有色资源等商品涨势如虹。10月，中国居民消费价格指数（CPI）同比上涨4.4%，创25个月以来的新高，就很能说明问题。温和的通胀当然十分有利于股市的稳步上扬，然而一旦形成恶化的通胀，紧缩措施如果出笼，无疑对股市的影响是负面的。因此，当前中国的货币政策紧缩风险加剧，再次加息成为大概率事件。

与此同时，近来不断有媒体报道称，为防通胀，包括国家发改委、商务部等在内的中国各大部委纷纷酝酿出台物价调控措施。国务院总理温家宝日前在广州市考察时对此也有明确的表示：国务院正在拟订措施，抑制价格过快上涨。看来，中国应对通胀的治理已经上升到了市场化与行政化同步结队出入。而这进一步撩拨起了机构资金对流动性紧缩而绷紧的那根弦。

同时，我们也要清楚地看到，如今中美两国作为世界经济的两大火车头，其货币政策正好是相反的。美国只顾本国利益，用力开动着自己的印钞机。美元的泛滥及美元汇率的下跌，新兴市场国家，特别是中国不得不承受着输入性通货膨胀及自身通胀两种影响。应对通胀和实际上的负利率，中国提高准备金率、加息等举措，回收过于宽松的流动性也是正当其时。两大火车头的“碰撞”，明显对中国、对世界经济彻底摆脱金融危机影响提振全球经济发展，是十分不利的。如果真是这样，那么，中国股市上涨所依赖的宏观基本面基础就有可能动摇。一旦形成了这样的预期，那么股市上涨的根基同样会产生动摇。

对于近一周以来的市场急跌，正如上述所言，流动性收缩及其预期是元凶。而美元指数自11月5日以来至今的强劲反弹表明，热钱短时间内流向发生了改变。原因就在于爱尔兰债务危机的突发，以及美联储启动QE2后与邻为壑的做法引起世界各国的极大不满。美元企稳反弹，大宗商品价格也开始下跌。而A股市本轮下跌由有色资源类股领跌，确有其内在的逻辑。

基本面的因素确实发生着一些微妙的变化。不过，笔者还是坚持自己的看法，即11月份的调整其实是对10月份月阳线的一种技术调整。因为笔者认为，10月份的阳线是大盘摆脱6 124点下跌以来出现的第一根阳线，是新一轮牛市初步确立的一根重要阳线。大盘正在用空间换时间，忍一时之痛吧，否则怎么才有收获的快感？

资料来源：英国《金融时报》中文网，马方业，2010年11月18日。

（二）技术分析的应用要注意的问题

技术分析方法的确能够帮助投资人正确地选择和研判证券投资的时机，做出正确的投资抉择。但正如我们前面所阐述的，技术分析是有其理论前提和局限性的，在投资人运用技术分析手段进行投资分析时，应特别注意以下几个方面内容的把握。

（1）技术分析必须与基本分析相结合，不能单纯运用技术分析一种方法来进行行情趋势的研判。技术分析说到到底仅是对证券市场行为单方面的研判，侧重于市场的交易信息的研究，在成熟和均衡的市场状况下，对投资决策有一定的帮助。但对于类似于我们国家刚刚兴起的不成熟市场，由于市场突发消息较频繁，人为因素较大，所以仅靠过去和现在的数据、图表去预测未来是不可靠的，这方面的例子举不胜举。技术分析成功的关键在于不机械地使用技术分析。除了在实践中不断修正技术分析外，还必须结合基本分析来使用。

（2）注意用多种技术分析方法的综合研判，切忌片面地使用某一种技术分析手段分析的结果。任何技术分析的方法和手段至今来看，都不是完美无缺的，这也是证券投资市场中众多投资人所共同认可的。使用技术分析方法的投资者需要全面考虑技术分析的各种方法对未来的预测，综合汇总并归纳这些方法得到的结果，最终得出一个合理的多空双方力量对比的描述。实践证明，单独使用一种技术分析方法有相当的局限性和盲目性。

（3）技术分析的结论要通过自己的不断修正，并经实践验证后才能放心地使用。由于证券市场的财富效应，能够给投资人带来巨大的收益，多年来研究证券投资技术分析者层出不穷，分析的方法各异。前人和别人得到的结论是在一定的特殊条件和特定环境中得到的，随着环境的改变，前人和别人成功的方法落到自己头上有可能会失败。因此不能机械地照搬照套别人技术分析的结论和做法，要在实践中不断修正技术分析参数，对技术分析结论反复斟酌，才能使自己的分析结论更加可靠。

（4）决定技术分析结论的是人，对技术分析不能迷信。证券投资技术分析中的许多技术参数是人为设定的，不同的分析者，选用的参数与标准不同，可能最终的分析结论也迥异。过于倚重技术分析的结论可能会使分析者误入歧途。况且，技术分析中还有许多其分析能力所不可企及的地方，也不是在任何环境和条件下都可以运用的。

阅读与应用

证券投资技术分析案例——江西铜业

江西铜业简介：

江西铜业股份有限公司（以下简称“公司”）是由江西铜业集团公司（以下简称“江铜集团”）与香港国际铜业（中国）投资有限公司、深圳宝恒（集团）股份有限公司、江西鑫新实业股份有限公司及湖北三鑫金铜股份有限公司共同发起设立的股份有限公司。公司于2001年12月21日发行230 000 000股人民币普通股（A股），并于2002年1月11日在上海证券交易所上市交易。A股发行以后，公司的股本总额增至人民币2 664 038 200元。根据公司2004年股东大会决议和中国证券监督管理委员会证监国合字［2004］16号文核准同意，公司于2005年7月25日配售增发境外上市外资股（H股）231 000 000股，每股面值人民币1元。

1. K线分析

图9-1为江西铜业自去年8月中旬以来的K线走势图，图中分别选取了几个特点比较明显的K线组合进行分析，如早晨十字星、倾盆大雨、射击之星和跳空高开等。

早晨十字星通常出现在连续下挫的过程中。它由3根K线组成，第一根K线为阴线，第二根K线是十字线，第三根K线为阳线。第三根K线即阳线收盘，已深入一根K线即阴线实

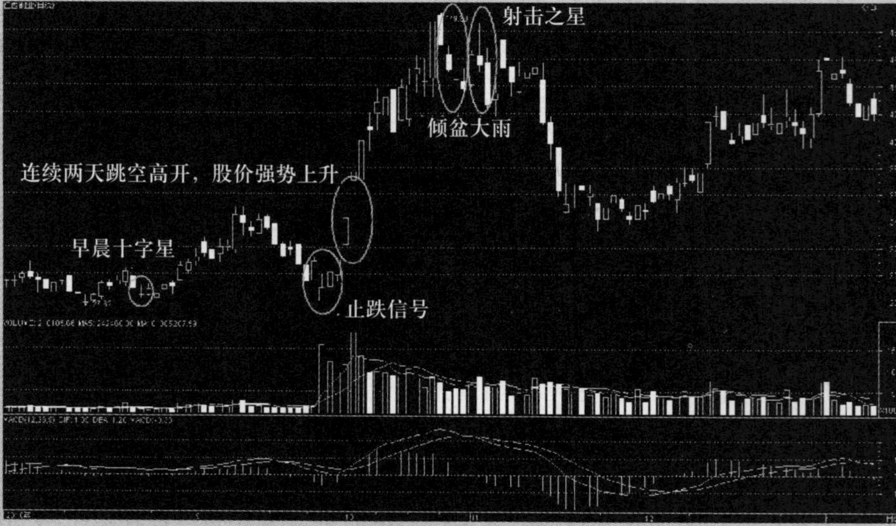

图9-1 K线分析图

体之中（如图9-1所示）。阳线深入阴线实体部分越多，信号就越可靠。早晨十字星的技术含义是：经过大幅回落后，做空能量已大量释放，无力再创新低，呈现底部回升态势，这是较明显的转向信号。一般见此信号，再结合其他技术指标，可考虑适量买进。上图中出现早晨十字星之后，股价呈缓慢上升趋势，但是由于没有量的支撑，所以当股价在9月中旬达到第一个高点时调头向下，直到9月底出现了止跌信号，随即价随量涨。从量上看，9月底时呈现出较大成交量，并且比之前的量要大很多，因此股价得到强势抬升，出现连续两天跳空高开，在短期内把该股价大幅拉升，直至10月底时达到第二个高点。

倾盆大雨，其特征是：在有了一段升幅之后，先出现一根大阳线或中阳线，接着出现了一根低开低收的大阴线或中阴线（如图9-1所示）。一般见此图形时，应及早平仓出局观望。这根低开低收的阴线使多方信心受到极大的打击。这种K线组合，如伴有大成交量，形势则更糟糕。尤其是在上涨了很多之后看到这种图形，从规避风险的角度出发，还是多仓减磅操作为好。在这之后，如果重心仍在下移，就应该坚决出局。图中，股价达到第二个高点时，出现了倾盆大雨的K线组合，随即股价开始回调，并在短期内呈现震荡整理趋势。

射击之星出现在上升趋势中，通常已有一段较大涨幅，其特点是：K线实体很小，阴线、阳线均可。但上影线要很长（是K线实体二倍以上），如若有下影线，也是很短。从技术上来讲，在一轮升势后出现射击之星表示市势已经失去了上升的持久力，多方已经抵抗不住空方打击，随时可能见顶回落（如图9-1所示）。因此，在市场价格大幅上扬后，见到射击之星应以空仓为宜。图中该股价在出现射击之星后，连续大跌，回调至第一个高点的位置。

从该股整体K线走势上看，出现射击之星后，股价大幅回调，在图中第一个高点位置小幅震荡整理，并在12月份后缓慢上升。在此间断内，该股跳空高走至最高点，后又大幅下跌，是一种合理的波动，且与成交量的波动也相互吻合。预计该股后市应为价随量稳，不会出现大幅震荡，可以适当介入。

2. 均线分析

图9-2分别选取了5日、10日、20日和60日均线作为分析参考，在对该股的分析中，主要从各均线之间的交叉情况和与股价的偏离情况两方面着手。图9-2中在点1处，5日、10日和20日线互相扭在一起，并且60日线与股价的偏离程度相对较低，可知该股在这个时段正处于整理过程中，但很快地，到了点2时，5日线从下分别上穿10日和20日线，10日线也同样上穿20日线，彼此形成金交叉，同时，股价处在均线之上并缓慢上升，这是股价上涨的信号。在点3处，成交量大幅增加，股价跳空高走，使四条均线彼此偏离度较大，尤其在股价达到最高点时，60日线大幅偏离股价，说明股价在强势拉升。但是均线与股价的较大偏离，也使这种上升趋势增加了回调的风险。如图9-2所示，当股价从高位回调至点4时，5日线从上下穿10日和20日线，10日线也下穿20日线，形成死叉，此时，股价大幅下压，回调至均线之下，这是股价下跌的信号，一般来说，见到这种较大的偏离和交叉情况，应该平仓出局。

该股在回调至已偏离60日线向下后，进入了一段震荡整理的过程，而后，与四条均线交叉向上，预计后市将缓慢拉升，可以持仓观望。

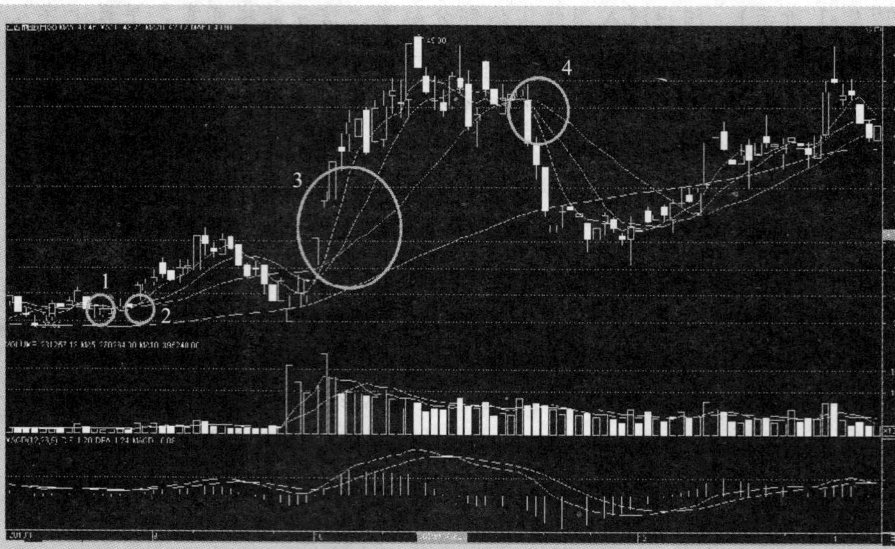

图 9-2　均线分析图

3. 轨道线分析

图 9-3 应用了切线理论中的轨道线进行分析，图中根据切线理论画出了相应的轨道线。看图可知，这是一个上升轨道，该股在此时段内，分别出现了三次比较明显的上升波动，且在最近逐渐形成第四次上升波动。在第三次上升中，巨大的成交量使股价大幅度拉升，偏离了轨道线，但高位整理后，股价终究回调至轨道线内。这说明第三次股价拉升存在机构介入的可能，有炒作的嫌疑，没有量能支撑。特别在最近时段中，股价逐渐上升，并且在轨道线内波动整理，始终没有改变上升轨道的趋势。

图 9-3　轨道线分析图

综上所述，该股在这一时段内，上升轨道的趋势比较明显，股价始终在合理的轨道线内缓慢上升，预计该股后市仍然不改上升的趋势，可以继续持股或者看量做多。

资料来源：根据 http://guba.eastmoney.com/topic.600362.html 相关网站整理

第二节　图表分析

技术图表是技术分析中最常见的分析手段，投资者在进行证券分析时，会面临各种各样的技术分析图表，学会绘制和读懂各类图表，是进行图表分析的前提。

一、技术图表的基本类型

常见的技术分析图表有 K 线图、棒形图、点数（OX）图和宝塔图等。其中目前在我国证券市场上投资者使用最多、最频繁，也是流传最广的仍然是 K 线图。

（一）K 线图

K 线图是一种常见的制图分析法，也称日式画线法，是技术分析的一个重要流派，而 K 线理论的依据就是 K 线图，其基本图形如图 9-4 所示。绘制 K 线图，最重要的是要把握四个重要的证券交易价格，即开盘价、收盘价、最高价和最低价。K 线分析是将一段时间的 K 线按时间顺序进行排列，形成一张记录了股票的历史走势的 K 线图表。投资者对这张 K 线图表通过单根 K 线的分析，或是典型的 K 线组合的判断，或是 K 线的趋势形态预测，可以判断股市的未来价格变动趋势。

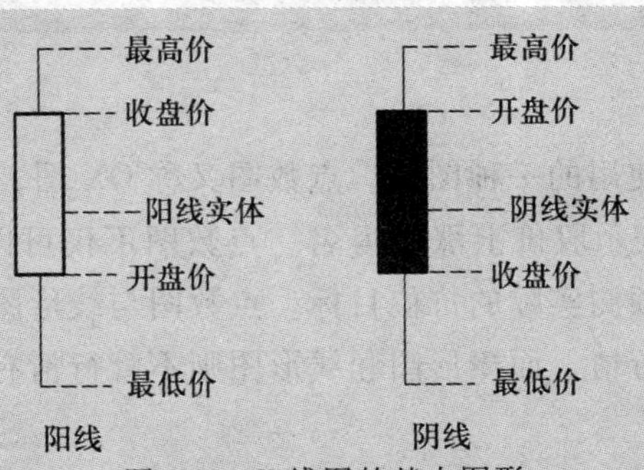

图 9-4　K 线图的基本图形

（二）棒形图

棒形图也是证券行情分析中较为常用的一种技术分析图表，在欧美国家比较流行。它以竖棒来表现股票价格的高低，在画线时，有两种不同的画法，如图 9-5 所示。一种是竖棒的顶部为最高价，底部为最低价，竖棒左边的横线代表开盘价，竖棒右边的横线代表收盘价；另一种画法是只画收盘价，不画开盘价。如果棒体越长，表明当日的股票成交的价格起伏越大，反之，则说明价格起伏小。棒形图在判断趋势的时候与 K 线图相比有一定的优势，其他运用法则等方面与 K 线图基本类似。

一般情况下，棒形图的运用多与成交量相配合，分析图分上下两个部分，上半部分是棒形图，表示价格变动的情况；下半部分是对应的成交量。棒形图的横坐标时间可以用日、周或月来表示。棒形图的主要特点是以棒体的分布反映证券价格的走势，它不仅能反映一般线形图反映的全部内容，而且还能反映每日证券成交的价格差。棒形图的图形可从形态学角度分为头肩形、穹窿形、三角形、旗形、长方形等多种，其中头肩形如图 9-6 所示。

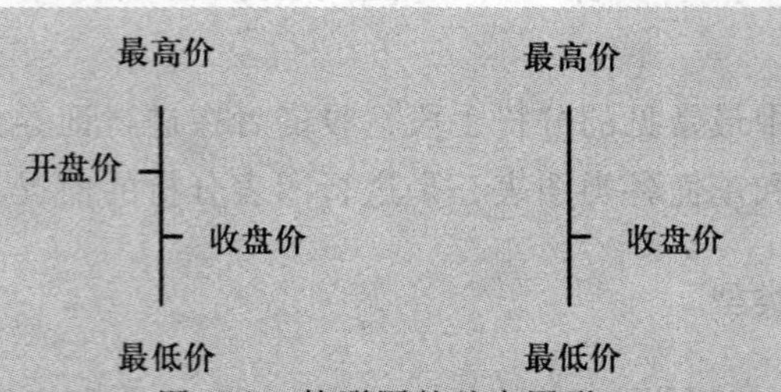

图 9-5　棒形图的基本图形

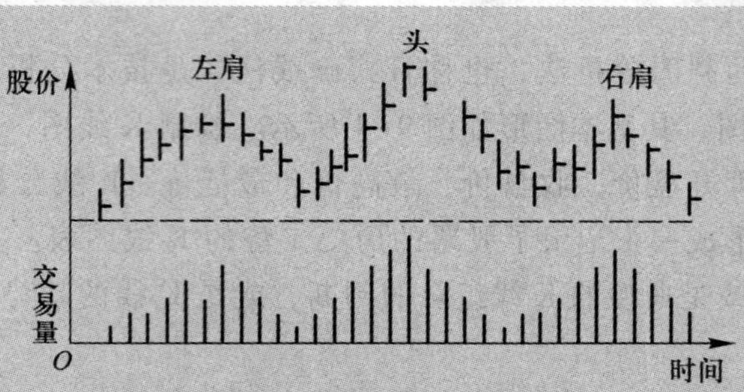

图 9-6　头肩形棒形图

（三）点数图

点数图也是股市中经常使用的一种图表。点数图又称 OX 图，因为它是以符号“O”表示股价的下跌，以符号“X”表示股价上涨而得名。点数图不仅可以观测股价走势的反转现象，而且也可以用来观测股价，预测实际的价位目标。点数图与线形图和棒形图的区别是，点数图只反映股市中显著变动的大行情，而棒形图和线形图则不管行情有无变化或变动的幅度是大是小都能表现出来。

另外，点数图是没有时间坐标的，而是采取小方栏记录股价的变化，每一栏代表一个趋势，只有当趋势反转时，才另画一栏。在绘制点数图时，先要分析过去股价升跌的大致幅度，然后订出基本的升降单位，当股价超过一个基本单位时，就在图表中记录下来。当股价上升超过一个基本单位就用“X”表示，当股价下降超过一个基本单位用“O”表示，超过或不足一个基本升降单位的尾数都可以省略不计。

绘制点数图，要注意寻找“密集区”。所谓“密集区”一般是指买方或卖方势均力敌的时候形成的一系列的“O”和一系列的“X”。当一系列的 X 向上升起并超过“密集区”的时候，叫做突破，突破“密集区”的顶部，则显示股价将继续上升。当一系列的“O”向下滑落，并超过“密集区”的底部时，叫做渗透，它显示股价将继续下跌。

OX 图的应用法则：图形由“O”变成“X”时，表示买进；图形由“X”变成“O”时，表示卖出；OX 图上可以画趋势线，当 O 或 X 向上突破趋势线时，视为买进信号；当 O 或 X 向下跌破趋势线时，视为卖出信号；OX 图还可以预测未来涨跌幅。

OX 图的基本形状如图 9-7 所示。

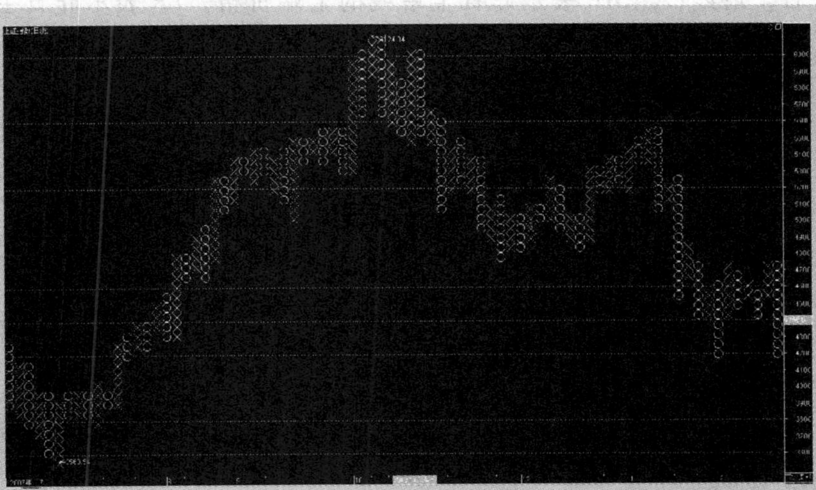

图 9-7 上证指数 OX 图

(四) 宝塔图

宝塔图是以白黑（虚体、实体）的实体棒线来划分股价的涨跌，及研判其涨跌趋势的一种制图分析法。它的特征与点状图类似，并非记载每天或每周的股价变动过程，而是当股价连续创新高价（或创新低价），抑或反转上升或下跌时，再予以记录、绘制。宝塔图的基本形状与 K 线相比，宝塔图只有阴阳实体，而没有上下影线。上证指数宝塔图如图 9-8 所示。

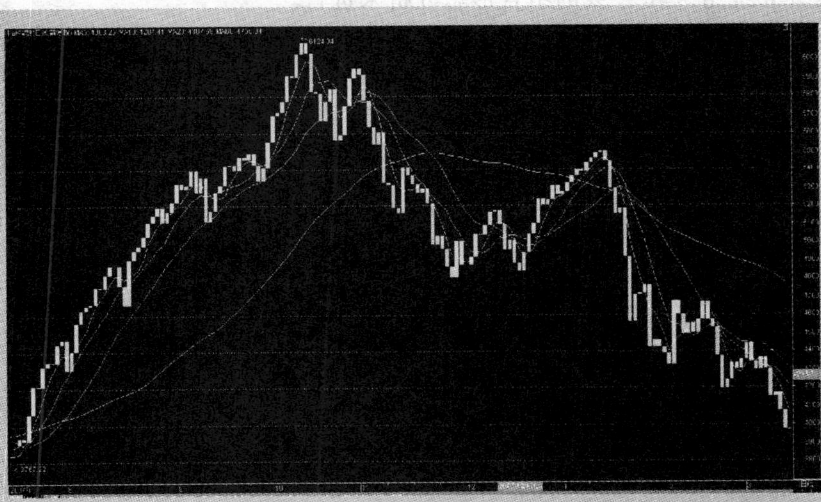

图 9-8 上证指数宝塔图

绘制宝塔图，只用到某证券或大盘的收盘价，而且它是逐日进行的，画宝塔图有两个要点，一是确定每日宝塔线是阴线还是阳线；二是要确定每根宝塔线实体上端和下端的价格位置。具体的绘制过程是这样进行的：假设已得到上个交易日的宝塔线，以这为基础，构建今日宝塔线，用 HP 表示昨日宝塔线的上端价格，LP 表示昨日宝塔线的下端价格，以 C 表示今日收盘价，若上一日宝塔线为阳线，则画今日宝塔线有三种情况：①如果 $C>HP$，则今日宝塔线为阳线，上端为 C，下端为 HP；②如果 $HP>C>LP$，则今日宝塔线为阳线，上端为 HP，下端为 C；③如果 $C<LP$，则今日宝塔线为特殊阴线，上半部分是阳线，下半部分为阴线，宝塔线的上端为 HP，下端为 C，中间以 LP 为界，上阳下阴，这样的宝塔线属于阴线。若上一日宝塔线为阴线，则画今日宝塔线也有三种情况：①如果 $C<LP$，则今日宝塔线为阴线，上端为 LP，下端为 C；②如果 $HP>C>LP$，则今日的宝塔线为阴线，上端为 C，下端为 LP；③如果 $C>HP$，则今日宝塔线为特殊阳线，上半部分是阳线，下半部分为阴线，宝塔线的上端为 C，下端为 HP，中间以 LP 为界，上阳下阴，这样的宝塔线属于阳线。

宝塔图属于收盘价曲线，通过宝塔图我们可以更清楚地发现股价上升或下降的程度，便于发现上升或下降的力量是否用尽。具体的应用方法是：①阴线变成阳线，即宝塔线翻红为买进时机，股价将会延伸一段上升行情。宝塔线翻蓝黑则为卖出时机，股价将会延伸一段下跌行情。但是在整理时期幅度较小，黑红翻转，可不必理会，并不是行动信号；②在高位之后出现长阴，是获利了结的信号；③三平头的阳线是卖出信号，三平底的阴线是买入信号；④宝塔线适合短线操作之用，但最好配合 K 线、移动平均线及其他指标一并使用，可减少误判的机会，如十日移动平均线走平，宝塔线翻黑，即可卖出。

二、K 线分析

如上所述，K 线分析是技术分析中人们最常使用的一种分析工具。通常 K 线分析可以从单根 K 线、典型 K 线组合和 K 线的组合形态分析来进行。

（一）单根 K 线的基本形态

单根 K 线的基本形态，可概括为下列六大种类。

1. 光头光脚的大阳线和大阴线

这是没有上下影线的 K 线。当阳线收盘价或阴线开盘价正好与最高价相等时，就会出现这种 K 线。光头光脚大阳线（如图 9-9 所示）表示，从开盘买方就积极进攻，中间也可能出现买方与卖方的斗争，买方始终占优势，使价格一路上扬，直至收盘，表示强烈的涨势。光头光脚大阴线（如图 9-10 所示）表示从一开始，卖方就占优势，握有股票者不限价疯狂抛出，造成恐慌心理。市场呈一面倒，直到收盘，价格始终下跌，表示强烈的跌势。

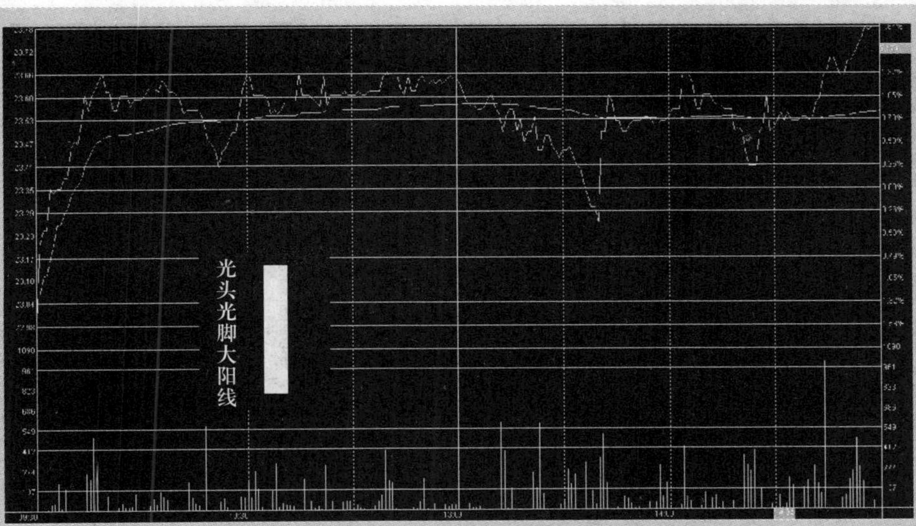

图 9-9　光头光脚大阳线

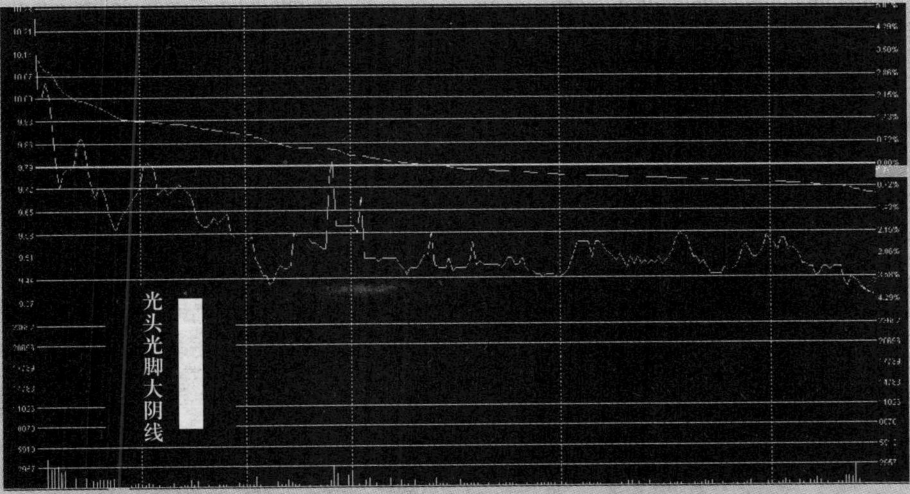

图 9-10　光头光脚大阴线

2. 光脚阳线和光脚阴线

这是没有下影线的 K 线。当开盘价正好与最低价相等或收盘价正好与最低价相等时，就会出现这种 K 线。光脚 K 线分为两种情况：一种（光脚阳线）是表示上升势头很强，但在高价位处多空双方有分歧，购买时应谨慎；另一种（光脚阴线）表示多方上攻受阻回落，上挡抛盘较重，能否继续上升局势尚不明朗，如图 9-11 和图 9-12 所示。光脚阳线的出现，如果阳线实体越长，说明多方上攻力度越大，反之，则有见顶的可能。光脚阴线的含义与之相反，表示股价虽有反弹，但上挡抛压沉重。空方趁势打压使股价以阴线报收。所以，光脚阴线的实体越大，则表明空方的势力越强，打压的动能越大，后市看淡的可能性越大。

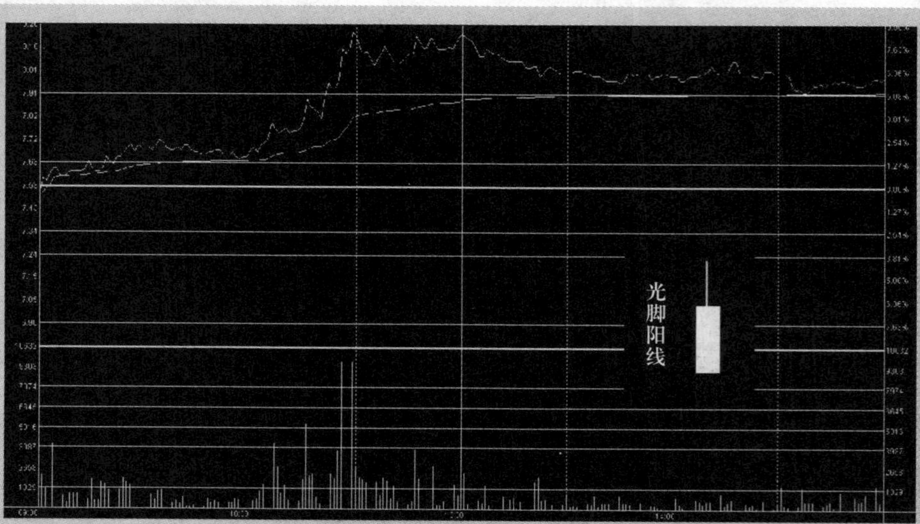

图 9-11 光脚阳线

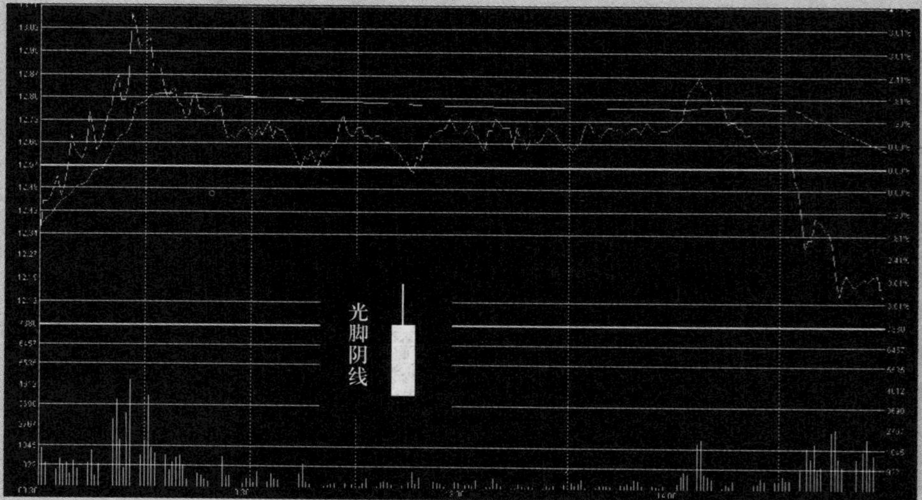

图 9-12 光脚阴线

3. 光头阳线和光头阴线

这种 K 线没有上影线。当开盘价与最高价相同或收盘价与最高价相同时，就会出现这种 K 线。光头阳线是一种带下影线的红实体，如图 9-13 所示。最高价与收盘价相同，表示开盘后，出现先跌后涨，总体看来，买方力量较大，但实体部分与下影线长短不同，买方与卖方力量对比不同。光头阴线是一种带下影线的黑实体，属下跌抵抗型的 K 线，如图 9-14 所示。表示开盘价是最高价，开盘卖方力量就特别大，价位一直下跌，但在低价位上遇到买方的支撑。后市可能会反弹。实体部分与下影线的长短不同，也反映了买方与卖方力量对比不同。

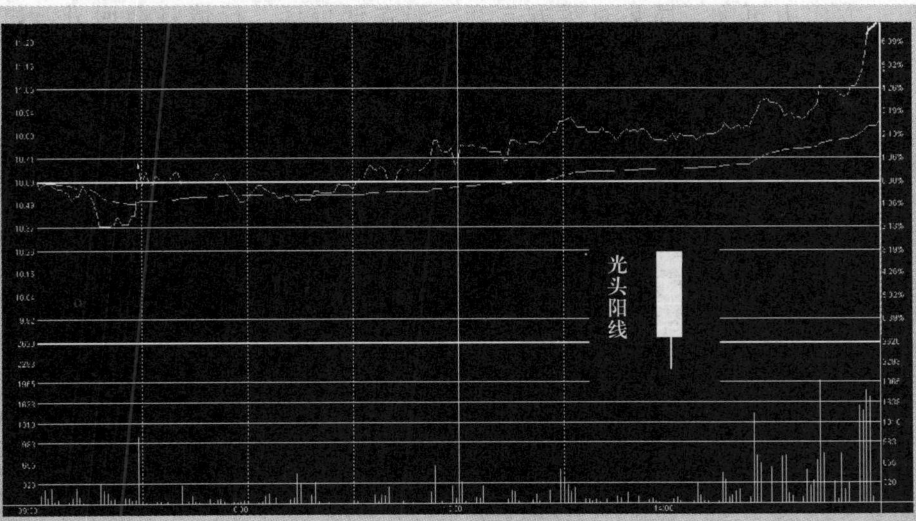

图 9-13 光头阳线

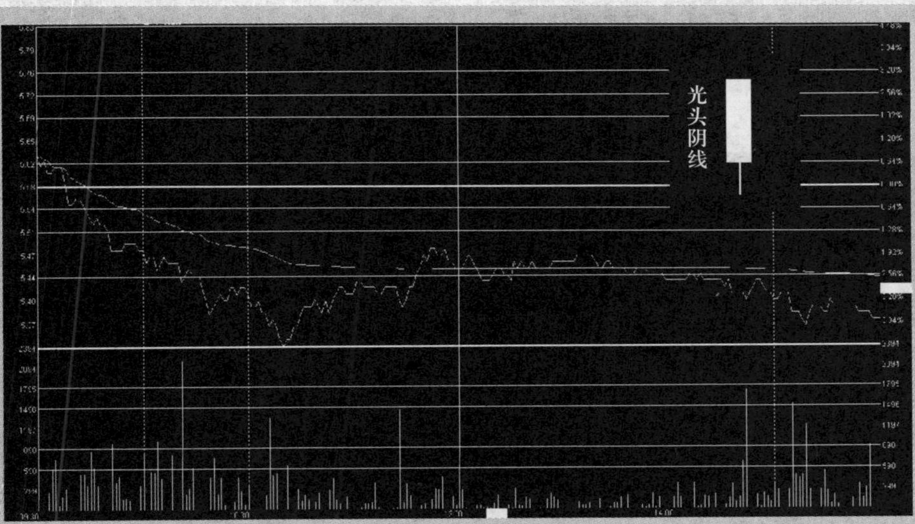

图 9-14 光头阴线

4. 十字星

当收盘价与开盘价相同时，就会出现这种 K 线，它的特点是没有实体，如图 9-15 所示。表示在交易中，股价出现高于或低于开盘价成交，但收盘价与开盘价相等。买方与卖方几乎势均力敌。其中，上影线越长，表示卖压越重。下影线越长，表示买方旺盛。上下影线看似等长的十字线，可称为转机线，在高价位或低价位，意味着出现反转。

5. T 字形和倒 T 字形

在十字星的基础上，如果再加上秃头和光脚的条件，就会出现这两种 K 线。它们没有实体，而且没有上影线或者没有下影线，形状像英文字母 T。T 字形又称多胜线，开盘价与收盘价相同，当日交易以开盘价以下之价位成交，又以当日最高价（即开盘价）收盘。卖方虽强，但买方实力更大，局势对买方有利，如在低价区，行情将会回升，如图 9-16 所示。

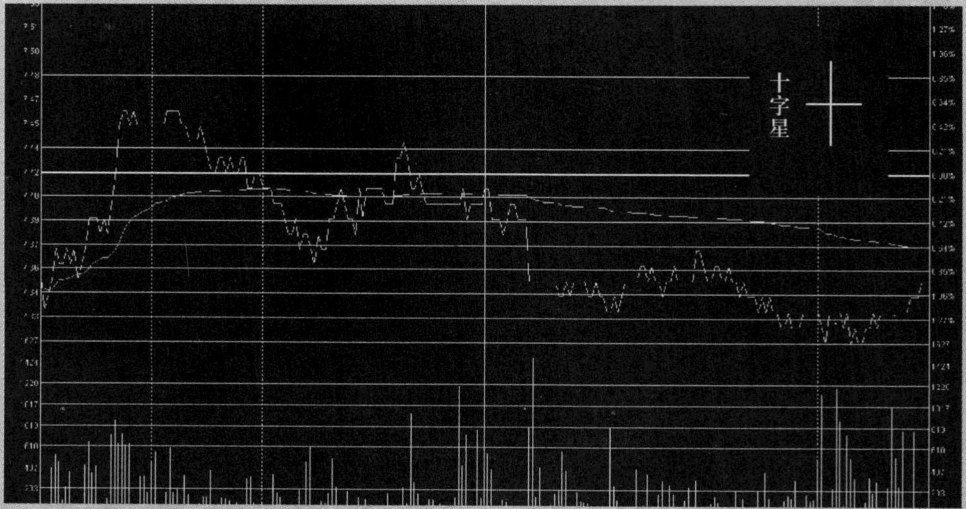

图 9-15 十字星

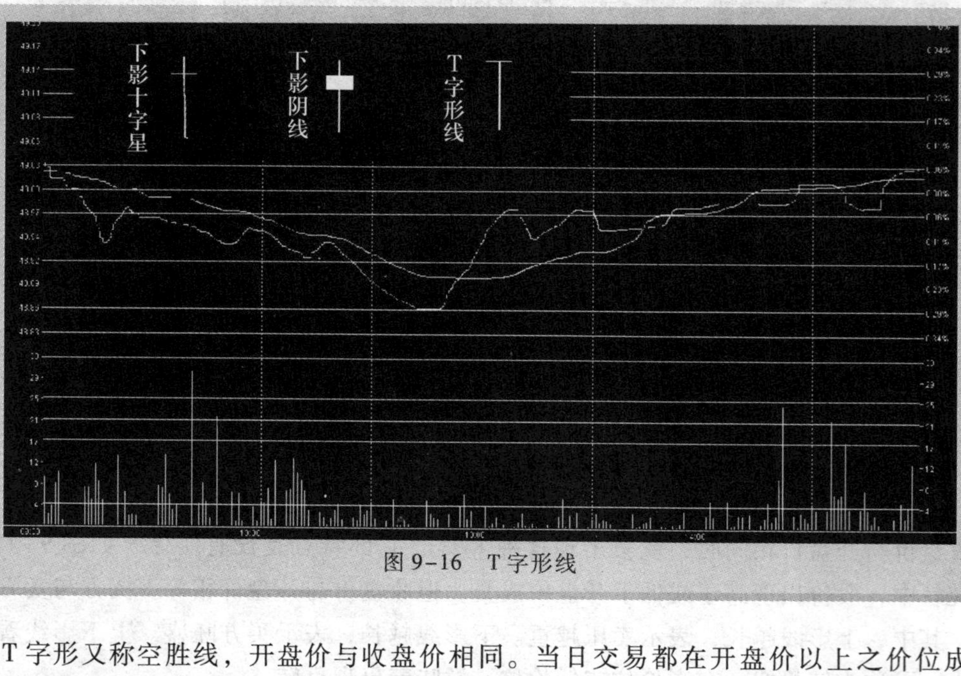

图 9-16 T 字形线

倒 T 字形又称空胜线，开盘价与收盘价相同。当日交易都在开盘价以上之价位成交，并以当日最低价（即开盘价）收盘，表示买方虽强，但卖方更强，买方无力再挺升，总体看卖方稍占优势，如在高价区，行情可能会下跌，如图 9-17 所示。

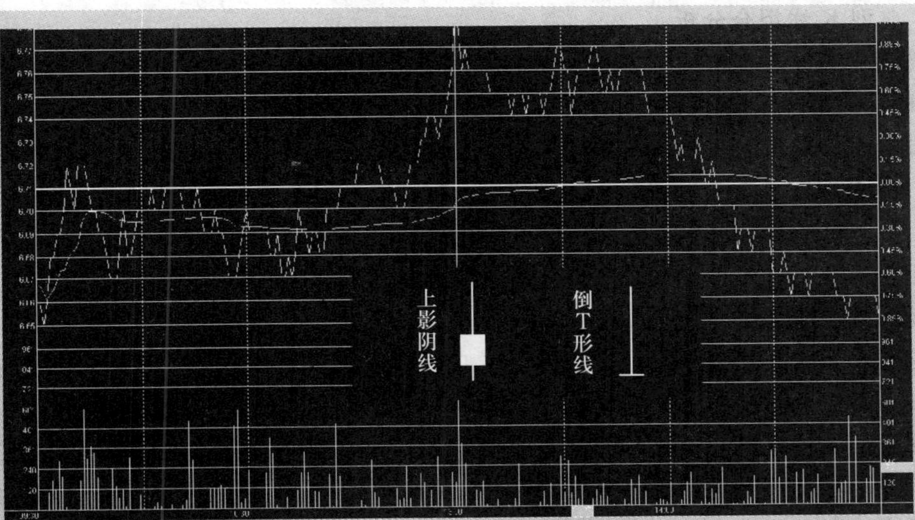

图 9-17　倒 T 字形线

6. 一字形

这是一种非常特别的形状，它的四个价格都一样，如图 9-18 所示。这种情况几乎见不到，只是理论上存在。在发行一个事先定好价格的股票时，会遇到这种情况。同十字星和 T 字形 K 线一样，没有实体。没有实体就无法区别是阴线还是阳线。此类情形只出现于交易非常冷清，全日交易只有一档价位成交。冷门股此类情形较易发生。

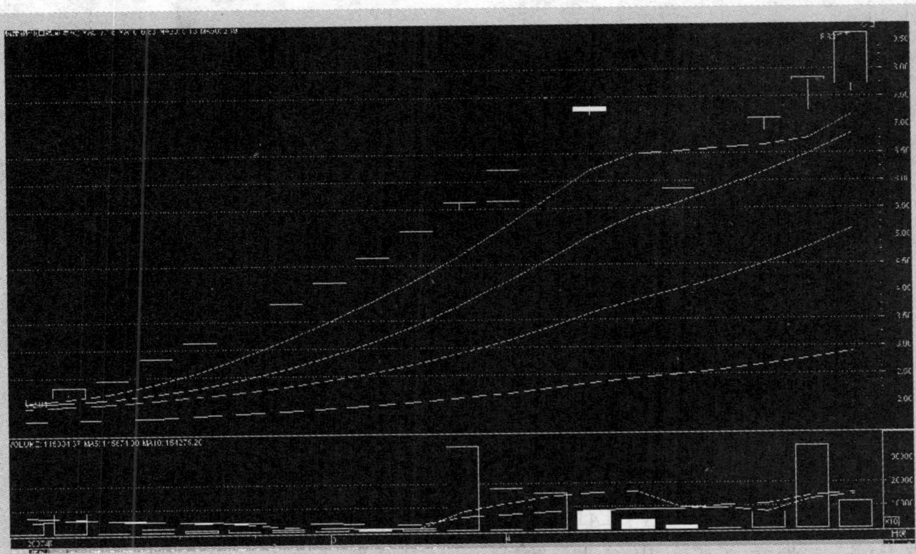

图 9-18　一字形线

除了日 K 线外，我们还可以画周 K 线和月 K 线。其区别只在于四个价格的选择。周 K 线是指这一周的开盘价、这一周之内的最高价和最低价以及这一周的收盘价。月 K 线则是这一个月之内的四个价格。周 K 线和月 K 线的优点是看趋势和数周期比较好。

（二）典型 K 线组合分析

K 线图谱中蕴涵着丰富的东方哲学思想，以阴阳之变表现出了多空双方“势”的相互转换。多条 K 线的组合图谱才可能更详尽地表述多空双方一段时间内“势”的转化。另外，K 线图谱要结合成交量和移动平均线共同使用。成交量是多空双方搏杀过程中能量损耗的表述，移动平均线则是双方进攻与退守的一道道防线。这种图形组合是东方哲学与西方统计学的完美结合。

K 线组合形态有许多种，下面简要介绍其中八种。

1. 希望之星和黄昏之星

希望之星，也称早晨之星，为买进信号。它由三根 K 线组成：第一天在下跌过程中已形成一根阴线，第二天呈缺口下跌，K 线实体较短，构成星的主体部分，阳线和阴线均可，上下影线也不重要，关键是第三天必须是阳线，且其长度至少要升至第一根阴线实体的二分之一处，若包容第一根阴线就更是明确无误的买进信号，如图 9-19 所示。关于希望之星必须注意的是它预示着市场已见底，因此在其出现之前应该股价已经下跌一段时间，否则不能视为买进信号。黄昏之星的出现，意味着股价将回落，为卖出信号。黄昏之星也由三根 K 线组成，第一天股价继续上升，拉出一根阳线，第二天则波动较小，仅形成一根小阳线或小阴线，为星的主体部分，重要的是第三天拉出一根阴线并至少下跌到第一天阳线实体的二分之一处，如图 9-20 所示。必须注意的是黄昏之星的出现只有当股价已上升了较大幅度后才为卖出信号。若股价下跌时出现黄昏之星则无参考价值。

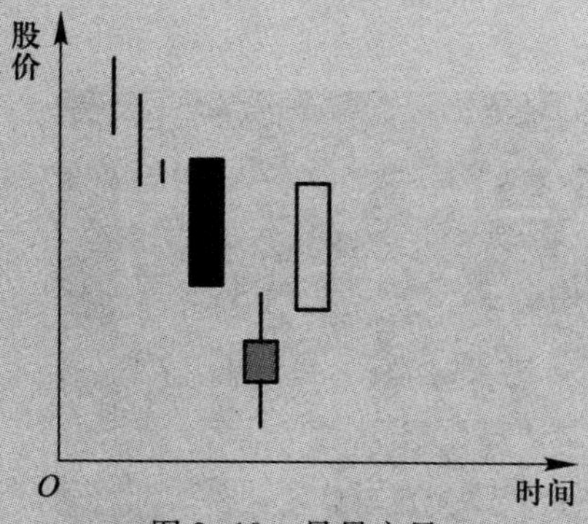

图 9-19 早晨之星

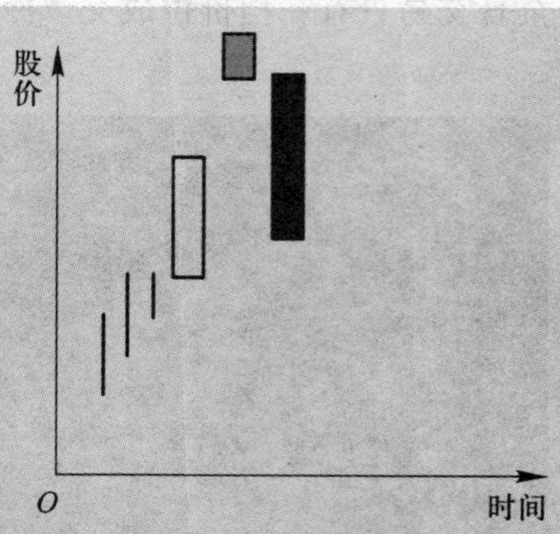

图 9-20 黄昏之星

2. 十字星

十字星当股价已上涨（或下跌）数日并到达较高（或较低）价位时，若出现一个带上、下影线且上影线较长的十字线时，往往说明股价已涨（跌）得很高（低），欲振乏力，股价将要下跌（或上涨），为卖（买）出（入）信号。十字星是早晨之星（如图 9-21 所示）或黄昏之星的特例。黄昏无实体十字星又称南方十字星（如图 9-22 所示）。如果十字星出现后，第二天有第二个缺口又称弃婴，如图 9-23 所示。

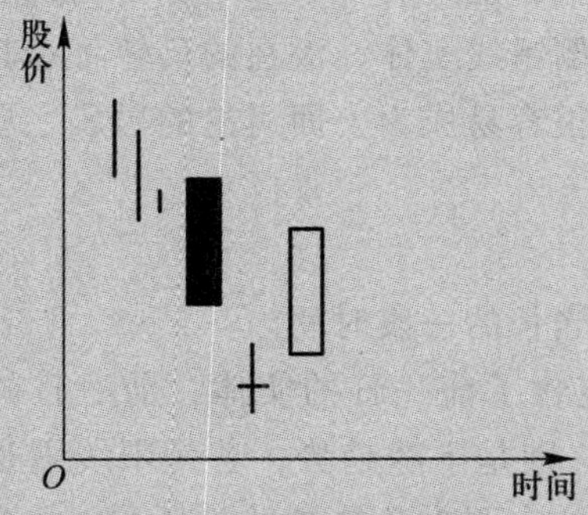

图 9-21　无实体早晨之星

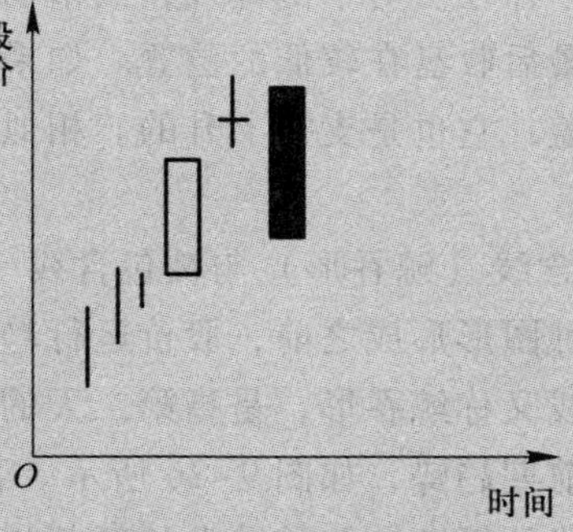

图 9-22　南方十字星

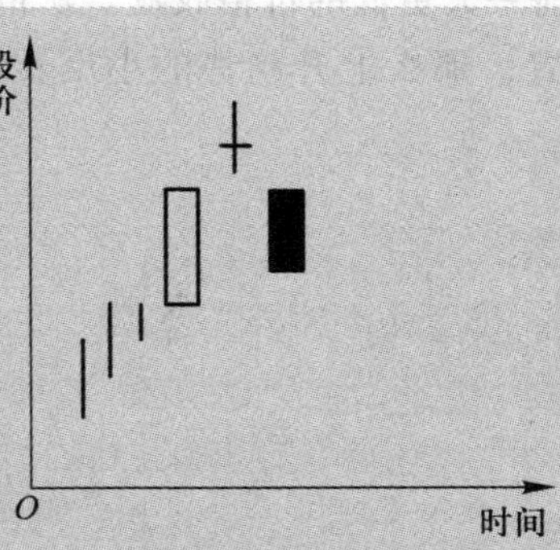

图 9-23　弃婴

3. 射击之星和倒锤线

射击之星是一个实体较小的阳线或阴线，其上影线较长，至少是实体的三倍，表明开盘价较低，在开市后被买方将股价炒得较高，但最终又被卖方压回开盘价附近，因此，下影线一般短到可以认为不存在，如图 9-24 所示。它常出现于市场的顶部，预示着股价将反转，为卖出信号。必须注意的是只有在股价已出现较大的升幅后，射击之星才为正确的卖出信号。

倒锤线的形态特点是，小实体在价格区域的较低部分形成，一般不要求有缺口，只要在一个趋势之后下降就可以，如图 9-25 所示。上影线的长度一般大于实体的 2 倍长，下影线短到

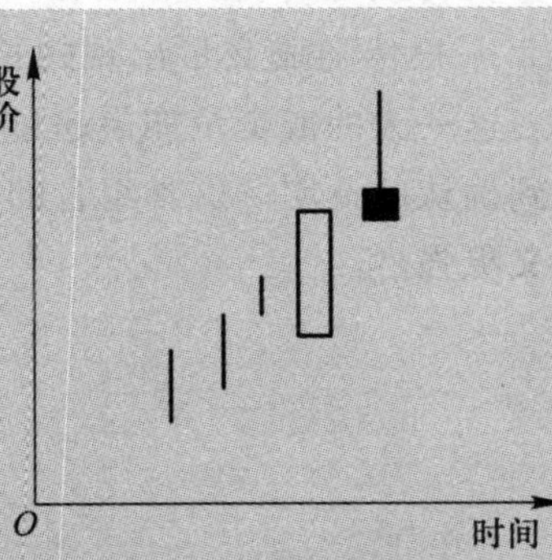

图 9-24　射击之星

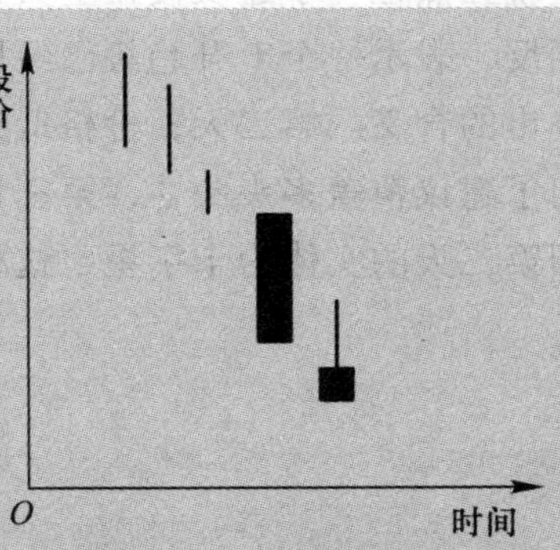

图 9-25　倒锤线

可以认为不存在。对于倒锤线，当市场以跳空向下开盘时，已经有了下降趋势。当天上冲失败了，市场最后收盘在较低的位置。如果第二天开盘高于倒锤线实体，潜在的反转将引起对空头头寸的覆盖，它也是支持上升的。相似地，倒锤线可能很容易成为上面讨论的早晨之星的中间一天。

4. 包含线（鲸吞形）与被包含线（孕育形）

这两种图形形成之前，股价运行趋势已经确立了相当长的一段时间。

包含线又称鲸吞形，是指第二天的 K 线实体完全包含了前一日的实体，前一日的实体反映了股价前期趋势，如图 9-26 所示。若前一日是阴线，则是下降趋势；若是阳线则是上涨趋势，包含线的颜色应与前一日的颜色相反。熊市包含线，表明上升趋势处在只有小成交量配合的小阳线实体发生的地方，第二天，以新的、更高的价格开盘，之后是迅速卖出的狂潮。卖出狂潮被大成交量支持，最后以比前一天更低的价格收盘。从情绪上讲，上升的趋势已破坏，如果第二天的价格仍保持在较底位置，那么上升趋势的小反转已形成。牛市包含线与之正好相反，表明下降趋势得到了逆转。

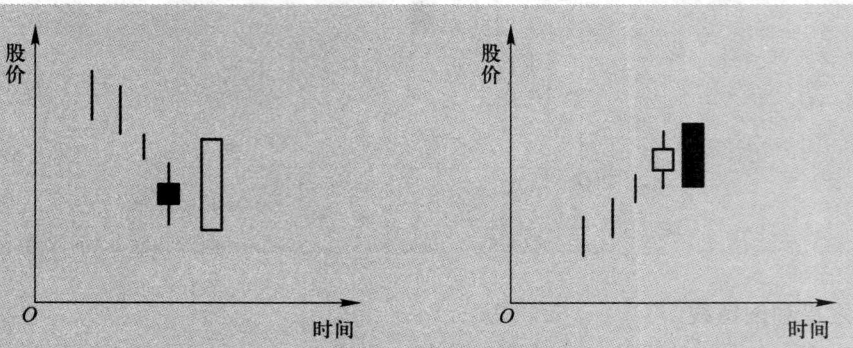

图 9-26 包含线

被包含线又称孕育形，是指前一日 K 线实体的颜色是反映市场趋势的颜色，长实体之后是小实体，它的实体完全被前一日长实体所包含，小实体的颜色与长实体的颜色相反，如图 9-27 所示。牛市被包含线表示一个下降趋势已经展开了相当时日，一根伴随成交量出现的长阴出现了，它维持了熊市的含义。第二天，价格高开，动摇了空头。这一天的成交量如果超过前一日，这就强烈证明了建议覆盖空头头寸，第三日趋势反转须得到确认的证明。熊市包含线与之正好相反，表示一个上升趋势已经展开了相当时日，一根伴随成交量出现的长阳出现了，它维持了牛市的含义。第二天，价格低开，动摇了多头。这一天的成交量如果超过前一日，这就强烈证明了建议覆盖多头头寸，第三日趋势反转须得到确认的证明。这种组合的特殊形态是十字胎，即第二天的实体为十字星，这种形态的反转意义更强烈。

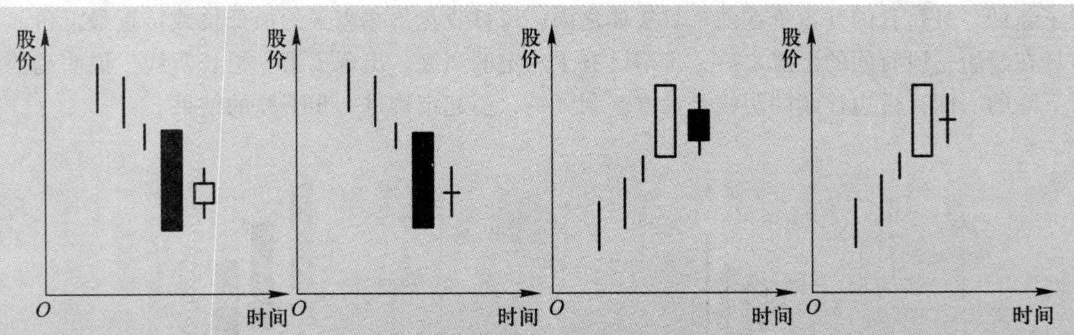

图 9-27 被包含线

5. 刺穿线与乌云盖顶

刺穿线与乌云盖顶是对称的图形，是分别发生在下降或上升市场的两根 K 线组合形态，如图 9-28 所示。刺穿线发生在下降趋势中，在形态上第一天是反映继续下降的长阴实体。第二天市场反弹了，是阳线实体，开盘价低于前一日的最低价，收盘价在第一天的实体内，但高于第一天的乌云盖顶阴线实体中点，体现出价格反转的趋势。刺穿线的两根 K 线应该都是长实体线。乌云盖顶与刺穿线正好相对，发生在价格上升的趋势中，在形态上第一天是反映继续上涨的长阳实体。第二天市场回落了，是阴线实体，开盘价高于前一日阴线的最高价，收盘价在第一天的实体内，但低于第一天的阳线实体中点，体现出价格反转的趋势，如图 9-29 所示。

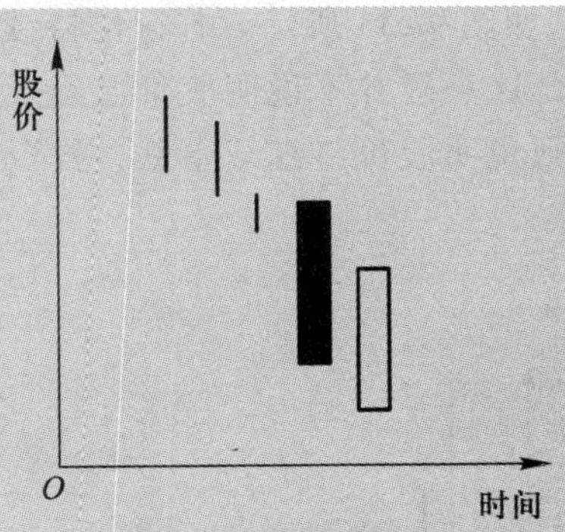

图 9-28 刺穿线

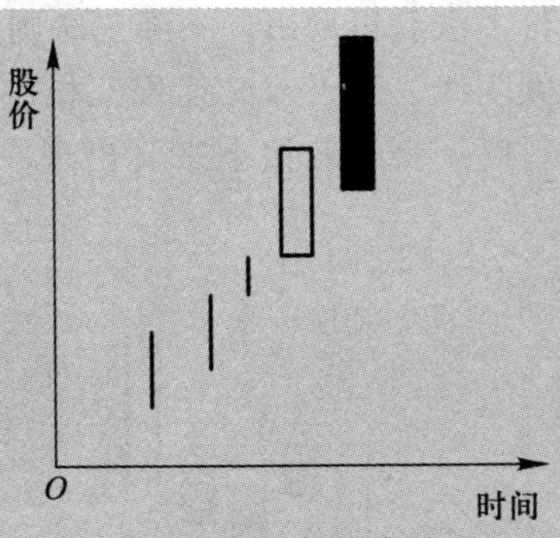

图 9-29 乌云盖顶

6. 三白兵与三乌鸦

三白兵与三乌鸦都是股价运动趋势反转的一个形态。三白兵是发生在股价下降趋势末期的一种形态，表明股价经过一段时间的下跌，人心思涨，出现了连续三根的长阳线，每天出现了更高的收盘价，且每日开盘价都在前一日的 K 线实体的中点以上，而连续三日每日收盘价在当天的最高价或接近最高价，如图 9-30 所示。三白兵是股价止跌上涨的信号，但必须指出的是三白兵的形态必须是在价格下降趋势的末端才有指示意义。如果是在上升趋势进行到了一定时期之后出现，则有可能是下跌的信号了。而三乌鸦则与之相对，一般是指股价在上涨的末期出现的，是看跌的图形组合，如图 9-31 所示。三乌鸦的确立，必须是出现了连续三根的长阴线，每天收盘价出现了新低，且每日的开盘价在前一日实体之内，每日收盘价在当天的最低价或接近最低价。表明市场在经历一段时间的上涨之后，价格已有了一定的高度，出现了第一根长阴线，说明趋势走向了下降的一面，后边连续的阴线是卖方获利了结，引起市场进一步下跌的结果。

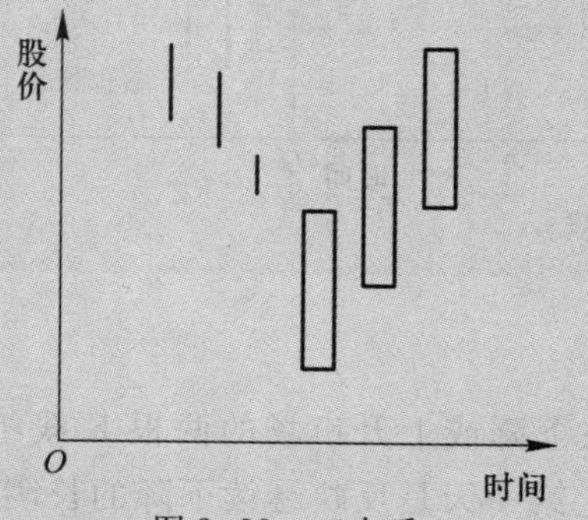

图 9-30 三白兵

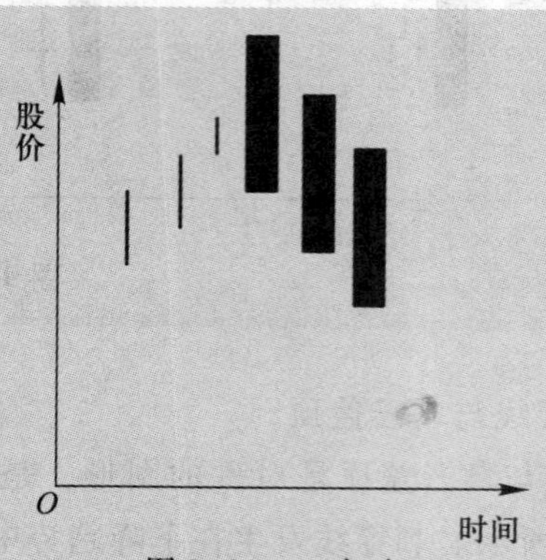

图 9-31 三乌鸦

7. 上升和下降三法

上升三法提示的是买进信号，如图 9-32 所示。当股价上涨一段时间后，出现一根大阳线，紧接其后连续出现三根小阴（阳）线，这些小阴（阳）线沿当前的趋势相反的方向或高或低地排列，并保持在前一根大阳线的最高和最低价之内，这表明股价正在蓄势待发，其后还将上涨，若随后又出现一根大阳线则更说明了这一点。股民应当利用这段行情回挡的机会低价进货，待股价上涨后再抛出。下降三法则是卖出信号，如图 9-33 所示。若行情持续下跌，先是出现一条大阴线，隔天却又连现三根小阳（阴）线，这一般并不说明股价已经反转，而是下跌趋势的暂时调整，若接下来又出现一根大阴线，则说明股价将继续下跌，投资者应及早出货。

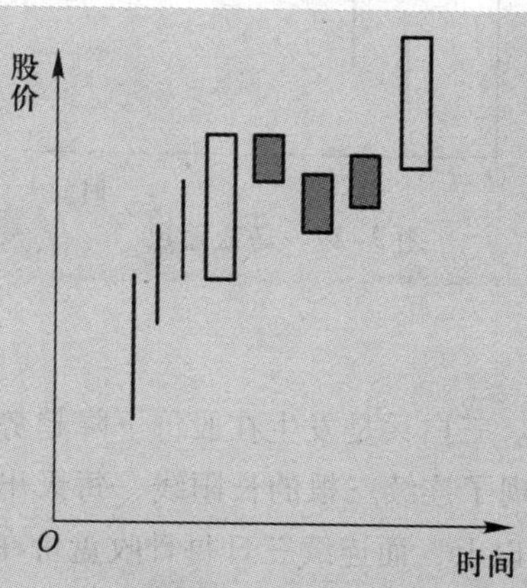

图 9-32 上升三法

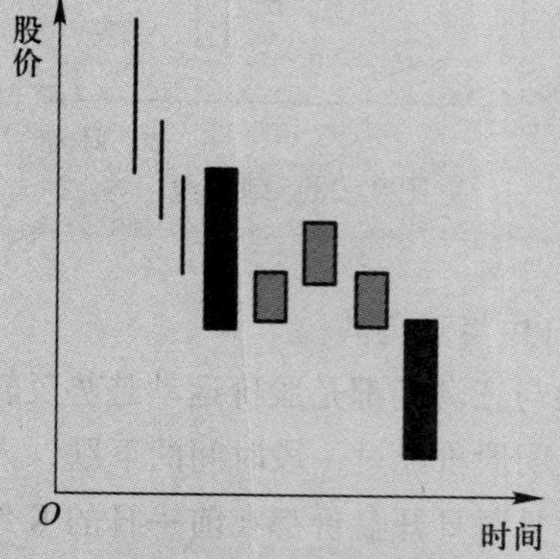

图 9-33 下降三法

8. 大阳线三根型与大阴线三根型

当股价出现连续三次向上跳空上涨，说明买方势道已尽，是很强烈的卖出信号。典型的大阳线三根型，要求连续三日出现光头光脚阳线，次日的 K 线开盘价都高于前日的收盘价，如图 9-34 所示。买方虽然全力推进股价上涨，但在三次向上跳空之后，其力量已消耗殆尽，卖方会趁机入市，股价必将下降。反之，当股价出现连续三次跳空下降，说明卖方势道已尽，是很强烈的买进信号，如图 9-35 所示。卖方虽然全力使股价下跌，但在三次向下跳空之后，其力量已消耗殆尽，买方趁机入市，股价必将反弹。

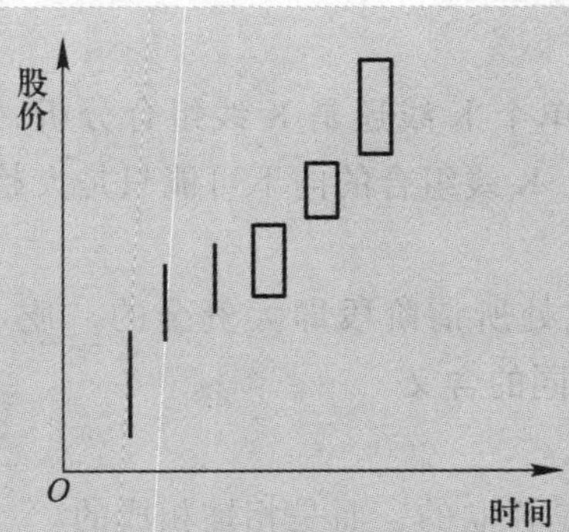

图 9-34　大阳线三根型

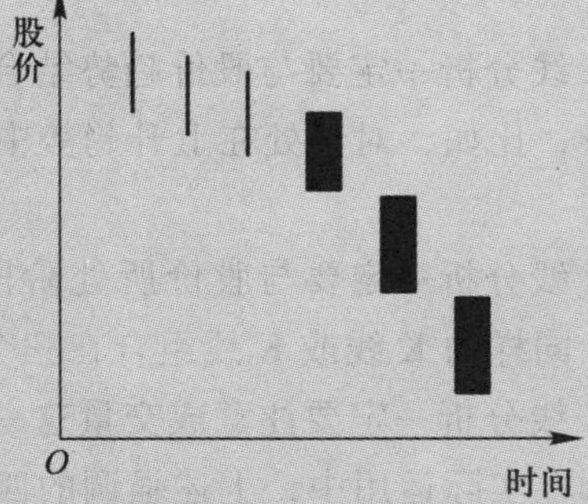

图 9-35　大阴线三根型

K 线的典型组合在实际的证券市场分析中，还有许多种，各个不同的投资分析师还在不断地创新研究出多种不同的组合研判方法，在这里不能完全包含所有的内容，有待进一步分析研究。

（三）K 线的形态分析

K 线分析，除了可用单根 K 线进行研判或用典型组合形态研判外，还可以根据 K 线在坐标中的形态构成来进行分析，如图 9-36 所示是典型的 W 底的 K 线形态，这属于形态学分析的内容，在以后的内容中将详细介绍。

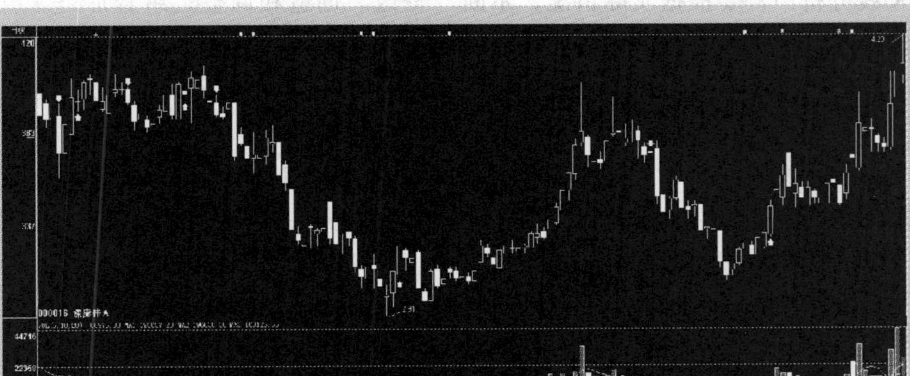
图 9-36　W 底的 K 线形态

（四）K 线分析应注意的问题

K 线分析法是一种常见的技术分析法，但在具体的分析中，如果把握不当，就有可能给投资者造成误判，从而影响 K 线分析的准确性与可信度。

1. K 线分析应遵循的四原则

（1）K 线分析要与 K 线或 K 线组合中股价所处的相对位置相结合。同样的 K 线在股价的高位区与低位区出现，发出的信号可能完全相反，这一点我们在前面的 K 线分析中已作过具体说明。

（2）K 线分析一定要与股价趋势结合。无论进行单个 K 线还是 K 线组合分析，都应服从于股价趋势，比如，对于处在上升趋势中的股票来说，K 线组合的向下可能只是大趋势中的小波折。

（3）K 线分析一定要与股价所处阶段相结合。此处所谓阶段即大资金的“吃、洗、出”三大阶段，同样的 K 线或 K 线组合在三个阶段会有不同的含义。

（4）K 线分析一定要注意成交量这一重要的参数。

当然，在实际运用中，上述强调的四个方面并不是孤立的，而是相辅相成的。

2. 应用 K 线理论应注意的问题

用 K 线描述市场有很强的视觉效果，是最能表现市场行为的图表之一。尽管如此，一些常见的 K 线组合形态只是根据经验总结了一些典型的形状，没有严格的科学逻辑，在应用 K 线的时候要记住以下几点。

（1）K 线分析的错误率是比较高的。市场的变动是复杂的，而实际的市场情况可能与我们的判断有距离。从 K 线的使用原理上看，K 线理论只涉及短时间的价格波动，容易为某些非市场行为提供条件。

（2）K 线分析只能作为战术手段，且要与其他分析方法相结合。K 线分析更多情况下是选时和选择价格的判断工具，而不是选股的工具。

（3）K 线分析中，要根据实际情况，不断“修改、创造和调整”组合形态。组合形态只是总结经验的产物，实际市场中，完全满足我们所介绍的 K 线组合形态的情况是不多见的。如果一点不变地照搬组合形态，有可能长时间碰不到合适的机会。要根据情况适当地改变组合形态。

（4）为了更深刻地了解 K 线组合形态，应该了解每种组合形态的内在和外在的原理。K 线分析是靠人类的主观印象而建立，并且是基于对历史的形态组合进行表达的分析方法之一，因此 K 线分析中人的因素也非常重要。

阅读与应用

中信证券：自营业务规模稳定“推荐”评级

中信证券三季度收入 45.16 亿元（环比增 17.54%），净利润 15.66 亿元（环比增 9.51%），每股收益 0.14 元。前三季度营业收入 124.21 亿元（同比下降 18.4%），净利润 46.21 亿元（同比增长 6.6%），期末净资产 674.22 亿元，较年中增长 5.71%。

中信证券 K 线图如图 9-37 所示，技术面分析如下。

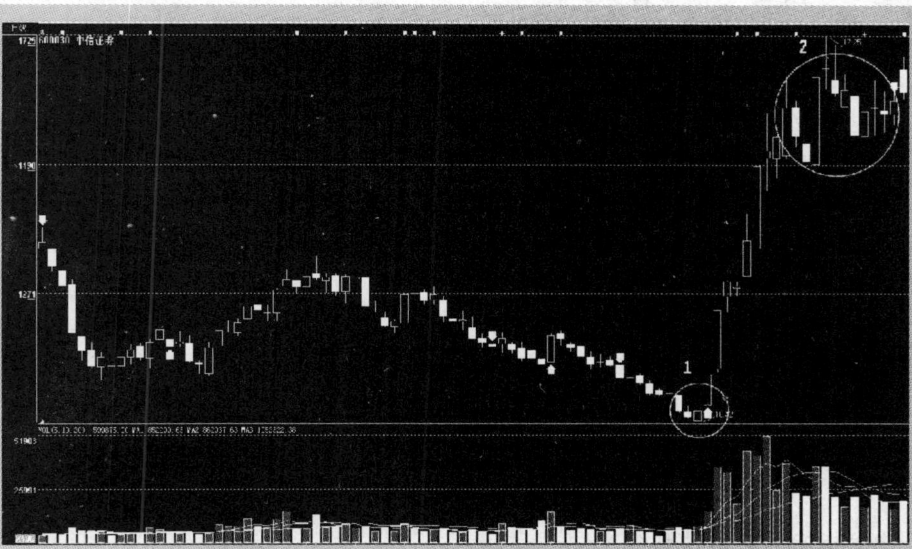

图 9-37 中信证券 K 线图

分析一：图 9-37 中 1 位置出现明显的“希望之星”图形，是一个非常好的买入信号，同时下方成交量较上一交易日有明显放大也是对买入信号的一个有力支撑。接后几日 5 日均线一改前面与 10 日均线纠缠不清的状况，一路向上，冲破 10 日均线的封锁，紧接着更是突破 30 日均线，一路上扬。

分析二：图 9-37 中 2 位置已经出现“怀星抱月”，显示出多空双方力量正在发生转变。之后两天多空双方开始拉锯战，但从图中可以看出，卖方力量正在逐渐形成，同时我们应该看到在成交量上与之前的大力上涨相比已经有了明显的放缓，5 日线已经向下穿透 10 日线，说明后期可能出现成交量的反降。

之后第四日无论是价格还是交易量都出现反常的增长，如果被这一反常的变化所迷惑那就很可能在接下来的交易中造成损失。其实我们仔细想想不难发现出现这一变化的原因。因为这正是价格即将下降前多方力量的一次全力出击，因为成交量的异常上升有力地说明了这点。随着前段时间价格的不断上涨，多方市场已经力量不足，之前出现“怀星抱月”的时候已经显露出来，但多方力量中，特别是一些大庄家手里已经持有一定的股份，这可以从前段时间的成交量呈现柱状图形，而非阶梯上升中看出。这是庄家并不想这一段上升势头就此打住，所以出现了在这一日，交易量和价格的异常反升。为的就是吸引更多闲散资金加入进来，使他们可以再高价位出手！

但从图表中可以看出第五日开盘价较上一收盘价有明显升高，整天的价格波动很大，成交量也出现难得的高水平，但最终还是出现了“十字星”。说明多空双方的较量非常激烈，但最终还是以卖方力量占了上风。可以肯定前一天还是多方力量主角的一些庄家这一天就成为了卖方力量的生力军。其实这并不难发现，只要查看当天的交易记录就可以知道。

果不出所料，在接下来的时间段里，K 线出现小幅上升，大幅下降的趋势。前段时间庄家抬高的价格，如今就由才进来的买家开始买单。

资料来源：http://finance.qq.com/a/20101102/000832.htm

第三节 指标分析

指标分析是技术分析中的重要分支，特别是当电子计算机技术不断普及和现代通信技术高度发达的情况下，人们不用也没必要再采用手工方式进行计算，技术指标分析变得更为流行。世界上各种各样的技术指标至少不下千种，每种技术指标都有自己的拥护者，本节将选取其中的一些常见指标进行介绍。

一、技术指标概述

（一）技术指标的含义

技术指标是按照事先规定好的固定方法，运用一定数学公式对行情数据进行处理所得的结果。

（二）技术指标的应用法则

尽管技术指标的种类多种多样，五花八门，但应用技术指标一般都可以从以下六个方面来进行，可以是只考虑其中的一种情况，或是综合考虑全部情况。

1. 指标高低（极值）

指标极值是指技术指标的取值进入极大或极小区域，技术分析将这种情况称技术指标进入“超买超卖区”，也就是说，在正常的情况下技术指标较少有进入这一数值的时候。在评判技术指标出现极值时，并没有一个统一的标准和具体的数值。既然是极端值，该指标达到这一数值的机会就不多，因此这一技术分析原则不是在任何情况下都可以用的，使用或指示的机会也很少，不能滥用。

2. 指标背离

指标背离是指技术指标曲线波动方向与价格曲线的趋势方向不一致。实际的技术分析中，有两种具体表现，即顶背离和底背离。技术指标与价格背离说明价格的波动没有得到技术指标的支持；或技术指标有先于价格波动的趋势，在价格没有转折之前，技术指标就提前指明了未来的趋势。指标背离是使用技术指标分析法中最重要的一个原则，一般情况下，出现指标背离是价格走势反转的一个信号，特别是当这个背离发生在价格走势的顶部或底部位置时。

3. 指标交叉

指标交叉是指技术指标图形中的两条曲线发生了相交的现象。实际技术分析活动中，有两种类型的指标交叉：第一种是同一个技术指标的不同参数的两条曲线之间的相交，技术分析中常说的黄金交叉和死亡交叉就属于这一种；第二种是技术指标与固定的水平直线之间的交叉。水平直线通常是横坐标轴，横坐标轴是技术分析指标取值正负的分水岭。技术指标交叉表明多空力量对比发生了改变，至少说明原来的力量对比受到了挑战。

4. 指标形态

技术指标的形态是指技术指标曲线的波动过程中出现了形态理论中介绍的反转形态。在实际的技术分析中，出现的主要形态是双重顶和头肩形。个别时候还可以将技术指标曲线看成是价格曲线，根据形态使用支撑线或压力线。

5. 指标转折

技术指标转折是指技术指标在高位或低位调头。有时这种调头表明前面过于极端的行为已经走到尽头，或者暂时遇到了麻烦；有时这种调头表明一个趋势将要结束，而另一个趋势将要开始。

6. 指标盲点

技术指标盲点是指技术指标在大部分时间里是无能为力的，也就是说，在大部分时间里，技术指标都不能发出买入或卖出的信号。所以，技术分析者要切忌在任何时间、任何情况下都采用技术指标来进行投资分析。

（三）应用技术指标分析应注意的问题

1. 不能过度迷信技术指标

技术指标只是一种技术分析的方法，作为一种战术手段，投资者对此不可过于依赖。技术指标多是从期货市场中产生的，因此它的研判特点是时间短、考虑的因素少，只能给出瞬间的价格方向，而这种方向随时都可能发生变化。

2. 主观因素在技术指标分析中的作用很重要

首先，不同的技术分析者对同一指标在同一环境中所做出的判断可能存在差异，这反映了分析师的主观看法，这对技术指标分析非常重要。其次，指标技术参数的不同选择，最终将导致结果上的差异。最后，技术指标本身存在一个适用性问题，不是任何环境和背景条件下都可使用技术指标分析的。

3. 不能过于频繁地使用技术指标

在技术指标分析中，指标能准确无误地发出信号的机会并不多，每种指标都有失效的时候。过于频繁地使用技术指标的结果，可能导致指标分析的准确率下降，直至最终失效，这是理性的分析师所忌讳的。

4. 技术指标不能选择过多

如前所述，技术指标的具体种类不下千余种，要想穷尽所有的技术指标来进行分析是不现实的。因此，只能根据各人不同的偏好以及对技术指标的掌握情况，有选择地进行技术指标分析，这样才能获得事半功倍的效果。

尽管技术指标种类很多，但大体上可以分为反映市场趋势的指标、衡量市场买卖力量强弱的指标、市场大盘走向指标和市场人气指标四大类。

阅读与应用

短线观点：上证综指无关经济

上证综指昨日再度暴跌，令投资者神经紧张。对于中国股市的空头来说，8月4日以来上证综指20%的跌幅——幅度为2007年股市崩盘之前三次回调的两倍——证明，今年的放贷热潮将资金投错了地方。对于多头来说，本周市场跌势一度停顿，表明中国的经济复苏将不会轻易脱轨。

上述两种观点的问题都在于，上证综指的涨跌与更广泛的经济从来没有太大关系。继1991年创立以来，上海股市跌跌撞撞地走过了亚洲金融危机和本世纪的前5年，当时中国的国内生产总值（GDP）以10%的平均速度增长。人们常常提到的上证综指与货币环境之间的关系也不足为信。诚然，今年股市成交量似乎随着新增贷款规模同步放大。但在2007年2月至6月期间，股市日成交量几乎增长了两倍，而月度新增贷款却下降了一半。

技术指标显示，上证综指下一步应将上行。单纯以估值衡量，上证综指的表现并不过分。目前上海A股的估值比香港H股高出25%，而3年平均溢价水平约为33%。

但是市场蔑视最为理性的分析。尽管近来努力让定价水平更接近国际标准，但中国政府仍把上证综指视为一种指标，就像通胀率和投资率一样，并动用各种临时干预措施：印花税经常调整，新股发行最近被冻结了10个月。

投资者不能干脆对上证综指不闻不问：昨日，该指数在波澜不惊的早盘交易后突然暴跌，拖低了亚洲各国股市。不过，为其涨跌烦恼很少带来什么回报。

资料来源：英国《金融时报》，本·麦客兰那，君悦译，2009年08月21日。

二、市场趋势指标

市场趋势指标是用于判断未来一段时间内，价格走势方向的指标，具体包括移动平均线（MA）、指数平滑异同移动平均线（MACD）、多空指数（BBI）、方向标准离差指数（DDI）、趋向指标（DMI）等。

下面以移动平均线（MA）为例，简要介绍市场趋势指标的使用方法。

（一）移动平均值的计算

移动平均线的绘制方法，是先求其移动平均值，并据此在坐标图上绘制成线。移动平均值的计算方法就是连续若干日的收盘价的算术平均，计算周期的天数就是MA的参数，用公式表示如下。

$$MA(n)=\sum_{i=1}^{n}P_i\div n$$

例如，要绘制某种股票的10日移动平均线，就是将这种股票从第1日至第10日的价格相加后，除以10，得出其算术平均股价；然后，又以其第2日至第11日的股价相加，再除以10，得出第2个10天期间的平均股价。以此类推，可求出以后数个10日的平均股价，将所求出的平均股价绘制于一坐标中，连接成线，便绘成了移动平均线。

常见的移动平均线有5日、10日、30日、60日、90日、180日均线和年均线等。当然MA也不只针对交易日，参数也可选择周、月或60分钟、30分钟等。

（二）移动平均线的运用

移动平均线在运用中，可以从日常股价与移动平均线的关系以及移动平均线的综合运用角度进行分析。

（1）格兰比尔（J. E. Cranviille）法则。美国著名股票分析家格兰比尔根据200天移动平均线与每日股价平均值的关系提出了买卖股票的8条法则，即分析移动平均线与日常股价波动线组合分析的典型形态分析。图9-38中的实线表示移动平均线，虚线表示日常股价波动线，组合后典型的买入时机有四种情况。

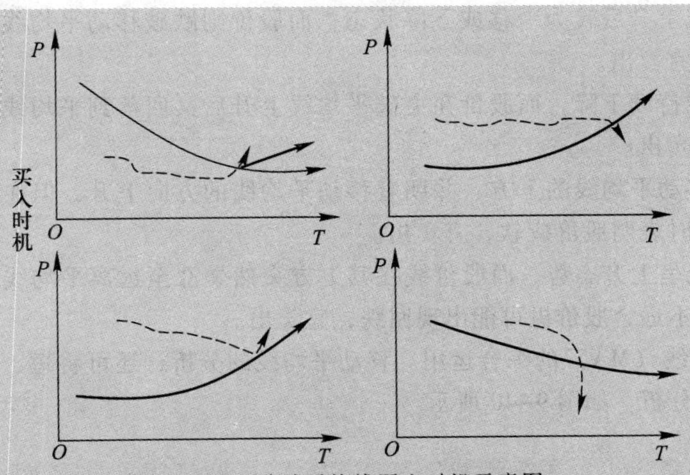

图 9-38 移动平均线买入时机示意图

① 当移动平均线持续下降后，处于平衡上升状态，而股价（日常线）从移动平均线下方突破并向上延升时宜买进。这是因为，移动平均止跌转平，表示股价将转为上升趋势，而此时股价再突破平均线而向上延升，则表示当天股价已经突破卖方压力，买方已处于相对优势地位。

② 移动平均线呈上升状态，而股价跌至平均线以下时，宜买进。这是因为移动平均线移动较为缓慢，当移动平均线持续上升时，若股价急速跌进并跌入平均线之下。在多数情况下，这种下跌只是一种假象，几天后，股价又会回升至移动平均线之上，故也是一种买进时机。

③ 股价在移动平均线之上，且向移动平均线靠近，在尚未跌破平均线又再度上升时，宜买进。因为在这种情况下，往往是表示投资者获利回吐，但由于承接力较强，股价在短期内经过重整后，又会强劲上升，因而是买进时机。

④ 当移动平均线下降，但股价在移动平均线以下大幅下降时，宜买进。因为在这种情况下，往往是股价过度偏低，极有可能反弹至移动平均线附近。

移动平均线与日常股价波动线组合后，典型的卖出时机也有四种情况，如图 9-39 所示。

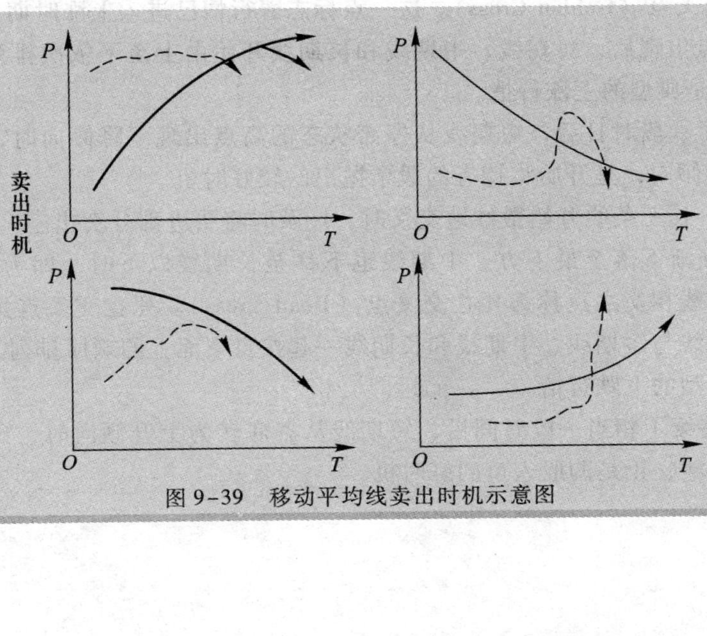

图 9-39 移动平均线卖出时机示意图

① 移动平均线上升后转为平移或下降状态，而股价则跌破移动平均线之下时，此时表明股价将继续下跌，宜卖出。

② 移动平均线持续下降，而股价在突破平均线上升后又回落到平均线以下时，此时表明股价大势趋跌，宜卖出。

③ 股价线在移动平均线的下方，并朝着移动平均线的方向上升，但在未到达移动平均线而再次降落时，此时表明股价疲软，宜卖出。

④ 移动平均线呈上升态势，而股价线在其上方突然暴涨至远离平均线时，这时往往表明股价离高峰已相差不远，股价极可能出现回跌，宜卖出。

(2) 移动平均线 (MA) 的综合运用。移动平均线的分析，还可将短、中、长期均线结合起来进行综合运用分析，如图 9-40 所示。

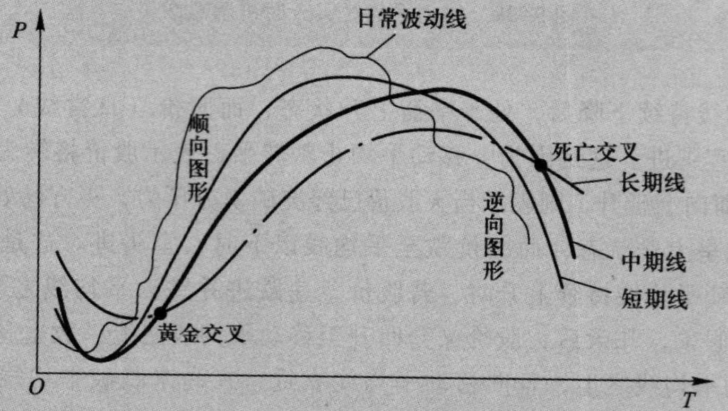

图 9-40 移动平均线综合分析示意图

① 当短期线急剧地超越中、长期线向上方移动时，意味着买进时机到来。这是因为，当股价持续下降至谷底后转为上升趋势时，对此反应最快的是短期线，因此，短期线首先越过中、长期线而居于三线的最上方，随后中期线移至长期线之上。中期线超过长期线的这个时点一般称之为黄金交叉点 (Golden Cross)。这一点标志着行情已进入上涨时期。

② 黄金交叉点出现后，短期线、中期线和长期线开始由上至下依次排列，这也就是所谓的“顺向图形”，是典型的上涨行情。

③ 坚挺持续了一段时日后，短期线从停滞状态的高点出现下降倾向时，则表示股价在高涨区出现了下跌的倾向，是开始将持有的股票抛出的较好时机。

④ 当短、中、长三条线开始微妙地交叉时，应及时将买进部分卖出。

⑤ 当短期线渐渐下落至最下方，中期线也下移至长期线以下时，即为典型的疲软行情。中期线下移与长期线相交之点称为死亡交叉点 (Dead Cross)。死亡交叉点意味着上涨行情的结束。此后，每日线与短期线、中期线和长期线一起按自下而上的顺序排列，这就是所谓的逆向图形，也即为典型的下跌行情。

⑥ 下跌行情持续了相当一段时间后，短期线从谷底转为上升倾向时，预示着股价进入回升期，此时价格低廉，正是购股入市的好时机。

（三）移动平均线分析的盲点

在盘整阶段或趋势形成后的中途休整阶段或局部反弹和回档，MA 极易发出错误的信号，这是使用 MA 最应该注意的。另外，MA 只是作为支撑线和压力线，站在某线之上，当然有利于上涨，但并不是说就一定会涨，支撑线有被突破的时候。

三、市场强弱指标

市场强弱指标主要用于反映市场交易的能量强弱，多空双方力量的对比，包含的指标有许多种，比如相对强弱势指标（RSI）、乖离率（BIAS）、能量潮（OBV）、威廉指标（WMS% 或 R%）、随机指标（KD）等。

下面以相对强弱势指标（RSI）为例，简要介绍市场强弱指标的使用方法。

相对强弱指标（relative strength index，RSI）是技术分析的常用指标。RSI 以一特定的时期内股价的变动情况推测价格未来的变动方向，并根据股价涨跌幅度显示市场的强弱。

（一）RSI 指标计算

和许多指标一样，RSI 指标计算要预先设定参数。参数是天数，即指标考察时期的长度，一般的有 5 日、9 日、14 日等。先找到包括当天在内的连续 n 天的收盘价，用每一天的收盘价减去上一天的收盘价，我们会得到 n 个数字。这 n 个数字中有正（比上一天高）有负（比上一天低）。

$A=n$ 个数字中正数之和；$B=n$ 个数字中负数之和$\times(-1)$

式中，A 和 B 均为正数。这样，我们就可以算出 $RSI(n)$。

$$RSI(n)=\frac{A}{A+B}\times 100\%$$

数字上看，A 表示 n 天中股价向上波动的大小；B 表示向下波动的大小；$A+B$ 表示股价总的波动大小。RSI 实际上是表示向上波动的幅度占总的波动幅度的百分比，如果占的比例大就是强市，否则就是弱市。很显然，RSI 的计算只涉及收盘价，并且可以选择不同的参数。RSI 的取值介于 0～100%①之间。

（二）RSI 指标的运用

（1）显示超买或超卖。当 RSI 处在极高和极低位时，可以不考虑别的因素而单方面采取行动。当 RSI>80 时，一般反映了市场严重超买，股价则有可能遇获利盘打压而下跌；而当 RSI<20 时，表明市场卖盘势力过强，物极必反，市场有可能出现反弹。

（2）背驰现象是比较可靠的反转信号。所谓背驰是指 RSI 指标与价格走势背离，即价格在高位继续走高，而 RSI 指标已回落（顶背驰）；或股价已进入低位，价格继续走低，而 RSI 指标已出现反弹（底背驰），这两种情况的出现，都是价格反转的一个信号，如图 9-41 和图 9-42 所示。

① 由于在行情软件显示图中指标值不以百分数显示，而只以百分号前的整数显示，故后文中均省去百分号，但含义为百分数，其他指标同理，责编注。

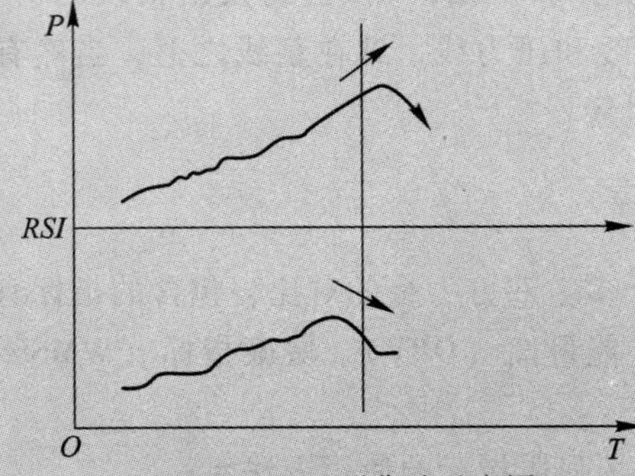

图 9-41 RSI 顶背驰示意图

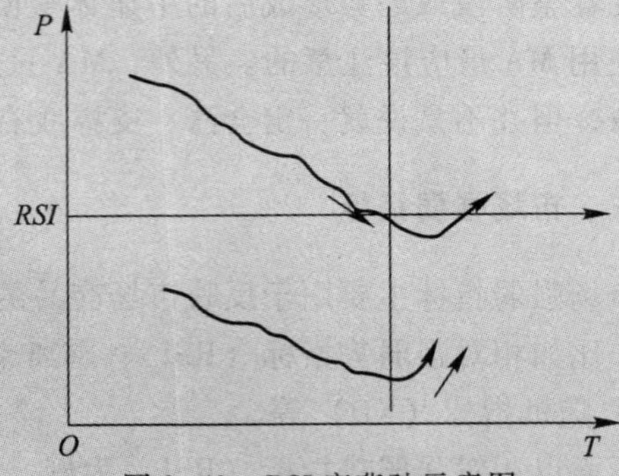

图 9-42 RSI 底背驰示意图

(3) 失败波动形态提供了买卖时机。RSI 的失败波动形态有两种模式，即顶部失败波动形态和底部失败波动形态，如图 9-43 所示。顶部失败波动形态是指当 RSI 随同股价经历了一段时期的上升后，出现回落遇支撑后，再度上升，但上升高度未达到前期高度即遇阻回落，而回落的低点跌破前期有支撑价位，表明市场上空方势力占据了主力，后市股价看淡的可能性大；底部失败波动形态正好与之相反，是指当 RSI 随同股价经历了一段时期的下跌后，出现回升遇压力后，再度下跌，但这次下跌的低点未达到前期低点即获支撑出现上升，而上升高度突破了前期高点，表明市场上多方势力占据了主力，后市股价看涨的可能性大。

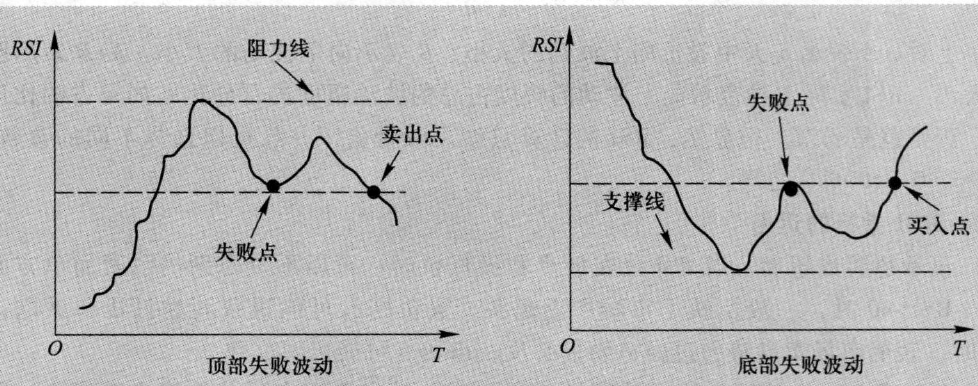

图 9-43 RSI 失败波动示意图

(4) 不同参数的两条或多条 RSI 曲线的联合使用。参数小的 RSI 我们称为短期 RSI；参数大的我们称之为长期 RSI。这样，两条不同参数的 RSI 曲线的联合使用法则可以完全照搬 MA 中的两条 MA 线的使用法则。即：短期 RSI>长期 RSI，则属多头市场；短期 RSI<长期 RSI，则属空头市场。

(5) 对 RSI 的线性形态分析，可判断买点、卖点。比如，当 RSI 在较高（低）的位置形成头肩形和多重顶（底）时，是行动信号。这些形态一定要出现在较高位置和较低位置上，离 RSI 的值 50% 越远，结论越可信，出错可能性越小。

（三）应用 RSI 应注意的事项

运用 RSI 指标进行研判，最容易出问题的地方是 RSI 第一次进入行动区域，形成单峰或单谷时，这时只有等到他第二峰或第二底形成后，才能明确地下结论。这实际上就是指标的钝化。RSI 指标的钝化比其他技术指标更为明显，正是由于这个原因，RSI 在发出行动信号时，往往提不出采取行动的具体价位。

四、市场大盘指标

市场大盘指标是反映和衡量证券市场整体价格升降的指标。一般有腾落指数（ADL）、超买超卖指标（OBOS）、涨跌比率（ADR）等，这些指标只能用于大盘，不能用于个股。

下面以腾落指数（ADL）为例，简要介绍市场强弱指标的使用方法。

腾落指数（advance-decline line，ADL），是以股票每天上涨或下跌的家数作为计算与观察的对象，以了解股市人气的盛衰，探测大势内在的动量的强弱，用以研判股市未来动向的技术性指标，腾落指数指标分析示意图如图 9-44 所示。

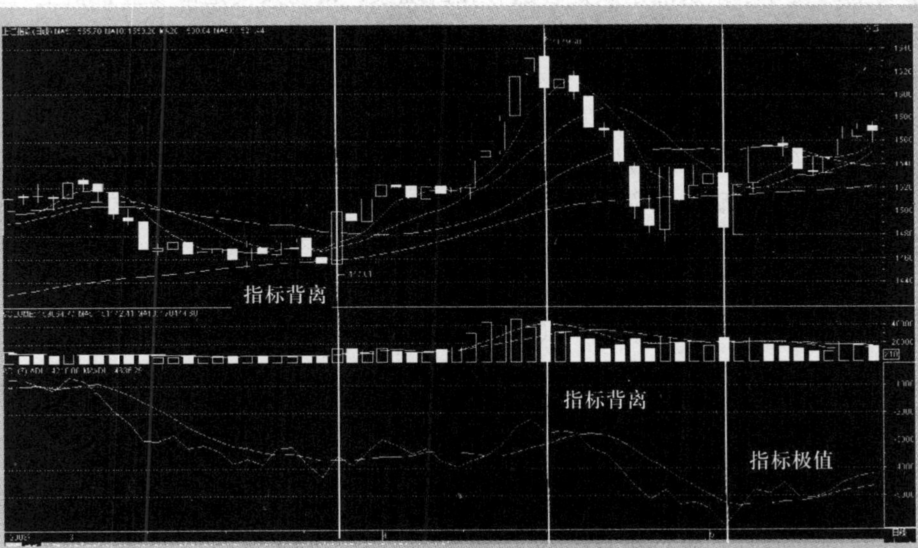

图 9-44　腾落指数指标分析示意图

（一）指标的计算

该指标的值是将每天收盘价上涨股票家数减去收盘价下跌的股票家数（无涨跌不计）后累积值计算出来，即

$$ADL=\text{前日的 }ADL+NA-ND$$

经过简单的数学推导，则可知

$$ADL=\sum NA-\sum ND$$

式中，NA 表示开始交易的第一日算起，至今日为止每个交易日上涨家数的总和；ND 表示开始交易的第一日算起，至今日为止每个交易日下降家数的总和。

（二）运用 ADL 的注意事项

①ADL 只看相对趋势，不看取值大小；②ADL 只适用于大盘；③ADL 不能单独使用，要与价格曲线联合运用。

（三）ADL 的应用法则

（1）若 ADL 与价格同升（同降），印证了趋势，短期该趋势反转的可能性不大。

（2）ADL 与价格指数背离，是价格反转信号。

（3）价格进入高位（低位），价格未同步，是趋势末期信号。

（4）股市处于多头市场时，ADL 在上升时，突然急速下跌，接着又立即扭转向上，显示多头市场可能再创新高。

（5）股市处于空头市场时，ADL 呈现下降趋势，其间如果突然出现上升现象，接着又回头，下跌突破原先所创低点，则表示另一段新的下跌趋势产生。

五、市场人气指标

股票市场上的领导小组追涨杀跌是普遍存在的现象，市场人气是市场上价格上升或下跌的重要影响因素。如果消息面的变化没有反映到市场人气的变化上，即使有重大信息的披露，也不能影响市场。反映市场人气变化的指标一般多采用心理线（PSY）、人气意愿指标（AR、BR、CR）、动态买卖气（ADTM）和乖离率（BIAS）等。

下面以心理线（PSY）指标为例，简单介绍市场人气指标的使用方法。

心理线是一种建立在研究投资人心理趋向基础上，将某段时间内投资者倾向买方还是卖方的心理与事实转化为数值，形成人气指标，作为买卖股票的参数。

（一）PSY 的计算公式及参数

$$PSY(N)=A/N\times100\%$$

式中，A 为 N 天内，股价上涨的天数；N 为考察期天数，一般设定为 12 日，最大不超过 24 周线的最长不超过 26。

（二）PSY 的应用法则

（1）盘局中，PSY 应以 50 为中心，上、下 25 点左右波动，即 $0<PSY<75$ 时，说明多空力量平衡。但在涨升行情时，应将卖点提高到 75 之上；在跌落行情时，应将买点降低至 45 以下。具体数值要凭经验并配合其他指标。

（2）$PSY>90$ 或 $PSY<10$，为超买或超卖；此时是一个短期逃顶或抢反弹的机会，应立即卖出或买进。

（3）一段上升行情展开前，通常超卖的低点会出现两次。同样，一段下跌行情展开前，超买的最高点也会出现两次。在出现第二次超卖的低点或超买的高点时，一般是买进或卖出的时机。所以，在 PSY 进入 25 以下和 75 以上区域（行动区域）两次或以上时，反应信号更为准确。

（4）根据 PSY 的图形形态来研判。如在高位出现 M 头或低位出现 W 底，就是卖出和买入的信号，如图 9-45 所示。

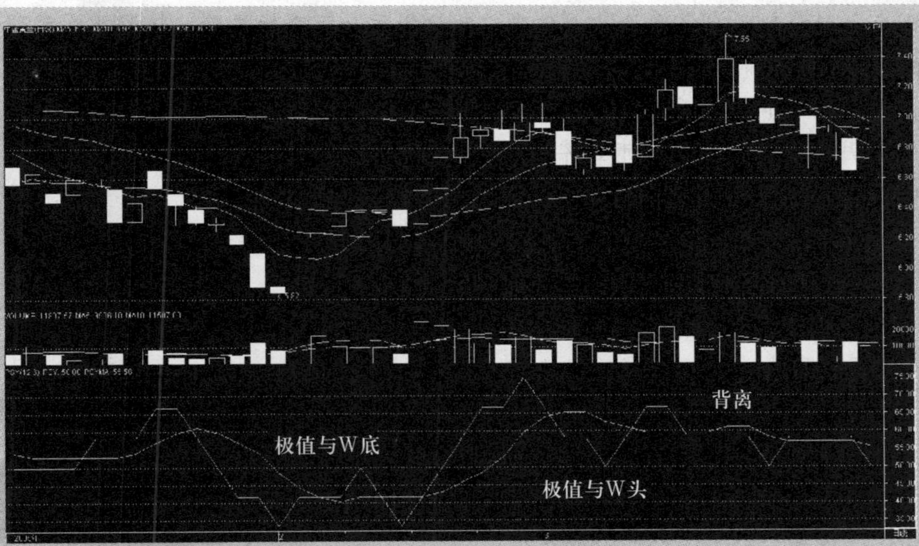

图 9-45 PSY 指标分析示意图

阅读与应用

市场情绪与 A 股反弹

华尔街有个著名的擦鞋童，如果某段时间生意兴隆，他便卖出股票；如果某段时间生意萧条，他便买入股票。

中国有个著名的看车老太太，如果某段时间营业部外门可罗雀，她便买入股票；如果某段时间自行车爆棚，她便果断卖出。

无论国内国外，有一点是共通的：人性。

任何市场底部，都是卖出来的。任何市场顶部，都是买出来的。当所有人都看空的时候，市场还能怎么跌？当跌不动的时候，唯有上涨一途。所以，混迹于股市的流派中，赫然便有一个市场情绪流。

这种市场情绪指标在市场拐点处的指示作用往往比较显著。尤其是新股发行市盈率、新股破发率以及估值三个指标。

进入 2011 年 6 月下旬后，市场迅速升温。短短三周时间，市场反弹近 200 点。那么，从市场情绪的角度回看这种反弹是否具有必然性呢？

新股发行市盈率

2008 年以前，新股发行是有估值红线的，一般来说，证监会内定的 IPO 估值上限为 30 倍。因此，新股发行估值并不能良好反应出市场情绪。

2008 年 11 月至 2009 年 6 月间，面对史无前例的大熊市，新股发行暂停。

2009 年 5 月 22 日证监会公布了《关于进一步改革和完善新股发行体制的指导意见（征求意见稿）》，提出完善询价和申购的报价约束机制，形成进一步市场化的价格形成机制。从此之后，证监会不再内定新股 IPO 的估值上限。但是相应加强新股认购风险提示，要求发行人及其主承销商应当刊登新股投资风险特别公告，充分揭示一级市场风险，提醒投资者理性判断投资该公司的可行性。同时要求证券经营机构应当采取措施，向投资者提示新股认购风险。

从此，新股发行市盈率正式成为市场情绪的同向指标：

2009年6月，新股IPO平均市盈率32.89倍，此后一路上扬，2010年1月出现第一个小高点66.86倍；

2010年1月至2010年7月，市场下跌，新股IPO平均市盈率跟随市场一路下滑至42.825倍；

2010年7月至2010年12月，市场稳步走高，新股IPO平均市盈率跟随市场一路上扬至历史高位75.87倍；

2010年12月至2011年6月，市场低迷，新股IPO平均市盈率跟随市场一路下滑至28.83倍；

在此期间，新股发行的估值变化至少反应出以下几个规律：

第一，市场情绪取决于市场涨跌趋势；

第二，2011年6月，新股发行市盈率创下市场定价发行以来的新低，暗示当前市场情绪处于近两年来的低位；

第三，从IPO市盈率指标的角度观察，近6个月市场情绪从乐观向悲观转化的速度，远快于2010年1至7月；

在没有监管压力的条件下，出现28.83倍的首发市盈率，这是一个出人意料的结果。结果背后，是断崖式下跌的市场情绪。短短半年时间，市场完成了从相对乐观向极度悲观的转变。这种速度，似乎只有2008年戴维斯双杀下的市场可以比拟。

正常来说，如此悲观的市场情绪，并不具有可持续性。于是，从6月末开始，出现了一轮明显反弹。

新股破发率

观察市场情绪，新股破发率也是不错的窗口。

我们选取2009年之后的数据做分析，之所以放弃2009年之前的破发率数据，是因为之前新股发行有估值红线。

2010年上市349只新股，破发的只有24只，占比6.8%，当月上市新股平均涨幅42%；2011年1季度上市90只新股，破发27只，占比30%，当月上市新股平均涨幅跌至13%；2011年4月份上市24只，破发16只，占比67%，当月上市新股平均涨幅跌至1.64%。5月份上市25只，破发11只，占比44%，当月上市新股平均涨幅为6.38%。

以1/3破发率为分水岭，我们姑且认为高破发率代表市场极度悲观。

从2010年到2011年，有三个月份曾经出现过如此不堪的情形。第一次是2010年5月，此后从7月份开始反弹。第二次是2011年1月，此后2、3月份反弹。第三次是2011年4月和5月份，这一次，也不例外，从6月下旬开始，市场出现了一轮大规模的反弹。

估值

一直以来，我们都有一个清晰的认识：估值是市场情绪的结果。当悲观情绪占上风时，估值中枢不断下行，反之亦然。

至2011年6月中旬，沪深300估值水平仅为14.04倍市盈率，低于2005年的18.68倍，略高于2008年的13.36倍。我们无法下结论说当前的估值水平就是底部，但是，我们可以做出的比较是2011年与2008年没有可比性。指望市场一路跌破2008年的估值低点，或许并不现实。

但是，即便存在明显的估值支撑，在B股下跌的拖累下，A股持续下滑。6月13日，A股沪深动态300市盈率13.26倍（仅低于2008年低点），B股估值较A股至少低30%～40%，以张裕A为例，A股市盈率35倍，B股只有26倍。

虽然现在回头看有站着说话不腰疼之嫌，但是，大家都可以接受的逻辑是：如此之低的估值，无论是B股还是A股，向下空间已然有限，因为，股票如此便宜，持有者的卖出意愿已经跌至低谷。

回望与感触

站在2011年6月中旬的任何一天，面对极度悲观的市场情绪，我们即便无法确知底部会出现在哪一天，但我们可以鼓起勇气猜测的是：离底部或许已经很近，快则6月，慢则下半年，出现大规模反弹概率很大。可惜，事与愿违，那时候，耳中充斥的几乎都是悲观声音。

站在2011年7月上旬的现在，当我们回过头来审视半个月内恍如隔世的市场表现，最深有感触的一句话来自沃伦·巴菲特："在别人贪婪时恐惧，在别人恐惧时贪婪"。

资料来源：英国《金融时报》中文网，徐彪，2011年7月8日。

第四节　其他技术分析方法

除了上述的K线分析、指标分析法以外，技术分析的方法还有其他许多种类，较为大家所熟知和共同认可的还有趋势分析（切线理论）、形态理论和波浪理论等。

一、趋势分析

趋势分析法属切线理论，在证券市场中，有顺应潮流的问题，"要顺势而为，不逆市而动"已成为市场的共识，只有掌握了趋势分析的方法，才能做到这一点。一般切线派认为股价波动是有趋势可循的，故而可以通过绘制切线，来分析未来股价可能的走势。

（一）趋势分析概述

1. 趋势的含义

简单地说，趋势就是指证券价格运动的方向，或者说是市场运动的方向。技术分析的三大假设中的第二条说明价格的变化是有趋势的，没有特别的理由，价格将沿着这个趋势继续运动下去。

2. 趋势的方向

证券价格的变化是复杂的，多样化的，但就其运动方向来看，不外乎有三种，分为上升趋势、下跌趋势、水平趋势，如图9-46所示。

如果在证券价格波动图上，图形中每个后面的波峰和波谷都高于前面的波峰和波谷，则趋势就是上升的，连结股价波动的各个低点会形成一条向上的直线，这就是上升趋势线。从上升趋势线看，股价连续上升，虽然其间会出现股价回落的情况，但往往都只触及或接近此趋势线便掉头反转回升。反之，如果图形中每个后面的波峰和波谷都低于前面的波峰和波谷，则趋势就是下降的，连结股价波动的各个高点会形成一条向下的直线，这就是下降趋势线。从下降趋势线看，股价持续下降，虽然其间会出现股价反弹的情况，但往往都只触及或接近此趋势线便掉头反转下降。

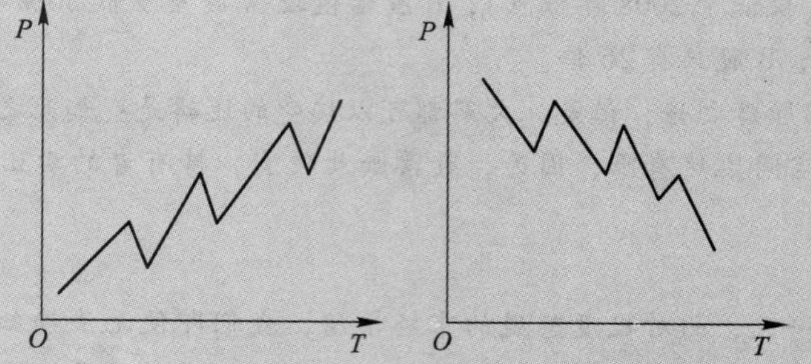

图 9-46 趋势的三种方向

如果图形中每个后面的波峰和波谷与前面的波峰和波谷相比，没有明显的高低之分，这就是水平趋势，连结股价波动的各个低点会形成一条水平的直线，这就是水平趋势线。在水平趋势中，买卖双方处于平衡状态，大多数投资者抱着观望的态度，市场交易很不活跃，对这样的走势去预测它将朝什么方向改变是极为困难的。

3. 趋势的种类

从时间上分析股价变化趋势，可以分为长期趋势（主要趋势）、中期趋势（次级运动）和短期趋势（日常波动）三种。这种分析方法如前所述，由美国的查里斯·道首创，并成为道氏理论的核心内容，大趋势中包含小趋势如图 9-47 所示。

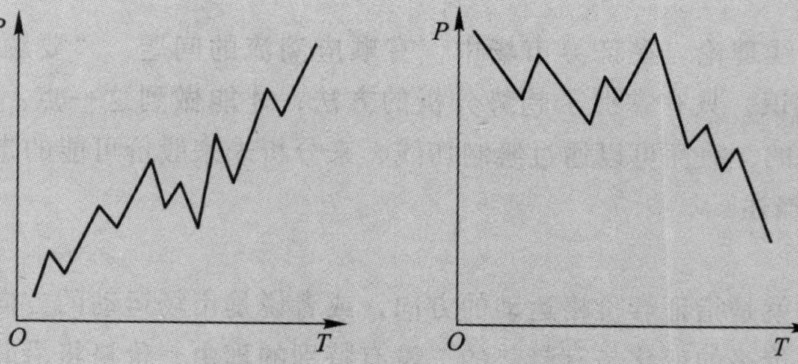

图 9-47 大趋势中包含小趋势

阅读与应用

中央银行加息，紧缩延期

中国人民银行 6 日晚突然决定自 7 月 7 日起上调金融机构人民币存贷款基准利率。其中，金融机构一年期存贷款基准利率分别上调 0. 25 个百分点，其他各档次存贷款基准利率及个人住房公积金贷款利率相应上调。本次加息之后，一年期存款利率上调至3.5%，但依然低于CPI的数据。

笔者注意到，很多人对本次加息的最大感受是“突然”。之所以感觉“突然”，一是央行再次打破了周末调整货币政策的惯例，没有给市场任何消化的时间；二是在本次加息之前，尽管诸多迹象表明6月份CPI将再创年内新高，破“六”几乎成为定局，但某些迹象也似乎在表明，紧缩政策将在下半年结束。特别是温总理此前罕见表态：“猪肉价格过几月会下来”——在价格问题上，这是中国高层鲜有的表态方式。这一切似乎都意味着，宏观政策将在下半年微调，上半年喘不过气来的政策似乎出现了松动迹象。7月以来，股市出现的反弹迹象，大体就是基于这样的逻辑。

就是在这种氛围下，央行的加息举动，的确让很多人大吃一惊，相信欧美股市和国际大宗商品价格很快会做出反应。既然中国高层对未来遏制通胀的信心十足，为什么还要急加息？一些人乐观认为，这是紧缩政策进入尾声的信号。

是紧缩政策的晚钟，还是延续，这是一个值得探讨的问题。

事实上，每年“北戴河会议”之前，中国宏观经济的走向问题都会引发诸多猜测，海内外机构、学者的观点争奇斗艳。以2010年的这个时候为例，中国高层当时密集调研经济，特别是7月3日，温总理在考察湖北等省时突然提出“两难论”，引发外界对中国即将出台第二轮刺激政策的猜测。而事后的政策选择证明，这种猜测并没有真正把握中国宏观政策走向，不仅经济增长未像某些机构预测的那样滑坡和衰退，CPI也未出现先前预测的“先高后低”的态势，而是一路走高。但由于政策保持了连续性，在2010年下半年，通胀并未进一步恶化，宏观经济基本健康。

2011年可谓大同小异。相对于一季度，除了CPI之外，中国经济的一些指标出现下滑态势。比如，6月份中国制造业采购经理指数（PMI）为50.9%，环比回落1.1个百分点，创下28个月以来新低，逼近了50%的警戒线。在这种情况下，2010年的一些论调——中国经济“硬着陆”，“滞涨”，“滑坡”——又开始卷土重来。

在笔者看来，每年的7月，对于中国经济的走向分析之所以如此喧嚣，很多情况下并非是要探求中国经济的真相，而是基于对政策可以带来的利益的一种期待。一些机构、专家动辄判断中国经济衰退、滞涨，既不是基于现实数据，也不是基于未来趋势。如果看看前半年中国经济“三驾马车”的表现，无论是投资、消费、还是进出口，尽管一些数据略微有所下降，但总体而言，表现在正常的趋势范围内：16%的消费增长，25%左右的投资增长，30%左右的进出口增长，不仅和危言耸听的“硬着陆”没有关系，在良好增长的情况下，更没有“滞涨”之说。而经济的适当回调，既是宏观政策调控的结果，也是经济周期使然。从大部分指标看，中国经济的生命体征良好，经济基本面纵使有很多令人忧心之处，但最不值得担心的却是衰退。

而相对于经济增长，今年被列为经济领域头等大事的通胀问题，却没有明显好转。CPI继5月份创下34个月新高之后，6月份更是有可能突破6%的心理防线。考虑到未来影响通胀的因素日渐复杂，我们绝不敢轻言通胀已成强弩之末。另外，楼市经历半年调控之后，不仅房地产投资增长依然维持在35%的高位，而且一线城市的房价迄今没有回调的明显证据。也就是说，中国经济的两个最大风险——通胀和资产价格泡沫——并没有消退的迹象。在这种情况下，再来考察这次央行的加息，很显然，绝不是像有些机构判断的那样，紧缩政策已近尾声，而是央行在各种猜测声中，快速做出举动，为下半年政策定下基调，而绝非“鸣金收兵”之举。

加息意味着决策者认为中国经济增长无忧，中国经济的头等大事依旧是通胀和以房地产为代表的资产价格泡沫。如果下半年宏观政策松动，很可能导致前期的调控成果毁于一旦。

在通胀态势没有明显拐点的情况下，坚持政策的延续性，无疑是正确的选择。但是，也应该看到，加息使得中小企业的境况更为艰难。在加息环境下，如何区别对待中小企业，在断流的同时，如何保证中小企业的水源，恐怕是货币当局必须提上政策日程具体讨论的问题。

如果问中国实体经济的最大隐忧何在，无疑是目前日益严峻的中小企业的生存状况。

资料来源：英国《金融时报》中文网，马光远，2011 年 7 月 7 日。

（二）压力线与支撑线

1. 压力线与支撑线的含义

把股价走势中两个高点连成一条直线，技术上称为压力线。当股价上涨到某一价位附近时，便有投资者大量出货，使股价遇到压力而停止上涨，甚至回跌，向下调整，这就是技术分析学家常说的股价触及压力线，如图 9-48 所示。压力线是表示股价能否继续突破上涨或反转下调的关键线。压力线如被突破，则是进货机会。相对地，把股价走势中两个低点连成一条直线，技术上称为支撑线。如图 9-49 所示。当股价下跌到某一价位时，投资者大量进货，使股价停止下跌，出现回升。这时，股价得到支撑。支撑线可看成多头反攻的开始。支撑线是表示股价继续下跌或反弹向上的关键线。支撑线如被跌破，则是出货的信号。

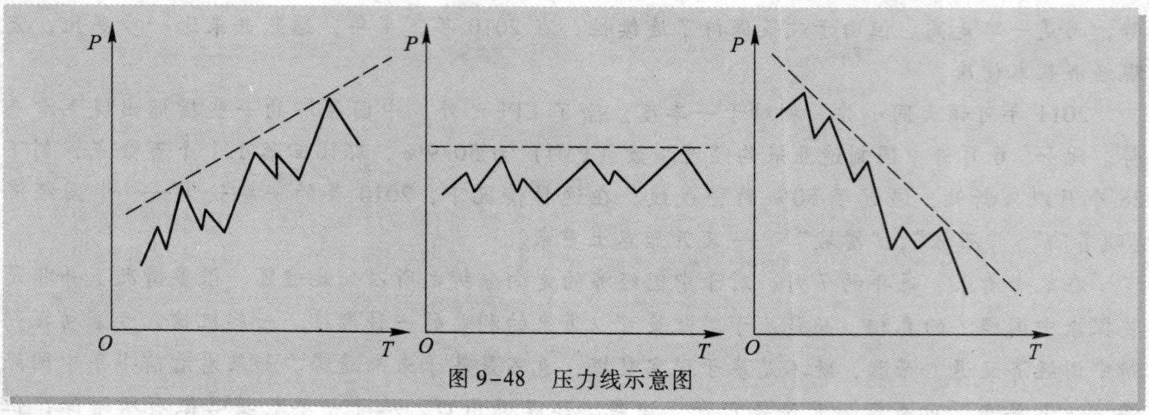

图 9-48　压力线示意图

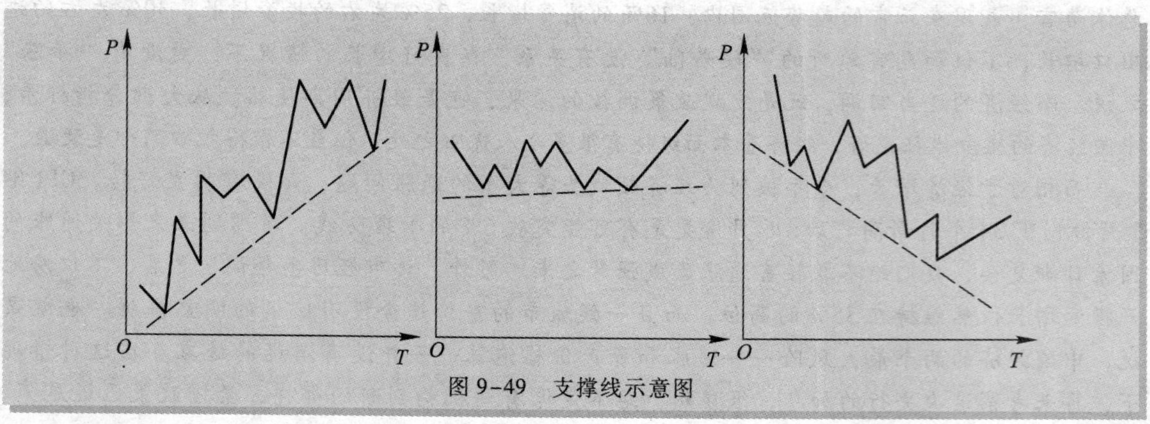

图 9-49　支撑线示意图

2. 压力线与支撑线的特点

（1）如果在同一条线上的股票交易量越多，其显示的支撑力或阻力就越强。

（2）支撑线或压力线附近交易量大，表明支撑力或阻力也较强；反之，支撑线或压力线附近交易量小，表明支撑力或阻力也较小。

（3）时间跨度越长，其支撑力或阻力就可能会相应减弱，股价被突破的可能性就会增加。

要指出的是，许多人误认为只有在上升行情中才有支撑线，在下跌行情中没有支撑线，实际上支撑线可以出现在下跌行情阶段，把下跌行情的各个低点连结成线，就构成了下降趋势中的支撑线，表示股价在下跌过程中，一旦股价靠近该线，持有股票者就开始惜售，短线投机者抢反弹，股价受到支撑；同理，在上升过程中也有压力线，它是上升行情中各个高点的连线，表示股价上升到该线附近短线获利者就会抛出股票，使股价回落。在盘整行情时期，将高点和低点分别连线，得到近似水平的压力线和支撑线。

3. 压力线与支撑线的相互转换

压力线和支撑线是相对而言的，它们并非一成不变，随行情的变化其趋势线的性质有可能发生变化。换句话说，对于相同的一条趋势线，对于一波行情该线是支撑线，而对于另一波行情而言，该线可能成为压力线，即压力线与支撑线可以互相转化，如图 9-50 和图 9-51 所示。

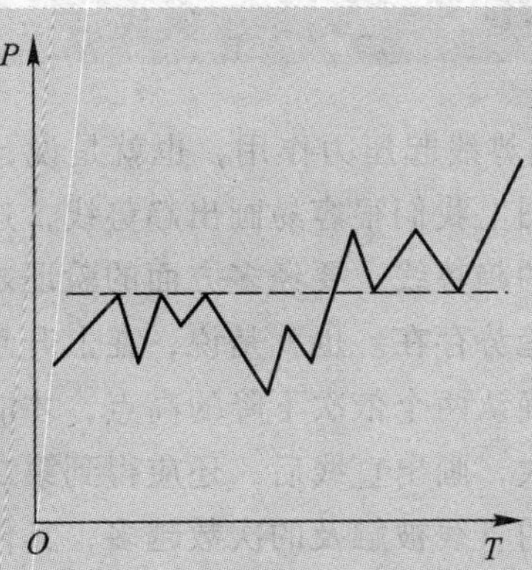

图 9-50 压力线转换为支撑线

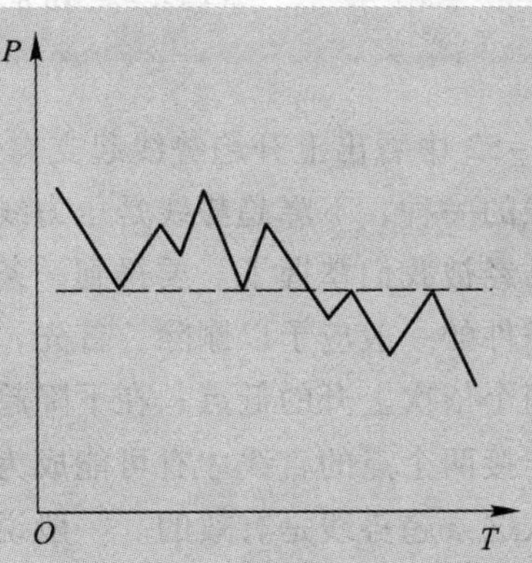

图 9-51 支撑线转换为压力线

4. 压力线与支撑线的运用

支撑线对一定时期内的行情起着支撑作用，即股价回落到此附近由于大量买方承接，使股价向上回升。一般而言，股价低点触及支撑线的次数越多，或者说行情下跌至支撑线后随即反弹的次数越多，则表明该支撑线对行情的支撑作用越强，该支撑线越不容易跌破。因此，从投资研究角度分析，在没有跌破支撑线的情况下，股价回落到支撑线附近，就可以认为显示买入信号。但当行情跌破支撑线时，特别是配合了成交量的放大，则显示卖出信号。实际上，此时原有的支撑线便应成为新一轮行情的压力线。

同理，在压力线没有突破的情况下，当股价上升到压力线附近，可以认为显示卖出信号，投资者可以考虑卖出股票。一旦行情冲破压力线，则表明升势有力，股市进入新一轮上升行情，此时则显示买入信号，投资者可考虑买入股票。这里需要特别指出，行情冲破压力线，必须要配合明显的成交量增加，才可以确认显示买入信号，如果没有配合成交量的增大。买入信号不够可靠，甚至有可能是市场做手设置的“假突破”圈套。

（三）趋势线与轨道线

1. 趋势线

（1）趋势线的确认。趋势线是衡量价格的趋势的，由趋势线的方向可以明确地看出股价的趋势。在上升趋势中，将两个低点连成一条直线，就得到上升趋势线。在下降趋势中，将两个高点连成一条直线，就得到下降趋势线，如图 9–52 中直线所示。

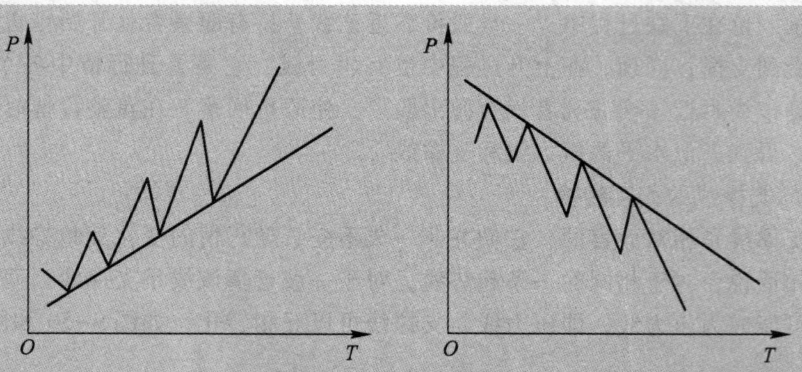

图 9–52 趋势线示意图

由图 9–52 中看出上升趋势线起支撑作用，下降趋势线起压力作用，也就是说，上升趋势线是支撑线的一种，下降趋势线是压力线的一种。从图上我们很容易画出趋势线，这并不意味着趋势线已经被我们掌握了。要得到一条真正起作用的趋势线，要经多方面的验证才能最终确认，不合条件的一般应予以删除。首先，必须确实有趋势存在。也就是说，在上升趋势中，必须确认出两个依次上升的低点；在下降趋势中，必须确认两个依次下降的高点，才能确认趋势的存在，连接两个点的直线才有可能成为趋势线。其次，画出直线后，还应得到第二个点的验证才能确认这条趋势线是有效的。一般说来，所画出的直线被触及的次数越多，其作为趋势线的有效性越被得到确认，用它进行预测越准确有效。另外，这条直线延续的时间越长，就越具有有效性。

（2）趋势线的作用。一条趋势线一经认可，下一个问题就是要使用这条趋势线来进行对股价的预测。一般来说，趋势线有两种作用。

① 对股价今后的变动起约束作用。使股价总保持在这条趋势线的上方（上升趋势线）或下方（下降趋势线）。实际上，就是起到支撑和压力作用。

② 趋势线被突破后，就说明股价下一步的走势将要反转方向。越重要越有效的趋势线被突破，其转势的信号越强烈。被突破的趋势线原来所起的支撑和压力作用，现在将相互交换角度。即原来是支撑线的，现在将起压力作用，原来是压力线的现在将起支撑作用，如图 9–53 所示。

（3）趋势线的突破。应用趋势线最为关键的问题是：怎么才算对趋势线的突破？这个问题本质上是对支撑和压力的突破问题的进一步延伸。同样，没有一个截然醒目的数字告诉我们，这里面包含很多的人为因素，或者说是主观成分。这里只提供几个判断是否有效的参考意见，以便在具体判断中进行考虑。

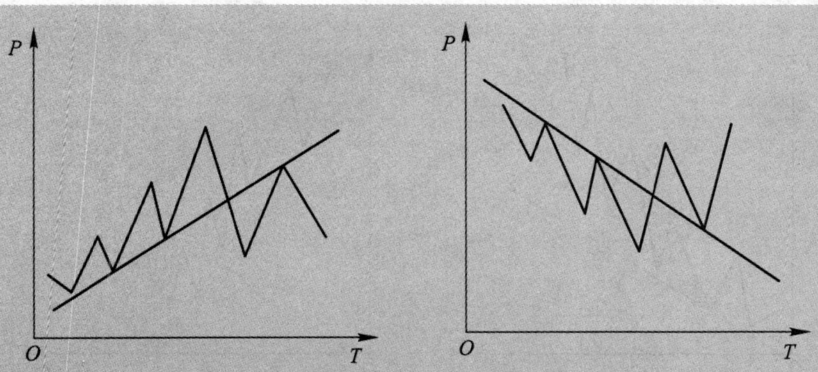

图 9-53　趋势线被突破后的相反作用

① 收盘价突破趋势线比日内最高最低价突破趋势线重要。

② 穿越趋势线后，离趋势线越远，突破越有效。人们可以根据各只股票的具体情况，自己制定一个界限，一般是用突破的幅度，如 3%、5%、10% 等。

③ 穿越趋势线后，在趋势线的另一方停留的时间越长，突破越有效。很显然，只在趋势线的另一方停留了一天，肯定不能算突破。至少多少天才算，这又是一个人为的选择问题，一般至少应该是两天以上。

2. 轨道线

(1) 轨道线的画法。轨道线（channel line）又称通道线或管道线，是基于趋势线的一种方法。在已经得到了趋势线后，通过第一个波峰和波谷可以做出这条趋势线的平行线，这条平行线就是轨道线，如图 9-54 和图 9-55 中的虚线所示。

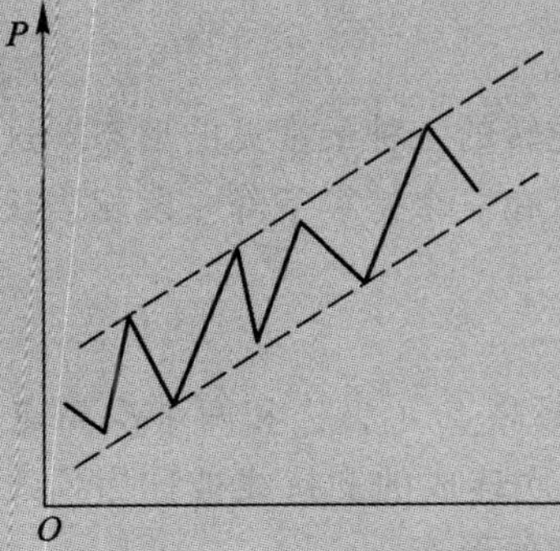

图 9-54　上升轨道线示意图

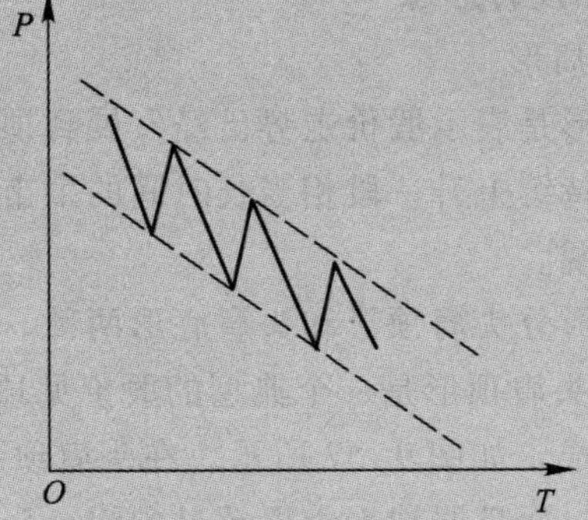

图 9-55　下降轨道线示意图

两条平行线组成一个轨道，这就是常说的上升和下降轨道。轨道的作用是限制股价的变动范围。一个轨道一旦得到确认，那么价格将在这个轨道里变动。

(2) 轨道线的突破。与突破趋势线不同，对轨道线的突破并不是趋势反向的开始，而是趋势加速的开始，即原来的趋势线的斜率将会增加，趋势线的形态将会更加陡峭，如图 9-56 所示。

轨道线和趋势线是相互合作的一对。很显然，先有趋势线，后有轨道线。趋势线比轨道线重要得多。趋势线可以独立存在，而轨道线则不能。

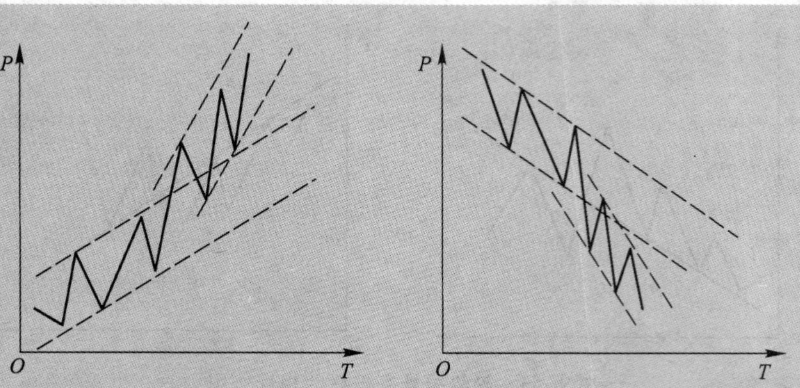

图 9-56　趋势的加速

二、形态理论

形态理论是根据股价走势的具体形态，来进行未来股价变动的分析的一种技术分析方法。在股价走势各个不同的走势趋势及其阶段中，由于技术走势及市场情况的特殊变化，会出现各种各样的技术走势的形态，尽管这些形态各有特征，并且种类繁多，但经过技术分析学家的长年分析和整理，归纳出了一些有规律性的技术走势的类型。

技术走势形态主要分成两大类：一类是反转形态。这种形态的图形表示股价的原有走势将要逆转，也就是将要改变原先的股价走势方向，反转形态的典型图形有双顶形、头肩形、直线形、圆弧形和 V 形等；另一类是调整形态，这类形态的图表显示股价走势将要停顿下来作一些休整，并不改变原先的股价走势，经过一段时间的盘整，股价可能继续向原先的走势发展。调整形态的典型图形有三角形、旗形、小旗形、楔形、钻石形、长盒形等。

（一）反转形态

1. 头肩形

头肩形是表示股价走势已经发展到顶点，并且将要逆转的一种最常见的形态。这种形态一般在一个持续上升一段相当长时间的牛市末期出现，或者在一个持续下降一段相当长时间的熊市末期出现。

头肩形分头肩顶形和头肩底形两种。

（1）头肩顶形是一个典型的股价见顶形态，由一个最高点（头）和两个次高点（左肩和右肩）组成，如图 9-57 所示。在头肩顶形中，由两个峰底连成的支持线被称为颈线。颈线一旦被跌破，而且回抽无力再超过颈线，头肩顶形反转形态便形成。

在头肩顶形的图形中，交易量从左肩到右肩，一直呈下降趋势。尤其是右肩形成后，交易量会有明显的下降，显示市场主力开始退出，股市买气减弱；当颈线跌破后，交易量增加，空方打压坚决，股票抛售力量大增，股价主要的上升趋势结束，下降趋势正式形成。这时，当出现技术反弹时，交易量减少，显示反弹力量薄弱，股价一路下滑，下降幅度至少等于头到颈线的垂直距离，即 $CD=AB$。投资者可在右肩形成后卖出手中持有的股票；颈线跌破时，继续卖出，直至清仓。

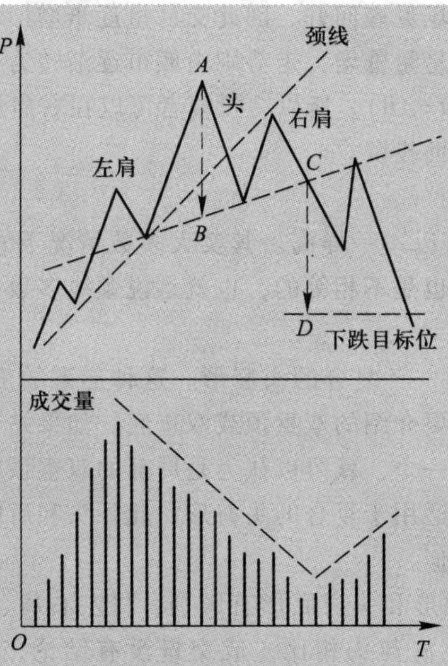

图 9-57　头肩顶形示意图

（2）头肩底形是一个典型的股价见底的形态，由一个最低点（头）和两个次底点（左肩和右肩）组成，是头肩顶形的倒转。如图 9-58 所示。

图 9-58　头肩底形示意图

在头肩底图形中，由于市场见底回升，因此交易量逐步增加，显示从左肩到右肩，多头力量在增强；在突破颈线时，交易量骤增，走势则由熊市逐渐转为牛市；而未来的上升幅度至少等于头到颈线的垂直距离（$CD=AB$）。所以，投资者可以在右肩形成以后，进行建仓，颈线突破以后，增加持仓量，进行全面投资。

（3）头肩形的几点说明。

① 头肩形的两肩的高度可以不一样高。其实大多数情况下它们是不相等的。同样，肩与头之间的两个底点或高点通常也是不相等的，也就是说颈线多数情况下不是水平的，而是倾斜的直线。

② 头肩形有许多种变形体——复合的头肩形。这种形态的肩和头有可能是两个或多个高点或低点，局部形状像后面所要介绍的双重顶或双重底。如果站在更广阔的位置上看，把相距较近的两个高点或底点看成是一个，就可以认为是局部的双重顶或双重底，是更大范围的头肩形。对头肩形适用的规律同样适用于复合的头肩形。此外头和肩的起伏不大，复合的头肩形有时可能与后面谈到的圆弧形相似。

③ 在成交量方面，头肩顶形和头肩底形有区别。将左右肩、头这三者相比，头肩顶形右肩的成交量一定是最少的。左肩与头相比，成交量没有结论，但一般倾向于认为左肩的成交量大于头部的成交量。头肩底在突破颈线后，要求有较大的成交量，头肩顶形则没有这个要求。

④ 头肩形形成的过程所花费的时间越长，价格在此过程中起伏就越大，将来突破颈线后，价格反转的潜在力量就越大，对头肩形适用的规律越可信。

⑤ 颈线被突破后，价格可能不是一直就朝突破的方向走下去，而是有一定的回头，这就是反扑。但这种反扑会遭到颈线的控制。反扑到颈线是“逃命”或“建仓”的时机。突破颈线后的反扑更容易发生在头肩底形形态中，由于颈线位置不好把握，所以只有在特别的情况下，才能利用反扑的技术。

⑥ 头肩形有时是持续整理形态而不是反转突破形态。如果头肩形作为持续整理形态，形成头肩形的时间一般则较短。

2. 双重顶和双重底

（1）形态分析。双重顶图形的主要特点是两个最高点的高度相等，有时候股价在跌破颈线后出现回抽现象而产生平台，然后下降趋势才告形成，如图 9-59 所示。双顶形有时会继续延长而变成三顶形或多顶形，这表示下降的阻力较大，但一旦突破颈线下降，则显示多头退出市场，买气减少，股价的移动轨迹就像 M 字。这就是双重顶，又称 M 头走势。股价下降的幅度可能会较大。双重顶也是股市见顶的一种形态。当第二个高点形成后，即是卖出的信号，颈线的突破是卖出的强烈信号。

与双重顶相对，双重底是市场见底的一种形态，当第二个低点形成后，便是买进的信号，颈线的突破是买进的强烈信号，因此交易量会逐步增大，表示投资者纷纷进场吸纳股票。双重底的进一步延伸会形成三底形。

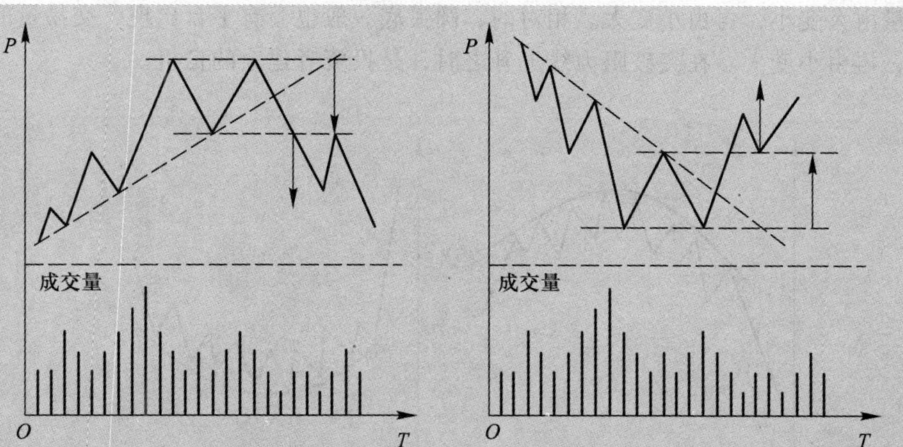

图 9-59　双重顶或双重底示意图

（2）要点提示。

① 双头的两个最高点并不一定在同一水平，二者相差少于3%是可接受的。通常来说，第二个头可能较第一个头高出一些，原因是看好的力量企图推动股价继续再升，可是却没法使股价上升超过百分之三的差距。一般双底的第二个底点都较第一个底点稍高，原因是先知先觉的投资者在第二次回落时已开始买入，令股价没法再次跌回上次的低点。

② 双头最少跌幅的量度方法，是由颈线开始计起，至少会再下跌从双头最高点至颈线之间的差价距离。

③ 双底最少涨幅的量度方法也是一样的，双底之最低点和颈线之间的距离，股价于突破颈线后至少会升抵相当长度。

形成第一个头部（或底部）时，其回落的低点是最高点的10% ~20%（底部回升的幅度也是相同）。

④ 双重顶（底）不一定都是反转信号，有时也会是整理形态，这要视两个波谷的时间差决定，通常两个高点（或两个低点）形成的时间相隔超过一个月为常见。

⑤ 双头的两个高峰都有明显的高成交量，这两个高峰的成交量同样尖锐和突出，但第二个头部的成交较第一个头部显著减少，反映出市场的购买力量已在转弱。

双底第二个底部成交量十分低沉，但在突破颈线时，必须得到成交量激增的配合方可确认。双头跌破颈线时，不需要成交量的上升也应该信赖。

⑥ 通常突破颈线后，会出现短暂的反方向移动，称之为反抽，双底只要反抽不低于颈线（双头之反抽则不能高于颈线），形态依然有效。

⑦ 一般来说，双头或双底的升跌幅度都较量度出来的最少升（跌）幅为大。

3. 圆弧形态

（1）圆弧形的基本形状。圆弧形又称之碟形、圆形或碗形，这里的曲线并不是数学意义上的圆，也不是抛物线，而仅仅是一条曲线。这种图形有两种基本形式：圆弧顶和圆弧底。圆弧顶是市场见顶的一种走势形态，如图 9-60 所示。在市场见顶时，股价走势越来越疲乏，上升趋势越来越弱，并且有缓慢下降的现象。在演变呈快速下降走势之前，会有一个平台出现，股票交易量由大变小，再由小变大。相对的，圆弧底一般也会有平台出现，交易量的变化也是从大变小，再由小变大。在突破阻力线上升之时，是投资者建仓的良机。

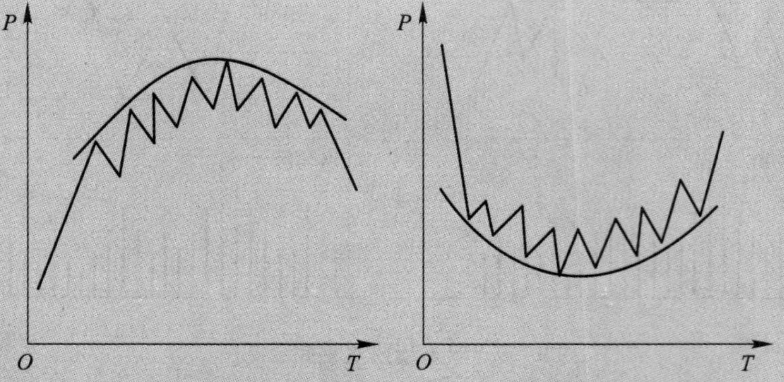

图 9-60 圆弧顶与圆弧底示意图

（2）圆弧形的形成。圆弧形在实际的技术分析中出现的机会并不多，但这种机会一旦出现则是绝好的机会。圆弧形反转的价格的高度和深度是不可测的，这种机会的出现一般与机构大户炒作有关。这些人手中有足够的“筹码”或资金，一下出手太快，往往价格下落或拉升得过快，手中的“货”不能完全出手或不足以完成“建仓”，故而只有一点点地往外抛或往里吸货。由于机构主力的“筹码”足，资金雄厚，故而一般投资人只能被动接受。

在识别圆弧形时，成交量是十分重要的一个指标。无论是圆弧顶或圆弧底，在其形成过程中，成交量都是两头大，中间小。越靠近顶或底时成交量越少。圆弧底在达到底部或顶部时，成交量可能突然放大一下，之后恢复小成交量，但在突破后的一段，都有相当大的成交量。形成圆弧形所花的时间越长，今后反转的力量就越强，越值得相信其形态。

圆弧一旦被突破，其上升或下跌的空间是无法估量的，上升或下跌的过程往往是垂直式的。突破后，价格也会有反扑，但幅度上根本回不到原来的圆弧边缘的价位，所以对突破后的反扑，我们就采取与其他形态不同的操作策略。

4. V 形反转

V 形是表示股价走势在上升趋势或下降趋势的转势形态中变化幅度较大、速度较快的一种形态，它出现在市场动荡之中，底和顶只出现一次，如图 9-61 所示。这种形态一般在狂升或狂跌的股市中才会出现。V 形反转形态是较难把握的一种走势发展形态。一般 V 形反转事先没有征兆，基本上都是由某些消息引起的，但消息是我们不可能预先知道的。

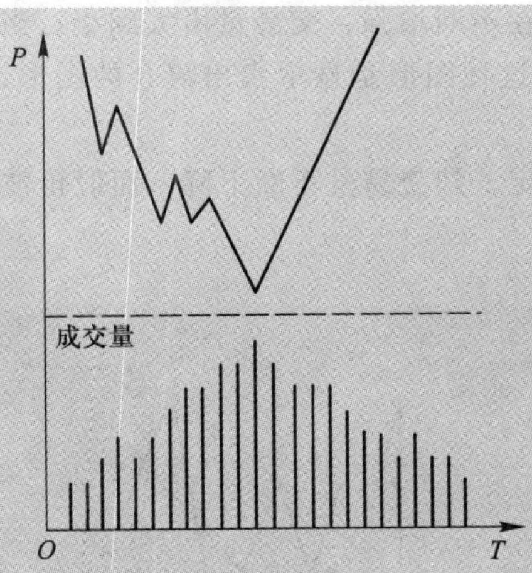

图 9-61　V 形顶和 V 形底示意图

（二）调整形态

股价走势在上升或下降过程中，有时需要休整一下，在图形上就形成了调整形态。由于技术力量的变化和不同，因此调整形态会有所不同，但调整形态的相同之处是并没有改变原先股价走势的方向。

1. 三角形

通常情况下，三角形态属于持续整理形态。三角形的调整形态共分四种：对称三角形、上升三角形、下降三角形和倒置三角形。

（1）对称三角形表示在股价盘整中买卖双方的力量均衡，交易量由大到小；当股价按其原有趋势继续发展时，交易量会增加，如图 9-62 所示。

（2）上升三角形表示在股价盘整中买方的力量不断增强，交易量由大到小；当股价突破阻力线向上时，交易量增加，后市展望良好。这种图形是显示买进的信号，如图 9-63 所示。

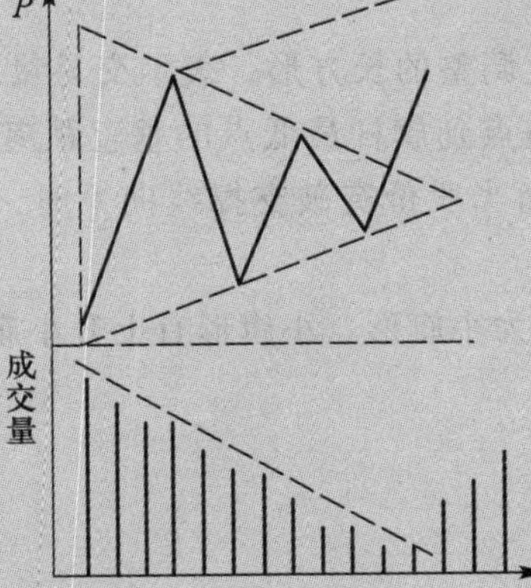

图 9-62　对称三角形示意图

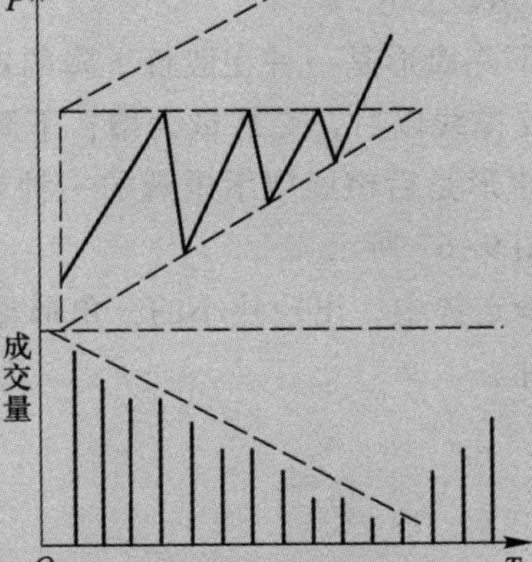

图 9-63　上升三角形示意图

(3) 下降三角形表示在盘整中卖方的力量在不断增强，交易量由大到小；当股价突破支撑线向下时，交易量增加，后市展望不乐观。这种图形是显示卖出清仓的图形，如图 9-64 所示。

(4) 倒置三角形表示股价盘整走势极不稳定，其交易量不断下降，而股价波动幅度逐渐增大，后市走势不能确定，如图 9-65 所示。

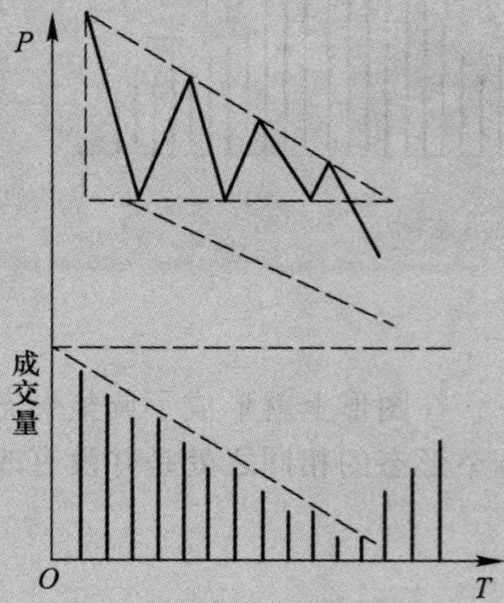

图 9-64 下降三角形示意图

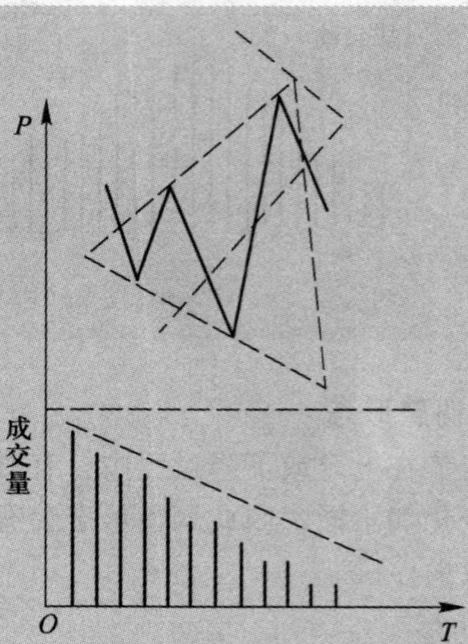

图 9-65 倒置三角形示意图

2. 旗形

在股价走势中，出现小幅度的方向相反的调整形态，类似于长方形，称为旗形。旗形有上升旗形和下降旗形两种。

(1) 上升旗形是一种在股价上升的走势中出现向下调整的长方形，表示交易量由大变小，股价突破阻力线后，交易量大增；上升幅度是原突破点到旗杆最高点的垂直距离，即 $CD=AB$。上升旗形是后市展望良好的一种调整形态，因而当股价突破阻力线向上时，是买进的信号，如图 9-66 所示。

(2) 下降旗形是一种在股价下降的走势中出现向上调整的长方形，表示交易量由大变小，股价突破支撑线以后，交易量大增；下降幅度是原突破点到旗杆最低点的垂直距离，即 $CD=AB$。下降旗形是后市展望不乐观的一种调整形态，因而当股价突破支撑线向下时，是卖出的信号，如图 9-67 所示。

在股价走势中，出现狭小的三角形整理的形态，称为小旗形。小旗形有上升小旗形和下降小旗形两种。

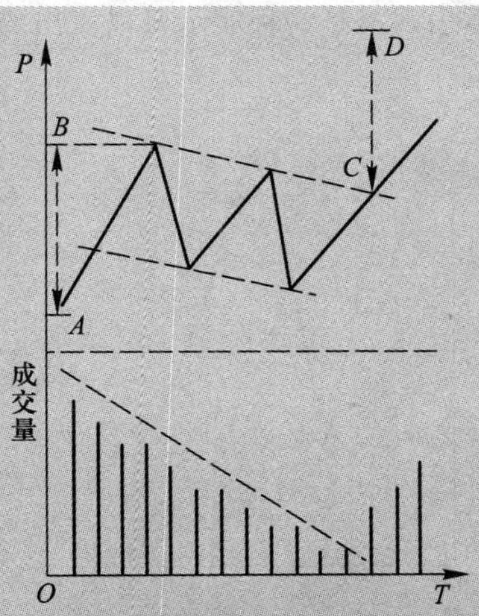

图 9-66　上升旗形示意图

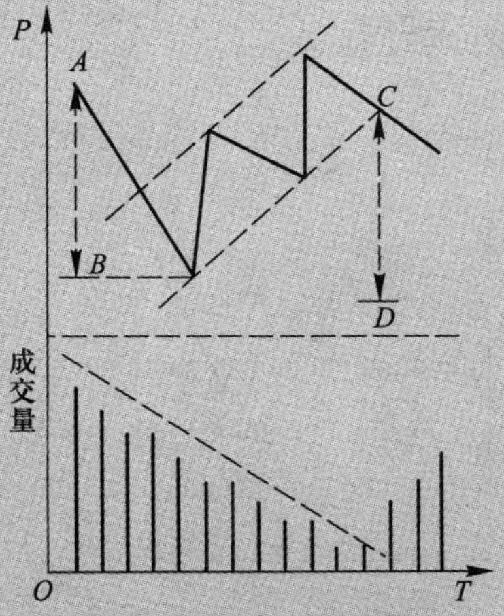

图 9-67　下降旗形示意图

(3) 上升小旗形是表示股价盘整后向上突破的形态，其上升的幅度等于旗杆的长度，即 $CD=AB$，交易量由大到小，股价突破阻力线时，交易量大增。上升小旗形是表示可以进货的盘整形态，如图 9-68 所示。

(4) 下降小旗形是表示股价盘整后向下突破的形态，其下降的幅度等于旗杆的长度，即 $CD=AB$，交易量由大到小，股价突破支撑线后，交易量大增。下降小旗形是表示可以出货的盘整形态，如图 9-69 所示。

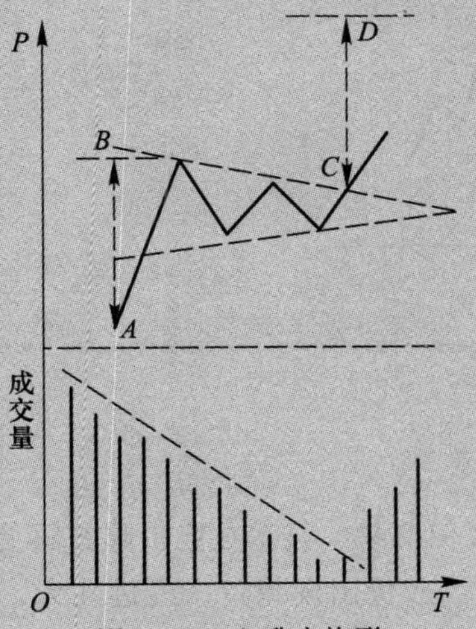

图 9-68　上升小旗形

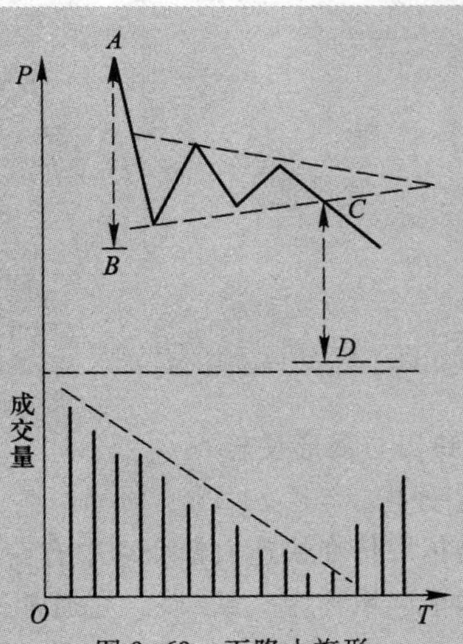

图 9-69　下降小旗形

3. 楔形和菱形

(1) 楔形。在股价走势中，出现一种楔形的整理形态，其外形类似既不对称也没有直角的三角形。楔形也可分成上升楔形和下降楔形两种。下降楔形是在股价上升走势中常出现的调整形态。这种形态展示后市走势良好，是一种表示可以买进的图形。上升楔形是在股价下降走势中常出现的一种调整形态。这种图形展示后市走势不乐观，是一种表示可以卖出的图形，如图 9-70 和图 9-71 所示。

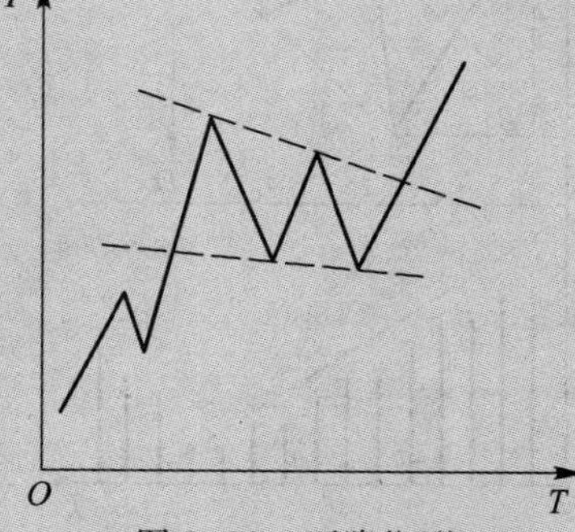

图 9-70　下降楔形

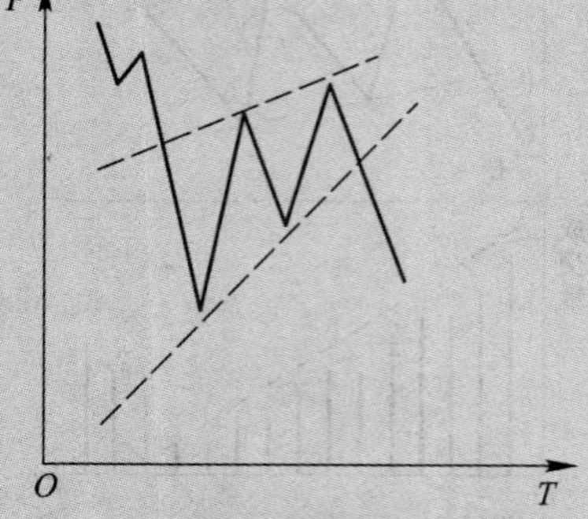

图 9-71　上升楔形

（2）菱形，也叫钻石形。这是由两个对称三角形合并组成的一种调整形态。这是显示股价在调整期间变化很大，市场走势不稳定，因而后市展望不确定的一种图形调整形态。菱形的测算功能是以菱形的最宽处的高度为形态高度的。今后下跌的深度从突破点算起，至少有一个形态的高度。如图 9-72 所示。

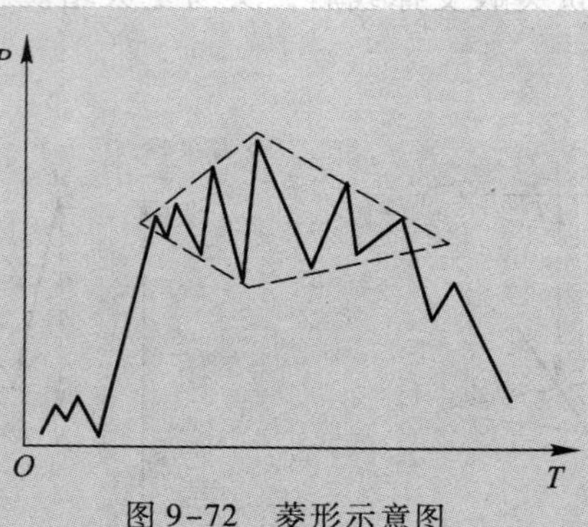

图 9-72　菱形示意图

（三）缺口与岛形反转

1. 形态分析

缺口是指股价在快速大幅变动中有一段价格没有任何交易，显示在股价趋势图上是一个真空区域，这个区域称为“缺口”，它通常又称为跳空。当股价出现缺口，经过几天，甚至更长时间的变动，然后反转过来，回到原来缺口的价位时，称为缺口的封闭，又称补空。

缺口分普通缺口、突破缺口、持续性缺口与竭尽缺口四种。从缺口发生的部位大小，可以预测走势的强弱，确定是突破还是已到趋势之尽头，它是研判各种形态时最有力的辅助材料。

（1）普通缺口。这类缺口通常在密集的交易区域中出现，因此许多需要较长时间形成的整理或转向形态如三角形、矩形等都可能有这类缺口形成。

（2）突破缺口。突破缺口是当一个密集的反转或整理形态完成后突破盘局时产生的缺口。当股价以一个很大的缺口跳空远离形态时，这表示真正的突破已经形成了。因为错误的移动很少会产生缺口，同时缺口能显示突破的强劲性，突破缺口越大，表示未来的变动越强烈。

（3）持续性缺口。在上升或下跌途中出现缺口，可能是持续性缺口。这种缺口不会和突破缺口混淆，任何离开形态或密集交易区域后的急速上升或下跌所出现的缺口大多是持续性缺口。这种缺口可帮助我们估计未来后市波幅的幅度，因此亦称之为量度性缺口。

（4）竭尽缺口。和持续性缺口一样，竭尽缺口是伴随快的、大幅的股价波幅而出现的。在急速的上升或下跌中，股价的波动并非是渐渐出现阻力，而是越来越急。这时价格的跳升（或跳位下跌）可能发生，此缺口就是竭尽缺口。通常竭尽缺口大多在恐慌性抛售或消耗性上升的末段出现。

2. 市场含义

（1）普通缺口并无特别的分析意义，一般在几个交易日内便会完全填补，它只能帮助我们辨认清楚某种形态的形成。

（2）突破缺口的分析意义较大，经常在重要的转向形态如头肩形的突破时出现，这缺口可帮助我们辨认突破讯号的真伪。如果股价突破支撑线或阻力线后以一个很大的缺口跳离形态，可见突破十分强而有力，很少有错误发生。形成突破缺口的原因是其水平的阻力经过时间的争持后，供给的力量完全被吸收，短时间内缺乏货源，买进的投资者被迫要以更高价求货。又或是其水平的支持经过一段时间的供给后，购买力完全被消耗，沽出的须以更低价才能找到买家，便形成缺口。

（3）持续性缺口的技术性分析意义最大，它通常是在股价突破后远离形态至下一个反转或整理形态的中途出现，因此持续缺口能大致预测股价未来可能移动的距离，所以又称为量度缺口。其量度的方法是从突破点开始，到持续性缺口始点的垂直距离，就是未来股价将会达到的幅度。或者我们可以说：股价未来所走的距离，和过去已走的距离一样。

（4）竭尽缺口的出现，表示股价的趋势将暂告一段落。如果在上升途中，即表示快将下跌；若在下跌趋势中出现，就表示即将回升。

在缺口发生的当天或后一天若成交量特别大，而且未来似乎无法随成交量而有大幅的变动时，这就可能是竭尽缺口，假如在缺口出现的后一天其收盘价停在缺口的边缘形成了一天行情的反转时，就更可确定这是竭尽缺口了。竭尽缺口很少是突破前一形态大幅度变动过程中的第一个缺口，绝大部分的情形是它的前面至少会再现一个持续缺口。

持续缺口是股价大幅变动中途产生的，因而不会于短时期内封闭，但是竭尽缺口是变动即将到达终点的最后现象，所以多半在 2 ~ 5 天的短期内被封闭。

3. 要点提示

（1）一般缺口都会填补。因为缺口是一段没有成交的真空区域，反映出投资者当时的冲动行为，当投资情绪平静下来时，投资者反省过去行为有些过分，于是缺口便告补回。其实并非所有类型的缺口都会填补，其中突破缺口、持续性缺口未必会填补，或不会马上填补；只有竭尽缺口和普通缺口才可能在短期内补回，所以缺口填补与否对分析者观察后市的帮助不大。

（2）突破缺口出现后会不会马上填补，我们可以从成交量的变化中观察出来。如果突破缺口出现之前有大量成交，而缺口出现后成交相对减少，那么迅即填补缺口的机会只是五五之比；但假如缺口形成之后成交大量增加，股价在继续移动远离形态时仍保持十分大量的成交，那么缺口短期填补的可能便会很低了。就算出现后抽，也会在缺口以外。

（3）股价在突破其区域时急速上升，成交量在初期量大，然后在上升中不断减少，当股价停止原来的趋势时成交量又迅速增加，这是多空双方激烈争持的结果，其中一方得到压倒性胜利之后，便形成一个巨大的缺口，这时候又开始减少了。这就是持续性缺口形成时的成交量变化情形。

（4）竭尽缺口通常是形成缺口的一天成交量最高（但也有可能在成交量最高的翌日出现），接着成交减少，显示市场购买力（或沽售力）经已经消耗殆尽，于是股价很快便告回落（或回升）。

（5）在一次上升或下跌的过程里，缺口出现越多，显示其趋势越快接近终结。举例说明，当升市出现第三个缺口时，暗示升市快告终结；当第四个缺口出现时，短期下跌的可能性更大。

4. 岛形反转

基于缺口理论的岛形形态，属强烈的反转信号，其力度要超过突破缺口与一般的反转形态，根据所处的位置的不同，可分为上岛形反转与下岛形反转。上岛形反转是在市场持续上升一段时间后，有一日忽然呈现缺口性上升，接着价格位于高位徘徊争执，但很快又以缺口形式下跌，两边的缺口大约在同一价格区域，使高位争执的区域在图表上看来像一个岛屿，两边的缺口令这岛屿孤立于海洋之上。有时候两边缺口所形成的岛形只由一个交易日造成，成交量在形成岛形反转期间会十分巨大。同样，价格在下跌时所形成的岛形反转形状也一样。

形成原因：上岛形反转往往在市场对股价一片看好时出现，投资者想买入股票但又没法在预期价格上买进，而平缓的升势又使投资者按捺不住高价买进，于是出现上涨缺口，可是价格却没有因其跳升而继续向上，高位阻力明显呈现，经过一段时间的争执后，价格终于无法在高位支持，而出现缺口性下跌，形成岛形反转，开始一轮跌势。而下岛形反转正好与之相反。岛形经常在长期或中期性趋势的顶部或底部出现。当上升过程中，岛形明显形成后，这是一个沽出信号；反之若下跌过程中出现，就是一个买入信号。

各种缺口分析示意图如图 9-73 所示。

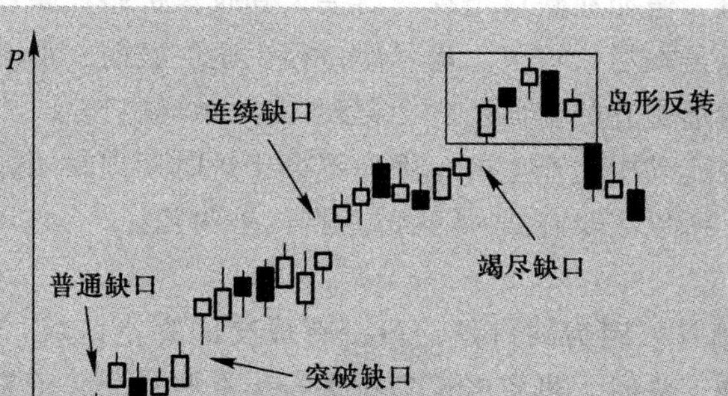

图 9-73　缺口分析示意图

三、波浪理论

波浪理论又称艾略特波浪理论，是技术分析大师艾略特（R. E. Elliot）20 世纪 30 年代所发明的一种价格趋势分析工具，它是一套完全靠观察得来的规律，可用以分析股市指数、价格的走势，它也是世界股市分析上运用最多，而又最难以理解和精通的分析工具。1978 年，柯林斯发表了《Wave Theory》（《波浪理论》）使该理论广为流传。

艾略特认为，不管是股票还是商品价格的波动，都与大自然的潮汐、波浪一样，一浪跟着一波，周而复始，具有相当程度的规律性，展现出周期循环的特点，任何波动均有迹可循。因此，投资者可以根据这些规律性的波动预测未来的走势，在买卖策略上实施适用。

1. 波浪理论的基本特点

（1）股价的上升和下跌将会交替进行。

（2）主浪和调整浪是价格波动两个最基本形态，而主浪（即与大市走向一致的波浪）可以再分割成 5 个小浪，一般用第 1 浪、第 2 浪、第 3 浪、第 4 浪、第 5 浪来表示，调整浪也可以划分成 3 个小浪，通常用 A 浪、B 浪、C 浪表示。

（3）在上述 8 个波浪（5 上 3 落）完毕之后，一个循环即告完成，走势将进入下一个八波浪循环。

（4）时间的长短不会改变波浪的形态，因为市场仍会依照其基本形态发展。波浪可以拉长，也可以缩细，但其基本形态永恒不变。

总之，波浪理论可以用一句话来概括，即“八浪循环”。

2. 波浪理论的主要内容

（1）一个完整的上升或下降的股价运动周期由 8 个浪组成，其中 5 个主浪，3 个调整浪。

（2）多个波浪可合并为一个高层次的浪，一个波浪也可细分成时间更短、层次更低的若干小浪，这就是“浪中有浪”。

（3）波浪的细分与合并是按一定规则的，第 3 浪非最短浪，第 4 浪的底不可以低于第 1 浪的顶。

（4）完整周期的波浪的数目与斐波那契数列有密切关系。

（5）所有的浪由两部分组成——主浪和调整浪，即任何一浪要么是主浪，要么是调整浪。

3. 斐波那契数列

斐波那契数列是以 13 世纪意大利数学家列昂纳多·斐波那契命名的神奇的数列，自然界中许多无法解释的现象都与它有关，比如动物的繁殖数目，花朵上的瓢数等都与斐波那契数列有关。斐波那契数列的通项公式如下。

$$A_{n+2}=A_{n+1}+A$$
$$A_1=A_2=1$$

斐波那契数列产生的黄金数字：

$$\lim_{n\to\infty}\frac{A_n}{A_{n+1}}\approx 0.618 \qquad \lim_{n\to\infty}\frac{A_{n+1}}{A_n}\approx 1.618$$

$$\lim_{n\to\infty}\frac{A_n}{A_{n+2}}\approx 0.382 \qquad \lim_{n\to\infty}\frac{A_{n+2}}{A_n}\approx 2.618$$

斐波那契数列的运用：①股价运行至斐波那契数列的天数时，股价可能产生变化；②斐波那契数列与波浪个数有关；③股价运行到黄金分割数字时，可能是支撑点或压力位；④黄金分割数可能是计算波浪上升高度或调整深度的工具。

4. 波浪理论的缺陷

（1）波浪理论家对现象的看法并不统一。每一个波浪理论家，包括艾略特本人，很多时候都会受一个问题的困扰，就是一个浪是否已经完成而开始了另外一个浪呢，有时甲看是第1浪，乙看是第2浪，差之毫厘，失之千里，看错的后果可能十分严重。一套不能确定的理论用在风险奇高的股票市场，运作错误足以使人损失惨重。

（2）甚至怎样才算是一个完整的浪，也无明确定义，在股票市场的升跌次数绝大多数不按五升三跌这个机械模式出现。但波浪理论家却曲解说有些升跌不应该计算入浪里面。数浪完全是随意主观。

（3）波浪理论有所谓伸展浪之说，有时5个浪可以伸展成9个浪。但在什么时候或者在什么准则之下波浪可以伸展呢，艾略特却没有明言，使数浪变成各自启发，自己去想。

（4）波浪理论的浪中有浪，可以无限伸延，亦即升市时可以无限上升，都是在上升浪之中，一个巨型浪，一百多年都可以。下跌浪也可以跌到无影无踪都仍然是在下跌浪。只要是升势未完就仍然是上升浪，跌势未完就仍然是下跌浪。所以波浪理论也有它的局限性，如在推测浪顶浪底的运行时间方面，还需要借助其他方法，综合判断。

（5）波浪理论不能运用于个股的选择上。

波浪理论示意图如图9-74所示。

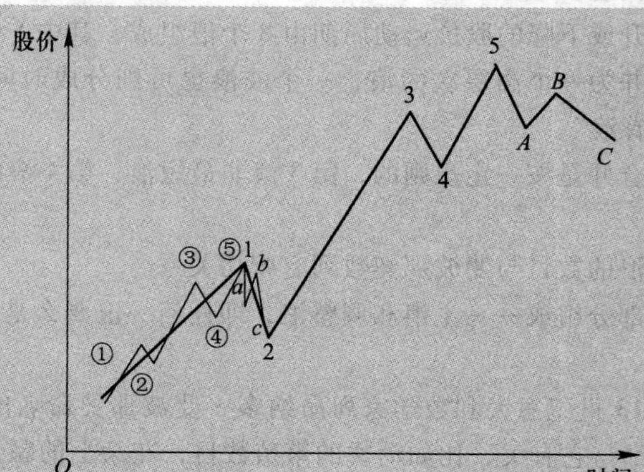

图9-74 波浪理论示意图

阅读与应用

盘中快递：从波浪理论看短中期走势

如图9-75所示，运用波浪理论分析短中期走势。

4连阴之后小幅反弹，那么该怎样看待后市呢？从纯技术的角度看，今年的行情应该是对去年6月份见顶以来2 245—1 339点下跌浪的修正，去年的下跌呈现3浪下跌的形态，即2 245—1 514点为A—a浪，1 514—1 776点为A—b浪，1 776—1 339点为A—c浪，依据波浪理论，市场存在着大B浪的反弹，B浪亦呈现3浪的形态。

盘中快递：从波浪理论看短中期走势

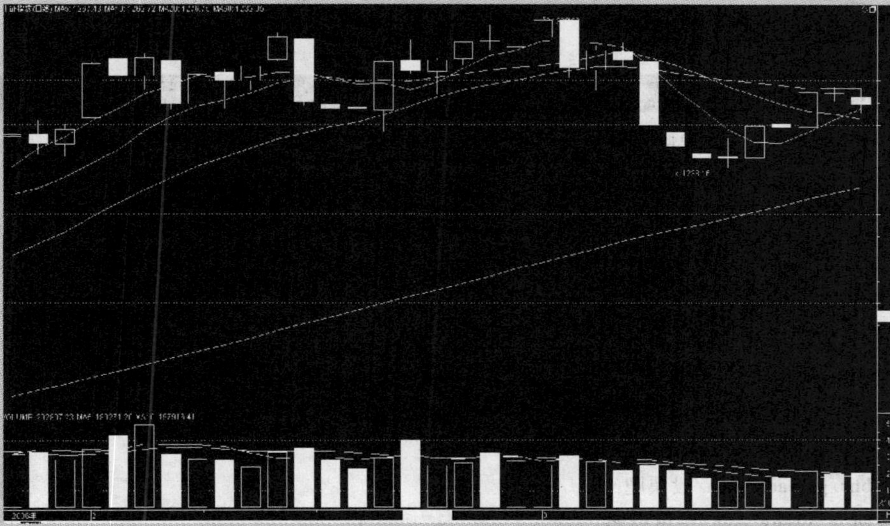

图9-75　波浪理论示意图

具体分析为，1 339—1 693点为B—a浪，为5浪上升形态，计350点左右，后由于国有股减持停止的重大利好，目前B—b浪已呈现为强势平台整理的形态，即1 693—1 455点为b—（a）呈5浪下跌，1 455—1 748点为b—（b）呈3浪形态，目前市场正运行在b—（c）浪的下跌，理论上应表现为收敛下跌三角形态，具体的下跌空间大致为1 530点附近。而后将迎来一波B—c浪的上升行情，根据对称度量原理，B—c的上升至少存在350点的空间。

根据以上对大势的分析，我们认为，市场短期仍存在下跌的空间，以目前收盘1 625点计算，最大仍有80点下跌的可能性，但中期的走势却是乐观的，存在近350点的上升空间，为投资者提供较大的套利机会，从基本面、资金面的分析也支持这种观点，如今年以来管理层的利好频出、稳定的论调、基金大扩容的出现及十六大的政治因素都对下一季度的行情提供良好的预期。

资料来源：http://business.sohu.com/63/02/article203110263.shtml

本章小结

技术分析是指通过分析证券市场行为，对证券未来的价格变化趋势进行预测的研究行为。它有三方面的理论假设内容：市场行为包含了一切信息、价格沿趋势移动并保持趋势以及历史会重演。

技术分析的内容有成交量、成交价格、时间背景和价格运行的空间四个方面的内容。价、量、时、空间四个要素是相互联系、相互依存的。投资者在进行技术分析的过程中，必须要将它们联系起来分析。

技术分析的种类与方法有许多种，目前投资市场上最常见的技术分析方法大体有五大类，即指标法、切线法、形态法、K 线法及波浪理论。

技术分析图表是技术分析中最常见的分析手段，常见的技术分析图表有 K 线图、棒形图、点数（OX）图和宝塔图等。

指标法是技术分析中的重要分支，特别是当电子计算机技术不断普及和现代通信技术高度发达的情况下，技术指标分析变得更为流行。常见的一些指标有技术指标、市场趋势指标、市场强弱指标、市场大盘指标以及市场人气指标。

除了 K 线分析、指标分析法以外，技术分析的方法还有其他许多种，较为大家所熟知和共同认可的有趋势分析（切线理论）、形态分析和波浪理论。

网络资源索引

1. http://www.csrc.gov.cn/中国证券监督管理委员会
2. http://rumen8.com/入门吧
3. http://finance.sina.com.cn/新浪财经
4. http://www.stockstar.com/service/jsfx.asp/证券之星—技术分析
5. http://www.zqb.cn/中证网
6. http://www.ce.cn/中国经济网
7. http://www.zgjrw.com/中国金融网
8. http://www.zhicheng.com/至诚财经
9. http://finance.ifeng.com/凤凰财经
10. http://bbs.gupiao8.com/股票吧
11. http://www.591hx.com/华讯财经
12. http://www.yicai.com/一财网
13. http://www.ftchinese.com/FT 中文网

关键术语

技术分析　指标法　切线法　形态法　K 线法　波浪理论　循环周期理论　相反理论　相对强弱势（RSI）指标　支撑线　压力线　轨道线　趋势　缺口

问题与思考

1. 技术分析理论假设在现实的经济环境中是否存在？其合理性如何？
2. 如何看待技术分析的有效性？
3. 技术分析的种类有很多，常见的技术分析的方法和种类有哪些？技术分析的内容包括哪些？
4. 试列举 K 线分析中八种 K 线组合的典型形态。
5. 试简述技术指标的分析原则和基本思路，以及应用技术指标的应注意的问题。
6. 试列举不少于 10 种的技术指标，并说明其在投资分析中的意义及运用。
7. 什么是形态分析？形态分析的典型形态的类型有哪几类？应用形态理论应该注意哪些问题？
8. 切线分析的基本思路及趋势线的作用有哪些？
9. 什么是缺口分析，主要的缺口类型有哪些？其市场含义如何？
10. 波浪理论的主要内容一般包括哪些？
11. 何为斐波那契数列？其在波浪理论中的作用与意义如何？
12. 试运用形态学理论解释某个股的价格走势。
13. 试运用技术指标分析法解释某个股的价格走势。

第四篇　证券组合管理

第十章　证券投资的收益与风险

本章导读

收益与风险是并存的，通常情况下，高收益伴随着高风险。收益与风险是投资者投资决策时必须认真考虑的两个因素，要求我们根据经济学、金融学、投资学以及数理统计学的基本原理，掌握证券投资收益与风险的有效测度方法，掌握如何避免系统性风险，在收益和风险之间权衡，在收益相同的证券中选择风险小的证券，或者在风险相同的证券中选择收益高的证券。

本章主要介绍货币的时间价值、证券投资收益和风险的衡量等基础理论知识，共分两节。第一节从金融产品定价基础、复利期间和有效年利率的计算以及年金三个方面介绍了货币的时间价值的相关知识；第二节分别介绍了单个证券收益和风险的衡量、证券组合收益和风险的衡量以及系统性风险和非系统性风险。

学习本章你需要具备收益率曲线、利率期限结构、数学期望、方差、标准差、协方差和相关系数等相关知识。

第一节　货币的时间价值

货币时间价值亦称为资金时间价值，是指货币（资金）随着时间的推移而增加的价值。时间价值是扣除风险报酬和通货膨胀补贴后的真实报酬率，时间价值与利率的区别是利率包含风险和通货膨胀因素，而时间价值排除了风险和通货膨胀因素的影响①。

由于历史遗留问题，如我国一直以来实行的是利率管制政策、对外接轨的程度不高等，使得我国银行等金融机构和投资者的资金时间价值观念不强。在进行投资分析时，往往对不同时点上的资金同等看待，不太关注资金周转速度，最终导致投资效率不高。随着中国对外开放进程的不断深化，中国与国际接轨已成必然。这样我国投资者必须借鉴国际经验，要牢固树立资金时间价值观念，只有这样才能提高投资效率，立于不败之地。

下面将从金融产品定价的基础、复利期间和有效年利率的计算以及年金三个方面来介绍货币时间价值的相关知识。

一、金融产品定价的基础

货币时间价值是金融产品定价的基础，在对金融产品进行定价时，必须考虑货币的时间价值。如果某项金融产品的投资报酬率低于货币时间价值，则可以认为该金融产品的定价是不合理的，应该加以否定和更改。货币时间价值可以看成是投资者进行投资时应该取得的最低报酬

---

① 货币时间价值的概念参考和引用了百度百科中的相关知识，本章很多概念也同样参考和引用了百度百科和 MBA 智库百科中的相关知识，为节省篇幅，就不再一一指出。

率，即在无风险和通货膨胀情形下，也可以获得的社会平均资金利润率。现在的 1 元与 1 年后的 1 元在价值上是不等的。对于现在的 1 元，投资者可以进行投资，那么 1 年后至少要按照无风险和通货膨胀补贴的最低报酬率进行增值，即现在 1 元的价值要大于 1 年后 1 元的价值。货币时间价值既可以直接用绝对数，即增加的价值表示，也可以用相对数，即增加的价值与最初投资额的比值表示。一般在实务中多用相对数来表示，并用同期的无风险国债利率来近似表示货币时间价值。

为理解货币时间价值是金融产品定价的基础，我们必须了解货币时间价值的两种表达形式：现值与终值。

（一）现值

投资者对某一项目投资时，在将来可产生一系列可预期的现金流入和流出，这一系列的现金流入和流出统称为现金流。由于货币具有时间价值，现在的 100 元在将来某个时点上的价值不止 100 元，或者说未来某个时点上的 100 元在现在不值 100 元。这样不同时点上的现金流不能直接进行比较，必须都要按照一定的折现率换算到同一时点，才能进行比较。若换算到当前时点或称零时点，则称之为现值，即现值就是指未来的预期现金流在当前的价值。

1. 单个时点上现金流的现值

设 CF_t 是 t 时刻的现金流，r_t 是折现率，则该现金流的现值为

$$PV=\frac{CF_t}{(1+r_t)^t}=CF_t\ (1+r_t)^{-t} \tag{10-1}$$

2. 不同时点上现金流的现值总和

假设在未来 n 个不同时点 1，2，…，n 都有现金流发生，则不同时点上现金流的现值总和为

$$PV=\sum_{t=1}^{n} CF_t(1+r_t)^{-t} \tag{10-2}$$

假如各期所用的折现率 r_t 相同，都为 r，则公式（10-2）简化为

$$PV=\sum_{t=1}^{n} CF_t(1+r)^{-t} \tag{10-3}$$

（二）终值

终值是与现值相对的概念，若将不同时点上的现金流换算到未来某一时刻则称之为终值，即终值是指当前的一项现金流在未来某个时刻的价值。

终值的计算与现值的计算相反。设 PV 是当前的货币值，r 为复利利率，则 PV 在第 t 期期末的终值为

$$FV=PV(1+r)^t \tag{10-4}$$

金融产品定价的基础就是考虑货币的时间价值，使不同现金流通过一定的折现率换算成现值或者终值进行比较。

二、复利期间和有效年利率的计算

货币时间价值的计算依赖于利息的计算方式。单利和复利是利息计算的两种不同方式。

（一）单利

利息计算的单利方法是指在存贷款期限中，只有本金获得利息，而各项利息不再加入本金

重复计算利息。

单利利息的计算公式为

$$I=C_0\times r\times n \tag{10-5}$$

单利本息和的计算公式为

$$C_t=C_0+C_0\times r\times n=C_0\times(1+r\times n) \tag{10-6}$$

式中，C_0 为本金（也可以称为期初资金额）；r 为单利利率（一般情况下，除了特别说明外，所给利率都是年利率）；I 为利息；C_t 为本金与利息之和（本息和或者称为期末资金额）；n 为时间（通常以年为单位）。

单利方法的优点是简单明了，但是从单利的定义和计算公式可以看出，单利的实质是利息不再产生利息，否认了利息作为资金的时间价值，很明显这是不合理的。下面介绍利息计算的复利方法。

（二）复利与复利期间

与利息计算的单利方法相对应的另一种方法是复利方法，一般应该按照复利方法来计算资金的时间价值。所谓复利是指每经过一个计息期不仅本金要计算利息，利息也要计入本金计算利息，逐期滚算，俗称“利滚利”。复利方法承认利息也可产生利息，承认作为利息的资金与本金一样具有时间价值。复利期间是指相邻两次计息的时间间隔，如年、季、月等，若不特别指明，一般指一年。

在复利计算法下，复利利息的计算公式为

$$I=C_0\times[(1+r)^n-1] \tag{10-7}$$

复利本息和的计算公式为

$$C_t=C_0\times(1+r)^n \tag{10-8}$$

式中，C_0 为本金（也可以称为期初资金额）；r 为对应复利期间的复利利率；I 为利息；C_t 为本金与利息之和（本息和或称为期末资金额）；n 为时间（以对应复利期间为单位）。

上面虽然考虑了复利因素，按复利进行计息，但计息的次数是有限次，这称为离散复利计息。若计息的次数无穷大，即在时间上连续不间断地进行复利计算，则称为连续复利计息。

假设每年计息 m 次，则有

$$C_t=C_0\times\left(1+\frac{r}{m}\right)^{nm}$$

若要求在时间上连续不间断地进行复利计算，即每年的计息次数 $m\to\infty$，则有

$$C_t=\lim_{m\to\infty}C_0\times\left(1+\frac{r}{m}\right)^{nm}=C_0\times\left[\lim_{m\to\infty}\left(1+\frac{r}{m}\right)^{\frac{m}{r}}\right]^{rn}=C_0\times e^{rn} \tag{10-9}$$

即

$$C_t=C_0e^{rn} \tag{10-10}$$

公式（10-10）就是连续复利的本息和公式。

阅读与应用

单利、离散复利和连续复利这三种计息方式的差别

图 10-1 反映的是单利、离散复利和连续复利情形下，100 元在不同期限下的本息和的变

化情况。设初始本金 $P=100$，年利率为 $r=12\%$，到期期限 n 的初始值为 1，步长为 1，终值为 15（单位为年）。

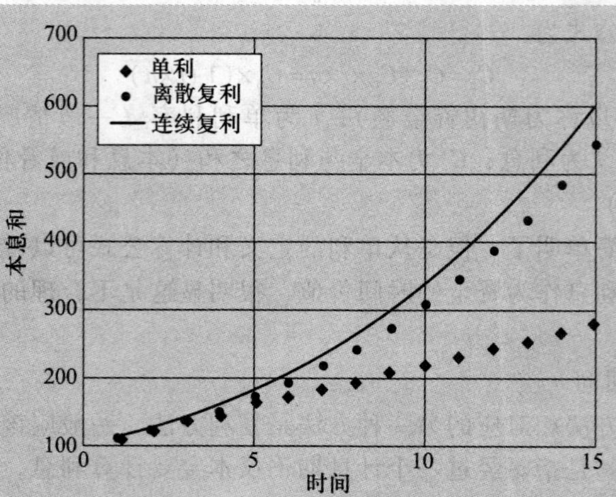

图 10-1 单利、离散复利和连续复利随时间变化的关系图

根据图 10-1，我们发现同一期限，连续复利计息方式下，本息和最大，离散复利计息方式下，本息和次之，单利计息方式下，本息和最小。我们还可以发现当时间比较短时，这三种计息方式的差别不大，然而随着时间的增大，三种计息方式的差别会逐渐增大。

（三）有效年利率

通常我们所说的利率都是年利率，并假设每年利息仅在年末计算一次，这种年利率我们称为名义年利率，在这种情况下，复利期间是 1 年。而实际问题中并不是总按年计息，而可能是按月或按季度计息，则此时复利期间是月或季度，我们把这种按复利计息得出的年利率称为有效年利率。

一般情况下，名义年利率 R，每年付息次数 k，复利期间 m 年，有效年利率 R' 有如下关系

$$m=1/k \tag{10-11}$$

$$R'=\left(1+\frac{R}{k}\right)^{k}-1 \tag{10-12}$$

有效年利率 R' 随着 k 的增大而增大，并且最后趋近于一个常数 $e^{R}-1$。

例 10.1 设名义年利率为 15%，求每月付息一次的有效年利率。

解：即 $R=15\%$，$k=12$，则 $R'=\left(1+\frac{15\%}{12}\right)^{12}-1=16.08\%$。

例 10.2 已知有效年利率为 13.65%，每月付息一次，试计算其名义收益率。

解：即 $R'=13.65\%$，$k=12$，则 $13.65\%=\left(1+\frac{R}{12}\right)^{12}-1$，解方程可得 $R=12.86\%$。

三、年金

年金（annuity）是一种特殊的（有规则的）现金流，是一系列有稳定规律的、持续一段固定时间的现金流入或流出。年金的特点是其现金流的规律性，年金作为一类常用的金融工具

被广泛地应用于金融实践之中，如分期付款赊购、分期等额偿还贷款、分期等额支付工程款、提取折旧、租金、养老金等都属于年金收付形式。

根据每次收付款项发生的时点以及收付的次数，可以将年金分为普通年金、即付年金、递延年金和永续年金等类型。

（一）普通年金

普通年金是指在一定时期内各期期末收付等额款项的年金，又称为后付年金。之所以被称为普通年金是由于后付年金是经济生活中最常见的一种年金收付形式。

普通年金的现值计算公式为

$$PV=A\times\frac{1-(1+r)^{-n}}{r} \tag{10-13}$$

普通年金的终值计算公式为

$$FV=A\times\frac{(1+r)^{n}-1}{r} \tag{10-14}$$

式中，PV 代表将未来的现金流量折算到零时点的价值，称为现值；FV 代表将现金流量换算到 n 时点的价值，称为终值；r 为折现率；A 为从现在开始到第 n 期，每期期末收到的等额现金流；n 表示总的期限。

例 10.3 某企业拟租入一设备，每年年末需支付租金 50 000 元，设银行利率为 15%，则 6 年中租金的现值为多少？

解：将 $A=50\ 000$，$r=0.15$，$n=6$ 代入公式（10-13），可以得到 $PV=189\ 220$。

即 5 年中租金的现值为 189 220 元。

例 10.4 某人每年年末存入银行 5 000 元，年利率 10%，则 4 年后的本息和是多少？

解：将 $A=50\ 000$，$r=0.1$，$n=4$ 代入公式（10-14），可以得到 $FV=23\ 205$。

即 4 年后的本息和为 23 205 元。

（二）即付年金

即付年金是指在一定时期内每期期初发生的等额系列收付款项，又称为预付年金或先付年金。即付年金与普通年金的区别仅在于收付款项发生的时点不同。

即付年金的现值计算公式为

$$PV=A\times\left[\frac{1-(1+r)^{-(n-1)}}{r}+1\right] \tag{10-15}$$

即付年金的终值计算公式为

$$FV=A\left[\frac{(1+r)^{n+1}-1}{r}-1\right] \tag{10-16}$$

式中，PV 代表即付年金的现值；FV 代表即付年金的终值；A 代表等额系列收付款项；r 为折现率；n 表示总的期限。

例 10.5 龙湖公司租入一台设备，若每年年初支付租金 5 000 元，年利率为 10%，则 6 年中租金的现值为多少？

解：将 $A=5\ 000$，$r=0.1$，$n=6$ 代入公式（10-15），可以得到 $PV=23\ 954$。

即 6 年中租金的现值为 23 954 元。

例 10.6 汪先生每年年初存入银行 3 000 元，年利率 8%，则 7 年后的本息和是多少？

解：将 $A=3\ 000$，$r=0.08$，$n=7$ 代入公式（10-16），可以得到 $FV=28\ 910$。

即 7 年后的本息和是 28 910 元。

（三）递延年金

递延年金是指第一次收付款发生在第二期或第二期以后的年金，是在最初若干期没有收付款项的情况下，后面若干期等额的系列收付款项。它是普通年金的特殊形式，又称延期年金。第一期到年金收付发生时的时间间隔称为递延期。

递延年金的现值计算公式为

$$PV=A\times\frac{1-(1+r)^{-n}}{r}-A\times\frac{1-(1+r)^{-m}}{r} \tag{10-17}$$

式中，PV 表示递延年金的现值；A 表示等额系列收付款项；n 表示总的期限；m 表示递延期，$n-m$ 表示发生实际支付的期限。

公式（10-17）中第一项是根据年金现值公式求出的包括递延期在内的总期限的年金现值，第二项是根据年金现值公式求出的实际并未支付的递延期内的年金现值。

递延年金的终值计算公式为

$$FV=A\times\frac{(1+r)^{n-m}-1}{r} \tag{10-18}$$

式中，FV 表示递延年金的终值；A 表示等额系列收付款项；n 表示总的期限；m 表示递延期；$n-m$ 表示发生实际支付的期限。

根据公式（10-18）可以看出，递延年金的终值的计算公式与普通年金相似。

例 10.7 东风公司某一开发项目于 1996 年年初动工，4 年后投产，从投产之日起的 8 年中每年年收益为 10 000 元，按年利率 8% 计算，该投资项目各年收益的现值总和是多少？

解：将 $A=10\ 000$，$r=0.08$，$m=4$，$n=12$ 代入公式（10-17），可以得到 $PV=42\ 240$。

即该投资项目各年收益的现值总和是 42 240 元。

例 10.8 东风公司某一开发项目于 1996 年年初动工，4 年后投产，从投产之日起每年年收益为 10 000 元，按年利率 8% 计算，投产 12 年后其收益总和是多少？

解：将 $A=10\ 000$，$r=0.08$，$m=4$，$n=16$ 代入公式（10-18），可以得到 $FV=189\ 770$。

即该项目投产 12 年后其收益总和是 189 770 元。

（四）永续年金

永续年金是指无限期等额收付的特种年金，即一系列没有到期日的现金流。它是期限趋于无穷大的普通年金，所以永续年金可以看成是普通年金的特殊形式。

永续年金的现值计算公式为

$$PV=\frac{A}{r} \tag{10-19}$$

式中，PV 代表永续年金的现值；A 代表等额系列收付款项；r 为折现率。

注意，永续年金没有终值。

例 10.9 王先生持有三星公司的优先股 8 000 股，每年可获优先股股利 1 000 元。若利息率为 5%，则 8 000 股优先股现在的价值是多少？

解：将 $A=1\ 000$，$r=0.05$ 代入公式（10-19），可以得到 $PV=20\ 000$。

即 8 000 股优先股现在的价值是 20 000 元。

第二节　投资收益和风险的度量

一、单一证券收益和风险的衡量

（一）单一证券的收益

投资者投资某一证券在一段时间内所获得的收益的绝对值称为收益额，主要包括股利收入（或利息收入）和资本利得（或资本损失）。收益额代表投资收益的绝对值，没有考虑初始投资额的多少。有两个投资者，收益额分别是 1 万元和 10 万元，是否就能说前一个投资者的业绩要比后一个差呢？不一定，若前一个投资者的初始投资只有 10 万元，而后一个投资者的初始投资为 1 000 万元，则前一个投资者的业绩要比后一个好 10 倍，这样，有必要引入收益率这一指标。收益率是投资者在投资期内所获得收益额与其初始投资额之比。投资收益率指标不仅考虑了投资收益额，而且考虑到了投资成本。一般地，可以将单期的证券投资收益率定义为

$$R=\frac{D_t+(P_t-P_{t-1})}{P_{t-1}} \tag{10-20}$$

式中，R 表示证券投资收益率；t 表示特定的时间段；D_t 表示第 t 期的股利收入（或利息收入）；P_t 表示第 t 期的证券价格；P_{t-1} 表示第 $t-1$ 期的证券价格。P_t-P_{t-1} 表示第 $t-1$ 期到第 t 期的资本利得或资本损失。

公式（10-20）表示的是证券投资的离散收益率，也可以用对数收益率来表示证券投资的连续复利收益率，公式如下

$$R=\ln\left(\frac{D_t+P_t}{P_{t-1}}\right) \tag{10-21}$$

未来的证券投资收益率往往事先不能完全确定，这种情况下用期望收益率来表示。设某证券的未来收益率 R 的概率分布为

$$P(R=R_i)=p_i \tag{10-22}$$

则该证券的期望收益率可表示为

$$E(R)=\sum_{i=1}^{n}R_ip_i \tag{10-23}$$

式中，$E(R)$ 表示期望收益率；R_i 表示第 i 种可能的收益率；p_i 表示收益率 R_i 发生的概率；n 表示可能性的数目。

（二）单一证券的风险

期望收益率描述了以概率为权数的平均收益率，反映的是概率平均意义上投资者可以获得的收益率，期望收益率越大，投资者期望获得的报酬就越高。实际发生的收益率与期望收益率往往有偏差，期望收益率方差（标准差）是风险的度量，方差（标准差）越大，实际发生的收益率偏移期望收益率的可能也越大，投资于该证券的风险也就越大。对单个证券的风险，通常用方差或标准差来表示。

单一证券的风险（方差）是该证券未来各种可能收益率与收益率期望值之差平方的期望

值，即

$$\sigma^2 = \sum_{i=1}^{n} (R_i - E(R))^2 \times p_i \tag{10-24}$$

其中，$E(R) = \sum_{i=1}^{n} R_i p_i$。而标准差等于方差的平方根，即

$$\sigma = \sqrt{\sum_{i=1}^{n} (R_i - E(R))^2 \times p_i} \tag{10-25}$$

当证券收益率服从正态分布时，根据数理统计知识，有 68.3% 的收益率在 $E(R)\pm\sigma$ 范围内，95.4% 的收益率在 $E(R)\pm2\sigma$ 范围内，有 99.7% 的收益率在 $E(R)\pm3\sigma$ 范围内。

阅读与应用

单一证券预期收益率和方差的计算

表 10-1 显示了单一证券预期收益率和方差的计算示例。

表 10-1 单一证券预期收益率和方差的计算

可能的收益率 R_i	概率 P_i	$R_i \times P_i$	$(R_i - E(R))^2 \times P_i$
0.013	0.05	0.000 65	$(0.013-0.070\ 75)^2\times0.05$
0.02	0.13	0.002 6	$(0.02-0.070\ 75)^2\times0.13$
-0.02	0.12	-0.002 4	$(-0.02-0.070\ 75)^2\times0.12$
0.09	0.14	0.012 6	$(0.09-0.070\ 75)^2\times0.14$
-0.05	0.16	-0.008	$(-0.05-0.070\ 75)^2\times0.16$
0.23	0.19	0.043 7	$(0.23-0.070\ 75)^2\times0.19$
0.16	0.06	0.009 6	$(0.16-0.070\ 75)^2\times0.06$
0.08	0.15	0.012	$(0.08-0.070\ 75)^2\times0.15$
	$\sum P_i=1$	$\sum R_i\times P_i=0.07$	$\sum(R_i-E(R))^2\times P_i=0.009\ 18=\sigma^2$

从表 10-1 可知，该单一证券预期收益率是 0.070 75，方差是 0.009 18，进一步可以知道标准差 $\sigma=\sqrt{0.009\ 18}=0.095\ 81$。

二、证券组合收益和风险的衡量

前面我们讨论的是投资单一证券的风险和收益。然而在金融实务中，投资者投资的证券往往并不止一种，而是构建一个组合，所以下面我们讨论证券组合的收益和风险。

（一）双证券组合收益和风险的衡量

首先，我们看投资者投资于两个风险证券的情况，假设这两个风险证券分别为 A 和 B，投

资者的投资比例为 x_A 和 $x_B(x_A+x_B=1)$，R_A 和 R_B 分别为这两个风险证券的实际收益率，$E(R_A)$ 和 $E(R_B)$ 分别为这两个风险证券的预期收益率，R_p 和 $E(R_p)$ 分别为这两个风险证券组合的收益率和预期收益率，则有下面的关系：

$$R_p=x_AR_A+x_BR_B \tag{10-26}$$

$$E(R_p)=x_AE(R_A)+x_BE(R_B) \tag{10-27}$$

双证券组合的风险用其收益率的方差 σ_p^2 表示，其公式为

$$\begin{aligned}\sigma_p^2&=E[R_p-E(R_p)]^2\\&=E[x_AR_A+x_BR_B-x_AE(R_A)-x_BE(R_B)]^2\\&=E[x_A(R_A-E(R_A))+x_B(R_B-E(R_B))]^2\\&=x_A^2E[(R_A-E(R_A)]^2+2x_Ax_BE[(R_A-E(R_A))(R_B-E(R_B))]+x_B^2E[(R_B-E(R_B)]^2\\&=x_A^2\sigma_A^2+2x_Ax_B\sigma_{AB}+x_B^2\sigma_B^2\end{aligned} \tag{10-28}$$

其中 σ_{AB}为风险证券 A 和 B 收益率的协方差，它反映了风险证券 A 和 B 收益率之间的关系。其计算公式为

$$\begin{aligned}\sigma_{AB}&=\mathrm{cov}(R_A,R_B)\\&=E[(R_A-E(R_A))(R_B-E(R_B))]\\&=\sum_i\sum_j(R_{Ai}-E(R_A))(R_{Bj}-E(R_B))P_{ij}\end{aligned} \tag{10-29}$$

当协方差 σ_{AB}大于 0 时，表明这两个风险证券收益率同向运动，当协方差 σ_{AB}小于 0 时，表明这两个风险证券收益率反向运动。这表明两个证券的风险具有相互抵消的可能，此时不能像计算证券组合的预期收益那样，简单地以投资比例为权重通过求单一证券的加权平均数来计算投资组合的风险。

由数理统计知识可知，协方差与相关系数有下面的关系

$$\rho_{AB}=\frac{\mathrm{cov}(R_A,\ R_B)}{\sigma_A\sigma_B}=\frac{\sigma_{AB}}{\sigma_A\sigma_B}\quad(-1\leqslant\rho\leqslant1) \tag{10-30}$$

因此公式（10-28）又可以写成

$$\sigma_p^2=x_A^2\sigma_A^2+2x_Ax_B\rho_{AB}\sigma_A\sigma_B+x_B^2\sigma_B^2 \tag{10-31}$$

相关系数 ρ_{AB}的一个重要特征是它的取值范围介于-1 与+1 之间，即 $-1\leqslant\rho_{AB}\leqslant1$。从公式（10-31）可以看出，当 $\rho_{AB}=1$ 时，$\sigma_p=x_A\sigma A+x_B\sigma_B$；而当 $-1<\rho_{AB}<1$ 时，$\sigma_P < x_A\sigma_A+x_B\sigma_B$；当 $\rho_{AB}=-1$时，$\sigma_p=|x_A\sigma_B-x_B\sigma_B|$。

当 $-1<\rho_{AB}<0$ 时，表示证券 A、B 收益率变动负相关；当 $0<\rho_{AB}<1$ 时，表示证券 A、B 收益率变动正相关；当 $\rho_{AB}=-1$ 时，表示证券 A、B 收益率变动完全负相关；当 $\rho_{AB}=0$ 时，表示证券 A、B 收益率变动完全不相关；当 $\rho_{AB}=1$ 时，表示证券 A、B 收益率变动完全正相关，如图 10-2 所示。

由上面分析可知，不仅每个证券自身的风险（用方差或者标准差表示）影响双证券组合的风险，而且两个证券之间的相关性（用协方差或相关系数表示）也影响双证券组合的风险。除非两个风险证券完全正相关，一般情况下，双证券组合的风险小于以投资比例为权重的单一证券风险的加权平均数，即投资组合可以分散风险。下面我们通过一个例子来说明这一问题。

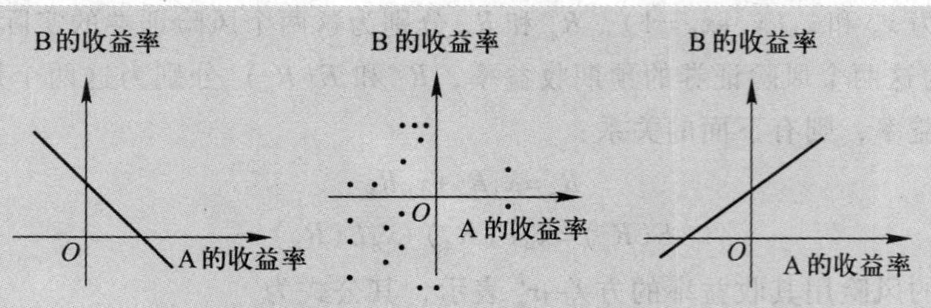

(a)完全负相关 (b)完全不相关 (c)完全正相关

图 10-2 相关系数的三种特殊情形

阅读与应用

不同投资比例和相关系数下组合投资的预期收益率和方差

假设市场上有A、B两种证券，证券A的预期收益率为9%，证券A的标准差为10%，证券B的预期收益率为15%，证券B的标准差为18%，A、B两种证券的相关系数为ρ_{AB}。某投资者决定用这两只证券组成投资组合，其对证券A和B的投资比例x_A和x_B。根据公式（10-27）和（10-31），组合的预期收益率$E(R_p)$和方差σ_p^2分别为：

$$E(R_p)=x_AE(R_A)+x_BE(R_B)=0.09x_A+0.15x_B$$

$$\begin{aligned}\sigma_p^2&=x_A^2\sigma_A^2+2x_Ax_B\rho_{AB}\sigma_A\sigma_B+x_B^2\sigma_B^2\\&=x_A^2\times0.1^2+2x_Ax_B\rho_{AB}\times0.1\times0.18+x_B^2 0.18^2\\&=0.01x_A^2+0.036\rho_{AB}x_Ax_B+0.0324x_B^2\end{aligned}$$

可见组合的预期收益率不受相关系数ρ_{AB}的影响，只与投资者对证券A和B的投资比例x_A和x_B有关；而组合的方差σ_p^2不仅与投资者对证券A和B的投资比例x_A和x_B有关，还受相关系数ρ_{AB}的影响。为了反映不同的投资比例以及相关系数对组合投资的预期收益率和方差的影响，我们对投资比例x_A、x_B以及相关系数ρ_{AB}分别取值，计算不同情况下的组合投资的预期收益率和方差。并分别计算$\rho_{AB}=-1$，$\rho_{AB}=0$，$\rho_{AB}=0.5$下的最小方差组合。计算结果如表10-2所示。

表 10-2 不同投资比例以及相关系数下组合投资的预期收益率和方差

x_A	x_B	预期收益率（%）	给定相关系数下投资组合的方差（%）			
			$\rho_{AB}=-1$	$\rho_{AB}=0$	$\rho_{AB}=0.5$	$\rho_{AB}=1$
1	0	0.09	0.01	0.01	0.01	0.01
0.9	0.1	0.096	0.005 2	0.008 424	0.010 044	0.011 664
0.8	0.2	0.102	0.001 9	0.007 696	0.010 576	0.013 456
0.7	0.3	0.108	0.000 26	0.007 816	0.011 596	0.015 376

续表

x_A	x_B	预期收益率（%）	给定相关系数下投资组合的方差（%）			
			$\rho_{AB}=-1$	$\rho_{AB}=0$	$\rho_{AB}=0.5$	$\rho_{AB}=1$
0.6	0.4	0.114	0.000 14	0.008 784	0.013 104	0.017 424
0.5	0.5	0.12	0.001 6	0.010 6	0.015 1	0.019 6
0.4	0.6	0.126	0.004 62	0.013 264	0.017 584	0.021 904
0.3	0.7	0.132	0.009 22	0.016 776	0.020 556	0.024 336
0.2	0.8	0.138	0.015 38	0.021 136	0.024 016	0.026 896
0.1	0.9	0.144	0.023 10	0.026 344	0.027 964	0.029 584
0	1	0.15	0.032 4	0.032 4	0.032 4	0.032 4
		最小方差组合				
		x_A	0.642 86	0.764 15	0.959 02	1
		x_B	0.357 14	0.235 85	0.040 98	0
		预期收益率（%）	0.111 4	0.104 2	0.092 5	0.09
		方差（%）	0	0.007 641 5	0.009 959	0.01

表 10-2 显示了不同投资比例以及相关系数下组合投资的预期收益率和方差。从表 10-2 可以得到以下几点结论。

第一，双证券组合投资的预期收益率只与投资比例有关，而与这两个证券的相关系数无关；第二，双证券组合投资的方差不仅与投资比例有关，而且与这两个证券的相关系数有关；第三，无论哪种投资比例以及相关系数下，组合投资的方差都不大于 A、B 两种证券方差中的最大值；第三，除了完全相关（$\rho=1$）外，组合投资的最低方差都低于 A、B 两种证券的方差。第四，两种证券的相关系数越小，通过组合投资来消除风险的效果就越好，特别地，当相关系数是-1 时，组合投资的最低方差是 0。

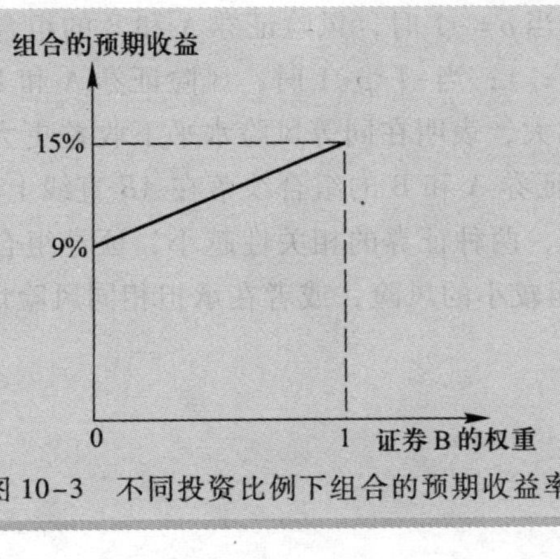

图 10-3　不同投资比例下组合的预期收益率

图 10-3 反映了不同投资比例下组合的预期收益率，从图 10-3 可以知道，证券 B 的权重越大，组合的预期收益率越大。

图 10-4 反映了不同相关系数和投资比例下组合的标准差。从图 10-4 可以知道，无论哪种投资比例以及相关系数下，组合投资的标准差都不大于 18%；除了完全相关（$\rho=1$）外，组合投资的最低方差都低于 10%，特别地，当相关系数是-1 时，组合投资的最低方差是 0，这些都说明组合投资的好处，即分散化投资可降低风险。

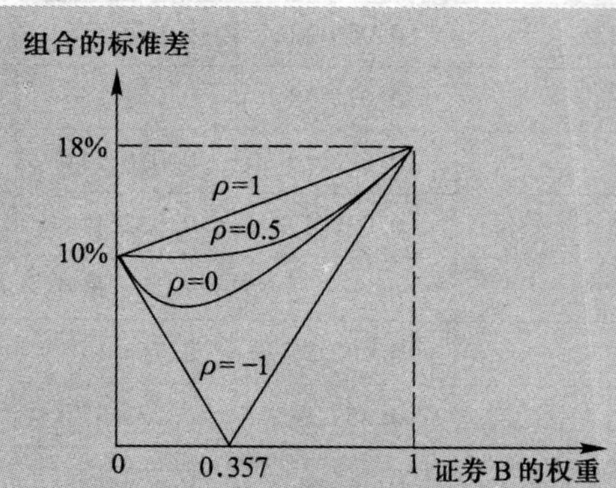

图 10-4 不同相关系数和投资比例下组合的标准差

若以期望收益率为纵坐标、标准差为横坐标构建一个坐标系，则该坐标系中任一点都对应着一种证券或证券组合的期望收益率和标准差，同时任意一种证券或证券组合也都可用该坐标系中的一点来表示。由证券 A 和证券 B 组成的证券组合的期望收益率和标准差也就确定了坐标系中的一点，并且这一点将随着组合权数的变化而变化，其轨迹将是经过 A 和 B 的一条连续曲线，这条曲线被称为两种证券的组合线。组合线实际上就是在期望收益率和标准差的坐标系中代表证券 A 和 B 构成的投资组合的预期收益率和风险所有点的集合。

当证券组合中包括两种风险证券时，其组合线的形状与两种证券之间的相关系数有关。图 10-5 是不同相关系数下两种风险证券的组合线，反映了不同相关系数下组合投资预期收益率与标准差的关系。从左到右依次排列的 3 条线分别代表相关系数 $\rho=-1$、$-1<\rho<1$ 和 $\rho=1$ 的组合线。从图 10-5 可以看出，当 $\rho=-1$ 时，风险证券 A 和 B 的组合线落在折线 ABC 上（具体在哪一点决定于投资比例 x_A 和 x_B）；当 $-1<\rho<1$ 时，风险证券 A 和 B 的组合线是一条向后弯的曲线，ρ 越小，往后弯的程度越大，表明在同等风险水平下收益更大，或者说在同等收益水平下风险更小；当 $\rho=1$ 时，风险证券 A 和 B 的组合线落在 AB 直线上。

从图 10-5 我们可以看出，两种证券的相关性越小，证券组合创造的潜在收益越大。即在相同期望收益率下，需要承担较小的风险，或者在承担相同风险情况下，可以获得更大的期望收益率。

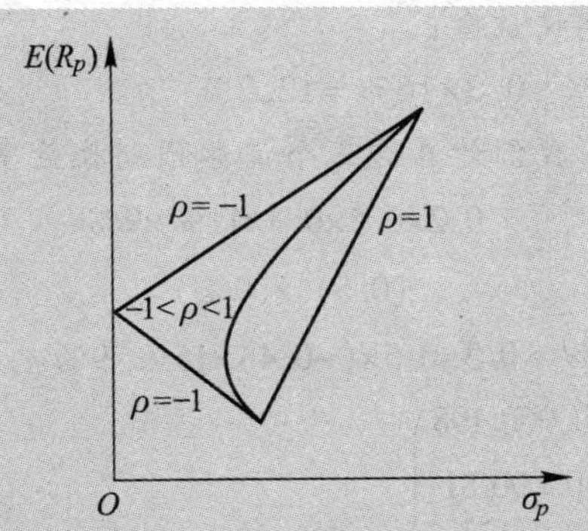

图 10-5　不同相关系数下双证券组合的组合线

（二）N 个证券组合收益和风险的衡量

1. 三个证券组合的收益和风险的衡量

假设 x_1、x_2、x_3 分别为投资于证券 1、证券 2、证券 3 的投资百分比，$x_1+x_2+x_3=1$，$E(R_1)$、$E(R_2)$、$E(R_3)$ 分别为预期收益，σ_1^2、σ_2^2、σ_3^2 分别为方差，σ_{12}、σ_{13}、σ_{23} 分别为协方差，则三个证券组合的预期收益率 $E(R_p)$ 为

$$E(R_p)=x_1E(R_1)+x_2E(R_2)+x_3E(R_3) \tag{10-32}$$

三个风险证券组合的风险为

$$\begin{aligned}\sigma_p^2&=x_1^2\sigma_1^2+x_2^2\sigma_2^2+x_3^2\sigma_3^2+2x_1x_2\sigma_{12}+2x_1x_3\sigma_{13}+2x_2x_3\sigma_{23}\\&=x_1^2\sigma_1^2+x_2^2\sigma_2^2+x_3^2\sigma_3^2+2x_1x_2\rho_{12}\sigma_1\sigma_2+2x_1x_3\rho_{13}\sigma_1\sigma_3+2x_2x_3\rho_{23}\sigma_2\sigma_3\end{aligned} \tag{10-33}$$

2. N 个证券组合收益和风险的衡量

假设 $x_i(i=1,2,\cdots,N)$ 为投资于证券 i 的投资比例，$\sum_{i=1}^{N}x_i=1$，$E(R_i)$ 为预期收益率，σ_i^2 为方差，$\sigma_{ij}(i\neq j,\ i,j=1,2,\cdots,N)$ 为证券 i 和证券 j 预期收益率的协方差，则 N 个证券组合的预期收益率 $E(R_p)$ 为

$$E(R_p)=\sum_{i=1}^{N}x_iE(R_i) \tag{10-34}$$

N 个风险证券组合的风险为

$$\sigma_p^2=\sum_{i=1}^{N}\sum_{j=1}^{N}x_ix_j\sigma_{ij}=\sum_{i=1}^{N}x_i^2\sigma_i^2+2\sum_{i<j}\sum x_ix_j\sigma_{ij} \tag{10-35}$$

阅读与应用

如何计算证券组合的预期收益率和方差

假设某投资组合由三个证券 1、2、3 组成，权重分别为 0.2、0.5、0.3，三个证券 1、2、3 的预期收益率分别为 12%、10%、16%，标准差分别为 11%、9%、15%，证券 1 与证券 2、证券 1 与证券 3、证券 2 与证券 3 的预计相关系数分别为 0.3、-0.2、-0.4。求该投资组合的预期收益率和方差。

首先计算该投资组合的预期收益率：

$$E(R_p)=0.2\times12\%+0.5\times10\%+0.3\times16\%=12.2\%$$

为计算该投资组合的方差，我们计算这三个证券预期收益率的方差-协方差矩阵：

$$\begin{pmatrix} (0.2)^2\times(11\%)^2 & 0.2\times0.5\times0.3\times11\%\times9\% & 0.2\times0.3\times(-0.2)\times11\%\times15\% \\ 0.5\times0.2\times0.3\times9\%\times11\% & (0.5)^2\times(9\%)^2 & 0.5\times0.3\times(-0.4)\times9\%\times15\% \\ 0.3\times0.2\times(-0.2)\times15\%\times11\% & 0.3\times0.5\times(-0.4)\times15\%\times9\% & (0.3)^2\times(15\%)^2 \end{pmatrix}$$

$$=\begin{pmatrix} 0.000\,484 & 0.000\,297 & -0.000\,198 \\ 0.000\,297 & 0.002\,025 & -0.000\,81 \\ -0.000\,198 & -0.000\,81 & 0.002\,025 \end{pmatrix}$$

所以

$$\sigma_p^2=0.000\,484+0.002\,025+0.002\,025+2\times0.000\,297+2\times(-0.000\,198)+2\times(-0.000\,81)$$
$$=0.003\,112$$

$\sigma_p=0.055\,79$。

在本例中，组合风险低于每一个证券的风险，这说明通过组合投资可以对冲风险。

3. 多种（超过两个）风险证券组合的可行域

当证券组合中包括多种（两种以上）风险证券时，其可行域就不是一条线，而是一个区域。如图 10-6 所示，反映的是已知三种证券的收益率、标准差及相关系数矩阵情况下该证券组合的可行域。

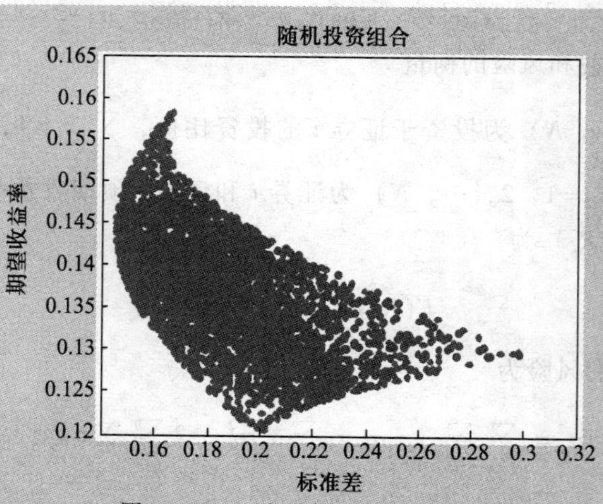

图 10-6 三种证券组合的可行域

三、系统性风险和非系统性风险

（一）系统性风险

在上一节中，我们用预期收益率的标准差（方差）来测度证券投资的风险。这一风险是证券投资的总风险，它包括系统性风险和非系统性风险。系统性风险不能通过证券组合来消除，它是多样化投资后仍然存在的风险。非系统性风险是指通过将不相关证券结合在一起而可以消除的风险。

某种证券的系统性风险通常用该种证券的收益率和市场组合收益率之间的β系数来测度。该方法是一种相对方法，如人的体重有轻有重，为了对人的体重有个测度，选取社会平均体重为标准，取其值是1。若张三是1.2，则表示张三的体重是标准体重的1.2倍。若李四是0.8，则表示李四的体重是标准体重的0.8倍，等等。为测度证券的系统性风险，可以构造一个非系统性风险为零的市场组合，并以该市场组合的风险为基准，通过某种证券的收益率和市场组合收益率之间的β系数来测度证券风险。

证券i的β系数用β_i表示，其公式为

$$\beta_i=\sigma_{im}/\sigma_m^2 \tag{10-36}$$

式中，σ_{im}表示该证券收益率和市场组合收益率的协方差；σ_m^2表示市场组合收益率的方差。

市场组合可以用市场价格指数来表示，例如在深圳，可以利用深圳证券交易所股票价格指数，在上海，可以利用上海证券交易所股票价格指数，在美国，可以用S&P500股票价格指数或者其他指数。

知道单一证券的β系数，还可以计算出证券组合的β系数。设有证券组合$p=(x_1,\cdots,x_i,\cdots,x_n)$，$x_i$是证券$i$的比重，则证券组合$p$的$\beta$系数$\beta_p$的计算公式如下

$$\beta_p=\sum_{i=1}^{N}x_i\beta_i \tag{10-37}$$

β系数大表示系统性风险大，反之β系数小表示系统性风险小。若某种证券或证券组合的β系数小于1，表示其系统性风险小于市场组合的系统性风险；若β系数等于1，表示其系统性风险等于市场组合的系统性风险；若β系数大于1，表示其系统性风险大于市场组合的系统性风险。

（二）非系统性风险

在证券投资中，对于系统性风险，投资者将获得补偿。而对于非系统性风险，由于很容易通过充分的多元化来消除。所以，没有任何理由认为承受非系统风险的投资者将获得额外补偿。这样投资者必须尽量消除非系统性风险。消除非系统风险的方法是多样化投资，即要求投资不要将全部资金投资于某一种证券，而应该进行组合投资，即“不要把所有鸡蛋放在同一个篮子中”。

证券组合包含证券的数量和组合的系统性和非系统性风险之间的关系，可以用图10-7来表示。

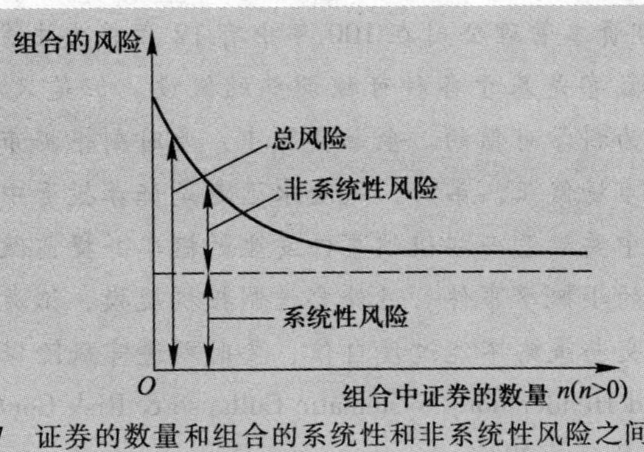

图10-7　证券的数量和组合的系统性和非系统性风险之间的关系

阅读与应用

系统性崩盘和风险控制——长期资本管理公司的案例分析

长期资本管理公司（LTCM）是前所罗门兄弟投资银行的债券套利商兼副主席梅里韦瑟(Meriwether)在1994年成立的对冲基金。对冲基金得到B—S期权定价模型的主要创始人斯科尔斯（Scholes）和默顿（Merton）的帮助。长期资本管理公司于1994年开业，开业时资本超过10亿美元。长期资本管理公司不是一个传统的对冲基金，不使用传统的投机技巧。现在通常将长期资本管理公司采取的主要战略称为收敛套利。按照梅里韦瑟设想，收敛套利包括卖空新的国库券并购买旧的国库券。这就是说，从投资银行合作伙伴借新发行的政府债券并在市场上销售它们，同时依靠过去的融合趋势购买较旧的政府债券。早期LTCM获得了骄人的业绩，1994、1995、1996和1997年的投资回报率分别为：28.5%、42.8%、40.8%和17%。这些收益主要是通过杠杆作用实现的，实现这些收益后，对基础资本的杠杆作用从25减少到18倍。由于担心再也不能获得高达40%的收益，长期资本管理公司向投资者返还27亿美元资本金，同时保持了1 300亿美元资产，将杠杆系数增加为28。基本资本大约在47亿美元，主要为银行和企业的合作伙伴所持有。

最初，由于其学术模型，长期资本管理公司在华尔街很受敬重。但是LTMC的数学模型是建立在历史数据的基础上，在数据的统计过程中，一些小概率事件经常被忽略掉，因此，埋下了隐患：一旦这个小概率事件发生，其投资系统将产生难以预料的后果。在1998年，LTCM大量投资于新兴市场债券，特别是俄罗斯政府债券；同时卖空美国政府债券。后来由于俄罗斯爆发一连串政治、经济危机，俄罗斯政府债券价格大跌，投资人纷纷抽资外逃到美国政府债券市场避风头，导致美国债券价格上扬。LTCM在1998年不仅遭受严重损失，而且未能及时止损。此外，长期资本管理公司的规模也成为一个问题。有了非常大的头寸，既想变现头寸而又不显著地使基本资产价格下跌变得非常困难。最终，它到了破产的边缘。1998年9月23日，美林、摩根出资收购接管了LTMC。

经验教训：第一，不能过分相信权威和依赖数学模型。由于有默顿和斯科尔斯为后盾，梅里韦瑟对预测投资组合在给定的一年逻辑上可以保持多少损益的模型非常自信。1994年年底，梅里韦瑟在写给他的投资者的信中说，长期资本管理公司在将来12%的时间里有可能会失去5%的钱。也就是说，长期资本管理公司在100年中有12年将失去5%的钱。他在信中继续给予更多的风险估计，这些数字是基于各种可被调整的假设。但是只有当金融市场是基于信仰时，这些数字才可以被视为科学可信的。金融实践中，要时刻根据市场条件的变化，正确调整数学模型以容纳能见到的市场修正。第二，风险永远都是证券投资中的一个永恒话题，要时刻注意风险控制。投资决策中要注意一些极端事件发生的概率并提前做好防范，尤其要关注可能会对公司造成毁灭性打击的小概率事件。另外要控制投机规模，证券投资中不能过度依赖杠杆作用。对专业知识以外的交易策略不能过度自信，要时刻遵守风险保障的基本原则和理论。

资料来源：Phillips and Hendershot. Systematic Collapse & Risk Control：A Case Study of Long-Term Capital Management. Spring 2007.

http://rm.cfrisk.org/html/rm_120.htm

阅读与应用

法国兴业银行的交易亏损事件

2008年1月，法国兴业银行遭受了大约49亿英镑的巨额损失，兴业银行方面称损失是由于该公司交易员科维尔（Kerviel）的欺诈交易创建的非法持仓所造成的。银行方面透露，在整个2007年，科维尔预测到市场价格的下滑并成功获利。但他们指控他越权从事共计高达499亿欧元的未经授权的交易，这个数字远远高于该银行的总市值。银行方面认为，科维尔试图故意在市场上遭受损失来冲销前期盈利，这样来掩盖他挪用资金一事，到2007年年底，科维尔产生了14亿欧元的隐藏利润。直到2008年1月19日，兴业银行才发现科维尔未经授权的交易，随后关闭了这些交易长达三天，这期间市场正在经历股票指数的大幅下跌，由此导致的损失大约49亿英镑。银行方面称科维尔“在2007年和2008年采取了大规模的欺诈定向持仓，远远超出了他的权力范围”，涉及欧洲股指期货的交易。虽然银行方面将科维尔描述为一个无赖交易员，并宣称这些事都是他一个人干的，并没有得到授权。但是如此规模的未经授权的交易怎么会被忽视仍然是可疑的问题。科维尔不起眼的背景和地位更加重了这一质疑。一些分析人士认为，如此规模的越权交易起初被忽视是由于他的部门经常从事大批量的低风险交易。该银行表示只要假的交易被质疑，科维尔就将它描述为一个错误，然后通过使用不同的工具用另一个交易取代以逃避侦查。

经验教训：第一，金融衍生品是一把双刃剑。近年来，金融衍生品得到广泛发展，这些金融衍生品给相关投资者提供了规避风险获得超额利润的机会，但是同时也增大了风险。高风险的投资既给银行等金融机构提供了获得高额利润的机会，其背后也隐藏着巨大的风险。银行等金融部门一定要加强风险控制。第二，银行等金融部门的内部监控机制和信息管理体系有待完善。一方面科维尔之所以能够从2006年年底一直到2008年1月19日从事越权交易而没有被发现，其中重要的原因可能是兴业银行的内部监控机制有漏洞。另一方面，科维尔能够自由进入很多未经授权的数据库，也表明兴业银行的计算机数据管理有漏洞。第三，银行等金融部门工作人员的道德素质和业务素质需要提高。之所以出现兴业银行交易亏损这样的事件，一方面是由于科维尔不能严格遵守职业道德规范，不能严格坚持在授权范围和规章制度范围内从事金融活动；另一方面也在于兴业银行管理层监管能力不强，面对日益复杂的金融市场，由于自身业务水平不能适应日益发展的金融衍生品市场，不能有效评估金融创新所带来的风险并采取有效措施。这就需要不断提高银行等金融部门工作人员的道德素质和业务素质。

资料来源：http://en.wikipedia.org/wiki/January_2008_Soci% C3% A9t% C3% A9_G% C3% A9n% C3% A9rale_trading_loss_incident

http://www.chinamil.com.cn/site1/xwpdxw/2008-02/01/content_1111450.htm

本章小结

货币时间价值亦称为资金时间价值，是指货币（资金）随着时间的推移而增加的价值。货币时间价值是金融产品定价的基础，在对金融产品进行定价时，必须考虑货币的时间价值，同时货币时间价值计算依赖于利息的计算方式。

货币时间价值有两种表达形式：现值与终值。同时利息也有两种计算方式：单利和复利。不仅要注意区分单利和复利，还要理解复利期间和有效年利率的计算方法。

年金（annuity）是一种特殊的（有规则的）现金流，是一系列有稳定规律的、持续一段固定时间的现金流入或流出。年金的特点是其现金流的规律性，年金作为一类常用的金融工具被广泛地应用于金融实践之中。要注意区分后付年金、预付年金、递延年金、永续年金等年金的定义和计算方法。

期望收益率描述了以概率为权数的平均收益率，反映的是概率平均意义上投资者可以获得的收益率，期望收益率越大，投资者期望获得的报酬就越高。实际发生的收益率与期望收益率往往有偏差，期望收益率方差（标准差）是风险的度量，方差（标准差）越大，实际可能发生的收益率偏移期望收益率也越大，投资于该证券的风险也就越大。

收益与风险有同向关系，即预期收益率越高风险越大，预期收益率越低风险越小，所以投资者在进行投资时，面临的问题主要就是收益和风险的权衡问题。

证券投资风险包括系统性风险和非系统性风险。其中非系统性风险可以通过多样化投资来消除，而系统性风险则不可以。投资者承担系统性风险往往会获得额外补偿，而承受非系统风险则不然，因此投资者必须尽量消除非系统性风险。

网络资源索引

1. http://www.shibor.org/shibor/web/html/index.html/ 上海银行间同业拆放利率
2. http://baike.baidu.com/view/454003.htm/百度百科—货币的时间价值
3. http://wiki.mbalib.com/wiki/ MBA 智库百科—递延年金
4. http://baike.baidu.com/view/1279675.htm/ 百度百科—美国长期资本管理公司
5. http://www.8nn8.com/cj/zqfx/8nn8 财经网—证券风险
6. http://www.tudou.com/programs/view/NTJSjEyQiW8/ 土豆网—教育
7. http://baike.baidu.com/view/147699.htm/ 百度百科—普通年金
8. http://baike.baidu.com/view/147680.htm/ 百度百科—永续年金

关键术语

货币时间价值　现值　终值　单利　复利　复利期间　名义年利率　有效年利率　年金　普通年金　即付年金　递延年金　永续年金　收益额　收益率　预期收益率　方差　协方差　相关系数　证券投资收益　证券投资风险　组合线　可行域　系统性风险　非系统性风险　β 系数

问题与思考

1. 有哪几种主要类型的年金？陈女士每年年初存入银行 10 000 元，年利率 3%，则 15 年后的本息和是多少？

2. 名义年利率和有效年利率的区别是什么？

3. 举例说明单利、离散复利和连续复利这三种计息方式的差别。

4. 考虑一个风险资产组合，年末该组合产生的现金流既可能为 10 000 元人民币又可能为 13 000 元人民币，概率相同，均为 0.5，可供选择的无风险年利率是 5%。问：

（1）如果投资者要求的风险报酬为4%，则投资者愿意支付多少钱来购买该资产组合？

（2）如果投资者要求的风险报酬为6%，则投资者愿意支付多少钱来购买该资产组合？

（3）比较（1）和（2）的答案，关于投资者所要求的风险溢价与售价之间的关系，你有什么结论？

5. 三星公司某一开发项目于1995年年初动工，6年后正式投产，从正式投产之日起的8年中每年净现金流入为100万元人民币，无风险利率是4%，投资者要求的风险报酬为3%，该投资项目各年净现金流入的现值总和是多少？

6. 结合实例，谈谈评价一项投资业绩时需要考虑哪些主要因素？

7. 如何认识收益与风险的关系？根据本章内容跟踪中国证券市场上各类证券历年收益率和风险的关系，做一个简短的投资分析报告，并给出投资建议。

8. 相对于投资债券，投资者投资于普通股时，为什么要求获得风险溢价？

9. 讨论协方差和相关系数这两个概念，并指出它们的联系与区别。

10. 论述系统性风险和非系统性风险的异同，并指出证券投资中哪些风险属于系统性风险，哪些风险属于非系统性风险。

第十一章　证券组合选择

本章导读

证券组合理论是现代金融理论的基础，马科维茨开创了现代金融理论的先河。证券市场上的证券种类难以计数，投资者不可能也没有必要投资于所有证券；但投资者利用证券组合理论可以构建符合自身风险偏好的最优证券投资组合。在引入无风险借入和贷出后，马科维茨证券组合理论得到了推广。

本章着重介绍了证券投资组合理论，共分三节。第一节介绍了风险偏好与无差异曲线的概念，探讨了投资者的风险偏好与无差异曲线之间的关系；第二节提出了应如何构建最优风险资产组合，探讨了理性投资者在既定的假设条件下求可行集和有效集以及最优投资组合构建的具体方法；第三节分析了无风险借贷对有效集的影响。

第一节　风险偏好与无差异曲线

对于任何一项投资而言，风险和收益都是一双孪生兄弟，那么风险和收益在投资者的投资决策中到底充当什么角色呢？风险机制如何发挥作用呢？本节将详细介绍。

一、不满足性和风险厌恶

1952 年，马科维茨（Harry M. Markowitz）发表了一篇具有里程碑意义的论文①，标志着现代投资组合理论的诞生，该理论对投资者的收益和风险态度有两个基本假设：一个是不满足性，另一个就是风险厌恶。

（一）不满足性

现代投资组合理论假设，投资者在其他情况相同的两个投资组合中进行选择时，总是选择预期回报率较高的组合。换句话说，在一期投资的情况下，投资者用同样的期初财富来投资，总是偏爱较多的期末财富。这是因为较多的期末财富可为投资者未来提供更多的消费，从而获得更大的满足。

不满足性假设意味着，给定两个相同标准差的组合，如图 11-1 中的 A 和 E，投资者将选择具有较高预期收益率的组合（A）。

① Markowitz, Harry M., "Portfolio Selection", Journal of Finance, 7, no. 1 (March 1952): 77-91.

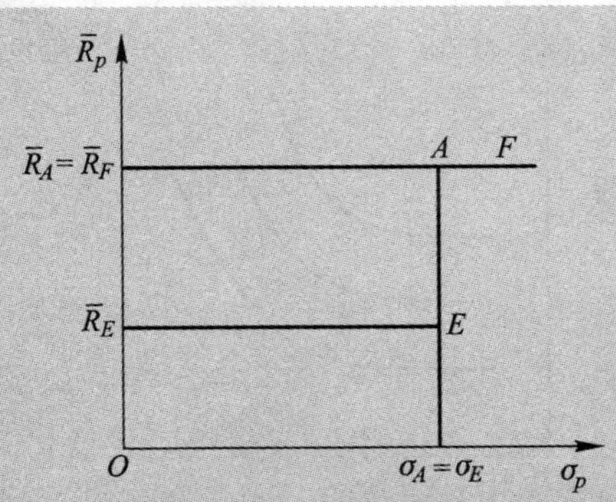

图 11-1 不满足性、厌恶风险与投资组合的选择

(二) 风险厌恶

现代投资组合理论还假设：投资者是风险厌恶的（risk averse），即在其他条件相同的情况下，投资者将选择标准差较小的组合。

风险厌恶的假设意味着风险给投资者带来负效用，因此如果没有收益补偿，投资者不会无谓地冒险，例如，掷硬币赌博，正面赢 100 元，反面输 100 元，由于正反面的概率各为 50%，因此这种赌博的预期收益率为 0，而风险很大。显然，风险厌恶投资者将拒绝进行这样的赌博，因为可能的“赢”带来的愉快程度小于可能的“输”带来的不愉快程度。

与风险厌恶投资者相对应的是风险中性（risk neutral）和风险爱好投资者（risk lover）。前者对风险高低漠不关心，只关心预期收益率的高低。而对风险爱好投资者而言，风险给他带来正效用，因此在其他条件不变的情况下他将选择标准差较大的资产组合。

在正常情况下，理性的投资者的确是风险厌恶的。但在某些极端的情况下，理性的投资者也可能是风险爱好的。例如，如果你身无分文，并欠别人 10 万元。此时若有人要与你掷硬币赌博，正面赢 10 万元，反面输 10 万元。虽然其预期收益率为 0。但你很可能会选择赌。因为若赌赢了，你就一身轻松了；若赌输了，你无非多欠人 10 万元而已。

二、无差异曲线

投资者的目标是投资效用最大化，而投资效用（utility）取决于投资的预期收益率和风险，其中预期收益率带来正效用，风险带来负效用。

对于一个不满足和风险厌恶的投资者而言，预期收益率越高，投资效用越大；风险越大，投资效用越小。

然而，不同投资者对风险的厌恶程度和对收益的偏好程度不同，为了更好地反映收益和风险对投资者的影响，我们有必要引入“无差异曲线”（indifference curve）的概念。

一条无差异曲线代表给投资者带来同样满足程度的预期收益率和风险的所有组合。由于风险给投资者带来负效用，而收益给投资者带来正效用，因此为了使投资者的满足程度相同，高风险的投资必须有高的预期收益率。可见，无差异曲线的斜率是正的，这是无差异曲线的第一个特征，如图 11-2 所示。

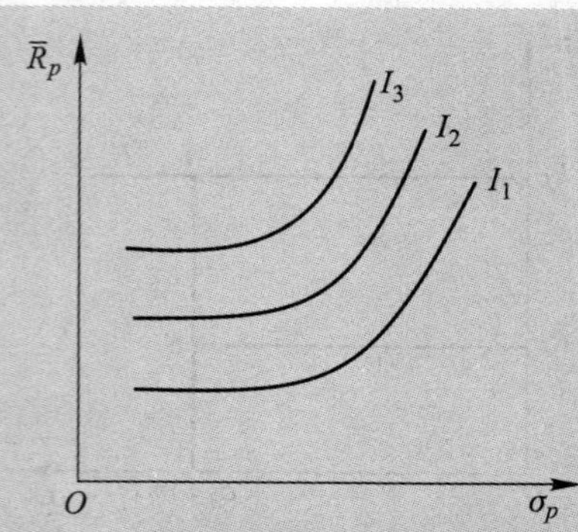

图 11-2 不满足和厌恶风险者的无差异曲线

无差异曲线的第二个特征是该曲线是下凸的。这意味着，要使投资者多冒等量的风险，给予他的补偿——预期收益率增量应越来越大。无差异曲线的这一特点是由预期收益率边际效用递减规律决定的。

无差异曲线的第三个特征是，同一投资者有无限多条无差异曲线。这意味着对于任何一个风险—收益组合，投资者的偏好程度都能与其他组合相比。由于投资者具有不满足性和风险厌恶特征，因此越靠左上方的无差异曲线代表的满足程度越高。投资者的目标是尽量选择位于左上角的组合。

无差异曲线的第四个特征是，同一投资者在同一时间、同一时点的任何两条无差异曲线 I_1 和 I_2 都不相交。我们可以用反证法加以证明，如图 11-3 所示，假设某个投资者的两条无差异曲线交于 X 点。由于 X 和 A 都在 I_1 上，因此 X 和 A 给投资者带来的满足程度相同。同样的，由于 X 和 B 者在 I_2 上，因此 X 和 B 给投资者带来的满足程度也相同。这意味着，A 和 B 给投资者带来的满足程度一定相同。然而我们从图中可以看出，B 的预期收益率高于 A，而风险都小于 A。根据不满足性和厌恶风险的假设，B 的满足程度一定大于 A，这就产生了自相矛盾。显然上述假设不成立，即两条无差异曲线不可能相交。因此，如果同一投资者的两条无差异曲线有交点，则必定重合。

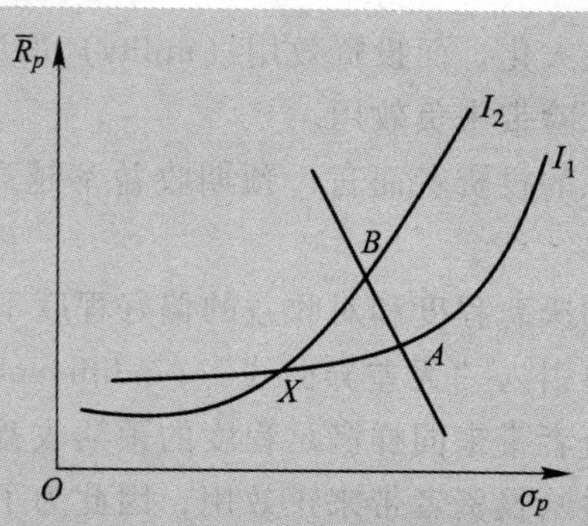

图 11-3 无差异曲线相交

无差异曲线的斜率代表风险和收益之间的替代关系，斜率越高，意味着投资者的风险厌恶程度越高，表明为了让投资者多冒风险，必须提供更高的收益补偿。同样，斜率越小，表明该投资者的风险厌恶程度越低。图 11-4 用图形表示投资者三种不同风险厌恶程度的无差异曲线。

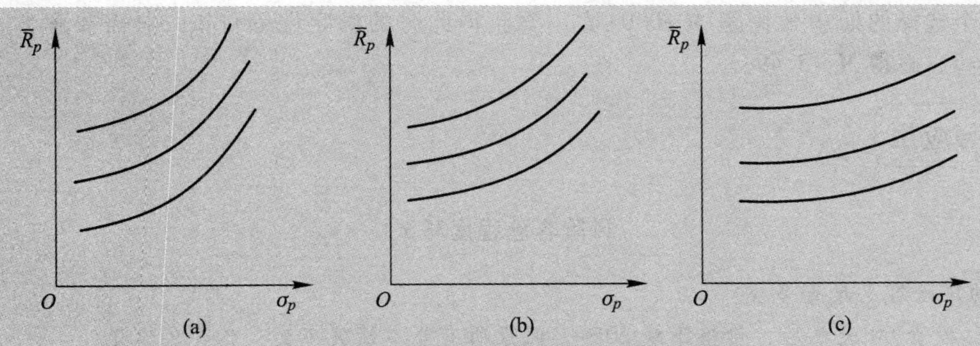

图 11-4　不同程度风险厌恶者的无差异曲线

三、投资者的投资效用函数

为了更精确地衡量风险和预期收益对投资者效用水平的影响，我们可以引进投资效用函数（U）。

$$U=U(\overline{R},\ \sigma) \tag{11-1}$$

式中，$\overline{R}$ 表示预期收益率，σ 表示标准差（风险）。

在各种各样的效用函数中，目前在金融理论界使用最为广泛的是下列投资效用函数。

$$U=\overline{R}-\frac{1}{2}A\sigma^2 \tag{11-2}$$

式中，A 表示投资者的风险厌恶程度，其典型值在 2 至 4 之间。

在一个完美的市场中，投资者对各种证券的预期收益率和风险的估计是一致的，但由于不同投资者的风险厌恶程度不同，因此其投资决策也不同。风险厌恶程度的正式定义是阿罗—普拉特绝对风险厌恶系数（Arrow-Pratt absolute risk aversion coefficient），即

$$a(x)=-\frac{U''(x)}{U'(x)}$$

分母的 $U'(x)$ 是为了对此系数进行标准化，标准化后的 $a(x)$ 对所有等价效用函数都相同。所谓等价效用函数是给定效用函数 $U(x)$，则效用函数的任意线性表达式 $V(x)=aU(x)+b$（其中 $a>0$）是与 $U(x)$ 等价的效用函数。等价效用函数提供相同的效用排序。可以证明等价效用函数所进行的变换是使得所有随机结果的排序不变的唯一转换形式。例如，效用函数 $V(x)=\ln(cx^a)$（其中 $a>0$）与对数效用函数 $U(x)=\ln x$ 等价，因为 $V(x)=\ln(cx^a)=a\ln x+\ln c$。

随机财富变量 x 的确定性等价定义为效用水平与 x 的期望效用相等的确定的（即无风险的）财富变量数值。换句话说，随即财富变量 x 的确定性等价 C 是满足下式的数值 C：$U(C)=E[U(x)]$。

例如，假设你有两个选择，第一个选择的收入由掷硬币来决定——正面，你获得 10 元；

反面，你获得0元。第二个选择是你可以确定地获得 M。你的货币效用函数是 $U(x)=x-0.04x^2$。现在让我们来评估这两种选择。第一个选择的期望效用为 $E[U(x)]=\frac{1}{2}(10-0.04\times10^2)+\frac{1}{2}\times0=3$；第二个选择的期望效用是 $M-0.04M^2$。要获得此时的确定性等价 C，只需要解方程 $M-0.04M^2=3$，解得 $M\approx3.49$。

阅读与应用

风险容忍程度测试

你的风险容忍度是多少？

1. 你投资60天之后，价格下跌20%。假设所有基本情况不变，你会怎么做？

a. 为避免更大的担忧，把它抛掉再试试其他的

b. 什么也不做，静等收回投资

c. 再买入，这正是投资的好机会，同时也是便宜的投资

2. 现在换个角度看上面的问题。你的投资下跌了20%，但它是资产组合的一部分，用来在三个不同的时间段上达到投资目标。

2A. 如果目标是5年以后，你怎么做？

a. 抛出

b. 什么也不做

c. 买入

2B. 如果投资目标是15年以后，你怎么做？

a. 抛出

b. 什么也不做

c. 买入

2C. 如果投资目标是30年以后，你怎么做？

a. 抛出

b. 什么也不做

c. 买入

3. 在你买入退休基金一个月之后，其价格上涨了25%。同样，基本条件没有变化。沾沾自喜之后，你怎么做？

a. 抛出并锁定收入

b. 保持卖方期权并期待更多的收益

c. 更多的买入，因为可能还会上涨

4. 你的投资期限长达15年以上，目的是养老保障。你更愿意怎么做？

a. 投资于货币市场基金或保证投资合约，放弃主要所得的可能性，重点保证本金的安全

b. 一半投入债券基金，一半投入股票基金，希望在有些增长的同时，还有固定收入的保障

c. 投资于不断增长的共同基金，其价值在该年可能会有巨幅波动，但在5年或10年之后

有巨额收益的潜力

5. 你刚刚获得一个大奖！但具体哪一个，由你自己定。

a. 2 000 美元现金

b. 50%的机会获得 5 000 美元

c. 20%的机会获得 15 000 美元

6. 有一个很好的投资机会，但是你得借钱。你会接受贷款吗？

a. 绝对不会

b. 也许

c. 是的

7. 你所在的公司要把股票卖给职工，公司管理层计划在三年后使公司上市，在上市之前，你不能出售手中的股票，也没有任何分红，但公司上市时，你的投资可能会翻10倍，你会投资多少钱买股票？

a. 一点儿也不买

b. 两个月的工资

c. 四个月的工资

风险容忍度打分：

按以下方法将你的答案乘以不同的系数相加，就得出了测试的结果。

(a) 答案×1＝______分

(b) 答案×2＝______分

(c) 答案×3＝______分

你得分数______分

9～14 分保守的投资者

15～21 分温和的投资者

22～27 分激进的投资者

资料来源：The Wall Street Journal

第二节　最优风险资产组合

投资者必须根据自己的风险—收益偏好和各种证券及其组合的风险、收益特征选择最优投资组合。然而，现实生活中证券种类繁多，这些证券可组成无数种证券组合，投资者对所有证券或组合进行评估是难以想象的。幸运的是，根据马科维茨的有效集定理，投资者无须对所有组合进行一一评估。本节将按马科维茨的方法，由浅入深地介绍确定最优投资组合的方法。

一、可行集

为了说明有效集理论，我们有必要引入可行集（feasible set）的概念。可行集是由 N 种证券所形成的所有可能组合的集合，它包括了现实生活中所有可能的组合。也就是说，所有可能的组合将位于可行集的边界或内部。下面给出可行集的数学定义。

假定现在有 n 项有风险资产，它们的预期收益率记为 $\overline{R}_i$：$i=1$，…，n，彼此之间的协方

差记为 σ_{ij}：i，$j=1$，…，n（当 $i=j$ 时，σ_{ij} 表示方差 σ_i^2），x_i：$i=1$，…，n 表示资产 i 在组合中的比重，则投资组合的预期收益率和方差为

$$\overline{R}_p = \sum_{i=1}^{n} x_i \overline{R}_i \tag{11-3}$$

$$\sigma_p^2 = \sum_{i=1}^{n} \sum_{j=1}^{n} x_i x_j \sigma_{ij} \tag{11-4}$$

二、有效集

（一）有效集的定义

对一个理性投资者而言，他们都厌恶风险而偏好收益。对于同样的风险水平，他们将选择能提供最大预期收益率的组合；对于同样的预期收益率，他们将会选择风险最小的组合。能同时满足这两个条件的投资组合的集合就是有效集（efficient set），又称有效边界（efficient frontier）。处于有效边集中的组合称为有效组合（efficient portfolio）。

（二）有效集的位置

可见，有效集是可行集的一个子集，它包含于可行集中。那么如何确定有效集的位置呢？

我们先考虑第一个条件。在图 11-5 中，没有哪一个组合的风险小于组合 N，这是因为如果过 N 点画一条垂直线，则可行集都在这条线的右边。N 点所代表的组合称为最小方差组合（minimum variance portfolio）。同样，没有哪个组合的风险大于 H。由此可以看出，对于各种风险水平而言，能提供最大预期收益率的组合集是可行集中介于 N 和 H 之间的上方边界上的组合集。

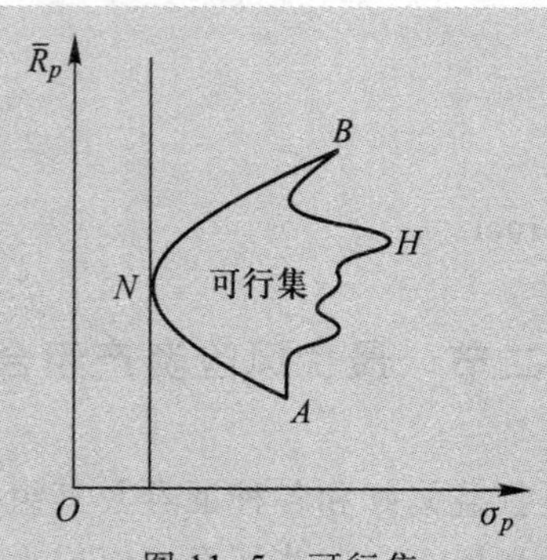

图 11-5 可行集

我们再考虑第二个条件，在图 11-5 中，各种组合的预期收益率都介于组合 A 和组合 B 之间。由此可见，对于各种预期收益率水平而言，能提供最小风险水平的组合集是可行集中介于 A、B 之间的左边边界上的组合集，我们把这个集合称为最小方差边界（minimum variance frontier）。

由于有效集必须同时满足上述两个条件，因此 N、B 两点之间上方边界上的可行集就是有效集。所有其他可行组合都是无效的组合，投资者可以忽略它们。这样，投资者的评估范围就大大缩小了。

（三）有效集的形状

从图 11-5 可以看出，有效集曲线具有如下特点：①有效集是一条向右上方倾斜的曲线，它反映了“高收益、高风险”的原则；②有效集是一条向上凸的曲线；③有效集曲线上不可能有凹陷的地方。

（四）有效集的数学推导

优化投资组合就是在要求组合有一定的预期收益率的前提条件下，使组合的方差越小越好，即求解以下的二次规划。

$$\min_{w}\sigma_p^2 = \sum_{i=1}^{n}\sum_{j=1}^{n} x_i x_j \sigma_{ij} \tag{11-5}$$

$$s.t.\ \sum_{i=1}^{n} x_i \overline{R}_i = \overline{R}_p \qquad \sum_{i=1}^{n} x_i = 1$$

它表示在满足下面两个约束条件的情况下，选择组合的比例系数使组合的方差最小化。对每一给定的 $\overline{R}_p$，可以解出相应的标准差 σ_p，每一对（$\overline{R}_p$，σ_p）构成标准差—预期收益率图的一个坐标点，这些点就连成图 11-5 中的曲线。同样可以从数学上证明，这条曲线是双曲线，这就是最小方差曲线。

最小方差曲线内部（即右边）的每一个点都表示这 n 种资产的一个组合。其中任何点所代表的两个组合再组合起来得到的新的点（代表一个新的组合）一定落在原来两个点的连线的左侧，这是因为新的组合能进一步起到分散风险的作用。这也就是曲线向左凸的原因。

三、最优投资组合的选择

确定了有效集的形状之后，投资者就可根据无差异曲线簇选择使投资效用最大化的最优投资组合了，该组合位于无差异曲线与有效集的切点 O，如图 11-6 所示。

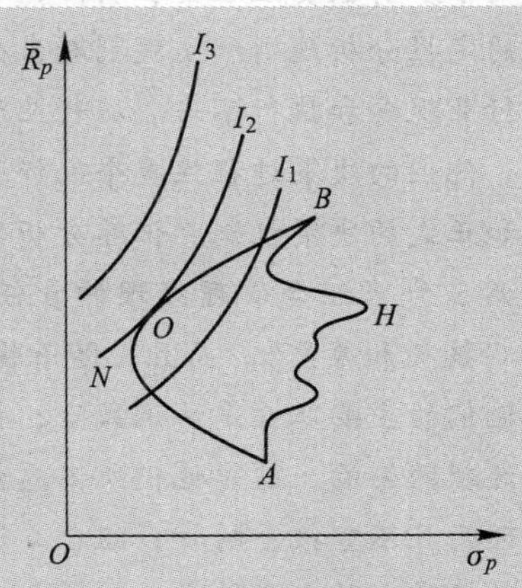

图 11-6　最优投资组合

从图 11-6 可以看出，虽然投资者更偏好 I_3 上的组合，然而可行集中找不到这样的组合，因而是不可实现的。至于 I_1 上的组合，虽然可以找得到，但由于 I_1 的位置位于 I_2 的右下方，即 I_1 所代表的效用低于 I_2，因此 I_1 上的组合都不是最优组合。而 I_2 代表了可以实现的最高投资效用，因此 O 点所代表的组合就是最优投资组合。

有效集向上凸和无差异曲线向下凸决定了有效集和无差异曲线的切点只有一个，也就是说最优投资组合是唯一的。

对于投资者而言，有效集客观存在，它由证券市场决定。而无差异曲线则是主观的，它由自己的风险—收益偏好决定。从前面的分析可知，风险厌恶程度越高的投资者，其无差异曲线越陡，因此其最优投资组合越接近 N 点；风险厌恶程度越低的投资者，其无差异曲线越平缓，因此其最优投资组合越接近 B 点。

阅读与应用

证券投资组合的优化程序

有效组合和最优资产组合的概念是现代投资理论的核心。但是投资者如何评估有效组合并构建最优资产组合呢？20 世纪 50 年代，马科维茨提出了这个问题的解决方案。投资者使用二次规划这种简单的数学技术，可以对有效组合的预期收益、标准差以及与其他有效组合的协方差进行评估。考虑到他们对无差异曲线的估计，投资者可以从有效组合中选择最优资产组合。

尽管这种方法的基本原理非常简单，但在 20 世纪 50 年代二次规划的实现相当不简单，有时甚至根本无法实现。考虑到当时投资者可获得的数据处理设备，对成百上千种证券的有效组合进行计算几乎不可能。但是，随着成本低、速度快的计算机的出现和复杂风险模型的发展，包含几千种证券的资产组合也能很妥善地构建出来。而这种方法所需要的软件（如 EXCEL、SAS 和 MATLAB 等）、硬件对于个人投资者或者机构投资者而言都可以很方便地得到。事实上，这种处理方法是如此普遍，以致它已经发展出自己的专用术语。使用计算机并选择最优资产组合的方法被称为“优化程序”。

尽管优化技术被广泛应用，但很少有投资经理会在实际工作中应用优化程序构建证券投资组合。投资经理主要依靠一系列的定性分析规则和主观判断来分析资产组合方案。他们抵制优化程序主要有两个方面的原因：行业观念和执行不当。从行业观念角度看，许多投资经理只是简单地反感投资的数理分析方法。他们的决策过程注重个人经验和主观判断，但使用优化技术分析资产组合时却需要注重系统和正式的决策机制。证券分析家的责任主要是分析预期收益并预测风险。但是，应用优化技术后，资产组合管理经理的责任就变成执行计算机的决定。结果，优化技术破坏了投资管理的“技巧和尊严”。而且，随着优化技术的广泛流传，一种新的职业渐渐兴起，即计量分析师。他们的主要职责是协调风险、估计收益。计量分析师的权威削弱了证券分析家和资产组合管理经理的影响，这是他们所不愿意看到的。从执行角度看，优化程序在运用中倾向于产生有违情理而且不宜投资的资产组合。这种情况并不是优化技术本身产生的问题，而是向优化程序输入数据的人的失误造成的。

根据优化程序的设计原理，它更为关注那些具有较高的期望收益、较小的标准差和较小的与其他证券估计的协方差的证券。优化过程中所需要的信息通常来源于成千上万证券的历史数据。除非这类有关风险、收益的数据经过了严格的审查，否则任何错误将导致优化程序推荐购买不恰当的证券。

优化程序还有一种令人不愉快的趋势，即其推荐的证券一般需要较大的交易量，并且这些证券一般不易变现。较大的成交量将涉及两期之间资产组合结构的较大变动。不仅如此，较大的交易量将可能引发难以接受的巨额交易成本，这将不利于资产组合的表现。变现能力（流动性）将涉及购入优化程序所推荐的证券的能力。虽然，优化程序推荐的证券一般具有较高的风险收益率，但是机构投资者只有支付较高的交易成本才能买到足够数量的证券。

解决这种操作难题的方案涉及对数据进行详尽的审查、对优化程序加入最大成交量和最小流动性的约束等一系列条件。最后，考虑到市场的风云变幻，什么也不能取代对证券的风险收益所作的经验判断。

行业观念和执行方面的问题给许多投资经理以充足的借口在工作中回避优化程序，并坚持使用传统的资产组合构建方法。但资产组合的计量分析技术前景是光明的。资本市场逐渐增加的效率要求投资经理以更快的速度处理更多的证券信息。相应地，他们将不得不在工作中逐渐增加计量分析工具的应用。虽然多数人没有将优化程序融入整个资产组合的构建过程，但几乎所有人都趋向于建立多元化的资产组合。这种资产组合具有在特定的风险水平下最高的预期收益水平。

资料来源：戈登·亚历山大. 投资学基础. 北京：电子工业出版社，2007.

第三节 无风险借贷对有效集的影响

在前一节中，我们假定所有证券及证券组合都是有风险的，而没有考虑无风险资产的情况。我们也没有考虑投资者按无风险利率借入资金投资于风险资产的情况。而在现实生活中，这两种情况都存在。为此，我们要分析在允许投资者进行无风险借贷的情况下，有效集的变化。

一、无风险贷款对有效集的影响

（一）无风险贷款或无风险资产的定义

无风险贷款相当于投资于无风险资产，其收益率是确定的。在单期投资的情况下，这意味着如果投资者在期初购买一种无风险资产，那他将准确地知道这笔资产的期末价值。由于无风险资产的期末价值没有任何不确定性，因此，其标准差应为零。同样，无风险资产收益率与风险资产收益率之间的协方差也等于零。

在现实生活中，什么样的资产称为无风险资产呢？首先，无风险资产应没有任何违约可能。由于所有的公司证券从原则上讲都存在着违约的可能性，因此公司证券均不是无风险资产。其次，无风险资产应没有市场风险。虽然政府债券基本上没有违约风险，但对于特定的投资者而言，并不是任何政府债券都是无风险资产。例如，对于一个投资期限为 1 年的投资者来说，期限还有 10 年的国债就存在着风险。因为他不能确切地知道这种证券在一年后将值多少钱。事实上，任何一种到期日超过投资期限的证券都不是无风险资产。同样，任何一种到期日早于投资期限的证券也不是无风险资产，因为在这种证券到期时，投资者面临着再投资的问题，而投资者现在并不知道将来再投资时能获得多少再投资收益率。

综合以上两点可以看出，严格地说，只有到期日与投资期相等的国债才是无风险资产。但在现实中，为方便起见，人们常将 1 年期的国库券或者货币市场基金作为无风险资产。

(二)允许无风险贷款下的投资组合

1. 投资于一种无风险资产和一种风险资产的情形

为了考察无风险贷款对有效集的影响,我们首先要分析由一种无风险资产和一种风险资产组成的投资组合的预期收益率和风险。

假设风险资产和无风险资产在投资组合中的比例分别为 x_1 和 x_2,它们的预期收益率分别为 $\overline{R}_1$ 和 r_f,它们的标准差分别等于 σ_1 和 σ_2,它们之间的协方差为 σ_{12}。根据 x_1 和 x_2 的定义,我们有 $x_1+x_2=1$,且 x_1,$x_2>0$。根据无风险资产的定义,我们有 σ_2 和 σ_{12}都等于 0。这样,根据式(11-3),我们可以算出该组合的预期收益率 $\overline{R}_p$ 为

$$\overline{R}_p=\sum_{i=1}^{n}x_i\overline{R}_i=x_1\overline{R}_1+x_2r_f \tag{11-6}$$

该组合的标准差(σ_p)为

$$\sigma_p=\sqrt{\sum_{i=1}^{n}\sum_{j=1}^{n}x_ix_j\sigma_{ij}}=x_1\sigma_1 \tag{11-7}$$

由上式可得

$$x_1=\frac{\sigma_p}{\sigma_1},\ x_2=1-\frac{\sigma_p}{\sigma_1} \tag{11-8}$$

将式(11-8)代入式(11-6)得

$$\overline{R}_p=r_f+\frac{\overline{R}_1-r_f}{\sigma_1}\cdot\sigma_p \tag{11-9}$$

由于 $\overline{R}_1$、r_f 和 σ_1 已知,式(11-9)是线性函数,其中 $\frac{\overline{R}_1-r_f}{\sigma_1}$ 为单位风险报酬(reward-to-variability),又称夏普比率(Sharpe Ratio)。由于 x_1,$x_2>0$,因此式(11-9)所表示的只是一个线段,如图 11-7 所示。在图 11-7 中,A 点表示无风险资产,B 点表示风险资产,由这两种资产构成的投资组合的预期收益率和风险一定落在线段 AB 上,因此 AB 连线可以称为资产配置线。由于线段 AB 上的组合均是可行的,因此允许无风险贷款将大大扩大可行集的范围。

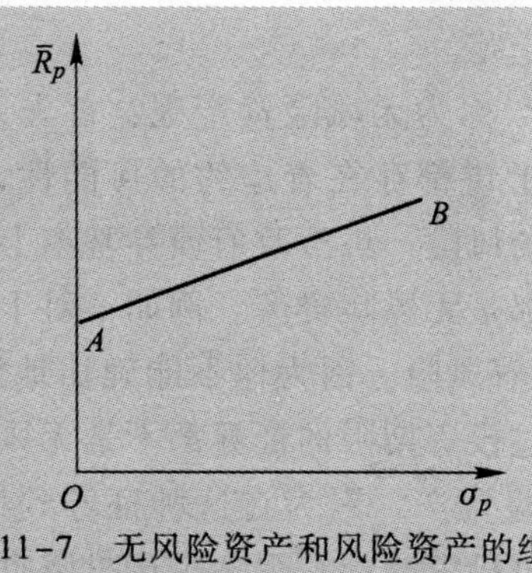

图 11-7 无风险资产和风险资产的组合

2. 投资于一种无风险资产和一个证券组合的情形

如果投资者投资于由一种无风险资产和一个风险资产组合组成的投资组合，情况又如何呢？假设风险资产组合 B 是由风险证券 C 和 D 组成的。可以证明 B 一定位于经过 C、D 两点的向上凸出的弧线上，如图 11-8 所示。如果我们仍用$\overline{R}_1$ 和 σ_1 代表风险资产组合的预期收益率和标准差，则式（11-6）到式（11-9）的结论同样适用于由无风险资产和风险资产组合构成的投资组合。在图 11-8 中，这种投资组合的预期收益率和标准差一定落在线段 AB 上。

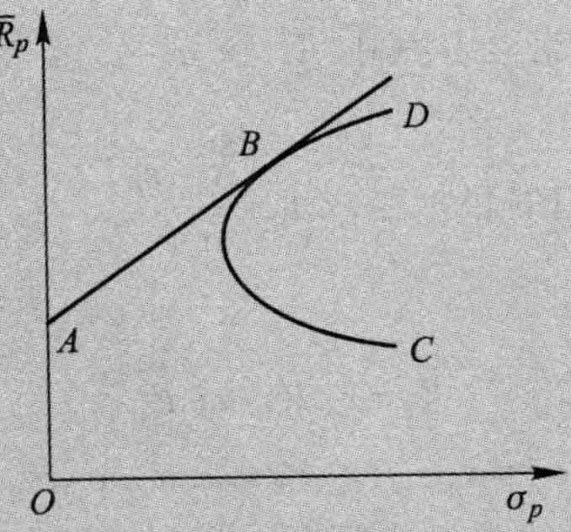

图 11-8　无风险资产和风险资产组合的组合

（三）无风险贷款对有效集的影响

引入无风险贷款后，有效集将发生重大变化。如图 11-9 所示，弧线 CD 代表马科维茨有效集，A 点表示无风险资产。我们可以在马科维茨有效集中找到一点 T，使 AT 直线与弧线 CD 相切于 T 点。T 点所代表的组合称为切点处投资组合。

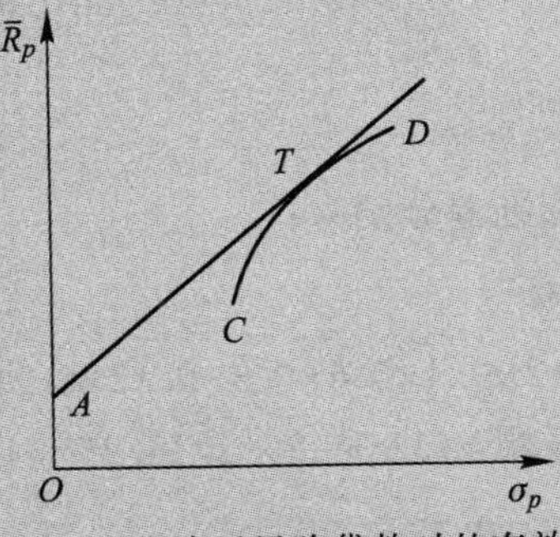

图 11-9　允许无风险贷款时的有效集

T 点代表马科维茨有效集中众多的有效组合中的一个，但它却是一个很特殊的组合。因为没有任何一种风险资产或风险资产组合与无风险资产构成的投资组合可以位于 AT 线段的左上方。换句话说，AT 线段的斜率最大，因此 T 点代表的组合被称为最优风险组合（optimal risky portfolio）。

从图 11-9 可以明显看出，引入 AT 线段后，CT 弧线将不再是有效集。因为对于 T 点左边的有效集而言，在预期收益率相等的情况下，AT 线段上风险均小于马科维茨有效集上组合的风险，而在风险相同的情况下，AT 线段上的预期收益率均大于马科维茨有效集上组合的预期收益率。按照有效集的定义，T 点左边的有效集将不再是有效集。由于 AT 线段上的组合是可行的，因此引入无风险贷款后，新的有效集由 AT 线段和 TD 弧线构成。

我们举个例子来说明如何确定最优风险组合和有效边界。假设市场上有 A、B 两种证券，其预期收益率分别为 8% 和 13%，标准差分别为 12% 和 20%。A、B 两种证券的相关系数为 0.3。市场无风险利率为 5%。某投资者决定用这两只证券组成最优风险组合。

从图 11-9 可以看出，最优风险组合实际上是使无风险资产（A 点）与风险资产组合的连线斜率$\left(即\dfrac{\overline{R}_1-r_f}{\sigma_1}\right)$最大的风险资产组合，其中 $\overline{R}_1$ 和 σ_1 分别代表风险资产组合的预期收益率和标准差，r_f 表示无风险利率。我们的目标是求$\max\limits_{x_A,\ x_B}\dfrac{\overline{R}_1-r_f}{\sigma_1}$。

其中

$$\overline{R}_1=x_A\overline{R}_A+x_B\overline{R}_B$$

$$\sigma_1^2=x_A^2\sigma_A^2+x_B^2\sigma_B^2+2x_Ax_B\rho\sigma_A\sigma_B$$

约束条件是：$x_A+x_B=1$。这是标准的求极值问题。通过将目标函数对 x_A 求偏导并令偏导等于0，我们就可以求出最优风险组合的权重解。

$$x_A=\frac{(\overline{R}_A-r_f)\sigma_B^2-(\overline{R}_B-r_f)\rho\sigma_A\sigma_B}{(\overline{R}_A-r_f)\sigma_B^2+(\overline{R}_B-r_f)\sigma_A^2-(\overline{R}_A-r_f+\overline{R}_B-r_f)\rho\sigma_A\sigma_B} \tag{11-10}$$

$$x_B=1-x_B \tag{11-11}$$

将数据代进去，就可得到最优风险组合的权重为：

$$x_A=\frac{(0.08-0.05)\times0.2^2-(0.13-0.05)\times0.3\times0.12\times0.2}{(0.08-0.05)\times0.2^2+(0.13-0.05)\times0.12^2-(0.08-0.05+0.13-0.05)\times0.3\times0.12\times0.2}$$

$=0.4$

$x_B=1-0.4=0.6$

该最优组合的预期收益率和标准差分别为：

$\overline{R}_1=0.4\times0.08+0.6\times0.13=11\%$

$\sigma_1=(0.4^2\times0.12^2+0.6^2\times0.2^2+2\times0.4\times0.6\times0.3\times0.12\times0.2)=14.2\%$

该最优风险组合的单位风险报酬 $=(11\%-5\%)/14.2\%=0.42$

有效边界的表达式为：$\overline{R}_p=5\%+0.42\sigma_p$

（四）无风险贷款对投资组合选择的影响

对于不同的投资者而言，无风险贷款的引入对他们的投资组合选择有不同的影响。

对于厌恶风险程度较轻，从而其选择的投资组合位于 DT 弧线上的投资者而言，其投资组合的选择将不受影响。因为只有 DT 弧线上的组合才能获得最大的满足程度。如图 11-10（a）所示。对于该投资者而言，他仍将把所有资金投资于风险资产，而不会把部分资金投资于无风险资产。

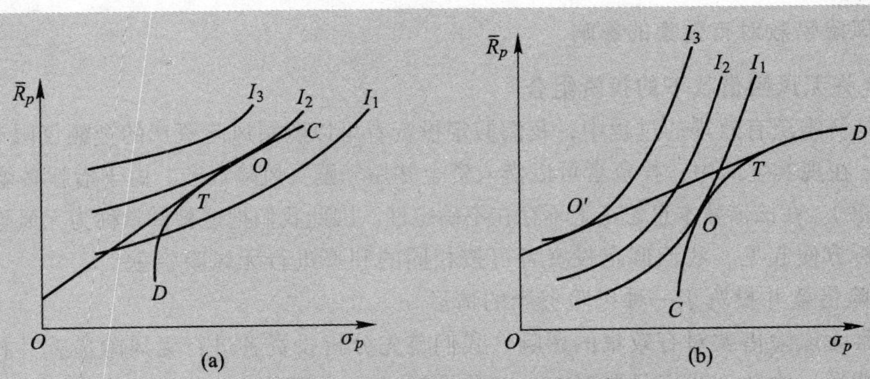

图 11-10　无风险贷款下的投资组合选

对于较厌恶风险的投资者而言，由于代表其原来最大满足程度的无差异曲线 I_1 与 AT 线段相交，因此不再符合效用最大化的条件。因此该投资者将选择其无差异曲线与 AT 线段相切 O' 所代表的投资组合，如图 11-10（b）所示。对于该投资者而言，他将把部分资金投资于风险资产，而把另一部分资金投资于无风险资产。

我们再举个例子说明投资者如何根据自己的投资效用函数来进行最优的资产配置。继续前面的例子，投资者面临的最优风险组合的预期收益率（$\overline{R}_1$）和标准差（σ_1）分别为 11% 和 14.2%。市场无风险利率（r_f）为 5%。某投资者的投资效用函数（U）为

$$U=\overline{R}_p-\frac{1}{2}A\sigma_p^2$$

式中，A 表示风险厌恶系数，$\overline{R}_p$ 和 σ_p^2 分别表示整个投资组合（包括无风险资产和最优风险组合）的预期收益率和标准差，它们分别为

$$\overline{R}_p=(1-y)r_f+y\overline{R}_1$$

$$\sigma_p^2=y^2\sigma_1^2$$

式中，y 表示投资者分配给最优风险组合的投资比例。投资者的目标是通过选择最优的资产配置比例 y 来使他的投资效用最大化。将 $\overline{R}_p$ 和 σ_p^2 代入投资效用函数中，我们可以把这个问题写成如下的数学表达式。

$$\max_y U=(1-y)r_f+y\overline{R}_1-0.5Ay^2\sigma_1^2$$

将上式对 y 求偏导并令其等于 0，我们就可以得到最优的资产配置比例 y^*。

$$y^*=\frac{\overline{R}_1-r_f}{A\sigma_1^2} \tag{11-12}$$

如果该投资者的风险厌恶系数 $A=4$，则其 $y^*=(11\%-5\%)/(4\times14.2\%^2)=0.7439$。也就是说，该投资者应将 74.39% 的资金投入最优风险组合，25.61% 投入无风险资产。这样他的整个投资组合的预期收益率为 9.46%（$=0.2561\times5\%+0.7439\times11\%$），标准差为 10.56%（$=0.7439\times14.2\%$）。显然，这种资产配置的效果较好。

二、无风险借款对有效集的影响

（一）允许无风险借款下的投资组合

在推导马科维茨有效集的过程中，我们假定投资者可以购买风险资产的金额仅限于他期初的财富。然而，在现实生活中，投资者可以借入资金并用于购买风险资产。由于借款必须支付利息，而利率是已知的。在该借款本息偿还上不存在不确定性。因此我们把这种借款称为无风险借款。

为了分析方便起见，我们假定投资者可按相同的利率进行无风险借款。

1. 无风险借款并投资于一种风险资产的情形

为了考察无风险借款对有效集的影响，我们首先分析投资者进行无风险借款并投资于一种风险资产的情形。为此，我们只要对上一节的推导过程进行适当的扩展即可。

我们可以把无风险借款看成负的投资，则投资组合中风险资产和无风险借款的比例也可用 x_1 和 x_2 表示，且 $x_1+x_2=1$，$x_1>1$，$x_2<0$。这样，式（11-6）到式（11-9）也完全适用于无风险借款的情形。由于 $x_1>1$，$x_2<0$，因此式（11-9）在图上表现为 *AB* 线段向右边的延长线上，如图 11-11 所示。这个延长线再次大大扩展了可行集的范围。

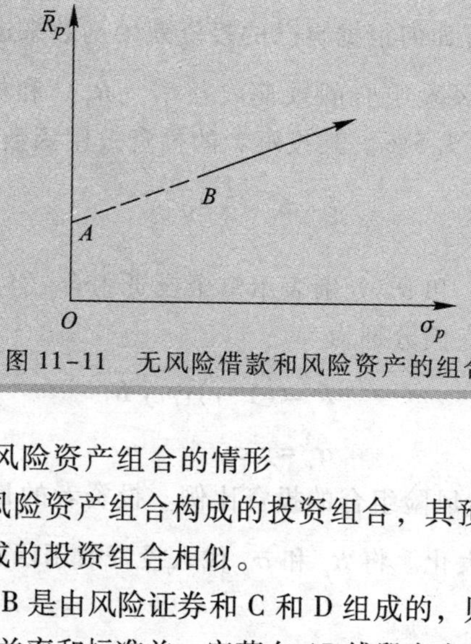

图 11-11 无风险借款和风险资产的组合

2. 无风险借款并投资于风险资产组合的情形

同样，由无风险借款和风险资产组合构成的投资组合，其预期收益率和风险的关系与由无风险借款和一种风险资产构成的投资组合相似。

我们仍假设风险资产组合 B 是由风险证券和 C 和 D 组成的，则由风险资产组合 B 和无风险借款 A 构成的投资组合的预期收益率和标准差一定落在 *AB* 线段向右边的延长线上，如图 11-12 所示。

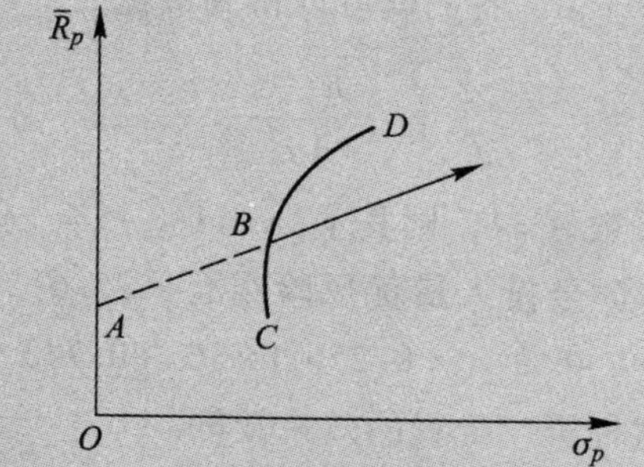

图 11-12 无风险借款和风险资产的组合

（二）无风险借款对有效集的影响

引入无风险借款后，有效集也将发生重大变化。在图 11-13 中，弧线 *CD* 仍代表马科维茨有效集，*T* 点仍表示 *CD* 弧线与过 *A* 点直线的相切点。在允许无风险借款的情形下，投资者可以通过无风险借款并投资于最优风险资产组合 *T* 使有效集由 *TD* 弧线变成 *AT* 线段向右边的延长线。

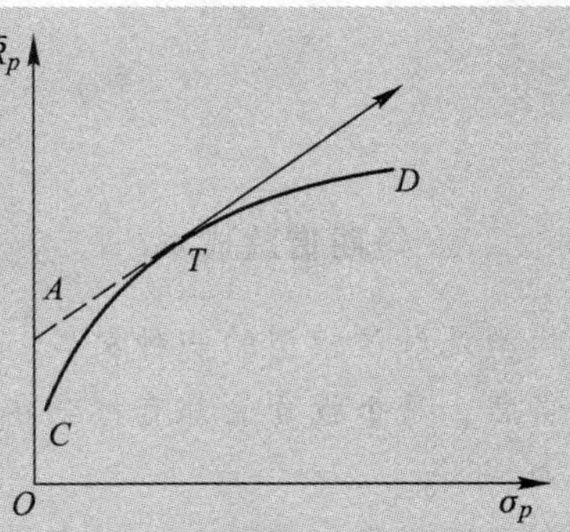

图 11-13　允许无风险借款时的有效集

这样，在允许无风险借贷的情况下，马科维茨有效集由 *CTD* 弧线变成过 *A*、*T* 点的直线在 *A* 点右边的部分。

（三）无风险借款对投资组合选择的影响

对不同的投资者而言，允许无风险借款对他们投资组合选择的影响也不同。

对于厌恶风险程度较轻，从而其选择的投资组合位于 *DT* 弧线上的投资者而言，由于代表其原来最大满足程度的无差异曲线 I_1 与 *AT* 直线相交，因此不再符合效用最大化的条件。因此该投资者将选择其无差异曲线与 *AT* 直线切点所代表的投资组合。如图 11-14（a）所示。对于该投资者而言，他将进行无风险借款并投资于风险资产。

继续前面的例子。如果投资者的风险厌恶系数等于 2，则他的最优资产配置比例 $y^*=(11\%-5\%)/(2\times14.2\%^2)=1.4878$。也就是说，该投资者应借入 48.78% 的无风险资金，加上自有资金全部投资于最优风险组合。这样他的整个投资组合的预期收益率为 13.93%（$=-0.4878\times5\%+1.4878\times11\%$），标准差为 2.13%（$=1.4878\times14.2\%$）。

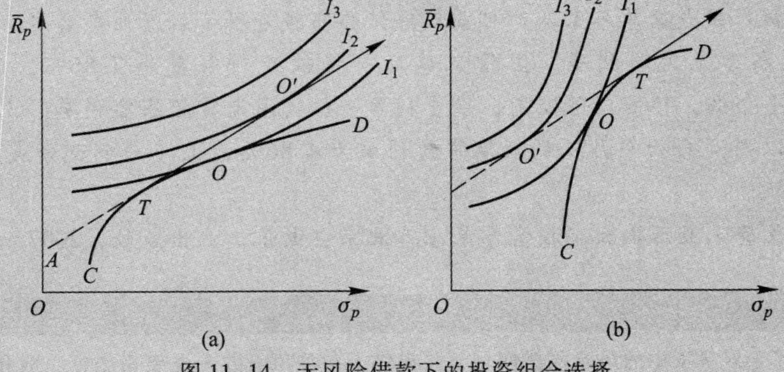

图 11-14　无风险借款下的投资组合选择

对于较厌恶风险从而其选择的投资组合位于 CT 弧线上的投资者而言，其投资组合的选择将不受影响。因为只有 CT 弧线上的组合才能获得最大的满足程度，如图 11-14（b）所示。对于该投资者而言，他只会用自有资产投资于风险资产，而不会进行无风险借款。

综上所述，在允许无风险借款的情况下，有效集变成一条直线，该直线经过无风险资产 A 点并与马科维茨有效集相切。

阅读与应用

短期借款成本

将借贷行为包含进马科维茨模型是对该模型的一种扩展。这种扩展是以投资者可以在无风险的利率下进行借贷为前提的。当然，每个投资者都有机会在无风险利率下通过买入期限与投资持有期限相同的国债而贷出资金。

但在无风险利率下，借入资金就不同了。实际上，只有特定的机构才有机会以无风险利率借入资金，它就是中央政府或者财政部。其他投资者，无论是个人投资者还是机构投资者都必须在高于无风险利率的条件下才能借入资金。

对货币市场上所有利率进行比较的标准是美国财政部发行的短期债券即短期国债的利息率。短期国债的收益在短期内是完全确定的，因为联邦政府绝不会不履行还款义务，它总是可以选择印制钞票或增加税收来清偿债务。其他借款者，无论其当前的金融实力多强，或多或少存在一点无法偿付短期债务的风险。正是因为这个原因，几乎所有的非政府借款人在借入应税债务时都必须支付高于国债利率的利息率。

在美国，个人投资者如果希望为自己的证券投资融入资金的话，通常要与经纪人进行证券保证金交易。在交易过程中，投资者仅向经纪人交付投资资金的一部分作为保证金，投资所需的其他资金由经纪人在货币市场筹集。经纪人融入资金所支付的利率被称为经纪人通知贷款。经纪人通常在贷款利率的基础上附加1%到2%作为向保证金交易客户收取的利率。大额投资者通常较小额投资者更容易获取更加有利的贷款。

在中国，根据《证券公司融资融券业务试点管理办法》规定，融资利率不得低于中国人民银行规定的同期金融机构贷款基准利率。值得注意的是，证券公司也可根据实际情况制定不同的收费方式，具体的收费标准依从《融资融券业务合同》中的约定。2010 年 3 月我国第一批入围首批融资融券试点名单各家券商目前正陆续公布投资融资融券业务成本，融资利率初定为7.86%，它远高于无风险利率。国信证券目前将融资利率定为 7.86%，融券费率定为9.86%。业内人士介绍，按照国际惯例，融资利率一般较同期贷款基准利率高3个百分点。目前，央行六个月以内（含六个月）的短期贷款利率为4.86%，上浮三个百分点后7.86%的水平与国际惯例接轨。

资料来源：戈登·亚历山大. 投资学基础. 北京：电子工业出版社，2007.

本章小结

效用函数解释了金融决策中的风险厌恶问题，并提供了与均值—方差框架相比更一般和更有用的方法。在此方法中，不确定的期末财富通过计算财富效用的期望值来进行评估。如果某随机财富水平的期望效用高于另一种，那么前者会更受投资者欢迎。

投资者的效用无差异曲线代表给投资者带来同样满足程度的预期收益率和风险的所有组合。效用无差异曲线具有四个特征：无差异曲线的斜率为正；无差异曲线下凸；同一投资者有无限多条无差异曲线；同一投资者在同一时间、同一时点的任何两条无差异曲线都不相交。

理性的投资者都厌恶风险而偏好收益。风险水平相同时，他们选择预期收益率最大的组合；预期收益率相同时，他们选择风险最小的组合。同时满足这两个条件的投资组合集合称为有效集，又称为有效边界。位于有效边界上的组合称为有效组合。投资者的效用无差异曲线簇与有效集的切点使投资者的效用达到最大化，因此是最优投资组合。

无风险资产是一种到期时间与投资期限匹配的国库券。在引入无风险贷款并扩展马科维茨可行集时，投资者可以在无风险资产和风险资产组合之间分配资金。同时，引入无风险贷款时，有效集也将发生变化。

引入无风险借款后，投资者可以使用杠杆手段，用全部自有资金，再加上以无风险利率借入的资金，投资于某一个风险资产组合。

引入无风险借款和贷款后，有效集将变成一条直线，这条直线从无风险资产出发，与原马科维茨有效集曲线相切。这个有效集将由一些组合构成，这些组合是由一个风险资产组合和不同比例的无风险贷款或借款结合而成。

投资者的最优组合由有效集上的无差异曲线决定，这个最优组合包括一个风险资产组合和以无风险利率进行的贷款或借款构成。

网络资源索引

1. http://www.ce.cn/ 中国经济网
2. http://www.valueline.com/ 价值线投资公司
3. http://www.zgjrw.com/ 中国金融网
4. http://www.qianlong.com.cn/ 钱龙资讯网
5. http://www.dividendgrowth.ca/dividendgrowth/ 红利增长网
6. http://www.cnfund.cn/ 中国基金网
7. http://funds.money.hexun.com/fundsdata/ 基金查询
8. http://www.wikinvest.com/ 威客投资网
9. http://www.stockpickr.com/ 选股网
10. http://www.moringstar.com/ 晨星公司

关键术语

效用函数　风险偏好　不满足性　风险厌恶　无差异曲线　有效集　有效边界　最优组合　无风险资产　无风险贷款　无风险借入

问题与思考

1. 怎么理解风险厌恶型的投资者具有递减的收入边际效用？为什么递减的边际效用导致投资者拒绝接受一个公平赌博？

2. 某位投资者的工资效用函数为 $U(x)=x^{1/4}$。他有一份支付 80 000 元并附加一份奖金的新工作。奖金可能是 0 元、10 000 元、20 000 元、30 000 元、40 000 元、50 000 元、60 000 元，每个结果发生的概率相同，那么此工作的确定性等价是多少？

3. 假设 $U(x)$ 是阿罗-普拉特风险厌恶系数为 $a(x)$ 的效用函数。令 $V(x)=bU(x)+c$，则 $V(x)$ 的风险厌恶系数为多少？

4. 投资者的效用无差异曲线具有什么特征？

5. 试分别用语言和图形说明将无风险借入和贷出引入马科维茨模型时，投资者的有效集会发生怎样的变化？

6. 试分别用语言和图形说明为什么马科维茨模型扩展到包括无风险借入和贷出的有效集与未包括无风险借入和贷出的马科维茨模型有效集只有一个公共点？为什么模型扩展后旧有效集中的其他点不再有效？

7. 如果允许无风险借入但不允许贷出，投资者的有效集是什么？

8. 当马科维茨模型扩展到无风险借入和贷出时，分别画出三个风险厌恶程度不同的投资者无差异曲线、有效集和最有投资组合。

9. 当投资者变得贫穷时，风险厌恶水平会随之上升。在一个无风险借入和贷出的环境中，投资者的最优组合会发生什么变化？投资者持有风险资产的类型会变吗？用文字和图形加以说明。

10. 投资者以无风险利率借入资金并投资到最优风险组合上，将对总投资组合的预期收益和风险产生什么影响呢？

第十二章 风险资产定价模型

本章导读

CAPM、APT 和 Black-Scholes 期权定价模型是现代金融理论的三大支柱。CAPM 和 APT 是在一定的假设条件下推出的基础资产定价模型，两者具有重要的区别和联系；而 Black-Scholes 期权定价模型则是精巧的衍生资产定价模型。深刻理解这些资产定价模型是进入现代金融理论殿堂的阶梯。

本章着重介绍了有风险资产的定价理论。共分四节。第一节介绍了资本资产定价模型的假设前提和推导过程，运用实例分析了该理论的应用及局限性；第二节深入阐述了套利定价理论的基本内涵，并将两种理论进行了比较分析，介绍了两者实证检验的结果。第三节对资本资产定价模型进一步扩展，对跨时的资本资产定价模型和消费资本资产定价模型进行了概述性的介绍。第四节介绍了期权定价的基本理论与模型，探讨了如何应用二项式模型和 Black-Schloes 模型进行期权定价。

第一节 资本资产定价模型

在第一节我们给出确定最优投资组合的方法，投资者首先必须估计所有证券的预期收益率和方差、所有这些证券之间的协方差以及无风险利率水平，然后，找出切点处投资组合（最优风险组合），并根据无差异曲线与无风险利率和切点处投资组合构成的直线的切点来决定自己的最优投资组合。这种方法属于规范经济学的范畴。在本节中，我们将在假定所有投资者均按上述方法投资的情况下，研究风险资产的定价问题，它属于实证经济学范畴。在这里，我们要着重介绍资本资产定价模型（capital asset pricing model，CAPM）。该模型是由夏普（William Sharpe）、林特纳（John Lintner）、特雷纳（Jack Treynor）和莫森（Jan Mossin）等人在现代证券组合理论的基础上提出的，在投资学中占有很重要的地位，并在投资决策和公司理财中得到广泛的运用。

一、基本的假定

为了推导资本资产定价模型，假定如下。

（1）所有投资者的投资期限均相同。

（2）投资者根据投资组合在单一投资期内的预期收益率和标准差来评价这些投资组合。

（3）投资者永不满足，当面临其他条件相同的两种选择时，他们将选择具有较高预期收益率的那一种。

（4）投资者是厌恶风险的，当面临其他条件相同的两种选择时，他们将选择具有较小标准差的那一种。

（5）每种资产都是无限可分的。

（6）投资者可按相同的无风险利率借入或贷出资金。

（7）税收和交易费用均忽略不计。

（8）对于所有投资者来说，信息都是免费的并且是立即可得的。

（9）投资者对于各种资产的收益率、标准差、协方差等具有相同的预期。

这些假定虽然与现实世界存在很大差距，但通过这个假想的世界，我们可以导出证券市场均衡关系的基本性质，并以此为基础，探讨现实世界中风险和收益之间的关系。

二、资本市场线

（一）分离定理

在上述假定的基础上，我们可以得出如下结论。

（1）根据相同预期的假定，我们可以推导出每个投资者的切点处投资组合（最优风险组合）都是相同的，从而每个投资者的线性有效集都是一样的。

（2）由于投资者风险—收益偏好不同，其无差异曲线的斜率不同，因此他们的最优投资组合也不同。

由此我们可以导出著名的分离定理：

投资者对风险和收益的偏好状况与该投资者风险资产组合的最优构成是无关的。

分离定理可从图 12-1 中看出，在图 12-1 中，I_1 代表厌恶风险程度较轻的投资者的无差异曲线，该投资者的最优投资组合位于 O_1 点，表明他将借入资金投资于风险资产组合上，I_2 代表较厌恶风险的投资者的无差异曲线，该投资者的最优投资组合位于 O_2 点，表明他将部分资金投资于无风险资产，将另一部分资金投资于风险资产组合。虽然 O_1 和 O_2 位置不同，但它们都是由无风险资产（A）和相同的最优风险组合（T）组成，因此他们的风险资产组合中各种风险资产的构成比例自然是相同的。

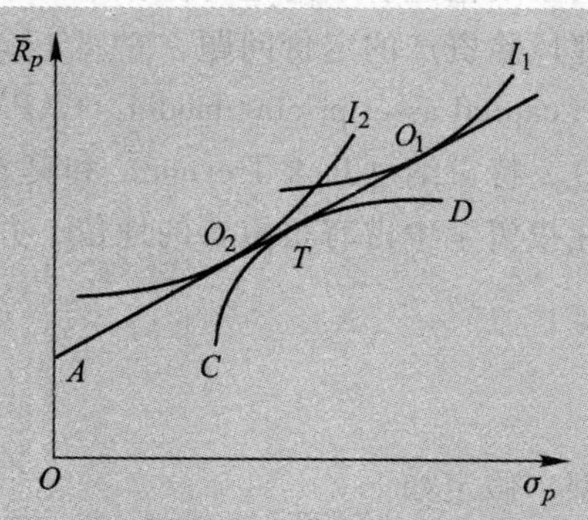

图 12-1 分离定理

（二）市场组合

根据分离定理，我们还可以得到另一个重要结论：在均衡状态下，每种证券在均衡点处投资组合中都有一个非零的比例。

这是因为，根据分离定理，每个投资者都持有相同的最优风险组合（T）。如果某种证券在 T 组合中的比例为零，那么就没有人购买该证券，该证券的价格就会下降，从而使该证券预期收益率上升，直到最终的最优风险组合 T 中，该证券的比例非零为止。

同样，如果投资者对某种证券的需求量超过其供给量，则该证券的价格将上升，导致其预期收益率下降，从而降低其吸引力，它在最优风险组合中的比例也将下降直至其需求量等于其供给量为止。

因此，在均衡状态下每个投资者对每一种证券都愿意持有一定的数量，市场上各种证券的价格都处于使该证券的供求相等的水平上，无风险利率的水平也正好使得借入资金的总量等于贷出资金的总量。这样，在均衡时，最优风险组合中各证券的构成比例等于市场组合（market portfolio）中各证券的构成比例。所谓市场组合是指由所有证券构成的组合，在这个组合中，每一种证券的构成比例等于该证券的相对市值。一种证券的相对市值等于该证券总市值除以所有证券的市值的总和。

习惯上，人们将切点处组合叫做市场组合，并用 M 代替 T 来表示。从理论上说，M 不仅由普通股构成，还包括优先股、债券、房地产等其他资产。但在现实中，人们常将 M 局限于普通股。

（三）共同基金定理

如果投资者的投资范围仅限于资本市场，而且市场是有效的，那么市场组合就大致等于最优风险组合。因此，单个投资者无需进行复杂的分析和计算，只要持有指数基金和无风险资产就可以了。（如果所有投资者都这么做，那么这个结论就不成立。因为指数基金本身并不进行证券分析，它只是简单地根据各种股票的市值在市场总市值中的比重来分配其投资。因此，如果每个投资者都不进行证券分析，证券市场就会失去建立风险收益均衡关系的基础。）如果我们把货币市场基金看成无风险资产，那么投资者所要做的事情只是根据自己的风险厌恶系数 A，将资金合理地分配于货币市场基金和指数基金，这就是共同基金定理①。

共同基金定理将证券选择问题分解成两个不同的问题：一个是技术问题，即由专业的基金经理人创立指数基金；二是个人问题，即根据投资者个人的风险厌恶系数将资金在指数基金与货币市场基金之间进行合理配置。

（四）资本市场线

按资本资产定价模型的假设，我们就可以很容易地找出有效组合风险和收益之间的关系。如果我们用 M 代表市场组合，用 r_f 代表无风险利率，从 r_f 出发画一条经过 M 的直线，这条线就是在允许无风险借贷情况下的线性有效集，在此我们称为资本市场线（capital market line, CML），如图 12-2 所示。任何不利用市场组合以及不进行无风险借贷的其他所有组合都将位于资本市场线的下方。

从图 12-2 可以看出，资本市场线的斜率等于市场组合预期收益率与无风险证券收益率之差（$\overline{R}_M-r_f$）除以它们的风险之差（σ_M-0），即（$\overline{R}_M-r_f$）$/\sigma_M$，由于资本市场线与纵轴的截距为 R_f，因此其表达式为

---

① 推而广之，如果现实世界中的风险源有 n 个，且有专门针对这些风险源的 n 个共同基金，那么投资者只要根据自己对各种风险的厌恶系数 A_i（$i=1, 2, \cdots, n$）将资金合理地分配于共同基金和货币市场基金（$n+1$ 个基金），就可以实现最优风险配置。

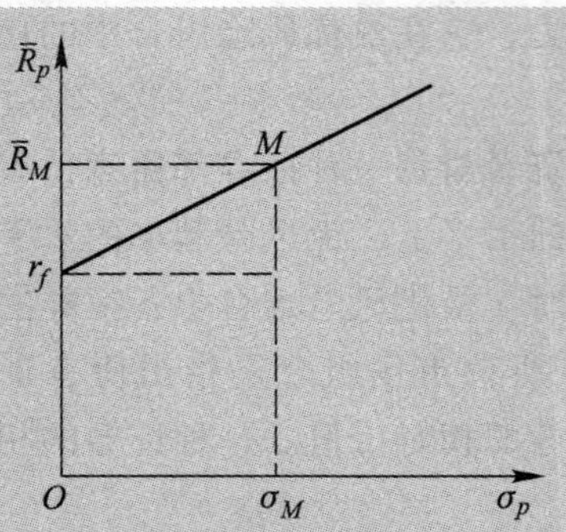

图 12-2 资本市场线

$$\bar{R}_p = r_f + \left[\frac{\bar{R}_M - r_f}{\sigma_M}\right]\sigma_p \tag{12-1}$$

其中，$\bar{R}_p$ 和 σ_p 分别代表最优投资组合①的预期收益率和标准差。

从式（12-1）可以看出，证券市场的均衡可用两个关键数字来表示：一是无风险利率 r_f，二是单位风险报酬 $[(\bar{R}_M - r_f)/\sigma_M]$，它们分别代表时间报酬和风险报酬。因此，从本质上说，证券市场提供了时间和风险进行交易的场所，其价格则由供求双方的力量来决定。

三、证券市场线

资本市场线反映的是有效组合的预期收益率和标准差之间的关系，任何单个风险证券由于均不是有效组合而一定位于该直线的下方。因此资本市场线并不能告诉我们单个证券的预期收益与标准差（即总风险）之间应存在怎样的关系。为此，我们有必要作进一步的分析。

根据上章内容，我们可以得出市场组合标准差的计算公式如下。

$$\sigma_M = \left[\sum_{i=1}^{n}\sum_{j=1}^{n} x_{iM} x_{jM} \sigma_{ij}\right]^{1/2} \tag{12-2}$$

式中，x_{iM} 和 x_{jM} 分别表示证券 i 和 j 在市场组合中的比例。

式（12-2）可以展开为

$$\sigma_M = \left[x_{1M}\sum_{j=1}^{n} x_{jM}\sigma_{1j} + x_{2M}\sum_{j=1}^{n} x_{jM}\sigma_{2j} + \cdots + x_{nM}\sum_{j=1}^{n} x_{jM}\sigma_{nj}\right]^{1/2} \tag{12-3}$$

根据协方差的性质可知，证券 i 跟市场组合的协方差（σ_{iM}）等于证券 i 跟市场组合中每种证券协方差的加权平均数。

$$\sigma_{iM} = \sum_{j=1}^{n} x_{jM}\sigma_{ij} \tag{12-4}$$

如果我们把协方差的这个性质运用到市场组合中的每一个风险证券，并代入式（12-3），可得

$$\sigma_M = \left[x_{1M}\sigma_{1M} + x_{2M}\sigma_{2M} + x_{3M}\sigma_{3M} + \cdots + x_{nM}\sigma_{nM}\right]^{1/2} \tag{12-5}$$

---

① 即由无风险资产和最优风险组合（市场组合）组成的任何组合。

式中，σ_{1M}表示证券 1 与市场组合的协方差，σ_{2M}表示证券 2 与市场组合的协方差，依此类推。式（12-5）表明，市场组合的标准差等于所有证券与市场组合协方差的加权平均数的平方根，其权数等于各种证券在市场组合中的比例。

由此可见，在考虑市场组合风险时，重要的不是各种证券自身的整体风险，而是其与市场组合的协方差。这就是说，自身风险较高的证券，并不意味着其预期收益率也应较高；同样，自身风险较低的证券，也并不意味着其预期收益率也就较低。单个证券的预期收益率水平应取决于其与市场组合的协方差。

由此我们可以得出如下结论：具有较大σ_{iM}值的证券必须按比例提供较大的预期收益率以吸引投资者。由于市场组合的预期收益率和标准差分别是各种证券预期收益和各种证券与市场组合的协方差（σ_{iM}）的加权平均数，其权数均等于各种证券在市场组合中的比例，因此如果某种证券的预期收益率相对于其σ_{iM}值太低的话，投资者只要把这种证券从其投资组合中剔除就可提高其投资组合的预期收益率，从而导致证券市场失衡。同样，如果某种证券的预期收益率相对于其σ_{iM}值太高的话，投资者只要增持这种证券就可提高其投资组合的预期收益率，从而导致证券市场失衡。在均衡状态下，单个证券风险和收益的关系可以写为

$$\overline{R}_i = r_f + \left(\frac{\overline{R}_M - r_f}{\sigma_M^2}\right)\sigma_{iM} \qquad (12\text{-}6)$$

式（12-6）所表达的就是著名的证券市场线（security market line，SML）①，它反映了单个证券与市场组合的协方差和其预期收益率之间的均衡关系，如果我们用$\overline{R}_i$作纵坐标，用σ_{iM}作横坐标，则证券市场线在图上就是一条截距为r_f、斜率为$(\overline{R}_M - r_f)/\sigma_M^2$的直线，如图 12-3（a）所示。

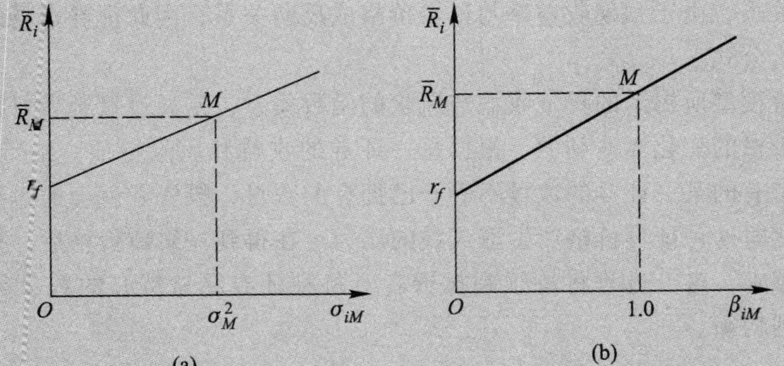

图 12-3　证券市场线

从式（12-6）可以有趣地发现，对于σ_{iM}等于 0 的风险证券而言，其预期收益率应等于无风险利率，因为这个风险证券跟无风险证券一样，对市场组合的风险没有任何影响。更有趣的

① 证券市场线的详细推导过程请详见 Sharpe，William F.，Gordon J. Alexander and Jeffery V. Bailey，Investments，5th edition，Prentice-Hall International，Inc.，1995。

是，当某种证券的 $\sigma_{iM}<0$ 时，该证券的预期收益率甚至将低于 r_f。

把式（12-5）代入式（12-6），我们有

$$\overline{R}_i=r_f+(\overline{R}_M-r_f)\beta_{iM} \tag{12-7}$$

式中，β_{iM} 称为证券 i 的 β 系数，它是表示证券 i 与市场组合协方差的另一种方式。式（12-7）是证券市场线的另一种表达方式。如果我们用 $\overline{R}_i$ 为纵轴，用 β_{iM} 为横轴，则证券市场线也可表示为截距为 r_f，斜率为 $\overline{R}_M-r_f$ 的直线，如图 12-3（b）所示。

β 系数的一个重要特征是：一个证券组合的 β 值等于该组合中各种证券 β 值的加权平均数，权数为各种证券在该组合中所占的比例，即

$$\beta_{pM}=\sum_{i=1}^{n}x_i\beta_{iM} \tag{12-8}$$

式中，β_{pM} 表示组合 p 的 β 值。

由于任何组合的预期收益率和 β 值都等于该组合中各个证券预期收益率和 β 值的加权平均数，其权数也都等于各个证券在该组合中所占比例，因此，既然每一种证券都落在证券市场线上，那么由这些证券构成的证券组合也一定落在证券市场线上。

比较资本市场线和证券市场线可以看出，只有最优投资组合才落在资本市场线上，其他组合和证券则落在资本市场线下方。而对于证券市场线来说，无论是有效组合还是非有效组合，它们都落在证券市场线上。

既然证券市场线包括了所有证券及其组合，因此也一定包含市场组合和无风险资产。在市场组合那一点，β 值为 1，预期收益率为 $\overline{R}_M$，因此其坐标为（1，$\overline{R}_M$）。在无风险资产那一点，β 值为 0，预期收益率为 r_f，因此其坐标为（0，r_f）。证券市场线反映了不同的风险水平下，各种证券及证券组合应有的预期收益率水平，从而反映了各种证券和证券组合系统性风险与预期收益率的均衡关系。由于预期收益率与证券价格成反向关系，因此证券市场线实际上也给出了风险资产的定价公式。

资本资产定价模型所揭示的投资收益与风险的函数关系，是通过投资者对持有证券数量的调整并引起证券价格的变化而达到的。根据每一证券的收益和风险特征，给定一个证券组合，如果投资者愿意持有的某一证券的数量不等于已拥有的数量，投资者就会通过买进或卖出证券进行调整，并因此对这种证券价格产生涨或跌的压力。在得到一组新价格后，投资者将重新调整对各种证券的需求，这一过程将持续到投资者对每种证券愿意持有的数量等于已持有的数量，证券市场达到均衡。

四、资本资产定价模型的应用及局限

资本资产定价模型是建立在严格的假设前提下的。这些严格的假设条件在现实的世界中很难满足。那么，该理论在现实中如何应用呢？

（一）CAPM 的应用

CAPM 认为，只要我们确定三个变量：该资产的 β、市场组合的预期收益（r_m）和无风险利率（r_f），就可以确定任何一项资产在金融市场上的预期收益（r_f），即

$$r_i=\beta(r_m-r_f)+r_f$$

其中市场组合的预期收益（r_m）和无风险利率（r_f）都是事先已知的，因此，投资人只要测得某一项资产相对于市场组合的β系数，就可以确定该资产的预期收益。

CAPM 理论认为：

（1）任何收益都是对投资人承担风险的补偿。如果某投资人的收益低于市场组合，则该投资人承担的风险小于市场组合的风险；如果某投资人的收益高于市场组合，则该投资人承担的风险大于市场组合的风险。

（2）一项资产的预期收益应该是该资产的β系数乘以市场组合的风险补偿（r_m-r_f）。

（3）如果一项资产的β系数大于1，就意味着该资产的风险大于市场组合的风险；如果该资产的β系数小于1，就意味着该资产的风险小于市场组合的风险。

（4）我们在确定了一项资产的β系数，并根据β系数测出该资产的预期收益之后，就可以确定该资产在金融市场上的内在价值。假设市场组合的价格上升1%，而β系数为2的一项资产价格只上升了1.5%，说明该资产的价格在金融市场上被低估了。投资人可以买进该资产，等待其升值。

例：计算英特尔公司的预期收益

英特尔（Intel）公司是生产芯片的专业厂商。该公司在纳斯达克市场上市交易代码为：INTC。

设该公司的β系数为1.5，美国股市的市场组合的收益率为8%，当前美国国债的利率是3%，求解英特尔公司股票的预期收益。

答：

$$r_i=\beta(r_m-r_f)+r_f=1.5\times(8\%-3\%)+3\%=10.5\%$$

也就是说，投资人在承担了英特尔公司股票的风险之后，希望能够获得10.5%的预期收益率。

许多公司就把该公司股票的预期收益率作为衡量公司任何一项重大投资时所要求的最低收益率。这些大公司的财务部门每年都会公布当年测算项目盈亏收益所用的贴现率，其实就是通过 CPAM 测得的公司股票的预期收益率。他们认为公司任何一个项目如果不能达到这个最低收益率水平，就不如放弃投资，转而去股票市场购买本公司股票，以回购（repurchasement）的方式确保投资人的实际收益率不低于其预期收益水平。

特别提醒大家的是：β系数中已经包含了这项资产的风险，因此，我们不需要再考虑风险因素。CAPM 已经将风险因素体现为资产的预期收益水平了。

阅读与应用

某啤酒公司的股票价格

利用 CAPM 模型可以判断股票的市场价格是否合理。以某啤酒公司的股票价格为例，过去5年时间里，上证综指的年度收益率为4.462 245%，该股票的β系数为0.711 6，取当前的1年期银行存款利率为无风险利率3.25%。因此，根据 CAPM 模型，该股票的必要收益率为：

$$E(R)=r_f+\beta(E(R_M)-r_f)=0.032\,5+0.711\,6\times(0.044\,622\,45-0.032\,5)$$

$= 0.041\ 126\ 335$

然后，再利用股利贴现模型可以推算该公司的股票价格。

$$V=\frac{D_1}{1+r}+\frac{D_2}{(1+r)^2}+\frac{D_3}{(1+r)^3}+\cdots$$

$$=\frac{D_0(1+g)}{1+r}+\frac{D_0(1+g)^2}{(1+r)^2}+\frac{D_0(1+g)^3}{(1+r)^3}+\cdots$$

$$=\frac{D_0(1+g)}{r-g}=\frac{D_1}{r-g}$$

该公司 2000—2010 年每股红利分配如表 12-1 所示。

表 12-1 红利分配表

2000 年	2001 年	2002 年	2003 年	2004 年	2005 年	2006 年	2007 年	2008 年	2009 年	2010 年
0.1	0.11	0.22	0.2	0.15	0.16	0.22	0.22	0.25	0.16	0.18

我们应用 CAPM 和股利贴现模型推算该公司的股票价格，我们首先应用 2006—2010 年的红利代入股利贴现模型，然后再假设未来红利的变化趋势，往前推算出 2006 年 5 月底的股票价格，再利用终值系数回推得到 2011 年 5 月底的股票价格。

若未来每股红利稳定在 0.20 元，则股票价格为

$(0.22/1.041+0.22/1.041^2+0.25/1.041^3+0.16/1.041^4+0.18/1.041^5+(0.2/0.041)/1.041^5)\times1.041^5=6.002\ 0$

若未来每股红利每年增长 3%，则股票价格为

$(0.22/1.041+0.22/1.041^2+0.25/1.041^3+0.16/1.041^4+0.18/1.041^5+(0.2/(0.041-0.03))/1.041^5)\times1.041^5=19.305\ 8$

若未来每股红利每年增长 2%，则股票价格为

$(0.22/1.041+0.22/1.041^2+0.25/1.041^3+0.16/1.041^4+0.18/1.041^5+(0.2/(0.041-0.02))/1.041^5)\times1.041^5=10.647\ 8$

2011 年 5 月 31 日该股票的收盘价格为 34.62 元，因此按照 CAPM 和股利贴现模型的推算，该股票的当前价格偏高。

（二）资本资产定价模型的应用局限

CAPM 是目前已知的模型中得到最广泛应用的一个定价模型。CAPM 模型排除了投资人对任何一项资产进行仔细研究和分析的需求，而简单地认为投资人只要相信市场定价就可以了。该模型成立的前提就是金融市场能够对市场组合和各项资产的预期收益和风险进行合理的定价。这种合理性最终体现为 β 系数。

不幸的是，我们并没有从此一劳永逸地掌握定价的全部“秘籍”。CAPM 成立需要一些约束条件，且该模型是否成立也在学术界倍加争议。

我们似乎无法确定有效金融市场是理智的、可预测的，或者是有规律可循的。总的来看，CAPM 在实际应用中存在以下一些主要的局限。

1. 各项系数会随时间变化

CAPM 中的 β 系数可能时时刻刻都在发生变化。因此，当我们通过一个固定的 β 系数测算出某个项目或者某项目资产的预期收益，并以该预期收益去对现金进行贴现时，我们可能会丧失在未来接受新信息，并对 β 系数做出相应调整的机会。举例来看，任何一家公司的 β 系数每年都不相同，无风险利率每年也不相同。因此，如何用一项资产在金融市场上的预期收益率去对未来 3 年 ~5 年的现金流进行贴现呢？不过这样的缺陷并不能完全归咎于 CAPM，更多的是由于净现值法则缺乏灵活性而导致的。

2. 排除了新信息

CAPM 简单地认为我们今天已经掌握了有关各项资产的全部信息，因而我们可以认定某项资产的预期收益符合一定参数的正态分布。其中，对于 β 系数的估计主要依靠对历史数据的统计。但是，我们都知道未来金融市场是肯定会出现新信息的，当出现新信息时，某项资产的 β 系数也会相应地改变。因而 CAPM 是一个静态的模型，只能根据现有的信息进行定价，如果出现了金融市场没有预计到的新信息，那么，CAPM 就无法胜任。这等于是默认了利用历史规律去预测未来收益。这是 CAPM 自身一个比较严重的缺陷，因为有效金融市场理论认识只有新信息才能推动资产价格的变动，我们并不能排除新信息对资产价格的影响。

3. 任何投资都是“零净现值”的活动

如果你完全接受 CAPM，那么，你就排除了出现新信息时，CAPM 预测范围以外的可能性。因而也就不得不面对这样一个困境：今天你的任何投资行为都是无意义的。由于该模型认为，你获得高回报的唯一办法就是承担高风险，而任何一项资产的风险和回报在 CAPM 中都表现为针对市场组合的线性关系。这就意味深长：我们今天的任何投资，在足够长的一段时间之后，其结果都是相同的。如果对这些不同类型的投资进行贴现的话，所有投资的净现值在当前为零。这就是无套利均衡机制在 CAPM 中的表现。然而，事实情况绝非如此，我们清楚地知道有些投资会产生高额回报，有些投资则损失惨重。CAPM 的拥护者们认为，这一现象只能理解为金融市场本身的不完善。

4. 非交易资产的定价依赖于资产复制

CAPM 最早是由研究股票定价问题而发展起来的。后来的学者将这一模型进一步推广，用以解决其他非交易资产的定价问题。为此，我们必须利用那些已经在金融市场交易的资产来构建一个投资组合，该投资组合被视为待估资产在金融市场上的“复制品”。然后，我们再从金融市场上测得这项“复制品”的 β 系数，根据 CAPM 计算出待估资产的预期收益。这时候，我们就不能简单地依赖 CAPM 而必须借助于武断定价法的帮助了。

5. 预期收益依赖于主观判断

CAPM 在应用到企业的生产经营和投资决策中时，有一个致命的问题：对于未来现金流或者预期收益的估计的正确性完全取决于决策者的主观判断。比如在英特尔新建芯片厂的例子中，对于未来 3 年每年获得 10 亿美元净现金流入的估计是企业投资部门的估计，而不是在有效金融市场上投资人的判断。从这个意义上讲，如果企业决策者自己提高了对未来现金流的估计，也有可能造成对某一项目的价值判断过高。在这种情况下，无论我们用来贴现的预期收益率有多么的准确，都无法否决一个被人为夸大了盈利的项目。

CAPM 自从诞生以来，就饱受争议，有关该模型是否能够成立的检验一直没有停止。总的来说，CAPM 是对有效金融市场理论的最直接的诠释。从这个模型出发，投资人只有以承担风险的办法，才能获得收益。

也许，巴菲特的一番话对 CAPM 做出了最好的诠释："Lethargy, bordering on sloth should remain the cornerstone of an investment style."（懒散和无所为应该成为投资方式的基石。）巴菲特告诫了那些"自以为聪明"的投资人，市场已经对各项资产进行了合理的定价，我们所要做的仅仅是相信市场定价，并耐心等待长期投资回报。可见，巴菲特希望大家接受市场定价，同时，也不排除新信息出现后推动资产价格上升的可能。

阅读与应用

遥远的传说

金融市场对风险的评价决定着企业的投资行为，如果市场的评价是错误的，将会发生什么情况呢？

投资者自己的良好感觉很少被予以肯定，但在过去的 20 年中，自己决定投资行为模式的公司大大增加，它们的模型是建立在人们的理性思维基础上的。如果理性思维的假定不对，公司是否有做出错误选择的危险？

一个被称为"资本资产定价模型"，或简称为 CAPM 的模型被广泛地应用于现代金融领域。几乎所有希望守住自己一个摊子——如守住一个商标、一家工厂或公司的并购行为的经理都必须部分地参照 CAPM 来评价自己的决定。原因是这个模型告诉我们应如何计算投资者期望中的收益。如果股东想获利，在任何情况下都得跨越这一模型所规定的"要求收益率"。

虽然 CAPM 很复杂，但可以将其简化成下面 5 个方面。

(1) 投资者可剔除某些风险，譬如工人罢工的风险、老板辞职的风险等，可将这些风险分散到许多地区与部门。

(2) 某些风险，如全球性衰退的风险，不能通过分散化来消除。所以，即使资产组合篮子中装进了市场上所有的股票，也仍旧会有风险。

(3) 必须注意的是有时可从安全性更强的资产，如国库券中获取收益，但我们却常常拥有有较大风险的资产组合。

(4) 某项投资的收益在某种程度上仅取决于它对市场资产组合风险的影响程度。

(5) 有一种简单的测定资产组合风险的方法，这就是复制"贝塔①"，贝塔表示投资风险与市场风险的关系。

正是贝塔使 CAPM 身价百倍。虽然投资可能面临许多风险，但被分散了风险的投资者仅需要关心那些与市场相关的风险。贝塔不仅告诉经理人员应如何计算这些风险，同时也容许他们将风险直接转移到要求的收益率中。如果某项投资的远期利润低于那个要求收益率，投资者就不值得考虑这项投资。

CAPM 的运作机制是：安全性高的投资，如国库券，其贝塔值为 0。风险性较大的投资，相对于无风险的投资来说，应有一个溢价收益，而这就增加了贝塔值。那些投资风险与市场风

---

① 贝塔即前文所说的"β"，音译，责编注。

险大致相匹配的投资，其贝塔值是1，根据定义，这些投资应达到市场收益水平。

假定某一公司面临两个投资项目：A与B，A投资的贝塔值为0.5，也就是说，当市场价值上升或下降10%时，它的收益上升或下降5%。所以，其风险溢价仅是市场风险的一半；而B投资的贝塔值是2，即风险溢价是市场风险的两倍，所以它必须能够获得更高的收益来与支出相匹配。

CAPM也有一个小问题：金融学家发现，贝塔在解释公司股票收益率上并没有多大用处。更重要的是，另外还有一项指标可以很好地解释这些收益。这一指标就是公司的账面价值（资产负债表上的价值）与市场价值的比率。有研究发现，一般来说，账面—市值比率高的公司长期收益率较高，即便在调整了风险的贝塔值之后仍然如此。

这一账面—市值效果的发现在金融学家之间引起了广泛的争议。人们都同意一定的风险必定会带来高收益，但在如何测度风险上却争吵不休。一些人认为，既然投资者是理性的，这一账面—市值效果就一定会引来额外的风险因素。他们由此得出结论：经理人员应把这个账面—市值效果考虑进他们的要求收益率中。他们还把这一可能出现的要求收益率命名为“期望收益的新估计量”，或NEER。

另一些金融学家却对这一方法提出质疑。因为并无明显的额外风险与高账面—市值比率相关联的迹象，所以他们认为投资者会被这一概念误导。简单地说，这些人认为高账面—市值比率在获取高额收益的作用上无足轻重。如果这些公司的经理人员试图跃过这些被抬高了的要求收益率，他们就得放弃许多可以投资的资产组合。专家意见不一，叫那些循规蹈矩的经理人员该如何是好？

在一篇新发表的论文中①，麻省理工学院商学院的经济学家杰里米·斯坦（Jeremy Stein）给出了一个二者兼顾的答案。他说，如果投资者是理性的，则贝塔不是唯一的风险测度工具，这时经理人员应停止对它的使用。反过来，如果投资者是非理性的，在许多情形下，贝塔仍是有效的测度工具。斯坦先生认为，如果贝塔识别出市场的基础风险，这个基础风险指的是它对市场风险的贡献，那么，贝塔就值得引起经理人员的重视，即便在投资者还未认识到贝塔作用时也是如此。

但事实并非总是如此，斯坦先生的理论中暗含着一个关键性的区别：这就是提高公司长期的价值与试图提高它的股票价格二者的区别。如果投资者是理性的，就不存在这个区别，任何能够提高长期价值的决定都会同时提高公司的股票价格。但如果投资者正在犯着可预见性的错误，则经理人员必须做出抉择。

例如，如果他希望提高今天的股价，其原因可能是他想卖掉股票或阻止公司被接管的企图，他通常需要使用期望收益的新估计量，以纠正投资者的错觉。但如果他的目的在于提高长期价值，他通常会继续使用贝塔。由于斯坦先生的理论对市场做了甄别，他把这个遥视市场与NEER不同的方法称为“资产的基础风险”，或FAR法。

斯坦先生的结论无疑会惹恼许多公司老板，这些老板平时喜欢斥责投资者缺乏远见。他们责备CAPM的方法，是因为这一方法假定投资者判断无误，而这个假定在做决策时起了重要

---

① Jeremy Stein, “Rational Capital Budgeting in an Irrational World,” The journal of Business, October 1996.

作用。但现在有了斯坦先生的说法，情况就变成如果他们是正确的，而他们的投资者是错误的，则那些有远见的经理人员都不得不成为 CAPM 的最大的追随者了。

资料来源：“Tales from the FAR Side”，The Economist，November 16，1996，p. 8.

第二节 套利定价模型

1976 年，斯蒂芬·罗斯（Stephen Ross）利用套利定价原理，提出了套利定价理论（arbitrage pricing theory，APT）①，从另一个角度探讨了风险资产的定价问题。与 CAPM 相比，APT 的假设条件少多了，因此使用起来较为方便。

一、因素模型

套利定价理论认为，证券收益是跟某些因素相关的。为此，在介绍套利定价理论之前，我们先得了解因素模型（factor models）。我们曾在前面介绍过因素模型，这里作更进一步的讨论。因素模型认为各种证券的收益率均受某个或某几个共同因素影响。各种证券收益率之所以相关主要是因为他们都会对这些共同的因素起反应。因素模型的主要目的就是找出这些因素并确定证券收益率对这些因素变动的敏感度。

（一）单因素模型

为理解方便，我们循序渐进地从单因素模型开始。单因素模型认为，证券收益率只受一种因素的影响。

对于任意的证券 i，其在 t 时刻的单因素模型表达式为

$$r_{it}=a_i+b_iF_t+\varepsilon_{it} \tag{12-9}$$

式中，r_{it}表示证券 i 在 t 时期的收益率；F_t表示该因素在 t 时期的预测值；b_i表示证券 i 对该因素的敏感度；ε_{it}为证券 i 在 t 时期的随机变量，其均值为零，标准差为 $\sigma_{\varepsilon i}$；a_i为常数，它表示要素值为 0 时证券 i 的预期收益率。

因素模型认为，随机变量 ε 与因素是不相关的，且两种证券的随机变量之间也是不相关的。

根据式（12-9），证券 i 的预期收益率（$\bar{r}_i$）为

$$\bar{r}_i=a_i+b_i\bar{F} \tag{12-10}$$

式中，$\bar{F}$ 表示该要素的期望值。

根据式（12-9），证券 i 收益率的方差 σ_i^2 为

$$\sigma_i^2=b_i^2\sigma_F^2+\sigma_{\varepsilon i}^2 \tag{12-11}$$

式中 σ_F^2 表示 F 因素的方差；$\sigma_{\varepsilon i}^2$表示随机变量 ε_i 的方差。

式（12-11）表明，某种证券的风险等于因素风险（$b_i^2\sigma_F^2$）加上非因素风险 $\sigma_{\varepsilon i}^2$。

在单因素模型下，证券 i 和 j 收益率的协方差 σ_{ij}为

$$\sigma_{ij}=b_ib_j\sigma_F^2 \tag{12-12}$$

① Ross，Stephen A.，1976，“The Arbitrage Theory of Capital Asset Pricing”，Journal of Economic Theory 13，341-360.

单因素模型可以大大简化马科维茨模型中确定切点处投资组合的麻烦，因为它只要知道 a_i、b_i和 $\sigma_{\varepsilon i}$以及 $\overline{F}$ 和 σ_F 即可。

在单因素模型中，证券组合的方差 σ_p^2 等于

$$\sigma_p^2=b_p^2\sigma_F^2+\sigma_{\varepsilon p}^2 \tag{12-13}$$

其中，$b_p=\sum_{i=1}^{N}x_ib_i$

$$\sigma_{\varepsilon p}^2=\sum_{i=1}^{N}x_i^2\sigma_{\varepsilon i}^2$$

（二）两因素模型

两因素模型认为，证券收益率取决于两个因素，其表达式为

$$r_{it}=a_i+b_{i1}F_{1t}+b_{i2}F_{2t}+\varepsilon_{it} \tag{12-14}$$

式中，F_{1t}和 F_{2t}分别表示影响证券收益率的两个因素在 t 时期的预测值；b_{i1}和 b_{i2}分别表示证券 i 对这两个因素的敏感度。

在两因素模型中，证券 i 的预期收益率为

$$\overline{r}_i=a_i+b_{i1}\overline{F}_1+b_{i2}\overline{F}_2 \tag{12-15}$$

证券 i 收益率的方差为

$$\sigma_i^2=b_{i1}^2\sigma_{F1}^2+b_{i2}^2\sigma_{F2}^2+2b_{i1}b_{i2}\mathrm{cov}(F_1, F_2) \tag{12-16}$$

式中，$\mathrm{cov}(F_1, F_2)$ 表示 F_1 和 F_2 之间的协方差。

证券 i 和证券 j 的协方差为

$$\sigma_{ij}=b_{i1}b_{j1}\sigma_{F1}^2+b_{i2}b_{j2}\sigma_{F2}^2+(b_{i1}b_{j2}+b_{i2}b_{j1})\mathrm{cov}(F_1, F_2) \tag{12-17}$$

（三）多因素模型

多因素模型认为，证券 i 的收益率取决于 k 个因素，其表达式为

$$r_{it}=a_i+b_{i1}F_{1t}+b_{i2}F_{2t}+\cdots+b_{ik}F_{kt}+\varepsilon_{it} \tag{12-18}$$

应该注意的是，与资本资产定价模型不同，因素模型不是资产定价的均衡模型。在实际运用中，人们通常通过理论分析确定影响证券收益率的各种因素，然后，根据历史数据，运用时间序列法、跨部门法、因素分析法等实证方法估计出因素模型。

二、套利组合

根据套利定价理论，在不增加风险的情况下，投资者将利用组建套利组合的机会来增加其现有投资组合的预期收益率。那么，什么是套利组合呢？

根据套利的定义，套利组合要满足以下三个条件。

条件 1：套利组合要求投资者不追加资金，即套利组合属于自融资组合。如果我们用 x_i表示投资者持有证券 i 金额比例的变化（也代表证券 i 在套利组合中的权重，注意 x_i可正可负），则该条件可以表示为

$$x_1+x_2+\cdots+x_n=0 \tag{12-19}$$

条件 2：套利组合对任何因素的敏感度为零，即套利组合没有因素风险。由式（12-13）可知，证券组合对某个因素的敏感度等于该组合中各种证券对该因素敏感度的加权平均数，因此在单因素模型下该条件可表达为

$$b_1x_1+b_2x_2+\cdots+b_nx_n=0 \tag{12-20}$$

在双因素模型下，条件 2 表达式为

$$b_{11}x_1+b_{12}x_2+\cdots+b_{1n}x_n=0$$
$$b_{21}x_1+b_{22}x_2+\cdots+b_{2n}x_n=0$$

在多因素模型下，条件 2 表达式为

$$b_{11}x_1+b_{12}x_2+\cdots+b_{1n}x_n=0$$
$$b_{21}x_1+b_{22}x_2+\cdots+b_{2n}x_n=0$$
$$\cdots\cdots$$
$$b_{k1}x_1+b_{k2}x_2+\cdots+b_{kn}x_n=0$$

条件 3：套利组合的预期收益率应大于零，即

$$x_1\bar{r}_1+x_2\bar{r}_2+\cdots+x_n\bar{r}_n>0 \tag{12-21}$$

例：某投资者拥有一个 3 种股票组成的投资组合，三种股票的市值均为 500 万，投资组合的总价值为 1 500 万元。假定这三种股票均符合单因素模型，其预期收益率（$\bar{r}_i$）分别为 16%、20%和 13%，其对该因素的敏感度（b_i）分别为 0.9、3.1 和 1.9。请问该投资者能否修改其投资组合，以便在不增加风险的情况下提高预期收益率。

令三种股票市值比重变化量分别为 x_1、x_2 和 x_3。根据式（12-19）和式（12-20）我们有

$$x_1+x_2+x_3=0$$
$$0.9x_1+3.1x_2+1.9x_3=0$$

上述两个方程有三个变量，故有多种解。作为其中的一个解，我们令 $x_1=0.1$，则可解出 $x_2=0.083$，$x_3=-0.183$。

为了检验这个解能否提高预期收益率，我们把这个解用式（12-21）检验。式（12-21）左边等于

$0.1\times0.16+0.083\times0.2-0.183\times0.13=0.881\%$

由于 0.881% 为正数，因此我们可以通过卖出 274.5 万元的第三种股票（$-0.183\times1\ 500$ 万元）同时买入 150 万元第一种股票（$0.1\times1\ 500$ 万元）和 124.5 万元第二种股票（$0.083\times1\ 500$ 万元）就能使投资组合的预期收益率提高 0.881%。

三、套利定价模型

投资者套利活动是通过买入收益率偏高的证券同时卖出收益率偏低的证券来实现的，其结果是使收益率偏高的证券价格上升，其收益率将相应回落；同时使收益率偏低的证券价格下降，其收益率相应回升。这一过程将一直持续到各种证券的收益率跟各种证券对各因素的敏感度保持适当的关系为止。下面我们就来推导这种关系。

（一）单因素模型的定价公式

投资者套利活动的目标是使其套利组合预期收益率最大化。而套利组合的预期收益率 $\bar{r}_p$ 为

$$\bar{r}_p=x_1\bar{r}_1+x_2\bar{r}_2+\cdots+x_n\bar{r}_n$$

但套利活动要受到式（12-19）和式（12-20）两个条件的约束。根据拉格朗日定理，我们可建立如下拉格朗日函数。

$$L=(x_1\bar{r}_1+x_2\bar{r}_2+\cdots+x_n\bar{r}_n)-\lambda_0(x_1+x_2+\cdots+x_n)-\lambda_1(b_1x_1+b_2x_2+\cdots+b_nx_n)$$

L 取最大值的一阶条件为

$$\frac{\partial L}{\partial x_1}=\bar{r}_1-\lambda_0-\lambda_1 b_1=0$$

$$\frac{\partial L}{\partial x_2}=\bar{r}_2-\lambda_0-\lambda_1 b_2=0$$

$$\cdots\cdots$$

$$\frac{\partial L}{\partial x_n}=\bar{r}_n-\lambda_0-\lambda_1 b_n=0$$

$$\frac{\partial L}{\partial \lambda_0}=x_1+x_2+\cdots+x_n=0$$

$$\frac{\partial L}{\partial \lambda_1}=b_1x_1+b_2x_2+\cdots+b_nx_n=0$$

由此我们可以得到在均衡状态下 $\bar{r}_i$ 和 b_i 的关系。

$$\bar{r}_i=\lambda_0-\lambda_1 b_i \tag{12-22}$$

这就是在单因素模型 APT 定价公式，其中 λ_0 和 λ_1 是常数。

从式（12-22）可以看出 $\bar{r}_i$ 和 b_i 必须保持线性关系，否则投资者就可以通过套利活动来提高投资组合的预期收益率。式（12-22）可以用图 12-4 来表示。

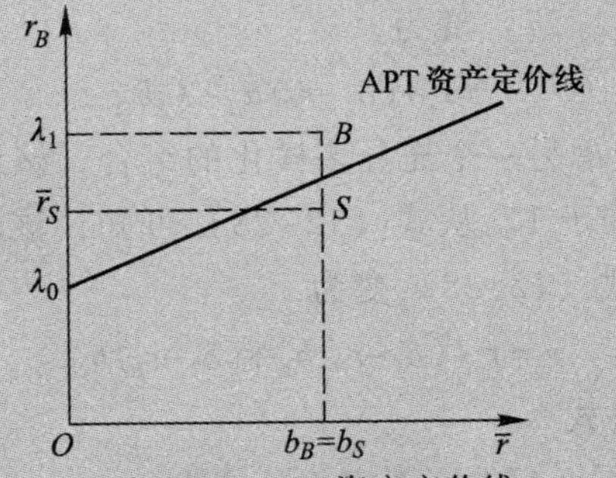

图 12-4　APT 资产定价线

从图 12-4 可以看出，任何偏离 APT 资产定价线的证券，其定价都是错误的，从而将给投资者提供组建套利组合的机会。以 B 点所代表的证券为例，该点位于 APT 资产定价线上方，这意味着其预期收益率较高，投资者就可以通过卖出 S 点所表示的证券，同时买入相同金额的 B 证券，从而形成套利组合。由于买卖 B 和 S 证券的金额相同，因此满足套利组合的条件 1；由于证券 B 和 S 的因素敏感度相等，而买卖金额也相同，因此满足条件 2；由于证券 B 的预期收益率大于证券 S，且两者在套利组合中权数相等，因此满足条件 3。

由于投资者买入证券 B，其价格将不断上升，预期收益率将随之下降，直至回到 APT 资产定价线为止。此时，证券价格处于均衡状态。

那么，式（12-22）中的 λ_0 和 λ_1 代表什么意思呢？我们知道，无风险资产的收益率等于无风险利率，即 $\bar{r}_i=r_f$。由于式（12-22）适用于所有证券，包括无风险证券，而无风险证券

的因素敏感度 $b_i=0$，因此根据式（12-22）我们有 $\bar{r}_i=\lambda_0$。由此可见，式（12-22）中的 λ_0 一定等于 r_f，因此式（12-22）可重新表示为

$$\bar{r}_i=r_f+\lambda_1 b_i \tag{12-23}$$

为了理解 λ_1 的含义，我们考虑一个纯因素组合（p^*），其因素敏感度等于 1，即 $b_{P^*}=1$，将 $b_{P^*}=1$ 代入（12-23），我们有

$$\begin{aligned}\bar{r}_{p^*}&=r_f+\lambda_1\\ \lambda_1&=\bar{r}_{p^*}-r_f\end{aligned} \tag{12-24}$$

由此可见，λ_1 代表因素风险报酬，即拥有单位因素敏感度的组合超过无风险利率部分的预期收益率。为表达方便，我们令 $\delta_1=\bar{r}_{p^*}$，即 δ_1 表示单位因素敏感度组合的预期收益率，则

$$\bar{r}_i=r_f+(\delta_1-r_f)b_i \tag{12-25}$$

（二）两因素模型的定价公式

用同样的方法我们可以求出两因素模型中的 APT 资产定价公式。

$$\bar{r}_i=\lambda_0+\lambda_1 b_{i1}+\lambda_2 b_{i2} \tag{12-26}$$

由于无风险证券的收益率为 r_f，其对第一种和第二种因素的敏感度均为零，根据式（12-26），其预期收益率一定为 λ_0。由此可知，λ_0 一定等于 r_f 即

$$\bar{r}_i=r_f+\lambda_1 b_{i1}+\lambda_2 b_2 \tag{12-27}$$

为理解 λ_1 的含义，我们考虑一个充分多样化的组合，该组合对第一种因素的敏感度等于 1，对第二种因素的敏感度等于 0。从式（12-27）可知，该组合的预期收益率 δ_1 等于 $r_f+\lambda_1$，因此，$\lambda_1=\delta_1-r_f$。这样，式（12-27）变为

$$\bar{r}_i=r_f+(\delta_1-r_f)b_{i1}+\lambda_2 b_{i2} \tag{12-28}$$

为理解 λ_2 的含义，我们考虑另一个充分多样化的组合，该组合对第一种因素的敏感度等于 0，对第二种因素的敏感度等于 1。从式（12-28）可知，该组合的预期收益率 δ_2 等于 $r_f+\lambda_2$，因此，$\lambda_2=\delta_2-r_f$。这样，式（12-38）变为

$$\bar{r}_i=r_f+(\delta_1-r_f)b_{i1}+(\delta_2-r_f)b_{i2} \tag{12-29}$$

（三）多因素模型的定价公式

同样道理，在多因素模型下，APT 资产定价公式为

$$\bar{r}_i=\lambda_0+\lambda_1 b_{i1}+\lambda_2 b_{i2}+\cdots+\lambda_k b_{ik} \tag{12-30}$$

如果我们用 δ_j 表示对第 j 种因素的敏感度为 1，而对其他因素的敏感度为 0 的证券组合的预期收益率，我们可以得到

$$\bar{r}_i=r_f+(\delta_1-r_f)b_{i1}+(\delta_2-r_f)b_{i2}+\cdots+(\delta_k-r_f)b_{ik} \tag{12-31}$$

式（12-31）说明，一种证券的预期收益率等于无风险利率加上 k 个因素风险报酬。

阅读与应用

状态和因素

大部分资产配置分析都建立在马科维茨最优证券投资组合理论的基础上。不同种类资产的预期收益和标准差都被输入到最优化软件中。不同种类资产的月收益率之间的相关系数估计值

也是如此。这样就产生了有效集。然后根据客户可承受的风险，就可以做出资产配置的建议。现在，该分析已经扩展到更为细分的资产类别。资产管理人员根据股票的风险、规模、每股收益的增长状况等因素把股票分成很多类别。在某些情况下，他们运用最优化软件确定证券投资组合或基金应该在每一类别股票上进行多大比例的投资。

如美国堪萨斯养老基金 DeMarche 通过短期和长期预期收益来分析资产配置。从长期看，不同类别的资产预期收益源于该资产收益的长期历史记录。当投资环境发生明显变化时，它对长期收益做出主观修正。DeMarche 使用指数或因素模型来估计短期预期收益。这些因素通常都是宏观经济变量，如通货膨胀率等。DeMarche 使用的模型之一包括以下因素：①国库券的收益率；②短期政府债券和长期政府债券收益率之差；③消费价格未预期的通货膨胀率；④工业生产未预期的比例变化；⑤标准普尔指数的股息—市价比率；⑥高等级和低等级的债券收益率之差；⑦未预期的原油价格比例变化。

通过估计每一类别资产的因素敏感度，DeMarche 可以预测在一定的经济环境下的预期收益。

DeMarche 养老基金的高管鲍勃一直在从事开发养老基金的资产配置技术。DeMarche 在因素模型中加入市场状态模型。DeMarche 的研究者根据股票价格的惯性和每股收益，已经找到了四种不同的经济状态：①牛市的初期；②牛市的中期；③牛市的后期；④熊市。

有趣的是，给定某种类别的股票，其因素敏感度在市场从一种状态转变为另一种状态时发生了剧烈变动。所以 DeMarche 就分别在不同的经济状态下估计出不同的因素敏感度。表 12-2 列出了从熊市过渡到牛市初期时大公司股票和小公司股票的因素敏感度。

表 12-2　因素敏感度表

单位：%

因素	状态 4		状态 1	
	小公司	大公司	小公司	大公司
国库券收益率	-6.45	-1.21	5.16	5.81
短期政府债券和长期政府债券收益率之差	0.34	0.45	0.86	0.92
消费价格未预期的通货膨胀率	-3.82	-2.45	-3.23	-2.20
工业生产未预期的比例变化	0.54	0.06	0.00	0.40
标准普尔指数的股息—市价比率	1.51	-0.16	-0.18	0.00
高等级和低等级的债券收益率之差	-0.63	-0.43	2.46	1.45
未预期的原油价格比例变化	-0.21	-0.07	0.26	0.20

做出资产配置决定的方法是先明确目前的经济状态，计算该状态下因素的值，然后对这些因素的平均值做出修正，从而对下一期做出预测。然后根据该状态下的因素敏感度计算不同类别（如大公司和小公司）的资产的预期收益。将这些预期收益输入最优化软件中，在一定风险水平下找出下一年最大的预期收益。

到目前为止，市场对该方法的反映还不错。这个因素/状态模型是 DeMarche 的众多创新之一，DeMarche 正是通过不断地创新奠定了其在养老基金咨询领域的领导地位。

第三节 资本资产定价模型的扩展

一、跨时资本资产定价模型（ICAPM）

（一）跨时资本资产定价模型的由来

资本资产定价模型（CAPM）包含着这样一个意思，即所有投资者都会采取同一种风险资产组合——市场组合，以获得最佳风险收益率。然而，在 CAPM 中，采取的假设是投资者只面临一种风险来源——证券未来价值的不确定性，并且财富的货币价值是经济福利的唯一决定因素。

当然，在现实生活中，投资者必须面对许多其他的风险来源，其中包括：①不确定的劳动收入；②不确定的消费品价格，譬如能源与住房的价格的不确定性；③不确定的寿命；④不确定的未来投资机会，譬如未来利率的不确定性。

自然地，投资者将最大限度地规避这些风险。例如，人寿保单可以被视为对于寿命预期不确定性的对冲工具。对抗各种风险来源的超出市场套利的需求意味着我们必须调整以前的处理资产组合需求的方法。我们可以通过一个例子加以说明。

20 世纪七八十年代，石油价格的戏剧性波动表明在石油价格的冲击下世界经济脆弱不堪。除了石油价格对股票市值的直接影响外，消费者与投资者亦发现石油价格不仅影响了他们的家庭取暖和坐车上下班的成本，而且影响了失业率与通货膨胀率。

对于众多投资者来说，受石油价格的不确定性影响更大的是他们的消费与工作，而不是能源股如埃克森石油公司股票的价格。毫无疑义，人们急于寻找一种可以抵消或是规避石油价格不确定性风险的投资工具。一种自然的套期保值证券是能源板块的股票，它们在其他行业遭受石油价格的冲击时，会表现出良好的业绩。因此投资者采用如购买埃克森石油公司股票的套期资产组合来抵消他们的石油价格风险。因此，最佳风险资产组合就不再是市场组合，投资者会在市场组合中加入套期资产组合的额外头寸。

但是，如果很多投资者将他们的资产组合从市场组合向诸如能源股的某一特殊板块倾斜，那么那些证券的相对价格就会发生变化，以反映这种额外的套期保值需求。例如，能源股的价格会被套期保值需求抬高，从而使它们的投资收益率下降。证券的套期保值投资者愿意持有这些股票，即便它们的期望收益率比 CAPM 中的期望收益—贝塔关系所指出的要低。因此，简单的期望收益—贝塔关系需要加以综合以解释超出市场的套期保值需求对均衡收益率的影响。

默顿①指出，这些套期保值需求将导致 CAPM 的延展或形成“多因素”版本，这其中包括了风险的多维本质。默顿模型的焦点不是每股的资本收益而是投资者可能的消费与投资。这种消费或投资的风险来源可以在很大程度上支配它们的风险溢价。

例如，在石油价格波动的案例中，默顿模型意味着单一 CAPM 的期望收益—贝塔关系可以被综合起来得到下述两因素关系。

---

① Robert C. Merton, “An Intertemporal Capital Asset Pricing Model,” *Econometrica* 41 (1973)

$$E(r_i)-r_f=\beta_{iM}[E(r_M)-r_f]+\beta_{io}[E(r_o)-r_f]$$

这里β_{iM}是市场资产组合中第i种证券的贝塔值，β_{io}是石油价格风险的贝塔值。正如我们在利用简单回归分析的传统指数模型中测度贝塔一样，在这个扩展模型中，我们可以采用一些已知或系统因素的多元回归来测度多重贝塔。同样的，$[E(r_o)-r_f]$是对于石油价格不确定性风险的风险溢价，r_o是面对石油价格不确定性的最佳套期保值资产组合的收益率。因此，这个方程是一个二元 CAPM。总而言之，对于每一个消费者试图套期保值的重大风险来源我们都有一个贝塔和一个风险溢价。

（二）跨时资本资产定价模型

美国经济学家默顿 Robert C. Merton 是该领域的先驱。1973 年，他在《计量经济学》（Econometrica）杂志上发表了《跨期资本资产定价模型》（An Intertemporal Capital Assets Pricing Model）一文，引起了经济学家对多期间资本资产定价模型的关注。

在投资者同质预期、资产无限可分、资产价格的随机变动、效用函数凹性、效用可加性、无分割市场和竞争市场、随机最优控制存在等假设条件下，利用随机最优控制理论或随机动态规划等数学方法结合金融的基本理论，以利率r作为状态变量可得到如下结论。

$$\mu_i-r=\beta_{iM}[\mu_M-r]+\beta_{ir}[\mu_r-r],\ i=0,\ 1,\ 2,\ \cdots,\ n \tag{12-32}$$

式中，μ_i为资产i的期望收益率；r为无风险利率；β_{iM}为资产i与市场组合有关的β系数；β_{ir}为资产i与投资机会集有关的β系数；μ_r为无风险利率的期望值。

在跨期条件下，仅仅与市场资产组合有关的β系数，还不足以描绘一种资产的相对风险，它与投资机会集的协方差也会影响资产的价格和最优需求量。要注意的是，这两者都是系统风险，因而它是两个β的均衡。

把上述结论推广到m个状态变量，根据式（12-32）有

$$\mu_i-r=\sum_{0}^{m}\beta_{ij}(\mu^i-r),\ i=0,\ 1,\ \cdots,\ n \tag{12-33}$$

式中，$\mu^i(i=0)$是市场资产组合的期望收益率；$\mu^i(i=0,\ 1,\ \cdots,\ m)$是与第$S$个状态变量$S_j(j=1,\ 2,\ \cdots,\ m)$的变化有着最高相关系数的对冲资产组合（基金）的期望收益率。由于式（12-33）中的证券收益率表现为多贝塔形式，所以跨期 CAPM 又称为多贝塔 CAPM。在计量经济学上，可以把$\beta_{ij}(i=1,\ 2,\ \cdots,\ n;\ j=1,\ 2,\ \cdots,\ m)$视为第$i$种风险资产的（瞬间）期望收益与这$m+1$种基金的（瞬间）期望收益之间的多元回归系数（multiple regression coefficients）。

这种 CAPM 的扩展模式预言了与多因素套利定价理论（APT）完全相同的资产回报率。因此，这两种风险溢价理论之间没有任何矛盾。他们提供了互补但一致的获得风险溢价决定因素的方法。与套利定价理论相比，CAPM 的确有一个明显的优势，它将经济中的系统因素看做是已知的，CAPM 提供了寻找这些因素的方法。

二、消费资本资产定价模型（CCAPM）

在跨时资本资产定价模型（ICAPM）中，投资者生命期内的消费效用函数被分解为当前消费效用函数和以后各期的衍生效用函数两部分，而衍生效用函数又定义在财富和状态变量集上。因此，我们通过随机最优控制理论求解，最优消费也是财富水平和状态变量集的函数。当

最优消费流遵从扩散过程时，根据伊藤引理，我们可以将多贝塔的 CAPM 简化为单贝塔的消费导向 CAPM，具体表示为

$$\mu_i - r_f = [E(dc/c) - r_f]\beta_{ic} \tag{12-34}$$

式中，$\beta_{ic} = \dfrac{\text{cov}(\mu_i,\ dc/c)}{\text{var}(dc/c)}$

公式（12-34）称消费贝塔系数形式的资本资产定价模型（CCAPM）。该模型认为，资产 i 的预期超额报酬（$\mu_i - r_f$）等于该资产的消费贝塔系数（β_{ic}）乘以与总消费完全相关的资产组合的预期超额报酬；消费贝塔系数（β_{ic}）表示资产 i 的收益率与总消费的协方差 $\text{cov}(dc/c,\ \mu_i)$ 除以总消费报酬的方差 $\text{var}(dc/c)$，$E(dc/c)$ 表示消费的瞬时期望增长率。该模型与单期消费贝塔系数模型（CCAPM）的唯一区别是，该模型使用瞬时报酬，而单期模型使用离散报酬，但消费贝塔系数的风险含义相同。消费贝塔系数表示资产在期间内的波动性，这种波动程度就是该模型考虑的风险。投资者总是试图“平滑”（smooth）期间内的消费流，并消除其在各种状态下的波动性。

阅读与应用

投资者为资产的流动性付出高价

在流动性程度不同的股票之间进行选择，绝大多数投资者都会选择那些易买进又易出手的流动性强的股票。

但对那些做长期投资的人来说，他们不做经常性的交易，就没必要为追求流动性而多花费了。最近对股票业绩的研究表明，一般来看，流动性差的股票收益率高，高到一年好几个百分点的程度。

“流动性真好，即便不利用它而仅为它支付也好”，一位公司的副总裁斯蒂文·旺奇（Steven Wunch）如是说。他还补充道，按照投资策略，“在你不需要它或不用它、也不对它有所支付时，考虑流动性的强弱与否才有意义。”

非流动性支付

在学术研究中，量化非流动性支付的工作是由两位金融学教授——纽约大学（New York University）与特尔阿维夫大学（Tel Aviv University）的亚科夫·阿米赫德（Yakov Amihud）与罗切斯特大学（University of Rochester）的海姆·门德尔森（Haim Mendelson）完成的。他们研究了1961—1980年间纽约股票市场的交易，根据买卖价差占全部股价的百分比来划分流动性。

市场交易者用买卖价差来确定他们向投资者卖出股票与他们从投资者手中买入股票的价格差别。买入价总是较低，因为经纪人要将有价值的资产以持股形式保留在存货中，直到再售出为止，而这是具有一定风险的。

如果股票的流动性相对较差，就意味着暂时不准备出售它。如果出售，最大的可能是亏损。为防止这一风险，市场的交易者就需要一个更大的折扣来补偿潜在的销售者，此时价差也就会更大。

阿米赫德与门德尔森教授的研究说明了流动性价差——以股票总价格的折扣百分比表示，

其范围从发行广泛的IBM公司股票的不到1%，到更多的公司的4%～5%。最大的价差组存在于较小的、低价格的股票中。

研究还发现，总体看来，在20年的周期内，流动性最差的股票收益与流动性最好的股票收益相比，前者每年平均要高出8.5个百分点。纽约股票交易所的情况是，股票价差增加1个百分点，其年收益平均要增加2.5个百分点。这种关系成为调节资产规模与其他风险因素的根据。

《华尔街日报》对此的研究结论大致相同，它考察的是1980—1985年纽约股票交易所的情形，结果表明，价差增加1个百分点，年收益平均上涨2.4个百分点。同时，流动性最差的股票与流动性最好的股票相比，前者的年收益高出近6个百分点。

交易费用

一方面，由于每次股票交易的成本都不同，对于那些交易频繁的投资者来说，很快就会感到非流动性股票交易费用太高了。另一方面，做小额、长期投资的投资者则无须为价差烦恼，因为他们可以在一个较长时期内摊提这些成本。

投资策略对我们的启示是，"小额投资者应当使自己购买的股票类型与预期的持股时间相符合"，门德尔森教授这样告诉我们。如果投资者希望在三个月内将股票出手，最好支付流动性成本，购买最低价差的股票。如果计划持股期为一年甚至更长，则为获取更多收益而选择3%甚至更高一些的价差是合适的。

资料来源：Barbara Donnelly，The Wall Street Journal，April 28，1987，p. 37.

第四节　期权定价模型

一、二项树期权定价模型

（一）单期二项树模型

二项树模型首先由夏普（Sharpe）提出，并由考克斯（Cox）、罗斯（Ross）和鲁宾斯坦（Rubinstein）加以完善。没有红利的美式看涨期权提前执行并不是最优的，它们可以应用Black-Scholes公式定价。但对有红利的美式看涨和看跌期权，提前执行有可能是最优的，这取决于标的资产的价格。这些美式期权价格并没有闭式解，必须用数值方法解Black-Scholes偏微分方程。二项树模型能够推出简单而直观的美式期权定价解，而且它也可以用于其他期权定价。在推导二项树期权定价模型时，有如下假设。

（1）资本市场是竞争性的市场。

（2）在资本市场内，诸如交易费用及税率均不存在。投资者可以任意借贷资金。任何投资者或市场交易者都无能力控制价格，即他们都接受市场所决定的价格。

（3）投资者可以无限制地卖空或放空任何资产。

（4）无风险借贷利率存在，固定不变且相等。

（5）期权标的资产在期权到期前没有红利发放。

（6）投资者是理性的，他们寻求最高的利润。

二项树模型是对连续几何布朗运动过程分布股票价格的有限离散化。如果当前的股票价格

为 $S_0=S$，我们考虑时间 T 时的股票价格。我们一般假设股票价格服从几何布朗运动，为了应用二项树模型，我们需要将价格的连续分布离散化。如果时间 T 时只有两种可能的价格状态 $S\to Su$ 或者 $S\to Sd$，其中 $u>1$，$0<d<1$。如果 $P(S_T=Su)=p$，则 $P(S_T=Sd)=1-p$。用一个二项树图表示如图 12-5 所示。

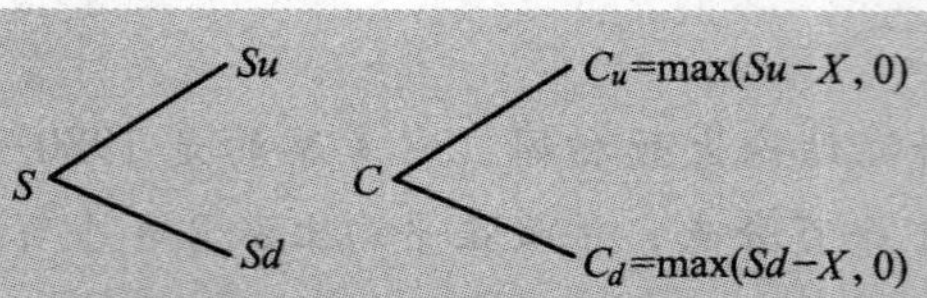

图 12-5　单期二项树图

考虑期权价值 C，时间 T 时的收益为

$$C_T=\begin{cases}C_u, & S_T=Su\\ C_d, & S_T=Sd\end{cases}$$

为了确定时间 T 时的期权价格，我们构造一个复制组合。该组合的收益与期权价值完全相同，这个组合包括 Δ 份股票 S 和银行存款 B。该投资组合在时间 T 的收益为

$$C_u=\Delta Su+Be^{rT} \tag{12-35}$$

$$C_d=\Delta Sd+Be^{rT} \tag{12-36}$$

解上述方程（12-35）和（12-36）可以得到

$$\Delta=\frac{C_u-C_d}{S(u-d)}$$

$$B=\frac{uC_d-dC_u}{e^{rT}(u-d)}$$

式中 r 为表示无风险利率。该复制组合的期初价值如下。

$$C=\Delta S+B=\frac{C_u-C_d}{S(u-d)}S+\frac{uC_d-dC_u}{(u-d)e^{rT}}=e^{-rT}\left(\frac{e^{rT}-d}{u-d}C_u+\frac{u-e^{rT}}{u-d}C_d\right) \tag{12-37}$$

而根据图 12-5 的二项树，期权的期初价值为

$$C=e^{-rT}[pC_u+(1-p)C_d] \tag{12-38}$$

比较（12-37）和（12-38）可以得到

$$p=\frac{e^{rT}-d}{u-d},\ 1-p=\frac{u-e^{rT}}{u-d} \tag{12-39}$$

这个二项分布最重要的特征是它是风险中性的，如果利用这个二项分布去贴现时间 T 的股票价格，可以得到

$$e^{-rT}[pSu+(1-p)Sd]=S$$

下面的问题是如何构建符合风险中性的二项树。我们需要从股票价格 S 开始，给出 Δt 时间之后股票价格的二项分布。利用前面的表述，令 Δt 时间之后股票价格分别为 Su 和 Sd，从 S 上升到 Su 的概率为 p。则 u、d 和 p 满足的约束条件为

$$pu+(1-p)d=e^{r\Delta t}$$

$$pu^2+(1-p)d^2=e^{(2r+\sigma^2)\Delta t}$$

$$u \cdot d=1$$

第一个约束条件反映风险中性概率的要求；第二个约束条件反映波动率为 σ 的几何布朗运动的方差；第三个约束条件是一个纯技术处理，这个处理决定了该二项树不会向上或者向下倾斜。在这三个约束条件中，只有 u、d 和 p 是未知的。此时，风险中性概率为

$$p=\frac{e^{r\Delta t}-d}{u-d},\ 1-p=\frac{u-e^{r\Delta T}}{u-d}$$

为了求得 u 和 d，我们注意到

$$p=\frac{e^{r\Delta t}-d}{u-d}=\frac{e^{(2r+\sigma^2)\Delta t}-d^2}{u^2-d^2}$$

相当于

$$e^{r\Delta t}-d=\frac{e^{(2r+\sigma^2)\Delta t}-d^2}{u+d}$$

利用 $u \cdot d=1$ 可以得到

$$e^{r\Delta t}d^2+(1+e^{(2r+\sigma^2)\Delta t})d-e^{r\Delta t}=0$$

这样，我们可以很容易求出 u 和 d，进一步可以求出 p。

（二）多期二项树模型

上述单期二项树模型首先可以推广到二期二项树，如图 12-6 所示。

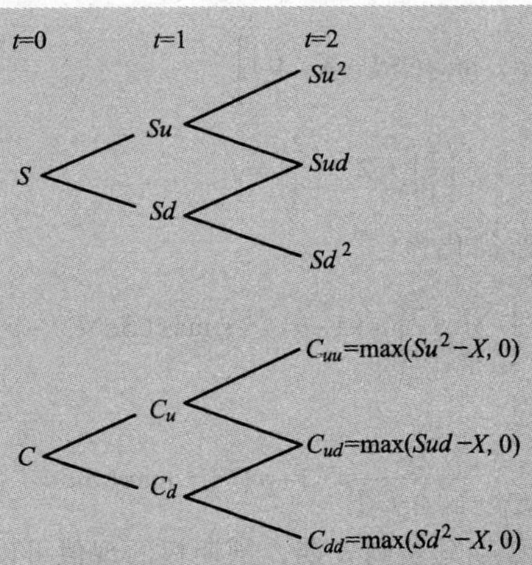

图 12-6　二期二项树图

在这个二项树图中，时间 $t=1$ 到 $t=2$ 时，股票价格由 Su 上升到 Su^2 或者下降到 Sud 时，期权价格为

$$C_u=e^{-r\Delta t}[pC_{uu}+(1-p)C_{ud}] \tag{12-40}$$

类似地，时间 $t=1$ 到 $t=2$ 时，股票价格由 Sd 上升到 Sud 或者下降到 Sd^2 时，期权价格为

$$C_d=e^{-r\Delta t}[pC_{du}+(1-p)C_{dd}] \tag{12-41}$$

在 $t=1$，当股票价格为 Su 时，有

$$C_{uu}=\Delta Su^2+Be^{r\Delta t} \tag{12-42}$$

$$C_{ud}=\Delta Sud+Be^{r\Delta t} \tag{12-43}$$

根据式（12-42）和式（12-43）可以求出

$$\Delta=\frac{C_{uu}-C_{ud}}{S(uu-ud)}$$

$$B=\frac{uC_{ud}-dC_{uu}}{e^{r\Delta t}(u-d)}$$

根据上面公式调整后的套利组合与期权在 $t=2$ 时的期望收益相同。因此，我们可以按公式（12-40）和（12-41）确定期权在 $t=1$ 时的价格 C_u 和 C_d。在确定 $t=1$ 时的期权价格 C_u 和 C_d 后，按照同样的原理可进一步确定 $t=0$ 时期权价格为

$$C=e^{-r\Delta t}[pC_u+(1-p)C_u] \tag{12-44}$$

将公式（12-40）和（12-41）代入公式（12-44），可以得到期权的现值为

$$\begin{aligned}C&=e^{-r\Delta t}[pC_u+(1-p)C_u]\\&=e^{-2r\Delta t}[p(pC_{uu}+(1-p)C_{ud}]+(1-p)[pC_{ud}+(1-p)C_{dd})]\\&=e^{-2r\Delta t}[p^2C_{uu}+2p(1-p)C_{du}+(1-p)^2C_{dd}]\\&=e^{-2r\Delta t}[p^2\max(Su^2-X,\ 0)+2p(1-p)\max(Sud-X,\ 0)+(1-p)^2\max(Sd^2-X,\ 0)]\end{aligned} \tag{12-45}$$

利用统计学上的二项分布可以重新改写公式（12-45），得到

$$C=e^{-2r\Delta t}\left[\binom{2}{2}p^2\max(Su^2-X,\ 0)+\binom{2}{1}p(1-p)\max(Sud-X,\ 0)+\binom{2}{0}(1-p)^2\max(Sd^2-X,\ 0)\right] \tag{12-46}$$

这里$\binom{n}{j}=\frac{n!}{j!(n-j)!}$，$\binom{2}{0}=1$，$\binom{2}{1}=2$，$\binom{2}{2}=1$

公式（12-46）可以进一步简化为

$$C=e^{-2r\Delta t}\left[\sum_{j=0}^{2}\binom{2}{j}p^j(1-p)^{2-j}\cdot\max(Su^jd^{2-j}-X,\ 0)\right] \tag{12-47}$$

或者

$$C=e^{-2r\Delta t}\left[\sum_{j=0}^{2}\frac{2!}{j!(2-j)!}p^j(1-p)^{2-j}\cdot\max(Su^jd^{2-j}-X,\ 0)\right] \tag{12-48}$$

如果我们将期权的期限从 2 期延长到 n 期，则期权的现值可以由如下公式确定。

$$C=e^{-nr\Delta t}\left[\sum_{j=0}^{n}\frac{n!}{j!(n-j)!}p^j(1-p)^{n-j}\cdot\max(Su^jd^{n-j}-X,\ 0)\right] \tag{12-49}$$

但在公式（12-49）中，如果 $Su^jd^{n-j}<X$，则 $\max(Su^jd^{n-j}-X,\ 0)=0$。如果 $Su^jd^{n-j}>X$，则 $\max(Su^jd^{n-j}-X,\ 0)=Su^jd^{n-j}-X>0$。因此，我们也可以将所有的零项消除，而只保留正项。在公式（12-49）中，假设 k 是使得 $Su^jd^{n-j}>X$ 的最小整数，也就是

$$k>\frac{\ln(X/Sd^n)}{\ln(u/d)}$$

因此，消除零项以后，公式（12-49）就变成

$$C=e^{-nr\Delta t}\left[\sum_{j=k}^{n}\frac{n!}{j!(n-j)!}p^j(1-p)^{n-j}\cdot(Su^jd^{n-j}-X)\right]$$

$$= e^{-nr\Delta t}\left[\sum_{j=k}^{n}\frac{n!}{j!(n-j)!}p^{j}(1-p)^{n-j}\cdot Su^{j}d^{n-j}\right]$$

$$-e^{-nr\Delta t}\left[\sum_{j=k}^{n}\frac{n!}{j!(n-j)!}p^{j}(1-p)^{n-j}\cdot X\right]$$

$$= S\sum_{j=k}^{n}\frac{n!}{j!(n-j)!}\bar{p}^{j}(1-\bar{p})^{n-j}-\frac{X}{e^{nr\Delta t}}\sum_{j=k}^{n}\frac{n!}{j!(n-j)}p^{j}(1-p)^{n-j} \tag{12-50}$$

这里 $\bar{p}=\frac{pu}{e^{r\Delta t}}$，$1-\bar{p}=\frac{(1-p)d}{e^{r\Delta t}}$。

公式（12-50）就是二项树期权定价模型。

二、Black-Scholes 期权定价模型

Black-Scholes 期权定价模型的假设条件如下。

（1）股票价格服从几何布朗运动 $dS=\mu Sdt+\sigma Sdw$，其中 μ 和 σ 是常数。

（2）允许卖空标的股票以及充分利用卖空得来的资金。

（3）没有交易费用和税收。

（4）股票交易是连续的，价格变动也是连续的，且股票具有无限可分性。

（5）不存在无风险套利机会。

（6）标的股票在期权有效期内不分配红利。

由于股票价格服从几何布朗运动，即

$$dS=\mu Sdt+\sigma Sdw \tag{12-51}$$

如果令 $f(S,t)$ 表示标的股票衍生证券的价格，则该衍生证券如期权价格变动过程可以由 Itô Lemma 决定。

$$df=\left(\frac{\partial f}{\partial t}+\frac{\partial f}{\partial S}\mu S+\frac{1}{2}\frac{\partial^2 f}{\partial S^2}\sigma^2 S^2\right)dt+\frac{\partial f}{\partial S}\sigma Sdw \tag{12-52}$$

在时间间隔 Δt 下，式（12-51）和式（12-52）分别变成

$$\Delta S=\mu S\Delta t+\sigma S\Delta w \tag{12-53}$$

$$\Delta f=\left(\frac{\partial f}{\partial t}+\frac{\partial f}{\partial S}\mu S+\frac{1}{2}\frac{\partial^2 f}{\partial S^2}\sigma^2 S^2\right)\Delta t+\frac{\partial f}{\partial S}\sigma S\Delta w \tag{12-54}$$

式中 ΔS 表示时间 Δt 内股票价格的变动量；Δf 表示时间 Δt 内衍生证券价格的变动量。

从上面的分析可以看出，式（12-53）和式（12-54）中的 Δw 相同，只要选择合适的衍生证券和标的股票组合就可以消除不确定性。因此，为了消除 Δw，我们可以构建一个包括一单位衍生证券空头和 $\frac{\partial f}{\partial S}$ 单位标的股票多头的组合。令 Π 表示该投资组合的价值，则有

$$\Pi=-f+\frac{\partial f}{\partial S}S \tag{12-55}$$

在时间 Δt 后，该投资组合的价值变化为

$$\Delta\Pi=-\Delta f+\frac{\partial f}{\partial S}\Delta S \tag{12-56}$$

将式（12-53）和式（12-54）代入式（12-56）可以得到

$$\Delta\Pi=-\left(\frac{\partial f}{\partial t}+\frac{1}{2}\frac{\partial^2 f}{\partial S^2}\sigma^2S^2\right)\Delta t \tag{12-57}$$

由于式（12-57）中不包含 Δw，该组合价值在一个小时间间隔 Δt 后必定没有风险，因此该组合在 Δt 中的瞬时收益率一定等于 Δt 内的无风险收益率。否则，套利者就可以通过套利获得无风险收益率。因此，在没有套利机会的条件下有

$$\Delta\Pi=r\Pi\Delta t$$

将式（12-55）和式（12-57）代入上式得到

$$\left(\frac{\partial f}{\partial t}+\frac{1}{2}\frac{\partial^2 f}{\partial S^2}\sigma^2S^2\right)\Delta t=r\left(f-\frac{\partial f}{\partial S}S\right)\Delta t$$

化简得到

$$\frac{\partial f}{\partial t}+rS\frac{\partial f}{\partial S}+\frac{1}{2}\frac{\partial^2 f}{\partial S^2}\sigma^2S^2=rf \tag{12-58}$$

这就是著名的 Blach-Scholes 偏微分方程。解出式（12-58）的答案就可以得到衍生证券的定价模型。但式（12-58）通常有很多答案，只有确定某一特定的临界条件时，式（12-58）才有唯一解。临界条件代表衍生证券在到期时的现金流量。就欧式买权而言，其到期现金流为 $C_T=\max(S_T-X,\ 0)$，而欧式卖权的到期现金流是 $P_T=\max(X-S_T,\ 0)$。

将欧式买权价格代入 Blach-Scholes 偏微分方程得到

$$\frac{\partial C}{\partial t}+rS\frac{\partial C}{\partial S}+\frac{1}{2}\frac{\partial^2 C}{\partial S^2}\sigma^2S^2=rC,\ C=C(S,\ t),\ C_T=\max(S_T-K,\ 0)$$

$$C=C(S,\ t)=e^{-r(T-t)}E[\max(S_T-K,\ 0)] \tag{12-59}$$

这相当于风险中性条件欧式买权到期现金流的期望值，以无风险利率 r 贴现。因此，求出式（12-59）右边的期望值，就得到欧式买权的定价模型为

$$C=SN(d_1)-Ke^{-r(T-t)}N(d_2) \tag{12-60}$$

式中，$d_1=\dfrac{\ln(S/K)+(r+\sigma^2/2)(T-t)}{\sigma\sqrt{T-t}}$，$d_2=d_1-\sigma\sqrt{T-t}$

同样，可以得到欧式卖权的定价模型为

$$P=Ke^{-r(T-t)}N(-d_2)-SN(-d_1)$$

阅读与应用

高尚的追求

20 世纪 70 年代初，在费希尔·布莱克（Fisher Black）、迈伦·斯科尔斯（Myron Scholes）和罗伯特·默顿（Robert Merton）三位学者的共同努力下，期权定价的问题终于得到圆满解决。这三位学者均来自波士顿的麻省理工学院。布莱克在获得他的物理学学位之后，最初对认股权定价的课题进行研究，与股票期权不同，当时美国有些交易所有认股权的交易。布莱克最初利用 CAPM 对包含认股权和其标的股票的组合进行定价，他得到的一个重要结论是认股权的价值不依赖于股票的收益。

斯科尔斯在 20 世纪 60 年代晚期也在麻省理工学院的斯隆管理学院从事期权定价的研究，

在遇见布莱克后，他们开始一起工作。当时一个年轻的应用数学家罗伯特·默顿作为研究助理加入了麻省理工学院著名经济学家保罗·萨缪尔森的团队。萨缪尔森根据他自己的早期研究工作，鼓励默顿对认股权定价这一领域进行探索。当时默顿用伊藤引理发展出了跨期 CAPM，这个数学思想正是 Black-Scholes 公式的基础。

在麻省理工学院的几年间，默顿、布莱克和斯科尔斯三位学者经常在一起探讨问题。他们通往成功的道路可以被描述为"带有正漂移的随机漫步"。他们曾碰上许多死胡同，但最终问题得以解决。

1970 年，布莱克和斯科尔斯完成了他们的期权定价论文。他们说明是默顿提出建议将期权与标的资产结合起来构造出无风险组合。布莱克和斯科尔斯的论文最初被芝加哥大学经济系出版的《政治经济学》（Journal of Political Economy，JPE）拒绝，理由是论文太专业化了。随后哈佛大学的《经济学与统计学评论》（Review of Economics and Statistics）也拒绝了他们。不过最终在尤金·法码（Eugene Fama）和默顿·米勒（Merton Miller）的支持下，JPE 接受了这篇论文，并以《期权定价和公司债务》为题发表于 1973 年的 5 月及 6 月期上。与布莱克和斯科尔斯合作过的默顿也写了一篇论文发表于 1973 年春季的《贝尔经济学学报》（Bell Journal）上。

斯科尔斯和默顿都因他们出色的工作获得了诺贝尔经济学奖，但费希尔·布莱克却因已经不在人世而没有获得这一殊荣。这几位学者也都身体力行，在投资实践中应用他们的理论成果来试图战胜市场。他们有时很成功，但有时也不走运。比如长期资本管理公司就是一个例子，斯科尔斯和默顿都参与了这个对冲基金的运作，但这个公司在 1998 年却破产了。

芝加哥期权交易所恰巧在 1973 年 4 月开始交易期权（最初是在芝加哥交易所烟雾缭绕的交易大厅里），于是 Black-Scholes 的新公式很快在交易员中流传开来。象牙塔里的学者创造出了兼具美感和实际价值的东西。不管人们把它叫做 Black-Scholes 公式，还是开玩笑称它是 Black-holes（黑洞）公式，用数学来解决实际问题的力量是让人吃惊的，当然不只是在现代金融领域里。

资料来源：基思·卡思伯森，等. 金融工程. 北京：中国人民大学出版社，2004.

本章小结

资产资产定价模型（CAPM）建立在一组关于投资者行为的特殊假设和存在完全市场假设的基础上。基于这组假设，所有投资者都持有相同的由风险资产构成的有效组合，即市场组合。投资者之间的差异在于他们无风险资产的借入或贷出数量的不同。

资本资产定价模型中的线性有效集就是资本市场线（CML）。资本市场线代表有效组合的预期收益率与标准差之间的均衡关系。在资本资产定价模型中，对一种证券风险的相对测度是它的收益率与市场组合收益之间的协方差。协方差与预期收益率之间的线性关系即为证券市场线。证券的贝塔值是衡量该证券为市场组合所增加的风险的另一种测度。贝塔值测度的是相对于市场组合收益方差的协方差。

套利定价模型（APT）和资本资产定价模型（CAPM）一样，是一个证券价格的均衡模型。但它们的假设前提不同，APT 假设证券收益率由因素模型生成，但并不具体确定因素。APT 没有说明影响收益率的因素数量和因素本身是什么。大多数研究中，因素集中于总体经济活动、通货膨胀率和利率指标等。因素风险溢酬是由一个组合产生的均衡预期收益率超过无风险利率的部分。该组合对该因素有单位敏感性而对其他因素无敏感性。

构造包含期权和标的资产的无风险组合，二项树模型和 Black-Scholes 模型都能对看涨期权和看跌期权进行定价。在二项树模型和 Black-Scholes 模型中，我们假设股票收益率等于无风险利率，这就是风险中性定价原理，表现为二项树模型的风险中性概率 p。

网络资源索引

1. http://www.cnlist.cn/ 中国上市公司资讯网
2. http://www.zgjrw.com/ 中国金融网
3. http://www.qianlong.com.cn/ 钱龙资讯网
4. http://fund.jrj.com.cn/openfund/everyjz.asp/ 开放式基金每日净值
5. http://seekingalpha.com/ 寻找 α 网站
6. http://www.chinabond.com.cn/ 中国债券信息网
7. http://www.cnfol.com/ 中金在线
8. http://www.chinastock.com.cn/ 银河证券
9. http://www.gtja.com/ 国泰君安
10. http://www.chcj.net/ 万国测评

关键术语

分离定理　资本市场线　证券市场线　资本资产定价模型　因素模型　市场模型　市场组合　市场风险　非市场风险　套利组合　套利定价模型　二项树模型　风险中性定价原理　Black-Scholes 模型

问题与思考

1. 描述 CAPM 的关键假设。
2. 什么是分离定理？对投资者所拥有的风险资产的最佳组合来说，它意味着什么？
3. 风险资产的预期收益率是否一定高于无风险收益率？试用 CAPM 解释。
4. 给定市场组合的预期收益率为 10%，无风险收益率为 6%，证券 A 的贝塔值为 0.85，证券 B 的贝塔值为 1.20。

(1) 画出证券市场线。

(2) 证券市场线的方程式是什么？

(3) 证券 A 和 B 的均衡预期收益率是多少？

(4) 在证券市场线上描出两种风险证券。

5. 为什么因素模型极大地简化了导出弯曲的马科维茨有效集的过程？
6. 因素模型中两个关键假设是什么？举出假想的破坏这些假设的例子。
7. 基于一个三因素模型，考虑具有下列特征的三种证券组成的投资组合，如表 12-3 所示。

表 12-3 投资组合表

证券	因素 1 的敏感性	因素 2 的敏感性	因素 3 的敏感性	比例
A	-0.20	3.6	0.05	0.60
B	0.50	10.0	0.75	0.20
C	1.50	2.20	0.30	0.20

试问：投资组合对各因素的敏感性是多少？

8. 套利定价理论与资本资产定价模型在哪些方面明显不同？

9. 确定一个套利组合的三个条件是什么?

10. 套利定价理论与因素模型有何区别?

11. 假设一个单因素模型的形式为: $r_i = 4\% + b_i F + \varepsilon_i$,考虑三个充分分散化的组合(零非因素风险),如表 12-4 所示。因素的预期值为 8%。

表 12-4 投资组合因素表

投资组合	因素敏感性	预期收益率(%)
A	0.80	10.4
B	1.00	10.0
C	1.20	13.6

试问,有一个投资组合不在因素模型关系的直线上吗?你能否由其他两个组合构造一个组合使得与“线外”组合具有相同的敏感性?这个组合的预期收益率是多少?你希望投资者对这三个组合采取什么行动?

12. 设证券的收益率由单因素模型生成。某投资者拥有一个组合,其成员证券具有如表 12-5 所示特征。

表 12-5 投资组合证券特征表

证券	因素敏感性	比例	预期收益率(%)
A	0.60	0.40	12
B	0.30	0.30	15
C	1.20	0.30	8

确定该投资者可能投资的套利组合(有无穷多个可能则选择一个),证明这个组合满足套利组合的所有条件。

13. 有两个期权,一个标的股票的年收益波动率为 20%,另一个标的股票的年收益波动率为 10%,你会不会为前者支付更高的代价?为什么?

14. 股票的现价是 $S=100$,股价每期会上升 10% 或下跌 10%,每期的无风险利率是 5%。利用二项树表示出二项树每个节点上股票价格和看跌期权的价值。这个看跌期权两期后到期,执行价格 $K=100$。

15. 利用 Black-Scholes 模型计算 6 个月后到期的欧式期权价格。假设 $S=100$,$r=10\%$(连续复利),$K=100$,$\sigma=20\%$(每年),如果 σ 提高到 30%,结果又如何?

第十三章　投资组合业绩评价

本章导读

对于一个确定的投资组合，将来的收益率受到一些随机性因素的影响，可以看成一个随机变量。资本资产定价理论和套利定价理论告诉我们，投资组合的预期收益率由该组合承担的系统性风险、单位风险的回报和无风险收益率共同决定。投资组合的历史收益率反映了该组合在承担了一定风险下的实际表现。从统计学的角度看，历史收益率是该期收益率（随机变量）的一次实现值。不同投资组合承担的风险不同，历史收益率也不同，不能仅依靠投资组合的历史收益率去评价不同投资组合的业绩。那么如何根据投资组合的历史收益率和它承受的风险去评价它们的表现呢？

本章主要介绍投资组合业绩评价方法，共分四节。第一节介绍了经典的风险调整业绩评价方法。第二节介绍改进的风险调整业绩评价方法。第三节介绍证券选择能力和择时能力评价方法。第四节介绍基金业绩持续性评价方法。

学习本章你需要具备资产定价方面的相关知识。

第一节　经典的风险调整业绩评价方法

20 世纪 60 年中后期，以特雷纳（Treynor）、夏普（Sharpe）和詹森（Jensen）为代表的学者们分别提出了用于评价投资组合业绩的经风险调整的业绩评价指标：特雷纳指数（Treynor Index）、夏普指数（Sharpe Ratio）、詹森指数（Jensen Index）等。在经风险调整的投资组合业绩评价指标中，表示收益率风险的最常用指标是标准差 σ 和系统风险系数 β，能够恰当地估计出这两个指标，对利用经风险调整的业绩评价指标评价投资组合的业绩起到至关重要的作用。

一、特雷纳指数

特雷纳指数（Treynor Index）是由特雷纳于 1965 年提出的以单位系统风险的超额收益计量投资组合业绩的一种指标。它以证券市场线为基础，以投资组合的 β 系数为风险衡量的尺度。特雷纳认为特征线的斜率可以度量投资组合收益率相对于整个市场收益率的波动情况，特征线的斜率被人们称为组合的 β 系数，β 系数越高，说明组合收益率对市场的敏感程度越大，市场风险越高。特雷纳指数的计算公式为

$$T_p=\frac{\bar{r}_p-r_f}{\beta_p} \tag{13-1}$$

式中，T_p 为特雷纳指数；$\bar{r}_p$ 为投资组合在样本期间的平均收益率；r_f 为样本期间内的无风险收益率；β_p 为投资组合的系统风险，是利用投资组合的超额收益与市场的超额收益进行回归

求出的。

投资组合的收益与无风险收益之差可以看成是风险溢价，组合的β系数体现了它的系统风险。特雷纳指数等于投资组合的风险溢价与组合系统风险的比值，表示投资组合单位系统风险的报酬。特雷纳比率为正数并越高，表示投资组合单位系统风险获得的报酬越高。一个投资组合的特雷纳指数若高于基准投资组合的特雷纳指数，说明它的业绩好于基准投资组合；反之，若一个投资组合的特雷纳指数低于基准投资组合的特雷纳指数，则说明它的业绩不及基准投资组合。

二、夏普指数

夏普指数（Sharpe Index）是由1990年诺贝尔经济学奖获得者威廉·夏普于1966年提出的衡量投资组合业绩的一种指标。它以CAPM为理论依据，以CML（资本市场线）为评价的基点，以投资组合的标准差为风险衡量的尺度。它的计算公式为

$$S_p=\frac{\bar{r}_p-r_f}{\sigma_p} \tag{13-2}$$

式中，S_p为投资组合的夏普指数；$\bar{r}_p$为投资组合在样本期内的平均收益率；r_f为样本研究期间市场的无风险收益率；σ_p为投资组合在样本期内的收益率的标准差。

投资组合的标准差体现了它的总风险。夏普指数等于投资组合的风险溢价与投资组合总风险的比值，表示投资组合单位总风险的报酬。夏普指数为正数并越高，表明投资组合单位总风险获得的报酬就越高，投资组合的夏普指数若高于基准投资组合的夏普指数，说明它的业绩好于基准投资组合；反之，则说明它的业绩低于基准投资组合。

夏普指数与特雷纳指数的区别在于两者强调的投资策略不同。夏普指数将投资组合经理人的能力限定为分散投资风险，而特雷纳指数将系统风险作为风险的度量，认为基金经理人已充分分散了非系统风险，由于夏普指数利用总风险对基金收益进行调整，因此能够反映其分散和降低非系统风险的能力。在投资组合已完全分散了非系统风险的情况下，夏普指数与特雷纳指数的评价结果一致。

三、单因素模型詹森指数

詹森指数（Jensen Index）是由詹森（C. M. Jensen）于1968年根据资本资产定价模型提出的。该指标是基金业绩评价研究中使用最多的一种方法，许多业绩计量方面的研究都是在詹森指数的基础上发展起来的。它的计算公式为

$$\alpha_p=r_p-[r_f+\beta_p(E(r_M)-r_f)] \tag{13-3}$$

式中，α_p为詹森指数；r_p为投资组合的收益率；r_M为市场组合的收益率；r_f为无风险资产收益率；β_p投资组合投资所承担的系统风险。

詹森指数是在给出投资组合的β系数以及市场平均收益率的条件下，投资组合收益率超过CAPM预测的收益率的部分。詹森指数即投资组合的α值，利用α值可以对基金业绩进行评价。詹森指数的优点在于可以非常方便地进行显著性检验，因此成为学术界最为常用和推崇的业绩评价方法。与特雷纳指数一样，詹森指数也隐含了非系统风险已完全分散的假设，在基金并没有完全分散非系统风险的情况下，詹森指数也可能给出错误信息。

阅读与应用

经典风险调整业绩评价方法的局限性

（一）三种方法均受 CAPM 局限性的影响

三种经典方法含义直观，易于计算，至今仍然应用广泛。但由于经典方法的理论基础过于严格、处理方法过于简单，因此这些方法也存在一些难以回避的缺陷。

1. CAPM 本身的严格假设带来的问题

三种方法均以 CAPM 为理论基础，而 CAPM 理论本身是否有效在学术界和实务界存在很大争议。很多学者对 CAPM 的理论假设、模型的有效性、不可检验性等提出了批评。他们指出，不恰当的基准市场组合的选择和无风险利率的误定导致基金业绩衡量的误差；CAPM 实证检验的不可行性导致使用 SML 作为衡量组合表现的詹森指数从根本上就是错误的。

2. 实证研究中 CAPM 应用的困难

在实证研究中，特雷纳指数和詹森指数依赖于 CAPM 中市场投资组合基准的选择，但基准的选择具有很强的主观性，基于不同基准组合的特雷纳指数和詹森指数会得到不同的评价结果，因而有效基准的选择一直是基金业绩评价研究中的难题。

广义上讲，基准既可以基于 CAPM，也可以基于 APT；而基于 CAPM 或 APT 得到的詹森指数可能是完全不同的。有研究表明，詹森指数对基准模型的选择是非常敏感的，可能对经理人运作资产组合的质量来说不是一种精确度量方法。

（二）三种方法的风险调整存在问题

基准组合选取的不同，可能造成特雷纳指数的评价结果对 β 值的敏感性较高。另外，特雷纳指数和詹森指数假设基金的 β 值是固定不变的，而事实上基金经理人能够在上升以及下跌市场中改变组合的 β 值，从而 β 值无法正确度量基金风险。

此外，由于基金经理人的市场时机选择能力系统地改变了基金的目标风险，研究人员已经讨论了詹森指数的估计可能是有偏的。当组合管理人通过在不同投资品种之间转移资金，改变了基金的目标 β 值时，如果采用詹森指数和特雷纳指数，就会将估计偏差引入基准模型中。

夏普指数计算中使用了标准差作为风险度量的指标，但事实上用标准差度量风险并不符合人们的心理感受。根据行为金融学理论，风险是指低于平均收益的“负收益”部分，只有这部分偏离才是投资者“最关心”的风险。而标准差既度量了正的偏离（收益），又度量了负的偏离（损失），这扩大了风险的范畴，从而利用方差作为风险调整的夏普指数也存在不足。

（三）三种方法均忽略了交易成本

三种方法均没有考虑交易成本或与买卖资产相关的费用，基金经常改变手续费或其他费用。因此，在度量投资组合业绩的过程中，包含交易成本是很重要的。通常的观点认为，如果收集和使用信息是有成本的，那么知情投资者相对于未知情投资者应该得到更高的回报。因此从投资者的角度看，任何基金业绩评价方法均应该考虑交易成本。

（四）三种方法均难以通过严格的统计检验

特雷纳指数和夏普指数不易进行统计检验，与此不同，詹森测度的一个突出优点就是可以

非常方便地对 α 进行显著性检验。但是，人们在强调对 α 进行显著性检验的同时，却忽略了模型其他检验难以通过的问题，如 t 检验、拟合优度检验等。大量实证研究表明，对于模型的一系列检验，詹森模型通常很难通过。

（五）特雷纳指数和夏普指数不易解释

特雷纳指数和夏普指数只能用于与市场平均水平比较和对不同基金业绩进行排序，指标本身的数值大小并不具有经济上的意义。例如，当我们比较市场组合 M 和投资组合 p 的夏普指数时，如 $S_M = 0.8$，$S_p = 0.72$，我们只能得出投资组合业绩劣于市场组合业绩的结论，而无法说明两者之间 0.08 的差异究竟具有什么样的经济含义。投资者习惯于比较收益率绝对数之间差异的大小，但很难解释这种差异。

（六）负的特雷纳指数或夏普指数的无效性

如果某时期某投资组合出现了超额收益为负的情形，则该组合的特雷纳指数或夏普指数为负值，此时利用这两个指标比较不同基金业绩将受到限制（甚至根本不能使用，否则就会得出错误结论）。例如，投资组合 A 和 B 的夏普指数均为负数，分别为 $S_A = (r_A - r_f)/\sigma_A$，$S_B = (r_B - r_f)/\sigma_B$，且 $S_A < S_B$。如果 $\sigma_A = \sigma_B$，说明在风险相同的情况下，A 的亏损大于 B，此时利用夏普指数可以得出正确的结论，即 A 的业绩劣于 B。另一方面，如果 $(r_A - r_f) = (r_B - r_f) < 0$，$\sigma_A < \sigma_B$，从而也满足 $S_A < S_B$，则说明在收益相等、A 风险小于 B 的情况下，A 的业绩劣于 B，这显然是错误的。因此，当特雷纳指数和夏普指数为负时，是否可以用于基金业绩排序，需要仔细区分究竟属于上述哪种情况；而实际上，各基金的风险和收益一般各不相同，这两种情况是很难区分的。因而当基金的特雷纳指数或夏普指数为负时，无法利用这两种方法对基金业绩进行评价。

（七）特雷纳指数和夏普指数没有排除市场状况因素

特雷纳指数和夏普指数没有排除市场状况因素，因此当不同时期的市场状况相差较大时，不能利用这两种方法对基金在不同时期的业绩进行纵向比较。某基金的特雷纳指数或夏普指数较大，可能是由于市场因素起了决定性作用，而非基金管理人具有超常的运作能力。例如，即使某基金不根据市场状况对投资组合进行任何调整，该基金在牛市时的夏普指数也将大于在熊市时的夏普指数，因此特雷纳指数和夏普指数不能用于对基金在不同时期或不同市场状况时的业绩进行纵向比较。

（八）备选资产和现有投资组合收益不相关时夏普指数失效

当备选资产和现有投资组合的收益不相关时，利用夏普指数能得出正确结论；但是如果两者收益具有相关性，夏普指数将失效。而现实的情况是备选资产和现有投资组合通常是相关的。例如，现有资产为 P，两项备选资产为 A 和 B，如果 $S_A < S_B$，则依据夏普指数得出 A 劣于 B 的结论。但是如果 A 的收益与 P 的收益负相关，B 的收益与 P 的收益正相关，则选择 A 比选择 B 更有利，因为选择 A 会降低总风险，选择 B 会增加总风险，备选资产和现有资产的相关性使夏普指数失效。

资料来源：蒋瑛琨．中国投资基金业绩评价研究．长春：吉林大学，2005.

第二节　改进的风险调整业绩评价方法

在特雷纳指数、夏普指数和詹森指数基础上，国外学者针对传统的投资组合业绩评价方法的局限和不足，提出了改进的评价方法，如信息比率、M^2测度、晨星评价方法等。本节将对这些方法的原理进行介绍。

一、信息比率

信息比率又称估价比率，最早是由特雷纳和布莱克（Black）提出的，是投资组合的收益率与基准组合收益率的差值，即超额收益率的平均值除以超额收益率的标准差得到的。投资组合的收益率与基准组合收益率的差值被称为跟踪误差，这一误差反映了投资组合的风险，可以用 $\Delta r_t = r_{pt} - r_{mt}$表示，其中，$\Delta r_t$ 表示超额收益率，r_{pt}表示投资组合的收益率，r_{mt}表示基准组合的收益率。在样本期内，超额收益率 Δr_t 的平均值为

$$\overline{\Delta r} = \frac{1}{T}\sum_{t=1}^{T}\Delta r_t \tag{13-4}$$

超额收益率 Δr_t 的标准差为

$$\hat{\sigma} = \frac{1}{T-1}\left[\sum_{t=1}^{T}(\Delta r_t - \Delta r)^2\right]^{1/2} \tag{13-5}$$

用 IR 表示信息比率，则信息比率的定义为

$$IR = \frac{\overline{\Delta r}}{\hat{\sigma}} \tag{13-6}$$

信息比率反映了单位风险所产生的超额收益率，信息比率越大，说明基金经理单位跟踪误差所获得的超额收益越高。当基金管理人被限定投资于市场组合且必须与市场组合保持相同的系统风险时，基金投资组合的风险 β 等于 1，此时基金投资组合的超额收益率是 α 与残差项 ε_t 之和，信息比率就成为风险调整后的 α 值，这种形式的信息比率又称为估价比率（appraising ratio），可用下式表示。

$$IR = \frac{\alpha}{\omega} \tag{13-7}$$

式中，α 表示詹森指数；ω 表示基金管理人为充分利用其信息优势放弃完全分散化投资，增加个别证券的权重而产生的非系统性风险。

如果要衡量基金的边际业绩贡献，使用信息比率比较合适。不过，信息比率的计算依然依赖于詹森指数的计算，因此詹森指数的缺陷在信息比率中也同样存在。此外，由于信息比率表现为收益与风险的比值，因此类似于特雷纳指数和夏普指数，当信息比率为负时，也不能用于基金业绩评价。

二、M^2测度

M^2测度指标是由摩根斯坦利公司的利亚·莫迪利亚尼（Leah Modigliani）和她的祖父诺贝尔经济学奖获得者弗朗斯·莫迪利亚尼（France Modiglian）在 1997 年提出的一个投资组合业绩度量指标，意在赋予夏普指数以数值化解释的指标（也被称为改进的夏普指数）。该方法的基本思想是通过收益和风险的均衡，或者利用风险的市场机会成本，在投资组合中通过无风险资产的比例来调整组合的风险，使其等于市场指数的风险，将所有组合风险水平调整至无需管理的市场基准的水平，使组合的风险与市场的平均收益进行比较，得出混合后组合收益高出市

场收益的大小。M^2指数通过调整组合投资的风险与市场指数的风险相等，来比较它们之间收益率的差异。M^2指数的计算公式如下。

$$M^2 = r_p^* - r_M \tag{13-8}$$

式中，M^2为业绩测度指标；r_M 为市场投资组合的收益率；r_p^* 为经过调整的以使其风险与市场基准组合风险相等的投资组合收益率，其计算公式为

$$r_p^* = \frac{\sigma_M}{\sigma_p} r_p + \left(1 - \frac{\sigma_M}{\sigma_p}\right) r_f \tag{13-9}$$

式中，r_p 为投资组合的收益率；r_f 为无风险资产收益率；σ_M 为市场组合收益率的标准差；σ_p 为投资组合收益率的标准差。

M^2测度是风险调整后的绝对收益率。与夏普指数相比，M^2测度的经济含义更加明确，对不同基金的收益率进行直接比较，因此易于被广大普通投资者理解和接受。但这一方法仍然是以 CAPM 理论以及它的严格假设为基础的，因此 CAPM 对经典指标（尤其是夏普指数）的制约同样也适用于 M^2测度。

三、晨星评价方法

美国晨星公司（Morningstar）是由曼斯威托（Mansueto）在 1984 年创建的，现已发展成为全球最著名的专业基金评价咨询公司。晨星公司推出了共同基金业绩评价体系，并且每年公布各种共同基金的星级，该公司的共同基金业绩评价星级体系对美国投资者具有非常重要的影响。晨星基金星级评价方法也是一种风险调整后收益的评价方法，但其对收益和风险的处理与其他风险收益方法相比存在不同之处。晨星风险调整方法是建立在投资人风险偏好的基础上，认为投资人喜欢高的收益而厌恶风险，而不考虑风险和收益是如何结合的。因此，在评级时候，奖励收益而惩罚风险。

“晨星风险调整后收益”（Morningstar risk-adjusted return）是晨星星级评价的核心指标，又称 MRAR。MRAR 的衡量具有以下特点：①未规定超额收益是服从特定分布的；②在所有情况下，风险要受到惩罚；③其理论基础——期望效用理论被专业投资人和分析师所接受。

MRAR 的衡量以期望效用理论（expected utility theory）为基础，该理论认为投资人：比起无法预期的高收益，更倾向于可预见的低收益；愿意放弃一部分预期收益来换取确定性较强的收益。在此前提下，根据每个投资组合的期末价值构造效用函数，然后计算期望效用并按照其数值高低对所有的投资组合进行排名。

晨星根据每只基金在计算期间月度回报率的波动程度尤其是下行波动的情况，以“惩罚风险”的方式对该基金的回报率进行调整；波动越大，惩罚越多。如果有两只基金回报率相近，晨星对其中回报波动较大者给予更多的风险惩罚。通过上述方法，体现基金各月度业绩表现的波动变化，并更加注重反映基金资产的下行波动风险；从而奖励业绩持续稳定者，并减少由于基金短期业绩突出而掩盖内在风险的可能性。

晨星评价方法的缺陷在于：将不同存续期的基金放在一起进行评价，通过对基金过去不同期间（3 年、5 年和 10 年）评级的加权平均得出总评价。在平均作用的影响下，基金存续期越长的基金越可能得到中庸的评级，而存续期较短的基金越可能得到极端的评级（5 星或 1 星）。另外，晨星评级采用四舍五人的进位制，这会导致不同存续时间的基金对业绩变动的非

对称反应。

阅读与应用

如何使用晨星星级评价方法

晨星星级评价是以基金以往业绩为基础的定量评价，旨在为投资人提供一个简化筛选基金过程的工具，是对基金进一步研究的起点，而不应视作买卖基金的建议。

基金具有高的星级，并不等于该基金未来就能继续取得良好的业绩，基金未来表现仍然受到多项因素如基金经理更换、投资组合变动等影响。基金具有高的星级，也不等于其就适用于每个投资人的基金组合，因为由于每个投资人的投资目标、投资周期和风险承受能力有所不同。

投资人在挑选基金的时候，应注意以下事项。

(1) 如果基金经理有变动，晨星星级评价不会随之改变。因此，评级结果可能只反映了前任基金经理管理该基金的业绩。

(2) 晨星星级评价是把同类基金进行比较。每类基金中，有10%具有一年及一年以上业绩表现的基金会获得5星级。但投资人需要注意的是，如果某类基金在计算期内的风险调整后收益均为负数，则该类基金中的5星级基金风险调整后收益也可能是负数。

(3) 晨星星级评价结果每月定期更新。投资人不应以星级下降作为抛售基金的指引。晨星星级评价结果的变化，并不一定表示基金业绩表现的回落，也可能只是其他同类基金表现转好所致。

资料来源：晨星资讯基金研究中心．晨星中国基金评级概要说明．2006.11.

四、多因素模型评价方法

由于以CAPM为基础的单因素模型无法解释股票特征（规模大小、成长或价值偏好等）对基金业绩的影响，因此国外学者又发展了多因素模型用于评价基金业绩。多因素模型是建立在APT基础上的，其中以法玛（Fama）和佛伦奇（French）的三因素模型以及Carhart的四因素模型最具代表性。

（一）三因素模型詹森指数

Fama和French 1993年指出可以建立一个三因素模型来解释股票回报率。模型认为，一个投资组合（包括单个股票）的超额回报率可由它对三个因素的暴露程度来解释，这三个因素是：市场资产组合（R_m-R_f）、市值因素（SMB）、账面市值比因素（HML）。这个多因素均衡定价模型可以表示为

$$E(r_{pt})-r_{ft}=\beta_p[E(r_{mt}-r_{ft})]+s_pE(SMB_t)+h_pE(HML_t) \tag{13-10}$$

式中，r_{ft}表示时间t的无风险收益率；r_{mt}表示时间t的市场收益率；r_{pt}表示资产p在时间t的收益率；$E(r_{mt})-r_{ft}$是市场风险溢价，SMB_t为时间t的市值（Size）因素的模拟组合收益率，HML_t为时间t的账面市值比（book-to-market）因素的模拟组合收益率。β_p、s_p和h_p分别是三个因素的系数。

基于 Fama 和 French 三因素模型，资产组合 p 的在时间 t 詹森指数计算方法如下。

$$\alpha_{pt}=r_{pt}-E(r_{pt}) \tag{13-11}$$

式中，α_p 为投资组合的超额业绩。

α_p 值越大，表明基金业绩越好。若 SMB_t 的系数 s_p 显著大于零，说明与市场指数相比，基金更偏好小盘股（相对于大盘股而言）。同样，若 HML_t 的系数 h_p 显著大于零，则说明基金更偏好价值股（相对于成长股而言）。

（二）四因素模型

在 Fama 和 French 的三因素模型的基础上，卡哈特（Carhart）考虑了股票收益的动量特征对投资组合业绩的影响，从而将三因素模型扩展为四因素模型。四因素模型的表达式如下。

$$E(r_{pt})-r_{ft}=\beta_p[E(r_{mt}-r_{ft})]+s_pE(SMB_t)+h_pE(HML_t)+pr_pE(PRIYR_t) \tag{13-12}$$

式中，r_{pt} 表示资产 p 在时间 t 的收益率；r_{ft} 表示时间 t 的无风险收益率；r_{mt} 表示时间 t 的市场收益率；$E(r_{mt})-r_{ft}$ 是市场风险溢价，SMB_t 为时间 t 的市值（Size）因素的模拟组合收益率，HML_t 为时间 t 的账面市值比（book-to-market）因素的模拟组合收益率。$PRIYR_t$ 表示前一年业绩最好的股票组合与前一年业绩最差的股票组合的当期收益之差，反映了股票市场的动量效应。

基于四因素模型，资产组合 p 的在时间 t 詹森指数计算方法如下。

$$\alpha_{pt}=r_{pt}-E(r_{pt}) \tag{13-13}$$

式中，α_p 为投资组合的超额业绩。

（三）多因素模型的适用性分析

以 CAPM 为基础的单因素模型无法解释按照股票特征，如股票市值、市盈率（P/E），账面价值比市场价值（B/M）等，进行分类的基金收益的差异，而多因素模型将股票的规模和 B/M 等特征引入定价模型中，比单因素模型对基金业绩的度量结果有所改善，因此在投资组合业绩评价中得到广泛的应用。目前，三因素模型已被广泛应用于美国基金的业绩评价。四因素模型在三因素模型的基础上考虑了股票收益的动量特征对投资组合业绩的影响。

但多因素模型也存在很多缺陷，它虽然部分解决了单因素模型中存在的问题，模型的解释力也比单因素模型有所增强，但在实证中，这些模型都要求能识别所有的相关因素，而资本资产定价理论并没有明确给出对风险资产定价所需的所有因素，所以在实证中因素的选择就受到个人主观判断的影响。另外，多因素模型仍然无法完全解释资产收益的横截面特征，业绩评价的结果对基准的选取依然敏感。正是由于上述原因，单因素模型与多因素模型孰优孰劣，至今在西方国家尚无定论。

第三节　证券选择能力和择时能力评价

经风险调整的投资组合业绩评价指标是利用投资组合的指数收益率构成的指标对投资组合的业绩进行评价，这类指标只能达到对投资组合的整体业绩进行评价，而不能对投资组合业绩的单个侧面，诸如投资组合经理人的业绩表现做出评价。对投资组合来讲，投资组合经理人的表现也是投资组合业绩的重要组成部分。

一般地，证券组合投资的收益主要由三部分组成，可分别通过经理人的三种策略来实现。

一是由于组合投资分散了风险，因承担相应的市场风险而获得风险补偿收益。二是由于市场时机选择能力而获得的收益。选择市场时机者总是试图通过预测市场收益来决定对特定资产的投资策略以使收益最大化。三是购买被认为是低估的股票来积极管理投资组合，并卖出认为被高估的股票，经理人的这种证券选择能力构成了投资收益的第三部分。另外，运气也会影响投资组合的业绩。

对投资组合经理的证券选择能力和市场时机把握能力评价的模型主要有单因素 T—M 模型、H—M 模型、C—L 模型和多因素的 T—M 模型、H—M 模型、C—L 模型。

一、T—M 模型

美国著名学者特雷纳（Treynor）和玛泽（Mazuy）在 1966 年第一次创新地对证券投资组合的证券选择能力和市场时机把握能力提出了独特的研究模型，并进行相应的计量实证分析。他们认为，如果投资组合经理能够预测到市场收益的变动，则当投资组合经理们认为股票市场将要上涨时，他们便会将投资组合的持有比例接近市场组合，提高其组合的 β 值；反之，当他们认为股票市场将要下跌时，便会降低投资组合持有比例中的市场组合中股票的持有比例，以降低其组合的 β 值。因此，确定投资组合经理是否具有时机把握能力，则只要看反映投资组合与市场组合关系的 β 值是否发生变化即可。他们在投资组合绩效评估的单因素詹森模型的基础上加入一个二次项，用来检验基金经理人的市场时机把握能力。T—M 模型的表达式如下，

$$\alpha_p = r_p - r_f - \beta E[(r_M - r_f)] - \gamma E[(r_M - r_f)]^2 \tag{13-14}$$

式中，r_p、r_f 和 r_M 分别表示投资组合的实际收益率、无风险利率和市场组合的收益率。

α_p 与市场走势无关，表示与系统风险报酬无关的投资收益，因此可用来判断基金经理人的选股能力。如果 α_p 在统计意义上显著大于零，则说明基金经理人具有正的选股能力，α_p 越大，选股能力就越强。相反，若显著小于零，则说明基金经理人的选股能力为负，α_p 越小，选股能力越差。

γ 代表时机选择能力。统计上显著大于零的 γ 说明基金经理人具有正的择时能力，γ 越大，择时能力越强。相反，若 γ 显著小于零，则说明基金经理人的择时能力为负，γ 越小，择时能力越差。

二、H—M 模型

1981 年，美国学者亨里克森（Heriksson）和默顿（Merton）在 T—M 模型的基础上进一步展开深入的研究，提出更为简单的分析思路。他们认为，假如投资组合经理具备时机把握能力，在市场上升时，β 取值较大，反之，当市场下降时，β 取值较小，而且他们还将时机把握能力重新定义为投资组合经理通过预测市场收益与无风险收益之间的差异，来预先调整投资组合（β 系数）的能力。他们在单因素詹森模型的基础上加入了一个虚拟项，由此得到 H—M 的模型如下。

$$\alpha_p = r_p - r_f - \beta E[(r_M - r_f)] - \gamma E[(r_M - r_f)]D \tag{13-15}$$

式中，D 是一个虚拟变量，当市场组合的收益率大于无风险收益率时取 1，其他情况取 0。

与 T—M 模型类似，α_p 是用来表示投资组合经理的证券选择能力，如果 α_p 在统计意义上显著的大于零，表明投资组合经理具备显著的正的证券选择能力，而且 α_p 值越大，表示投资

组合经理证券选择的能力也就越强；如果 α_p 值小于零，表明投资组合经理具有负的证券选择能力，而且 α_p 值越小，表示投资组合经理证券选择的能力也就越差。γ 的取值代表投资组合经理的市场时机把握能力，当 $r_M-r_f>0$ 时，投资组合的 β 为 $\beta+\gamma$；当 $r_M-r_f\leqslant 0$，投资组合的 β 为$\beta-\gamma$。如果 γ 大于零，则表示投资组合经理在市场上涨的行情中主动地调高了投资组合的 γ，体现出投资组合经理具有正的市场时机把握能力，γ 的值越大，投资组合经理的市场时机把握能力越强，如果 γ 通过了回归系数的显著性检验，表明投资组合经理具有了显著的市场时机把握能力。如果 γ 小于零，则表示投资组合经理具有负的时机把握能力，在上升行情中调低 β，在下跌行情中反而调高 β。γ 的值越小，投资组合经理的时机把握能力越差。

三、C—L 模型

查恩（Chang）和莱维伦（Lewellen）对 H—M 进行了变形和改进，提出 C—L 模型。C—L 模型的表达式如下。

$$\alpha_p=r_p-r_f-\beta E[(r_M-r_f)]D_1-\gamma E[(r_M-r_f)]D_2 \tag{13-16}$$

式中，D_1 和 D_2 是虚拟变量。当 $r_M-r_f>0$ 时，$D_1=1$，$D_2=0$；当 $r_M-r_f\leqslant 0$ 时 $D_1=0$，$D_2=1$。同样，α_p 值代表投资组合经理的证券选择能力大小。通过对 $\beta-\gamma$ 的假设检验，则可以判断投资组合经理的时机把握能力：如果 $\beta-\gamma>0$，表示投资组合具备正的时机把握能力；如果 $\beta-\gamma\leqslant 0$，表示投资组合具备负的时机把握能力。

C—L 模型的另外一种等价的表达式为

$$\alpha_p=r_p-r_f-\beta E\min(0,\ r_M-r_f)-\gamma E\max(0,\ r_M-r_f) \tag{13-17}$$

第四节　基金业绩持续性评价方法

基金业绩持续性是指按照时间的顺序，基金在前后相邻的时间段内的业绩排名是否具有统计意义上的一致性。或者说，在前一段时间内表现好的基金，在未来一段时间内的表现是否依然好；在前一段时间内表现差的基金，在未来一段时间段内的表现是否依然差。如果基金具有了这种性质，那么就说基金具有了持续性。与此相对应的是就是基金业绩的反转现象，即在前一个时间段内业绩表现好的基金在下一个时间段内的业绩表现差；而在前一个时间段内业绩表现差的基金在下一个时间段内的业绩表现好。如果基金业绩具有了持续性，那么，投资者就可以通过对基金业绩的分析，选择前期表现好的基金，根据基金业绩持续性的长短持有相对应的时间，获得较高的收益。

基金业绩持续性的检验方法包含两大类，一类是参数检验法，主要是利用横截面回归的方法检验基金业绩的持续性；另一类是非参数检验法，是以列联表（也称双向表）为基础的非参数统计检验方法，主要有卡方检验法、交叉积比率检验法、持续性概率检验法、斯皮尔曼秩相关检验法等。

一、基于横截面回归的参数检验方法

（一）横截面回归检验基金业绩持续性的原理

基金业绩持续性的参数检验方法主要是指横截面回归分析的方法。这种方法用持有期与评

估期的风险调整收益（詹森 α）的横截面数据来进行回归，检验基金业绩持续性，因此，该方法也称为横截面回归检验法。

横截面回归检验法的基本原理是用基金持有期的业绩指标对评估期的业绩指标进行横截面回归，如果回归方程的斜率系数显著的大于0，说明在前期业绩表现好的基金在后期的业绩表现仍然好；若回归方程的斜率系数显著等于0，说明基金业绩不具有持续性，基金在前期业绩表现与后期业绩的表现没有显著的相关性；若回归方程的斜率系数在统计上显著小于0，说明基金的业绩具有反转现象，在前期表现好的基金在后期的表现反而变差了。

（二）横截面回归法检验基金业绩持续性的步骤

1. 确定持续性检验的评估期和持有期

将整个样本的期间或部分样本期间分成两个相邻的子期间，称前一个子期间为评估期（evaluating period），后一个子期间为持有期（holding period）。评估期和持有期的时间跨度可以根据研究的目的确定，一般选择一个月、一个季度、半年、一年、两年或更长的时间。评估期和持有期的时间跨度可以相同也可以不同，目的是用来考察在相同的时间跨度或不同的时间跨度基金业绩的持续性。

2. 确定用于持续性检验的业绩指标

基金在两个时期的业绩表现需要用确定的业绩指标表示，业绩指标通常采用未经风险调整的业绩指标（收益率、超额收益率）和经风险调整的业绩指标（夏普指数、特雷纳指数、詹森指数），为使横截面回归有意义，评估期和持有期的业绩指标必须相同。

3. 进行横截面回归

不妨设 Y_{ij1} 为第 i 只基金在第 j 个评估期的业绩指标值，Y_{ij2} 为第 i 只基金在第 j 个持有期的业绩指标值，利用样本基金在第 j 个持有期的业绩指标值和第 j 个评估期的业绩指标值进行横截面回归，回归模型为

$$Y_{ij2}=\alpha_j+\beta_j Y_{ij1}+\varepsilon_{ij} \quad i=1,2,\cdots,n;\ j=1,2,\cdots,m \tag{13-18}$$

式中，i 表示第 i 个基金；j 表示第 j 个评估期（持有期）；n 为样本基金数量；m 为评估期（持有期）的数量；α_j 为截距；β_j 表示横截面回归的斜率系数；ε_{ij} 是随机扰动项。

4. 回归方程斜率系数的显著性检验

回归方程中的斜率系数 β_j 是否显著等于0，反映了基金业绩是否具有显著的持续性，所以在利用回归的方法求出回归系数各估计值之后，要对斜率系数 β_j 进行显著性检验。原假设为 $\beta_j=0$，说明基金业绩不具有持续性；备择假设 $\beta_j\neq 0$，说明基金业绩存在持续性或逆转性。检验的结果有如下几种情况：如果 β_j 未通过回归系数显著检验，表示基金的业绩不具有显著的持续性，此时，如果斜率 β_j 系数大于零，说明基金业绩有一定程度的持续性，如果斜率系数 β_j 小于零，说明基金业绩有一定程度的反转性；如果 β_j 通过回归系数的显著性检验，表示基金业绩具有显著的持续性，此时，如果斜率系数 β_j 大于零，说明基金业绩存在显著的正持续性；如果斜率系数 β_j 小于零，说明基金业绩存在显著的反转性。

二、基于列联表的非参数检验法

在基金业绩持续性的参数检验法中，对基金业绩指标的分布有一定的要求，要服从正态分布，这种条件相对来讲比较严格。与参数检验法相比，非参数检验法对基金的业绩指标的分布

没有明确的要求，因此，对基金的业绩分布不好判断时，使用非参数检验法可以获得较好的结果。非参数检验法包括基于列联表的卡方检验、交叉积比率、持续性比率检验以及基于业绩排名的斯皮尔曼秩相关系数检验法等。

（一）列联表（双向表）的构造

定义基金在第 t 个评估期为第 t 期，在第 t 个持有期为第 $t+1$ 期，计算出各基金在第 t 期和 $t+1$ 期的业绩指标值，在第 t 期内将所有样本基金按业绩大小进行排序，确定出中位数，定义业绩在中位数以上的基金为“赢家”（winner），用 W 表示，业绩在中位数以下的基金为“输家”（loser），用 L 表示。同样，在 $t+1$ 期内，按业绩大小对基金进行排序，业绩在中位数以上的基金定义为“赢家”，业绩在中位数以下的基金为“输家”。一只基金在 t 期是“赢家”，到 $t+1$ 期就有两种可能的状态出现：或是“输家”，或是“赢家”。用 W—W 表示基金在 t 期为“赢家”、$t+1$ 期仍是“赢家”的状态，W—L 表示基金在 t 期为“赢家”、$t+1$ 期为“输家”的状态。类似地，t 期是“输家”的基金到 $t+1$ 期也会有两种状态：L—W 和 L—L。L—W 表示基金在 t 期为“输家”、$t+1$ 期为“赢家”的状态；L—L 表示基金在 t 期为“输家”、$t+1$ 期仍为“输家”的状态。这样，对所有的基金在第 t 期和 $t+1$ 期共有 W—W、W—L、L—W、L—L 四种状态。

将基金在第 t 期的两种状态用表格的行表示，在 $t+1$ 期的两种状态用列表示，LL 表示在全部的基金中状态为 L—L 对应的基金数、LW 表示状态为 L—W 对应的基金数、WL 表示状态为 W—L 对应的基金数、WW 表示状态为 W—W 对应的基金数，用 T 表示总的基金数，显然有 $T=LL+LW+WL+WW$，基金在评估期和持有期的状态以及在两个时期的状态和对应的基金数就可以用一个如表 13-1 所示的列联表表示。

表 13-1　基金业绩持续性检验的列联表

持有期 / 评估期	输（L）	赢（W）
输（L）	LL	LW
赢（W）	WL	WW

（二）基于列联表的基金业绩持续性检验方法

基于列联表的基金业绩持续性检验，就是根据基金在列联表中四种状态的基金数或概率，按照统计检验的思想，检验基金业绩的持续性。

1. 卡方检验法

卡方（χ^2）检验法是通过检验基金在 t 时期为“输家”或“赢家”的状态到 $t+1$ 期为“输家”或“赢家”的状态是否是独立的来检验基金业绩是否具有持续性。根据概率论原理，若基金不存在持续性，在 t 时期内为“赢家”的基金在 $t+1$ 时期内依然为“赢家”或者变为“输家”的基金数应满足一定的分布规律，也就是与在 t 时期的两种状态和 $t+1$ 时期的两种状态相互独立时计算的理论基金数应相等，因此，检验基金是否具有持续性就转化为检验列联表中两个时期的状态是否是相互独立的检验。

设 T_{LL}、T_{LW}、T_{WL}、T_{WW} 为列联表中 t 时期的两种状态和 $t+1$ 时期的两种状态相互独立时列

链表中各单元格的理论基金数，则有

$$T_{LL}=(LL+LW)\times(LL+WL)/T \tag{13-19}$$

$$T_{LW}=(LL+LW)\times(LW+WW)/T \tag{13-20}$$

$$T_{WL}=(WL+WW)\times(LL+WL)/T \tag{13-21}$$

$$T_{WW}=(WL+WW)\times(LW+WW)/T \tag{13-22}$$

根据列联表各单元格的理论值和实际值，构造检验基金业绩持续性的 χ^2 统计量。公式如下。

$$\chi^2=\frac{(LL-T_{LL})^2}{T_{LL}}+\frac{(LW-T_{LW})^2}{T_{LW}}+\frac{(WL-T_{WL})^2}{T_{WL}}+\frac{(WW-T_{WW})^2}{T_{WW}} \tag{13-23}$$

χ^2 统计量服从自由度为 1 的 χ^2 分布。开放式基金业绩持续性评价研究基金业绩持续性检验的假设如下。

H_0：$LL=T_{LL}$，$LW=T_{LW}$，$WL=T_{WL}$，$WW=T_{WW}$（基金业绩不存在持续性）

H_1：上述至少有一个不成立（基金业绩存在持续性）

在 $\alpha=0.05$ 的显著性水平下，自由度为 1 的 χ^2 界值为 $\chi^2_{0.05}=3.841$。如果用样本计算的 χ^2 值小于该临界值，则接受 H_0，认为基金业绩不存在持续性。否则拒绝 H_0，认为基金业绩存在持续性。

2. 交叉积率（CPR）检验法

交叉积率（cross product ratio，CPR）检验方法是基于列联表的一种基金业绩持续性检验方法。若在基金业绩评价的各个时期中都是以中位数为标准定义“输家”和”赢家”，则在全部的基金中，“输家”和“赢家”的数量应相等。若基金业绩不存在持续性，则从 t 时期的“输家”转变为 $t+1$ 时期的“赢家”或“输家”的概率应大致相等，同样，从 t 时期的“赢家”转变为 $t+1$ 时期的“赢家”或“输家”的概率也大致相等。若基金业绩存在正的持续性，则从 t 时期的“输家”转变为 $t+1$ 时期“输家”的概率将大于从 t 时期的“输家”转变为 $t+1$ 时期“赢家”的概率，同样，从 t 时期的“赢家”转变为 $t+1$ 时期的“赢家”的概率也将大于从 t 时期的“赢家”转变为 $t+1$ 时期“输家”概率。上述用列联表来确定基金是否存在持续性的描述可以用各种状态下的基金数量描述，即：若基金业绩存在持续性，则双向表中的 WW 应大于 WL、LL 应大于 LW；反之，若基金业绩不存在业绩持续性，则 WW 和 WL 应相等，LL 和 LW 也应相等。定义基金业绩检验的交叉积比率的计算公式如下。

$$CPR=\frac{WW\times LL}{WL\times LW} \tag{13-24}$$

交叉积率表示业绩重复出现的基金数量与业绩不重复出现的基金数量的比率，是一种对多只基金整体业绩持续性进行检验的方法。CPR 的取值范围是（0，+∞），在基金业绩没有持续性的假设下，CPR 的计算值将趋近于 1，CPR 越趋近于 0，说明基金业绩持续性越不明显，CPR 越趋近于正无穷，说明基金业绩持续性越强。在大样本下，CPR 的自然对数的标准差可以被近似估计。CPR 自然对数的标准差为

$$\sigma[\ln(CPR)]=\sqrt{\frac{1}{WW}+\frac{1}{LL}+\frac{1}{WL}+\frac{1}{LW}} \tag{13-25}$$

定义统计量

$$Z=\ln(CPR)/\sigma[\ln(CPR)] \tag{13-26}$$

在基金业绩不具备持续性的假设下，Z 统计量渐近服从正态分布。在显著性水平 $\alpha=0.05$ 时，可以进行正态性双尾检验，Z 统计量的临界值为 1.96，若 Z 的绝对值大于 1.96，表示基金业绩持续性显著；若 Z 的绝对值小于 1.96，表示基金的业绩没有显著的持续性；如果 Z 值为负，其绝对值大于 1.96，表示基金业绩具有显著反转现象。

3. 持续性概率检验法

在列联表中，若基金业绩不存在持续性，则从 t 时期的“输家”转变为 $t+1$ 时期“赢家”和转变为 $t+1$ 时期“输家”的概率应大致相等，同样，从 t 时期的“赢家”转变为 $t+1$ 时期“赢家”和“输家”的概率也大致相等。因为基金在各个时期为“赢家”或“输家”的定义是用基金的业绩指标是否大于中位数确定的，因此，输家和赢家的基金数是相等的，都为全部样本基金数的 1/2。这样，若基金业绩不存在持续性，从 t 时期的“输家”转变为 $t+1$ 时期“赢家”和转变为 $t+1$ 时期“输家”的概率应该等于 1/2。从 t 时期的“赢家”转变为 $t+1$ 时期“赢家”和转变为 $t+1$ 时期“输家”的概率也为 1/2。而如果投资基金的业绩具有持续性的话，则 t 时期为“赢家”的基金在 $t+1$ 时期依然为“赢家”或为“输家”）的概率要显著不等于 1/2。t 时期为“输家”的基金也会有类似的情况。

定义基金业绩持续性的概率如下。

$$\text{持续胜出概率}=\frac{WW}{WW+WL}，\text{持续败出概率}=\frac{LL}{LL+LW}$$

令 p 表示基金业绩保持持续胜出（或持续败出）的概率，当业绩不存在持续性时，$p=1/2$，如果不能拒绝 $p=1/2$，说明基金业绩不存在持续性。因此，可以通过检验 p 是否显著等于 1/2 来检验基金业绩是否具有持续性。

持续性概率检验的假设如下。

H_0：$p=1/2$ 基金业绩不存在持续性；

H_1：$p\neq 1/2$ 基金业绩存在持续性。

相应的检验统计量为

$$U=\frac{\left(p-\frac{1}{2}\right)}{\sqrt{\frac{p(1-p)}{n}}} \tag{13-27}$$

式中，p 是持续性比率，n 是样本总数。当样本数足够多时，随机变量 U 近似服从均值为 0、标准差为 1 的正态分布，可以用正态分布的检验方法来检验基金业绩是否存在持续性。

4. 斯皮尔曼秩相关检验法

斯皮尔曼（Spearman）秩相关检验法度量的是二元总体中两个变量之间的单调性关系，而不是线性关系。在没有重复数据的情况下，如果一个变量是另外一个变量的严格单调的函数，则二者之间的 Spearman 秩相关系数就是+1 或−1，称变量完全 Spearman 相关。在基金业绩持续性检验中，该检验法通过度量样本基金在研究时间范围内总超额收益率排名情况与各月度超额收益率排名情况间的相依关系，以这种相依关系的程度来考察基金业绩的持续性。

设有容量为 n 的两个样本 X_1，X_2，…，X_n 和 Y_1，Y_2，…，Y_n。如果对应样本的排名分别

为 R_{11}，R_{12}，…，R_{1n}和 R_{21}，R_{22}，…，R_{2n}。Spearman 秩相关系数的计算公式如下。

$$\rho_s = 1 - \frac{6\sum d_i^2}{n(n^2-1)} \tag{13-28}$$

式中，$d_i = R_{1i} - R_{2i}$，为两个样本对应的排名差。

由公式可知，R_{1i}和 R_{2i}的差别越大，$\sum d_i^2$ 就越大。若所有的排名差都为零，则 $\sum d_i^2 = 0$，此时 $\rho_s = 1$，因而两个排名数可以认为完全正相关。

秩相关系数检验的假设如下。

H_0：$\rho_s = 0$，变量 X 和 Y 不存在排名相关；

H_1：$\rho_s \neq 0$，变量 X 和 Y 存在排名相关。

在原假设成立的情况下构造 t 统计量为

$$t = \frac{\rho_s}{\sqrt{(1-\rho_s^2)(n-2)}} \tag{13-29}$$

t 统计量服从自由度为（$n-2$）的 t 分布。给定显著性水平下，如果计算 t 的绝对值小于临界值，则接受原假设，表明变量 X 和 Y 存在排名相关；否则拒绝原假设，认为变量 X 和 Y 存在排名相关。

本章小结

特雷纳指数以证券市场线为基础，以投资组合的 β 系数为风险衡量的尺度。β 系数越高，说明组合收益率对市场的敏感程度越大，市场风险越高。

夏普指数以 CAPM 为理论依据，以 CML 为评价的基点，以投资组合的标准差为风险衡量的尺度。夏普指数等于投资组合的风险溢价与投资组合总风险的比值，表示投资组合单位总风险的报酬。

詹森指数是在给出投资组合的 β 系数以及市场平均收益率的条件下，投资组合收益率超过 CAPM 预测的收益率的部分。詹森指数即投资组合的 α 值，利用 α 值可以对基金业绩进行评价。

信息比率又称估价比率，是投资组合的收益率与基准组合收益率的差值，即由超额收益率的平均值除以超额收益率的标准差得到的。

M^2 测度指标的基本思想是通过收益和风险的均衡，或者利用风险的市场机会成本，在投资组合中通过调整无风险资产的比例来调整组合的风险，使其等于市场指数的风险，将所有组合风险水平调整至无需管理的市场基准的水平，使组合的风险与市场的平均收益进行比较，得出混合后组合收益高出市场收益的大小。

晨星风险调整方法是建立在投资人风险偏好的基础上，认为投资人喜欢高收益而厌恶风险，而不考虑风险和收益是如何结合的。

证券组合投资的收益主要由经理的证券选择能力、市场时机把握能力和运气决定。T—M 模型、H—M 模型和 C—L 模型在投资组合绩效评估的单因素詹森模型的基础上加入一个组合超额收益的函数作为解释变量，用来检验基金经理人的证券选择能力和市场时机把握能力。

基金业绩持续性是指按照时间的顺序，基金在前后相邻的时间段内的业绩排名是否具有统计意义上的一致性。

网络资源索引

1. http://www.cnfund.cn/ 中国基金网
2. http://www.morningstar.com/ 星晨网
3. http://cn.morningstar.com/ 星晨网中国

4. http://wenku.baidu.com/view/3cf96ed033d4b14e85246871.html/ 百度文库《证券投资基金业绩评价理论及实证分析》

5. http://zh.wikipedia.org/ 维基百科

关键术语

投资组合业绩评价　特雷纳指数　夏普指数　詹森指数　估价比率　信息比率　M^2测度　晨星风险调整方法　三因素模型　四因素模型　证券选择能力　市场时机　基金业绩持续性

问题与思考

1. 在评价投资组合的业绩时，为什么要对收益率进行风险调整？

2. 经典的收益率风险调整方法有哪些？各种方法的适用范围和优缺点如何？

3. 改进的收益率风险调整方法有哪些？各种方法的适用范围和优缺点如何？

4. 如何运用四因素模型评价投资组合业绩？

5. 评价投资组合经理的证券选择能力和市场时机把握能力的模型主要有哪些？请比较这些模型的优缺点。

6. 如何运用 H—M 模型和 C—L 模型评价投资组合经理的证券选择能力和市场时机把握能力？

7. 评价基金业绩持续性表现的模型主要有哪些？请比较这些模型的优缺点。

8. 如何利用横截面回归法检验基金业绩持续性？

9. 运用基于列联表的卡方检验法、交叉积比率检验法、持续性概率检验法评价基金业绩持续性？

第五篇　行为分析与投资策略

第十四章 行为金融理论与应用

本章导读

随着金融市场的不断发展，逐渐出现了一些经典的有效市场和理性人假设理论无法解释的市场异象。行为金融理论以行为人有限理性和并非有效的市场为假设，在心理学发展的基础上，探讨行为人的决策和行为是如何受到心理因素影响的。可以认为，行为金融学是运用心理学来研究投资决策行为的学科或是将心理学、认知科学和行为科学的研究成果运用到金融市场的学科。

本章从金融市场的一些异常现象着手，介绍行为金融理论的发生发展、理论基础以及应用与局限性。共分三节。第一节提出行为金融理论的假设基础，介绍金融市场的一些主要异常现象，分析其产生发展过程、定义和假设基础；第二节则结合心理学的研究成果，分析了前景理论、行为资产定价模型、行为资产组合理论等行为金融理论的基础；第三节则运用行为金融的理论，对金融市场的异常现象进行解释并提出针对性的投资策略，讨论了行为金融理论存在的局限性以及一些有待解决的问题。

学习本章你需要具备相关的货币银行学、资产定价以及金融市场方面的知识。

第一节 行为金融理论的产生

当前占据主流地位的金融理论又称为现代金融理论或经典金融理论。但是金融市场诸多异象的出现对现代金融理论的假设基础提出了挑战，为行为金融理论的产生提供了丰富的土壤。

一、现代金融理论假设基础

现代金融理论的发展以马科维茨《证券投资组合选择》为开端，历经法玛的有效市场理论，米勒、莫迪利亚尼的MM定理，夏普、林特纳、布莱克发展的资本资产定价模型（CAPM）以及罗斯在因素模型基础上提出的套利定价理论（APT），此后，又有布莱克、斯科尔斯和默顿提出的期权定价理论（OPT），以及多位经济学家对CAPM、APT、OPT的补充和改进。理论形式经过了诸多的变化发展，但其关键性假设仍然是理性人和有效市场。

“理性人”假设主要包括以下几层含义：第一，个人的偏好关系是理性的；第二，在不确定性条件下，行为人在进行决策时以主观预期效用最大化为目标；第三，行为人能够根据所得到的信息，依照贝叶斯规则调整和修正原有的信息，对市场未来做出无偏估计。

有效市场理论则存在三个逐渐弱化的假设。首先是理性投资者假设，由于投资者是理性的，因而能够对证券做出合理的价值评估；其次是随机交易假设，这样即使某些投资者并非是理性的，但由于交易是随机的，所以非理性行为会相互抵消，从而非理性行为并不影响证券价格；最后是有效套利假设，理性套利者的套利行为会消除非理性行为对价格的影响。

二、市场异象

尽管以有效市场假说为基础的现代金融理论占据了正统地位，但在解释某些实际金融投资现象时却遇到了很多问题。这些用现代金融理论无法解释的现象被称为市场异象。

（一）股票溢价之谜

梅拉（Mehra）和普雷斯科特（Prescott）在1985年指出，股票的历史平均收益率相对于债券投资高出许多，并提出了“股票溢价之谜”。在对1926—1999年间1美元投资回报的波动情况进行研究后发现：在此期间，股票投资组合的加权平均回报率比国债回报率高出7.1%。虽然股票要比国库券风险大一些，但每年7%的回报率差异也太大了。而且对于长期投资来说，投资于股票市场的风险微乎其微，这种差异仅用风险因素是不能解释的。股票溢价之谜也就是相对于债券而言，人们在股票上的投资为何如此之少？既然股票收益高出如此之多，人们为什么还要投资于债券呢？

（二）红利之谜

1973—1974年能源危机期间，纽约城市电力公司（CEC）因为油价猛涨4倍而不得不取消过去稳定的股利政策，这引起了许多中小股东的强烈反应。这是为什么呢？根据MM理论，在不考虑税收和交易成本的情况下，1美元的红利和1美元的资本利得并没有什么差异，投资者随时可以通过卖出股票自制红利。而且在美国税收体系下，股利要比资本利得支付更高的所得税，公司股票回购或保留盈余应该会使股东的境况更好。如果公司不顾亏损发放红利，可能导致破产，从而损害双方的利益，投资者为何不支持公司保留盈余，创造共赢的局面呢？从理性决策角度看，CEC的股东应该只会对能源危机对公司股价造成的影响敏感，而绝不应因公司暂停支付股利的决定如此激动。由此可见，投资者并非如标准金融学假设的那样具有完全的理性，采取行动以最大化自己的效用，投资者同样具有不那么理性的一面。

（三）波动性之谜

关于波动性之谜最核心的问题就是：股票价格仅仅随着基础价值的变化而变化吗？希勒（Shiller）在1981年发表的文章对传统的“价格等于未来预期红利的净现值”模型提出了质疑，并且认为，事实上股价的波动与股息的波动并没有什么密切联系。他列举了1929年9月的股市高峰和1932年6月的股市低谷，根据标准普尔实际指数，股市下跌了81%，但实际股息指数仅下跌了6%。同时，他用一些简单易得的数据证明股价也不是由未来收益的信息所决定的。

（四）赢者输者效应

德邦特（De Bondt）和塞勒（Thaler）（1985）将1933—1985年间美国公司股票按照股价表现进行分类，将前三年内股票累积收益率排在前几位的和最末几位的公司分别构造成为赢者组合（winner portfolio）和输者组合（loser portfolio）。然后比较它们在构造后5年内的累积收益，结果发现相对于整个市场，输者组合在形成期后，累积收益达到30%，而赢者组合大约为-10%。这种输者组合在形成期后成为赢者，赢者组合在形成期后成为输者的现象被称为“赢者输者效应”。然而，杰格迪（Jegadeesh）与蒂特曼（Titaman）（1993）通过对美国股票市场收益情况的考察发现，个股的价格走势在短时期内具有持续性，同长期内价格走势趋于反转不同，个股在6~12个月内的价格趋向于表现出相同的走势。这种股票价格在短期内保持惯性而在长期内出现反转的现象又合称为动量效应和反转效应（momentum`effect and reversal effect）。

（五）一月效应

罗哲夫（Rozeff）和金尼（Kinney）在 1976 年研究发现，1904—1974 年间纽交所的股指在一月份的平均收益率高达 3.48%，而此间其他月份的平均收益率仅为 0.68%。居尔特金（Gultekin）（1983）通过对日本、新加坡、英国等 17 个世界上主要国家和地区的证券市场 1959—1979 年间以市场指数为基础计算出来的股票平均收益率进行了分析，发现其中 13 个国家一月份的收益率都高于其他月份，并得出“小公司一月份效应”在全球主要证券市场带有某种规律性的结论。除此之外，还有在其他时间出现的收益异常现象，如周一效应、周五效应、节日效应等。

（六）账面市值比效应

1992 年，法玛和弗伦奇发表《股票预期报酬的横截面分析》，提出了“账面市值比效应”。他们的研究发现 *B/M* 最高的 10 家公司的平均月收益率为 1.65%，而最低的 10 家公司的平均月收益率则只有 0.72%。收益对 *B/M* 的如此强的依赖性是与 β 值无关的。这个发现对标准金融理论是个巨大的挑战，理性市场认为本来能够影响收益的系统风险因素没有起到作用，而本来不起作用的 *B/M* 却似乎能够预测未来的收益。

三、现代金融理论的缺陷

（一）“理性人”假设的不合理

长期以来，理性人假设的合理性一直受到许多经济学家的质疑。在现实的金融活动中，学者们发现并不是所有的市场参与者都能严格满足“理性人”的假设条件，这种假设忽视了投资者的心理特征在投资决策中的重要作用。特别是由于信息是不完全和不对称的，并且投资者对同一信息的心理反应也不一，因此证券市场上投资者的行为是极其复杂的，不像理性经济人假设所认为的那样是在严格计算证券收益的期望值和方差的基础上进行投资活动的。还有，人们的风险偏好的变化、设定主观概率的过程都使得投资者的行为往往偏离标准金融理论所描述的最优决策行为，表现出一定程度的非理性。

（二）套利的有限性

有效市场假说假定当非理性投资者行为不是随机的且兼具一定的模式时，套利者的套利行为将保证资产价格向基本价值的回归，从而市场仍然有效，即“资产价格是由理性投资者决定的”。但是，套利行为受到现实各种客观条件的约束，无法消除非理性行为对理性行为长期并且是实质性的影响，所以市场并非完全有效。德朗（Delong）、施莱佛（Shleifer）等人（1990）的研究表明只有满足诸如人们确定何时能够知道资产的真正价值，没有那么多不理性的投资者以及长时间内可以无成本卖空等条件，市场才能完全由理性投资者主宰，市场才是有效的。但是，在实践中这些条件无法满足。具体来说，对套利的限制主要来自三个方面：第一，市场上的非理性交易者数量不能过多，否则，理性交易者将无力纠偏价格，非理性交易者将支配市场，价格也将偏离均衡；第二，理性交易者且只有理性交易者可以在市场上卖空，如果非理性交易者也参与卖空，价格将更加不均衡，同时理性交易者的这种卖空是低成本的、能够实施的；第三，非理性交易者在经过一段时间后应该了解到资产的真正价值，从而调整自己的行为，纠正自己对市场价格的错误估计，停止偏离。

以上这三方面的套利限制可以说是对有效市场假说的否定，无论哪一方面所提出的条件似乎都难以满足。因而套利限制表明：依靠套利来维持股票和债券价格的市场均衡是难以实现的，有效市场是不存在的。

阅读与应用

孪生证券

传统金融理论认为在剔除交易成本和信息成本之后，一种资产不可能按不同的价格来销售。证券市场上最为典型的违背一价定律的实例是所谓的孪生证券。这种证券在多个交易所挂牌交易，对于套利者来说，如果价格处在与一价定律不同的水平上就创造出了非常明显的获利机会。

大概最为著名的孪生证券事例是皇家荷兰—壳牌股票。皇家荷兰公司（Royal Dutch）和壳牌公司（Shell）是不同的法人企业，尽管合并成了一个公司，但还各自保持独立。1907 年双方签订合约，同意把双方股份按 60 : 40 的比例合并。经过税收调整后的现金流量和控制权也按这一比例分配。如果我们假设股权的价值应该按现金流量来评估，而且市场是有效的，那么，皇家荷兰股权的市场价值应该是壳牌市场价值的 1.5 倍（当然要经过货币转换）。皇家荷兰和壳牌是流通股，它们至少在 9 个证券交易所中交易，两种股票都在美国和荷兰阿姆斯特丹的交易所中挂牌交易。大致说来，皇家荷兰主要在美国和荷兰交易，而壳牌主要在英国进行交易。但通过多年股价数据分析发现，对理论平价的偏离情形非常大，从 -30% 到 +20%。在发达的金融市场中，任何水平的交易成本都无法解释这种偏离。

组成联合利华公司的联合 N. V. 和联合 PLC 是另一个突出的孪生证券的例子，对一价定律说法形成很大冲击。两个公司先前也是由独立公司合并而成。1930 年，两公司签订合约，对现金流量平均分配。联合利华股票在 8 个交易所内交易，N. V. 公司的股票主要在荷兰、瑞士和美国的证券交易所交易，PLC 股票主要在英国交易，像皇家荷兰—壳牌股票一样，根据一价定律，PLC 和 N. V. 的相对价格是不一致的，偏离在 -50% 和 0% 之间。

为什么套利者不行动得快一点以弥补这种定价的异常现象？答案是：行为经济学家们所称的噪声交易者风险。假如皇家荷兰—壳牌股票的交易价格低估 10%，交易者买进，但市场中一些不理性的参与者却可能却把价格压到低估 25%。突然交易者面临巨大的补充保证金的要求，交易者可能开始怀疑自己在当初买进的心智是否健全（更不用说理性了）。套利者面临的实际问题是：没有一个明确定义的结束点，不能保证交易者一定能使两者接近。并没有一种力量会使两种股票回到按一价定律计算的暗含均衡价格上。

资料来源：詹姆斯·蒙蒂尔. 行为金融——洞察非理性心理和市场. 赵英军，译. 北京：中国人民大学出版社，2007.

四、行为金融学的产生与发展

由于从标准金融理论的角度难以解释以上金融与证券市场中的这些异象，于是，在心理学研究成果的基础上，结合了金融理论与决策科学的交叉研究成果——行为金融学应运而生，并成为金融与证券领域研究的焦点。

（一）行为金融学的发展阶段

行为金融学的产生最早可以追溯到一百多年前对金融市场参与者心理的研究，但真正意义上的行为金融研究是在20世纪50年代以后才开始的，而行为金融正式成为一门学科却是在20世纪80年代后期。具体来说，行为金融学的发展历程主要有以下几个阶段。

1. 萌芽阶段（19世纪初到20世纪50年代）

可以说，行为金融学的产生主要源于对一般经济主体心理、情绪和行为的研究，它和实验经济学、决策科学特别是心理学的研究与发展有着密切的联系。因此，早期对投资者心理、情感和决策行为的研究均可以认为是行为金融学的萌芽阶段。这一阶段的代表人物主要有古斯塔夫·勒庞（Gustave Lebon）、麦基（Mackey）和凯恩斯（Keynes）等人。Gustave Lebon 的《The Crowd》《乌合之众》和 Mackey 的《Extraodinary Popular Delusion and the Madness of Crowds》《财富大癫狂》已经开始研究投资市场群体行为，而凯恩斯不仅提出了“空中楼阁”理论和“选美竞赛”理论，最早强调心理预期在投资决策中的作用，而且运用上述理论在实际投资中取得了巨大的成功。

2. 起步阶段（20世纪50年代至70年代末期）

这一时期的代表性人物主要有伯勒尔（Burrell）、鲍曼（Bauman）和斯洛维克（Slovic）等人。Burrell 作为现代意义上行为金融理论的最早研究者，在其《以实验方法进行投资研究的可能性》一文中，开拓了应用实验将投资模型与人的心理行为特征相结合的金融新领域。其后，Bauman、Slovic 又分别发表了《科学的投资分析：科学还是幻想》以及《人类判断的心理学研究对投资决策的意义》，为行为金融理论的发展指明了方向。

3. 突破阶段（20世纪70年代末期至80年代中期）

尽管行为金融的研究在此前已有了一定的进展，但由于此时标准金融理论在市场中占据着主导地位，而且自身缺乏坚实的理论基础，行为金融的研究工作没有受到市场的重视，发展缓慢。所以，行为金融真正取得突破性进展是在20世纪70年代末。这一阶段的行为金融研究以特维斯基（Tversky）和卡尼曼（Kahneman）为代表。1979年，Kahneman 和 Tversky 的《期望理论：风险状态下的决策分析》及 Kahneman、Tversky 和 Slovic 的《不确定性下的判断：启发式与偏差》（1982）对投资者的心理及认知偏差进行了系统的阐述和分析，为行为金融学的迅速发展奠定了坚实的理论基础。此后，希勒（Shiller）、斯塔特曼（Stateman）、谢夫林（Shefrin）等学者也纷纷发表他们有关投资者心理、行为的行为金融研究成果。

4. 繁荣阶段（从20世纪80年代中期至今）

随着金融市场的发展，不断出现的异常现象引起了金融学界的注意。大量的证据表明许多金融理论还不完善，再加上期望理论得到广泛认可和经验求证，以 DeBondt 和 Thaler 的《股票市场反应过度了吗?》一文的发表为序幕，行为金融的发展进入了繁荣阶段。代表人物有 Stateman、Shefrin、Thaler 和 Shiller 等人。Thaler 对股票价格的异常波动、股市中的“羊群效应”、投机价格和流行心态的关系进行了研究，Stateman 和 Shefrin 则提出了行为资本资产定价理论（behavioral assets pricing model，BAPM）和行为组合理论（behavioral portfolio theory，BPT），进一步充实了行为金融的理论基础。

（二）行为金融学的定义

作为发展中的、新兴的研究领域，行为金融学发展至今还没有一个公认的严格定义，学者们对此具有不同的观点。Thaler 认为行为金融理论研究应具有开放性的思路，只要是考虑行为人可能不是理性的，关注市场现实，就可以认为是行为金融的理论研究了。Shiller 则认为行为金融应包括以下几点：①行为金融学是心理学、决策科学与经典经济学和金融学相结合的科学；②行为金融学试图解释标准金融理论难以解释的金融市场的异常现象；③行为金融学研究投资者在决策中的系统性偏差是如何产生的。Lintner 把行为金融学定义为“研究人类如何解释以及根据信息、做出决策”。Statman 则认为行为金融学与标准金融学都试图在自己的理论框架下解决金融市场中的问题，它们唯一的差别在于对理性、信念、偏好的观点有所不同。Shefrin 认为行为金融学是运用心理学来研究投资决策行为的学科或是将心理学、认知科学和行为科学的成果运用到金融市场中产生的学科。

行为金融学的发展还在不断进行之中，要想给它一个确切、严格的定义实在是一件很困难的事情。但是，从宽泛的意义上说，行为金融学就是运用心理学和其他相关学科的成果来研究和分析投资者各种心理特征，并据此探讨金融投资问题的科学。

（三）行为金融理论的假设前提

与标准金融理论不同，行为金融学以有限理性为前提。赫伯特·西蒙（Herbert Simon）认为有限理性（bounded rationality）是指由于人们的精力、能力和信息等方面的有限性，在面临选择问题时，通常不可能对各种选择方案进行全面、详尽的计算和评估，因而无法达到经济学在完备性、传递性等公理假设下的完全理性。即在现实中，人们是无法做到完全理性的，而只能做到有限理性。行为金融理论从投资者有限理性的假设出发，从“实际”而不是“应当”的角度来理解市场投资行为，充分考虑投资者心理因素的作用，认为证券市场的价格并不只由证券自身所包括的一些内在因素所决定，而且还在很大程度上受到各参与主体行为的影响，即投资者心理与行为对证券市场的价格决定及其变动具有重大影响。

阅读与应用

赫伯特·西蒙的有限理性

1978 年 10 月 16 日，瑞典皇家科学院鉴于赫伯特·西蒙对“经济组织内决策程序的开创性研究”，将该年度的经济学奖授予他。

西蒙特别强调决策在组织管理中的中心地位和作用。西蒙的一句名言是：“管理就是决策”。在他看来，决策是管理的核心内容，它贯穿于管理过程的始终。“有限理性原理”是西蒙的现代决策理论的重要基石之一，也是对经济学的一项重大贡献。首先，西蒙认为在现实生活中，决策者对任何一个选择结果的了解和预见是片面的和不完全的，甚至是根本无法预知的，决策者自己也存在知识和计算能力方面的局限性。因此，决策者需要在缺乏完全信息的情况下进行决策。其次，决策者由于不可能具备完全的知识，因此不可能知道所有的可能决策。最后，决策者所面对的环境因素往往是不断变化的，影响决策的各种因素具有很大的不确定性。因此，人们在现实经济活动中做出“完全理性”的决策基本上是不可能的。西蒙认为，可以通过把新古典经济学的“已知”和“假定”内生化，从而建立起更加复杂的、更接近于现实的人类行为模型。

西蒙否定了传统经济理论的决策的“最优化”原则，提出了决策的“满意”标准。西蒙认为，决策者在做出决策时所拥有的信息往往是有限的，他们的计算能力和记忆能力等也存在某些局限。在这种情况下，最优化决策方案的实现或者不可能，或者计算成本太高，使得决策者不得不满足于一个可以接受的、而不是最优的方案。按照满意的标准进行决策显然比按照最优化原则更为合理，因为它在满足要求的情况下，极大地减少搜寻成本、计算成本，简化了决策程序。因此，满意标准是绝大多数的实际决策所遵循的基本原则。

资料来源：http://www.cei.gov.cn/template/economist. 曹建海. 诺贝尔经济学奖获得者中唯一的管理学家——赫伯特·亚历山大·西蒙. 中国社会科学院工业经济研究所.

第二节　行为金融理论基础

行为金融理论的产生发展是和从心理学角度对金融市场心理、决策与行为的研究分不开的，而期望理论的提出更是为行为金融的进展奠定了坚实的基础。行为资产定价理论和行为组合理论则因考虑了投资者的心理因素和行为而显得更符合金融市场实际。

一、心理学基础

由于金融市场中的普通投资者并非理性人，其判断与决策会受到下面所述的各种心理因素的影响，从而导致较为普遍的投资行为偏差，影响证券的合理价格。

（一）过度自信

大量证据显示人们经常过于相信自己判断的正确性，这种信念甚至不能通过不断地学习来进行修正，从而导致动态的过度自信。De Bondt 和 Thaler 也认为过度自信或许是人类最为稳固的心理特征，并列举了大量证据显示人们在做决策时，对不确定性事件发生概率的估计过于自信。而且，由于自我强化的归因偏差，人们常常将好的结果归功于自己的能力，而将差的结果归罪于外部因素，所以人们无法通过理性学习过程来修正这种信念，导致过度自信的心理现象。

（二）反应过度与反应不足

“反应过度”描述的是投资者对信息理解和反应上会出现非理性偏差，从而产生对信息权衡过重，行为过激的现象。De Bondt 和 Thaler 在文章《股票市场反应过度了吗?》中正式系统地提出了“反应过度”假说，指出投资者在实际投资活动中会对一些突发性的、戏剧性的信息产生“反应过度”，并基于50多年的经验数据对此假说进行了实证检验。他们认为所谓的“反应过度”是和贝叶斯规则中的“恰当反应”相对而言的，投资者的实际投资行为存在着非理性的一面，对信息反应情绪化，会产生反应过度，造成股价过高或者过低。

反应不足是投资者对信息反应不准确的另一种形式，可称为“保守主义”。它主要是指投资者思想上一般存在着惰性，不愿意改变原有信念。因此，当有新的信息到来时，投资者对原有信息的修正往往不足，特别是当新信息中隐含的内容并非显而易见时，投资者就不会给它足够的重视。与个人投资者对新信息往往反应过度相反的是，职业的投资经理人以及证券分析师们更多地表现为反应不足。还有证据表明，投资者对很容易处理（或者说成本比较小）的信息倾向于反应过度，而对难以处理（或者说成本比较大）的信息反应不足。

（三）损失厌恶

它说明人们对损失的主观感受要高于预期效用理论的描述，即人们在进行风险决策时会对损失和利得赋予不同的权重，与能带来收益的“趋利行为”相比，人们会对可能减少损失的“避害行为”更为关心。Kahneman 和 Tversky 通过实验发现，同量的损失带来的负效用为同等收益带来的正效用的 2.5 倍。萨缪尔森（Samuelson）和罗宾（Robin）通过对比实验也证实，投资者中存在明显的损失厌恶现象。

（四）后悔厌恶

Shefrin 提到，后悔对于个人来说，是一种除了损失以外，还自认必须对损失负责任的感受。因此，后悔带来的痛苦比因错误引起的损失带来的痛苦还要大。这种心理特征我们称为“后悔厌恶”。即使是同样的决策结果，如果某种决策方式可以减少投资者的后悔心理，则对投资者来说，这种决策方式将优于其他决策方式。于是，为了在未来避免决策失误带来的痛苦和后悔，人们往往采取推卸责任的方式，比如，委托他人代为进行投资，“随大流”，仿效大多数投资者的行为等。

（五）心理账户

传统经济理论假设资金是完全可替代的，也就是说所有的资金都是等价的。但实际上，人们会根据资金的来源、用途等因素对资金进行归类，这种现象称为“心理账户”。不同账户内的资金在行为人心里的重要性是不同的。所以，赌场赢得的资金、遗产甚至横财等都会被估价得比常规的收入低，人们倾向于更轻率地使用这些被低估的资产。

（六）从众心理

从众是人类社会中一个非常普遍的心理现象。行为人在接收到公开信息后，由于发现和自己的私有信息不一致，从而产生重视公开信息、忽略私有信息，试图追随大多数人行为的心理，是形成“羊群行为”的重要原因。多伊奇（Deutsch）等人认为，从众心理会使行为人觉得自己的决策相对更加安全，导致人们之间行为的相互传染、相互模仿。

（七）私房钱效应

私房钱效应又称“赌场资金效应”或“宿钱效应”。Thaler 和约翰逊（Johnson）发现在获得收益之后，受调查者倾向于接受他们以前通常不接受的赌博，而遭受损失之后，他们会拒绝以前通常接受的赌博，并将之称作“赌场资金效应”。巴贝里斯（Barberis）、黄（Huang）和桑托斯（Santos）发现，基于“赌场资金效应”，牛市时投资者的风险容忍度增加，对权益的风险溢酬下降，更易冒险。

（八）锚定与调整法则

人们在判断和评估中，往往先设定一个最容易获得的信息作为估计的初始值或基准值（称为“锚点”），目标价值以锚点为基础结合其他信息进行一定的上下调整而得出。这些初始值的设定，会受到很多因素影响，围绕初始值的调整也是不充分的，而且不同的初始值会导致不同的最终估计。这种由于参考点不同引起的暂时的反应不足和决策偏差称为“锚定效应”。锚定效应在复杂事件的风险评估过程中尤其显著，证券市场中常见的对价格锚定以及反应不足等现象和锚定与调整启发法有着密切的关系。

阅读与应用

股票市场中的羊群行为

金融市场中的羊群行为是一种特殊的非理性行为，它是指投资者在信息环境确定的情况下，行为受到其他投资者的影响，模仿他人决策，或者过度依赖于舆论（即市场中的压倒多数的观念），而不考虑自己的信息的行为。由于羊群行为涉及多个投资主体的相关性行为，威廉（William）等认为，如果金融市场中确实存在羊群行为，大多数个人投资者的看法趋向于市场舆论，那么一个合理的推断是，在羊群行为显著的时候，个股的收益率将不会太偏离市场的收益率。

宋军、吴冲锋对该假设进行检验。将羊群行为的测度定义为收益率的分散化指标，即个股收益率对于资产组合平均收益率的标准方差，这个分散化指标使得个股对于资产组合的平均收益率的接近程度定量化。当整个市场行为完全由羊群行为决定时，价格一致移动，标准差为0。如果有一只股票的收益率偏离市场的收益率，分散化程度增加。当个股对于市场舆论发生羊群行为时，分散化指标应该相对小。可以通过检验市场价格波动很大时的分散化指标和平均水平下的分散化指标的相对大小来检验羊群行为的存在性。

采样区间从1992年1月2日到2000年12月31日，包括了沪深两地所有上市公司的日收益率和月收益率数据（采用不考虑现金再投资的收益率）。资产组合的收益率按照平均加权方法计算，为了检验行业中的羊群行为，对于行业资产组合也分别计算了分散化系数，按照CSMAR的分类标准公式将所有上市公司分为6类（金融、公用事业、房地产、综合、工业、商业）。

研究结果可以发现，在市场大幅下挫时给投资者带来的抛售压力明显大于在市场上升时给投资者带来的购买冲动。在市场大幅下挫时，大盘的走低使得大部分投资者担心自己持有的股票价格也会大幅下挫，于是纷纷抛出股票，这种卖方的羊群行为反过来使得许多股票价格更加下降，这样就形成了价格下降和卖方羊群行为之间的正反馈。但是在市场大幅上升时，固然有一些投资者看好市场，大幅增仓，但是也有投资者会担心价格已经太高，不愿跟入。因此牛市中的投资者的行为相对分散，跟风行为低于在熊市中的羊群行为。使用个股收益率的分散度指标，测度的优越性在于它需要的数据易于获得，方法比较简单。但是也存在一个问题，即它是对于投资者羊群行为的一个很保守的测度。研究充分考虑了分散度测度的特点，将重点放在分散度的相对大小的比较上。一方面，将中国市场的羊群行为实证结果和William的对于美国证券市场的实证结果进行比较，结果发现我国证券市场的羊群行为程度高于美国证券市场的羊群行为程度；另一方面，将市场收益率处于极高和极低水平的分散度回归系数进行比较，结果发现在市场收益率极低时的羊群行为程度远远高于在市场收益率极高时的羊群行为程度，这个结果可以用期望理论中决策者对于损失、收益的不同态度来解释。

资料来源：宋军，吴冲锋．基于分散度的金融市场的羊群行为研究．经济研究．2001（11）．

二、期望理论

（一）心理实验对预期效用理论的挑战

传统的预期效用理论认为投资者会根据自身的财富水平和结果发生的概率做出最优化的投资决策。但在现实中，投资者会由于外部环境、知识水平、信息不对称及心理、情绪的影响而无法做出最优决策。行为心理学家通过大量实验研究发现，人们在决策过程中的风险态度和行为模式经常会偏离最优化假设。也就是说，预期效用理论并不能完全描述个人在不确定情况下的决策行为，这些违反预期效用理论的行为可以通过下列三个效应来说明。

1. 确定性效应

确定性效应是指与某种不确定的收益相比，人们对于确定性的收益会过度重视。

问题1：A：（2 500，0.33；2 400，0.66；0，0.01）

B：（2 400）

结果：18%选择A，82%选择B。

问题2：A：（2 500，0.33；0，0.67）

B：（2 400，0.34；0，0.66）

结果：83%选择A，17%选择B。

根据预期效用理论来比较以上两种情形下行为人的偏好，问题1的偏好为 $u(2\,400)>0.33u(2\,500)+0.66u(2\,400)$ 或 $0.34u(2\,400)>0.33u(2\,500)$，而第二个问题的偏好则是 $0.33u(2\,500)>0.34u(2\,400)$，前后两种偏好相互矛盾。

2. 反射效应

Kahneman和Tversky发现，如果在问题中考虑损失的话，人们对收益和损失的偏好是相反的，这种现象称为反射效应。

问题1：A：（4 000，0.8）

B：（3 000）

结果：20%选择A，80%选择B。

问题2：A：（-4 000，0.8）

B：（-3 000）

结果：92%选择A，8%选择B。

反射效应表明，个人在面对损失时有风险寻求的倾向，而对于收益则有风险回避的倾向，这与预期效用理论是不一致的。

3. 分离效应

问题1：两阶段选择

在第一阶段中有75%的概率盈利为0，25%的概率转向第二阶段。在第二阶段的选择为：

A：（3 000）

B：（4 000，0.8）

结果：74%选择A，26%选择B。

问题2：普通选择

A：（3 000，0.25）

B：(4 000，0.2)

结果：42% 选择 A，58% 选择 B。

但实际上，两个问题的实质是一样的，都是在（3 000，0.25）和（4 000，0.2）之间的选择。这种情形表明，个人会因为问题呈现方式的不同而有不同的处理方式和不同的选择，违背了预期效用理论中效用仅仅与事件的最后结果有关的结论。

1979 年，Kahneman 和 Tversky 发表文章《期望理论：风险状态下的决策分析》，确立了期望理论。其后，经过许多学者的完善和发展以及在多领域的尝试和运用，期望理论已成为行为金融的重要基础理论。与预期效用理论不同，Kahneman 和 Tversky 利用两种函数来描述个人的选择行为：一种是价值函数 $v(x)$，另一种是决策权重函数 $\pi(p)$。个人的期望可以表示为

$$V=\sum_{i=1}^{n}\pi(p_i)v(x_i) \tag{14-1}$$

其中，价值函数取代了传统预期效用理论中的效用函数，权重函数则将预期效用函数的概率 p 转换成决策权重 $\pi(p)$。

（二）价值函数及其参考点

1. 价值函数

与效用函数中效用取决于财富的最终状态不同，价值函数中的价值体现在财富或福利的改变而不是它们的最终状态。相比较而言，价值函数主要有以下特征：①价值函数定义于相对参考点的偏离（盈利或损失），如果没有盈利或损失，则价值为零；②对收益呈凹性，体现风险回避，即在确定性收益与非确定性收益中偏好前者，对损失呈凸性，体现风险寻求，即在确定性损失与非确定性损失中偏好后者；③收益变化的斜率小于损失变化的斜率，即个体对同等收益与损失的敏感程度是前者小于后者。这样，价值函数在图形上就呈现为 S 形函数（如图 14-1 所示）。

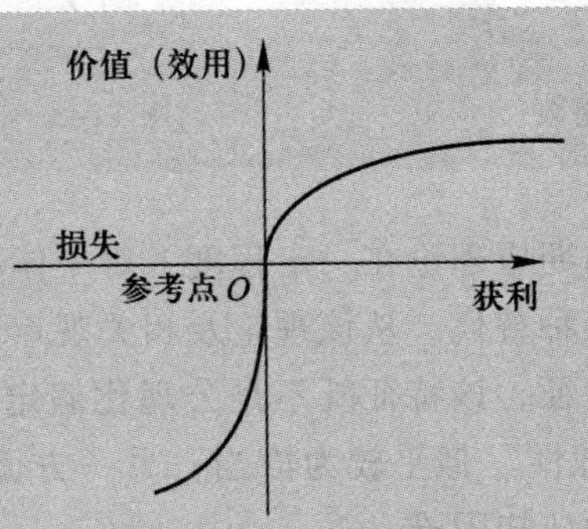

图 14-1　价值函数

2. 参考点

价值函数的一个重要特点是参考点的存在，参考点（见图 14-1 中的 O 点）作为一种主观评价标准，相同的比较会因参考点的变化而得到不同的比较结果。Kahneman 和 Tversky 发现，风险收益机会的价值更多地依赖于可能发生的收益或损失从何种参考点出发，而不是最终会带来的总财富，即并不是人们的富有程度影响其决策，而是某项决策会让人们变得穷一点还是富

一点的判断影响其决策。因此，由于参考点的存在，人们的决策并非是完全理性的，而是受到损失厌恶等心理因素的影响。

（三）决策权重函数

人们在进行不确定性决策时依据的概率分为客观概率和主观概率。客观概率是指在大量的试验和统计观察中，一定条件下某一随机事件相对出现的频率。主观概率则是指行为人对某一随机事件可能出现的频率所做的主观估计。预期效用理论以客观概率来计算预期效用，但 Kahneman 和 Tversky 发现实际情形并不如此，并提出决策权重函数。在该函数中人们倾向于高估低概率事件和低估中高概率事件，而在中间阶段人们对概率的变化相对不敏感，但在低概率中对极低概率赋予 0 的权重，而在高概率中对极高概率赋予 1 的权重。也就是说人们把极不可能的事情看成是不可能的，而把极可能的事情看成是绝对的，如图 14-2 所示。然而，有时那些很不可能的事情却被给予了过多的权重，人们的行为好像夸大了概率；那些很有可能的事情却被给予低的权重，人们的行为好像又低估了概率。由什么来构成一个极低的概率或极高的概率是由投资者的主观印象决定的，如图 14-3 所示。

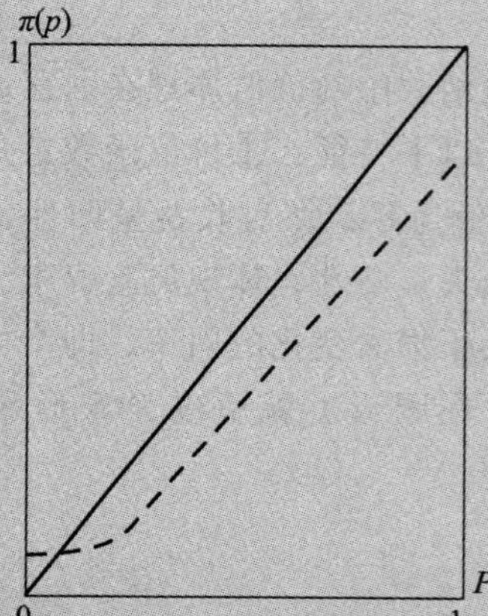

图 14-2 决策权重函数

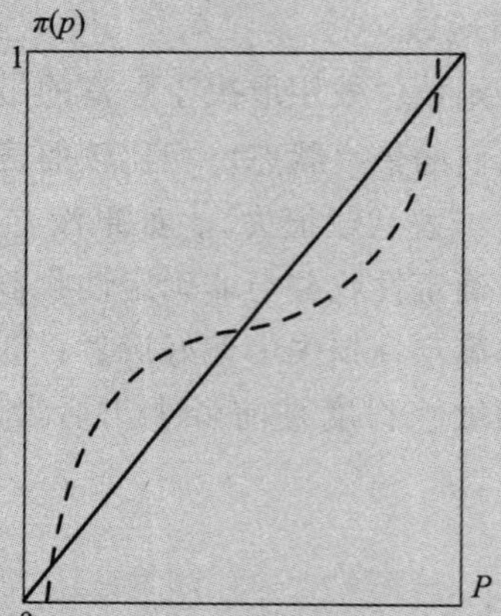

图 14-3 决策权重函数的另一种形式

Kahneman 和 Tversky 提出的期望理论在一定程度上对个体决策与偏好的实验结果提供了合理解释，是对预期效用理论的某种替代。从该理论及相关观点可以得出：一方面，从信息加工角度可以揭示个体偏好的基本特征，该特征既不是公理化假定中的绝对理性，也不是非理性，将其认为“有限理性”或“准理性”似乎较为恰当；另一方面，人们经常无法理解他们所遇到的问题也就是心理学家所谓的认知困难。

阅读与应用

期望理论

10 月 9 日，2002 年诺贝尔经济学奖揭晓，由美国及以色列双重国籍的经济学家丹尼尔·卡尼曼和美国经济学家弗农·史密斯获得。瑞典皇家科学院发表的新闻公报说，传统上，经济学研究主要建立在人们受自身利益驱动和能做出理性决策的假设之上，而且经济学还被普遍视为是一种依赖实际观察而不是可控的非实验性科学。然而现在，经济学研究越来越置身于修正和试验基础经济理论前提，并越来越依赖于在实验室里而不是从实地获得的数据。这种研究植根于两个截然不同但目前正相融合的领域：一个是用感知心理学分析法研究人类的判断和决策行为的领域，另一个是通过实验室实验来测试根据经济学理论所做出的预测的领域。

诺贝尔经济学奖的一半授予卡尼曼，是因为他成功地把心理学分析法与经济学研究结合在了一起，为创立一个新的经济学研究领域奠定了基础。其主要研究成果是，他发现了人类的决策不确定性，即发现人类的决定常常与根据标准的经济理论做出的预测大相径庭。他与已故的阿莫斯·特维尔斯基合作，提出了一种可以更好地说明人类行为的预期理论。

而获得另一半诺贝尔经济学奖的史密斯，则为创立实验经济学研究领域奠定了基础。他开创了一系列实验法，为通过实验室实验进行可靠的经济学研究确定了标准。他揭示了替代性研究机构的重要性。他还是“风洞试验”理论研究的先驱。因此，史密斯的研究成果对确立实验是经验主义经济分析中一个必不可少的工具起到了有力的推动作用。

资料来源：http://www.cctv.com/financial/jiaodiantoushi/20021011/78.html. 诺贝尔经济学奖：精深的思想，耀眼的成就. 中国中央电视台网络财经频道焦点透视. 2002 年 10 月 11 日。

三、行为资产定价模型

在 CAPM 中，所有投资者都被假设为只关心投资回报和投资组合的协方差（风险），二者的均衡便是投资者的选择。然而，CAPM 在解释现实时遇到了困难。Shefrin 和 Statman 构筑的行为资产组合理论（BAPM）改变了 CAPM 的假设，使其更接近于现实，从而引起了金融界的注意。在 BAPM 中，投资者被分为两类：信息交易者和噪音交易者。信息交易者是严格按标准 CAPM 行事的理性投资者，他们不会受心理偏差的影响，只关注组合的均值方差，而且通过套利使资产的价格趋于价值，因此也可称之为理性交易者或套利交易者。噪音交易者则不按 CAPM 行事，他们会犯各种心理差错，并且没有严格的均值方差（风险）偏好。两类交易者相互影响，共同决定资产价格，市场的有效或者无效取决于哪一类交易者在市场上起主导作用。

令 $\beta(Z)$ 表示任何证券组合相对于 r_{MV} 的均值方差贝塔值，为“真实的”贝塔值。令 r_{MV}^{π} 表示价格有效时的均值方差因子 r_{MV}，称作市场因子。令 $\beta_{\Pi}(Z)$ 表示证券 Z 相对市场因子衡量的贝塔值，称为 Z 的市场贝塔值。

当价格有效的时候，任何证券的期望回报率 $E_{\Pi}(r(Z))$ 就是下式给出的值。

$$E_{\Pi}[r(Z)] = i_1 + \beta_{\Pi}(Z)[E_{\Pi}(r_{MV}^{\pi}) - i_1] \tag{14-2}$$

式中 i_1 是均衡时单期的无风险利率。

假设情绪不等于0，这意味着价格是无效的。此时（14-2）式就可能不成立了。同时下面的差额

$$A(Z) = E_{\Pi}[r(Z)] - i_1 - \beta_{\Pi}(Z)[E_{\Pi}(r_{MV}^{\pi}) - i_1] \tag{14-3}$$

可能不等于0。我们把 $A(Z)$ 称为证券 Z 的期望异常回报率。如果非正常收益为0，那么说明市场价格是有效的，不存在噪音交易者；如果存在非正常收益，那么说明证券的收益不仅取决

于资产的组合，还要受到噪音交易者主观因素的影响。

r_{MV}^{π}相对于均值方差有效回报率r_{MV}的贝塔值$\beta(r_{MV}^{\pi})$ 等于$\mathrm{cov}(r_{MV}^{\pi}, r_{MV})/\mathrm{var}(r_{MV})$。实际上，$\beta(r_{MV}^{\pi})$ 衡量当情绪不等于0时r_{MV}^{π}均值方差有效的程度。如果r_{MV}和r_{MV}^{π}具有相同的标准差，则$\beta(r_{MV}^{\pi})\leqslant 1$。如果$\beta(r_{MV}^{\pi})=1$，那么$r_{MV}^{\pi}$均值方差有效。如果$\beta(r_{MV}^{\pi})=0$，那么所有$r_{MV}^{\pi}$中的风险都没有得到定价。

现在考虑$\beta(Z)/\beta(r_{MV}^{\pi})$。我们可以看到这个比率和有效贝塔值$\beta*(Z)$ 具有相同的单位，即Z上的回报率除以回报率r_{MV}^{π}。$\beta(Z)$ 和$\beta(Z)/\beta(r_{MV}^{\pi})$ 二者都把在证券Z上的溢价和在r_{MV}^{π}上的溢价联系起来。但是，需要记住的是，一般来说并非所有r_{MV}^{π}中的风险都得到了定价。市场贝塔值$\beta_{\Pi}(Z)$ 衡量的是在回报率$r(Z)$ 中r_{MV}^{π}风险的数量，其中包括得到定价的风险，也包括没有定价的风险。但是相对于r_{MV}^{π}中的溢价，$\beta(Z)/\beta(r_{MV}^{\pi})$ 反映了所有在$r(Z)$ 中的定价风险。因此，我们可以把下面的差额

$$\beta(Z)/\beta(r_{MV}^{\pi})-\beta_{\Pi}(Z) \tag{14-4}$$

解读为对市场贝塔值的校正。我们把它称作“贝塔校正值”。

注意，我们可以把$\beta_{\Pi}(Z)$ 解读为贝塔值的基本成分，而（14-4）式中的贝塔校正值可以理解为情绪成分。也就是说，真正的贝塔值可以分解为一个基本成分和一个情绪成分。

和贝塔值中情绪成分相关的证券Z的期望异常回报率$A(Z)$ 由下式给出。

$$A(Z)=\frac{\beta(Z)}{\beta(r_{MV}^{\pi})}-\beta_{\Pi}(Z)\left[E_{\Pi}(r_{MV}^{\pi})-i_1\right] \tag{14-5}$$

式中$[E_{\Pi}(r_{MV}^{\pi})-i_1]$ 表示每个单位的β风险的风险溢价，如此可以看到证券的收益和噪音交易者的行为有关。

可以简单地认为，BAPM中证券的预期收益决定于其行为β，即正切均方差效率资产组合的β，即切于均值—方差有效前沿的斜率。由于噪音交易者对证券价格的影响，正切均方差效率资产组合并非市场组合。比如，噪音交易者倾向于高估成长型股票的价格，相应地，市场组合中成长型股票的比例也就偏高。为了纠正这种偏差，正切均方差效率资产组合较市场组合要人为地调高成长型股票的比例。但是，由于行为因素随时都在变化，较之用股票指数代替市场组合而产生的标准β，行为β的计算如何同时涵盖客观标准和投资者的价值感受特性是一大难题，因此BAPM的应用还存在着困难。

阅读与应用

非理性繁荣

1996年12月5日，在华盛顿，美国联邦储备委员会主席艾伦·格林斯潘在一次讲话中用“非理性繁荣”一词形容股票投资者的行为，立即引起了全世界的关注，股市顿时狂泄。日经指数下跌3.2%，香港恒生指数下跌2.9%，德国DAX指数下跌4%，伦敦FT-SE100指数曾在一天内最多下跌4%，而美国道琼斯工业平均指数刚一开盘就下跌了2.3%。“非理性繁荣”一下子成了格林斯潘最著名的引用语，成为跟随大市股民的流行语。但随后，股指虽受升息等信息影响有所反复，基本仍延续了上涨趋势。至1999年，已从1994年初的3 600点左右突破

了11 000点大关，股市价格总涨幅超过了200%。而2000年刚一到来，道指便突破了11 700点（11 722.98，2000年1月14日）。但根据居民个人收入、GDP、企业利润等数据，耶鲁大学著名行为金融学家希勒教授指出："从这些数据中我们不难看出，股价如此大幅度地增长缺乏实际经济基础，而且从历史上来看，这种情况也不会持久"。2000年，希勒出版了新书《非理性繁荣》。在书中，希勒认为美国股市自20世纪90年代后期以来出现的繁荣景象是一种脱离实际的反常现象，是一种"非理性繁荣"，并针对其产生原因进行了系统、详细的分析。也许是巧合，也许是对投资者产生了重要影响，该书出版后不久，美国股市就开始了深幅下跌行情，从2000年3月初开始，道指在短短几周之内下跌了近20%，纳斯达克指数下跌超过30%。

除了股票市场，美国的房地产价格也开始大幅上涨。2000—2005年间，美国中等住宅平均房价就从14.36万美元狂涨到21.96万美元。2005年末，希勒教授出版了《非理性繁荣》第二版，专门增加了一章来探讨20世纪90年代末以来，许多国家都经历的房地产泡沫。目前房地产市场的繁荣中隐含着大量的泡沫，并且最终房价可能在未来的几年中开始下跌。他认为，2000年股市泡沫破灭之后，许多投资者将资金投向房地产市场，这使得美国乃至世界各地的房地产价格均出现了不同程度的上涨。因此，非理性繁荣非没有消失，只是在另一个市场中再次出现。有趣的是，2006年美国住房抵押贷款次级债务危机初现端倪，2007年3月爆发，美国股市和房市双双大跌，并波及全球市场。2007年7月美国国会联合经济委员会发布报告，预计从2007年年中到2009年年底，美国因无法偿还次级抵押贷款而丧失抵押品赎回权的案例将达到130万例，直接涉及的房产价值超过710亿美元。

资料来源：罗伯特·希勒. 非理性繁荣. 2版. 李心丹，等，译. 北京：中国人民大学出版社，2008年.

四、行为资产组合理论

以均值方差模型为核心的现代投资组合理论忽略了投资者的心理因素及个体差异，缺乏对个体投资者行为的研究。比如，为什么投资者在购买保险的同时还会购买彩票？为什么既然国外股票与本国股票相关性较低，投资者却不将国外股票纳入自己的投资组合？根据心理账户，Shefrin和Statman认为投资者在心理上将自己的投资组合分成若干个账户，每个账户对应不同的用途，如一部分是低风险的安全投资（风险规避），另一部分是高风险高预期收益的投资（风险偏好）。也就是说，个人在想避免贫穷的同时又会希望变得富有。这也解释了为什么投资者会同时购买彩票和保险的行为。2000年，Shefrin和Statman提出了行为资产组合理论（BPT）。该理论认为，现实中的投资者无法在均值方差有效边界上选择最优的组合配置，他们实际构建的资产组合是基于对不同资产的风险程度的认识以及投资目的所形成的一种金字塔式的资产组合，位于金字塔各层的资产都与特定的目标和风险态度相联系，而各层之间的相关性被忽略了。而且，BPT认为投资者将通过综合考虑期望财富、投资者对安全性与增值潜力的欲望、期望水平以及达到期望值的概率等因素来选择符合个人意愿的最优组合，从而使理论与投资行为更为接近。

行为组合理论有两种分析模型：单一账户行为组合理论（BPT-SA）和多重账户行为组合理论（BPT-MA）。

（一）单一心理账户行为组合理论

单一心理账户的（single mental account，SMA）投资者关心投资组合中各资产间的相关系数，把所有资产放在同一个心理账户中。该理论关于资产组合的选择类似于均值方差模型中的证券组合选择。依据该理论，投资者将通过有效边界最大化函数 $U(E_h(W)、D(A))$ 来选择最优证券组合，其中 $E_h(W)$ 是期望财富 $E(W)$ 受到感情因素的影响与支配后的变形；$D(A)$ 是用大于某一投资期望值的概率 $\text{Prob}\{W \geqslant A\}$ 表示的对安全或者风险的度量。该理论将投资者对待风险的态度纳入到模型中，突破了现代资产组合理论投资者风险态度假设的局限性，更符合投资人在投资时只考虑投资后的将来财富水平降低到某一水平的风险的实际投资决策过程。

（二）多重心理账户行为组合理论

多重心理账户（multiple mental account，MMA）投资者在构造投资组合时把资产放在不同的心理账户中，并对各账户的资金具有不同的风险态度，同时也忽略了各账户之间的相关系数。Shefrin 和 Statman 提出投资者具有两个心理账户，分别对应高、低两个期望值。投资者的目标就是将现有财富 W 在两个账户间分配以使整体效用达到最大。因此，投资者实际构建的资产组合是基于对不同资产的风险程度的认识以及投资目的所形成的一种金字塔形的行为资产组合（如图 14-4 所示），资产组合的每一层都对应着投资者特定的投资目的和风险特性（方差）。一些账户内的资金投资于较低资产，主要用于保障投资者的生活需要，安全是主要考虑因素。另一些账户的资金则投资于较高层次资产，用来争取变得更富有。投资者根据自己的判断赋予两个心理账户不同的组合权重。

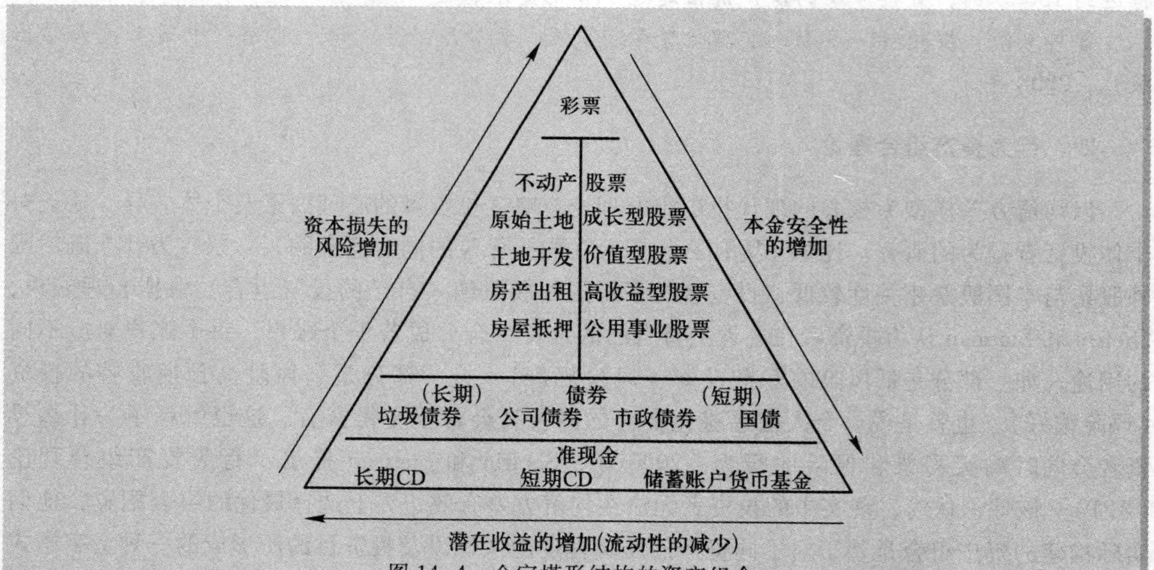

图 14-4 金字塔形结构的资产组合

行为资产组合理论的投资者通过设定不同的风险和期望值而将资产放入不同的心理账户，有利于提高投资者对风险的自控能力。但实际上，不同心理账户内的资产并没有什么不同，只是投资者自己通过心理预设而在投资行为当中产生的心理偏差。

第三节　行为金融理论的应用与未来

考虑到投资者在不同市场情景下的心理因素和行为，行为金融理论较好地对金融市场异象进行了解释，并针对性地提出了若干行为投资策略。但由于发展历史较短，行为金融理论的运用还存在着缺乏统一性和局限性等不足。

一、行为金融理论对市场异象的解释

（一）对股票溢价之谜的解释

对于这种现象，行为金融学提出了多种新的令人信服的解释。巴纳茨（Benartzi）和Thaler提出，根据期望理论，人们有规避损失的倾向，特别是大部分投资者由于“短视的损失厌恶”心理，使得他们在短期内不愿意持有股票。相对于无风险的政府债券而言，股票必须具有非常高的报酬才能吸引投资者。Barberis，Huang和Santos也进一步解释了股权溢价之谜。他们认为，Benartzi和Thaler的理论只考虑损失厌恶并不能完全解释股票溢价，还必须考虑私房钱效应。因为如果不考虑过去历史，投资者的风险回避程度不会随时间变化而变化，股价失去最重要的波动性来源，这样波动率小的报酬导致风险也相应减小，无法解释很大的股票溢价。因此他们另外引进私房钱效应，也就是考虑前一次的报酬是如何影响损失厌恶的。由于私房钱效应的存在，价格的变化会导致损失厌恶程度的变化，而损失厌恶程度的变化又会导致股价的过度波动，并且损失厌恶本身又使得投资者不愿意看到股市的过度频繁的波动，因此他们对持有的风险资产要求更多的溢酬。另外，投资者的模糊厌恶也可以解释股票溢价之谜。由于投资者通常不能确切地知道股票收益率的分布，当面对模糊时，人们宁可选择自己心中最坏的估计。曼豪特（Maenhout）指出投资者为了弥补他们采取错误的股票收益模型所带来的风险，他们将要求更高的股权溢价。

（二）对红利之谜的解释

Shefrin和Statman从心理账户、投资者自我控制等角度对投资者偏好现金红利的原因进行了解释。红利和资本利得是投资者投资收益的两项主要来源，对投资者而言，由于红利和资本利得是归入不同的心理账户中，因此一元的现金红利与一元的资本利得对于投资者是不一样的。对于缺乏良好自我控制的投资者来说，花费红利，不动本金是改善自我控制的最好办法。因此投资者在消费时，不会考虑资本利得，而将现金红利看成唯一的收入来源。贝克（Baker）和沃格勒（Wurgler）提出了红利迎合理论。他们认为，投资者将公司分为两类：支付现金红利的公司和不支付现金红利的公司。投资者对这两类公司的心理预期将对公司的股票价格产生影响。公司管理者为了获得股票溢价，通常会迎合投资者的红利偏好。比如，当投资者倾向于风险回避，偏好现金红利时，管理者就支付现金红利；当投资者倾向于风险偏好，对股票红利给予溢价时，管理者就改为分配股票红利。更进一步，如果股票价格与公司管理者的收入存在一定联系的话，管理者更有可能为了迎合投资者而改变红利政策。红利迎合理论很好地解释了为什么公司的红利政策会随着时间变化。

（三）对波动性之谜的解释

Barberis，Huang和Santos综合了期望理论中的损失厌恶与Thaler和Johnson所提出的私房

钱效应，解释了股权报酬的高波动性。他们认为，现金流的利好推动股价上升，使得投资者前期的股票报酬（资本利得）增加，此时私房钱效应会降低投资者风险规避的程度，即使其后出现损失，痛苦的冲击也被前一次利得所减轻。于是，投资者会用较低的折现率来折现股利，从而股价更高，造成股价相对于当前股利水平偏高。同理，如果股价下跌，由于私房钱效应的影响，投资者的风险容忍度比以前更低，对损失更敏感。他们会用较高的折现率折现未来现金流，因此股价更低。这样一来，价格红利比将会过度振动，股票报酬也更具有波动性。用投资者对私有信息的过度自信可以解释证券市场的过度波动。如果私有信息是正面的，投资者将把股价推到相比当时红利高得多的价位，因此引起价格红利比的过度波动。投资者对未来红利增长信念的形成方式也可以解释波动性之谜，原因在于代表性偏差，特别是被称为“小数定律”的推理法则，使其相信平均红利增长率比实际的波动更大。那么，在看到红利增长或下降后的买入或卖出行为就会将价格推高或压低到与红利不相适应的水平。

（四）对动量效应和反转效应的解释

股市中交易者可以分为理性交易者和噪音交易者。理性交易者能够获得信息，还能预测噪音交易者的交易行为。噪音交易者采用正反馈交易策略，在价格上升的时候买股票，在价格下降的时候卖股票。假设利好消息进入市场，理性交易者会预测到股价的初期上升会导致噪音交易者购买股票，所以理性交易者会购买比信息正常反映价格的情况下更多的股票，推动价格上涨到超出信息反映的价格水平，出现反应过度。随后，噪音交易者进入，股价进一步上升，动量效应出现。接下来，理性交易者获利退出，噪音交易者进入，可能还有一段时间的反应过度。但在长期，股价最终会向基础价值方向靠拢，产生反转效应。

从过度自信的心理角度也可以解释。过度自信的投资者过度看重私有的信息，而对市场公布的信息不怎么重视，在过滤市场各种信息时，注重那些能够增强他们自信心的信息，而忽视那些伤害他们自信心的信息，从而引起股价的过度反应。随着公共信息的增加，这种股价的偏离随后又被逐步纠正。出现动量效应和反转效应。

可以说，动量效应和反转效应产生的根源是投资者对信息的反应不足和反应过度。股价之所以出现持续走势，关键在于投资者对新信息反应不足，过于保守。投资者仍沉浸于过去的历史价格，对新信息估价过低，因而价格趋势并未因新信息的出现而有所改变。随着时间的推移，新信息变得比历史信息显著，此时投资者对新信息估价过高，出现过度反应，但过度反应所导致的价格偏离不会长久持续下去，偏离的价格最终得到纠正，因而出现反转的走势。

阅读与应用

“中航油事件”与行为金融

1993 年 5 月，中航油新加坡公司在新加坡成立。自 2003 年开始做油品期货套期保值业务。在此期间，中航油新加坡公司擅自扩大业务范围，从事风险极大的石油期权交易。该年底公司的盘位是空头 200 万桶，而且赚了钱。但自 2004 年初石油价格一路逆势攀升，到 2004 年 3 月 28 日为止，公司已经出现了 580 万美元的账面亏损。公司采取了展期和无限开放头寸的办法来掩盖当期账面亏损，押赌石油价格下跌。而油价没有停止上涨的势头。到 2004 年 10

月，中航油新加坡公司持有的期权总交易量已达到5 200万桶，账面亏损量已达到1.8亿美元，还有8 000万美元保证金缺口需要填补。但是，中航油新加坡公司仍未考虑收手，而是向母公司请求资金支持，母公司当时接纳了中航油新加坡公司提出的“内部救助方案”，并通过股份减持，放弃收购的方式为中航油新加坡公司筹款补仓。

2004年10月26日，中航油新加坡公司的对手日本三井公司发出违约函，催缴保证金，中航油新加坡公司被迫在油价高位部分斩仓，造成实际亏损1.32亿美元；至2004年11月8日，公司再度被逼斩仓，又亏损1亿美元。面对越来越难把握的局面，中航油集团着手向主管部门请示，国资委最终决定不对中航油新加坡公司进行无原则救助，使中航油新加坡公司的资金链断裂。2004年11月29日，中航油新加坡公司申请停牌；翌日，公司正式向市场公告了已亏3.9亿美元，潜亏1.6亿美元的消息，并向法院申请债务重组。

资料来源：陆宇建，张继袖，等.“中航油”事件的行为金融学思考. 软科学. 2007. 8.

二、行为金融投资策略

行为金融的投资策略就是在尽量避免自身在决策中的偏差的同时，利用其他投资者的偏差和判断错误来发现投资机会、制定投资策略，获取超额回报。行为金融的投资策略由来已久，Keynes的“选美竞赛”和“空中楼阁”理论可以说是行为金融投资策略的开端。在现代，行为金融的投资策略得到广泛的运用。在美国，有超过700亿美元的投资在运用行为金融投资原理，不少主流经理人也在应用行为金融理论制定投资策略。下面是几种比较有代表性的行为金融投资策略。

（一）反转策略和动量策略

反转投资策略就是买进过去表现差的股票而卖出过去表现好的股票的投资方法。这种策略主要源于人们对信息反应过度的结果，其主要论据是投资者心理的过度自信特征。由于投资者在实际投资决策中，往往过分注重上市公司的近期表现并对其未来进行预测，从而导致对公司近期业绩情况持续反应过度，形成对绩差公司股价的过分低估和对绩优公司股价的过分高估现象，最终为反转投资策略提供了机会。

动量交易策略与反转策略正好相反，即购买过去几个月中表现良好的股票，卖出过去几个月中表现糟糕的股票。该投资策略起源于对股票短中期收益延续性的研究，它与投资者的反应不足和保守性心理有关。动量交易策略能够获利，一是“收益惯性”的存在，即当股票收益的增长超过预期，或者当投资者一致预测股票未来收益的增长时，股票的收益会趋于升高。因此，动量交易策略所获得的利润是由股票基本价值的变动带来的。另外，价格惯性和收益惯性策略实际是利用了对有关公司价值信息反应迟缓和在短期中未被近期收益和历史收益增长充分反映的公司前景。

从目前对国内证券市场的实证研究来看，大多数研究认为我国股市的反转效应明显，所以应该采取反转投资策略。也有一些研究认为一定期限的动量投资策略获利显著，而作为我国证券市场特有现象的“板块效应”的存在可视为动量投资策略可行的明显例证。

（二）成本平均策略和时间分散化策略

成本平均策略是指投资者在将现金投资于股票时，通常总是按照预定的计划根据不同的价格分批摊低成本，从而规避一次性投入可能带来的较大风险的策略。时间分散化策略是指根据投资股票的风险将随着投资期限的延长而降低的信念，建议投资者在年轻时将其资产组合中的较大比例投资于股票，而随着年龄的增长将此比例逐步减少的投资策略。

成本平均策略和时间分散化策略有很多相似之处，都是在个人投资者和机构投资者中普遍存在并广受欢迎的投资策略，但由于收益相对较差，与预期效用最大化原则明显相悖。Fisher 与 Statman 利用期望理论、心理偏差、损失厌恶和不完善的自我控制等观点，对上述策略进行了系统解释，指出了其合理性并给出了实施中加强自我控制的改进建议。

我国的证券投资者，尤其是中小投资者，存在明显的自我控制能力差和对损失心理承受能力弱（后悔厌恶）等特点。而且，买卖行为过于频繁，追涨杀跌心理严重。成本平均策略如金字塔建仓法和倒金字塔减仓法正好可以削减我国中小投资者心理偏差的影响，不失为一种良好的投资策略。

（三）小公司投资策略

由于小公司存在一种明显的一月效应，因此一种有效的投资策略就是在一月初买进小公司股票而在一月底卖出小公司股票。班茨（Banz）发现小公司股票的收益率在排除风险因素后依然要高于大公司股票的收益率。莱因戈纳姆（Reinganum）也发现公司规模最小的普通股票组的收益率要比规模最大组的收益率高 19.8%。西格尔（Siegl）研究发现，平均而言小公司股票比大公司股票的年收益率高出 4.7%。对中国股市而言，虽然不存在明显的一月效应，但小公司的流通股由于易受庄家控制却是一个不争的事实，小公司投资策略很有可能获得较高的收益率。此外，由于其他期间效应的存在，也可采用相应的投资策略。

（四）逆向投资策略

由于我国证券市场存在大量的“羊群效应”，逆向投资策略就是利用证券市场参与者“羊群效应”造成的价格偏差来进行投资的策略。我国股市中个人投资者以工薪阶层为主，大部分的投资者家庭收入主要来源于工资，这类投资人群具有明显的心理与行为偏差，倾向于从专家、机构投资者那里寻求依靠，而且我国股票市场历来有“政策市”之称，极易形成羊群效应。羊群效应使整个市场的预测出现系统性偏差，导致股票价格的偏离，这些对股票价值的高估或低估最终都会随着金融市场的价值回归而出现异乎寻常的股价下挫或上扬，潜藏着有利的投资机会。

三、行为金融理论的未来

（一）行为金融理论的局限性

行为金融通过对投资者心理、情绪的研究和对一些市场异象的合理解释获得了迅速发展，在金融领域成功地占据了一席之地。但总体上说，行为金融理论目前还不太成熟，仍然还有以下几个方面的局限性有待突破。

1. 解释的统一性问题

行为金融在解释金融市场异象的产生原因时，运用了诸多心理学及其他学科的研究成果甚至是相反的心理效应如反应过度和反应不足。而且，不同的现象运用了不同的行为假设和模型来解释，这就形成了行为金融学自身的软肋：第一，它无法确定在众多心理因素中，对行为人起关键作用的是哪个或哪几个因素；第二，在对某些异象进行解释时，行为金融本身也没有形成统一的认识。因此，行为金融学就缺乏一种具有普遍适用性的模型来解释市场中的异象，学科整体显得比较零散，没有很完整的理论体系。

2. 实证研究的支持性问题

迄今为止，行为金融学在探讨投资者心理、行为和解释市场异象方面取得了丰富的成果。但是，行为金融学主要采用的是事件后研究方法，而且其论据是随机的并且是相互矛盾的（如反应过度和反应不足）。所以，现代金融理论的支持者认为这种相互矛盾的结论恰恰证明了价格的变化是随机的，市场是有效的。同样，有效市场假说的支持者认为超额收益的存在可能是行为金融实证研究过程中的统计方法、模型设计、样本选择存在问题，异象的发现并不能否定市场的有效性。

3. 超额收益的来源问题

现代金融理论认为行为金融发现的异常收益是对额外风险的补偿，也就是说，风险和收益仍然是对称的，有效市场假说仍然成立。比如对于行为金融发现的小公司效应和账面市值比效应，现代金融理论的支持者认为，这些效应反映了一些更基本的风险因素，超额收益的存在是对这些额外风险因素的补偿，而行为金融的研究者却难以对这种说法提出更有力的反驳。

从目前看来，现代金融理论和行为金融理论对金融市场中的许多问题的争论仍很激烈，很难说哪种金融理论能够更好地解释现实。因此，双方的争论可能仍将持续很长时间。但这种争论是件好事，它有利于对各种问题研究的深入，加深对金融市场的认识，也将有利于两种理论的各自发展甚至融合。

（二）行为金融理论仍有待解决的问题

行为金融理论的研究在过去的几十年中取得了长足的进展，但仍然还有相当多的问题未能解决，还有许多市场中的现象需要行为金融理论更好的解释，这就要求广大的理论研究者进一步探索。下面是安德烈·施莱弗（Andrei Shleifer）在《并非有效的市场——行为金融学导论》中提出的一些仍有待解决的问题。

（1）投资者怎样认识风险？这种认识与实际中的基本风险有何关系？投资者的成败经历是怎样影响这种认识的形成的？

（2）投资者如何评估风险？为什么有时很大胆？有时又很谨慎？不同的投资会有不同的思维方式吗？

（3）什么有助于人们形成对某种证券投资收益的外推预期模型？泡沫是怎样开始的？

（4）什么样的心理现象支配着投资者购买股票？投资者小心谨慎时是怀着什么心理？

（5）套利要花多长时间才能摆脱超额收益的存在？这是由什么决定的？为什么一些异象持续的时间比另外的异象长？

（6）“纠正”价格偏差应如何介入？关于公司盈利的消息或其他消息是催化剂吗？或者说存在着一种强大的自我实现机制吗？

（7）怎样才能阻止噪声交易（假定应该阻止）而又不阻碍套利交易？谁应当监管证券市场，怎样监管？

（8）对投资者教育能克服心理偏差吗？如果可以，应该怎样做？为什么没有私人纠偏服务机构的存在？

本章小结

由于现代金融理论假设基础的缺陷，无法解释金融市场的若干异象。以心理学研究为基础的行为金融学应运而生。从 Lebon、Mackey 和 Keynes、到 De Bondt 和 Thaler，行为金融理论的发展经历了萌芽、起步、突破和繁荣四个阶段。但至今，以有限理性为假设前提的行为金融仍缺乏严格、确切的定义。

行为金融学的主要理论基础有心理学基础、前景理论、行为资产定价模型、行为资产组合理论。心理学基础主要有过度自信、过度反应与反应不足、损失厌恶、后悔厌恶、心理账户、从众心理等。

从行为金融理论出发，可以较好地对金融市场异象进行合理的解释。运用损失厌恶和私房钱效应对股权溢价之谜、波动性之谜进行解释，运用心理账户和投资者自我控制对红利之谜进行解释，运用理性交易者和噪声交易者对动量效应和反转效应进行解释。并提出如何利用其他投资者的偏差和判断错误来发现投资机会、制定投资策略，获取超额回报，如动量策略和反转策略、成本平均策略和时间分散化策略、小公司投资策略、逆向投资策略。

行为金融通过对投资者心理、情绪的研究和对一些市场异象的合理解释获得了迅速发展，在金融领域成功地占据了一席之地。但还存在着解释的统一性、实证研究的支持性、超额收益的来源问题等局限性。同时存在若干行为金融发展仍待解决的问题。

网络资源索引

1. http://www.doc88.com/p-39256220192.html/ 道客巴巴
2. http://www.behaviouralfinance.net/ 行为金融学
3. http://www.forex.com.cn/html/2008-07/949434p2.htm/ 外汇通
4. http://icf.som.yale.edu/research/behav_finance.shtml/ 耶鲁管理学院
5. http://www.cbdr.cmu.edu/ 行为与决策研究中心
6. http://www.econlab.arizona.edu/ 亚利桑那大学经济科学实验室
7. http://fisher.osu.edu/fin/faculty/hirshleifer/ 行为金融学家 Richard Thaler 的个人主页
8. http://lsb.scu.edu/finance/faculty/Shefrin/Default.htm/ 行为金融学家 Andrei Shleifer 的个人主页
9. http://gsb.uchicago.edu/fac/richard.thaler/ 行为金融学家 Hersh Shefrin 的个人主页

关键术语

市场异象　行为金融　有限理性　有限套利　过度自信　过度反应　反应不足　损失厌恶　后悔厌恶　心理账户　从众心理　私房钱效应　前景理论　确定性效应　反射效应　分离效应　价值函数　参考点　决策权重函数　行为资产定价模型　行为资产组合理论　反转策略　动量策略　逆向投资策略

问题与思考

1. “理性人假设”的理性主要包括哪几层含义？
2. 对套利的限制主要来自哪些方面？
3. 行为金融的产生和发展有哪几个阶段？都有哪些代表性人物和著作？
4. 期望理论和预期效用理论有何不同？
5. 行为金融的局限性表现在哪几个方面？
6. 证券市场中有哪些异象的存在？并加以说明。
7. 试用行为金融理论解释股票溢价之谜、红利之谜、波动性之谜以及动量效应和反转效应。
8. 主观概率对决策权重函数有何影响？
9. 哪些效应体现了违反预期效用理论的行为？

10. 信息交易者和噪音交易者有何区别？
11. 行为金融学有哪些针对市场异象的投资策略？
12. 行为金融学的心理学基础有哪些？

第十五章　证券投资的策略

本章导读

在确定了证券的投资价值，进行了证券投资分析的基础上，如何实现有效投资，在规避风险的同时，实现收益的最大化？理论与实践工作者对此提出了多种方法与策略。许多投资市场上的成功经验也成为人们可以效仿与借鉴的模式。

本章共分四节。第一节主要介绍了趋势投资计划法的概念、注意事项、缺陷及主要种类；第二节介绍了公式投资计划法，具体阐述了分级投资计划法、资金成本平均计划法、固定金额计划法、固定比率计划法和变动比率计划法的操作；第三节论述均衡投资方法的概念、主要类型；第四节介绍了积极进取型的投资策略、稳妥安全型的投资策略、止损解套策略以及其他综合性的投资策略等。

学习本章前，应了解运筹学、博弈论的基本原理，掌握证券投资的内在价值理论以及各种基本分析与技术分析理论。

第一节　趋势投资计划法

证券投资是一项非常复杂的活动。投资者都想寻求一种正确的方法来确定何时能以低价买进，何时又能以高价卖出，以取得丰厚利润的投资策略。因此要想成为一个成功的投资者除了需要了解一般的投资策略外，还需掌握一些成功有效、随机应变的投资方法和策略。在长期的投资实践中，投资人和投资分析专家总结了许多具体的投资方法，以求在投资总金额既定的情况下，在一定的时间内，获得最大的收益。

一、趋势投资计划法概述

趋势投资计划法是指投资者根据市场变化的大体趋势来制定的投资计划，是一种具有简单性、机械性、普遍性和肯定性的长期投资计划，其基本前提是认为市场中的一种趋势一旦形成便会持续一段较长的时间。因此，相应的操作方法是，投资者顺应股价走势买进股票后，应保持其在市场的占有地位，只有在股价走势反转向下的信号产生时，才能卖出股票以作观望，待股市出现好的转机趋势时，再行入市购进。

二、应用趋势投资计划法的注意事项

应用趋势投资计划法进行证券投资要对市场的主要趋势有较为准确的判断，即要选择最佳买卖时机。把握低价买进、高价卖出的时机并不容易，其时点的确定是牛市与熊市的相互转换。如判断涨或跌是否已经到头，从而在股价接近前一次最低点时买进，在股价到达上一次高峰时卖出。因此，股票买卖时机的抉择也意味着在不同的时期采取不同的对策。当然，投资者

根据股价的变动采取相应的对策，最重要的是要确定处于哪一个阶段，而这往往是十分困难的，需要进行综合的分析判断。

在股价涨跌中，投资者需要区别其涨跌是大势或是间歇性的回落（回档）、反弹，以便确定买或卖的最佳时机。就股价涨势而言，其趋势并不是直线上升的，往往有一段回落的阶段。这是因为上涨一段时日后，一些投资者“先得为快”，急于获利了结；又可能由于股价上涨削弱了买方追涨的力量，使股价上涨乏力。通常而论，在快速上涨的股市中，回落的幅度大约是上涨的1/3，在缓慢上涨的股市中，回落的幅度大约是上涨的2/3。投资者掌握了上涨与回落的特征后，在买卖时机的抉择方面亦应正确判断。至于上涨是否过头，可根据价量关系判断。如果成交量减少而股价未能创新，则表明股价已达高峰，回落的可能性极大，应考虑卖出。就股价跌势而言，往往也有反弹阶段，通常而论，在快速下跌的股市中，反弹的幅度大约是下跌的1/3；在缓慢下跌的股市中，反弹的幅度大约是下跌的2/3。至于跌势是否已到谷底，则有多种迹象，如呈现跌跌停停的锯齿状形态，最后几乎风平浪静时，则预示着谷底的到来，应考虑买进股票等。在判断买卖时机时，有一个值得注意的迹象，即“个股轮跳”。在股市呈弱势阶段中，先有少数股票轮番上涨，然后其他一部分股票跟进，最终导致行情改变，这种现象往往是股市的变动轨迹。而股市涨势一般均始于一两种股票的“点火”，之后才发展到少数股票轮流跳动，从而引来全面的股价上涨。

三、趋势投资计划法的缺陷

趋势投资计划法关心的是市场主要趋势或长期趋势，其优点在于不会被证券市场的短期波动所左右，如趋势预测正确，则股市收益颇丰，但也存在两点明显的缺陷：一是投资者若错误地估计了证券市场的走势，则运用趋势投资计划法相应进行买卖调整，将会给投资者带来灾难性的损失；二是即使投资者正确地估计了证券市场的走势，但证券市场的短期波动也能使投资者减少收益，不利于实现收益最大化的原则。正因为存在上述明显缺陷，投资者往往配合使用某些公式投资计划法来进行必要的协调。

四、趋势投资计划法的主要类型

趋势投资计划法的类型很多，最有名的是道氏计划法和哈奇计划法。

（一）道氏计划法

1. 道氏计划法的含义

道氏计划法是以道氏理论为依据的证券投资方法。根据道氏理论，股票价格运动有三种趋势，其中最主要的是股票的基本趋势，即股价广泛或全面性上升或下降的变动情形。这种变动持续的时间通常为一年或一年以上，股价总升（降）的幅度超过20%。对投资者来说，基本趋势持续上升就形成了多头市场，持续下降就形成了空头市场。股价运动的第二种趋势称为股价的次级趋势。因为次级趋势经常与基本趋势的运动方向相反，并对其产生一定的牵制作用，因而也称为股价的修正趋势。这种趋势持续的时间从3周至数月不等，其股价上升或下降的幅度一般为股价基本趋势的1/3或2/3。股价运动的第三种趋势称为短期趋势，反映了股价在几天之内的变动情况。修正趋势通常由3个或3个以上的短期趋势所组成。在三种趋势中，长期投资者最关心的是股价的基本趋势，其目的是想尽可能地在多头市场上买入股票，而在空头市场形成前及时卖出股票。投机者则对股价的修正趋势比较感兴趣。他们的目的是想从中获取短期的利润。短期趋势的重要性较小，且易受人为操纵，因而不便作为趋势分析的对象。人们一般无法操纵股价的基本趋势和修正趋势，只有国家的财政部门才有可能进行有限的调节。

道氏计划法的总体原则为：判断股价主要趋势上升，便可买进并持有股票；反之，则出售所持股票，改变投资地位。即道氏计划法所关心的是市场的主要趋势，而不是短期内的股价波动。股票价格虽然是变化多端的，但总是遵循着一定的趋势而发展变化的。这个一定的发展变化的趋势，可以从股票市场上某些有代表性的股票价格的变动中找到。认识了这种趋势，投资者就可以通过研究这些股票价格过去的变动轨迹，来预测股票市场上股票价格的变动趋势。

2. 道氏计划法的操作手法

应用道氏理论，道氏计划法在股价趋势的不同阶段应有不同的操作方式。呆滞期，大部分股价下降，投资者应抛出，最理想的是不要持有任何股票。回升期，大部分股价开始上涨，可适当购买风险较大的股票。因为，风险较大的股票由于在呆滞期受到的打击最重，其价格常降到极低水平。随着回升期的推进、活跃期的到来，它们的价格将会回升。活跃期，价格不断上升，高风险股票已接近其公平水准，应停止购买。回落期，许多股票达到高峰并开始下降，此时，投资者可分批卖出高风险股票，买进优良证券，即价格能够维持的股票及债券，或转为现款存储备用。

3. 道氏计划法的不足

道氏理论作为一种预测股价未来波动的理论，有许多合理成分，可以帮助投资者去探索股票价格的变动趋势，从而指导投资者进行有效的投资活动。然而，道氏理论也有许多不足之处，体现在道氏计划法中，有以下几点。

（1）道氏理论主要目的是探讨股市的基本趋势。一旦基本趋势确立道氏理论会假设这种趋势会一路持续，直到基本趋势遇到外来因素破坏而改变为止。但有一点要注意的是，道氏理论只推断股市的大势所趋，却不能推断大趋势里面的升幅或者跌幅将会达到哪个程度。因此，对于应用道氏计划法的投资者来说，不容易在了解基本趋势的情况下确定具体的购入和抛出点。

（2）道氏理论不能把握预测股票价格的最高点和最低点。它要等到股票价格的最高点和最低点被明显地确定以后，才能预告主要趋势的转变，这时已经过了抛出或买进的最佳时机。

（3）道氏理论对选股没有帮助。

（4）道氏理论太注重长期投资趋势，而在新的长期波动趋势确定的初期，利用道氏理论预测，常会出现偏差。同时，道氏理论对于中期变动趋势方面的预测，则显得相当乏力。

（二）哈奇计划法

1. 哈奇计划法的含义

哈奇计划法是以市场趋势 10% 的变动为准，改变投资地位。该计划具有高度机械性、简单性与肯定性，其创始者哈奇是一个著名的股票个人投资者，他对所购买的股票品种进行定期的计算和预测，然后以之作为买进卖出的依据。采取这一方法的前提是哈奇认为股市是一个波动的市场，在一两个月内，许多股票的价格波动幅度超过 10%。哈奇计划法不做空头交易，市场趋势达到 10% 的变动，便改变投资计划。哈奇采用这一投资方法，将他的资产由 10 万美元增至 1 440 万美元，投资期限共 54 年（1882—1936 年）。这个计划，直到哈奇逝世后才被伦敦金融新闻公布。他的这种奇特的买卖手法，被人们称为“哈奇计划”，亦称“赚10%法”。哈奇计划其实是顺势投资方法的一种特例，亦属趋势投资计划，但适用于短期股价趋势。

2. 哈奇计划法的操作手法

哈奇计划法的具体操作为：每周末计算股价的平均值，每月再将各周的平均值相加，求出该月的股价平均值。然后，将这个平均值与上月的最高价位进行比较，如果平均值与上月的最高价位相差未达到10%，这样的股票，则不去管它：如果平均值与上月的最高价位相差超过10%，则卖出全部这些股票。这时即使空仓也不立即建仓，而是等到已卖出的股票周平均值或月平均值已由上月的最低价位点上升了10%时，再行购进这些股票。

3. 哈奇计划法的优缺点

哈奇计划最大的特点是等时局的变动已经经历一段时期，大势已定时才进行操作。而且这种大局是已经发展到一定时期。因此，这种方式在不太完善的市场上应谨慎采用。

哈奇计划法的优点是判断简单，且注意了股价的长期运动趋势，可供投资者进行长线投资选用。在采用这种方法时，投资者还可根据股类的不同，改变转换的幅度，使这种具有机械性的投资方法增加其灵活性，风险规避能力较强。其缺陷在于高度机械性。采用这种方法，往往也会给投资者带来不利后果，因为股票售出后，如果股价继续上涨，投资者就有可能失去获得更多利益的机会；另外，如果股价变化长期达不到这种幅度，那么，采用这种方法就会将资金捆住；同时，使用这种方法，还必须考虑税收和佣金，如果这种成本高于投资所获利润，那就不划算了。

阅读与应用

乔治·索罗斯的投资策略

乔治·索罗斯的投资策略及理论：以“反射性”和“大起大落理论”为理论基础，在市场转折处进出，利用“羊群效应”逆市主动操控市场进行市场投机，看重的是市场趋势。理论阐述：索罗斯的核心投资理论就是“反射性”，简单地说，是指投资者与市场之间的一个互动影响。理论依据是人正确认识世界是不可能的，投资者都是持“偏见”进入市场的，而“偏见”正是了解金融市场动力的关键所在。当“流行偏见”只属于小众时，影响力尚小，但不同投资者的偏见在互动中产生群体影响力，将会演变成具主导地位的观念。就是“羊群效应”。

具体做法：在将要“大起”的市场中投入巨额资本引诱投资者一并狂热买进，从而进一步带动市场价格上扬，直至价格走向疯狂。在市场行情将崩溃之时，率先带头抛售做空，基于市场已在顶峰，脆弱而不堪一击，故任何风吹草动都可以引起恐慌性抛售从而又进一步加剧下跌幅度，直至崩盘，在涨跌的转折处进出赚取投机差价。

金融巨鳄索罗斯的投资理论基本上也是建立在趋势投资理论的基础之上的。首先，以巨额资金投向市场，引起人们的跟风；其次，价格疯狂上涨，市场将要崩溃的时候率先抛售做空。因而能够在涨跌的转折处赚取投机差价。

资料来源：http://baike.baidu.com 百度百科

第二节 公式投资计划法

一、公式投资计划法概述

公式投资计划法是指按照某种固定公式来进行股票和债券组合投资的方法。采用投资组合的方法，可以减少整体股票投资的风险。投资组合的构成可以简单地分为两部分：一是防御性构成部分，其主要是由价格相对稳定的债券组成，也可以由多种优先股和价格相对稳定的绩优股组成；二是进取性构成部分，其主要由各种普通股组成，可以是具有成长性的成长股，也可以是具有投机性的投机股。公式投资计划的着眼点不在于股票市场价格波动的长期或主要趋势，而是在于利用股市行情的短期趋势变化来获利。投资者在采用公式投资计划时不必对股市行情走势作任何预测，只要股价水平处于不断的波动中，投资者就必须机械地依据事先计划好的方案买卖股票。

二、公式投资计划法的主要类型

（一）分级投资计划法

1. 分级投资计划法的含义

分级投资计划法是公式投资计划法中最简单的一种。它不确定投资时间、金额，而根据证券价格涨跌的一定幅度，不定期购买或出售一定的证券。较适用于证券价格起伏不大之时。

2. 分级投资计划法的操作手法与实例

当投资人选择普通股为投资对象时，采取这种计划的第一步，就是要确定股价变动的某一等级或幅度（如确定为上升或下跌 1 元、2 元或者 3 元为一个等级）。每次当股价下降一级时，便购进一个单位，当股价上升一级时出售一个单位数量。这样，投资人就可以使他的平均购买价格低于平均出售价格。获得差价利润。

例如，某一个投资者选择 A 公司的普通股作为投资对象，确定每一等级为 2 元，第一次购买 1 000 股，每股市价为 10 元，当市价下降到 8 元时又购进 1 000 股，降到 6 元时再购买 1 000 股，这样，投资者平均购买价格为 8 元。如果此后一段时间股价开始反弹，当上升到 8 元时卖出 1 000 股，上升到 10 元再卖出 1 000 股，最后的 1 000 股待价格上升到 12 元时才出售，这样平均出售价格为 10 元，经过这个过程，投资人可以盈利 6 000 元（未计佣金）。如表 15–1 所示。

表 15–1 分级投资计划法示意表

市价（元）	买进股数（股）	买进金额（元）	卖出股数（股）	卖出金额（元）
10	1 000	10 000		
8	1 000	8 000		
6	1 000	6 000		
8			1 000	8 000

续表

市价（元）	买进股数（股）	买进金额（元）	卖出股数（股）	卖出金额（元）
10			1 000	10 000
12			1 000	12 000
合计	3 000	24 000	3 000	30 000

3. 分级投资计划法中要注意的问题及其缺陷

在执行分级投资计划过程中，投资人要同时作停止损失委托，一旦市况下降到平均线以下，投资人就必须取消他的计划，以免蒙受损失。如上例中，当股价下降到每股6元时，投资人购买最后的1 000股，这时股价可能反弹，也可能继续下滑。如果股价继续下滑，投资人就要遭受损失，因此这时必须作停止损失的出售委托，以避免遭受更大的损失。

分级投资计划是根据事先确定的等级来买卖股票，投资人可以不必顾及投资时间的选择，但是，这种计划不适用于持续上升或持续下降的股票。因为在持续上升的多头市场中，投资人由于分次出售而失去本来可以得到的更大利润，反之，在持续下跌的空头市场中，投资人要连续不断地、按照分级的标准来加码购买，他便可能失去出售的机会，不得不中止计划的执行。

（二）资金成本平均计划法

1. 资金成本平均计划法的含义

资金成本平均计划法亦称“平均成本法”，投资人以固定金额的资金，定期有规则地投资于一定种类证券的投资方法。即不管股价变动如何，均定期定额买进股票。由于市价较高时买进的股数少；市价偏低时买进的股数多，因而投资者的每股平均成本往往低于每股平均市价。此种方法较适用证券价格剧烈波动时期操作。

2. 资金成本平均计划法的具体操作手法与实例

选定某种具有长期投资价值且价格波动较大的股票，在一定的投资期间内，不论股价上涨还是下跌，都坚持定期以相同的资金购入该种股票。

例如，投资者以某种股票为投资对象，确定的投资期为6个月，每月定期投资10 000元购买该股票。到第6个月结束时，投资者每股的平均投资情况如表15-2所示。

每股平均成本＝投资总额/累积购入股数＝21（元）

每股平均价格＝各期的购买价格之和/投资月份数＝27.5（元）

表15-2　资金成本平均计划法示意表

购买时间	市价（元）	购入股数（股）	累计购入股数（股）	投资总额（元）	所购股价总额（元）
1月	20	500	500	10 000	10 000
2月	40	250	750	20 000	30 000
3月	50	200	950	30 000	47 500
4月	25	400	1 350	40 000	33 750
5月	20	500	1 850	50 000	37 000
6月	10	1 000	2 850	60 000	28 500

这两个计算的结果可知，每股平均成本低于平均价格，这使投资者可从中获得收益。造成每股平均购价低于市场价的原因在于，每一时期的投资总额为一定数，而当股票的市价低时，所购买的股票数量就较多，其结果必然是在总股数中，低价所购的股票所占的比例较大，而高价所购的比例较少，所以，其平均购值就会低于平均市值。因此，在股价呈上升趋势时，采用资金成本平均计划法是一种确保盈利的有效方法。

3. 资金成本平均计划法的优点和注意事项

资金成本平均计划法的优点在于：①方法简单，投资者只定期定额投资，不必考虑投资的时间确定问题；②既可避免在高价时买进过多股票的风险，又可在股票跌价时，有机会购进更多的股票；③少量资金便可进行连续投入，并可享受股票长期增值的利益。

采用这种方应注意三点：①要选择经营稳定、利润稳定上升的优良公司的股票；②要有一个较长的投资期间，如果期限较短，则效果将不很明显；③要价格波动幅度较大，且股价呈上升趋势的股票，如股价一直处于跌势，则会发生投资亏损。

资金成本平均计划法适用于那些有定期、定额来源的投资者。需要特别强调的是，在股价波动幅度较小，股价呈下跌趋势时，千万不要采用此方法。

（三）固定金额计划法

1. 固定金额计划法的含义

固定金额计划法亦称“常数投资法”，是在既定的投资总额中维持固定金额的股票，其余部分则为债券。当股价上涨，所持股票的市价总额超过原定金额时，则把超额部分卖掉买进债券；当股价下跌，所持股票的市价总额低于原定金额时，则卖出债券以弥补不足额部分。这种方法的操作需要合理确定：①恰当的固定金额；②恰当的买卖标准，可依据价格变动的某一比率，也可依据股价指数的变动比率；③恰当的买卖时机，如避开股价达到高峰时买进，否则，此时“起步”，便难以卖出。

2. 固定金额计划法的实施步骤及实例

固定金额计划法的实施步骤包括：①投资人分别购买股票和债券；②把投资于股票的资金确定在某一个固定的金额上，并不断地维持这个金额；③在固定投资金额的基础上确定一个百分比，当股价上升使所购买的股票市价总额超过此百分比时，就以出售股票的增值部分来购买债券；同时确定另一个百分比，当股价下降使股票市价总额低于这个百分比时，就以出售债券来购买股票，以弥补不足额部分。

例如，某一投资人以4 000元资金分别投资于股票和债券各2 000元，并将股票的固定金额确定为2 000元，投资期限为五个月；投资人决定当股票上涨，其市价总额超过固定金额的20%时出售股票，并把所得的资金用来购买债券；当股票下跌，其市价总额低于固定金额的10%时出售债券来购买股票，具体情况如表15-3所示。

通过表15-3看出，如果投资人于1月份购进2 000元股票后，到2月份股价上升达2 500元，超过固定金额的20%，那就出售超过固定金额2 000元以上的500元股票，用所得的款项来购买债券；3月份股价下降，市价总额为1 800元，下降幅度为固定金额2 000元的10%，投资人就出售债券200元来购买股票，以保持股票市价总额为2 000元；后4、5月份股价上升或下跌都没有达到预定的比率，所以投资人不需进行调整。

表 15-3　固定金额计划法示意表

月份	股价指数	股票总额（元）	调整操作（元）	债券总额（元）	所购证券的价格总额（元）
1	100	2 000		2 000	4 000
2	125	2 500		2 000	4 500
		2 000	卖出 500	2 500	4 500
3	90	1 800		3 000	4 800
		2 000	买进 200	2 800	4 800
4	92.5	1 850		2 750	4 600
5	97.5	1 950		2 850	4 800

从上述举例中可以看到，在固定金额投资计划中，有三个需要投资人合理确定的环节：①确定股票的恰当固定金额；②确定适当的买卖时间表，其确定方法有两个，一种是依据股票市价变动超过一定比率的方法，另一种则是利用股价指数变动超过一定比率的方法；③确定适当的买卖时机，即避免当股价达到高峰时买进或股价跌到谷底时卖出。

3. 固定金额计划法的优点与不足

固定金额计划法的优点如下。

(1) 方法简单。投资人只要依照预定的投资计划，当股价涨至某一水平时即卖出，当股价价格跌至某一水平时即买进；而不必对股价的短期趋势作研判。

(2) 在正常情况下，股价的变动要比债券价格的变动大，而固定金额计划以股票价格为操作的目标，其过程遵循“逢低进、逢高出”的原则，即当股价高时卖出股票，股价低时买进股票。在这样不断的循环中，投资人是可以获利的，因为从长期的投资来看，随着经济周期性的变动，在繁荣阶段发行公司盈利增加，股价上升，但同时银行存款利率也会上升，从而债券价格就会下跌，因此卖出股票而买进证券可以获得价格差额；反之，在经济萧条时期股价下降，而债券价格上升，从而卖出债券买进股票也同样可以获得利益。

这种投资计划的不足之处是：如果购买的股票价格是持续上升的。当其上升到一定阶段，即达到预定的比率时投资人就出售股票来买债券，那就减少了股票投资金额在总投资额中的比例，从而减少股价继续上升时投资人可以获得的利益；相反，如果股价持续下降，投资人要不断地出售债券来购买股票，那也会造成不良的后果，所以，固定金额投资不适用股价持续上升或者持续下降的股票。

（四）固定比率计划法

1. 固定比率计划法的含义

固定比率计划法亦称“不变比例法”、“耶鲁投资计划法”，它与固定金额计划法的区别只在于一个是比率固定，一个是金额固定，即投资者在整个计划期间，当股价上升或下降时，通过出售或购入股票，实现股票与现金或债券的转换，始终维持股票与现金（或债券）的固定比率。至于具体比率的确定，则要视进取性或保护性的重要性而定。如以进取性为主，股票所占的比率高；反之，以保护性为主，则债券所占的比率高。此外，在维持固定比率的原则下，还要确定一个股票市价的涨跌幅度，作为调整比率的界限，如在维持股票价格总额与债券价格总额的固定比率为50%对50%时，确定当股价上升10%时，就卖出股票买债券；当股价下跌10%时，就卖出债券买股票。

2. 固定比率计划法的操作实例

固定比率投资法的操作是将投资资金分为两部分：一部分是保护性的，主要由价格波动不大，收益较为稳定的债券构成；另一部分是风险性的，主要由价格波动频繁，收益幅度相差较大的普通股票构成。这部分的比例一经确定，便不轻易变化，并根据股市价格的波动来不断维持这一比例。

例如，某一投资者将10 000元资金以50%对50%的固定比率分别购买股票和债券。当股票价格上涨，使他购买的股票从5 000元上升到8 000元时，那么在投资组合中，其风险性部分的股票金额就大于保护性部分的债券金额，打破了原先确定的各占50%的平衡关系，这样投资者就要将股票增值的3 000元，按各占50%的比例再进行分配，即卖出1 500元股票，并将其转化为债券，使其继续维持各占50%的比例关系，反之，当投资者购买的股票从5 000元下跌到4 000元时，就要卖出债券500元以购买股票，使债券价格总额与股价总额仍然回复到各占50%的比例。

3. 固定比率计划法与固定金额计划法的对比

固定比率计划法基本上是固定金额计划法的变形。它与固定金额计划法的区别是：固定金额计划法是要维持固定的金额，并不注意股票总额与债券总额在总投资中的比率，而固定比率计划法则只考虑在一定的总投资额中维持债券金额与股票金额的固定比率。至于两者的比率确定则取决于投资者对前景的预期和个性偏好。如果投资者喜欢冒险、富于进取，则他投资股票的份额就可能要大些；如果投资者比较稳健，则他投资于债券的份额就可能较大，相应地投资于股票的份额就较小。

固定比率计划法与固定金额计划法相比。优点是即使股票损失惨重，但因债券的收益相对稳定，因此不至于把血本赔光。但由于固定比率一经确定就不宜轻易改变，因此，它是一种比较保守的投资策略，容易丧失一些较好的投资机遇。

（五）变动比率计划法

1. 变动比率计划法的含义

变动比率计划法也属于公式投资计划法的一种，即将投资资金分别投资在股票及债券上，并确定两者恰当的比率；以后随着股价的变动来随时调整股票在投资总额中所占比率。采用这种计划时，须事先明确以下事项。

（1）通过计算以往几年股价或股价指数的平均水平，确定出中央价值，如在美国通常以10年道·琼斯股价指数的平均值作为中央线。

（2）确定持有股票的最大比率及最小比率。

（3）持有股票的最大与最小比率之间，每一次股票买卖的点数。

（4）调整股票与债券比率时的股价或股价指数水平。

（5）在股票买卖的行动点上的股票与债券的比率。

2. 变动比率计划法的操作实例

变动比率计划法按照在股票买卖行动点的行动规则的不同可划分为非标准型计划及标准型计划两种。非标准型计划就是随股价的上涨或下跌，积极减少或增加投资组合中的股票比率。

标准型计划就是在股价虽上涨但未超过中央价值时，并不降低股票比率；反之，在股价虽下跌但尚未低于中央价值时，就不考虑增加股票比率。

在表 15-4 中，假定股价指数在 100 点及 250 点时，该投资组合维持最大及最小的股票比率，则非标准型投资计划与标准型投资计划有所不同。

表 15-4 变动比率计划法示意表

行动点（股价指数）	股票与债券的比率		
	标准型计划	非标准型计划	
		股价上升	股价下跌
250	25 : 75		25 : 75
235	30 : 70		30 : 70
220	35 : 65		35 : 65
205	40 : 60		40 : 60
190	45 : 55		45 : 55
175	50 : 50	50 : 50	50 : 50
160	55 : 45	55 : 45	
145	60 : 40	60 : 40	
130	65 : 35	65 : 35	
115	70 : 30	70 : 30	
100	75 : 25	75 : 25	

非标准型投资计划。依据该计划，当股价指数每上升 15 点就卖出股票，每下跌 15 点就买入股票，换言之，只要股价达到特定水平，就可随时调整股票与债券的比率。

标准型投资计划，该计划分为上涨股市的买卖程序与下跌股市的买卖程序两种。在上涨股市的场合，股价指数没有达到中央价值（如 175 点）或超中央价值时，则不卖出股票。反之，在股市下跌的场合，股价指数还未低于中央价值时，则不买入股票，换言之，股价的高低变动方向是决定促使买卖行动的重要因素。在表 15-4 所示的例子中，非标准型计划的股票买卖的范围在股价指数 100 点至 250 点之间，而标准型计划的股票买入行为发生在 175 点 ~100 点间，卖出行为则发生在 175 点 ~250 点之间。

3. 变动比率计划法的优点与缺陷

采用变动比率计划法克服了固定比率计划法中不论在任何情况下一律按固定比例保留股票和债券的呆板做法，显得较为灵活和合理。但这种方法较为麻烦，既要根据各种情况确定正确的趋势线，又需要对价格的变化进行持续的监视，以便随时调整投资的比例。

总之，变动比率投资计划也具有使投资人不必逐次决定投资时机的好处。当然，做好这种投资的前提是恰当地计算出中央价值，并能够对股价的变动做出较准确的预测。

阅读与应用

壁虎式投资法

西蒙斯曾将其量化投资手段归纳为壁虎式投资法：进行短线方向性预测，采用高频交易，在短期做出大量的交易来获利，通过一系列数学模型的计算以减少系统性风险并寻找到价值的“洼地”。他对此的形容是：交易就要像壁虎一样，平时趴在墙上一动不动，蚊子一旦出现就迅速将其吃掉，然后恢复平静，等待下一个机会。

在量化投资界，模型就如同武林秘籍般秘不示人，李笑薇推测，西蒙斯可能属于纯技术量化，而她自己则属于基本面量化的流派。西蒙斯模型的结构我们无法了解，不过整体而言，量化投资更强调历史验证和证据，它弱化了投资的艺术性，而强调其科学性。李笑薇说，与公式投资法不同的是，他将数学理论巧妙运用于股票投资实战中。他的成功秘诀主要有三：针对不同市场设计数量化的投资管理模型；以计算机运算为主导，排除人为因素干扰；在全球各种市场上进行短线交易。这种交易方式最大的意义在于把主观对交易的影响降至最低，然后通过一系列数学模型的计算以减少系统性风险并寻找到价值的“洼地”。

资料来源：http://blog.eastmoney.com

第三节 均衡投资方法

一、均衡投资方法概述

均衡投资方法是指投资者按照风险性、收益性原则结合自身实力和意愿将资金合理地分配在不同种类的证券上的投资方法。各种偏好的投资者都可以在资金的分配上找到自己的均衡点。如偏好高风险、高收益的投资者可以将大部分资金投向收益高的证券，只留一小部分投入流动性强的证券，比较保守的投资者注重证券的流动性，希望将风险降到最小，可以重点投资流动性强的证券。而对于把风险和收益综合考虑，寻求在可承受风险范围内的最高收益的投资者来说，通过资金在不同期限、收益的证券上的搭配分布，也可以实现目的。

我们通过适当的投资策略使证券投资的风险降到最低，但这并不是我们的最终目标。因为，投资的目的在于获得投资收益，投资风险最低不能带来最高的投资收益。实际上，高投资风险与高投资收益往往同时出现。所以，好的投资策略应同时考虑投资风险与投资收益两个因素。

二、均衡投资方法的主要类型

（一）投资三分法

投资三分法是投资者将财产分配在不同资产形态上的一种方法。即将投资资金分成三部分，分别投资于债券或优先股、普通股和一部分预备金。这种投资组合兼顾了证券投资的安全性、流动性和收益性三原则。

投资三分法是投资者将金融资产分配在不同形态上的一种方法，也是进行证券投资的一种策略。这种方法在西方国家较为流行。投资三分法的具体操作是：将全部资产的1/3存入银行，以备不时之需，1/3用来购买债券、股票等有价证券作长期投资，1/3用来购置房产、土地等不动产。在上述资产分布中，存入银行的资产具有较高的安全性和变现力，但缺乏收益性；投入有价证券的金融资产虽然有较好的收益性，但却具有较高的风险；投资于房地产的资产一般也会增值并可用作投资亏本时保本翻本之用，但又缺乏变现力；如将全部资产合理地分布在上述三种形态上，则可以相互补充，相得益彰。

在有价证券的投资上，也可以实行三分法。一部分购买债券或优先股票，一部分投资于普通股，再以一部分作为预备金或准备金，以备机动运用。在这三种分法中，投资于债券的部分虽然获利不大，但比较安全可靠。因此，许多国家的投资者一般都愿意在手头拥有这部分安全可靠的债券。购买股票虽然风险较高，但往往能够获得比较优厚的红利收入，甚至还能获得较为可观的买卖差价收入，因此，也颇受投资者欢迎。而保留一部分资金作为准备金，则可以在股票市场上出现较好的投资机会时进行追加投资，也可在投资失利时，用作失利后的补充和承担损失的能力准备。

证券投资三分法兼顾了证券投资的安全性、收益性和流动性的三原则，是一种可具参考性的投资组合与投资策略。

（二）杠铃式投资法

杠铃式投资法是指投资者分别将资金集中投资于短期证券或长期证券，很少或放弃中期证券的投资。这种投资方式能有效地将投资的流动性与收益性结合起来，是将证券投资资金集中投放在短期证券与长期证券两类证券上，并随市场利率变动不断调整资金在两者之间的分配，以保持证券头寸的一种投资组合方法。

具体操作方法是：当长期利率看跌引起长期证券看涨时，即卖出部分短期证券，买进长期证券；当长期利率看涨引起长期证券看跌时，即将长期证券卖出，购回短期证券。同理，短期市场利率的升降也可决定长短期证券的进出。这种方法的关键在于对市场长、短期利率变化的准确预测。

（三）梯形投资法

投资者将资金平均投放在各种不同期限的证券上，每种证券投资金额大致相等，当期限短的证券到期后，收回资金，再投放到最长期的证券，如此循环往复，如同阶梯形，投资者手中始终保持各种期限的等额的证券组合。

股票的梯形投资法是一种以长期投资为主，中期投资为辅，短期投资作补充的较为保守的股市投资方法，亦称为投资时间三分法。其操作要求为：用全部投资的70%左右购买成长股并长期持有，以求稳定丰厚的股东利益；以全部投资的20%左右作为中期投资，购买股价可望上涨的股票，一旦需要现金时便迅速出售；全部投资的10%左右则用于短期投资。长期投资部分最少应持有半年以上，长则几年、十几年。一般认为，长期投资的期限为三年期最合适，因为长期投资可以避免经济周期的影响，但不能迅速从新产品的投资中取得利益；中期投资较容易从新产品的投资中取得利益，但不能避免经济周期的影响，而以三年为期则容易兼顾两者。中期投资一般指几个月，因此宜使用投资者几个月内暂时不用的资金进行投资，投资对象是估计几个月内可能提供良好盈利的股票。短期投资则指数周或数天的投资活动，对象是短期内股价波动幅度较大的股票。

第四节 其他证券投资操作策略

除了上述的证券投资操作策略外，在实际的投资活动中，人们还总结出了其他许多种证券投资的操作策略，具体可以将其归类如下。

一、积极进取型的投资策略

（一）顺势投资策略

顺势投资策略是指在证券行市涨跌趋势明朗之初，及早确认趋势，顺势而为。对于那些小额股票投资者而言，谈不上能够操纵股市，要想在变幻不定的股市战场上获得收益，只能跟随股价走势，采用顺势投资法。当整个股市大势向上时，以做多头或买进股票持有为宜；而股市不灵或股价趋势向下时，则以卖出手中持股而拥有现金以待时而动较佳。这种跟着大势走的投资方法，似乎已成为小额投资者公认的“法则”。凡是顺势的投资者，不仅可以达到事半功倍的效果，而且获利的概率也比较高；反之，如果逆势操作，即使财力极其庞大，也可能会得不偿失。

采用顺势投资法必须确保两个前提：一是涨跌趋势必须明确；二是必须能够及早确认趋势。这就需要投资者根据股市的某些征兆进行科学准确的判断，就多头市场而言，其征兆主要有：①不利消息出现时，股价下跌；②有利消息见报时，股价大涨；③除息除权股，很快做填息反映；④行情上升，成交量趋于活跃；⑤各种股票轮流跳动，形成向上比价的情形；⑥投资者开始重视纯益、股利，开始计算本益比、本利比，等等。

当然顺势投资法也并不能确保投资者时时都能赚钱。比如股价走势被确认为涨势，但已到回头边缘，此时若买进，极可能抢到高位，甚至接到最后一棒，股价会立即产生反转，使投资者蒙受损失。又如，股价走势被断定属于落势时，也常常就是回升的边缘，若在这个时候卖出，很可能卖到最低价，懊悔莫及。

（二）“拨档子”操作策略

“拨档子”操作策略是投资者卖出自己的持股，待该证券价位下降之后，再回补回来。它是多头降低成本，保持实力的操作策略。

投资人“拨档子”并非对股市看坏，也不是真正有意获利了结，只是希望趁价位高时，来个“多翻空”，先行卖出，以便自己赚自己的一段差价，通常“拨档子”卖出与买回之间不会相隔太久，最短期的可能只一两天，最长也不过一两个月。如果期间相隔太久，则属于在上档了结和下一轮买进，而不认为是“拨档子”。

“拨档子”一般可分为两种：一种为行情上涨一段后卖出，回降后补进的“挺升行进间拨档”；另一种为行情挫落时，趁价位仍高时卖出，待跌落后再予买回的“滑降间拨档”。“挺升行进间拨档”多为主力大户在推动行情上涨之时，见价位已涨升不少，或遇到沉重的上升阻力，干脆自行卖出，迫使股价短暂冷却，以化解涨升阻力，一旦股价小幅回落，再行大批补回，以使行情再度猛升。“滑降间拨档”是指投资者在高价套牢或做多者自知实力弱于卖方，在股价下跌或尚未跌低以前，先行将所持股票卖出，待价位跌落后，再予以补回，从而降低投资成本，达到转败为胜的目的。

对于一般投资者来讲，采取“拨档子”的做法，必须在行情适度时，及时予以补回，以免行情再度急剧回升时，补不进货，从而达不到高卖低买的目的。对于做手的大户来讲，在股价涨势过程中采取“拨档子”的做法，也必须见好即收，在股价有一段小的回落之后，也应及时补进，以免使股价的回档幅度过大，从而使股价拉升的难度加大。

（三）短期获利策略

短期获利策略是短期证券投资的方法之一。它指的是当某种股票一旦出现上扬行情时，予以大量买进，待在短期内股价上涨到一个可观的高度又予以全部卖出的投资技巧。

短期获利的策略依据是，当股票价格涨升到一定的价位时，往往会造成较大的起伏波动，此时，极易汇成争购的人潮，使股价出现持续的攀长现象，并创出一段时间内的最高行情。因此，只要预测准确，当股价出现高价攀升时买进，待其继续上扬之后全部卖出，就可获取可观的利润。

采取此种投资方法的观点是能抓住股价上涨时期的获利机会，提高资金的产出效果，但其不足之处在于：一是高价购进之后，可能会出现行情反转之势而使投资者蒙受损失；二是在更高的价位上卖出时，可能行情会继续升高，而不能获取最大收益。因此，采取短期获利策略需要注意两点：一是要加强股市行情分析和预测；二是要选好买卖股票的时点。

短期获利策略较适合那些积极进取的股票投资者选用。

（四）博傻主义策略

博傻主义策略是短期股票的技巧之一。

这种投资策略的具体做法在较高价位上买入股票后，等行情继续上涨到有利可图时即可迅速卖出，由于这种策略是在高价时投入，有人形象地将此称为一种“傻瓜赢傻瓜”的办法。这种策略的指导思想是，不怕自己是傻瓜而买了高价货，只要别人比自己更傻，愿意以更高的价格进货，自己就可将股票卖给后一位傻子而赚钱。博傻主义策略只宜在股市行情处于上升阶段采用。

需要指出的是采用这种投资策略的风险很大，如果高价捧到手后而转不出去，就会被套牢而蒙受损失，因此心理承受能力较弱和收入不够宽裕的投资者，不宜采用此种投资方法。

二、稳妥安全型的投资策略

（一）保本投资策略

保本投资策略是在证券行市变动不确定之时，先定出获利卖出点和停止损失点，以确保既得利益，减少损失。

保本投资法是股票投资中避免血本耗尽的一种技术操作方法。这里所说的“保本”，并不是保投资人用于购买股票的总金额，而是保投资总额中不容许被亏损净尽的那部分数额。也就是国外股市投资中所谓“停止损失点”的基本金额，因此，不同投资者所确定的保本数额可能具有很大的差异，有些投资者的“本”可能比率较高，而另一些投资者的“本”的比率则较低。

用此法最重要的不在于买进的时机选择，而在于做出卖出的决策，因此，获利卖出点和停止损失点的决定是采用保本投资法的关键。

获利卖出点，即股票投资者获得一定数额投资利润时毅然卖出的那一点。这个时候的卖出，并不是将所有持股一口气统统卖光，而是卖出其所欲保本的那一部分。例如，如果某投资者心目中的“本”定为总投资额的50%，那么，他的获利卖出点，即为所持股票市价总值达到其最初投资额的50%时。在此一时点，该股票投资者可以卖出所持股票的1/3，先保其“本”。

股票投资者进行了此次保本以后，所持股票的市价总值，与其最初的投资总额仍然相同。此后，股票投资者可以再订定其欲保的第二次“本”，仍以上述投资者为例，如果该股票投资者在进行了第一次保“本”之后，将其余所持股的“本”改订为20%，那么即表示剩下的持股，再涨20%，即再予卖掉16%，又将此部分的“本”保了下来。然后，再订定其所剩下持股的“本”。以此类推，这样，随着行情的不断上升，其持股的数量必然不断递减。不过。持股的市价总值却一直不变，始终等于其最初投资总金额。需要指出的是，获利卖出点的订定，是针对行情上涨所采取的保本投资策略。

至于行情下跌时，采用保本投资策略的证券投资人则以停止损失点的订定来防范过分亏损。停止损失点就是行情下跌到只剩下股票投资人心目中的“本”时，即予卖出以保住其最起码的“本”的那一点。简单地说，就是股票投资者在行情下跌到一定比例的时候，全身而退以免蒙受过分亏损的做法。例如，假设某投资者订定的“本”是其最初投资额的80%，那么行情下跌20%时，就是投资者采取停止损失措施的时候了。

保本投资策略适合于经济景气欠明朗，股价走势与实质显著脱节以及股市行情变化难以捉摸时采用。

（二）以静制动策略

以静制动策略是股票投资的操作方法之一。其操作过程是：在股市处于换手和轮做阶段，行情走势出现东升西跳、此起彼落时，投资者不为某些强势上涨的股票所吸引，而是选择涨幅较小、或者尚未调整价位的股票买进持有，并静心等待在有大户介入而使股价大幅涨升时，迅速脱手变现。

这种投资方法不主张在股市处于换手和轮做阶段时追涨买进，主要是认为如果在股市行情东升西跳时追涨买进，很可能在买到上涨的股票后，其股价就要停顿或回跌，而业已卖出的股票，则可能由于投机者的换手和轮做而疯狂地上涨。这样，在此时追涨买进的投机者就有可能疲于奔命而无利可图。

而如果采取以静制动的投资策略，买进涨幅较小或者尚未调整价位的股票，则具有获取较大收益的潜在可能性。因为在股市涨势中的换手轮做阶段，尚未调整价位的股票，大致有两种类型：一是平日交易较少，股市大户尚未掌握到筹码的股票；另一种是价位长期偏低，尚未使人们普遍认识其增长潜力的股票。一旦股市主力发现其股价偏低并予以大量购进，则其股价将会出现一个强劲的涨升。

经常采用这种方法进行投资的人，不仅善于发现那些股价平静且有发展潜力的股票，具有良好的耐心，而且修养也很深。因此，从事投资虽然旨在获利，但投资人的内在涵养也很重要，这即所谓的“场内工夫场外学”之道理。

（三）渔翁撒网策略

渔翁撒网策略亦称“守株待兔法”、“一揽子股票”。此法常在短期投资中使用，也是一种投资组合，但这种组合没有固定的比例。股票投资者在对股票行情波动在短期内的涨跌把握不定时，可以购买一揽子股票，即同时买进多种股票，然后，再根据哪种股票价格上涨能够获利，就出售哪种股票，它的目的是期望当有的股票价格遇上风险，遭受损失时，会被别的股票得到的收益所抵消，以收到相互补偿的效应，使投资者能比较稳定地得到一定的收益。股票市场上所有种类的股票同时上涨或同时下跌的情况是不多的，除非某些特殊因素引起了股市大波动，一般都是某几种呈上涨趋势，即强势股；另几种呈下跌趋势，即弱势股。因为国际形势、国家政策的任何变化都会对某些行业有利，而对某些行业不利；企业的经营状况及投资者的投资意向也有不小的差异，所以，强势股与弱势股并存的情况是经常的。购买一揽子股票是一种用分散投资来降低风险的投资策略，即使在股市行情普遍下跌的情况下，由于投资者握有多种股票，选择的余地也相应大，也能相对减少损失。当然，这种方法也有缺陷。股市通常情况是强势股持续强势，弱势股持续弱势，如果哪种所持股一旦涨价便抛出，其结果往往是减少收益，同时也因为弱势股长期持有而挤占了资金。与此策略类似但不同的是“反渔翁撒网策略”，即也采用买进一揽子股票的方法，但不同之处在于，哪种股票价格上升就多买一点，哪种股票价格不上升甚至下跌时就抛出，这样就可能获得较多的强势股而使获利能力提高。使用这种方法一定要看准股票的趋势，否则也往往遭受损失。因为股市变幻莫测，买进的上升股票也许会下跌，而卖掉的下跌股票也许会很快反弹。

集中投资或撒网式投资谁优谁劣，这需视情况而定。20 世纪 60 年代，美国的一些投资顾问公司主张采用集中的策略，所选股票都属于投资收益率极高的公司。由于这些投资顾问公司的推波助澜，上述股票的价格迅速上涨，投资者也因此获得丰厚的利润。70 年代中期后，这一策略逐渐不起作用，因为自能源危机以来，西方国家的经济持续波动，而那些利润增长很快的股票往往也是风险很大的股票。在这种情况下，分散投资包括撒网式投资受到了更多的重视，而运用此方法的投资者不乏成功的实例。美国德克萨斯州的莫奇森曾拥有 115 家公司的股票，以致最后成了富有的股票投资者。另据我国香港地区一家报纸报道，香港一位目不识丁的家庭妇女采用典型的渔翁撒网法（而不是“反渔翁撒网策略”），在不到一年的时间内，便赚了十几万港元。其方法为：我行我素，从不注意报纸上有关股市行情的分析，只遵循一个简单原则，即各种股票都买一点儿，看到哪种股票连续下跌就买进，哪种股票价格上升 20% 左右，就卖出；如果买进的股票价格一直下跌，她就不急于卖出。因为她确信，股市自有它的循环周期，价格总有回时候。

采用这一方法应注意以下问题。第一，“渔翁撒网策略”也非万全之计，实际上，它是一种在难以准确选择股票的情况下所采取的一种消极的或被动的方法。如果投资人有丰富的股市知识和准确的判断力，又有雄厚的资金，则应采取更加积极主动的方法。第二，此法与其他投资方法结合使用，才能更为有效。第三，必须注意经济前景。一般说来，经济前景与股价趋势相辅相成。如果经济前景不好，也可意味着股市将出现整体跌势。在这种时候，绝对不能采用此法，否则，投资人持有的只是一大堆只跌不涨的股票。第四，采用此法，须有耐心，不轻易为各种消息所左右。既然投资人的投资组合中包括了多种股票，只要等待就行了，而发现哪种股票上涨到了既定的卖出点（由自己定），则毫不犹豫地卖出。第五，仍需有选择地购买一揽子股票，其中，表现较好的绩优股、成长股应占较大的比例，以保持合理的种类结构；此外，要选购不相关或负相关的股票如建筑业与纺织业，而不是正相关如纺织业和服装业的股票，否则便起不到一揽子股票的作用。

（四）滤嘴投资策略

滤嘴投资策略，又称滤嘴法则，是股票投资者在股市处于涨势末期或跌势末期时，以固定的比率，牺牲或放弃一小部分利润，以确保预期利润的投资方法。

在股票市场上，人们一般都期望着能够以最低价进货和最高价出货，但何时是最低价和最高价却难以推断。滤嘴投资策略不追求最低价买进和最高价卖出，而是在涨势中不卖最高点，只卖次高点，在跌势中不买最低点而只买次低点。

滤嘴投资策略的具体做法是，投资者先拟订一段行情中愿意少赚的比率，这一放弃或少赚的比率通常称为滤嘴。作为技术操作的投资者采用滤嘴投资策略，其“买点”的决定是在股价回落后，回升到投资者的主观比率时做出。如某一投资者拟订的滤嘴比率为8%，那么不论股价怎么变化，只要回升的比率不到8%，均不作买进的考虑；一旦跌势遏止，反弹回升的比率达8%时，则立即断然买进。至于“卖点”的决定，则是在股市涨势结束，股价回落到投资者确定的滤嘴比率时做出。如某一投资者所确定的滤嘴比率为10%，那么只要股市结束涨势而跌到10%的程度，就应当立即卖出。以便在跌势中保住已赚取的利润和避免更大的损失。

实践证明，在长期的涨势或跌势中，采用滤嘴投资策略是一种比较稳妥的投资策略。但若股市涨势或跌势很短，或涨跌幅度过小时，采用滤嘴投资策略，就会造成买卖过于频繁，证券交易的税费比重过大而使滤嘴投资法失效。

（五）被动投资策略

被动投资策略是投资者购买股市指数成分股的全部股种，使投资于某种股票的金额与该种股票的市值占股票市场总市值的比率成正比的投资方法。被动投资策略的操作基本点是：①将投资于股市的资金全部分散投资在股市指数成分股的各种股票上；②投资于各种股票的资金比率与该种股票的市价总额在整个股市的总市值的比率大体相当。例如，某投资者拟将1万元资金投资于股市，倘若股市指数为5个成分股，各个股票市价占整个股市的总市值分别为25%、30%、20%、15%和10%，则投资者购股的资金分配分别为2 500元，3 000元，2 000元，1 500元和1 000元。这样，投资者持有股票市值的变化率与指数的变化率就基本趋同，或者说，股价指数增加或减少多少个百分点，投资者所持有股票的市值也增加或减少多少个百分点。

运用被动投资策略购买股的优点是：投资者不必花大量时间和精力去研究各上市公司的经营情况，也不必对个股每天的变化情况进行分析，而只需关注影响市场走势的各种因素即可。此外，由于股价指数的变化情况反映了投资者的收益情况，而股价指数代表了股市上各种股票变化的平均数，因此，采用此种方法进行投资还可有效地降低投资风险。被动投资策略特别适合利用业务时间买卖股票的投资者，以及那些对知识缺乏深入了解的人。如果投资者认为自己有足够的时间、精力和能力选到最好的股票，就当然不必采用被动投资法了。

需要指出的是，投资者在使用被动投资策略时，也可作适当调整。比如，可以从投资组合中去掉个别业绩明显差的股种，而适当增加优股的比重。国外习惯上将这种适当调整称作保留一个“被动股”，即对大部分股票按被动法买进，同时主动对少量股票的买卖进行适当的修正。当然，这种修正不宜做得太多，不然的话，也就不能称为被动投资策略了。

此外，如果投资者没有足够的资金购买所有的指数成分股股种，也可挑一些“指标股”，即那些与指数相关系数较大的股种，这样，收益情况也就大致追随指数的变化，而不必花大量的时间对个股的 K 线图、成交量等进行研究了。

三、止损解套策略

（一）加码买进匀低成本策略

加码买进匀低成本策略是指当行情急剧下跌，在当前价位上出现亏损时，只要后市仍然看好，可在股价跌到相当程度时，照原持有股数加码买进以匀低成本。

加码买进匀低成本法是股票投资中避免亏损的一种操作策略，是投资者所购股票被高档套牢后随着跌势在下档加码买进的证券投资方法。其目的是在加码买进同种股票后，降低单位平均购股成本，使投资者在股价反弹中获利。采用加码买进匀低成本法的先决条件是，整个经济发展前景展望乐观，所投资股票的实质条件没有发生变化。

加码买进匀低成本法主要有以下两种方式。

第一种方式是平均加码匀低成本法，它指的是当所购股票被高档套牢后，待其股价跌到一定程度，再照原来所持股数加码买进，以达到匀低成本的目的。采用此种加码匀低成本方式，如若股价一旦回升一半，则可保本，如若回升一半以上，即可获利。例如，投资者以每股 10 元的价格买进某种股票 1 000 股以后，股价出现急速跌落，当跌至每股 6 元时，再加码买进 1 000 股，这样当该股回升至每股 8 元时，即可保本，超过 8 元则可获利。

第二种方式是倍数加码匀低成本法，它指的是在股价跌落后，加倍或加数倍买进原先已持有的股票，以达到匀低成本的目的。如原来投资者以每股 10 元的价格买进 1 000 股，当其价格跌至 6 元时，再买进 2 000 股（即为原来股票的 2 倍），则其平均成本就降为每股 7. 34 元，将来股价回升超过 7. 34 元，即可获利。由此可见，采用加码买进匀低成本法时，如果在下档匀低中加码买进越多，可使上档套牢成本降得越低。

运用此种方法进行操作时，至关重要的是确定好加码匀低成本的价格。一般来讲，其价位越接近谷底，对投资者越为有利。这是因为，较低的匀低价位，一方面可使投资成本下降，另一方面则可减轻加码部分的投资风险。此外，采用加码买进匀低成本法还需要特别注意分析大市走向，因为匀低成本法采用的是越低越买，但如遇到空头市场跌幅过深，则资金有可能长期套牢，这将会给投资者带来沉重的心理负荷，因此，投资者必须密切注意股市动向。

（二）摊平成本操作策略

投资者在做任何买卖时都不一次尽全力，以便能下档摊平或上档加码，即通过多次买进或卖出，来摊平成本，以回避过高风险。

投资人在买进股票后，如遇行情急剧下跌，便在价格上遭到亏损，但在未卖出了结之前，还没有完全失败，只要股市发展仍有希望，耐心持股等待，总会有反回成本的时候，甚至可能会转亏为盈。其实，如果投资人想加速捞回成本或赚取利润。就可运用逐次等额买进摊平操作技术。

逐次等额买进摊平，即当第一次买进高价的股票后被高档套牢，投资人可等股价下跌到一定程度后，分次买进与和一次数额相等的股票。

运用这种操作方法，在第一次投资时，必须严格控制只投放全部资金的一部分，以便留存剩余资金作以后的等额摊平之用。如果投资人准备分三次来购买摊平，则第一次买入 1/3，第二次和第三次再各买进1/3。例如，某投资人先以每股50元的价格买进100股，接着股价跌到40元，他就在此价位再买进125股，此时的平均成本变为44元，即只要股价回到44元，即可保本。假设第二次买进后股价又下降到30元，那投资人就第三次进166股，这时平均成本为38元，只要股价回到38元就能保本。

投资人采用这种方法，可能遇到行情变化及获利的机会有几种情况。

(1) 第一次买进后行情下跌，第二次买进同等数的股票后，行情仍下跌，就再作同样的股票第三次买进，在这之后，如果行情回到第一次买进时的价位，即可获利。

(2) 买进第一、第二、第三次之后，行情仍持续下降，不过行情不可能永远只跌不涨，只要行情有机会回到第二次的买进价位，就可保本，略超过第二次买进价位即可获利。

(三) 解套策略

解套策略，也称反套牢投资策略，是股票投资者在高价套牢后所寻求的解脱方法。

所谓"套牢"指的是投资者原本预期股价上涨，但买进股票后，股价却一路下跌，使买进股票的成本，已高出目前可以售得的市价的状况。任何涉足股市的投资者，不论其股战经验多么丰富，都存在被股市套牢的可能性。投资者一旦被高价套牢，则应根据套牢状况，积极寻求解套策略。

通常的解套策略主要有以下五种。

(1) 以快刀斩乱麻的方式停损了结。即将所持股票全盘卖出，以免股价继续下跌而遭受更大损失。采取这种解套策略主要适合于以投机为目的的短期投资者，或者是持有劣质股票的投资者。因为处于跌势的空头市场中，持有品质较差的股票的时间越长，给投资者带来的损失也将越大。

(2) 汰弱择强，换股操作。即忍痛将手中弱势股抛出，并换进市场中刚刚发动的强势股，以期通过涨升的强势股的获利，来弥补其套牢中所受的损失。这种解套策略适合在发现所持股票已为明显弱势股，短期内难有翻身机会时采用。

(3) 采用"拨档子"的方式进行操作。即先停损了结，然后在较低的价位时，予以补进，以减轻或轧平上档解套的损失。例如，某投资者以每股60元买进某股，当市价跌至58元时，他预测市价还会下跌，即以每股58元赔钱了结，而当股价跌至每股54元时又予以补进，并待今后股价上升时予沽出。这样，不仅能减少和避免套牢损失，有时还能反亏为盈。

(4) 采取向下摊平的操作方法。即随股价下挫幅度扩增反而加码买进，从而均低购股成本，以待股价回升获利。但采取此项做法，必须以确认整体投资环境尚未变坏，股市并无由多头市场转入空头市场的情况发生为前提，否则，极易陷入越套越多的窘境。

(5) 采取以不变应万变的"不卖不赔"方法。在股票被套后，只要尚未脱手，就不能认定投资者已亏血本。如果手中所持股票均为品质良好的绩优股，且整体投资环境尚未恶化，股市走势仍未脱离多头市场，则大可不必为一时套牢而惊慌失措，此时应采取的方法不是将套牢股票和盘卖出，而是持有股票来以不变应万变，静待股价回升解套之时。

值得注意的是，股票被套牢的现象多种多样，投资者在运用解套策略时，必须谨慎选择，灵活运用。

四、其他综合性的投资策略

（一）交叉买卖法

交叉买卖法，又称股票巨额交易法，是证券公司在交易所市场同时办理同一种股票的买入和卖出业务的交易方法。

交叉买卖法是为适应股市上巨额交易而产生的。一般来讲，当某种股票在市场上以数百万股以上的数量买进或卖出时，容易引起股价发生大幅波动，使股票交易价格脱离正常轨道，从而给股市发展带来一定的负效应。如果证券公司买进或卖出大宗股票时，采用交叉买卖法，事先找好适当的卖主（或买主），然后将买卖双方同时推上市场，这样就既能完成巨额交易，又不会引起股价的大幅波动。

交叉买卖法的另一个好处是，它可成为某些公司实现特定目的手段。这主要表现在，当经济处于不景气时期，财务状况恶化的某些公司，在出现既不想失去手持股票又不得不出售股票以填补周转资金时，可采用交叉买卖进行技术处理，即用现货交易卖出股票而取得资金的同时，又用信用交易予以补进。这样，就把售股收入与信用交易所耗资金的差额作为公司所需的资金。

此外，有的公司为使其新上市的股票提高知名度和流通性，也委托证券公司采取交叉买卖的方法有意买进和卖出，以造成该种股票在市场中的上涨气氛。

在现代股市中，个人持股的比例在逐渐降低，机构持股的比重在不断增大，机构投资者所持股票大都是通过交叉买卖来完成的。因此，交叉买卖的频率是了解机构投资者动态的一个晴雨表。

（二）金字塔形买卖法

金字塔形买卖法是股票投资的一种操作方法，是分批买卖法的变种。此法是针对股票价位的高低，以简单的三角形（即金字塔形）作为买卖的准则，来适当调整和决定股票买卖数量的一种方法。

金字塔形买卖法分为金字塔形买入法和倒金字塔形卖出法两种。

金字塔形买入法，即正金字塔形（即正三角形）的下方基底较宽广且越往上越小，宽广的部分显示股票价位低时，买进数量较大，当股价逐渐上升时，买进的数量应逐渐减少，从而降低投资风险。例如，某投资者预计某种股票价格看涨，他以每股20元的价格购进1 000股。当价格涨到每股23元时，他又卖进了500股，如股价再涨至25元时，投资者仍然认为股价看好，可以再买进100股。至于该买进多少数量和何时终止购买行为，完全依资金的多少、股票的优劣程度、股市的人气状况，由投资者自行决定。

采用这种越买越少的金字塔形买入的优点在于：如果投资者在第一次购买行为完成后，仍处于上升之中，投资者还可以第二次、第三次追加投入以增加获利机会，尽管在这种情况下，不如一次全部投入获利多，但能减少因股价下跌有可能给投资者带来的风险。如果股价是在第二次、第三次购买行为完成后再出现下跌，也会因第二次或第三次买入的股数较少，而不会造成太大的损失。由此可见，越买越少的金字塔形买入法是增加获利机会又能减少风险的一种股票购买方法。

金字塔形买卖法的另一种形式是倒金字塔形卖出法。与正金字塔形相反，倒金字塔形是下方较尖小，而越往上则越宽广。倒金塔形卖出法要求，当股票价位不断升高时，卖出的数量应效仿倒三角形的形状而逐渐扩大，以赚取更多的差价收益。仍如上述投资者购买的股票为例，假定当价格上涨到每股市价30元时，投资者认为价格在上涨一段时间后会出现下跌，因此，就采用倒金塔卖出法先出售100股，当股价升至35元时，又出售更多的部分（比如500股），又过了几天，股价涨至37元时，则全部售出。

倒金字塔形卖出法的优点是能在人气旺盛的时候售出股票，股票出手容易，既能获得较好差价，又能减少风险。

（三）股市探底法

股市探底法是指通过对股价涨跌特征（特别是短中期涨跌特征）的分析，判断股价谷底，从而选择适当的买进时机的方法。

股价的涨跌趋势往往呈现出阶梯形的特征。就上涨行情而言，由于股价涨幅超越预期水平，信心不足的投资者往往抛股，导致股价回档；而一旦股价下跌超过预期水平，信心增加的投资者又开始买进，导致股价反弹。在上涨股市中，反弹点总是越来越高。鉴于此，投资者可在第二、第三次反弹点之下的某个价位委托买进（限价委托），如果老是买不进，则说明上面的反弹点价位已有吸引力，就是股价的谷底；反之，如果是向下委托，一持就到，股价亦跟着趋低，无力升回反弹点，说明底部还在下面，股价还得再降，就必须等第四、第五个反弹点再探底。如果反弹后连续跌出新低点，谷底不现形，则说明下跌行情开始。

在实际投资中运用这一方法也可用试探性买入作为判断。如投资者欲买进1 000股某种股票，可以先买500股，等到股价上涨到一定幅度出现习惯性的回档，且价位至较低档不易再下跌时，再买500股。这样，如果处于上涨行情，投资者可两次获利；反之，如果处于下跌行情，投资者的损失也可减少一些。

（四）长期持股法

长期持股法指选择收益率高或成长性好的股票，购进后便长期持有，不轻易抛出的方法，即长期投资于某种股票的方法。

就短期投资与长期投资相比较，短期投资、短线操作只有在股价涨跌频繁而且有一定幅度时才有意义；而在经济不断发展，股价趋向稳步上升（每日升降幅度有限）阶段，追求差价利润很难，且需付出相当的手续费，则以长期投资为宜。从国外证券市场看，股市行情虽然波澜起伏，但从长远的眼光来分析股价，就会发现，股票市价涨到一定价位时，就会相对稳定，而长期持股的投资者则往往获益匪浅。

当然，运用长期持股法也不应拘泥，亦应随股市大势的变化作相应的调整。据专家建议，运用此法的操作要点为：选择充分了解的股票购进，以“年”为单位长期持有；对有周期性涨跌的股票，于跌幅最大时买进，等其反弹至较大幅度时才抛出（中期投资），这需要参照以往的行情记录；此外，购买成长性股票作为长期投资。

（五）利乘法

利乘法是股票买卖的操作策略之一。其操作过程是：在股价的上升过程中，分批购进某种股票，随着股价的涨升，所持股票经不断地加码也越来越多。但一旦大势反转向下而跌至某一点时（通常回跌3%左右），就迅速将所持股票一并卖出。

例如，某投资人在股票每股价格为15元时，买进1万股，其后股价上升至15.5元时，再加码买进2万股，再涨升3%，即再加倍买进至资金用完为止。至于卖点的选择，通常也以3%为限。以上述为例，投资者以每股15元的价位买进某股后，若股价一路上扬至每股20元时，股价开始回落，一旦股价由20元的价位下跌3%至19.4元时，投资者即将所持股票全部抛出而转作观望。

由于利乘法是采用了“买涨不买跌”的追价策略，因而在多头市场中，一般是能有利可图的。如若遇上暴涨行情，往往则能获利更丰。但由于此法是越涨越买，如若把握不好，有时可能在最高价大量买进，而在行情反转时，又没有及时脱手，终致亏损累累。因此，采用利乘法的投资策略，应在投资过程中把握行情的基本走向，尤其是对股价高峰的到来应有基本的预测。

阅读与应用

耶鲁投资计划法说明

耶鲁投资计划法最早为耶鲁大学所使用（1938年）。当时资金总额为8 500万元，以70%的资金购买高级公司债券或一小部分优先股，余下30%的资金，购买普通股票。该计划规定：一旦股票价格上升，即股票与债券的比例变为40：60，便须卖出股票，使股票与债券（包括优先股）的比例降为35：65。一旦股价下跌，使原有比例变为20：80，便须购买股票，使股票与债券的比例变为25：75。当股价上升，要等到两者的比例增加到40：60，才采取行动卖出股票。

从耶鲁投资计划法的操作上可以看出，其操作主要是围绕股票的价格进行的，使其处于一个合理的仓位水平上。而其中的债券或优先股，主要是起到降低风险的作用，以免因股票价格波动剧烈而遭受太大的损失。

资料来源：http://www.chinavalue.net 价值中国网

本章小结

趋势投资法是指投资者根据市场变化的大体趋势来制定的投资计划，是一种具有简单性、机械性、普遍性和肯定性的长期投资计划。其基本前提是认为市场中的一种趋势一旦形成便会持续一段较长的时间。应用趋势投资计划法时，要对市场的主要趋势有较为准确的判断，即选择最佳买卖时机。如果判断失误，投资者就会遭受巨大损失。其主要类型有道氏计划法和哈奇计划。

公式计划投资法是指按照某种固定公式来进行股票和债券组合投资的方法。采用投资组合的方法，可以减少整体股票投资的风险。其主要类型有分级投资计划法、资金成本平均计划法、固定金额计划法、固定比率计划法和变动比率计划法。

均衡投资方法是指投资者按照风险性、收益性原则结合自身实力和意愿将资金合理地分配在不同种类的证券上的投资方法。主要类型有投资三分法、杠铃式投资法和梯形投资法。各种偏好的投资者都可以在资金的分配上找到自己的均衡点。

风险偏好型的投资者可以采取积极进取型的投资策略，比如顺势投资策略、“拨档子”操作法、短期获利法和博傻主义策略。风险规避型的投资者可以选择保本型投资策略、以静制动策略、渔翁撒网法、滤嘴投资法和被动投资法。当投资者股票被套时可以选择加码买进匀低成本策略和摊平成本操作策略。另外还有一些综合性的投资策略，如交叉买卖法、金字塔型买卖法、股市探底法、长期持股法和利乘法。

网络资源索引

1. http://wiki.mbalib.com 智库百科
2. http://data.book.hexun.com/book-498.shtml/ 和讯网—读书
3. http://www.upicture.com.cn/ 大学百科网
4. http://www.sooker.com/ 搜课网
5. http://www.eastmoney.com/ 东方财富网
6. http://www.cfen.com.cn/ 中国财经报站
7. http://finance.sina.com.cn/ 新浪—财经
8. http://www.cs.com.cn/ 中证网
9. http://www.fortunechina.com/ 财富中文网

关键术语

趋势投资　道氏计划　哈奇计划　分级投资法　固定金额计划法　固定比率计划法　变动比率计划法　均衡投资方法　投资三分法　杠铃式投资法　梯形投资法　拨档子　博傻主义策略　渔翁撒网法　滤嘴投资法　金字塔形买卖法

问题与思考

1. 简述道氏计划法的操作及其不足。
2. 试举例说明分级投资计划法的含义及操作。
3. 简述资金成本平均计划法的优点。
4. 什么是梯形投资法？如何操作？
5. 简述顺势投资法的前提和适用范围。
6. 何为滤嘴法则？运用这一原理如何操作？
7. 摊平成本操作策略的主要内容是什么？
8. 试比较分析固定金额计划法与固定比例计划法的异同。
9. 举例论述变动比例计划法。

主要参考文献

1. 滋维·博迪，亚历克斯·凯恩，艾伦·J. 马库斯. 投资学. 7版. 陈收，杨艳，译. 北京：机械工业出版社，2009.

2. 威廉·F. 夏普，戈登·J. 亚历山大，杰弗里·V. 贝利. 投资学（上下册）. 5版. 赵锡军，等，译. 北京：中国人民大学出版社，1998.

3. 斯蒂芬·A. 罗斯，布拉德福德·D. 乔丹. 公司理财. 8版. 吴世农，沈艺峰，译. 北京：机械工业出版社，2009.

4. 布朗，赖利. 投资分析与组合管理. 涂红，译. 北京：机械工业出版社，2010.

5. 宋逢明，约翰·马歇尔. 金融工程. 北京：清华大学出版社，1998.

6. 约翰·C. 赫尔. 期货与期权入门. 3版. 张陶伟，译. 北京：中国人民大学出版社，2001.

7. 诺夫辛格. 投资中的心理学. 3版. 赖晓鹏，张瑞卿，译. 北京：中国人民大学出版社，2008.

8. 吴晓求. 证券投资学. 3版. 北京：中国人民大学出版社，2009.

9. 贺强，韩复龄. 证券投资学. 北京：首都经济贸易大学出版社，2007.

10. 孔爱国. 现代投资学. 上海：上海人民出版社，2003.

11. 刘红忠. 投资学. 北京：高等教育出版社，2003.

12. 朱宝宪. 投资学. 北京：清华大学出版社，2002.

13. 霍文文. 证券投资学. 北京：高等教育出版社，2000.

14. 茆诗松，周纪芗. 概率论与数理统计. 北京：中国统计出版社，2007.

15. 饶育蕾，盛虎. 行为金融学. 北京：机械工业出版社，2011.

16. 任淮秀. 投资经济学. 3版. 北京：中国人民大学出版社，2009.

17. 庄新田，金秀，高莹. 投资管理. 北京：机械工业出版社，2007.

18. 王春峰. 金融市场风险管理. 天津：天津大学出版社，2001.

19. 范从来，夏江. 证券投资通论. 南京：南京大学出版社，2000.

20. 邓留保，李柏年，杨桂元. Matlab与金融模型分析. 合肥：合肥工业大学出版社，2007.

21. 杨大楷. 投资学. 北京：高等教育出版社，2006.

22. 陈宝华，叶磊. 证券投资学原理. 上海：上海财经大学出版社，2001.

23. 刘力，俞伟峰. 证券投资学. 北京：清华大学出版社，2003.

24. 陈永新，刘用明. 证券投资学. 成都：四川大学出版社，2005.

25. 栾长福. 证券投资引论. 广州：华南理工大学出版社，2006.

26. 高倚云，等. 30部必读的投资学经典. 北京：北京工业大学出版社，2009.

27. 高德伯格，尼采. 行为金融. 赵英军，译. 北京：中国人民大学出版社，2004.

28. 安得瑞·史莱佛．并非有效的市场——行为金融学导论．赵英军，译．北京：中国人民大学出版社，2003.

29. 陈彦斌．行为资产定价理论．北京：中国人民大学出版社，2006.

30. 李心丹．行为金融学——理论及中国的证据．上海：上海三联书店，2004.

31. 赫什·舍夫林．资产定价的行为方法．王闻，译．北京：中国人民大学出版社，2007.

32. 拉斯特维德．金融心理学．北京：中国人民大学出版社，2004.

33. 刘力，等．信念、偏好与行为金融学．北京：北京大学出版社，2007.

34. Lars Jaeger. The new generation of risk management for hedge funds and private equity Investments. New York：Euromoney Institutional Investor PLC，2004.

35. 天弈风险管理研究院案例研究课题组．美国长期资本管理公司巨亏案例分析．http://rm. Cfrisk. org/html/rm_120. htm.

36. 芦龙军．兴业银行敲响了警钟．新华社稿件．http://www. chinamil. com. cn/site1/xwpdxw/2008-02/01/content_1111450. htm.

37. 晨星资讯基金研究中心．晨星中国基金评级概要说明．2006 年.

高等学校工商管理类专业会计、财务管理课程教材

高等学校会计学专业主要课程教材

会计学基础（第三版）	刘峰　等
会计学基础（第二版）	唐国平
会计学基础	朱小平　程昔武
会计学原理+学习指导书	杜兴强
基础会计学	沃健　赵敏
基础会计	姚荣辉
财务会计（第三版）+习题集	陈信元
中级财务会计	罗新运
中级财务会计学+学习指导书	杜兴强
高级财务会计学	戴德明
成本会计（第二版）	罗飞
管理会计（第二版）	毛付根
成本管理会计	孟焰　刘俊勇
审计学（第三版）	朱荣恩
审计学	舒利庆
审计与鉴证服务	刘明辉
审计学案例	张建军
会计报表审计案例	朱锦余
会计信息化（第二版）	艾文国　孙洁
会计信息系统	张瑞君
会计信息系统（第三版）	杨宝刚　王新玲
企业会计学（第三版）	赵惠芳
企业会计模拟实验	杨淑君　等
Excel 会计与财务管理——理论、方案暨模型	桂良军

高等学校非财会专业会计、财务管理课程教材

会计学（第二版）	葛家澍　余绪缨
会计学概论	刘永泽
会计学	王君彩
会计概论（第二版）	史富莲
会计学	陈红
会计学习题集	陈红

会计学	赵天燕
会计学概论	任秀梅　等
财务管理	王斌
财务管理——理论·实务·案例	徐光华　柳世平
财务管理概论	彭韶兵
财务管理学（第二版）	杨淑娥
财务管理学（第三版）	郭复初　王庆成
财务管理学（第二版）学习指导书	王庆成　孙茂竹
财务管理学	左和平　等

反盗版举报电话　(010) 58581897　58582371　58581879

反盗版举报传真　(010) 82086060

反盗版举报邮箱　dd@hep.com.cn

通信地址　北京市西城区德外大街4号　高等教育出版社法务部

邮政编码　100120